法官裁判
智慧丛书

法官的首要职责,就是贤明地运用法律。

〔英〕弗兰西斯·培根

PRIVATE LENDING DISPUTES
JUDICIAL OPINIONS AND APPLICATION RULES

民间借贷纠纷
裁判精要与规则适用

王林清　杨心忠　著

北京大学出版社
PEKING UNIVERSITY PRESS

图书在版编目(CIP)数据

民间借贷纠纷裁判精要与规则适用/王林清,杨心忠著.—北京:北京大学出版社,2016.12

(法官裁判智慧丛书)

ISBN 978-7-301-27740-9

Ⅰ.①民… Ⅱ.①王… ②杨… Ⅲ.①民间借贷—经济纠纷—研究—中国 Ⅳ.①D925.104

中国版本图书馆 CIP 数据核字(2016)第 272098 号

书　　　名	民间借贷纠纷裁判精要与规则适用
	Minjian Jiedai Jiufen Caipan Jingyao yu Guize Shiyong
著作责任者	王林清　杨心忠　著
丛书主持	陆建华
责任编辑	陆建华　方尔埼
标准书号	ISBN 978-7-301-27740-9
出版发行	北京大学出版社
地　　　址	北京市海淀区成府路 205 号　100871
网　　　址	http://www.pup.cn　http://www.yandayuanzhao.com
电子信箱	yandayuanzhao@163.com
新浪微博	@北京大学出版社　@北大出版社燕大元照法律图书
电　　　话	邮购部 62752015　发行部 62750672　编辑部 62117788
印刷者	北京宏伟双华印刷有限公司
经销者	新华书店
	730 毫米×1020 毫米　16 开本　40.25 印张　778 千字
	2016 年 12 月第 1 版　2019 年 1 月第 2 次印刷
定　　　价	98.00 元

未经许可,不得以任何方式复制或抄袭本书之部分或全部内容。

版权所有,侵权必究

举报电话:010-62752024　电子信箱:fd@pup.pku.edu.cn

图书如有印装质量问题,请与出版部联系,电话:010-62756370

出版说明

中国特色社会主义法律体系已经形成,这一体系中的各种法律规范对于确保公民权利义务的正确行使和国家机构正常运行起着不可替代的作用。中国特色的法律体系是以中国国情为出发点和落脚点的。中国共产党的领导和社会主义初级阶段这两大基本国情,决定了我国的法律体系在内容和作用上都不同于西方国家,不能用西方国家的法律体系来套中国的法律。我国的法律适用主要是以成文法为根据,但是成文法毕竟有其滞后性,不能适应经济社会需求的迅速变化。在法制发展的过程中,法官的自由裁量权愈加受到重视,案例的作用日益凸显,在实践中,法律规范条文与案例的互补得到了广泛认可。

由此,2010 年,最高人民法院正式确立了案例指导制度,以达到总结审判经验、统一法律适用、提高审判质量、维护司法公正的目标。最高人民法院发布的案例是用以指导全国法院的审判、执行工作的,指导性案例发布后,各级人民法院审判类似案件时应当参照适用。而此前,各地已有运用典型案例指导当地审判工作的丰富实践与经验。

案例在审判实践中应当如何运用?最为重要的是使用何种逻辑思维方法才能得出合法的结论?我们认为,应以演绎推理为主,归纳法和演绎法相互补充,即在查明案件事实后,寻找法律之前,先要寻找有关指导案例或典型案例,通过对这些案例的归纳,帮助法官理清思路,进而发现据以适用的法律。无论是最高人民法院发布的指导性案例抑或各地在实践中收集整理的典型案例,都凝聚了法官的智慧和经验,而大量法官的集体智慧和经验,明显要比传统裁判方法所依据的法官个人智慧,更能确保法律适用的统一。

就人民法院的民商事裁判工作而言,我们所能做也应当做的,不是去寻求法律规定的瑕疵,寻找国外立法更为妥当的规定;也不是要去创设一种新的法学理论,在法学理论发展史上留名。我们所要追求的主要是在现行法律框架内,秉持公正之心,探询法律真义,循法律推理和法律适用的一般原则,妥当处理民商事案件。本书的选题策划也可以看做是对这种努力的一种实际回应,旨在为法院审理相应纠纷和当事人、律师进行诉讼提供基本指南,从大量的案件裁判中选择具有典型意义的,提炼分析其中的裁判精要和裁判规则,为法官在审理类似案件时提供更为简练明晰的参酌。这无疑是提高审判质量和效率的重要途径。

本书的特点如下:

第一,编排科学、合理。本书并不是依据纠纷对应的立法章目泛泛而谈,而是根据最高人民法院《民事案件案由规定》,以专题形式分类阐述。

第二,内容丰富、务实。本书以理论为经纬,以实践为脉络,通过对纷繁复杂的诉讼中的大量疑难问题进行高度凝练和归纳演绎,富有创意地剖析明理,富有新意地解惑释疑,从而清晰地展现理论框架,系统地刻画实践纹理,以达到实践丰富理论,理论指导实践的良性互动,提升司法应对现实的能力。

第三,重点突出、得当。本书由"裁判精要""规则适用"构成基本框架。

"裁判精要",通过对诉讼中大量疑难问题的收集、研究成果的归纳和解决方法的分析,总结和提炼了解决纠纷的裁判思路。

"规则适用",是对各级法院典型案例中提炼的裁判规则的理解与适用,其以"规则"为题,并在"规则"下设【规则解读】【案件审理要览】【规则适用】三个栏目。

"规则"部分集中体现了案例的核心内容,有助于准确把握案例的要义。

【规则解读】是建立在提炼规则基础上的解读。裁判规则一般是非特定、非个体的,对法官在同类案件中认定事实、适用法律具有启发、引导、规范和参考作用。这些内容不能直接援引,但完全可以在裁判文书的说理中展现,作为法官裁判、当事人或律师法庭辩论的理由。

【案件审理要览】通过对代表性的案例进行加工整理,将裁判结果更清晰、准确、权威地展现。

【规则适用】结合【规则解读】进行深入分析,也是对前文"裁判精要"的呼应。

在写作过程中,我们参考和引用了司法实务界一些专家法官的著述内容,以及理论界专家学者的研究成果或评述,对此表示衷心感谢。需要说明的是,尽管作者们做出了很大努力,但囿于写作时间有限、作者水平所限,不完善和错误之处在所难免,希望广大读者能够客观审慎地加以对待,不吝批评指正。若读者发现本书有错漏之处,请发信至66xyz88@163.com,以待再版时及时修正。

北京大学出版社蒋浩先生、陆建华先生和责任编辑方尔埼女士为本书的编排、设计、装帧、出版付出了辛勤劳动,特致谢忱。

作　者

2016年11月

简　目

第一部分　民间借贷纠纷裁判精要

第一章　民间借贷诉讼主体 ……………………………………… 003
第二章　民间借贷合同效力 ……………………………………… 016
第三章　民间借贷法律适用 ……………………………………… 036
第四章　新型民间借贷认定 ……………………………………… 071
第五章　民间借贷事实认定 ……………………………………… 116
第六章　民间借贷利率利息 ……………………………………… 168
第七章　民间借贷与夫妻债 ……………………………………… 204
第八章　民间借贷与债担保 ……………………………………… 267
第九章　民间借贷与债转移 ……………………………………… 309
第十章　民间借贷虚假诉讼 ……………………………………… 363
第十一章　民间借贷涉刑认定 …………………………………… 401

第二部分　民间借贷纠纷规则适用

第十二章　民间借贷认定相关纠纷的裁判规则适用 …………… 433
第十三章　民间借贷举证相关纠纷的裁判规则适用 …………… 479
第十四章　民间借贷履行相关纠纷的裁判规则适用 …………… 544

附　最高人民法院关于审理民间借贷案件适用法律若干问题的规定 ……… 606

详 目

第一部分 民间借贷纠纷裁判精要

第一章 民间借贷诉讼主体 …… 003
一、债权凭证上没有记载出借人的,如何确定当事人? …… 003
二、借条上所载出借人姓名与借条持有人姓名不一致的,如何认定出借人? …… 004
三、出借合同专用章签订的民间借贷合同,如何确定诉讼主体? …… 004
四、记载于借条上的出借人委托他人支付借款款项的,如何确定原告诉讼主体资格? …… 004
五、债权凭证上没有记载借款人的,如何确定被告? …… 005
六、民间借贷纠纷中如果查明被告属于被借名、冒名且无过错的,应当如何处理? …… 006
七、借款人与实际收款人不一致的,应当如何确定被告? …… 007
八、企业法定代表人出具借款凭证对外签订民间借贷合同,如何确定被告? …… 008
九、单位工作人员为本单位生产经营需要,以自己的名义与出借人发生资金借用行为而引起民间借贷纠纷,应当如何确定当事人? …… 008
十、以项目部名义对外发生民间借贷关系的,其行为应当认定为职务行为还是个人行为? …… 009
十一、自然人以"见证人""经手人"身份在借条上签字的,出借人应当如何确定民间借贷案件的被告? …… 010
十二、紧随在借款人名字之后在借条上签名的,其身份如何确定? …… 011

十三、一般保证中,如何确定民间借贷纠纷的当事人? …… 011
  十四、连带保证中,如何确定民间借贷纠纷的当事人? …… 012
  十五、有物的担保情形下的民间借贷,如何确定当事人? …… 012
  十六、民间借贷中既有保证又有物的担保的,当事人发生纠纷提起诉讼的,如何确定当事人? …… 013
  十七、作为民间借贷案件的当事人的公司被工商行政部门吊销营业执照的,如何参加民事诉讼? …… 014

第二章 民间借贷合同效力 …… 016
  一、民间借贷合同应当包括哪些组成要素才能够成立? …… 016
  二、自然人之间的民间借贷合同应采用何种形式? …… 017
  三、自然人与企业之间的民间借贷,其效力如何认定? …… 018
  四、企业以借贷名义向社会非法集资,其效力如何认定? …… 020
  五、企业以借贷名义向社会公众发放贷款签订的民间借贷合同,其效力如何认定? …… 020
  六、民间借贷合同无效的法律后果如何认定? …… 021
  七、企业与企业之间的民间借贷,其效力如何认定? …… 021
  八、哪些企业之间的民间借贷应当被认定无效? …… 024
  九、就民间借贷的债务达成的诺成性的以物抵债协议的,其效力如何认定? …… 025
  十、民间借贷债务履行期届满前,当事人达成的诺成性的以物抵债协议的效力应当如何认定? …… 026
  十一、以物抵债与债的更改有何区别? …… 027
  十二、民间借贷的当事人达成的代物清偿协议,其效力如何认定? …… 028
  十三、新债清偿 …… 029
  十四、债的更改与新债清偿有何区别? …… 030
  十五、以买卖为担保进行的企业间融资行为,其效力如何认定? …… 030
  十六、融资性买卖合同被确认无效的法律后果如何认定? …… 031
  十七、担保公司对外发放贷款的效力如何认定? …… 031
  十八、担保公司对外发放贷款无效后如何处理? …… 032
  十九、担保公司以自然人的名义开展贷款业务签订的民间借贷合同的效力如何认定? …… 033
  二十、建筑企业的项目经理部签订的民间借贷合同,其效力如何认定? …… 033

二十一、挂靠人以被挂靠人名义订立的建设工程合同中产生的民间借贷
纠纷,被挂靠人是否承担还款责任? …………………………… 034

二十二、实践中,实际承包人在赊购物资或者对外借贷时加盖了项目经理
部印章的,如何认定相对人有理由相信实际承包人有代理权?
……………………………………………………………………… 034

第三章　民间借贷法律适用 …………………………………………… 036

一、确认民间借贷合同无效是否受诉讼时效限制? ………………… 036

二、民间借贷合同未约定履行期限的,是否受两年诉讼时效限制? …… 037

三、未约定履行期限的民间借贷债权是否适用最长诉讼时效? ……… 039

四、民间借贷债权已经超过诉讼时效期间,债权人可否主张以此债权进行
抵销? ……………………………………………………………… 040

五、出借人的债权诉讼时效经过后,究竟是使作为债务人的借款人获得
"抗辩权",还是使出借人丧失"胜诉权"? ……………………… 041

六、作为自然之债的民间借贷,借款人同意或者承诺履行债务的能否产生
诉讼时效中断的法律后果? ……………………………………… 042

七、对于已过诉讼时效期间的借款债务,借款人作出的"附条件同意还款
的意思表示",能否等同于"同意履行债务的意思表示"? ……… 044

八、民间借贷案件诉讼时效期间届满,债务人履行部分债务的法律后果能
否及于债务的全部? ……………………………………………… 045

九、出借人与借款人约定对同一笔债务分期偿还的,其诉讼时效期间如何
计算? ……………………………………………………………… 046

十、民间借贷的保证人承担了诉讼时效期间届满后的债务,又向借款人行
使追偿权的,应否得到支持? …………………………………… 049

十一、民间借贷中主债务超过诉讼时效期间,保证人在出借人发出的催收
逾期借贷通知书中的保证人一栏内签字或者盖章,能否以此认定保
证人放弃了诉讼时效抗辩权? …………………………………… 051

十二、民间借贷纠纷中如何确定保证期间的起算点? ……………… 051

十三、民间借贷合同与担保合同均无效的情况下,要求保证人承担过错赔
偿责任的诉讼时效如何起算? …………………………………… 053

十四、因赌博发生的债务是否属于民间借贷,应当如何处理? ……… 054

十五、继承人对超过遗产实际价值部分的被继承人生前民间借贷债务自
愿偿还的,能否构成自然之债? ………………………………… 056

十六、非婚同居形成的民间借贷是自然之债还是赠与? ……………… 057

十七、因婚姻居间约定报酬产生的欠款能否视为自然之债? ………… 059

十八、出借人先以借贷关系主张借款人返还借款,被判决驳回后又以收款人不当得利为由主张其返还款项的,人民法院应当如何处理? …… 060

十九、当事人先以民间借贷起诉,后又以不当得利为由起诉要求对方返还款项的,就不当得利"没有合法根据"的举证证明责任如何分配? …………………………………………………………………………… 063

二十、一方主张民间借贷,另一方主张无因管理的,人民法院应当如何处理? ………………………………………………………… 064

二十一、职工向单位借款形成的争议,如何确定民事责任? …… 066

二十二、审判实践中,如何区分公务借款和私人借款? …… 066

二十三、出借合同专用章签订的民间借贷合同,相关民事责任应当如何确定? ……………………………………………………… 067

二十四、企业破产的,清偿职工的集资款的民事责任如何承担? …… 068

第四章 新型民间借贷认定 …………………………………… 071

一、名为民间借贷实为投资的情形,应当如何处理? …… 071

二、司法实践中如何认定名为投资、实为借贷的情形? …… 072

三、在电子签名和认证制度尚未广泛运用于新型网络理财时,如何审查投资者的真实身份? ………………………………………… 072

四、合伙人之间因合伙出资发生的纠纷,能否以民间借贷关系为由要求返还出资款? ……………………………………………… 073

五、退伙时与其他合伙人就合伙的份额转让产生的欠款争议属于民间借贷纠纷还是合伙纠纷? ………………………………… 073

六、对赌协议与民间借贷的关系如何界定? …………………… 074

七、公司账册丢失导致未经清算的,股东应否对公司所欠的借款承担偿还责任? ………………………………………………… 078

八、公司未经清算办理了注销登记的,其股东是否应对公司因民间借贷所欠债务承担偿还责任? ……………………………… 079

九、因股权转让后转让款进行结算出具的借条发生的争议属于民间借贷关系还是股权转让关系? ………………………………… 080

十、如何认定以"过桥借款"方式缴纳出资的股东责任? …… 081

十一、互联网金融理财的法律性质如何界定? …………………… 082

十二、互联网金融理财中,因不可归责于用户自身原因造成资金被盗等损失的,其损失的承担主体如何确定? ……………………… 085

十三、不具备金融理财资质的机构与他人签订的理财协议或者网络借贷协议的效力如何认定? ……………………………………… 086

十四、新型网络理财风险提示的标准如何确定？ 087

十五、新型网络理财纠纷中，如何适当分配举证责任？ 088

十六、网络理财纠纷中，如何确定电子证据的认定标准？ 089

十七、网络商业平台的民事责任范围如何确定？ 090

十八、投资者仅以网络商业平台为被告或者仅以基金公司为被告时，是否应当追加其他运营商为第三人？ 091

十九、P2P网贷平台公司提供的服务协议（或称注册协议等）格式条款的效力如何认定？ 091

二十、P2P网贷流程完成后签订的电子合同的成立时间如何确定？ 092

二十一、第三方支付平台备付金的归属如何确定？ 093

二十二、第三方支付平台接受的备付金产生的利息的归属如何确定？ 094

二十三、P2P网络借贷平台预先扣除居间费的，贷款人所借本金的数额如何确定？ 095

二十四、如何判断P2P网络借贷平台的居间义务？ 095

二十五、P2P网络借贷平台提供担保的效力如何认定？ 097

二十六、网络平台公司在网站上发布的公告未明确提供担保但注明了"以自有资金为不能按期还款的借款人所欠本金部分承担垫付责任"的内容，如何看待这一声明的性质？ 099

二十七、设立风险准备金的P2P网贷平台能否免除其民事责任？ 099

二十八、风险买断的责任性质如何认定？ 101

二十九、P2P网络借贷债权转让的效力如何认定？ 101

三十、P2P模式中的借贷债权转让可否被视为信贷资产证券化？ 102

三十一、如何确定网络借贷与非法吸收公众存款罪的界限？ 104

三十二、如何确定网络借贷与集资诈骗罪的界限？ 104

三十三、如何确定网络借贷与非法经营罪的界限？ 105

三十四、如何确定网络借贷与擅自发行公司、企业债券罪的界限？ 105

三十五、众筹在我国可能面临的法律风险有哪些？ 106

三十六、如何强化对股权众筹的监管？ 107

三十七、保证本息固定回报但不参与分红的委托理财合同发生争议的如何定性？ 108

三十八、受托人以自己的名义从事投资管理活动的委托理财与信托有何区别？ 109

三十九、委托理财与行纪合同有何区别？ 109

四十、证券公司与客户订有保底条款的委托理财合同,其效力如何认定? …………………………………………………………… 110

四十一、委托理财合同与委托合同有哪些区别? ……… 111

四十二、保证本息最低回报条款和保证本金不受损失条款的民间委托理财合同的效力如何认定? …………… 112

四十三、网络委托理财合同的履行地如何确定? ……… 114

第五章 民间借贷事实认定 ……………………………… 116

一、民间借贷案件中欠条与借条有何实质性区别? ……… 116

二、收条的法律性质及其诉讼时效期间应当如何认定? …… 117

三、没有借条或者借据的民间借贷纠纷,当事人起诉到法院的应当如何处理? …………………………………………… 118

四、原告仅凭借条而无其他证据提起诉讼的民间借贷案件,借条的证据效力如何把握? ……………………………… 119

五、能否以借贷数额大小作为区分证明责任的标准? ……… 123

六、借条被撕毁后又重新粘贴的,能否作为原告提起诉讼的证据? …… 124

七、如何强化民间借贷举证证明责任的分配规则? ……… 125

八、原告仅凭转款凭证而无其他证据提起民间借贷纠纷的,转账凭证的证据效力如何把握? ……………………… 126

九、借款协议、借条、欠条和收条的相互关系及运用如何把握? …… 127

十、原告仅提供银行划款凭证,法院向其释明,由于债务是因其他法律关系引起,应当变更诉讼请求和理由。原告坚持不变更的,人民法院应当如何处理? …………………………………… 128

十一、对于拒不到庭不能查清民间借贷案件基本事实的原告,可否适用拘传措施? ………………………………………… 129

十二、民间借贷案件中,手机短信能否作为认定案件事实的依据? …… 129

十三、民间借贷案件如何审查证人证言? ……………… 130

十四、民间借贷案件中对于私自录音的证据效力如何认定? …… 131

十五、当事人以 QQ 聊天记录作为民间借贷案件证据的,应当如何审查认定? …………………………………………… 132

十六、民间借贷纠纷中能否应用测谎作为认定案件事实的证据资料? …………………………………………… 133

十七、民间借贷案件运用测谎的前提条件是什么? ……… 137

十八、民间借贷案件启动测谎程序的主体如何确定? ……… 137

十九、民间借贷案件启动测谎程序后,应当注意哪些问题? …… 138

二十、民间借贷案件测谎应当坚持哪些原则？…………………… 138

　　二十一、民间借贷案件中人民法院应当如何对待测谎结论？………… 139

　　二十二、欠条转化为借条的，如何处理民间借贷纠纷案件？………… 140

　　二十三、民间借贷事实审查时人民法院如何确定调查和搜集的证据范围？
　　　　　　…………………………………………………………………… 144

　　二十四、民间借贷案件中如何运用隔离作证规则？…………………… 145

　　二十五、民间借贷纠纷中如何排除非法证据？………………………… 146

　　二十六、民间借贷案件中如何认定证据系胁迫取得？………………… 147

　　二十七、以严重违背公序良俗的方法获取的证据能否作为民间借贷案件
　　　　　　的证据？………………………………………………………… 148

　　二十八、民间借贷案件中，对于存疑证据的效力如何认定？………… 148

　　二十九、不到庭无法查清案件事实的当事人无正当理由拒不到庭的，应当
　　　　　　承担什么样的法律后果？……………………………………… 149

　　三十、制式借条均由出借人打印提供的情形下，如何认定民间借贷案件的
　　　　　事实？……………………………………………………………… 150

　　三十一、民间借贷案件中如何认定证明是否达到盖然性标准？……… 153

　　三十二、民间借贷出具的借条中有的记载为"今借"，有的记载的则是"今
　　　　　　借到"，二者有何不同？……………………………………… 159

　　三十三、当事人以不当得利为由主张返还钱款的，举证责任如何分配？
　　　　　　…………………………………………………………………… 160

　　三十四、民间借贷纠纷案件中双方均不申请鉴定借条真伪的，举证证明责
　　　　　　任应如何分配？………………………………………………… 164

　　三十五、民间借贷案件的鉴定人不出庭的，产生何种法律后果？…… 166

　　三十六、民间借贷案件中对于未签章的鉴定意见应当如何处理？…… 166

第六章　民间借贷利率利息……………………………………………………… 168

　　一、对于民间借贷利率应当严加管制还是完全放任？………………… 168

　　二、人民币各类储蓄存款适用何种利率？……………………………… 171

　　三、司法保护民间借贷的最高利率应当逐渐趋高还是渐向走低？…… 172

　　四、人民币储蓄存款业务的年利率、月利率和日利率如何换算？…… 175

　　五、我国民间借贷利率应当统一规范还是分类规制？………………… 175

　　六、民间借贷应否就长期借贷和短期借贷分别设置不同的利率标准？
　　　　……………………………………………………………………… 177

　　七、如何看待名义利率与实际利率之间的关系？……………………… 178

八、民间借贷利率上限的设置应当采取固定利率还是浮动利率？……… 179

九、能否以贷款基础利率（LPR）或者同业拆放利率（Shibor）作为确定利率锚标准的选项？……………………………………………… 180

十、受司法保护的民间借贷利率的上限如何确定？……………… 181

十一、如何确定民间借贷利率无效的红线？……………………… 183

十二、年利率24%～36%之间的民间借贷，如何认定其效力？…… 184

十三、借贷双方没有约定利息，出借人能否主张借款人支付借期内的利息？…………………………………………………………… 185

十四、民间借贷法律关系中债权人享有利息的依据是什么？……… 187

十五、当事人之间对借贷利息约定不明的，出借人能否主张借款人支付利息？…………………………………………………………… 187

十六、同一种类的储蓄业务，为何在不同的商业银行其利息存在差异？…………………………………………………………… 189

十七、如何运用习惯确定约定不明的利息？……………………… 189

十八、民间借贷预先在本金中扣除利息的，如何确定本金数额？…… 190

十九、既未约定借期内利率，也未约定逾期利率，自逾期还款之日起的利息如何保护？……………………………………………… 191

二十、民间借贷中的复利能否得到司法保护？…………………… 192

二十一、银行存款的计结息规则如何确定？……………………… 193

二十二、银行是如何采用积数计息法和逐笔计息法计算利息的？…… 193

二十三、民间借贷仅约定了借期内利率但未约定逾期利息的，如何计算逾期履行期间的利息？…………………………………… 195

二十四、如何确定逾期履行期间的起止时间？…………………… 196

二十五、如何确定逾期履行期间利息计算的基数？……………… 197

二十六、已经支付了年利率在24%～36%之间的利息，借款人能否主张出借人返还该部分的利息？……………………………… 198

二十七、借款人支付的超过年利率36%部分的利息，能否主张返还？… 199

二十八、民间借贷既约定了逾期利息又约定了违约金的，应当如何处理二者的关系？……………………………………………… 199

二十九、当事人约定了实现债权支出律师费、服务费等的承担问题，如何处理？…………………………………………………… 201

三十、民间借贷迟延履行利息如何计算？………………………… 201

三十一、生效法律文书没有确定一般债务利息时如何计算迟延履行利息？…………………………………………………………… 203

第七章　民间借贷与夫妻债 …… 204

一、民间借贷中的夫妻共同债务的内涵如何界定？ …… 204

二、对于夫妻一方或双方进行智力投资，因接受继续教育、进修、出国留学或者参加技能培训等引发的民间借贷是否应当认定为夫妻共同债务？ …… 206

三、婚前个人因民间借贷形成的借款能否转化为夫妻共同债务？ …… 207

四、夫妻一方的婚前个人债务转化为夫妻共同债务后，债务人配偶承担清偿责任的范围是否应当以其接受婚前财产的范围为标准？ …… 209

五、夫妻一方因违法或侵权行为对外借贷所形成的债务应否认定为夫妻共同债务？ …… 209

六、未婚同居期间对外借贷所形成的债务应如何处理？ …… 213

七、无效婚姻或被撤销婚姻中对外借贷所形成的债务应如何处理？ …… 216

八、事实婚姻中对外借贷所形成的债务应如何处理？ …… 217

九、男女双方未办理结婚登记即以夫妻名义同居生活，后补办结婚登记，在此之前对外借贷形成的债务是否属于夫妻共同债务？ …… 219

十、分居期间对外借贷所形成的债务应如何处理？ …… 219

十一、向处于分居状态的夫妻一方偿还借款能否视为民间借贷债务的清偿？ …… 223

十二、夫妻一方为他人民间借贷提供担保形成的债务应否认定为夫妻共同债务？ …… 224

十三、夫妻一方作为公司法定代表人，以个人名义向他人借款，应否认定为夫妻共同债务？ …… 227

十四、个人独资企业财产不足以清偿借款时，投资人的配偶应否承担连带责任？ …… 228

十五、合伙企业财产不足以清偿借款时，合伙人的配偶应否承担连带责任？ …… 230

十六、夫妻一方为了筹资开办公司、个人独资企业或合伙企业而以个人名义向他人借款，形成的民间借贷债务是个人债务还是夫妻共同债务？ …… 231

十七、因民间借贷形成的夫妻债务应否"内外有别"？ …… 231

十八、婚姻关系存续期间，夫妻一方以个人名义举债，应首先推定为共同债务还是个人债务？ …… 232

十九、婚姻关系存续期间夫妻一方以个人名义举债的性质应如何认定？ …… 235

二十、民间借贷案件中,如何正确掌握"债权人与债务人明确约定为个人债务"和"第三人知道夫妻双方在婚姻关系存续期间实行分别财产制"? …………………………………………………………………… 240

二十一、婚姻关系存续期间夫妻一方以个人名义举债,对于债务性质的举证责任应如何分配? ………………………………………………… 240

二十二、因民间借贷产生的欠条形成于离婚之后,但债权人或债务人主张该欠条载明的债务发生于婚姻关系存续期间,债务人配偶对此不予认可的,此类纠纷应如何处理? ……………………………… 243

二十三、婚姻关系存续期间夫妻一方以个人名义向他人借款,债权人仅起诉债务人,是否应追加债务人配偶为共同被告? ……………… 244

二十四、婚姻关系存续期间夫妻一方以个人名义举债,法院仅判决债务人承担还款责任,应否追加债务人配偶为被执行人? ………… 246

二十五、债权人能否以有独立请求权的第三人的身份参加债务人的离婚诉讼? ………………………………………………………………… 250

二十六、婚姻关系存续期间夫妻一方以个人名义对外举债,在债务清偿前,债务人死亡,生存一方承担连带清偿责任后,如何行使追偿权? …………………………………………………………………… 251

二十七、父母出资为子女购买房屋,如何判断父母是借贷行为还是赠与行为? ………………………………………………………………… 252

二十八、婚姻关系存续期间,双方用夫妻共同财产出资购买以一方父母名义参加房改的房屋,产权登记在一方父母名下,离婚时应将该房屋作为夫妻共同财产分割还是将出资作为借款处理? ………… 254

二十九、婚姻关系存续期间,夫妻一方出具借条,另一方将共同财产出借给夫妻一方从事个人经营活动或其他个人事务,离婚时给付一方要求依据借条由对方返还,是否属于民间借贷纠纷? ………… 256

三十、婚姻关系存续期间,夫妻一方将其个人财产出借给另一方,能否按照民间借贷关系处理? ……………………………………………… 257

三十一、婚姻关系存续期间,夫妻一方将共同财产出借给另一方从事家庭经营或用于其他家庭事务,能否按照民间借贷关系处理? …… 257

三十二、婚姻关系存续期间,夫妻一方将其个人财产或共有财产给付另一方从事个人经营活动或用于其他个人事务,又或者从事家庭经营活动或用于其他家庭事务,但未出具借条,离婚时能否按照民间借贷关系处理? ………………………………………………… 258

三十三、夫妻之间婚内借款对第三人的效力如何认定? ……………… 258

三十四、婚姻关系存续期间,夫妻双方签订夫妻忠诚协议,约定一方如违
反忠诚义务,则需偿还夫妻忠诚协议中载明的欠款,该夫妻忠诚
协议的效力该如何认定? ………………………………………… 258

三十五、对因同居、不正当两性关系等行为产生的"情侣欠条""青春损失
费""分手费"等情感债务转化的借贷,应如何处理? ………… 262

三十六、司法实践中,原告持借条或欠条主张与被告存在债权债务关系,
并要求被告偿还款项,被告抗辩主张双方并不存在民间借贷关系
而是情感债务,此类纠纷应如何处理? ………………………… 266

第八章　民间借贷与债担保 ……………………………………………… 267

一、民间借贷中以应收账款质押作为担保的,其性质如何认定? ……… 267

二、民间借贷以应收账款作担保的,应收账款是否应当限定在已经发生的
范围内? …………………………………………………………… 268

三、民间借贷中以基金份额出质的,质权人是否享有收取收益的权利?
……………………………………………………………………… 269

四、民间借贷中,可否以"收费权"作为应收账款质押范围? ………… 269

五、民间借贷以应收账款质押的,是否应将通知次债务人作为应收账款质
权设立的要件? …………………………………………………… 271

六、民间借贷就应收账款质权实现的案件中,应收账款债务人是否为适格
的被告? …………………………………………………………… 272

七、民间借贷以应收账款作担保的,应收账款质押登记过期,是否意味着
质权消灭? ………………………………………………………… 272

八、民间借贷以应收账款作担保的,应收账款质权实现过程中,应收账款
债务人对出质人享有的到期债权能否向质权人主张抵销? …… 273

九、应收账款出质后,出质人转让应收账款的,如何平衡质权人与受让人
之间的利益? ……………………………………………………… 275

十、民间借贷的借款人借用过桥资金以新还旧的,同一保证人应否对新的
借贷承担保证责任? ……………………………………………… 276

十一、民间借贷中,未采用书面形式的保证合同的效力如何认定? …… 277

十二、第三人向债权人承诺"可考虑代替偿还"的,是否构成保证? … 277

十三、安慰函是否构成保证意思表示? …………………………………… 280

十四、第三人在民间借贷纠纷的调解程序中作出保证,后调解书因违反法
定程序被撤销,该保证是否有效? ……………………………… 281

十五、法定代表人以个人名义担保的,应承担何种担保责任? ………… 282

十六、民间借贷中的独立担保的效力如何认定? ………………………… 283

十七、民间借贷中出借人既有物的担保又有第三人保证的,如何行使其
债权? ·· 284

十八、民间借贷既有保证又有第三人提供物的担保的,承担了责任的担保
人,是否有权向其他担保人追偿? ······························ 285

十九、民间借贷案件中,已承担保证责任的保证人向其他未履行保证责任
的连带保证人追偿的,是否受向借款人追偿的先置程序的限制?
·· 287

二十、民间借贷的保证人与物上担保人分担的数额如何计算? ·········· 288

二十一、民间借贷既有保证又有第三人提供物的担保的,出借人放弃了物
的担保的,保证人的责任应当如何承担? ···················· 289

二十二、出借人向为借款人提供连带责任保证的保证人之一主张权利的,
其效力能否及于其他承担连带保证的保证人? ················ 289

二十三、公司违反《公司法》第16条的规定,为他人民间借贷提供担保的,
其效力如何认定? ·· 290

二十四、对于民间借贷引发的债务,公司债务加入行为的效力如何认定?
·· 295

二十五、公司法定代表人以公司名义为他人的民间借贷提供担保的,其效
力如何认定? ·· 296

二十六、公司为他人民间借贷提供担保,担保权人对公司章程、公司担保
决定机构决议的审查是形式审查还是实质审查? ·············· 298

二十七、为他人民间借贷提供担保的公司的章程并未规定对外担保决策
机关的,对外担保的决议应由哪个机构作出? ················ 299

二十八、公司违规为他人民间借贷作出的担保决议被撤销,担保合同是
否仍然有效? ·· 300

二十九、民间借贷中,一人公司能否为其股东或者实际控制人向他人借贷
提供担保? ·· 300

三十、民间借贷中签订了以商品房所有权转移作为民间借贷担保的,其效
力如何认定? ·· 302

三十一、通过股权转让的形式为民间借贷设定担保的,其效力如何认定?
·· 304

三十二、签订民间借贷合同的同时又签订了商品房买卖合同的,应当如何
处理? ·· 305

三十三、如何看待让与担保与流质契约的区别? ······················ 306

三十四、债权人如何进行清算? ···································· 307

第九章　民间借贷与债转移 …………………………………… 309

一、民间借贷债权让与行为是否受债权让与合同效力的影响？ ……… 309

二、民间借贷的债权是否都可以自由转让？ …………………………… 311

三、具有期待性质利息债权能否转让？ ………………………………… 312

四、作为自然之债的民间借贷债权可否转让？ ………………………… 312

五、民间借贷有质押或者留置的，质押物、留置物产生的孳息是否应随主债权的让与一并让与？ ……………………………………………… 313

六、债权人将无效民间借贷合同的权利转让给第三人的，其效力应当如何认定？ …………………………………………………………………… 313

七、民间借贷债权转让的通知能否撤回？ ……………………………… 315

八、禁止让与民间借贷债权的约定其效力如何认定？ ………………… 315

九、未经通知债务人的民间借贷债权让与的效力如何认定？ ………… 317

十、民间借贷债权转让合同应该以什么方式通知债务人？ …………… 319

十一、民间借贷的出借人以登报等形式通知借款人债权转让的，是否有效？ ………………………………………………………………………… 320

十二、民间借贷债权让与公告是否具有公示效力？ …………………… 322

十三、由民间借贷债权的受让人向借款人作出的让与通知是否有效？ ………………………………………………………………………… 322

十四、民间借贷债务人对债权让与的接受和承认是否可作为让与通知的替代形式？ ……………………………………………………………… 325

十五、民间借贷债权的多重让与中，应由哪一方受让人取得债权？ … 325

十六、民间借贷债权已经让与，但债务人未得到通知的情况下向原债权人清偿的，其效力如何认定？ ……………………………………………… 326

十七、债务人明知债权转让有瑕疵导致债权转让未成立或未生效，仍按通知清偿的，效力如何认定？ …………………………………………… 328

十八、民间借贷债权让与能否适用善意取得？ ………………………… 329

十九、已被生效裁判确定或强制执行的民间借贷债权能否转让？ …… 330

二十、债权受让人因受让香港特别行政区法院生效裁判文书确定的债权，要求对内地债务人提起诉讼，人民法院应如何处理？ ……………… 331

二十一、正在诉讼程序进行中的民间借贷债权能否转让？ …………… 332

二十二、因民间借贷债权让与产生的费用，应由哪方当事人负担？ … 334

二十三、生效法律文书在进入执行程序前合法转让的，受让人是否可以申请执行？ ……………………………………………………………… 334

二十四、受让人向民间借贷的债务人作出的债权让与通知,是否可以适用表见让与? …………………………………………………………… 335

二十五、具有期待权性质的民间借贷债权是否可以让与? ………… 336

二十六、未来民间借贷债权的让与中存在多重债权让与的情形时,债权应归属于哪一个受让人? …………………………………… 337

二十七、部分让与民间借贷债权时,受让人是否可以主张债务人先对让与人保留的部分债权进行抵销? ………………………………… 337

二十八、民间借贷债务人对让与人的抗辩权随债权让与转移至受让人后,受让人遭受损害的,如何救济? ……………………………… 339

二十九、民间借贷债权让与通知是否构成诉讼时效中断的事由? ……… 340

三十、民间借贷债权已转让给受让人,但保证合同未更改,在保证人知情的情况下,受让人向债务人主张债权未予实现的,保证债务的诉讼时效是否中断? …………………………………………………… 342

三十一、原民间借贷债权诉讼时效届满,债务人在接到债权让与通知时没有提出诉讼时效抗辩的,是否表示债务人放弃诉讼时效抗辩? …………………………………………………………………… 343

三十二、在法庭调查或辩论中,对民间借贷债务人口头通知债权让与的,可否视为通知到达债务人,对债务人产生了效力? ………… 343

三十三、民间借贷债权受让人未重新办理抵押权登记的,能否享有抵押权? …………………………………………………………… 344

三十四、出借人凭借一张借款人书写的、有第三人姓名的欠条主张借款人已将债务转移给第三人,并要求第三人履行偿债义务的,应当如何处理? ……………………………………………………………… 346

三十五、民间借贷债务人以债权人配偶知悉债务转移给第三人为由,对债权人提出的清偿债务的诉讼请求进行抗辩,是否应予采纳? … 347

三十六、债务人被工商行政管理部门吊销了营业执照,是否还具有签订债务转移合同的主体资格? ……………………………………… 347

三十七、出借人与借款人约定由第三人代为履行偿还借款的义务,第三人不履行还款义务的,其法律后果如何确定? ……………… 348

三十八、出借人与借款人约定由不构成债务承担的第三人履行还款义务,第三人不履行还款义务的,如何确定第三人的诉讼地位? …… 349

三十九、委托付款是否构成债务转移? ……………………………… 349

四十、民间借贷中,第三人构成债务加入的,是否必须以出借人、借款人和第三人的共同合意为要件? …………………………………… 350

四十一、民间借贷案件中,第三人构成债务加入是否必须以书面形式作为合意的载体?⋯⋯ 352

四十二、民间借贷中,第三人符合债务加入但未约定责任类型的,第三人的责任如何确定?⋯⋯ 353

四十三、债务加入中第三人未按约定履行其义务的,是否应该向债权人承担违约责任?⋯⋯ 355

四十四、民间借贷案件中,第三人构成债务加入并向出借人履行债务的,是否有权向借款人行使追偿权?⋯⋯ 355

四十五、民间借贷债务加入中,债务承担人能否以债务人对抗债权人的事由主张抗辩权?⋯⋯ 357

四十六、民间借贷案件中既有第三人加入又有其他担保人的,担保人履行了还款义务之后是否有权向第三人追偿?⋯⋯ 357

四十七、民间借贷中,第三人向出借人表明,如借款人不按期还款则由其承担偿还借款本金和利息的责任,此种承诺属于债务加入还是保证?⋯⋯ 357

四十八、民间借贷债权人以构成债务承担为由诉请对方承担债务的,是否表明债权人对债务承担作出了同意的意思表示?⋯⋯ 359

四十九、民间借贷债务人将非合同之债转移给第三人的,是否有效?⋯ 359

五十、第三人向债权人承诺由其承担债务人债务的,债权人未明确表示反对,对此应当认定为债务转移还是债务加入?⋯⋯ 360

五十一、民间借贷债务人死亡后,第三人向债权人出具借条,写明债务人生前的债务由第三人承担的,在第三人不履行或不适当履行债务时,债权人是否有权向债务人的继承人追偿?⋯⋯ 362

第十章 民间借贷虚假诉讼⋯⋯ 363

一、民间借贷虚假诉讼的类型如何界定?⋯⋯ 363

二、民间借贷案件审理中对于当事人的自认,应当如何处理?⋯⋯ 365

三、如何审查当事人的自认?⋯⋯ 368

四、民间借贷案件有虚假诉讼嫌疑的,如何正确运用法院调解制度?⋯ 371

五、民间借贷案件和解、调解中如何发现、识别、认定虚假诉讼?⋯⋯ 373

六、民间借贷诉讼中如何建立诉讼真实承诺制度?⋯⋯ 373

七、经审查认定构成虚假诉讼的,人民法院应当判决驳回原告的诉讼请求,还是裁定驳回原告的起诉?⋯⋯ 375

八、确属虚假诉讼的民间借贷案件的原告申请撤诉的,人民法院如何处理?⋯⋯ 382

九、对于参与制造虚假诉讼案件的律师,在诉讼过程中应当如何处理? ………………………………………………………………… 383

十、民间借贷案件构成虚假诉讼的,如何追究刑事责任? ………… 383

十一、民间借贷纠纷被确定为虚假诉讼的,虚假诉讼行为人应否承担民事责任? ………………………………………………………… 386

十二、民间借贷虚假诉讼中,受害人可否主张精神损害赔偿? …… 390

十三、民间借贷虚假诉讼可否适用惩罚性赔偿? …………………… 391

十四、民间借贷纠纷构成虚假诉讼的,能够提起第三人撤销之诉的案外人范围如何确定? ……………………………………………… 393

十五、民间借贷案件中遗漏的必要共同诉讼的当事人,能否提起第三人撤销之诉? ……………………………………………………… 394

十六、第三人请求撤销民间借贷调解书的,人民法院如何处理? … 395

十七、民间借贷案件因案外人执行异议申请而被裁定中止执行,申请执行人提起执行异议之诉的,案外人对执行标的享有实体利益的举证责任如何承担? ……………………………………………… 395

十八、民间借贷案件执行中,案外人或者申请执行人提起执行异议之诉的,审判实务中应当注意哪些问题? ……………………… 397

第十一章　民间借贷涉刑认定 …………………………………… 401

一、民间借贷与非法吸收公众存款罪的界限如何划定? …………… 401

二、非法集资的外在表现和内在特征有哪些? ……………………… 402

三、如何区分合法的民间借贷和非法吸收公众存款的行为? ……… 404

四、网贷线下债权转让是否属于非法集资? ………………………… 405

五、利用经济互助会非法集资的行为如何定性? …………………… 406

六、变相吸收公众存款与非法吸收公众存款的行为有何区别? …… 406

七、民间借贷与集资诈骗罪的界限如何划定? ……………………… 407

八、集资诈骗罪和非法吸收公众存款罪的主要区别是什么? ……… 408

九、民间借贷与高利转贷罪的界限如何划定? ……………………… 409

十、民间借贷与非法经营罪的界限如何划定? ……………………… 410

十一、高利贷、非法放贷与合法的民间借贷行为有哪些区别? …… 411

十二、与高利贷或非法放贷有关的犯罪行为包括哪些? …………… 412

十三、涉及民刑交叉的民间借贷案件,在诉讼过程中是否必须"先刑后民"? ………………………………………………………… 412

十四、因赌债引发的民间借贷纠纷案件是否应当先移送公安机关侦查? ………………………………………………………………… 414

十五、借款人涉嫌犯罪或者生效判决认定其有罪，出借人能否仅起诉保证
人请求其承担民事责任？ 415

十六、民间借贷案件涉及非法集资嫌疑的，如何处理民间借贷案件？ ... 417

十七、人民法院就民间借贷纠纷在先作出的民事判决，在认定事实方面与
之后作出的刑事判决不一致的，是否必然引起审判监督程序？ 420

十八、刑事案件已判决责令退赔，民事案件能否再判决赔偿损失，或者民
事案件已经判决赔偿损失，刑事案件能否再判决责令退赔？ 421

十九、未经刑事追赃程序是否影响民间借贷案件的受理和审理？ 423

二十、构成集资诈骗罪、贷款诈骗罪的民间借贷合同的效力如何认定？
.... 423

二十一、如何正确理解"以合法形式掩盖非法目的"中的"目的"？ 426

二十二、行为人构成非法吸收公众存款罪，与出借人签订的民间借贷合同
的效力如何认定？ 427

二十三、民事判决认定民间借贷合同有效是否影响刑事案件对犯罪事实
的认定？ 429

第二部分　民间借贷纠纷规则适用

第十二章　民间借贷认定相关纠纷的裁判规则适用 433

- **规则1**　【企业间借款】企业间借贷合同不应一概否定其效力，判断是
否有效，要审查是否违反包括《商业银行法》在内的相关金融法律法规，
核心在于审查该行为的性质是否属于《商业银行法》所明确禁止的从事
商业银行业务的行为。 433

- **规则2**　【住房商贷】个人住房商业贷款合同审理中，应区别情况，对部
分违约情形并不严重的借款合同案件，向当事人释明法律，多判决继续
履行合同，让个人住房借款合同能得到最大可能的实际履行。 436

- **规则3**　【授信贷款】客户依授信协议约定向银行申请发放贷款的，银
行亦应按协议约定进行审查。银行怠于依授信协议约定订立贷款合同
的，客户有权请求赔偿因此造成的损失。 438

- **规则4**　【亲属借贷】在亲属间民间借贷案件的审理中，应当从案件的
特点出发，充分运用日常生活经验，使认证结果尽可能与人们的日常生
活经验不相违背。 441

- **规则5**　【婚内借款】夫妻一方具有和第三人恶意串通、通过虚假诉讼
虚构婚内债务嫌疑的，该夫妻一方单方自认债务，并不必然免除"出借
人"对借贷关系成立并生效的事实应承担的举证责任。 444

- 规则 6 【转账借贷】通过第三人转账方式出借大额款项可认定为借贷。……447

- 规则 7 【免责借贷】为免除罪责，犯罪嫌疑人亲属向被害人出具借条不能形成民间借贷关系。……452

- 规则 8 【项目借贷】在项目部经理对外借款行为中，其授权表征往往表现于其持有并在借条中盖有项目经理部的公章，或其持有盖有公司公章的空白合同书等。若行为人具有上述授权表征，利益归属在所不问，均应认定为职务行为。……453

- 规则 9 【村民借贷】村委会内部管理行为的规定不能对抗合同第三人。……457

- 规则 10 【典当与借贷】典当法律关系是质（抵）押法律关系和借贷法律关系有机结合的复合法律关系。只有组成典当法律关系的质（抵）押法律关系与借贷法律关系同时成立时，典当法律关系才能成立。……459

- 规则 11 【借贷与不法委托】名为借贷实为不法委托的，借贷行为无效，但基础法律关系并不因此无效，此项行为的效力应根据自身效力状态予以评判。……462

- 规则 12 【合伙与借贷】区分合伙与民间借贷纠纷最关健之处是双方签订协议之后，合同当事人的权利与义务不同。对合伙行为，一般应有明确的合伙协议，对双方的投资比例、合伙事务执行、盈余分配要有明确约定。……465

- 规则 13 【借款转投资】名为借款但参与公司经营管理的应认定为投资。……468

- 规则 14 【名为投资实为借贷】名为投资实为借贷，债务人应当在借款到期后返还借款并支付利息。……472

- 规则 15 【假购房真借贷】以房屋买卖合同形式进行的民间借贷行为，应根据双方当事人提供的证据，查清真相，准确认定事实，按照当事人的真实意思表示确定双方之间法律关系的实质。……473

- 规则 16 【名为借贷实为买房】名为借贷实为经济适用房买卖的效力应认定为无效。……476

第十三章 民间借贷举证相关纠纷的裁判规则适用……479

- 规则 1 【瑕疵证据】在无其他补强证据印证时，瑕疵证据不应采信。……479

- 规则 2 【证据链】证据链是否牢固从而被认可取决于证据链中的证据必须适格，所形成的证据链能够证明案件的证明对象，且证据链之中的证据必须能够相互印证，排除合理怀疑。……482

详　目　019

- 规则3　【付款证明力】借款合同并非出借方已履行放贷付款义务的排他性依据,出借方对于借款合同是否履行仍应负举证责任。………… 484
- 规则4　【借条证明力】审理民间借贷案件时,应区分传统民间借贷与民间资本借贷案件,审慎认定不同案件类型中的借条和其他证据的证明力。……………………………………………………………………… 487
- 规则5　【借据证明力】在借据未收回情况下,除非有确凿的相反证据足以推翻借据所记载的内容,否则仅凭转账凭条,一般不能轻易否定借据的证明力。……………………………………………………… 490
- 规则6　【证明责任】对基于其他法律关系所产生的债权债务,经双方当事人合意转化为借款的,借款实际交付的证明责任不应由债权人承担,而应由债务人对于旧债务的不存在承担证明责任。………… 492
- 规则7　【证明责任】名为借条实为其他法律关系产生的债权债务,如果当事人提出异议,需对基础法律关系进行审理;对于基础法律关系是否存在,应由提出抗辩的当事人承担证明责任。………………… 494
- 规则8　【借款履行】现金借款的履行问题,不能仅凭借款人向贷款人出具的收据就认定贷款人已经履行了贷款义务。如果借款人的抗辩事由足以引起法官的合理怀疑,法院还应进一步审查借款事实,在无法查明的情况下应根据证据规则进行认定。……………………… 496
- 规则9　【优势证据】民间借贷纠纷原告持撕毁重贴借条起诉的认定,依据最高人民法院《民事诉讼证据规定》第73条的规定,双方当事人对同一事实分别举出相反的证据,但都没有足够的依据否定对方证据的,人民法院应当结合案件情况,判断一方提供证据的证明力是否明显大于另一方提供证据的证明力,并对证明力较大的证据予以确认。…… 499
- 规则10　【签章鉴定】借据签章真实性原则上由原告申请鉴定。 504
- 规则11　【债权交付凭证】原告提供的债权交付凭证,只能证明实际交付了款项的事实,但无法证明双方存在借贷关系。被告否认双方存在借贷关系,原告应就双方存在借贷关系进一步提供证据证明。……… 506
- 规则12　【举证分配】案件事实真伪不明时应依法分配举证责任。……………………………………………………………………… 508
- 规则13　【欠条】在无直接证据证明的情况下,应依据出具欠条时该债权是否处于应予清结状态,进而推定出具欠条当时双方对该债权是否已予以确认、变更或消灭。由此,也决定了举证责任的分配。……… 511
- 规则14　【自认】对于当事人所作的类似于"不知道""不记得"或"不能明确"的"不知"陈述,法官应根据具体情况进行审查,判断是否构成自认。……………………………………………………………… 515

- 规则 15 【暂支单】暂支单与一般的借据不同,并不能直接证明双方的借贷关系。实际生活中,职工向单位暂支款项的事由可能是公务所需,也可能是个人需要,因此应分具体情形区别处理。………… 520

- 规则 16 【嵌入借据】用人者在员工工资表中嵌入借款时,在没有其他证据证明有借款的合意及已交付的情况下,用人者需承担举证不能的不利后果,即人民法院不应认定工资表内嵌入借款具有借据效力。
………… 522

- 规则 17 【综合审查】人民法院在审理民间借贷纠纷案件过程中,要依法全面、客观地审核双方当事人提交的全部证据,从各证据与案件事实的关联程度、各证据之间的联系等方面进行综合审查判断。………… 526

- 规则 18 【综合审查】被告抗辩借贷行为尚未实际发生并能作出合理说明,人民法院应当结合借贷金额、款项交付、当事人的经济能力、当地或当事人之间的交易方式、交易习惯、当事人财产变动情况及证人证言等事实和因素,综合判断查证借款事实是否发生。………… 534

- 规则 19 【高利贷】在民间借贷纠纷中,法官应加强对间接证据的审查,综合借款金额、借款期限、还款金额、还款时间、票面组成等细节进行逻辑分析,并运用交易习惯、日常生活常理等,对照高利贷行为的普遍特征,客观认定借贷事实。………… 539

第十四章 民间借贷履行相关纠纷的裁判规则适用 ………… 544

- 规则 1 【债务承担】担保人向债权人收回借条并以自己的名义重新出具借条,取代原债务人地位的意思表示明确,符合民事法律行为的构成要件,债务承担合法有效。………… 544

- 规则 2 【债务承担】第三人通过以自己的名义另行向债权人出具债务凭据并承诺由其按期履行债务等行为表明由其独立承担原债务人的债务,债权人表示同意的,构成免责的债务承担。………… 545

- 规则 3 【债务加入】对于第三人加入债务的情形,在债权人未明确表示放弃对债务人的追索权或者未特别约定的情况下,不宜推定债权人对民事权利进行放弃,债务人仍然应当承担债务履行责任。………… 548

- 规则 4 【代为偿还借款和债权转让】代为偿还借款和债权转让属不同的法律关系。如果是代为偿还借款则应有相应的支付凭证予以佐证;如果是债权转让,则应对各方当事人之间是否存在与借据相对应的真实的借贷关系进行全面审查。对于缺乏合法事实基础的债权转让法律关系,应依照查明的事实作出判断。………… 550

- 规则 5 【违法借条】以实施非法拘禁等侵害他人合法权益或者违反法律禁止性规定的方法形成的借条不能变更原债权债务关系。………… 552

- 规则6 【容忍义务】民间借贷合同中借款人迟延一天还款,应根据案情综合判断出借人有适度的容忍义务,以维系日常交往或经营活动的稳定性,保障合同的正常履行,不应认定为违约。 …… 554
- 规则7 【折扣条款】欠款折让条款的生效必须以守约为前提。 …… 555
- 规则8 【提前收贷】借款合同提前收贷条款不属于约定解除权条款。 …… 559
- 规则9 【交易习惯】用现金换取等值的未到期的承兑汇票的借款事实,欠缺合理性的交易习惯,不应得到法律确认。 …… 560
- 规则10 【合同解释】当事人对借款合同条款的理解有争议的,应当按照合同所使用的词句、合同的有关条款、合同的目的、交易习惯以及诚实信用原则,确定该条款的真实意思。 …… 562
- 规则11 【连带之债涉他性】对于已经超过诉讼时效的连带之债,除所有连带债务人同意或者法律有特殊规定外,一连带债务人放弃诉讼时效抗辩权的行为不应具有涉他性。 …… 570
- 规则12 【保证责任】承担连带责任保证的保证人一人或者数人承担保证责任后,有权要求其他保证人清偿应当承担的份额,不受债权人是否在保证期间内向未承担保证责任的保证人主张过保证责任的影响。 …… 571
- 规则13 【还款求偿】共同还款人还款后可向其他共同还款人求偿。 … 573
- 规则14 【预先扣息】对《合同法》第200条不应机械地理解为一次性扣除全部利息的行为,凡属于预先扣除利息,使借款人实际取得的借款数低于借款合同约定数额的情形均应加以禁止。 …… 577
- 规则15 【利息损失】国际货物买卖合同中双方当事人约定以外币结算货款,发生违约纠纷时,守约方可以选择要求违约方以人民币贷款利率计算承担相应违约责任。 …… 579
- 规则16 【约定利率】金融机构与储户之间约定存款利率高于法定利率的,该约定具有法律效力,金融机构应按照约定向储户支付存款利息。 …… 581
- 规则17 【优先受偿权】他项权利未登记的利息等费用无优先受偿权。 …… 583
- 规则18 【虚假诉讼】在当事人之间存在关联关系的情况下,为防止恶意串通提起虚假诉讼,损害他人合法权益,人民法院对其之间是否存在真实的借款法律关系,必须严格审查。 …… 585

- 规则 19 【通谋骗贷】商品房预售合同双方当事人实际是假借房屋买卖形式骗取银行贷款,属"以合法形式掩盖非法目的",应为无效。………… 598

- 规则 20 【先刑后民】处理金融借款担保纠纷不宜适用"先刑后民"。………………………………………………………………… 600

- 规则 21 【犯罪高息】非法吸收公众存款案中被害人所得高息应在刑事案件中一并作出处理。………………………………… 602

- 规则 22 【以借贷形式行贿受贿】实践中,国家工作人员利用职务上的便利为请托人谋取利益,为规避法律和逃避打击,掩饰彼此之间的权钱交易关系,以借为名行贿赂之实,应不影响行贿受贿的认定。………… 603

附 最高人民法院关于审理民间借贷案件适用法律若干问题的规定……… 606

民间借贷纠纷裁判精要

第一章 民间借贷诉讼主体

一、债权凭证上没有记载出借人的,如何确定当事人?

对于债权凭证上没有载明出借人的,如何确定民间借贷案件的当事人,审判实务中存在两种观点。

第一种观点认为,应当推定持有该债权凭证的人为当事人。

第二种观点认为,应当确定有证据证明履行了出借款项义务的人为当事人。

笔者认为,民间借贷属于债(合同)的关系之一种。在债的相对性之下,民间借贷的当事人原则上只能彼此互为请求或诉讼,而不能向合同关系之外的第三人提起诉讼。民间借贷(合同)的当事人为出借人和借款人,因此,民间借贷纠纷的正当当事人就是出借人和借款人,这是判断适格当事人的一般规则。也就是说,一般情况下,民间借贷纠纷的当事人以借款合同载明的合同签订方为正当当事人,没有签订书面借款合同的,以欠条、借据、具有借款内容的对账单、询证函等债权凭证载明的出借人、借款人为当事人。

然而,复杂多变又极不规范的民间借贷实践却给这个一般规则的适用带来了很大的困难,债权凭证上没有载明出借人时,推定持有该债权凭证的当事人为出借人,具备原告主体资格。这里的推定,是事实上的推定,本质上属于推论,是指司法机关办理案件时的逻辑推理,它是根据经验法则和逻辑规则进行的推理,也就是根据已经确认的事实,按照一定的逻辑规则,推断另一事实的存在。

从性质上来看,借条不仅是债权债务合同之证明,即确认出借人与借款人之间债权债务关系的存在及双方的权利义务,更多的是作为出借人的权利凭证而存在。作为民间借贷中最常见的债权凭证,借条原件通常应该由出借人亲自持有,且出借人可能由于知识水平、交易习惯等种种原因,确实存在遗漏记载或记载不明的情形,故司法实务中一般推定借据原件的持有人为债权人,具有原告主体资格。如果作为债务人的被告对原告主体资格提出异议的,如抗辩借据持有人并非真正债权人,应当由其承担举证责任。若被告不能提供相反证据证明,或其提供的证据不足以证明借据等债权凭证的持有人并非实际出借人或债权受让人的,应当推定借条持有人对该借条系合法、善意占有,借条持有人即为实际债权人,具有原告主体资格,尤其是在借款人作为借条书写者的情形下。

二、借条上所载出借人姓名与借条持有人姓名不一致的,如何认定出借人?

借条上所载出借人姓名与借条持有人姓名不一致的,在司法实践中经常发生。借条持有人应当先对姓名系误写作出合理解释,除非借款人提供足够的证据证明借条的持有人并非债权人或债权受让人,应推定借条持有人即为债权人。

三、出借合同专用章签订的民间借贷合同,如何确定诉讼主体?

目前,我国对于借用合同专用章的责任承担没有相应的实体法律依据,而出借合同专用章案件时常出现。此类案件的诉讼主体确定,可依据《最高人民法院关于适用〈中华人民共和国民事诉讼法〉的解释》第65条的规定:"借用业务介绍信、合同专用章、盖章的空白合同书或者银行账户的,出借单位和借用人为共同诉讼人。"该条确定的出借单位和借用人,为共同诉讼人,实际上属于必要共同诉讼人,即当事人一方或双方为两人以上,诉讼标的是共同的,共同诉讼的一方当事人对诉讼标的有不可分的共同的权利义务。①

四、记载于借条上的出借人委托他人支付借款款项的,如何确定原告诉讼主体资格?

在借条上记载的出借人,委托他人向借款人支付款项,出借人是否具备原告诉讼主体资格,对于这一问题,实践中存有争议。

第一种观点认为,在借条上记载的出借人委托他人向借款人支付款项的,由于货币是种类物而不是特定物,因此,该借贷关系中真正的出借人是在借条上记载的出借人所委托的他人,他人将自己的货币所有权交付给借款人,他人当然是民间借贷关系的实际出借人,因此在借条上记载的出借人所委托的人才具有原告主体资格。

第二种观点认为,出借人委托他人向借款人支付款项,但由于借条上记载的是出借人,因此,应当通过法律推定出借人作为真正的债权人。

笔者倾向于第二种观点。虽然款项并非由出借人交付,但出借委托他人支付,同样产生交付的法律后果。这是因为,委托人委托他人交付款项,在委托人与借款人之间产生民间借贷法律关系,款项通过何种形式交付,并不会实质性影响委托人与借款人之间的关系成立。至于委托人和实际支付款项的他人之间,则成立另外一个法律关系——委托关系。由此,记载于借条上的出借人与案件有直接利害关系,符合《中华人民共和国民事诉讼法》(以下简称《民事诉讼法》)第119

---

① 参见全国人大常委会法制工作委员会民法室编著:《〈中华人民共和国民事诉讼法〉释解与适用》,人民法院出版社2012年版,第64页。

条有关原告的条件的规定,应当具有相应的诉讼主体资格。

借条是证明双方存在借贷合意和借贷关系实际发生的直接证据,具有较强的证明力。借款人作为一个具有完全民事行为能力的人,应当知晓在借条上签名确认的法律后果。出借人在向法院提交借条原件的同时,提供了银行取款记录等付款凭据,证明借款确系委托第三人交付,只要作为受托人的第三人不持异议,仍可推定持有借据等债权凭证的委托人为债权人,具有原告诉讼主体资格。

五、债权凭证上没有记载借款人的,如何确定被告?

债权凭证上署名的借款人确定为借款人,具备被告主体资格。但是,对于债权凭证上没有记载借款人,或者借款人未在债权凭证上签名的,如何确定被告,审判实务中存在争议。

第一种观点认为,原告在立案时应当对被告的适格提供初步证据证明,否则,不能以原告起诉的人作为被告。

第二种观点认为,应当以原告起诉的人作为当然的被告。

笔者赞同第二种观点。起诉是公民、法人或者其他组织,认为自己所享有的或者依法由自己支配、管理的民事权益受到侵害,或者与他人发生民事权益争议,以自己的名义请求法院通过审判给予司法保护的诉讼行为。① 按照《民事诉讼法》的有关规定,原告必须与本案有利害关系,这点没有争议,然而,如何正确确定民事案件的被告,在审判实践中是一个比较复杂的问题。

根据最高人民法院的司法解释以及司法实践,在确定民事案件的被告时,必须认清实体法律关系,明确法律关系的主体。这样的要求是基于一般情况下,实体的法律关系的双方主体就是民事诉讼的双方当事人。② 比如,买卖合同纠纷中买卖双方既是实体法律关系中的双方,又是诉讼中的双方当事人。

笔者认为,对于合同中有明确当事人记载的,适用上述规则当无不妥。但是,对于一些特殊类型的案件,如本问题中借条或者欠条上没有载明借款人的民间借贷纠纷,以何人作为被告,自无适用上述规则的可能。此时,对于何人作为被告,应当由原告决定和主导,这是由当事人的主导性决定的。理由如下:

首先,当事人的主导性是从法官与当事人关系的角度所作的揭示。主导性表明,民事诉讼从根本上说是双方当事人的事,当事人双方在诉讼中各自提出自己的主张,提供相应的证据,并进行一系列的进攻和防御,而法官除对必要的程序性问题进行干预外,只能持被动听取的立场。主导性原则与当事人在诉讼中的能动性紧密相关。③

---

① 参见江伟主编:《民事诉讼法》(第二版),高等教育出版社2004年版,第261页。
② 参见张卫平主编:《新民事诉讼法条文精要与适用》,人民法院出版社2012年版,第308页。
③ 参见赵晋山、高壮华:《论民事诉讼当事人的主体性》,载《研究生法学》1997年第4期(总第32期)。

其次,主导性原则也意味着当事人责任含量的增强,在当事人主导型诉讼中,当事人是推动诉讼展开的主体,纠纷的解决是当事人自己努力的结果。因此,当事人在很大程度上不仅对纠纷解决的方法和过程负责,而且对纠纷解决的内容和结果负责。

再次,按照《民事诉讼法》第119条的规定,对于起诉,只要求"有明确的被告",至于被告是否适格,并不是起诉的必要条件。如果原告选择的被告不当,则要承担被驳回诉讼请求的后果。

最后,审判实践中,起诉后处于立案审查阶段,这一阶段要求对双方的法律关系进行形式审查而非实体审理。如果在立案阶段就要对被告与本案是否有利害关系,是否属于承担责任的最终主体作出判断和评价,无疑会导致"立审不分"的后果,与现代诉讼所倡导的"立审分离"原则背道而驰。

综上,债权凭证上没有记载借款人的,应当以原告起诉的人作为适格的被告。当然,对于被告的确定,也应当以明确、具体为要求,为此,《最高人民法院关于适用〈中华人民共和国民事诉讼法〉的解释》(以下简称《民诉法解释》)第209条规定,原告提供的被告的姓名或者名称、住所等信息应具体明确,否则人民法院不予受理。

六、民间借贷纠纷中如果查明被告属于被借名、冒名且无过错的,应当如何处理?

随着社会的发展和交易的逐渐复杂,民间借贷中的借贷双方已由传统的亲朋、同事等熟人社会之间演变到借贷双方互为陌生人。审判实践中也经常有原、被告双方互不认识,一方出于追求高利贷利润或其他目的而将款项借予与其根本不相识的他人的情况。在民间借贷纠纷中,如果查明被告属于被借名、冒名且无过错时,应当驳回起诉还是驳回诉讼请求,实践中也有不同意见。

笔者认为,此时被告虽然属于被借名、冒名且无过错的,但已符合《民事诉讼法》第119条规定的被告的条件,即被告必须明确。如前所述,这里的"明确"是指形式要件的明确,而不是指实体上承担责任。因此,只要被告在程序上符合起诉的形式要件,原告的起诉就符合了法律规定的条件,人民法院就不能驳回起诉,而应当进行实体审理。由于被告属于被借名、冒名且其本身并无过错,因此,其不应当承担实体责任,人民法院应当判决驳回原告对被告的诉讼请求。

但是,冒名人的责任如何承担呢?

譬如,借款人甲失踪后,乙利用其账户和密码以甲的名义通过网络借贷平台进行借款。此时乙应否承担责任?《中华人民共和国合同法》(以下简称《合同法》)第52条第(一)项规定,一方以欺诈、胁迫的手段订立合同,损害国家利益,应认定合同无效。第54条第2款规定,一方以欺诈、胁迫的手段或者乘人之危,使对方在违背真实意思的情况下订立的合同,受损害方有权请求人民法院或者仲裁机构变更或者撤销。因此,乙冒用甲的名义欺骗出借人而签订的民间借贷协议,在损害国家利益的情况下应属无效,但在一般情况下,对于不涉及国家利益的,属于出借人拥有可撤销权的情况,出借人可以选择是否撤销。如果乙正常履行,则出借人可能并不申请撤销;如果出借人申请撤销,借款协议一旦被撤销,则自始无效,乙应承担合同被撤销后而无效的全部法律责任。

七、借款人与实际收款人不一致的,应当如何确定被告?

借款人与实际收款人不一致的,应当以谁为被告,实践中不无争议。

第一种观点认为,应当以借款人为被告,因为交付的方式有多种,包括出借人按照借款人的指示向第三人交付款项,此时出借人也履行了交付现金的义务。

第二种观点认为,应当以实际收款人为被告,毕竟,实际收款人取得了款项,是利益的最终获得者,无论从借贷的角度还是不当得利的角度看,都应当成为实际的被告。

第三种观点认为,应当以借款人为被告,必要时可以追加实际收款人为第三人。

笔者认为,应当具体问题具体分析。

由于自然人之间的借款合同是实践合同,且合同自借款交付时生效,因此,借款交付与否将直接影响到民间借贷合同是否发生法律效力,借款人与实际收款人不一致,也就造成了借款是否交付这一事实在认定上的困难。

在民间借贷中,由于出借人交付的是货币,属于动产,因此,交付方式上既有可能是现实交付,也有可能是观念交付。现实交付是指出借人将货币直接或者通过转账形式交给借款人,发生的法律后果是不仅转移了货币的占有,也实现了货币的所有权转移。观念交付是指在特殊情况下,法律允许当事人约定不予现实地交付货币,而采用一种变通的交付方法,来代替实际交付,以发生货币所有权的转移。如简易交付(指借款人已经依法占有了货币,则出借人无须再实际交付)和指示交付(是指借人对第三人享有债权,由出借人将其对第三人的返还请求权转让给借款人,即可代替货币的实际交付)。另外,实践中还有一种情况,借款人指示的第三人作为收款人,出借人向第三人交付款项的,也视为出借人履行了提供资金的义务。

一般情况下,民间借贷当事人对彼此之间的合同关系没有争议,但是,如果借款人与实际收款人不一致时,实际收款人在诉讼中的角色是多维的:

首先,为便于查明案件事实,实际收款人可以作为证人参加诉讼,以证明借款交付的事实。其次,如果借款人有证据证明是受实际收款人的委托借款,或者代理实际收款人借款,且实际收款人收到了借款,则实际收款人应当成为被告。再次,如果借款人否认收到了借款,且声明与实际收款人无任何关系,根据合同相对性原则,借款人应当为被告;同时为了查明事实,切实做到案结事了,也可追加实际借款人为第三人参加诉讼。最后,实际收款人认为案件的处理结果同他有法律上的利害关系的,为维护自己的利益,实际收款人可以作为第三人申请参加诉讼。

八、企业法定代表人出具借款凭证对外签订民间借贷合同,如何确定被告?

对于企业的法定代表人对外借款,签订的民间借贷合同,履行期限届满未还清欠款,出借人起诉,应当以谁为被告,审判实践做法不一,存在不同观点。

第一种观点认为,法定代表人代表企业从事的借贷活动,法律后果应当由企业承担,因此,应当由企业作为被告。

第二种观点认为,法定代表人以自己的名义对外签订的借贷合同,如果所借款项用于企业,则法定代表人的行为属于职务行为,后果应当由企业承担,因此应当由企业作为被告;如果所借款项用于个人,应当由法定代表人个人作为被告。

第三种观点认为,确定被告应当根据合同相对性原则,法定代表人以企业名义签订民间借贷合同,应当以企业为被告;法定代表人以个人名义签订的民间借贷合同,应当以其个人为被告。

笔者认为,一般情况下,根据合同相对性原则,如果企业法定代表人以个人名义签订民间借贷合同或出具借款凭证,其个人为当事人;如果企业法定代表人以企业名义签订民间借贷合同或者出具借款凭证,该企业为当事人。法定代表人收到款项后,交付给公司或者企业,企业向出借人出具了收据,并且出借人从企业领取了借款利息。这些行为足以表明,出借人完全清楚其与企业发生借贷关系,而非与法定代表人个人借贷,发生争议后,企业当然具有当事人的资格。

当事人对于借款人究竟是企业法人还是法定代表人个人发生争议的,可考虑按照下列方式处理:

1. 企业法定代表人或负责人以企业名义签订借款合同,企业作为被告,这是由合同相对性以及法定代表人履行的是职务行为所决定的。但是,如果出借人或企业能够证明所借款项完全用于企业法定代表人个人生活或者其他原因使用,可以将企业法定代表人列为共同被告或者第三人。

2. 企业法定代表人以个人名义签订借款合同,个人作为被告。但是,如果企业同意还款或者所借款项用于企业生产经营的,根据出借人的请求,也可以将企业与企业法定代表人列为共同被告。

九、单位工作人员为本单位生产经营需要,以自己的名义与出借人发生资金借用行为而引起民间借贷纠纷,应当如何确定当事人?

单位工作人员为本单位生产经营需要,以自己的名义与出借人发生资金借用行为而引起民间借贷纠纷,当出借人作为原告起诉时,应当如何确定被告,审判实践中做法不一。

第一种观点认为,根据合同相对性原则,应当以签订民间借贷合同的单位工作人员作为被告。

第二种观点认为,如果单位工作人员借贷是履行职务行为,则应当以单位为被告;否则,以单位工作人员为被告。

第三种观点认为,如果单位工作人员借贷履行的是代理行为或者职务行为,或者虽然不属于职务行为,但构成了表见代理,应当以单位为被告。

笔者赞同第三种观点。

单位工作人员为本单位生产经营需要,以自己的名义与出借人发生资金借用行为而引起民间借贷纠纷,应当按照以下原则处理:

首先,审查借款行为是否属于职务行为。如果出借人明知或者应当知道单位工作人员属于履行职务行为,且借款完全用于单位,则应当以单位为被告。[①]

其次,审查借款行为是否属于代理行为。我国《合同法》借鉴英美法系中代理制度的相关规定,确立了间接代理制度。《合同法》第 402 条规定,受托人以自己的名义,在委托人的授权范围内与第三人订立的合同,第三人在订立合同时知道受托人与委托人之间的代理关系的,该合同直接约束委托人和第三人,但有确切证据证明该合同只约束受托人和第三人的除外。因此,如果单位工作人员受单位的委托,以自己的名义与出借人发生资金借用行为,出借人在订立民间借贷合同时知道单位工作人员与单位之间的代理关系的,应当以单位为被告。

最后,审查借款行为是否符合我国《合同法》第 49 条中规定的表见代理的构成要件。若构成表见代理,且借款由单位实际使用,应当认定单位为实际借款人并作为被告;若不构成表见代理,且出借人不知道借款人是履行单位的职务行为,或有充分理由认为其是同借款人个人发生借贷关系时,即使出借人与借款人的单位实质上存在借贷关系,亦应以单位工作人员为被告。

十、以项目部名义对外发生民间借贷关系的,其行为应当认定为职务行为还是个人行为?

司法实践中,以项目部名义对外发生法律关系的现象较为普遍,其行为性质究竟是职务行为还是行为人的个人行为,在判断时常常使人感到困惑。在判断行为人的行为是否属于职务行为时,可以考虑以下四个方面的因素:

首先,判断行为人与其对外代表的单位之间是否具有特殊的身份关系。如行为人在从事民事行为时,与其对外代表的单位之间不具有特殊的身份关系,即便其以该单位的名义从事民事活动,也不宜认定其行为为职务行为,只能认定是其个人行为。若行为人在从事民事行为时,与其对外代表的单位之间具有特殊的身份关系,其行为就具备了属于职务行为的前提条件。

其次,判断行为人从事的民事行为是否在企业法人授权范围之内。若行为人

---

① 参见刘璐、曾媛媛:《民间借贷纠纷正当当事人的判断》,载《政治与法律》2013 年第 12 期。

从事的民事行为超出企业法人授权范围,或者在授权终止后仍从事原授权范围的民事行为时,其行为则不是职务行为。当然,构成表见代理的不在讨论之列。

再次,判断利益归属。在区分是职务行为还是个人行为时,利益归属是一个非常重要的考量因素。所谓利益归属,是指行为人设立、变更、终止民事权利义务关系时,所产生的行为人期待的利益,是归属于个人还是单位。如果民事行为的利益归属于单位,且行为人与单位之间具有特殊的身份关系,不论行为人或单位对此持何种抗辩观点,一般应认定是职务行为;如果民事行为的利益归属于个人,且行为人与单位之间不具有特殊的身份关系,则不宜认定为职务行为,而是个人行为。

最后,考量授权表征。所谓授权表征,是指行为人从事民事行为时,具有获得单位授权的表象。在项目部经理对外借款行为中,其授权表征往往表现于其持有盖有项目经理部公章的借条,或其持有盖有公司公章的空白合同书等。若行为人具有上述授权表征,则对于行为的利益归属在所不问①,因为此种行为导致相对人有理由相信行为人具有相应的代理权限,行为人构成表见代理,项目部所在的公司自然要对行为人的行为承担相应的责任。

十一、自然人以"见证人""经手人"身份在借条上签字的,出借人应当如何确定民间借贷案件的被告?

民间借贷纠纷涉及担保人时,对于当事人的判断主要是如何确定民间借贷的担保人身份。有的自然人以"见证人""经手人"身份在借条上签字,各方对其是否应作为案件当事人分歧较大。

第一种观点认为,自然人以"见证人""经手人"身份在借条上签字的,应当作为证人对待。

第二种观点认为,自然人以"见证人""经手人"身份在借条上签字的,必要时可以作为第三人参加诉讼。

笔者赞同第一种观点。

早在1991年,最高人民法院发布了《关于人民法院审理借贷案件的若干意见》,其第13条明确指出:"在借贷关系中,仅起联系、介绍作用的人,不承担保证责任。对债务的履行确有保证意思表示的,应认定为保证人,承担担保责任。"需要注意的是,这里的"有保证意思"应当理解为明示的作出保证的意思表示,如果行为人默示或者其表达模糊不清难以判断的,不能认定为其同意提供担保责任。

由此可见,对于既无借款意思、共同还款意思,又无担保意思,仅以"见证人""经手人"身份在借款合同或借条上签字,只能作为证明借款事实的证人②,而不能将其认定为民间借贷担保纠纷的当事人。

---

① 参见赵青:《借款主体与金额的确定》,载《人民司法·案例》2010年第2期。
② 参见刘璐、曾媛媛:《民间借贷纠纷正当当事人的判断》,载《政治与法律》2013年第12期。

十二、紧随在借款人名字之后在借条上签名的,其身份如何确定?

紧随在借款人名字之后在借条上签名的,并不一定是借款人,有时双方当事人均认可其为中间人。然而,能否因此认为除了借款人之外,有签字的人均为中间人或者证明人?答案当然是否定的。

民间借贷案件审理中,应结合具体情形,探究在民间借贷合同或借条上签字的人的真实意思。首先,就借据上签名的意义而言,签名人显然处于最有利的地位,其控制风险的行为成本也最低,故应由其承担证明签名意义的举证责任,在事实真伪不明时,由签名人承担不利的法律后果,即推定其为借款人。其次,借款人在借条中的"借款人"处签名,其他人紧随在借款人署名后签名的,从签名位置上来看,认定为借款人更符合交易习惯。因为如果作为见证人或者中间人,一般不会紧随借款人的名字签名,而是在借条的其他位置上签名。当然,如果行为人注意到借条中的"借款人"三个字,却仍然在其后签名,也就是将其名字置于借条上的"借款人"所覆盖的区域内,由此可以推定行为人愿意成为借款人。

十三、一般保证中,如何确定民间借贷纠纷的当事人?

由于担保关系是民间借贷关系的从关系,并且,对于一般保证,保证人享有先诉抗辩权。出借人是否可以在一个诉讼中同时以借款人和担保人为共同被告提起诉讼,或仅以借款人或担保人提起诉讼,现有规则之间存在冲突,各地法院处理也不一致。

第一种观点认为,由于一般保证的保证人享有先诉抗辩权,因此,出借人应当先起诉借款人,只有借款人经诉讼程序之后不能偿还借款的,才能就未获清偿的部分起诉保证人。

第二种观点认为,出借人可以一个诉讼中同时起诉借款人和保证人,借款人和保证人列为共同被告。

笔者认为,就一般保证情形而言,出借人可以基于民间借贷关系仅起诉借款人。如出借人基于担保关系仅起诉一般保证人,而不同时基于民间借贷关系起诉借款人的,保证人可以主张先诉抗辩权,人民法院只能驳回其诉讼请求。

为避免因驳回出借人诉讼请求而加大诉讼成本,并避免出借人对一般保证人的权利因保证期间届满而丧失,人民法院应当追加借款人为被告。[①] 也就是说,在涉及一般保证的情形,民间借贷纠纷的当事人是出借人和借款人(不起诉保证人时),或出借人、借款人和保证人(起诉保证人时)。

需要注意的是,对于出借人把借款人和保证人一并提起诉讼的,人民法院将

---

① 参见李国光、奚晓明、金剑锋等:《最高人民法院〈关于适用《中华人民共和国担保法》若干问题的解释〉理解与适用》,吉林人民出版社2000年版,第423页。

借款人和担保人列为共同被告的同时，还应当根据《最高人民法院关于适用〈中华人民共和国担保法〉若干问题的解释》（以下简称《担保法解释》）第125条的规定，在判决中明确在对借款人财产依法强制执行后仍不能履行债务时，由保证人承担保证责任。

十四、连带保证中，如何确定民间借贷纠纷的当事人？

对于连带保证的民间借贷，出借人应将借款人或保证人单独作为被告提起诉讼，还是将借款人和保证人作为共同被告提起诉讼，司法实践中的做法不同，主要有两种观点。

第一种观点认为，在民间借贷中，债权人仅以承担连带责任的担保人为被告的，一般应追加债务人为共同被告。理由是此类案件的审理，不仅包括担保关系，还包括主债务，即借贷关系。担保的主要基础法律关系为借贷，担保人承担担保责任的前提是借贷关系成立。

第二种观点认为，在连带责任保证中，出借人仅起诉借款人或保证人的，法院不主动追加保证人或者借款人为共同被告。被诉保证人主张借款人参加诉讼的，经法院释明后，出借人仍不申请追加借款人为共同被告的，法院可仅就保证之诉进行审理。

笔者赞同第二种观点。

就连带责任保证情形而言，出借人可以基于民间借贷关系起诉借款人，也可以基于担保关系起诉保证人，还可以基于民间借贷关系和担保关系同时起诉借款人和保证人。此时，就承担债务而言，借款人和保证人处于相同的法律地位，出借人拥有实体上的选择权。因此，第二种观点是正确的，法院不能依职权追加出借人未起诉的一方作为当事人。第一种观点系仅从一般保证的情形而立论，有失偏颇。

就连带责任保证的情形，只要期限届满借款人不履行债务，保证人即应该应出借人的请求承担代偿责任，这完全可以作为独立的"保证合同纠纷"予以立案审理。

十五、有物的担保情形下的民间借贷，如何确定当事人？

民间借贷中，有的借款人或者第三人提供了物的担保。就物的担保情形下，如何确定当事人，审判实践中不会产生争议。

第一种观点认为，按照《担保法解释》第128条第1款的规定："债权人向人民法院请求行使担保物权时，债务人和担保人应当作为共同被告参加诉讼。"因此，出借人应当以债务人和担保人为共同被告提起诉讼。

第二种观点认为，出借人可以基于民间借贷关系仅起诉借款人，也可以基于担保关系申请实现担保物权。

第三种观点认为,出借人可以基于民间借贷关系仅起诉借款人,也可以基于担保关系申请实现担保物权,还可以基于民间借贷关系和担保关系同时起诉借款人和担保人。

笔者赞同第三种观点。

应当注意的是,《担保法解释》第128条第1款"债权人向人民法院请求行使担保物权时,债务人和担保人应当作为共同被告参加诉讼"的这一规定,是以"债务人行使担保物权只能通过诉讼,不能通过非讼程序来行使"为前提的。[①]《中华人民共和国物权法》(以下简称《物权法》)修正了《中华人民共和国担保法》(以下简称《担保法》)关于担保物权的实现规则,其第195条规定只要担保物权实现条件成就,担保权人即可请求人民法院拍卖、变卖担保财产。《民事诉讼法》2012年修正时对此作了积极的回应,在特别程序中增加规定"实现担保物权案件",使得实现担保物权无须经过诉讼程序,而直接向人民法院申请作出许可拍卖、变卖裁定,并据此裁定向人民法院申请强制执行。[②] 随着2012年修正后的《民事诉讼法》的实施,《担保法解释》第128条第1款的规定应当被修正。

因此,出借人可以采取三种方式实现债权,从而有三种不同的当事人的罗列:一是基于民间借贷关系出借人可以仅起诉借款人,此时当事人是出借人和借款人;二是基于担保关系申请实现担保物权,此时当事人是作为申请人的出借人和作为被申请人的担保人;三是基于民间借贷关系和担保关系同时起诉借款人和担保人,此时当事人是出借人、借款人和担保人。

十六、民间借贷中既有保证又有物的担保的,当事人发生纠纷提起诉讼的,如何确定当事人?

《担保法解释》第128条第2款规定:"同一债权既有保证又有物的担保的,当事人发生纠纷提起诉讼的,债务人与保证人、抵押人或者出质人可以作为共同被告参加诉讼。"如上所述,这一规定是以"债务人行使担保物权只能通过诉讼,不能通过非讼程序来行使"为前提的。2012年修正后的《民事诉讼法》设置了"实现担保物权案件"的特别程序,这就使得实现担保物权无须再经过诉讼程序。

基于上述理由,《担保法解释》第128条第2款规定即应修正。因此,出借人可以采取6种方式实现债权,从而有6种不同的当事人的罗列:一是基于民间借贷关系出借人可以仅起诉借款人,此时当事人是出借人和借款人;二是基于担保关系申请实现担保物权,此时当事人是作为申请人的出借人和作为被申请人的担保人;三是基于保证关系仅起诉保证人(承担连带责任的前提下),此时当事人是出借人和保证人;四是基于民间借贷关系和担保关系同时起诉借款人和担保人,此

---

① 参见李国光、奚晓明、金剑锋等:《最高人民法院〈关于适用《中华人民共和国担保法》若干问题的解释〉理解与适用》,吉林人民出版社2000年版,第429页。

② 参见高圣平:《物权担保新制度新问题理解与适用》,人民法院出版社2013年版,第469页。

时当事人是出借人、借款人和担保人；五是基于民间借贷关系和保证关系同时起诉借款人和保证人，此时当事人是出借人、借款人和保证人；六是基于民间借贷关系、担保关系和保证关系同时起诉借款人、保证人和担保人，此时当事人是出借人、借款人、保证人和担保人。

十七、作为民间借贷案件的当事人的公司被工商行政部门吊销营业执照的，如何参加民事诉讼？

司法实务中，作为民间借贷案件的当事人的公司被工商行政部门吊销营业执照应如何参加民事诉讼，《中华人民共和国公司法》（以下简称《公司法》）对此已有相关规定，但实践中仍存有争议。

第一种观点认为，公司被工商行政部门吊销营业执照的，公司仍然存续，公司原法定代表人仍然是清算期间的公司法定代表人，有权代表清算组参加公司诉讼。

第二种观点认为，公司被工商行政部门吊销营业执照的，公司仍然存续，公司成立清算组的，应当由公司清算组负责人代表公司参加民事诉讼活动；尚未成立清算组的，由公司原法定代表人代表公司参加诉讼。

笔者倾向于第二种观点。

公司虽被工商部门吊销营业执照并已进入清算阶段，但仍然具有民事主体资格，可作为当事人进行诉讼，承担民事责任。按照我国《公司法》第186条第3款的规定，清算期间，公司存续，但不得开展与清算无关的经营活动。因此，在民事诉讼中，应当将公司列为诉讼主体。

按照《公司法》第184条的规定，清算组在清算期间代表公司参与民事诉讼活动。但是，清算组本身作为一个组织机构，在我国现行法律框架下，可能由一人构成，也可能由多人组成，而且在大多数情况下是由多人组成的。当清算组只有一人时，该人即自然代表清算组、代表公司而为相应的行为，此无所争议。但是，当清算组由多人组成时，究竟由谁代表公司？①《公司法》并未规定。并且，如果清算组为多人时，在诉讼中意见不统一，甚至在涉及程序权利及实体权利的处分上达不成一致意见，往往容易导致诉讼拖延，损害了当事人的诉讼利益。

为了解决这一实际问题，《最高人民法院关于适用〈中华人民共和国公司法〉若干问题的规定（二）》（以下简称《公司法解释（二）》）进一步明确规定应当由清

---

① 对于清算组执行事务时的代表问题，对此，各国有不同的立法规定。一是单独代表制，即原则上所有清算人都享有对外各自代表公司的权利，另有规定的除外，如日本、韩国。二是共同代表制，即原则上要求全体清算人共同代表公司，如德国。参见奚晓明主编：《最高人民法院关于公司法司法解释（一）、（二）理解与适用》，人民法院出版社2008年版，第240页。笔者认为，实际上，我国既不属于单独代表制，也不是共同代表制，由于我国《公司法》采纳法定唯一的公司代表人制度，因此，公司代表人只能由一人担任而不能由多人同时代表公司。参见王林清：《公司诉讼裁判标准与规范》，人民出版社2012年版，第649页。

算组负责人代表公司参加诉讼活动。理论上而言,清算事务应当由全体清算组成员共同决定,由清算组负责人代表执行。

另外,对于在实践中公司解散之后清算完毕前尚未成立清算组的,《公司法解释(二)》规定,仍由原法定代表人代表公司参加公司诉讼活动。原法定代表人代表清算中的公司参加诉讼是为解决司法实践中的实务问题而进行的一种变通规定。司法解释的这一规定是基于以下考量:

(1)公司清算组的组建需要一个过程,公司自解散后至清算组组建前既可能参与正在进行的诉讼,又可能面临新的诉讼,此时必须有人代表公司参加诉讼。

(2)公司解散后可能怠于清算,根本就未组织清算组,其他权利人亦未向法院申请指定清算组,此时由清算组代表公司参加诉讼根本不具有现实性。

上述两种情形下,由公司原法定代表人代表公司参加诉讼显然是最为可行的选择。当然,司法解释的上述规定,并不表明在公司清算过程中,公司可以以原法定代表人仍能够代表公司为由而拒绝成立清算组。

第二章 民间借贷合同效力

一、民间借贷合同应当包括哪些组成要素才能够成立?

对于有效的民间借贷合同的内容应当包括哪些因素,理论界与实务界争议不断,主要有三种不同观点。

第一种观点认为,民间借贷合同至少应当包括借款数额和利息两个因素。

第二种观点认为,民间借贷合同至少应当包括借款数额、利息和还款期限三个因素。

第三种观点认为,民间借贷合同至少应当包括借款数额、币种、利息和还款期限四个因素。

笔者认为,民间借贷合同至少应当包括借款数额和币种两个因素。

合同条款是当事人合意的产物及合同内容的表现形式,是确定合同当事人权利义务的根据。我国《合同法》第 12 条规定:"合同的内容由当事人约定,一般包括以下条款:(一) 当事人的名称或者姓名和住所;(二) 标的;(三) 数量;(四) 质量;(五) 价款或者报酬;(六) 履行期限、地点和方式;(七) 违约责任;(八) 解决争议的方法。当事人可以参照种类合同的示范文本订立合同。"而《最高人民法院关于适用〈中华人民共和国合同法〉若干问题的解释(二)》第 1 条则规定,当事人对合同是否成立存在争议,人民法院能够确定当事人名称或者姓名、标的和数量的,一般应当认定合同成立;但法律另有规定或者当事人另有约定的除外。

针对借款合同的特性,《合同法》第十二章中规定了借款合同应包括借款种类、币种、用途、数额、利率、期限和还款方式等条款。但是,并非所有条款都属于合同成立必须具备的条款。

就利息而言,并不是合同成立的必备条款。自然人之间的民间借贷合同没有约定利息或者约定不明的,按照《合同法》第 211 条的规定,视为不支付利息。除自然人之间的民间借贷外,对于其他民事主体之间签订的没有约定利息的民间借贷合同,并不会因此而导致合同不成立。因为民间借贷合同本来就有无偿和有偿之区别,何况,通过适用《合同法》第 61 条、第 62 条的规定,也可以确定借款的价格。

就还款期限而言，也不是合同成立的必备条款。因为合同没有约定履行期限的，按照《合同法》的有关规定，债务人可以随时履行债务，债权人可以随时要求债务人履行义务，但应当给债务人必要的准备时间。没有约定履行期限的民间借贷合同为不定期合同，不定期合同并不会因为期限的缺失导致合同的不成立。

同样，借款用途不是民间借贷合同成立的必备条款；违约责任的欠缺，可以通过其他途径或者认定一方免除了另一方的违约责任来解决，但都不会影响民间借贷合同的成立。

二、自然人之间的民间借贷合同应采用何种形式？

在民法理论上，合同分为要式合同与不要式合同。要式合同是指必须依据法律规定的方式而订立的合同。对于一些重要的交易，《合同法》要求当事人采取特定的方式订立合同。[①] 不要式合同是指对其成立法律没有要求采取特定方式的合同。对于不要式合同采取什么形式，取决于当事人的自由意志，可以采取口头形式、书面形式，也可以采取其他形式。《中华人民共和国民法通则》（以下简称《民法通则》）在第55条对民事法律行为应当具备的实质要件（行为人具有相应的民事行为能力、意思表示真实、不违反法律或者社会公共利益）作出规定的同时，还在第56条对民事法律行为应当具备的形式要件作出了规定：可以采用书面形式、口头形式或者其他形式。[②] 法律规定用特定形式的，应当依照法律规定。《合同法》第10条与《民法通则》第56条相一致，采取合同形式自由的原则。

合同形式是当事人合意的外在表现方式，是合同内容的载体。根据《合同法》第197条的规定[③]，自然人之间的借款合同为不要式合同。因此，自然人之间的民间借贷合同，当事人既可以采用书面形式，也可以采用口头形式。书面形式包括合同书、信件和数据电文（包括电报、电传、传真、电子数据交换和电子邮件）等可以有形地表现所载内容的形式。

随着我国社会经济的不断发展，以电子计算机为核心的电脑网络通讯已经日

---

① 比如，《合同法》第197条规定的法人借款合同、第238条规定的融资租赁合同、第270条规定的建设工程施工合同、第330条规定的技术开发合同、第342条规定的技术转让合同等。

② 其他形式主要是指默示合同。《最高人民法院关于贯彻执行〈中华人民共和国民法通则〉若干问题的意见（试行）》第66条规定，一方当事人向对方当事人提出民事权利的要求，对方未用语言或者文字明确表示意见，但其行为表明已接受的，可以认定为默示。德国有一个很著名的案例：在汉堡有一个人在一个汽车停车场停车，停车人说这是一个公共场所，在这里停车应该是免费的，但停车场说不行，我们在这里立了一个停车收费的牌子，我们是收费的。为此双方诉诸法院。德国最高法院的法官在判决中说：即使你没有意思表示要订立这个停车合同，但是你是看到了这个牌子又停车的，这是一个事实契约，因此应当付费。这里，虽然双方没有书面合同或者口头停车合同，德国法官是从停车场树立停车收费的牌子与驾车人进场停车的行为推定合同成立的。参见奚晓明主编：《最高人民法院关于合同法司法解释（二）理解与适用》，人民法院出版社2009年版，第23页。

③ 《合同法》第197条规定：借款合同采用书面形式，但自然人之间借款另有约定的除外。借款合同的内容包括借款种类、币种、用途、数额、利率、期限和还款方式等条款。

益普及,各种各样的现代通讯手段被大量运用于市场交易活动中,如 MSN、QQ、电子邮件(E-mail)和微信,同时数据电文也获得突飞猛进的发展,表现为以电子、光学、磁或者类似手段生成、发送、接收或者储存的信息种类和外在形式日新月异。为了规范电子签名行为,确立电子签名的法律效力,我国于 2004 年颁布了《中华人民共和国电子签名法》(以下简称《电子签名法》)。所有这些现代的科技通讯手段极大地促进了社会交易的进步、安全与效率。因此,自然人之间的民间借贷合同可以采用多种形式。

三、自然人与企业之间的民间借贷,其效力如何认定?

企业以借贷名义向职工非法集资的,其法律效力如何认定?对此,实务界观点纷呈,很难形成一致意见。

第一种观点认为,由于企业属于非法集资,按照《最高人民法院关于如何确认公民与企业之间借贷行为效力问题的批复》规定,企业以借贷名义向职工非法集资应当认定无效。何况,这里用的是"非法"的用语,更能说明,企业向职工非法集资当然无效。

第二种观点认为,企业向职工非法集资,并不能认定民间借贷合同当然无效。如果企业为了生产经营的需要向职工集资,尽管没有履行相应的程序,也只能认为违反了管理性的强制性规定,但并不能导致合同本身无效。

笔者倾向于第二种观点。

对于民间借贷问题,各地法院在审判实践中摸索出了若干经验,并作出了相应规定。比如,上海市高级人民法院在 2007 年制定了《关于审理民间借贷合同纠纷案件若干意见》;江苏省高级人民法院在 2009 年制定了《关于当前宏观经济形势下依法妥善审理非金融机构借贷合同纠纷案件若干问题的意见》;浙江省高级人民法院在 2009 年制定了《关于审理民间借贷纠纷案件若干问题的指导意见》。在江、浙、沪三地高级人民法院的上述指导意见中,对于民间借贷效力问题远未达成共识。只有江苏省高级人民法院列举了无效民间借贷的情形,具体包括:以"标会"等形式向不特定的多数人非法筹集资金的行为;以向他人出借资金牟利为业的"地下钱庄"等从事的借贷行为;以及其他违反法律、行政法规强制性规定的借贷行为。但江苏省高级人民法院同时列举了非金融企业借贷行为有效的类型,具体包括:依照法律规定的条件和程序募集资金的;为企业的生产经营需要向特定的自然人进行的临时性小额借款;企业非以获取高额利息为目的,临时向自然人提供的小额借款。浙江省高级人民法院强调指出,自然人与非金融企业之间的借贷中,企业将借款资金用于合法生产经营活动,不构成集资诈骗、非法吸收公众存款等金融犯罪活动的,不宜认定借贷合同无效。

应当说,江、浙、沪三地高级人民法院出台的指导性意见对于规范民间借贷案件的审理,统一当地裁判标准,无疑具有重要意义。但也有学者尖锐地指出:"这些指导意见并不具有法律上的拘束力,但对地方法官自由裁量权的行使却具有直接规范和指导价值。问题在于,这些指导意见针对民间借贷具体法律问题所给出的处理方案并不完全相同,有的甚至超越或者背离了现行法律和最高法院司法解释,从而在一定程度上加深了我国民间借贷法律适用的多样性和不确定性。"[1]

有关企业向职工集资的合同效力问题,笔者倾向认为,认定为有效更妥当。理由是:

首先,企业因对流动资金的需求以及信誉等原因向公民借款的情形相对较为普遍。尽管企业向公民借款的情形各异,但其目的大体上可以分为两类:第一,应付企业临时急需,例如,企业在外地推销其产品,因所带资金不足而向职工借款;第二,向公民募集生产经营活动所需的资金即集资。所谓集资,是指企业为实现某种经济目的,依照法律、法规规定的条件和程序,通过向社会公众或者集体发行有价证券,或者利用融资租赁、联营、合资、企业内部筹集资金等方式在资金市场上募集或者聚集所需资金的行为。我国有关的法律、法规对企业或个人、团体进行集资规定了严格的条件和程序。企业在两类集资中,因为违反了法定程序而被认定为"非法集资",但其目的却是合法的,很难说集资合同无效。

其次,公民与企业之间的借贷行为也是一种民事行为,判断这种行为是否有效的依据是《民法通则》有关民事法律行为的规定。依照《民法通则》第55条的规定,民事行为有效应当具备下列条件:一是行为人具有相应的民事行为能力;二是行为人意思表示真实;三是民事行为不违反法律或者社会公共利益;四是民事行为必须采取法律允许的形式。上述四个条件中,最主要的是不违反法律或者社会公共利益。企业因生产经营急需而向职工非法集资,很难说违反了社会公共利益。

再次,有些企业在集资过程中确实存在着胁迫的成分,职工并不愿意向单位交纳集资款,但迫于单位的压力而不得不交纳。这种情况下,职工的意思表示是在外力的影响或强制下进行的,很难反映其真实意思。但是,如果仅凭职工外部的意思表示就否认其行为的效力,不仅有可能违背行为人最终的真实意思,也可能达不到行为人预期的法律后果,更难以维护行为人的合法权益和社会的正常秩序。毕竟,企业与职工的利益休戚与共,二者之间是一种唇亡齿寒的关系,企业为了生存发展而不得不向职工集资,实际上这与职工的切身利益密切相关。退一步而言,即使企业非法集资中确实存在欺诈、胁迫或其他违反借贷双方真实意思表示的情况,按照《合同法》第54条的规定,也是可变更、可撤销合同,而可变更、可撤销合同的前提是合同有效。

最后,如果认定非法集资签订的民间借贷合同无效,反而不利于保护职工的利益。因为非法集资中,双方约定的利息一般高于银行同期同类存款利息,如果

---

[1] 席月民:《我国当前民间借贷的特点、问题及其法律对策》,载《政法论丛》2012年第3期,第63页。

合同认定无效,则企业只能按照借用资金期间银行活期存款利率向职工赔偿损失,这种处理方式无疑不利于职工。何况,在司法实践中,对于那些因企业的生产经营需要而向特定范围内的职工进行临时性借款,已有被认定为有效的案例,这种判决的社会效果要比认定无效的效果好一些。

因此,笔者建议,《最高人民法院关于如何确认公民与企业之间借贷行为效力问题的批复》中有关企业向职工非法集资属于无效的规定,应当予以修正,在效力上一般应当认定有效。

四、企业以借贷名义向社会非法集资,其效力如何认定?

对于企业以借贷名义向社会非法集资的效力问题,审判实践中存在争议。

第一种观点认为,企业因为生产经营的需要而向社会非法集资,不应认定无效。当前,企业尤其是中小微企业融资难、融资贵已经成为不争的社会现实,企业很难从正规金融机构获得借款,如果还不允许企业通过其他方式融资,无疑会严重影响企业的生存与发展。从社会效果看,认定企业向社会非法集资行为有效,并无不当。何况,出借人之所以愿意参与到企业集资中,更多的是为了获得高额的利息收入。

第二种观点认为,企业向社会非法集资,违反的是《中华人民共和国商业银行法》(以下简称《商业银行法》)有关效力性的强制性规定,应当认定无效。

笔者倾向于第二种观点。

《商业银行法》第11条规定,设立商业银行,应当经国务院银行业监督管理机构审查批准。未经国务院银行业监督管理机构批准,任何单位和个人不得从事吸收公众存款等商业银行业务,任何单位不得在名称中使用"银行"字样。我国基本的金融倾向政策之一是信贷依法集中于银行,货币借贷作为一项金融业务,依法只能由国家指定的具有金融信贷权的银行和其他金融机构专营,金融机构以外的企业不得从事吸存业务,否则构成了对社会公共利益的侵害,应当认定为无效。

认定企业向社会公众非法集资为无效还有另外一个理由,就是企业一般是以广告、媒介、传单等形式向社会公众广而告之吸收存款,而对此出借人知道或者是应当知道。在出借人知道或者应当知道企业向社会集资构成违法甚至犯罪,仍然愿意向企业出借款项,这种情况下很难认定出借人是善意的。因而,其与非法集资的企业签订的民间借贷合同理应认定为无效,这与行为人构成非法吸收公众存款罪,出借人和借款人签订的民间借贷合同可能有效是不同的。这点将在本书其他章节中论述。

五、企业以借贷名义向社会公众发放贷款签订的民间借贷合同,其效力如何认定?

对于企业向社会公众发放贷款的行为效力,与企业以借贷名义向社会非法集资的问题类似,在审判实践中同样存在争议。

第一种观点认为,企业向社会公众发放贷款的行为并不必然无效,应当从发展的眼光看待企业发放贷款的行为,这种行为对于打破金融垄断、促进资金融通有一定积极作用,一味地认定无效并不能解决现实的融资难问题,尤其是企业以自有资金向社会放贷,可以考虑认定有效,从而也有利于保护借贷双方的利益。

第二种观点认为,企业向社会公众发放贷款的行为,违反了《商业银行法》的效力性强制性规定,应当认定无效。

笔者倾向于第二种观点。

如前所述,信贷作为一项金融业务,依法只能由国家指定的具有金融信贷权的银行和其他金融机构专营,金融机构以外的企业既不得从事吸存业务,也不能从事放贷业务,否则构成了对社会公共利益的侵害。因此,企业向社会公众发放贷款的行为应当认定为无效。

企业向社会公众发放贷款属于违法,而借款人对此明知或者应当知道。在借款人知道或者应当知道企业没有资格向社会发放贷款的情况下,仍然与企业签订民间借贷合同,很难讲借款人是善意的。由此,认定双方的民间借贷合同无效,并不会损害任何一方的利益。

六、民间借贷合同无效的法律后果如何认定?

根据民间借贷合同的特点,借贷合同无效后,一般要承担如下后果:

1. 借款人返还借款。合同无效后,当事人依据合同所取得的财产应当返还给对方。返还财产并不是违反民事义务所直接产生的法律后果,它的存在也不是法律对当事人主观状态予以否定性评价的表现。因此,返还财产不适用无过错原则,即无论当事人对缔结合同是否有过错,依据无效合同取得、占有的财产因无合法根据,都应当返还对方。所有物的返还,是以物在法律上和事实上能够返还为条件。因为民间借贷合同主要以金钱为标的,故返还借款并不存在法律上的不能返还和事实上的不能返还之情形。因此,针对无效借贷合同而言,如果无效借贷合同尚未履行,则不得履行。如果无效借贷合同已经履行,取得借款的借款人应当向贷款人返还借款。

2. 赔偿损失。赔偿损失是缔约过失责任的要求。无效民间借贷合同的订立和履行将给当事人带来损失,这里的损失,一般指贷款人受法律保护的合法利息损失,如果有其他损失,还应当承担赔偿其他损失的责任。如果贷款人已经提供借款,返还借款不足以弥补损失时,借款人应当赔偿损失;如果贷款人实际未提供借款,但合同无效是借款人过错造成的,则由借款人向贷款人承担赔偿损失责任;如果合同是双方过错造成的,则由双方按各自的过错承担责任。

七、企业与企业之间的民间借贷,其效力如何认定?

企业与企业之间的民间借贷合同的效力如何认定,实践中存在重大争议,主要有以下几种不同观点。

第一种观点认为,不具有金融业务经营权的企业或者其他组织之间的资金行为,无论其表现形式是直接订立民间借贷合同,还是以企业联营、投资为形式,都是实为借款,由于违反了《商业银行法》和国务院《非法金融机构和非法金融业务活动取缔办法》的规定,应当认定无效。而且,《最高人民法院关于审理联营合同纠纷案件若干问题的解答》明确规定:"企业法人、事业法人作为联营一方向联营体投资,但不参加共同经营,也不承担联营的风险责任,不论盈亏均按期收回本息,或者按期收取固定利润的,是明为联营,实为借贷,违反了有关金融法规,应当确认合同无效。除本金可以返还外,对出资方已经取得或者约定取得的利息应予收缴,对另一方则应处以相当于银行利息的罚款。"由此可见,企业之间的民间借贷合同应当认定为无效。

第二种观点认为,企业与企业之间的民间借贷应当认定有效,我国并没有法律明文规定企业之间不得拆借资金。对于《商业银行法》的规定,应当解读为管理性强制性规定而非效力性强制性规定。

第三种观点认为,企业与企业之间的经常性借贷一般不宜认定有效,但是,企业为生产经营需要,向其他企业临时性拆借资金,应当认定有效。

笔者倾向于第三种观点,主要理由陈述如下:

(一) 对企业间借贷效力否定之依据的梳理

对于企业间相互借贷行为的法律效力,一直存在着认定无效的理论共识。认定无效的理论观点,其主要理由是货币借贷是一种金融业务,由于金融服务的特殊性和国家宏观调控的必要性,货币借贷只能由国家"指定的机构"[①]专营。而这一认识的法律依据主要有以下几个层面:在行政法规层面,国务院颁布的《非法金融机构和非法金融业务活动取缔办法》第 4 条和第 5 条[②];在部门规章层面,中国人民银行于 1996 年实施的《贷款通则》第 61 条规定[③]和 1998 年《中国人民银行对

---

① 指定的机构通常包括国家各专业银行、各地方银行、交通银行、城市及农村信用社及经批准的外资银行、合资银行、金融信托投资机构。各级财政部门可以在法律、政策允许的范围内从事财政性借贷;经国家批准设立的各种科学、教育基金会,各种社会发展基金会,各种福利基金会,可在经批准的基金会章程规定的范围内,有限度地开展借贷业务。参见陈秋莲:《企业间借贷行为法律规定的认定和探讨》,载《河南工程学院学报》(社会科学版)2009 年第 2 期第 24 卷。

② 该办法第 4 条规定:"本办法所称非法金融业务活动,是指未经中国人民银行批准,擅自从事的下列活动:……(三)非法发放贷款、办理结算、票据贴现、资金拆借、信托投资、金融租赁、融资担保、外汇买卖……"第 5 条规定:"未经中国人民银行依法批准,任何单位和个人不得擅自设立金融机构或者擅自从事金融业务活动。"这两条规定属效力否定性的规定,但对于企业间借贷行为是否属于从事金融业务尚有争议,后述之。

③ 该条规定:"各级行政部门和企事业单位、供销合作社等合作经济组织、农村合作基金会和其他基金不得经营存贷款等金融业务。企业之间不得违反国家规定办理借贷或者变相借贷融资业务。"

最高人民法院经济审判庭关于对企业间借贷问题的答复》①；在司法解释层面，《最高人民法院关于对企业借贷合同借款方逾期不归还借款的应如何处理问题的批复》和《关于审理联营合同纠纷案件若干问题的解答》。1999年《合同法》生效并实施后，司法实践中，被援引作为认定企业间借贷合同无效的法律依据，主要指向的是《合同法》第52条。理由是：对于直接以借贷合同表现的企业间借贷行为，以及名为联营实为借贷的企业间借贷行为之外的其他变相的企业间借贷行为，可以根据《合同法》第52条第(三)项的规定，以其"以合法形式掩盖非法目的"认定无效；企业间的借贷行为，如果违反了金融法规，还可以根据《合同法》第52条第(四)项之规定，以其"损害社会公共利益"为由认定无效；抑或根据《民法通则》第58条的规定，以其"违反法律或社会公益"为由，从而认定该行为属于无效民事行为。

（二）对企业间借贷效力法律依据之分析

1. 对于《非法金融机构和非法金融业务活动取缔办法》的评析。该办法中并未明确禁止"企业间借贷"，而且其所称之"借款"行为并非同一概念，不应混淆金融业务和一般借款行为的区别。银行借款业务要求借贷对象具有广泛性和不特定性，而且企业间借贷的借款对象并不符合这一要求，不是一种金融业务，而应当认为是一种一般性的借款行为，是企业间的合同行为，在企业间借贷行为效力问题上，该办法并无适用的余地。

2. 对于最高人民法院之前司法解释的评析。认定借贷合同无效的观点植根于计划经济时代我国经济和金融的发展状况，依据的是1981年颁布的《中华人民共和国经济合同法》(以下简称《经济合同法》)，上述最高人民法院有关借贷的司法解释是对《经济合同法》的解释。随着我国改革开放的深入，经济社会的发展，《经济合同法》已经废止，被1999年《合同法》所取代，《合同法》对无效合同的认定更加慎重，立法理念是进一步缩小无效合同的范围。因此，笔者认为，上述司法解释已经没有用武之地，理应废止。

3. 对于《合同法》第52条规定的评析。该条第(五)项规定，违反法律、行政法规强制性规定的合同无效。而后最高人民法院出台的《关于适用〈中华人民共和国合同法〉若干问题的解释(一)》(以下简称《合同法解释(一)》)认为，确认合同无效的根据，只有全国人大及其常委会制定的法律和国务院制定的行政法规，其他行政规章不得作为确认合同无效的依据。这样的规定是非常合理的，我们必须对法律的效力层级有明确的要求，才能避免不恰当的合同无效性认定。可见，国家对无效合同的干预主要在于其违法性。《最高人民法院关于适用〈中华人民

---

① 该答复内容为："根据《中华人民共和国银行管理暂行条例》第4条的规定，禁止非金融机构经营金融业务。借贷属于金融业务，因此非金融机构的企业之间不得相互借贷。企业间的借贷活动，不仅不能繁荣我国的市场经济，相反会扰乱正常的金融秩序，干扰国家信贷政策、计划的贯彻执行，削弱国家对投资规模的监控，造成经济秩序的紊乱。因此，企业间订立的所谓借贷合同(或借款合同)是违反国家法律和政策的，应认定无效。"

共和国合同法〉若干问题的解释(二)》(以下简称《合同法解释(二)》)第14条更是明确规定:"合同法第五十二条第(五)项规定的'强制性规定',是指效力性强制性规定。"可以肯定的是,效力性强制性规范的要件必定严格于取缔性强制性规定。而目前,对于民间借贷合同无效的判断依据主要来自于理应废止的司法解释以及相关的部门规章,认定企业间借贷行为无效也就失去了相应的法律基础。至于《合同法》第52条第(四)项,规定的是合同不能违反公共利益。具体到民间借贷行为,就要分析民间借贷是否损害了公共利益。公共利益应当是社会全体成员的利益,民间借贷行为并没有给普通老百姓的生活或利益带来威胁,无论从道德层面还是实际操作层面,企业借贷的范围仅限于有资金需求的群体,而这些群体通过企业借贷可以缓解资金紧张,企业借贷恰好体现了其利益的诉求。故而根据此条,也不能认定企业间借贷违法。①

因此,在我国现行法律体系下,认定企业间借贷合同无效并无明确的法律和行政法规层面的依据。同时,上述法律法规流于主体立法而非行为立法,严重违反了市场主体平等保护的民法基本原则②,规范过于原则,甚至相互冲突,缺乏统一的指向性,立法可操作性差,已不足以对企业间借贷行为进行良好的引导和规制,给实体经济健康发展带来了严重损害。笔者认为,企业与企业之间的经常性借贷一般不宜认定有效,但是,企业为生产经营需要,向其他企业临时性拆借资金,应当认定有效。

八、哪些企业之间的民间借贷应当被认定无效?

应当注意的是,《最高人民法院关于审理民间借贷案件适用法律若干问题的规定》(以下简称《民间借贷规定》)第14条明确规定,企业间以下借贷合同应当认定无效:

(1)企业从银行等金融机构取得的信贷资金,又转贷给其他企业牟利,借款人事先对此明知或者应当知道的;

(2)将向其他企业所借或者向本单位职工集资取得的资金进行转贷牟取利益,借款人事先知道或者应当知道的;

(3)知道或应当知道借款人借款用于犯罪或者从事其他违法活动仍然提供贷款;

(4)违背公序良俗的借贷行为;

(5)其他违反法律、行政法规效力性强制性规定的。

另外,司法实务中需要对企业从事经常性借贷予以必要的注意。企业从事经

---

① 参见王林清:《论企业间借贷正当性的法律分析》,载《法学评论》2014年第5期。
② 参见贾清林:《金融危机背景下中国民间借贷二元化法律认定探析》,载《学理论》2010年第27期。

常性借贷业务,背离了企业以生产经营为宗旨的设立目标。① 因此,对于企业间相互拆借资金,应当考虑到企业对外放贷的次数、频率或者金额,以及通过对外放贷获得收益等因素。无论如何,一个企业在一定期间内多次以生产经营所需为名,对外借款或者放贷,很容易让人产生合理性怀疑,并且有可能陷入实质性从事银行业务的漩涡,对于这样的借贷仍然予以认定有效的可能性必然大大降低。对于这一问题,民间借贷司法解释未作出明文规定,司法实践中对此亦无法作出"一刀切"的规定。毕竟,纷繁多样的实践不可能通过统一的标准予以规范,这需要通过司法运用自由裁量权来作出权衡认定。

笔者认为,司法实务中是否认定为从事经常性借贷业务,应当结合企业一年内对外借贷的次数、企业注册资本、借贷数额、企业借贷资金来源、借贷利率、借贷利息收入所占企业营业收入比例、借贷企业之间的关系等各种因素综合确定。当事人主张企业从事经常性借贷业务的,应当承担举证责任。

九、就民间借贷的债务达成的诺成性的以物抵债协议的,其效力如何认定?

当事人达成了以物抵债协议,但尚未实际履行,对于该以物抵债协议的效力应当如何认定,这已经成为在理论与实务中争议非常大的一个问题。对此,主要有两种截然不同的观点。

第一种观点认为,以物抵债协议是当事人的真实意思表示,属于自治空间事项,司法无须过多干预,应当认定以物抵债协议有效。

第二种观点认为,以物抵债协议是对流质契约禁止的违反,且容易为虚假诉讼所利用。② 因此,以物抵债协议应当被认定无效。

笔者倾向于第一种观点。

首先,以物抵债协议是私法自治的体现,理应受到法律的善待和保护。对自由的限制应当符合如下原则:出于社会公共利益的需要;出于诚实信用和善良风俗的需要;出于他人利益保护的需要。③ 当合同只关系到单纯的合同当事人利益的衡量时,裁判者不能简单地否定其效力。即便以物抵债协议中约定的物的价值被过高或者过低折算,也可以根据《合同法》第 54 条关于可变更、可撤销合同的规定,由利益受损一方行使请求变更、撤销权,而不宜认定以物抵债协议无效。

其次,以物抵债协议并非是对流质契约禁止条款的违反。流质契约的适用前提条件必须是有质押或者抵押,而以物抵债根本就不存在这两种担保物权的情形。另外流质契约禁止最重要的功能就在于保护质押人、抵押人的利益,防止债

---

① 参见王林清:《论企业间借贷正当性的法律分析》,载《法学评论》2014 年第 5 期。
② 参见夏正芳、潘军锋:《以物抵债的性质及法律规制》,载《人民司法·应用》2013 年第 21 期。
③ 参见王利明:《民法典体系研究》,中国人民大学出版社 2008 年版,第 339—340 页。

权人"图谋债务人不能清偿时取得抵押物的所有权,牟取非分利益"①,以体现民法的公平、等价有偿的原则。然而,以物抵债的双方当事人未必在地位上就一定不平等,债务的实现也未必依赖于流质契约所涉及的担保物,更何况对流质契约采放任或者部分允许主义是大势所趋。② 我们应当顺应潮流,尽快修改或者废除有关流质契约的规定。

再次,以物抵债后,确实有部分案件被虚假(恶意)诉讼所利用、案外人利益受到伤害等种种不公平、不合理现象。③ 然而,虚假诉讼并非是以物抵债中独有的现象,也并非是实行以物抵债的结果,在其他民事纠纷中,虚假诉讼的现象同样层出不穷、泛滥不止。我们不能因为担心会被虚假诉讼利用而因噎废食,否认以物抵债的效力。

最后,以物抵债能够降低交易成本,提高交易效率,增进社会财富积累,实现资源优化配置。我国立法应当分别承认实践性的代物清偿合同和诺成性的以物抵债合同。④ 不论以物抵债协议签订在债务履行期届满前还是届满后,都应当得到立法与司法的认同。当然,司法实务中也要加强对以物抵债的审查,防止利用以物抵债而掩盖虚假诉讼或者其他非法目的。

十、民间借贷债务履行期届满前,当事人达成的诺成性的以物抵债协议的效力应当如何认定?

需要注意的一个问题是,民间借贷债务履行期届满后,当事人达成的无论是诺成性的以物抵债协议还是实践性的代物清偿协议,都是合法有效的,且债权人可以根据协议主张抵债之物的所有权。民间借贷债务履行期届满前,当事人达成

---

① 梁慧星:《中国物权法草案建议稿——条文、说明、理由与参考立法例》,社会科学文献出版社2000年版,第638页。

② 英美法系中,《美国统一商法典》第9—501条体现了遵循流质自由的原则;大陆法系中,《俄罗斯民法典》对流质契约亦听凭当事人意思自治。我国台湾地区"民法"以前对流质条款也予禁止,但后经修订,有限承认了流抵条款在当事人之间的效力。其"民法"第873条之一规定:(1) 约定于债权已届清偿期而未为清偿时,抵押物之所有权移属于抵押权人者,非经登记,不得对抗第三人。(2) 抵押权人请求抵押人为抵押物所有权之移转时,抵押物价值超过担保债权部分,应返还抵押人;不足担保债权者,仍得请求债务人清偿。2006年3月25日,法国第2006—346号关于担保的法令生效,《法国民法典》随之作出调整,现已承认了流质、流押协议的有效性,同时为了保护债务人利益,第2348条第2款、第2460条第1款要求担保财产的价值应当由专业人士评估。参见李世刚:《关于法国担保制度的改革》,载《政治与法律》2007年第3期。

③ 参见夏正芳、潘军锋:《以物抵债的性质及法律规制》,载《人民司法·应用》2013年第21期。

④ 一般来说,当事人各方一致同意以物抵债,法律没有必要禁止。不过,在特殊情况下,以物抵债只是表面的形式,实质却是在规避法律。例如,北京市出台摇号购买轿车的政策,为了缓解日益严重的交通拥堵而禁止牌照转让。从法律角度讲,北京市的牌照汽车成为了禁止流通物。在这种背景下,甲和乙约定,将甲的牌照奔驰车抵给乙,以清偿甲欠乙的60万元人民币的债务。该以物抵债合同因违反了禁止流通物不得转让的效力性强制性规定而归于无效。参见崔建远:《以物抵债的理论与实践》,载《河北法学》2012年第3期。

的诺成性的以物抵债协议,该协议的效力应当如何认定?有观点认为,该协议的实质是流质契约,因而该以物抵债协议的效力也应当被认定为无效。①

在笔者看来,以物抵债如同让与担保一样,二者都是当事人的真意表达,并不违反法律的禁止性规定,没有必要认定无效,立法与司法应当善待这种不违背公共利益而仅在私人之间进行的利益安排。流质契约的适用有一个法定前提,即必须在抵押或者质押中才有可能存在流质契约,超出了抵押或者质押的语境,探讨流质契约是没有任何意义的,否则同样会违背物权法定原则。

民间借贷债务履行期届满前,当事人达成的诺成性的以物抵债协议,其本质与后让与担保并没有太大的区别,只不过在称谓上有所不同而已。无论是让与担保还是后让与担保,虽然当事人约定标的物所有权将移转于债权人,但就债权人与债务人或者设定人之间的关系而言,债权人并不能没有任何悬念地当然取得标的物的所有权。当民间借贷的借款人不履行债务时,担保权人或者以物抵债的权利人仍负有清算义务,即债权人仍应当变卖标的物或协议估价,以其价金受偿或标的物抵偿债权。当标的物的价金超过债权数额时,就超过的部分债权人仍然应当负有返还之责;当标的物的价金低于债权数额时,就不足的部分债务人仍然负有补偿的义务。如此一来,通过设置一个清算程序,有利于在债权人与债务人之间实现实质上的公平,符合民法的等价有偿的原则,也解决了主张以物抵债协议无效的学者所担忧的问题,这种做法应当成为司法实践处理此类问题的主流方向。

十一、以物抵债与债的更改有何区别?

债的更改,也称债的更新,是指以消灭旧债为目的而成立新债的行为,即以新债替代旧债的契约。债的更改是罗马法时代确立的制度,应符合以下条件:一是须有旧债的存在;二是须创立了新债;三是须有更改的意思,双方必须达成合意,明确成立新债是以消灭旧债为目的;四是新债和旧债有不同的内容;五是须履行一定的方式,多采用要式。债一旦更改,它的效力是:消灭旧债成立新债;旧债的所有担保,除有特别约定外,都随旧债同时消灭;旧债有利息的,停止计算;免除迟延的责任。债的更改制度,目前立法明确承认的国家和地区基本没有。如德国有债权让与、债务承担及债务变更的规定,更改的效用不大,所以缺少规定。当然根据契约自由原则,当事人如约定有效,债的更改应当成立。

我国《合同法》规定了债的变更制度,如第79条的债权转让、第84条的债务转让、第88条的概括转让,以及第65条的第三人履行债务等。这些都与债的更改有所区别。因为债的更改必须有各方明确约定消灭原债,只履行新债。但我国合同法上的债的变更并不消灭原债,而是对原债的履行。目前实务中也很少债的更

---

① 参见夏正芳、潘军锋:《以物抵债的性质及法律规制》,载《人民司法·应用》2013年第21期。

改案例。以物抵债中双方一般不会明确约定消灭原债权债务,正常情况下仍是对原合同的履行,与所抵之债具有同一性,故不属于债的更改。

十二、民间借贷的当事人达成的代物清偿协议,其效力如何认定?

审判实践中,由于没有法律的明确规定,再加上理论界对债务清偿协议性质及效力认识上的混乱,导致对现实中代物清偿协议效力观点不同,裁判标准不一。

第一种观点认为,代物清偿协议的效力取决于代物清偿的要物性,没有现实交付的代物清偿合同不能成立,更谈不上法律效力,原债务仍然有效。

第二种观点认为,代物清偿协议即使没有现实交付,也是当事人真实意思表示,应当坚持意思自治的原则,承认协议的效力。

第三种观点认为,代物清偿协议约定的内容违反了禁止流抵、流质的强制性规定而应当被认定为无效。

笔者倾向于第一种观点。

民间借贷债务履行期届满前,当事人达成的实践性的代物清偿协议,应当视为当事人就提前履行债务达成了一致意见,对以他种给付替代原债给付达成了一致意见,对于以他种给付消灭原债达成了一致意见。正是由于代物清偿的实践性特点,决定了代物清偿必须要有他物的给付,而他物的给付不仅是代物清偿的成立要件,也是代物清偿的生效要件。有观点认为,当事人在债务清偿期届满前约定债务人不履行到期债务时以抵债物来清偿债权,但未明确抵债物的所有权直接归债权人所有,该代物清偿协议在当事人之间具有法律效力,但对抵债物应当进行折价或者拍卖、变卖该抵债物,并从拍卖、变卖价款中清偿债务。① 在笔者看来,这一观点值得商榷。第一,正如前述所言,代物清偿应当坚持其实践性,没有交付替代物的代物清偿协议根本就不成立,这与自然人之间的民间借贷合同机理别无二致。第二,既然双方已就给付他物替代原债达成协议,说明他物与原债在价值上大致等同,根本不需要再通过拍卖或者变卖的形式以追求价格上的公正。无论他物的价值是否明显高于或者低于原债价格,都是当事人根据自己的估计而对替代给付作出的理性安排,且又是在债务清偿期届满前达成协议,更体现了双方意思自治的原则。无论价格高低,只要另一方接受且不损害国家利益和社会公共利益,原则上应当尊重他们的意思表示。当然,这里有个例外,如果民间借贷的当事人办理了抵押、质押,在债务清偿期届满前,双方达成了以抵押或者质押财产归债权人所有作为替代原债务的协议,则该协议因属于流质契约而应当被认定无效。

民间借贷债务履行期届满后,当事人达成实践性的代物清偿协议,意味着双方已经实际履行完毕,原债权债务关系已经消灭。该代物清偿协议自然应当被认

---

① 参见李玉林:《代物清偿的性质及效力研究》,载奚晓明主编、最高人民法院民事审判第二庭编:《商事审判指导》2014年第3辑(总第39辑),人民法院出版社2015年版。

定为有效。

需要注意的是,如果债务人以他人的动产与债权人达成代物清偿协议,或者质权人以质物与质权人的债权人达成代物清偿协议的,其效力如何认定?笔者认为,债务人以他人的动产与债权人达成的代物清偿协议,属于无权处分,只要债权人取得动产的所有权符合《物权法》第 106 条规定的,仍然可以认定有效。质权人以质物与质权人的债权人达成代物清偿协议的,由于我国《物权法》第 217 条并未否认转质的效力①,同样可以推理质权人处分质物的,并不当然无效。因此,质权人以质物与质权人的债权人达成代物清偿协议的效力,没有理由不认定有效。

十三、新债清偿

所谓新债清偿,是指因清偿债务而为异于原定给付之给付,因债权人新给付之实行受满足,而使旧债务消灭,又谓之为清偿之给付或间接给付。② 新债清偿是传统债法理论中的一项重要内容,大陆法律没有规定,但我国台湾地区对此有明文规定。③

与债权人成立负担新债务的合同。新债清偿的法律性质如下:(1) 新债清偿为合同。新债清偿乃因清偿旧债务而负担新债务,债务人与债权人必须新签订合同。此点与代物清偿相同。(2) 新债清偿乃因清偿旧债务而负担新债务的合同。新债清偿既为清偿旧债务而负担新债务,故新债清偿合同成立后,债务人即负担新债务。(3) 新债清偿是否为实践合同,存在着肯定说与否定说的分歧。从新债清偿合同成立旧债务并不因此而消灭,债务人不履行新债务时旧债务亦不消灭的法律效力方面观察,将新债清偿合同定为诺成合同更合逻辑。

新债清偿的成立,需要具备以下要件:(1) 债权人与债务人签订负担新债以消灭旧债的合同,即新债清偿合同。(2) 债务人对债权人负有旧债务,即使债务人对债权人负担的旧债务已经罹于诉讼时效,也不妨碍新债清偿合同的成立。不过,如果旧债的关系已不存在(如引发旧债的合同不成立、被撤销、无效),新债清偿合同即无从成立。(3) 以负担新债务作为清偿旧债务的方法。新债清偿合同乃以负担新债务为履行旧债务的方法,因此新债务不履行时,旧债务并不消灭。这与代物清偿和合同更改不同,后二者债务人负担新债务并非履行旧债务的方法,而是代替旧债务,因此旧债务因代物清偿或合同更改即归消灭。

新债清偿合同成立,旧债务并不因此而直接消灭,新债务与旧债务同时并存,

---

① 《担保法解释》第 94 条第 2 款明确规定,在质权存续期间,未经出质人同意,为担保自己的债务,在其所占有的质物上为第三人设定质权的无效。而《物权法》第 217 条对此作了修改,不再认定未经出质人同意的转质无效,而是规定造成质押财产毁损、灭失的,应当向出质人承担赔偿责任。

② 参见史尚宽:《债法总论》,中国政法大学出版社 2000 年版,第 819 页。

③ 台湾地区"民法"第 320 条规定:因清偿债务而对于债权人负担新债务者,除当事人另有意思表示外,若新债务不履行时,其旧债务仍不消灭。

旧债务的担保权等从权利仍然存在。不过,认定新债务与旧债务单纯并存,新债清偿将失去重要意义。因此,一般认为,新债务成立,旧债务即告暂时停止作用,债权人于新债务到期前,固然不得请求债务人履行旧债务,于新债务到期时,亦须先行请求履行新债务。如新债务履行,旧债务便溯及既往地消灭,债权人不得就旧债务的关系为主张或请求。反之,如新债务届期不履行,旧债务恢复作用,债权人仍可请求债务人履行旧债务。

十四、债的更改与新债清偿有何区别?

债的更改与新债清偿两者之间的区别主要在于债的更改产生原债的消灭与新债的产生,原来附着于原债上的担保与从权利皆告消灭,此时债的更新合意达成之后只存在一个债务;而新债清偿则在合意达成后与新债履行前存在着两个债务,当新债不履行时,旧债恢复效力。

十五、以买卖为担保进行的企业间融资行为,其效力如何认定?

近年来,融资性买卖呈愈演愈烈的趋势,在人民法院审理的买卖合同纠纷中,名实不符的融资性买卖纠纷占有相当大的比例。然而,对于企业间以融资为目的的买卖,如何认定其效力,审判实践中主要存在两种观点。

第一种观点认为,这种企业间融资性买卖的实质,就是以买卖的形式掩盖借贷的目的。因企业之间的借贷无效,所以,以商品买卖进行的企业间融资行为也应当认定为无效。

第二种观点认为,我国法律并未明文禁止企业之间不得拆借资金,因而不能认定以商品买卖进行的企业间融资行为无效。何况,目前普遍存在融资难、融资贵的问题,企业通过这种方式也是为了缓解资金急需的窘境,并没有什么不当。

第三种观点认为,一般情况下,企业为了生产经营,解决资金不足的问题,以商品买卖的形式进行企业间融资的,该行为应当认定有效。但如果企业以此作为常态、常业的,则应当认定无效。

笔者倾向于第三种观点。

企业间借贷合同无效的规则源于主体立法而非行为立法,它严重违反了市场主体平等保护的民法基本原则,规范过于原则,甚至相互冲突,缺乏统一的规范性和指向性,已不足对企业间借贷行为进行良好的引导和规制,给实体经济健康发展带来损害。① 实际上,企业之间借贷并不必然有损于国家和社会公共利益,故企业间的借贷合同原则上有效。② 允许企业之间进行借贷,便于取长补短,调剂余缺,根本目的在于搞活和发展我国金融市场。放开企业借贷,使得企业之间借贷

---

① 参见王林清:《论企业间借贷正当性的法律分析》,载《法学评论》2014年第5期。
② 参见黄忠:《企业间借贷合同无效论之检讨》,载《清华法学》2013年第7期。

的交易成本降低,资金流通路径畅通,符合市场经济规律,提高资源配置效率,这也是市场经济发展的必然选择。① 认定企业间借贷合同有效,不仅符合合同法原理,也符合我国相关政策。

然而,也应当看到,全面放开企业之间借贷,会对金融安全带来系列危险,如果任由非金融机构融资活动泛滥,必将严重冲击正常的金融秩序,使本来就力不从心的金融监管机制更加难以应付,从而危害金融安全与金融秩序。2008 年爆发的国际金融危机已经昭示了金融监管失当的严重后果,敲响了警钟。如果将企业间借贷界定为商事行为并且容许其蔓延发展,也会导致许多企业不安心于传统实业发展而进入"食利者"的行列,由此可能导致产业资本向金融资本过渡转化,既有害于经济的良性发展,又带来巨大的金融风险。② 因此,在国家金融监管体制尚未完善、相关经济金融政策尚未完全开放企业间借贷市场的情况下,司法不宜越俎代庖,先行将闸门完全打开,使企业借贷一概合法化。

因此,对于企业之间以买卖形式进行的临时性资金借贷行为,可以认定有效;企业间以买卖形式进行长期的、经营性的借贷行为,属于"以合法的形式掩盖非法目的",应当认定无效。

十六、融资性买卖合同被确认无效的法律后果如何认定?

人民法院在判决融资性买卖合同无效时,应当直接处理由此产生的损害赔偿责任。虽然当事人在买卖合同中约定的高额利润不能支持,以体现国家公权力对无效合同关系的强制性干预,但由于货币占用期间确实会产生孳息,这与当事人是否有约定无关。因此,融资性买卖合同被认定无效而返还借款时,应当一并返还资金占用期间的利息,否则,资金使用方会因此获得不当得利。

融资性买卖合同可能涉及多个合同,各参与主体通过相应合同而建立起联系,相互作用,共同构筑一个完整的交易过程,并从中分享利益。在责任主体的范围确定上,应当突破单一合同的相对性限制而进行整体考虑,将参与托盘融资交易的各方当事人均纳入考量范围,这也符合利益与风险相一致的原则。因融资性买卖合同无效而产生的责任在性质上属于缔约过失责任,故责任的大小应当根据责任主体在整个交易中的过错程度予以确定,无过错的即可以免除承担责任。缔约过失责任的范围应当严格限定在《合同法》第 42 条确定的范畴之内。

十七、担保公司对外发放贷款的效力如何认定?

审判实践中,对于担保公司对外发放贷款的行为,其效力如何认定,存在不同

---

① 参见龙翼飞、杨建文:《企业间借贷合同的效力认定及责任承担》,载《现代法学》2008 年第 2 期。
② 参见姚辉:《关于民间借贷若干法律问题的思考》,载《政治与法律》2013 年第 12 期。

的观点。

第一种观点认为，担保公司对外发放贷款，超越了其经营范围，因而应当认定无效。

第二种观点认为，融资性担保公司对外发放贷款，违反了《融资性担保公司管理暂行办法》的规定，因而应当认定无效；对于非融资性担保公司对外发放贷款，并无法律法规禁止该行为，因此应当认定有效。

第三种观点认为，无论是融资性担保公司还是非融资性担保公司，法律和行政法规并没有禁止其对外发放贷款，其行为的效力认定，应当按照《合同法》第52条的规定，宜认定为有效。

笔者倾向于第一种观点。

《融资性担保公司管理暂行办法》第21条规定："融资性担保公司不得从事吸收存款、发放贷款、受托发放贷款、受托投资和监管部门规定不得从事的其他活动。"故融资性担保公司发放贷款的，因其超出经营范围且影响金融秩序稳定，根据《合同法解释（一）》第10条之规定："当事人超越经营范围订立合同，人民法院不因此认定合同无效。但违反国家限制经营、特许经营以及法律、行政法规禁止经营规定的除外。"基于上述规定，担保公司对外发放贷款应当归于无效。

此外，金融经营企业只有依法取得《金融机构法人许可证》方能从事存、贷款业务，否则，不得从事前述金融业务。《商业银行法》第11条规定，未经国务院银行业监督管理机构批准，任何单位和个人不得从事吸收公众存款等商业银行业务。担保公司没有获得国家相关部门审批取得发放贷款业务金融特许经营资格，却从事或者变相从事金融业务，必将扰乱国家经济秩序，损害社会公共利益。尽管《融资性担保公司管理暂行办法》只是行政规章，不能作为人民法院认定合同效力的直接法律依据，但是，在认定融资性担保公司对外发放贷款的效力问题上，人民法院可以援引《合同法解释（一）》第10条以及《合同法》第52条有关损害社会公共利益的规定，认定合同无效。

非融资性担保公司发放贷款的，人民法院应当比照融资性担保公司之规定，认定民间借贷合同无效。担保公司将自有资金委托银行或其他有发放贷款资格的金融机构发放贷款，符合中国人民银行《贷款通则》规定的，人民法院应当认定借款合同有效。

十八、担保公司对外发放贷款无效后如何处理？

担保公司对外发放贷款被认定为无效的，如何处理无效的合同，实践中存在不同的认识。

第一种观点认为，应当将无效合同按照有效处理，由借款人承担偿还本金和利息的责任。

第二种观点认为，借款合同无效，本金应当返还，利息则不予返还。

第三种观点认为,合同无效后,借款人返还本金,并按同期银行贷款利率支付利息,担保公司承担因主张债权而支出的费用,高额利息的诉请不予支持,其法律依据为《合同法》第58条,以及《合同法》关于任何人不得从非法行为中获得利益的原则。

笔者倾向于第三种观点。由于担保公司与借款人双方均有过错,且双方过错程度大致等同,依法应各自承担相应的责任。如果借款人仅偿还本金而不支付利息,则借款人无息持有贷款显然系从合同无效中获利,同时违反公平原则和任何人不得从非法行为中获得利益的原则。因此,采取上述第三种观点的做法,不仅能均衡双方当事人的权益与过错,也顺应了社会经济环境及司法环境的变化。当然,司法机关还可以向有关主管机关发出司法建议,对担保公司予以行政处罚。

十九、担保公司以自然人的名义开展贷款业务签订的民间借贷合同的效力如何认定?

实践中,有的担保公司为规避法律法规的禁止性规定,往往选择利用本单位的职工或者其他自然人的名义开展贷款业务。从表现形式看,担保公司与借款人签订的借款合同或借据一般载明名义出借人,再以公司名义为借款提供担保。这些名义出借人通常为担保公司的实际经营者(如隐名出资人、股东、公司核心层员工等)或与其密切相关的人员(如近亲属、朋友等),实际流动的资金为担保公司的资金。甚至有的担保公司会事先印刷一套格式借款合同,要求前来借款的债务人在借款人一栏中填写真实信息,却预留出借人一栏空白,只在适当的时间填上名义出借人的姓名。一旦出现借款人拖欠借款不还的情形,担保公司就会立刻安排名义出借人持债权凭证向法院提起诉讼,或者公司以承担了担保责任为由直接向借款人追偿。

对于此类案件,只要查明资金系担保公司所有,担保公司假借个人名义从事贷款的,应当认定担保公司是在以合法形式掩盖非法目的,从而适用《合同法》第52条第(三)项的规定,认定合同无效。

二十、建筑企业的项目经理部签订的民间借贷合同,其效力如何认定?

审判实践中,建筑施工企业项目经理部负责人对外借款,并在借条上加盖项目部专用章,该欠款应当由项目部负责人个人还款,还是由建筑施工企业承担还款责任,实务中争议很大。

第一种观点认为,项目经理部或者其负责人不当然享有以项目经理部名义对外借款的权限,因此,其借款行为不能证明是代表建筑施工企业,而出借人又未提供相应的证据证明借款经建筑施工企业的授权或追认,因此,应当由项目部负责人个人偿还欠款。

第二种观点认为,建筑施工企业项目部负责人对外借款,并在借条上加盖了项目部专用章,因此,该欠款应当由建筑施工企业承担,但企业承担了责任之后,可以向项目负责人追偿。

笔者倾向于第一种观点。

规范意义上,建筑企业的项目部是建筑企业针对单项工程建筑项目进行施工管理而成立的临时性内设机构,代表企业履行《建设工程施工合同》,主要职能是负责施工项目全过程生产经营管理、保证工程进度。

由于项目经理部本身不具有法人资格,不能独立地对外承担民事责任,其代表建筑企业从事相应的建筑施工管理等职责权限范围内的行为,责任由建筑企业承担,但对外融资并非与工程施工直接相关,不属于项目部的应有职能。因此,以项目经理部名义对外借款行为的效力认定,应当从以下两个方面分析:

首先,应进一步考察该借款是否有建筑企业的事先授权或事后追认。如果建设施工企业并未对项目经理部作出对外借款的授权,也无证据显示建筑施工企业对借款以明确认可、直接还款等行为予以事后追认,且也没有证据证明所借款项用于建筑施工企业的,仅凭借条上的项目经理部公章,不能认定为该借款属于建筑施工企业的借款。

其次,应进一步考察相对人是否有正当的客观理由相信项目经理部或者其负责人有权代理建筑施工企业对外借款。如上所述,对外融资并非与工程施工直接相关,不属于项目部的应有职能。因此,很难认定相对人有正当理由相信项目经理部有代理权,因而也不能适用表见代理的规定。

二十一、挂靠人以被挂靠人名义订立的建设工程合同中产生的民间借贷纠纷,被挂靠人是否承担还款责任?

不具有从事建筑活动主体资格的个人以具备从事建筑活动资格的建筑企业的名义承揽工程,双方形成挂靠与被挂靠的民事法律关系。项目经理往往是挂靠建设工程承包企业的"个体包工头",与施工企业之间存在挂靠关系,项目经理以施工企业的名义承接建设工程,施工企业则收取一定的管理费。但由于项目经理对外仍以施工企业的名义进行经营,无论是根据"合同相对性"原理,还是从施工企业权利与义务的统一、保证建设工程质量、维护发包人等合法权益或是制裁建设工程领域违法挂靠经营的角度考虑,施工企业仍应对挂靠的实际承包人在工程项目上的行为负责,施工企业与挂靠的实际承包人对外承担连带责任。因此,挂靠人以被挂靠人名义订立建设工程合同,因履行该合同产生的民事法律责任,挂靠人与被挂靠人承担连带责任。

二十二、实践中,实际承包人在赊购物资或者对外借贷时加盖了项目经理部印章的,如何认定相对人有理由相信实际承包人有代理权?

通常,实际承包人在赊购物资或者融资时加盖项目经理部的印章,凭此一般可以认定相对人有理由相信实际承包人的行为系职务行为,要求相对人举证证明实际承包人与其发生交易时持有施工企业的授权委托书不符合实际,过于苛刻。但也不能一概而论,根据实务中的一些具体情况,笔者认为,以下情形中不应认定实际承包人的行为构成表见代理:

1. 授权委托书载明的授权明确,相对人与实际承包人发生的交易属无权代理。

2. 相对人应对涉及工程项目上的"项目经理"身份进行必要的审查,如其未尽合理的审查义务而与实际没有"项目经理"身份的人、没有"项目经理"授权的人或者在工程项目终止后无权代表施工企业的"项目经理"发生交易。

3. 相对人将实际承包人采购的物资、租赁的设备根据实际承包人的指示,运送至施工企业"承包"工程项目以外的工地的,或者相对人将实际承包人所借款项汇至与施工企业或工程项目无关的银行账户的,也即无证据证明交易与施工企业"承包"的工程项目有关。

4. 相对人与实际承包人订立的合同明显损害施工企业的合法利益,可按照当事人恶意串通损害他人利益的原则处理。

5. 实际承包人以自己作为交易主体与相对人订立、履行合同,但未经施工企业授权而以施工企业名义出具债务凭证。

6. 实际承包人加盖私刻(或伪造)的印章与相对人发生交易或者向相对人出具债务凭证,相对人又没有证据证明该印章曾在施工企业"承包"的工程项目中使用过或者施工企业知道或应当知道实际承包人利用该印章从事相关行为,又不能证明相关资金、物质、设备用于施工企业"承包"的工程项目的。虽然,相对人可能无法辨明实际承包人加盖的印章与施工企业的关联性,但如果加盖的印章确为实际承包人私刻,且没有证据证明相关资金、物质、设备用于施工企业"承包"的工程项目的,让施工企业承担责任没有法律和事实依据,按合同相对性原则予以处理则最为妥当。①

---

① 参见奚晓明、韩延斌、王林清:《房地产纠纷裁判思路与规范指引》(上),人民法院出版社2014年版,第273—274页。

第三章　民间借贷法律适用

一、确认民间借贷合同无效是否受诉讼时效限制？

无效合同在合同法理论中一般是指合同虽已成立，但因其违反法律、法规的强制性规定或违背公共利益及善良风俗，自始无效的合同。但我国法律并未对无效合同的确认是否适用诉讼时效作出规定。2008年8月21日，最高人民法院公布的《关于审理民事案件适用诉讼时效制度若干问题的规定》（以下简称《诉讼时效规定》）并未涉及无效合同确认的诉讼时效问题。然而，在司法实践中，就民间借贷合同无效的确认是否适用诉讼时效问题，一直是处理纠纷必须面对的问题。对此，理论界和实务界存在两种不同的观点。

第一种观点认为，请求确认民间借贷合同无效应当受到诉讼时效限制，其理由是：无效合同的当事人对于合同的无效性原因都是明知的，根据《民法通则》第137条的规定，诉讼时效期间从知道或者应当知道权利被侵害时起计算。因此，无效民间借贷合同的确认也应适用诉讼时效。

第二种观点认为，无效民间借贷合同的确认不受诉讼时效的限制，其理由是：法院应采用主动审查的方式确认合同无效，而不应受诉讼时效的限制。

另一方面，如果确认合同无效的权利因为时间的经过而消灭，那么必然导致非法利益将变成合法利益。

笔者倾向于第二种观点。确认合同无效不应受诉讼时效的限制，主要理由如下：

首先，提起确认合同无效的诉讼应属确认之诉，而这不属于诉讼时效的客体范围。虽然《民法通则》第135条规定诉讼时效的客体是民事权利，但这并不是说所有的权利都要受到诉讼时效的限制。民法传统理论将民事权利按照其作用分为支配权、请求权、形成权和抗辩权，而适用诉讼时效的权利应仅限于"请求权"。就支配权而言，它是权利人占有和支配自己财产的权利，无论经过多长时间，都不会损害社会秩序和财产关系的流转，因而不必适用诉讼时效；就抗辩权而言，抗辩权以请求权的存在为前提，只要请求权存在，抗辩权就不会消灭，因而也不适用诉讼时效；就形成权而言，权利人以单方的意思表示使法律关系产生、变更或消灭，权利人可能会拖延行使权利而使法律关系处于不稳定状态,为维护法律关系的稳定性,民法规定形成权应适用除斥期间。由此可出,诉讼时效的客体范围应仅限于请求权,请求权的基本特征是权利的实现需要相对人为一定的行为,否则权利将无法实现,而对于无效合同的确认来说,无论是司法机关依职权确认无效还是当事人请求确认无效,都不符合请求权的这一基本特征。所以,确认合同无效不属于诉讼时效的客体范围,不应受诉讼时效的限制。

其次,无效合同的确认是一种事实确认,合同当事人或法院在任何时候都可提出,时间的经过不能改变合同无效的法律性质。我国《合同法》第52条规定了合同无效的五种情形,合同归于无效一般是因其违反了三个方面,即法律的强制性规定、社会公共利益和善良风俗,只要这三个方面不发生变化,合同的无效属性也就不会改变。如果合同无效的确认适用诉讼时效,那么无效合同在经过一定的时间后将变为有效合同,这意味着法律容忍了这种违法行为,非法利益也将变为合法利益,这是为法律所不容的。

再次,对无效合同的确认适用诉讼时效,不符合诉讼时效制度设立的目的。诉讼时效制度设立的目的就是为了督促权利人尽快行使自己的权利,正所谓"权利上之睡眠者,不值保护"。而无效合同,由于其违反了法律或公共利益,法院可以依职权主动审查并确认无效,不以当事人的请求为前提。确认合同无效是法院维护社会秩序和善良风俗的一项职能,也是评价和指引民事主体为民事行为的要求,因此不应适用诉讼时效。

最后,无效合同的确认不适用诉讼时效,并不会必然影响交易安全。持无效合同的确认应受诉讼时效限制观点的学者认为,如果无效合同的确认不受诉讼时效限制,将会使已形成的法律关系消灭,必然引起已履行完毕的合同因无效而被撤销,从而使很多法律关系处于不确定状态,影响财产流转关系的稳定①,不利于交易安全。然而,我国《合同法》第58条对合同被确认无效的后果作了规定,根据该条规定,合同被确认无效之后,合同双方应分别返还因无效合同而取得的财产,对于不能返还或者没有必要返还的,应当折价补偿。此外,对于合同一方当事人已将财产转让给第三人的,则应按照《物权法》第106条的规定判断合同外第三人在接受财产时是否为善意,如果是善意,则应适用善意取得制度。由此可以看出,我国法律已经对合同被确认无效后的法律后果作了明确规定。因此,合同无效的确认并不会必然影响到交易的安全性,自然也就不需要受诉讼时效的限制。

二、民间借贷合同未约定履行期限的,是否受两年诉讼时效限制?

关于未约定履行期限的民间借贷债权,其诉讼时效是否受两年限制,实践中

---

① 参见王利明、崔建远:《合同法新论·总则》(修订版),中国政法大学出版社2000年版,第261页。

有两种不同的观点。

第一种观点认为,未约定履行期限的债权,自债权成立时起,两年内权利人未向义务人主张过请求权的,权利人便丧失胜诉权,因而未约定履行期限的民间借贷债权应受两年诉讼时效的限制。

第二种观点认为,未约定履行期限的债权,其诉讼时效应从知道或应当知道债务人拒绝履行债务时起算,当作为民间借贷债权人的出借人未向作为借款人的债务人主张请求权的情况下,借款人何时履行债务并不明确,无法判断出借人的权利已被侵害,诉讼时效也就无法起算。因而,未约定履行期限的民间借贷债权不应受两年诉讼时效的限制。

笔者倾向于第一种观点,认为未约定履行期限的债权的诉讼时效同样受两年诉讼时效的限制。主要理由是:

首先,我国《民法通则》在诉讼时效上采取的是侵害加知情说。《民法通则》第137条是所有诉讼时效起算的依据,不管是2年诉讼时效、1年诉讼时效、3年诉讼时效(环境污染损害赔偿)还是20年最长诉讼时效,都是以权利被侵害为前提,权利未被侵害则没有起算诉讼时效的基础;即便权利被侵害,如当事人不知道且也不应当知道,诉讼时效也是不能开始起算的。

其次,《合同法》第62条规定,未约定履行期限的债权,债权人可以随时要求履行,是法律赋予债权人的"确认性"请求履行权,不能以未行使该权利作为诉讼时效起算的依据。随时履行请求权是履行期限不明确的情况下,法律赋予债权人单方面明确债务履行期限的权利,该权利不以债权受到侵害为前提。债权人可以要求债务人立即履行,也可以要求债务人在一定的期限内履行。比如债权人要求债务人在2年后履行债务,债务人没有拒绝,则应视为双方形成补充协议,对履行期进行了明确。在履行期届满时,债务人未履行债务,才构成对债权的侵害。诉讼时效期间则应从债权人知道或者应当知道债权遭受损害开始计算。

再次,债权人未行使随时履行请求权只能说明权利并未受到侵害。随时履行请求权没有具体的期限范围,3年时主张可以,10年时主张也同样可以,没有任何依据推定自债权成立时满2年就认定为怠于行使。

最后,行使随时履行请求权时,应给予对方必要的准备时间,故该权利的行使是有限制的。给予对方必要准备时间后,对方仍然不履行义务,则构成对债权的侵害。同样,诉讼时效期间应从债权人知道或者应当知道债权遭受损害开始计算。

总之,未约定履行期限的债权,在债权人未主张随时履行请求权,债务人也未自行明确表示不履行债务的情况下,双方的债权债务处于和平共处的稳定状态,法律不应强加干涉,应给予相应保护。以双方权利义务关系存续时间长,而强行适用诉讼时效的做法是明显错误的。值得注意的是,双方权利义务存续时间长,可能导致举证难或债务人偿债能力降低的问题,是债权人不及时主张债权应当承担的其他风险,与诉讼时效风险无关。只有当债权人行使随时履行请求权被拒或债务人明确表示不履行债务的情况下,为督促债权人及时行使已经受到侵害的权利,才适宜起算诉讼时效。① 这种理解与诉讼时效制度的立法本旨更加符合。

三、未约定履行期限的民间借贷债权是否适用最长诉讼时效?

对于最长诉讼时效,学界普遍认为应以权利发生之日为起算点。② 然而,对于包括民间借贷在内的未约定履行期限的债权,是否适用最长诉讼时效,实务中存在不同观点。

第一种观点认为,未约定履行期限债权应当适用20年诉讼时效。

第二种观点认为,未约定履行期限的债权不适用最长诉讼时效。最长诉讼时效期间只适用于权利被侵害后,权利请求人处于不知晓的状态。未约定履行期限的债权,自债权成立时起,权利人就可随时主张权利,不存在不知晓的状态,所以未约定履行期限的债权适用20年最长诉讼时效无法律依据。

笔者倾向于第二种观点,认为未约定履行期限的民间借贷债权不应适用最长诉讼时效。

根据《民法通则》第137条的规定,最长诉讼时效采取的是侵害说,以权利受到侵害作为最长诉讼时效的起算点。然而,当权利受到侵害,权利人因客观原因并不知道,诉讼时效是无从起算的,这种情况下,就应当适用最长诉讼时效制度。可见,最长诉讼时效采取的是侵害说,如要适用,则必须同时具备两个条件:一是权利受到侵害;二是由于客观原因存在权利受到侵害不知晓的状态。换句话说,要排除最长诉讼时效的适用,只要具有下列两个条件之一即可:一是权利未受到侵害;二是不存在权利受到侵害不知晓的状态。

就未约定履行期限的债权而言,权利人可以随时主张权利,因而得不出不知晓履行期限的结论,进而得不出权利受到侵害的结论,更得不出权利人不知晓权利受到侵害状态的结论。

在物权等绝对权中,由于义务主体不特定,当权利受到侵害时,权利人有时是无法知晓的。对于债权等相对权而言,债权受到侵害主要有两种情形:一是债务人未按约定履行债务;二是债务人放弃到期债权或者无偿、低价转让财产。债务人未按约定履行债务,由于权利义务主体的相对性,不可能存在不知晓权利受到侵害的情形。债务人放弃到期债权或者无偿、低价转让财产的行为是在债务人与第三人之间发生,客观上存在债权人不知晓的情况。但后者所述情形侵害债权时,应当按照法律规定的撤销权制度,适用除斥期间的规定。因此,从诉讼时效适

---

① 参见严罡:《浅谈未约定履行期限债权诉讼时效的适用》,载《法制与经济》2012年总第326期。

② 参见彭万林:《民法学》(第二次修订版),中国政法大学出版社1999年版,第185页。

用的角度来说,就债权等相对权而言,不存在权利受到侵害而不知悉的状态。①

因此,未约定履行期限的债权不符合适用最长诉讼时效的条件,因而不能适用最长诉讼时效的规定。

四、民间借贷债权已经超过诉讼时效期间,债权人可否主张以此债权进行抵销?

就已过诉讼时效期间的债权,债权人可否主张以此债权相互抵销,我国法律对此问题并未作出明确之规定。对此,实务中存在两种不同观点。

第一种观点认为,当事人无权对超过诉讼时效期间的债权主张抵销。因为超过诉讼时效期间,虽然并不代表债权人丧失实体权利,但至少意味着债权人不可能获得胜诉权。以不能获得胜诉权的债权抵销其他能够获得胜诉的债权,是不公平的。

第二种观点认为,超过诉讼时效期间的债权,其实体权利并未丧失,因此可以与其他债权相互抵销。

笔者倾向于第二种观点,并认为,超过诉讼时效期间的债权应当具有法定抵销权,且不应该仅仅可以作为被动债权被抵销,也可以作为主动债权主张抵销。如果抵销适状在一方债权罹于诉讼时效之前就已经发生,应当允许双方都可以主张抵销;如果抵销适状在一方债权罹于诉讼时效之后才发生,那么罹于诉讼时效的一方债权只能作为被动债权被抵销,而不能以主动债权行使法定抵销权。主要理由如下:

首先,按照我国《民法通则》第138条的规定:"超过诉讼时效期间,当事人自愿履行的,不受诉讼时效限制。"由此可见,我国《民法通则》并非采实体权消灭主义,此处的"自愿履行"包括了表示自愿履行且已履行完毕、表示自愿履行但尚未履行、表示自愿履行后又反悔三种情况。抵销实质上是借助于行使属于形成权的抵销权来实现债权,同样属于一种"自愿履行"。因此,无论哪种自愿履行,都是通过履行债务来消灭债。因此,虽然诉讼时效的经过消灭了债权的司法救济权,但在双方自愿履行的情况下并没有任何不妥。

其次,我国《合同法》第99条所规定的"债务"也并没有把自然债务排除在外,超过诉讼时效的债权虽然不具有请求法院强制债务人履行债务的权能,但是介于我国法律认可抵销作为债权消灭的独立原因,我们不应该以诉讼时效超过为理由来否认罹于诉讼时效的债权的法定抵销权,否则对于拥有自然债权的一方当事人是不公平的,也不符合抵销制度的功能。

再次,允许罹于诉讼时效的债权具有法定抵销权,不会必然损害一方当事人的诉讼时效利益。债权人不在诉讼时效期间内主张自己的权利,并非一定是怠于

---

① 参见严罡:《浅谈未约定履行期限债权诉讼时效的适用》,载《法制与经济》2012年总第326期。

行使其债权,也有可能债权人认为该债权已经与对方对自己的等额债权相抵销而无需主张,在这种情况下,债权人并非是想成为"权利上的休眠者",其主观上不具有非难性,如果不允许该债权人主张抵销,反而容易助长对方当事人违反诚信,也会造成不公平的结果。因此,允许超过诉讼时效的债权行使法定抵销权,与诉讼时效制度的功能并不冲突,无损于诉讼时效制度,反而有助实体公正。

最后,从域外立法经验来看,大多数国家和地区的立法并没有对超过诉讼时效的债权的法定抵销权作区分性的对待,但对于已经超过诉讼时效期间的债权要行使法定抵销权,必须满足抵销适状在一方债权诉讼时效期间经过前就已经存在的规定。之所以如此规定,是因为债权人不在诉讼时效期间内主张自己的权利,并非一定是怠于行使其债权,也有可能债权人认为该债权已经与对方对自己的等额债权相抵销而无需主张,但如果抵销适状是在一方债权诉讼时效期间经过后发生的,债权人是没有理由说自己在诉讼时效期间内有与对方的债权进行抵销的合理预期的。

因此,笔者认为,抵销权在一方债权诉讼时效期间经过前就已经存在的,双方都应有法定抵销权,而不该对罹于诉讼时效的债权进行区别对待。相反,抵销适状在一方债权诉讼时效期间经过以后才发生的,罹于诉讼时效的债权只能作为被动债权被抵销,而不能作为主动债权主张抵销。

五、出借人的债权诉讼时效经过后,究竟是使作为债务人的借款人获得"抗辩权",还是使出借人丧失"胜诉权"?

我国关于诉讼时效的立法主要是《民法通则》第135条,该条规定:"向人民法院请求保护民事权利的诉讼时效期间为二年,法律另有规定的除外。"对于该条的含义,主要有两种解释:抗辩权发生主义和胜诉权消灭主义。前者认为,时效完成后,债权人的实体权利并不消灭,仅仅使债务人发生拒绝履行的抗辩权。而后者认为,债权罹于诉讼时效之后,债权人丧失实体法上的胜诉权,对债权人的此种地位,可以称为"法院不予保护"。"胜诉权消灭主义"在很长一段时间为我国学理之通说。

然而,法院在审理案件时,能够主动援引时效进行裁判吗?如果可以,就会出现这样的结果:即使债务人不抗辩,法院也能判决债务人胜诉,因为只有这样才能与《民法通则》第135条包含的"法院不予保护"的内涵相匹配。但是,司法实践中,经过诉讼时效期间的债权仍然可以起诉,法院也受理并且收取诉讼费用。假如债权人能够起诉且交纳诉讼费用却不能胜诉的话,为什么债权人明知不能胜诉还要起诉呢?对照2008年《诉讼时效规定》,该司法解释第1条规定,当事人可以对债权请求权提出诉讼时效抗辩;第3条规定,当事人未提出诉讼时效抗辩,人民法院不应对诉讼时效问题进行释明及主动适用诉讼时效的规定进行裁判。可见,我国司法实践采取的是德国式的"抗辩权发生主义",即债权人可以起诉,如果债务人不知诉讼时效已经经过,或者虽然知道但出于良心而不去提出诉讼时效抗辩的,债权人也能胜诉。

既然我国采取的是"抗辩权发生主义"模式,就不能说经过诉讼时效期间的债为自然之债,因为债务人是否抗辩尚不清楚,只有经债务人抗辩后,经过诉讼时效期间的债才变为自然之债。这一点,自从罗马法以来就是如此。意大利学者彼德罗指出:虽然人们反复说时效排除的只是诉权,我们仍不倾向把这种债承认为地地道道的自然债。①另外一位意大利学者米拉拜利也认为,按照法律规定,时效届满,应当由债务人主张。如果债务人履行了时效已经届满的债务并且未就该债务提出任何抗辩,那么,债务人履行的是法定债务;反之,在债务人对时效进行了主张之后,又自动发生了时效届满的债务,那么,债务人履行的是自然债务。②

根据目前我国司法实践与主流的民法理论,可以肯定地说,经过诉讼时效期间的债不是自然之债,只有当债务人抗辩之后,该债才变成自然之债,只有对这种债的履行或者承诺履行,才能解释为是对自然债务的清偿。

既然诉讼时效届满后,债务人获得的是时效抗辩权,那么,这种抗辩权属于时效利益。时效利益可以抛弃,当事人抛弃时效利益之后,已经经过的诉讼时效期间归于消灭,诉讼时效重新起算。时效利益的抛弃行为具有不可逆转性,债务人抛弃时效利益后,不得以任何方式反悔或者撤回。司法实践中,对时效利益抛弃的情形主要有三种:(1) 债务履行;(2) 同意履行债务;(3) 协议承诺。

六、作为自然之债的民间借贷,借款人同意或者承诺履行债务的能否产生诉讼时效中断的法律后果?

民间借贷案件的出借人的债权超过了诉讼时效,借款人在出借人出具的催款通知上签字盖章的,其性质应当如何认定,这在实务中不无争议。

第一种观点认为,借款人在出借人出具的催款单上签字或者盖章,属于对原债务的重新确认,产生诉讼时效中断的法律效果。

第二种观点认为,借款人在出借人出具的催款单上签字或者盖章,属于对原债务的重新确认,属于形成新的债权债务关系,当事人可以就新协议向人民法院提起诉讼。

笔者倾向于第一种观点。

有关因诉讼时效期间届满当事人放弃诉讼时效抗辩的司法解释,主要有以下几个:一是《最高人民法院关于贯彻执行〈中华人民共和国民法通则〉若干问题的意见(试行)》(以下简称《民法通则意见》)第171条规定:"过了诉讼时效期间,义

---

① 参见[意]彼德罗·彭梵得:《罗马法教科书》,黄风译,中国政法大学出版社1992年版,第299页。

② 参见[意]恺撒·米拉拜利:《自然之债》,载杨振山主编:《罗马法·中国法与民法法典化》,中国政法大学出版社2001年版,第385页。

务人履行义务后,又以超过诉讼时效为由翻悔的,不予支持。"二是1997年颁布的法复〔1997〕4号《最高人民法院关于超过诉讼时效期间当事人达成的还款协议是否应当受法律保护问题的批复》规定:"超过诉讼时效期间,当事人双方就原债务达成的还款协议,属于新的债权、债务关系。根据《中华人民共和国民法通则》第九十条规定的精神,该还款协议应受法律保护。"三是1999年2月颁布的法释〔1999〕7号《最高人民法院关于超过诉讼时效期间借款人在催款通知单上签字或者盖章的法律效力问题的批复》规定:"根据《民法通则》第4条、第90条规定的精神,对于超过诉讼时效期间,信用社向借款人发出催收到期贷款通知单,债务人在该通知单上签字或者盖章的,应当视为对原债务的重新确认,该债权债务关系应受法律保护。"四是2008年颁布的《诉讼时效规定》第22条规定:"诉讼时效期间届满,当事人一方向对方当事人作出同意履行义务的意思表示或者自愿履行义务后,又以诉讼时效期间届满为由进行抗辩的,人民法院不予支持。"

通过比较上述几个司法解释的规定可以看出,《诉讼时效规定》增加了"当事人一方向对方当事人作出同意履行义务的意思表示"的内容。按照相关规定,以往对于债务人作出同意履行已过诉讼时效的债务的意思表示,通常认定为道义行为,除非另有规定。从《诉讼时效规定》第22条内容看,同意履行的意思表示被赋予了债务重新确认的法律效力,债务人履行与否不再属于道德义务问题。换言之,因为债务人作出了同意履行的意思或者承诺,从而产生了相应的法定义务,该义务不会因债务人反悔而被撤销。

《诉讼时效规定》充分体现了诉讼时效制度的立法目的和价值取向。诉讼时效的价值目标是在社会公共利益视角内对公平与效率价值目标的衡量、对权利保护与权利限制的衡量、对权利人个体利益与社会公共利益的衡量以及对个体利益之间的衡量。法律对诉讼时效作出规定,目的是惩罚"沉睡的权利",旨在督促权利人及时行使权利,从而让当事人的权利义务尽快确定下来,防止债权人怠于主张权利而使债权长期处于不确定状态,使社会资源得以释放和重新利用,但这并不意味着是让债务人从中获益。道理很浅显,法律维护的是诚实信用和公平正义,保护失信人不是立法本意。[①] 因此,当义务人同意履行义务时,法律自当允许,并为之设置简便程序,恢复已有瑕疵的权利的本来面目。

需要注意的问题是,对原债权债务的重新确认与形成新的债权债务关系的区别何在?司法实践中,对于原债权债务的重新确认与双方形成新的债权债务关系经常容易产生混淆。新的债权债务关系,是指双方签署新的协议或者通过其他形式表现出双方达成新的还款时间等条件,并对数额进行重新确认。这里着重强调的是要有新的协议,以体现出双方的要约和承诺的过程。对于新的债权债务关

---

① 参见潘锋:《自然债务因债务人承诺可转化为法定债务》,载《人民司法·案例》2014年第20期。

系,最高人民法院在《关于当事人对人民法院生效法律文书所确定的给付事项超过申请执行期限后又重新就其中的部分给付内容达成新的协议的应否立案的批复》中指出,当事人就人民法院生效裁判文书所确定的给付事项超过执行期限后又重新达成协议的,应当视为当事人之间形成了新的民事法律关系,当事人就该新协议向人民法院提起诉讼的,只要符合民事诉讼法立案受理的有关规定,人民法院应当受理。[①] 如果债权人就超过诉讼时效的债权向债务人发出没有还款期限的对账单或债务确认书,债务人予以签字或盖章的,应当视为原有债权债务关系的延续,因为对于债权中的还款日期、还款方式以及还款数额等内容都没有任何改变,并不构成一个新的要约。就此而言,债务人作出的同意履行债务的意思表示也是单方行为,而单方行为只要一经作出即发生效力,是不需要与他人形成合意的。这也是与"新的债权债务关系"的重要区别。

七、对于已过诉讼时效期间的借款债务,借款人作出的"附条件同意还款的意思表示",能否等同于"同意履行债务的意思表示"?

对此问题,有一种观点认为,对于已过诉讼时效期间的债务,债务人对原债务作出同意履行的意思表示,可产生对原债务重新确认的法律效力,当债务人对原有债务重新确认后,自然之债向法定之债转化,而是否接纳债务人所提出的履行条件,是债权人的权利。法律作为保护债权人的合法权益而设立存在,以维护债权人的合法权益为目的,因此,对《诉讼时效规定》第22条规定的"同意履行义务的意思表示"的理解,不应拘泥于文字内容的表述,应将"附条件同意履行义务的意思表示"也认定为"同意履行债务的意思表示"的应有之意,借款人作出的"附条件同意还款的意思表示",等同于"同意履行债务的意思表示",对此观点,笔者不太赞同。

自然之债的本质决定了其不具备强制执行力,这是法律惩罚"在权利上睡眠"的债权人采取的符合社会公平价值的措施。比如,民间借贷案件中,出借人因自己的疏忽大意导致一笔2 000万元的巨额借款的时效经过而成为自然之债,后来借款人因良心发现或者其他原因,向出借人作出了同意偿还本金和利息的意思表示,但同时提出了要求出借人将还款期限再延长两年的条件。如果按照上述"附条件同意履行义务的意思表示"等同于"同意履行债务的意思表示"的观点,则借款人一经作出同意还款的意思表示,就要立即偿还本已失去强制执行保护的2 000万元债务,而且出借人还不必考虑其提出的再宽限两年的条件。如此一来,则对债务人明显不公平。因为如照此规定,则后果是必然导致所有债务人对于诉讼时效期间届满的债务不会再主动想方设法去履行,而是任由其成为自然之债,处于永不履行的状态,这样就必然与法的弘扬公平、扶正祛邪的价值取向背道而驰。

[①] 参见潘锋:《自然债务因债务人承诺可转化为法定债务》,载《人民司法·案例》2014年第20期。

因此，在借款人作出的附条件同意履行债务的意思表示的情况下，笔者认为，出借人同意或者未作否认表示的，即应当视为双方达成了新的协议，形成了新的债权债务关系。否则，债权人不同意所附条件的，应当视为原来的债权债务仍然处于自然之债的状态之下，并未被激活。

八、民间借贷案件诉讼时效期间届满，债务人履行部分债务的法律后果能否及于债务的全部？

对于诉讼时效期间届满的民间借贷，在借款人援引时效经过抗辩之后，该笔债权债务即成为自然之债。然而，有的借款人出于良心或者其他原因，部分地履行了还款行为。由此所产生的法律后果如何定性，在实务界不乏争议。

第一种观点认为，对于已经过诉讼时效期间的债务，债务人自愿履行部分债务的，表明债务人自愿解除该部分债务的自然债务属性，应当视为是对原债务的重新确认。换言之，债务人单方面抛弃其时效利益，并非产生某种新的债务，而是使其所承认的那部分债务恢复了其原有的可强制执行的效力。

第二种观点认为，债务人在诉讼时效期间届满后，对于部分债务放弃时效抗辩权或者履行了部分债务的，表明债务人对欠款事实的确认，愿意履行全部债务。从保护权利人权利角度考虑，也应当认定同意履行部分义务的现有事实状态已推翻原全部债务已过诉讼时效期间的状态。因此，对于部分债务抗辩权的放弃意味着及于全部债务，是其对原债务的重新确认，债务人仍然应当履行全部债务。

笔者倾向于第一种观点，主要理由如下：

首先，从自然之债的性质看。如前题所述，已过诉讼时效期间的债务并不必然属于自然之债，只有经过债务人抗辩的，才能变为自然之债。对于自然之债，债务人在诉讼时效经过后对部分债务的承认或者履行，只是使得该部分自然之债转化为具有强制执行力的债务，其他部分债务仍旧具有自然债务的属性。在债务人明确表示诉讼时效已过的情形下，表示其对其余部分债务不愿意放弃时效抗辩，而是仍以时效作为抗辩，故债权人无权要求其履行该不放弃时效抗辩部分的债务。

其次，从抗辩权的行使看。如果债务人行使了诉讼时效抗辩权，除非有其他证据予以佐证，债务人已放弃诉讼时效期间届满的全部债务的时效抗辩权，否则，不能只根据债务人的部分履行行为，从而推定其放弃全部债务的诉讼时效抗辩权，而只能认定其放弃的只是已履行部分债务的诉讼时效抗辩权。[1]

再次，从放弃抗辩权的要件看。判定债务人是否放弃诉讼时效抗辩权，应以其同意履行义务作为要件而非承认义务的存在作为要件。我国《民法通则》第40条及相关司法解释将债务人同意履行义务作为诉讼时效中断的事由，而非债务人

---

[1] 参见潘锋：《自然债务因债务人承诺可转化为法定债务》，载《人民司法·案例》2014年第20期。

承认作为诉讼时效中断的事由。依照当然解释原则①,在放弃诉讼时效抗辩权的情形下,以义务人(债务人)同意履行已过诉讼时效期间的债务,而非承认,作为判定义务人是否放弃所属时效抗辩权的要件更符合法理。② 回到讨论问题所及,如果借款人只同意偿还部分本息,而对其他部分并未同意偿还的,则应认定借款人放弃的仅仅是部分债务的诉讼时效抗辩权。

最后,从司法实践看。2002年,最高人民法院针对四川省高级人民法院的请示,作出了《关于当事人对人民法院生效法律文书所确定的给付事项超过申请执行期限后又重新就其中的部分给付内容达成新的协议的应否立案的批复》③,其中规定,对生效裁判文书确定的给付事项超过执行期限后又重新达成协议的,应当视为当事人之间形成了新的民事法律关系。从这一规定可以看出,新的法律关系的成立当然意味着原来债权债务的消灭。此时,再考虑执行原来的债权债务已经没有了意义。通过对这一规定的解读,也能侧面得出债务人履行部分自然债务,仅就履行或者承诺履行的部分发生转化成法定之债的效力的结论。

九、出借人与借款人约定对同一笔债务分期偿还的,其诉讼时效期间如何计算?

民间借贷中,出借人与借款人约定,借款人可以分期偿还借款本金的,偿还每一期债务请求权的诉讼时效期间从何时起算,理论界争议很大,实务界认识不一。主要有五种观点。

第一种观点认为,应从最后一期债务履行期限届满之日起算。理由是:同一笔债务分期履行的,债务实质为同一笔债务,具有整体性,故诉讼时效期间应从该整体债务的履行期限届满之日开始计算;而且,双方当事人一般是长期合作关系,债务人没有履行某一期债务,债权人没有追索和主张主要是基于维护双方的友好合作关系及对债务人的信任和谅解,并非怠于行使权利,如果从每一期债务履行期限届满之日分别计算诉讼时效,则割裂了同一笔债务的整体性,还将导致债权人因担心其债权超过诉讼时效而频繁地主张权利,动摇双方之间的信任,也背离

---

① 当然解释是不可或缺的一种解释方法,是指法律虽然没有明文规定,但根据法律规范的目的等因素,某种行为事实比该条法律所明确规定的更有适用的理由,而直接适用该法律规定的解释方法。参见吕曰东:《当然解释的依据与思维进路》,载《法律适用》2015年第2期。

② 参见刘德权主编:《最高人民法院司法观点集成》(第二版·民事卷),人民法院出版社2014年版,第1275—1276页。

③ 该批复全文如下:"四川省高级人民法院:你院报送的川高法(2001)144号《关于当事人对人民法院生效法律文书所确定的给付事项超过申请执行期限后又重新就其中的部分给付内容达成新的协议的应否立案的请示》收悉。经研究,同意你院审判委员会多数人意见。当事人就人民法院生效裁判文书所确定的给付事项超过执行期限后又重新达成协议的,应当视为当事人之间形成了新的民事法律关系,当事人就该新协议向人民法院提起诉讼的,只要符合《民事诉讼法》立案受理的有关规定的,人民法院应当受理。此复。"

诉讼时效制度所追求的效率价值目标。

第二种观点认为,应从每一期债务履行期限届满之日分别起算。理由是:虽然基于同一合同所约定的债务是一个整体,但在合同约定分期履行的情况下,实际是将整体的债务分割为若干个数额和履行期限,甚至是法律后果互不相同的、相对独立的债务。债务人应当在各自相对独立的债务的履行期限届满时履行义务,否则构成违约,亦即构成对债权人相对独立的这部分合同权利的侵犯。

第三种观点认为,以债务的给付方式为区分标准,分期履行之债可分为定期给付债务和分期给付债务。定期给付债务与分期给付债务的主要区别在于,产生定期给付债务的合同在履行过程中具有双务性,该债务是在合同履行过程中不断产生,因而各期债务履行期限届满后,均为独立债务。由于各期债务具有独立性,故诉讼时效也应分别起算。而分期给付债务则是一个债务分作数期给付,该债务实质为一个整体,因此,诉讼时效应一并起算。

第四种观点认为,应以分期履行的债务是否具有独立性作为区分标准。定期给付债务与分期给付债务的区分从学理上而言确有道理,但在司法实务中并不尽然。对于定期给付债务而言,由于债权债务关系具有连续性,权利人往往并不在每一期债务履行期限届满前立即主张权利,而是待全部债务履行期限届满之后或者不履行义务达到一定程度之后才主张权利。所以,如果绝对地认为诉讼时效期间从每一笔债务履行期限届满之日起算,并不科学,更不利于保护权利人的权利。对于分期给付债务而言,如果当事人对分期给付的债务分别约定履行债务数额、期限、违约责任及担保责任,其实质是将本为同一债务分割为具有独立性的分债务,故诉讼时效期间应从每一期债务的履行期限届满之日起算。综上,分期履行债务的诉讼时效期间如何起算,与分期履行的债务是否具有独立性相关。如果分期履行之债具有可分性,诉讼时效就应按每一笔相对独立的债权履行期限届满时分别起算;如果分期履行之债不具有可分性,诉讼时效应从最后一期债务履行期限届满之日起算。

第五种观点认为,分期履行的每一期债务与整个债务具有关联性,诉讼时效的起算也具有关联性,故应规定分期履行债务的诉讼时效的最初起算点和最迟保护期限,即规定:分期履行债务诉讼时效从每一笔债务履行期限届满之日起算,但最迟不得超过最后一期债务履行期限届满之日。《日本民法典》第168条的规定可资借鉴。

笔者倾向于第一种观点。

分期履行之债包括定期给付债务和分期给付债务。定期给付债务,"谓基于同一债权原则之一切规则的反复之定期给付债权……凡基于同一债权原因之定期给付,皆属之"。① 它主要是继续性合同在履行中持续定期发生的债务,如租金、

---

① 史尚宽:《民法总论》,中国政法大学出版社2000年版,第642页。

工资、水电煤气费、利息等定期给付债务。分期给付债务，是指一个债务分作数期给付，该债务具有同一性和整体性。总体而言，定期给付的债务为不同债务，分期给付的债务实质为同一笔债务。如当事人约定某笔借款分期偿还，每期还款款项均为贷款债权的组成部分，债务具有整体性。对于同一笔债务约定分期履行的，给付各期债务请求权的诉讼时效从最后一期履行期限届满之日起算。主要理由如下：

第一，从债法法理分析，当事人约定同一笔债务分期履行的，其订立该合同的目的就是对同一笔借款分期偿还，该债务为一个单一的整体，具有整体性和唯一性。尽管因为对整体债务分别约定了分期履行的期限和数额，使其具有一定的独立性，但该独立性不足以否定整体性，整体性和唯一性是分期给付债务的根本特征，给付每一期债务请求权的诉讼时效期间从最后一期债务履行期限届满之日起算，是同一笔债务具有唯一性和整体性的根本要求。

第二，诉讼时效制度的立法目的是为了稳定交易秩序，而非偏于限制甚至剥夺权利人的权利。因此，在权利人有证据证明其权利存在的情形下，在诉讼时效问题的认定上，应倾向于作有利于债权人的规定，关于诉讼时效起算点的确认问题也不例外。显然，从最后一期履行期限届满之日起算诉讼时效期间更有利于保护权利人的权利。笔者认为，这一原则同样适用于存在多笔债务的情况下，其中一笔债务已过诉讼时效期间，借款人履行了其中一笔，但未表示是何笔的，在此情形下，为保护债权人利益，可以认定履行的是诉讼时效期间已过的债务。

第三，尽管从学理上分析，认为因不履行分期给付债务所产生的请求权的诉讼时效期间应从每一期履行期限届满之日起算，由于权利人可以通过不断向义务人主张权利的方式使诉讼时效中断，而不会导致诉讼时效期间经过，从而保护权利人的权利。但在司法实务中，由于权利人主张权利难以取证，故从最后一期履行期限届满之日起算诉讼时效期间有利于减轻权利人的举证责任，保护权利人的权利。

第四，诉讼时效期间从最后一期履行期限届满之日起算，有利于节约司法资源，减少当事人的诉累，避免当事人频繁主张权利，或仅由于部分债权被侵害而频繁起诉，从而有利于实现诉讼效率。

第五，司法实务中，当事人基于对同一债务具有整体性的合理信赖，通常都会把每一次履行行为看做是一个完整的合同关系的一部分，认为其可以从最后一期履行期限届满之日主张权利。而且，在司法实务中，存在当事人只约定总的合同履行期限和数额并约定分期给付，而未约定明确的分期履行的期限和数额的情形。在该情形下，债务人在履行过程中具有随意性，履行期限和履行数额随时确定。由于并未明确约定的分期履行期限，故不易从每一期履行期限届满之日起算诉讼时效期间，而应从最后一期履行期限届满之日起算诉讼时效期间。

第六，从最后一期履行期限届满之日起算诉讼时效期间，符合订约目的，有利于促进商业交易,增加社会财富。当事人之间签订分期给付债务合同的目的在于全面履行合同约定的义务,因此,应当尽量维持双方的债权债务关系和信托关系是解决履行障碍的基本态度。规定诉讼时效期间从最后一期履行期限届满之日起算可以避免当事人频繁主张权利,恶化关系,增加不应有的矛盾,有利于市场交易关系的健康发展,增加社会财富。①

第七,应当看到,我国《民法通则》规定的普通的诉讼时效期间为2年,特殊的只有1年。这种简短式的立法规定存在很大局限性,极不利于对债权人周全的保护。相较于法国、瑞士等国和我国台湾地区、澳门特别行政区对于利息、红利、租金、赡养费等定期付款的诉讼时效期间均为5年,以及日本的10年的诉讼时效期间,我国大陆对于诉讼时效期间采取的无疑是极为严格的立法态度。在这种情势下,在司法实务中,对诉讼时效予以从宽认定,以最大限度保护债权人的合法权益。

十、民间借贷的保证人承担了诉讼时效期间届满后的债务,又向借款人行使追偿权的,应否得到支持?

民间借贷案件,对于超过了诉讼时效期间的债务,保证人承担了保证责任之后,保证人又向作为债务人的借款人行使追偿权的,能否得到人民法院的支持?对此问题,理论界与实务界主要有三种不同观点。

第一种观点认为,应当得到法院的支持。理由是:追偿权是保证人的法定权利,只要保证人承担了担保责任,就应有权向债务人追偿;主债务诉讼时效期间届满是由于债权人怠于行使权利所致,应由债权人自己承担不利后果,而不能把这一不利后果转嫁到保证人身上;保证合同中,保证人只承担义务不享有权利,如果不允许保证人追偿,将最终由保证人承担全部的交易责任的风险,属于对其科以过重的责任,有违保证的本来含义和权利义务对等原则,显失公平。

第二种观点认为,不应得到法院的支持。理由是:由于债权人怠于行使权利,致使主债务诉讼时效完成,主债务人基于诉讼时效抗辩权本来可以拒绝履行债务,但由于保护了保证人的追偿权,使主债务的诉讼时效被重新激活,剥夺了债务人的时效抗辩权,显失公平。

第三种观点认为,应当区别情况分析。在民商法领域,意思自治是基本原则,主债务诉讼时效完成,保证人享有主债务人的诉讼时效抗辩权,但其放弃该抗辩权,承担保证责任后向主债务人行使追偿权的,主债务人可以以主债务诉讼时效期间届满为由进行抗辩,在主债务人提出抗辩的情形下,人民法院对保证人的追偿权不应支持;在主债务人未提出抗辩的情形下,人民法院对保证人的追偿权应予支持。

---

① 参见奚晓明主编:《最高人民法院关于民事案件诉讼时效司法解释理解与适用》,人民法院出版社2008年版,第109—110页。

笔者倾向于第二种观点。

保证人的追偿权是指保证人在履行保证责任后,向债务人请求偿还的权利。学界对于保证人系代替债务人清偿债务,并无不同意见,但对于追偿权的法理基础,却有不同的观点。有观点认为,追偿权是基于债权转移,因为保证人代主债务人履行债务后,即取得了债权人的身份,债权人的债权转移。有观点认为,追偿权是基于无因管理法律关系,即因为保证人提供保证纯系保证人为保护债务人的利益而进行的无因管理行为,因此,作为无因管理人,保证人在从事无因管理行为后有权基于无因管理行为向主债务人追偿。还有观点认为,追偿权是基于委托代理法律关系,即主债务人与保证人之间是委托和被委托的关系,尽管在某些情形,保证并不需要原因,但保证人之所以愿意为主债务人的利益为债权人的债权实现提供担保,多因为保证人与主债务人之间具有一定的利益关系。

无论采上述何种观点,均不应当认定保证人放弃主债务人的诉讼时效抗辩权承担了保证责任后对主债务人行使追偿权的,应得到人民法院的支持。理由是:基于债权转移说,保证人承担的债权人的债权,而债权人的债权系自然之债,因此,债务人自然可以主张其诉讼时效抗辩权,除非其放弃该权利。基于无因管理说,无因管理人应在有利于被管理人的范围内从事法律行为,显然,保证人在主债务人已取得诉讼时效抗辩权,可以拒绝履行主债务的情形下,却因其无因管理行为造成主债务的诉讼时效被激活,主债务人必须履行债务,这显然不属于对主债务人有利的行为。因此,其要求被管理人给付该部分管理费用的诉讼请求不应被支持。基于委托代理说,代理人需要在授权范围内从事代理行为,如超过授权范围从事相关法律行为,除非构成表见代理或者被代理人事后追认,否则对被代理人不发生法律效力。① 当然,笔者认为,追偿权的法理基础并非是债权转移,因为传统的债权转移并不以受让人要先履行义务为前提,而保证人的追偿权显然是建立在保证人先承担了清偿责任的基础上。追偿权的法理基础也不是委托代理,因为债务人与保证人之间并没有真实的委托关系,双方没有委托的合意,何况对于连带保证而言,债权人既可以要求保证人承担保证责任,也可以要求债务人承担清偿责任;而在委托代理关系中,第三人要么选定代理人承担责任,要么选定被代理人承担责任,但绝不可能让代理人与被代理人同时承担责任。大致而言,追偿权的法理基础定位于无因管理还能够自圆其说。

综上,保证人放弃主债务人诉讼时效抗辩权的,其再向主债务人行使追偿权的,人民法院不应当支持。这样规定,有利于维护诚实信用原则。这是因为,究其实质,保证人是为债务人的利益对债权人提供担保,债务人是最终责任人,如果债权人怠于行使权利,将最终导致债务人获益。如果保证人违背了债务人的意愿而

---

① 参见奚晓明主编:《最高人民法院关于民事案件诉讼时效司法解释理解与适用》,人民法院出版社2008年版,第357—358页。

对于过了诉讼时效期间的债务仍然自动履行，必然损害债务人的利益。因此，在此情形下，人民法院不应当给予支持。当然，如果主债务人对保证人的追偿自愿给付的，根据当事人意思自治原则，应当认定主债务人放弃了其诉讼时效抗辩权，故对保证人的追偿权仍然予以保护。

十一、民间借贷中主债务超过诉讼时效期间，保证人在出借人发出的催收逾期借贷通知书中的保证人一栏内签字或者盖章，能否以此认定保证人放弃了诉讼时效抗辩权？

关于该问题，在实务中历来存在争议。有观点认为，只要保证人在催款通知书中签章的，如无相反意思表示，即可认定存在重新提供担保的意思表示。笔者认为，应当区分两种情形加以分析。

1. 出借人的该催收行为发生在保证期间届满之后的。在这种情形下，这就涉及对保证期间与诉讼时效的性质与作用的正确认识问题。保证期间为除斥期间，期间一旦经过，保证责任即消灭，保证人不再承担保证责任，也无所谓诉讼时效的适用。由于签字有两种含义：一是表示收到通知书；二是表示愿意承担保证责任。而后一种意思的推定，一般取决于催款通知书的内容应符合合同法和担保法有关担保合同成立的规定，即构成要约，且保证人签字或者盖章构成承诺。因此，在一般情形下，保证人在保证期间届满后又在催款通知书上签字，如果根据该催款通知书的内容并不能认定其愿意对已过保证期间的债务承担保证责任，那么保证人不应承担保证责任。

2. 出借人在保证期间内对保证人主张了权利或者对借款人提起诉讼或者仲裁的。在该情形下，保证期间作用消灭，保证债务的诉讼时效开始起算（但在一般保证情形下，如果主债务未经强制执行，债权人不应对保证人主张权利，故在主债务经强制执行前，一般保证债务的诉讼时效期间并未起算）。根据我国《担保法》第20条的规定，保证人可以主张主债务人的权利，该权利当然包括主债务人的诉讼时效抗辩权。对于保证人在出借人的催款通知书上签字或者盖章的行为同样存在只是认可收到文书，或者同意继续承担担保责任的两种解释。因此，应当结合个案的具体情形作出具体分析，而不能顾此失彼或者作出"一刀切"的认定。如果保证人有证据证明，其未放弃诉讼时效抗辩权，就不应当认定其同意对诉讼时效期间届满的债务提供担保。

十二、民间借贷纠纷中如何确定保证期间的起算点？

保证期间是由保证合同的当事人约定或者由法律直接规定的债权人应当积极行使权利的期间，也是保证人有可能承担责任的期间。《担保法解释》第31条规定："保证期间不因任何事由发生中断、中止、延长的法律后果。"从这一规定可以看出，保证期间属于除斥期间。

保证期间分为约定期间和法定期间两种。对于民间借贷纠纷保证期间长度的确定,应当遵循以下保证期间确定的一般规则:(1)保证合同明确约定了符合法律要求的保证期间,应当按照当事人的约定确定。(2)当事人没有约定的,保证期间推定为主债务履行期间届满起6个月。(3)保证合同约定的保证期间早于或者等于主债务履行期限的,视为没有约定,保证期间推定为主债务履行期届满之日起6个月。(4)保证合同约定的保证期间不明确的,保证期间为主债务履行期届满之日起2年。

在民间借贷纠纷中,由于保证合同的约定和主债务的履行复杂多样,经常会给保证期间起算的确定带来难度。下述情形就会涉及对保证期间起算点如何认定的问题:

1. 借贷双方对还款时间没有约定或者约定不明的。在此情形下,根据《担保法解释》第32条的规定:"主合同对主债务履行期限没有约定或者约定不明的,保证期间自债权人要求债务人履行义务的宽限期届满之日起计算。"因此,在借贷双方当事人未对还款期限作出约定时,保证期间应自出借人要求借款人履行还款义务的宽限期届满之日起算。如果出借人不断延长宽限期或者宽限期届满出借人仍然给予宽限期,则保证期间应当从出借人不再给予宽限期之日起计算。

2. 借贷双方没有约定还款期限,出借人一直不向借款人主张权利,借款人也一直未履行债务。在此情形下,出借人依法随时可以主张权利,而起诉当然是一种主张权利的方式,即出借人一审起诉的时间可以认定为借款人的还款期限,保证期间也应当开始计算。

3. 借贷双方擅自变更还款期限的。在此情形下,保证人明确表示同意的,保证期间应该从新的还款期限届满之日起计算,而在保证人不同意或不知道的情形时,则按照《担保法解释》第30条第2款的规定,债权人与债务人对主合同履行期限作了变动,未经保证人书面同意的,保证期间为原合同约定的或者法律规定的期间。如果借贷双方当事人约定延长后的还款期限超过了保证人依原先约定的或者法律规定的保证期间的,保证人可以免责。

4. 借贷双方对借款约定分期还款的。在此情形下,当事人约定保证人对整个借款提供担保的,保证期间应从最后履行期限届满之日起算。也就是说,分期履行的债务,保证期间自最后一笔债务到期日起算,而非按照分期债务各笔到期日分别计算。这种起算方法为最高人民法院司法实践所主张[1],在诉讼时效的起算上也同样适用。

5. 借款人发生预期违约的。在此情形下,出借人具有选择权,既可选择等待履行期到来再要求借款人还款,也可不必等待履行期的到来而直接要求借款人还

---

[1] 参见曹士兵:《清理保证期间的法律适用》,载奚晓明主编:《中国民商审判》(2002年第2卷),法律出版社2003年版,第270页。

款,这对出借人而言是权利而非义务。同理,出借人也可以选择是否让保证人提前承担保证责任,因为保证人为借款人提供担保自然应当包括担保借款人不发生逾期违约的情形,若借款人逾期违约,保证人因此而丧失期限利益应视为保证人为该借款人担保的合理的风险。但是,保证期间起算点不能因此而提前,仍应从借款到期之日起算,否则将非常不利于出借人权益的保护。[①] 因为,如果规定在逾期违约情况下保证期间的起算点必须提前,这就意味着债权人只能提前向保证人主张保证责任。因为如果债权人选择等待主债务履行期届满再向保证人主张权利,则此时保证期间有可能已过,债权人自然无法再要求保证人承担保证责任,从而导致自己权益的损害。

十三、民间借贷合同与担保合同均无效的情况下,要求保证人承担过错赔偿责任的诉讼时效如何起算?

民间借贷案件中,民间借贷合同无效导致担保合同无效,且担保人有过错的,在借款人未按照约定的数额和期限清偿贷款的情况下,出借人对保证人承担的过错赔偿责任诉讼时效的起算时间如何认定,是审判实践中争议较大的一个问题,对此存在两种观点。

第一种观点认为,由于民间借贷合同无效导致担保合同无效,故出借人依据无效的担保合同提起诉讼要求担保人或者保证人承担担保责任的,其诉讼时效期间应从合同被确认无效之时起算。

第二种观点认为,出借人请求保证人承担过错责任的诉讼时效期间,应当从民间借贷合同约定的保证人履行合同义务的期限届满后的次日起计算。

笔者倾向于第二种观点。主要理由如下:

首先,权利人请求人民法院保护其民事权利,须于诉讼时效期间内提起诉讼。根据《民法通则》第137条的规定,诉讼时效期间从权利人知道或应当知道其权利被侵害时起计算。包括民间借贷合同在内的合同纠纷中,一方当事人到期不履行合同义务,即构成对另一方合同权利的侵害。此时,从权利人知道或者应当知道该侵害事实存在时起,就应当起算诉讼时效。

其次,在合同的一方当事人已经履行合同义务而对方违反合同约定未履行合同的情况下,尽管已履行合同的一方当事人的合同权利因合同在事后被确认无效而不为法律所认可,但因合同双方是在自认为合同有效的情况下基于其真实、自愿的意思表示而签订和履行合同的,任何一方对其合同约定权利的实现期限均有其明确、合理的预期;一方当事人未按约定期限履行合同义务之时,另一方基于其对合同有效的认识以及对方到期不履行义务的事实自当意识到其合同权利已经受到侵害,即应关注并及时行使其权利。即使其行使权利的结果会因合同无效而

---

① 参见林晨、金赛波主编:《民间借贷实用案例解析》,法律出版社2015年版,第233—234页。

使该项归于无效的权利不能实现,但在处理无效合同之后果的过程中,亦即依法返还财产、使双方的民事关系恢复到合同履行之前的状况的同时,其因对方当事人不履行合同或合同被确认无效所遭受的损失亦得以弥补,其合法的民事权利即得以实现。所以,合同当事人在知悉其预期的合同权利受到侵害即对方当事人在约定期限届满而不履行约定义务之时,便有权亦应当及时提出权利主张,无论合同在事后是否被确认无效,其对合同对方的请求权,亦即其基于双方的真实意思签订并履行合同以及对方到期不履行合同等事实而形成的要求对方履行合同或赔偿损失的权利便已产生。

再次,出借人的损失并非因民间借贷合同及担保合同被确认无效而形成,造成其损失的真实和根本原因是借款人未按其约定的数额和期限清偿借款,故出借人请求保护其相应权利的诉讼时效期间应当自其知道该损害发生之时而非合同被确认无效之时起算。

最后,如果出借人怠于行使权利或以民间借贷合同无效为由得以在无限的期间内随时要求借款人或者担保人实施给付行为,必将使其间的民事关系长期处于不确定状态,有碍于社会流转的客观需求和民事秩序的稳定,有悖于民事诉讼时效制度的本旨,对此依法不应认可与支持。

据此可以认为,即使在民间借贷合同应当或事后已经被确定无效的情况下,已经履行合同的一方当事人因对方不履行合同而要求返还财产或赔偿损失的,其行使该项请求权的诉讼时效期间,应从合同约定的对方履行合同义务的期限届满后的次日起计算。最高人民法院相关判例[1]亦作了类似判决可资参考。

十四、因赌博发生的债务是否属于民间借贷,应当如何处理?

因赌博产生的债务在司法实践中非常常见。赌博人屡赌屡输,在不能支付赌资的情况下,常以借条等形式向他人借款,后因不能还款,出借人以民间借贷为由将赌博人起诉到人民法院。对于因赌博产生的债务是否属于民间借贷,司法实践中争议非常大,主要有三种观点。

第一种观点认为,我国法律明确将赌博规定为非法行为,既然是法律明确禁止的,因此赌债不属于合法有效的债权债务关系,双方之间的债务不能认定为民间借贷,也不能受法律保护。

第二种观点认为,因赌博产生的债务属于自然之债,属于法律调整范畴。赌博人已经支付了的,无权要求出借人以不当得利返还;赌博人未支付的,出借人无权要求赌博人支付。

第三种观点认为,因赌博产生的债务不属于自然之债,不属于法律调整的范

---

[1] 参见中国五金交电化工公司与中国光大银行合肥分行借款担保合同纠纷案[最高人民法院(2003)民二终字第38号民事判决],载 http://www.zwmscp.com。

畴。但赌博人已经支付了的,无权要求出借人以不当得利返还;赌博人未支付的,出借人无权要求赌博人支付。

笔者倾向于第三种观点。主要理由如下:

首先,从债的性质看。赌债是指因赌博所生之债,赌博是一项古老的活动,源于人们追求刺激、好胜的心理。由于赌博鼓吹不劳而获,夸大机会主义,与我国社会主义国家性质不符,并且赌博带来严重的社会问题,因此,我国法律明确将赌博规定为非法行为。赌博行为本身不是民法意义上的债形成的原因,民间一般将赌博中的给付义务称为"赌债",但这不是民法意义上的债,因为它属于违法的给付行为。① 较为普遍的观念认为,赌博既然是法律明确禁止的,因此赌债不属于合法有效的债权债务关系,不受法律保护。对于赌债是否属于自然之债,牵涉到不法原因给付是否构成自然之债的问题。而自然之债虽然属于效力不完全的债,但属于债的范畴。从债法一般理论看,不法原因(包括违反善良风俗)不产生受法律保护的义务,也就根本不产生债。我国台湾地区学者王泽鉴认为,赌债等基于不法原因的给付违反了公序良俗或者法律的禁止性规定而无效,所以不产生债的关系,即"赌债非债",因而不构成自然之债。②

其次,从不得请求返还的原理看。基于自然债务给付的,债务人不得请求返还,因为这并不属于不当得利。而基于不法原因的给付则并无债务的存在,本应构成不当得利,但因给付人存在有不法之原因,而法律上有所谓"不得主张自己之不法而有所请求"的原则,遂不许其请求返还。③ 也就是说,自然之债属于"债"的范畴,而因不法原因产生的"债"根本就不是债,其不得请求返还的原理并不是基于"自然之债"的考虑,而是基于对不法行为的惩罚。

再次,从司法判例看。尽管在我国台湾地区的判例上,存在着法院判决承认赌债属于自然之债④,然而,这些判决却遭到了学者的批评。我国台湾地区学者王泽鉴认为,这些判决一方面确认其为不法原因而生的义务,另一方面又认为其为自然之债,似有矛盾,故不法原因产生的义务不应属于自然之债的范畴。⑤ 因此,基于不法原因或者违法行为的给付,债权人对于该给付的保有是没有法律上的原因的。⑥ 但是,由于债务人对于该给付同样是基于不法原因,因此,债务人没有请

---

① 参见敖玉芳:《赌债适用法律问题研究》,载《贵州社会主义学院学报》2010年第4期。
② 参见王泽鉴:《民法学说与判例研究》(2),中国政法大学出版社1998年版,第108页。
③ 同上书,第126页。
④ 如1954年台上字第225号民事判决书、1955年台上字第421号民事判决书。转引自李永军:《自然之债源流考评》,载《中国法学》2011年第6期。
⑤ 参见王泽鉴:《民法学说与判例研究》(2),中国政法大学出版社1998年版,第139页。
⑥ 我国台湾地区"民法"将基于赌债的给付归入不法原因给付。但需要注意的是,不法原因的给付可以划分为三种类型:不法原因存在于给付人一方、不法原因存在于受领人一方、不法原因存在于双方。只有在不法原因仅存在于受领人一方时,给付者才可以请求返还。就赌债而言,不法原因存在于双方,因此,债务人基于不法原因给付,没有请求返还的权利基础。

求返还利益的权利基础,故债务人也无权要求债权人返还其给付。从这个角度来说,债务人如果不履行给付,法律不能强制其执行;债务人若自动履行了给付,其没有要求债权人返还的权利。

最后,从相关立法例看。《法国民法典》第 1965 条规定:"法律对于赌博的债务或者打赌的偿付,不赋予任何诉权。"第 1967 条规定:"在任何情况下,输方不得追索其自愿支付的金额,但赢方有欺诈、欺瞒或者骗取情形时,不在此限。"《德国民法典》第 762 条、《意大利民法典》第 1933 条亦规定了类似内容。

综合以上,笔者认为,因赌博产生的债务不属于自然之债,法律并不把赌博、打赌行为纳入自己的调整范畴,它们由道德规范或者社会规范调整。但由于这些行为的后果与财产有关,所以法律对因赌博产生的财产归属不能不作出调整:法律不承认这种赌博行为本身会产生任何法律上的权利义务,但赌博人已经支付了的,无权要求出借人以不当得利返还;赌博人未支付的,出借人同样无权要求赌博人支付。

十五、继承人对超过遗产实际价值部分的被继承人生前民间借贷债务自愿偿还的,能否构成自然之债?

《中华人民共和国继承法》(以下简称《继承法》)第 33 条规定:"继承遗产应当清偿被继承人依法应当缴纳的税款和债务,缴纳税款和清偿债务以他的遗产实际价值为限。超过遗产实际价值部分,继承人自愿偿还的不在此限。继承人放弃继承的,对被继承人依法应当缴纳的税款和债务可以不负偿还责任。"据此,债务人死亡后,其在生前所欠民间借贷债务,原则上不能直接判决其继承人承担清偿责任,而应判决继承人在继承债务人遗产范围内向债权人承担责任。继承人对被继承人生前所负的民间借贷债务直接承担清偿责任的例外情形有两种。第一种情形,继承人实际继承了遗产,即继承人应当以继承的遗产的实际价值为限对被继承人生前民间借贷债务承担清偿责任。如果被继承人没有遗产,或者虽有遗产但继承人明确放弃继承的,则继承人对被继承人生前所负的民间借贷债务不负清偿责任。第二种情形,继承人自愿清偿,即在被继承人生前所欠民间借贷债务超出了遗产的实际价值,或者被继承人根本没有遗产的情况下,继承人自愿清偿的,法院应予支持。

需要讨论的是,上述第二种情形下是否构成自然之债。根据我国《民法通则》第 9 条的规定,被继承人的权利能力因死亡而终止,其所负的民间借贷债务原则上应归于消灭。《继承法》第 33 条第 1 款关于继承遗产应当清偿被继承人债务的规定,应当属于法律的例外规定。超出遗产实际价值之民间借贷债务,即使未获清偿,亦应视为已经消灭。但是,继承人若出于对被继承人生前愿望的尊重,或者是为了保全被继承人的名誉和声望,而自愿偿还了被继承人生前所欠借贷债务的,应当视为自然之债,其给付效果同样应当得到法律的承认。

基于同样的道理,放弃继承的继承人,对超过遗产实际价值部分的民间借贷债务,进行的自愿清偿,也应当认定为自然之债,视为自然债务的履行,一旦履行,则不能以不当得利为由,要求债权人返还。

十六、非婚同居形成的民间借贷是自然之债还是赠与?

对于非婚姻同居之人之间基于财产性给付的允诺而出具的借条或者欠条,一方不履行,另一方起诉要求支付的,人民法院能否支持。此类问题是审判实践中的难点。对此,存在两种观点。

第一种观点认为,对于非婚姻同居之人之间基于财产性给付的允诺而出具的借条或者欠条,应当视为自然之债。未履行的,另一方请求支付的,或者已经支付的又反悔要求返还的,人民法院都不予支持。

第二种观点认为,非婚姻同居属于违反社会公序良俗,同居之人基于财产性给付的允诺而出具的借条或者欠条因违背公序良俗而应认定无效。

现实生活中,婚外同居的情形比较复杂,单从同居第三者的主观状态看,既有不知道对方已婚、受欺骗而同居的情形,也有明知或者应当知道对方已婚而自愿同居的情形。对于涉及解除婚外同居关系的补偿时,如果不加区分地适用同一规则,显然是有失公平的。因此,笔者认为,应当区分三种情形分别对待:第一种是双方都是未婚同居;第二种是一方未婚且不知道对方已婚,因受欺骗而同居的;第三种是双方都是婚外同居,或者是一方未婚且明知或者应当知道对方已婚而自愿同居的。对于第一、二种情形可以认定是自然之债,对于第三种情形则可以认定为赠与,但这种赠与因为违反了社会公共道德而应被确认无效。

最高人民法院在制定《关于适用〈中华人民共和国婚姻法〉若干问题的解释(三)》(以下简称《婚姻法解释(三)》)时曾向社会公布了一个征求意见稿,其中第2条规定:"有配偶者与他人同居,为解除同居关系约定了财产性补偿,一方要求支付该补偿或支付补偿后反悔主张返还的,人民法院不予支持;但合法婚姻当事人以侵犯夫妻共同财产权为由起诉主张返还的,人民法院应当受理并根据具体情况作出处理。"通过这一规定,能够看出最高人民法院试图将自然债务的原理适用于婚外同居补偿,力求在夫妻、配偶、同居者之间寻求利益的平衡,借此解决司法中的棘手难题所作的尝试。[①] 然而此举招致了社会上的巨大争议,最终在正式出台的司法解释中将这一条规定删除了。

1. 对于上述第一、二种情形,双方都是未婚同居,或者是一方未婚且不知道对方已婚、受欺骗而同居的,双方达成的婚外同居补偿协议。

笔者认为,应当视为自然之债。这是因为,在双方均未婚,或者一方并无恶意而与已婚者同居,在解除同居关系时,一方作出给予财产补偿的,是基于其自愿,

---

① 参见金眉:《婚外同居关系的补偿》,载《法学》2010年第12期。

并成为债务人的道德义务或者良心义务,这种义务并不悖于社会伦理。从立法例考察,大多数国家把自然之债定位在以履行道德义务为目的的给付,就其功能而言,自然债务的履行或者承诺履行契合了一般社会民众所认同的观念,从而使人们对于道德准绳或社会习俗的维持成为法律义务的某种补充。① 因此,自然债务的正当性是建立在合乎具有普适性的道德观念基础之上。在意大利,通过将在非因婚姻而同居之人之间产生的财产性给付视为自然之债,因事实婚而同居之人进行扶助的义务不是法定义务,因此,不得请求强制执行,但是,法律将履行扶助义务的行为认定为自然之债中的财产性给付。以前,法官也曾经将给予因婚外关系而遭受损害的女性的财产性补偿视为报酬性赠与,也就是说,当事人是出于慷慨而作出的给付,而不是履行某一确定的给付义务。随后,法官又将这一给付界定为自然之债。② 在法国,已经离婚的双方之间有相互扶助的自然债务关系,而法律并不强制要求此种给付,这一原则被司法实践所认可,在同居双方之间亦是如此。情人在抛弃与其具有姘居关系的女子时,对该女子负有"保证其将来生活"的自然债务。③

就此两种情形下解除同居而言,一方允诺给付钱款,但钱款未付的,同居一方向法院起诉要求支付的,法院不应当支持;同理,补偿钱款已经支付,支付后又反悔主张返还的,人民法院也不应当支持。

2. 对于上述第三种情形,双方都是婚外同居,或者一方未婚但明知或应当知道对方已婚而自愿同居,双方达成的婚外同居补偿协议。

笔者认为,应当视为赠与。这是因为,婚外同居或者一方明知对方已婚而自愿同居的,双方互不负有义务,而赠与的前提是不存在任何义务。赠与合同作为财产所有人依法处分自己财产的一种法律形式,属于转移财产所有权的合同。解除同居时允诺给同居者一定的钱款补偿,正符合赠与的构成要件。德国联邦最高法院在一起情妇为继承人的案件中指出:"如果被继承人立其情妇为继承人旨在酬谢其满足自己的性欲或旨在决定或加强这种两性关系的继续,那么这种行为是违反善良风俗的,如果旨在给其情妇提供生活保障,则该行为是有效的。"④

然而,对于这种赠与的默认和维护,一方面,意味着对另一方配偶共同财产权的侵犯,毕竟同居者是恶意的,或者最起码不是善意的,此时,如果维护这种赠与行为,将导致无过错的另一方配偶的利益遭受损失。法律在善意与恶意的利益平

---

① 参见王明锁、魏磊杰:《论自然债务》,载《法学论坛》2005年第1期。
② 参见〔意〕恺撒·米拉拜利:《自然之债》,载杨振山主编:《罗马法·中国法与民法法典化》,中国政法大学出版社2001年版,第382—383页。转引自李永军:《自然之债源流考评》,载《中国法学》2011年第6期。
③ 参见〔法〕雅克·盖斯旦、吉勒·古博:《法国民法总论》,陈鹏等译,法律出版社2004年版,第687页。转引自李永军:《自然之债源流考评》,载《中国法学》2011年第6期。
④ 〔德〕迪特尔·梅迪库斯:《德国民法总论》,邵建东译,法律出版社2000年版,第516页。

衡时,当然毫不犹豫地选择对前者保护。在这种情况下,民事主体处分个人财产的自由当然要让位于社会秩序的维护。另一方面,如果对此种赠与采取默认或维护的态度,意味着对这种婚外同居行为的认可。应当看到,只有对于婚外同居予以否定而不是姑息、迁就和默认才是合乎民意人心的。婚姻与家庭自古以来就是中国人所珍视的价值,因此,作为一种价值取向,维护婚姻和家庭的存在与稳定仍然是我们必须尊重和坚持的。因此,基于婚外同居产生的补偿,因其违反公序良俗而无效。

就此种情形下解除同居而言,一方允诺给付钱款,但钱款未付的,同居一方向法院起诉要求支付的,法院不应当支持;同理,补偿钱款已经支付,支付后配偶一方主张该赠与因侵害了夫妻共同财产而无效主张返还的,人民法院应当予以支持。

十七、因婚姻居间约定报酬产生的欠款能否视为自然之债?

在我国,有的学者认为,缔结婚姻系一种身份行为,不应当由《合同法》调整,而应当在《中华人民共和国婚姻法》中予以规定。但是,我国多数学者仍将婚姻居间约定报酬视为自然之债。[①]《德国民法典》第656条(1)规定:"为报告缔结婚姻的机会或者介绍成立婚姻而约定报酬的,不成立债务关系。但基于约定已支付的报酬,不得因债务不成立而要求返还。"从这一规定可以解读出,在德国,并不认为婚姻居间约定的报酬属于债,当然也就谈不上自然之债,而是认为其违反了善良风俗,属于不法原因的给付。而我国台湾地区的做法与之有所不同。台湾地区"民法"第573条规定:"因婚姻居间而约定报酬者,就其报酬无请求权。"该规定否定了婚姻居间约定的报酬请求权,但是并没有像德国那样明确说明债的关系是否存在。有学者认为,解释上述条文,应当认定债之关系成立,在我国台湾地区体例下,婚姻居间约定的报酬构成自然债。[②]《瑞士债务法》第416条也作了类似规定。

笔者认为,之所以认定婚姻关系不适用居间合同,主要在于伦理考虑。但也要看到,随着社会观念的逐步发展,包括一些网上婚介公司登堂入室,人们对于婚介有偿性的认识越来越被认可,由此引起的双方约定的报酬请求权再认定无效,恐怕与时代发展相悖。将婚姻居间约定的报酬视为自然之债,不失为一种在效果与效率皆可的制度安排。对于此类债务,虽然当事人不享有诉权,但是,这并不能证明当事人之间的约定都是无效的,相反,将其视为当事人意思自治的范畴,给付的则不能以不当得利为由请求返还;尚未支付的,则无权诉请司法对其债务予以保护。

[①] 参见覃远春:《论自然债的民法债属性》,载《广西社会科学》2010年第2期。
[②] 参见蒋翔:《自然债之种类探析》,载《理论观察》2010年第5期。

十八、出借人先以借贷关系主张借款人返还借款,被判决驳回后又以收款人不当得利为由主张其返还款项的,人民法院应当如何处理?

司法实践中,有的当事人凭银行汇款凭证、收款凭证等证据,先以民间借贷关系起诉要求收款人还款,由于证据不充分而被人民法院以双方无借贷合意为由判决驳回诉讼请求。之后,又以不当得利纠纷另行提起诉讼,实践中此类案件很多。对于不当得利纠纷案件如何处理,由于缺乏统一的规范标准,各地做法迥异,主要有两种不同观点。

第一种观点认为,鉴于汇款人在民间借贷纠纷一案中已经自认其系基于双方之间的借贷关系而汇款或者出借款项,这就说明了收款人获取钱款有合法根据。汇款人又以对方构成不当得利为由主张应予返还,因此,汇款人的说法前后不一。在不当得利案件中其诉请不应得到支持。

第二种观点认为,汇款人又以不当得利起诉的,人民法院应当予以支持。主要理由是:不当得利不应局限于错误给付,实际上在当前银行账户实名制的前提下,也不大可能存在错误给付的情况。所以,不当得利既可以是取得利益的当时即构成不当,给付目的自始不存在,也可以是给付的目的未达到或给付目的嗣后不存在。如果汇款人主张民间借贷关系,而债务人否认双方发生借贷,并且法院最终通过判决确认双方之间不存在民间借贷的法律关系,则应视为债权人给付目的不存在,即发生不当得利的后果。故在民间借贷被法院驳回后,汇款人再主张不当得利的,应当得到法院的支持。

笔者倾向于第一种观点。

为了更好地说明这一问题,现列举两个典型的案件。

案例 3-1　浙江省杭州市中级人民法院(2011)浙杭民终字第 2511 号

原告(上诉人):胡某某

被告(被上诉人):卢某某

2003 年 1 月 16 日,胡某某向卢某某的银行账号汇款 50 万元。卢某某确认在该日收到过该 50 万元,但否认与胡某某存在民间借贷关系,认为该款项系案外人徐某某为共同合作经营衢州市某纸业有限公司而汇的投资款。2011 年 1 月 25 日,胡某某以民间借贷纠纷向杭州市西湖区人民法院起诉卢某某。法院判决驳回胡某某的诉讼请求后,胡某某又认为其向卢某某汇款的 50 万元,系卢某某的不当得利,故诉至法院,要求其返还。一审法院经审理判决驳回胡某某诉讼请求。

二审法院经审理认为,主张不当得利返还的,应当先由主张权利的一方举证证明不当得利发生的事实,在完成该事实层面的举证义务之后,才应由相对方来举证证明其取得相关利益的合法根据。本案胡某某向卢某某主张不当得利返还,但其所依据的却是"卢某某向其借款"的事实。因此,从胡某某的立场而言,汇款是基于双方之间的借贷关系,此即卢某某获取钱款的"根据",不符合不当得利的要件构成。故二审判决维持一审判决。

案例 3-2

原告：穆某

被告：项某

穆某与项某原系朋友关系，2006年5月至2007年12月期间，项某曾为穆某进行股票交易的操作。2007年4月、5月，穆某先后两次通过银行从其账户将5万元、20万元转账至项某名下的账户。2008年12月，穆某以民间借贷起诉要求项某归还借款25万元，因证据不足被驳回诉讼请求。2009年12月，穆某再次以不当得利起诉，要求项某返还不当得利款25万元。项某认为此款性质为双方合作买卖股票的盈利，25万元是其应从中分得的部分。经法院查明，穆某主张两次转账所涉25万元系项某向其借款，但其提供的证据不足以认定在双方当事人之间形成了借贷关系。项某主张其收到25万元是双方合作炒股的盈利分成所得，但未提供证据证实。在双方当事人对自己的主张均未提供证据证实的情况下，案件的争议焦点是穆某是否可以基于不当得利请求权要求项某返还25万元，即本案的事实是否符合不当得利的法律构成要件。穆某主张虽然项某没有出具借条，但双方之间确实存在25万元的民间借贷法律关系。因此，即使是按照穆某本人的陈述，其通过银行两次转账给项某25万元亦不属于"给付欠缺目的"，而是有目的的，即有法律上的原因的给付。

法院审理认为，项某收受25万元不符合不当得利的构成要件。具体理由是：第一，不当得利是指没有合法根据（法律上的原因）取得不当利益，造成他人损失。双方当事人对于穆某已给付项某25万元的事实均无异议。为了让项某归还25万元，穆某曾以民间借贷纠纷起诉，后因证据不足被驳回。根据穆某的陈述，穆某当初给付项某25万元属于借款，这说明上述两次转账并非欠缺法律上的原因。第二，不当得利中的给付无法律上的原因即给付欠缺原因并非单纯的消极事实，法院在认定有无法律上的原因时，应予以具体化和类型化，使不当得利请求权建立在一个客观上可供检验的构成要件上。穆某作为不当得利请求权人，应当对欠缺给付原因的具体情形负举证责任，因为穆某乃主动给付该款，是使财产发生变动的主体，应当由其承担举证不能的风险。本案中，穆某不但没有对于欠缺给付原因的具体情形予以举证证明，反而一再陈述当初项某乃向其借款，因此，对于穆某主张的项某受领的25万元无法律上的原因，难以采信，遂判决驳回穆某的诉讼请求。①

上述两个案件大致都是相同的，即当事人先以民间借贷为由起诉，因证据不

---

① 参见最高人民法院民一庭：《借贷纠纷案件当事人的诉讼请求被驳回后，又以不当得利为由另行起诉主张权利的，人民法院不予支持》，载奚晓明主编：《民事审判指导与参考》，法律出版社2011年版，第136—138页。

足被法院驳回诉讼请求之后,又以不当得利为由再次起诉。这就出现了本题要讨论的核心问题,出借人先以借贷关系主张借款人返还借款,被判决驳回后又以收款人不当得利为由主张其返还款项的,人民法院是否应当支持其诉求？

无论是案例3-1中的胡某某,还是案例3-2中的穆某,在第一次诉讼中均以民间借贷纠纷为由提起诉讼,但均因未提供充分证据予以证实,而被法院以证据不足为由驳回诉讼请求。胡某某或者穆某坚持认为双方之间存在民间借贷法律关系,只是由于没有足够的证据,且法院已经驳回了他们的诉讼请求,无奈之下,才请诉法院判令卢某某、项某返还不当得利。无论是胡某某还是穆某,都错误地选择了不当得利作为第二次起诉的请求权基础,主要是没有了解不当得利之构成要件以及人民法院确定当事人之间法律关系所把握的原则。

不当得利制度发展至今,已经形成了固定的构成要件。对于当事人是否构成不当得利,只能根据法律规定的要件加以判断。在不当得利构成要件中一方取得利益,另一方受到损失以及获得利益与受到损失之间存在因果关系并不难证明,关键在于利益取得是否有法律上的原因(我国《民法通则》称为"没有合法根据")。① 所谓无法律上的原因,并非指取得利益的过程缺乏法律程序,而是指取得利益并继续保有利益欠缺正当性或者法律依据。而对此的考量依据必须严格依照法律规定,"无法律上的原因"中的"法律"指的是民法中的物权法、合同法、人格权法、身份法等甚至民法外的法律制度规定。因此,财产利益的变动是否因欠缺法律上的原因而应予返还,首先于债法、物权法、人格权法、身份法、票据法等领域作出判断,认定受益者无以上根据而保有其所受利益,再由不当得利制度加以调整。换句话说,不当得利致力于填补其他制度所遗留的空白,如民法不同制度的黏合剂。

不当得利作为一项独立的法律制度,具有严格的构成要件及适用范围,不能作为当事人在其他具体民事法律关系中缺少证据时的请求权基础。上述两个案件中,胡某某与穆某的转账行为并非欠缺法律上的原因,案例3-1中的卢某某与案例3-2中的项某均否认款项为借款,这两个案件均不具备适用不当得利的基础。不当得利制度并非凌驾于其他民法制度之上负有衡平调节任务的高层次法律,公平原则已经具体化为它的构成要件之中。无论是穆某还是胡某某,因对方否认曾借过款,便又以不当得利起诉,是企图利用不当得利制度来追求其主观上的公平结果,与不当得利制度的固有功能和立法本意不符。穆某和胡某某只能以其主张的双方之间存在的民间借贷关系作为请求权基础,来要求对方归还借款。至于其诉讼请求是否能够得到法院的支持,只能取决于他们的举证责任能否成立。

因此民间借贷纠纷案件当事人的诉讼请求被驳回后,又以不当得利为由另行

---

① 有关不当得利举证责任分配问题,将在本书"民间借贷事实认定"一章中作专门论述,此处不再赘言。

起诉主张权利的,人民法院不予支持。① 需要注意的是,这里的不予支持,并非是指程序上的驳回起诉,而是指实体上的驳回诉讼请求。因为它并不属于"一事不再理"的范畴,当事人两次起诉的诉讼请求的理由和基础发生了变更,明显构成了两个不同的诉讼,因而不能以"一事不再理"为由驳回其起诉。

十九、当事人先以民间借贷起诉,后又以不当得利为由起诉要求对方返还款项的,就不当得利"没有合法根据"的举证证明责任如何分配?

在民事诉讼中,有一类举证证明责任分配的乱象常常会对案件的处理结果产生重大影响:原告先以民间借贷合同起诉被告要求归还借款,但因不能提交证据证明双方之间已形成借贷合意,民间借贷合同法律关系已成立且生效,故改变诉因转而援引不当得利制度,以达到将举证风险转移给对方当事人的目的。通过不当得利诉讼规避民间借贷合同诉讼中的举证风险,在以往的民事案件中,已经成为原告常用的一项诉讼策略,并诱发部分诉讼欺诈行为,这一现象长期困扰着司法实务界。

《民诉法解释》第90条、第91条、第108条共同搭建了民事案件举证证明责任分配的基本框架。《民诉法解释》第91条确立了举证证明责任分配的两项基本规则:第一,主张法律关系存在的当事人,应当对产生该法律关系的基本事实承担举证证明责任;第二,主张法律关系变更、消灭或者权利受到妨害的当事人,应当对该法律关系变更、消灭或者权利受到妨害的基本事实承担举证证明责任。

对于给付型的不当得利,有的原告把"无合法根据"看做一个消极事实,认为依据待证事实分类说,主张消极事实的人不负举证证明责任,消极事实应由否认其存在的另一方来证明。然而,事实并非如此。在给付型不当得利中,被告仅是给付行为的被动受领者,而原告是导致财产发生变动的控制者,从证据距离来看,应认定原告更有能力对财产转移行为作出解释,对"无合法根据"这一要件事实进行举证。笔者赞同这一观点,并在本书"民间借贷事实认定"一章中对此作了详细论述。

如果原告的不当得利主张与被告的抗辩已形成对抗,且被告的抗辩及反证足以使原告的举证无法达到高度盖然性的证明程度,此时待证事实即陷入真伪不明的状态。按照《民诉法解释》第108条的规定,一方当事人为反驳负有举证证明责任的当事人所主张的事实而提供的证据,人民法院经审查并结合相关事实,认为待证事实真伪不明的,应当认定该事实不存在。因此,当待证事实真伪不明时,主张不当得利请求权成立者承担结果责任。这是因为,由于被告的抗辩致使要件事实真伪不明,原告需要进一步举证,才有可能摆脱败诉的风险。我国的证明责任

---

① 参见最高人民法院民一庭:《借贷纠纷案件当事人的诉讼请求被驳回后,又以不当得利为由另行起诉主张权利的,人民法院不予支持》,载奚晓明主编:《民事审判指导与参考》,法律出版社2011年版,第136—138页。

采用"双重含义说",既包括提供证据的行为责任,也包括说服裁判者的实质责任或结果责任。依照《民诉法解释》第108条的规定,法院在作出裁判前,当程度上许可的证明手段已经穷尽,而待证事实仍然处于真伪不明的状态时,法院必须判令负有举证义务的一方承担败诉的后果。① 由此,即便原告由民间借贷合同变更了诉因,要求被告承担不当得利的后果,仍然要对不当得利的构成承担举证责任,并且,只要对不当得利法律关系基本事实的举证证明尚未达到高度盖然性的证明标准,仍然要承担举证不能的不利法律后果。

二十、一方主张民间借贷,另一方主张无因管理的,人民法院应当如何处理?

实践中,有的民间借贷往往会与无因管理混为一谈。为他人垫付医疗费,或者为他人垫付资金,这种行为在双方之间产生了何种性质的法律关系,司法实务中也存在争议。

第一种观点认为,为他人垫付医疗费用或者资金,是为了他们利益所为,因而构成了无因管理。

第二种观点认为,为他人垫付医疗费用或者资金,实质上引发了借贷的合意,形成了借贷的事实,产生了借贷的关系,因此应当认定为民间借贷关系。

笔者赞同第一种观点。

依据相关规定,我国的无因管理制度构成要件有三:(1) 管理他人事物;(2) 有为他人利益的意思表示;(3) 无法律上的原因。就本题而言,如果一方为他人垫付医疗款的行为并无法律上的原因,则符合上述第(1)、(3)点构成要件。至于第(2)点构成要件,为他人垫付医疗款系其主动行为,应能确定其有帮助他人医疗救治的意思表示,因此,垫付医疗费的行为即属于为他人利益的行为,因而也符合第(2)点构成要件。认定垫付医疗费产生无因管理之债的关系,不仅能够从法律效果上厘清当事人之间的法律关系,而且能在保护被管理人的基础上兼顾管理人的利益,从社会效果上弘扬人类互助之美德,发挥了无因管理制度的扶危救困的积极意义。

案例3-3　温州市中级人民法院(2012)浙温商终字第1089号民事判决

原告(被上诉人):马某某

被告(上诉人):王某甲

2011年5月10日,王某甲因交通事故受伤而住院治疗,治疗期间马某某为其垫付部分医疗费并持有相应的医疗费收据。王某甲的法定代理人王某乙(系王某甲之父)在《关于马某某垫付医疗费数额确认书》上签字确认后交给马某某,马某

---

① 参见关倩:《对不当得利案件举证责任分配乱象的有效规制》,载《人民法院报》2015年4月1日,第7版。

某交付其手里的关于王某甲的医疗费票据。王某乙在该确认书中承认马某某垫付医疗费47 000元,并承诺获得交通事故赔偿款后全额偿还。现王某甲的交通事故赔偿款已到位,但王某乙拒绝归还47 000元。马某某起诉请求王某甲立即偿还欠款共计人民币47 000元。王某甲辩称:马某某没有实际为王某甲垫付医疗费。2011年5月10日王某乙出具给马某某的确认书是受马某某胁迫才签订的,不是王某乙本人的真实意思表示。一审法院认为,王某乙出具其署名的《关于马某某垫付医疗费数额确认书》,系其真实意思表示,合法有效,应予以确认。王某甲辩解受胁迫出具该确认书,依据不足,应不予采纳。现王某甲的交通事故赔偿款已到原审法院执行款账户,马某某要求王某甲归还垫付款47 000元,于法有据,应予以支持。一审法院判决王某甲偿还马某某47 000元。王某甲不服,提起上诉。二审法院认为,王某乙向马某某出具《关于马某某垫付医疗费数额确认书》,明确承认马某某为王某甲垫付医疗费合计47 000元。现王某乙称该确认书的形成存在胁迫,但其提供的证据不足以证明其主张。本案王某甲系因交通事故入住医院且已成为植物人,马某某在向其垫付医疗费时,王某甲客观上不可能与马某某达成借贷合意。马某某为王某甲垫付医疗费的行为符合上述规定的关于无因管理的特征,因此,本案案由应定为无因管理纠纷,原审法院认定本案案由为民间借贷纠纷不当,予以纠正。遂判决驳回上诉,维持原判。

笔者认为,一、二审判决是正确的。由于植物人丧失意志能力,无法以自己的行为去享受权利、承担义务,因而欠缺具体法律人格。我国《民法通则》和《民法通则意见》仅规定了宣告精神病人和痴呆人为无民事行为能力人的情形,对因其他疾病而完全丧失民事行为能力的自然人能否宣告为无民事行为能力人,并没有明确规定。我国现行立法虽然没有对植物人的行为能力及补正作出具体明确的规定,但司法实践中往往将植物人认定为无民事行为能力人,并以对无民事行为能力人的监护来补正植物人的民事行为能力。本案中,法院查明王某甲因车祸已成为植物人,应认定本案当事人之一的王某甲为无民事行为能力人。确定王某甲为无民事行为能力人之后,能否依据其法定代理人出具的确认书认定在王某甲与马某某之间建立了借贷合意呢?事实上,法定代理在实质上有别于意定代理,在监护制度中,由于本人是无行为能力人或限制行为能力人,故不能进行授权行为。王某乙对王某甲的代理也并非基于王某甲向王某乙的授权抑或双方合意,因此,王某乙所表达的意思表示根本不包含王某甲的授权意思而只能是王某乙自己的意思。若通过王某乙署名的确认书来直接推断王某甲作出了向马某某借款的意思表示,未免过于牵强。因此,本案不能认定为民间借贷纠纷,而应认定构成了无因管理。

此外,如果当事人主张系借贷关系,则不仅需要举证证明借贷事实的发生,而且还需要举证证明存在借贷的合意,否则,仅有款项的支付而无借贷的合意,很难认定存在民间借贷关系。

二十一、职工向单位借款形成的争议,如何确定民事责任?

现实情况中,经常发生职工与用人单位间因借款、垫资或其他原因导致的资金往来,并发生欠款纠纷。对于如何处理职工与用人单位之间的借贷纠纷,实务中争议较大,存在不同意见。

第一种观点认为,职工与单位之间发生的借款纠纷,成因众多,形式纷繁,人民法院往往很难查清案件事实。而且职工与单位之间的借贷往往与单位内部财务规章管理制度有密切关系。因此,职工与单位之间的借贷纠纷,人民法院不宜立案并审理。

第二种观点认为,应当区分职工与单位发生资金往来的基础法律关系,进而根据案件的不同性质分别作出处理。既不能一概不予受理,也不能"一刀切"地全部受理。

笔者倾向于第二种观点。

首先,职工因为个人生活所需向公司借款,属于平等民事主体之间产生的债权债务关系,应定性为民间借贷。

其次,职工因公务或者工作需要向单位借款,属于公司内部管理问题,应按公司内部财务管理制度处理。此类纠纷人民法院不予受理,更不应按民间借贷案件审理。关于这一点,最高人民法院针对吉林省高级人民法院的请示,曾作出相应的答复。①

再次,职工为单位推销产品而按单位规定以借据形式提货的,借条反映的钱款属于单位业务款,是双方结算工资、奖金和福利的依据,属于劳动争议纠纷,不属于民事案件审理范围。但如员工名为"职员"实为代理商时,应按委托合同纠纷审理。

最后,职工身份系公司股东,以"借条"形式进行出资、分红的,双方债权债务纠纷属于公司内部治理问题,应按公司法处理。

二十二、审判实践中,如何区分公务借款和私人借款?

审判实践中,可以从以下几个方面区分公务借款与私人借款:

1. 形式上的审批程序。公务借款须依照公司内部财务管理制度进行操作,一般流程为:借款人先填写借款单,然后经本部门主管签字同意、财务主管复核、单

---

① 该答复的名称为《最高人民法院关于职工执行公务在单位借款长期挂账发生纠纷法院是否受理问题的答复》(1999年4月5日〔1999〕民他字第4号)。吉林省高级人民法院:你院吉高法〔1998〕144号《关于职工执行公务在单位借款长期挂账发生纠纷法院是否受理问题的请示》收悉。经研究,同意你院审判委员会倾向性意见,即刘坤受单位委派,从单位预支15000元处理一起交通事故是职务行为,其与单位之间不存在平等主体间的债权债务关系,人民法院不应作为民事案件受理。刘坤在受托事项完成后,因未及时报销冲账与单位发生纠纷,应由单位按其内部财会制度处理。

位法人代表或法人委托人审批,再交到财务会计记账做凭证,最后出纳根据复核后的记账凭证,向借款人支付备用金,同时借款人须在记账凭证上签字。大额借款须提前一天通知财务部准备备用金。个人借款一般比较自由,审批程序上没有公务借款严格,只需员工向公司领导请示并经过同意后,由员工向出纳出具私人借条,出纳就会将钱款交付给借款人员工,私人借款有时不经过财务会计,只在出纳那里以私人借条换现金,出纳将借条视为现金保管。

2. 款项的用途。公务借款在多数情况下是基于执行公务行为,如差旅费、办公费、通讯费等,有些像招待费、公关费等特殊费用还有职务限制。正常情况下公务借款后经过报销程序便无其他纠纷,但当员工违背公司意愿强行离职后,公司可能会以员工提供的发票不符合财务规定拒绝签字,或者拖延,此时,员工就无法进行正常的报销程序。员工私人借款主要是用于自身生活所需,或者自身经营活动所需,并无职务行为性质的限制。

3. 借款金额和还款期限有所不同。公务借款一般根据公务开支需要而确定金额,私人借款一般不超过其半个月工资额,超过时要有担保人;公务借款一般不注明还款期限,私人借款往往限定借款期限。

二十三、出借合同专用章签订的民间借贷合同,相关民事责任应当如何确定?

审判实践中,对于借用其他单位合同专用章签订的民间借贷合同,其效力和民事责任应当如何确定,存在不同观点。

第一种观点认为,善意相对人对民间借贷合同的效力有选择权,既可以选择表见代理主张民间借贷合同有效,也可以选择无权代理主张借贷合同无效。

第二种观点认为,善意相对人只能选择表见代理主张民间借贷合同有效。表见代理的法律后果只有一个,即:代理行为有效,赋予第三人选择权的做法是违背法律应该设定的标准的,理由在于狭义上的无权代理和表见代理在制度设计上有着不同进路,对于善意第三人而言,代理人是否拥有事实上的代理权无关紧要,关键是具有法律上的代理权,而法律上代理权的判断则是依据常人的标准进行的。因此,在善意第三人看来,代理人是有代理权的,依据代理行为所准备创设的法权模式是善意第三人做出该民事法律行为时的真实意思,善意第三人应恪守意思自治原则,自觉为自己的决定承担责任,而不能随意改变自己的真实意思。[①]

笔者倾向于第一种观点。

善意相对人对合同效力应当具有否定权,善意相对人可以选择表见代理主张合同有效,也可以选择无权代理主张合同无效,善意相对人的选择权具有正当性。虽然第二种观点坚持对意思自治捍卫的做法值得肯定,但对善意第三人真实意思

---

① 参见周清林:《自治的异化:论表见代理的后果——兼评"选择权"通说》,载《学术论坛》2002年第10期。

的形而上学的理解，带有明显的唯心主义价值观。那么，善意相对人选择权的正当性在哪里？

首先，应当正视表见代理实质上属于无权代理这一事实。

其次，表见代理之所以被设计为有权代理，主要是基于信赖保护的考虑，而与当事人意思自治无关。

再次，以表见代理实为无权代理的性质作为逻辑起点，体现了实质正义的理念，应当赋予善意第三人在知道真实信息时以选择权。

最后，我们不应回避善意第三人意思自治的问题。当善意第三人作出以被代理人为交易对象的选择时，其效果意思与表示意思一致方可被视为真实的意思表示。

在选择通过代理人中介签订合同时，善意第三人的主观意思是建立在代理人拥有交易相对方的真实授权、可确定交易相对方与自己合作诚意的基础之上，这是善意第三人对履约风险进行评估和判断的重要依据。因为其在决定是否与对方合作时，除对方的履约能力外，对方的订约积极性及未来履约的真实态度都是重要的考量因素。当代理行为并非基于被代理人的真实授权时，应当给予善意第三人对履约风险进行重新评估的机会，以保证其效果意思与表示意思真正一致，这与受欺诈方对所签订的合同享有撤销权的原理如出一辙。其实，《合同法》第48条第2款赋予善意相对人在被代理人追认前的撤销合同的权利，即为确认善意相对人选择权的实证。[①]

因此，借用他人单位公章签订的民间借贷合同中，如果相对人是善意的，他可以选择适用表见代理，则民间借贷合同有效，该合同对出借合同专用章的单位及相对人具有拘束力。确定相对人善意主观状态的准据时间为合同订立之时，在合同订立后，相对人才得知真实信息，也不妨碍表见代理的成立。

二十四、企业破产的，清偿职工的集资款的民事责任如何承担？

对于破产的企业所欠职工的集资款，应当列入何种清偿顺位，在司法实务中历来存在争议。

第一种观点认为，《中华人民共和国企业破产法》（以下简称《企业破产法》）和相关司法解释对于职工工资有保护过当之嫌。对于集资款，更应当认定为普通债权或者说是一般破产债权，而不能将其列为第一清偿顺序。何况，《企业破产法》第113条并未将集资款列入优先债权，因此，应当将其视为一般债权。

第二种观点认为，《最高人民法院关于审理企业破产案件若干问题的规定》（以下简称《企业破产案件规定》）将企业集资款作为第一顺序清偿，因此，应当依

[①] 《合同法》第48条第2款规定："……合同被追认之前，善意相对人有撤销的权利。撤销应以通知的方式作出。"

据该司法解释的规定,当然,对于违反法律规定的高额利息部分不予保护。

笔者倾向于第一种观点。

首先,从我国《企业破产法》规定的第一顺位的债权内容看,都是直接关系到职工切身利益的债权,如工资和社会保险费用。因为此类债权能否清偿,直接影响到职工的基本生活与社会安定,因此,不能不将这部分债权置于其他债权之上。当然,对于破产企业的董事、监事和其他高级管理人员,不能享有与一般职工同样的保护,因为他们对于企业的破产负有道义上的义务或经营上的责任,这点在《企业破产法》第113条第3款已然作出规定。就集资款的性质而言,有些企业在自有资金缺乏、银行贷款无望的情况下,为了增加投入,扩大生产经营规模,迫于无奈向本企业职工收取借用一定数量的款项,确定了时间不等的归还期,并按一定的年利息率给付利息。从性质上讲,集资款实际上就是企业向职工的借款,在法律没有作出特别规定或者当事人没有特别约定的情形下,借款在属性上只能是一般债权,企业集资款并非与职工的切身利益休戚与共。而工资是劳动力的价格,是劳动者付出劳动力之后获得的对价,其与集资款在属性上有着本质区别。作为一般债权的集资款,上升到第一顺序获得特别保护,在理论上自然难以自圆其说。

其次,从有关政策文件的规定看,尽管早在1994年10月,国务院发布了《关于在若干城市试行国有企业破产有关问题的通知》(国发〔1994〕59号),其相关精神是"企业在破产前为维持生产经营,向职工筹借的款项,视为破产企业所欠职工工资处理,借款利息按照借款实际使用时间和银行同时存款利率计算"。应当看到,上述文件的制定背景,是由于当时企业集资作为融资手段,具有一定的不规范性,由于这种行为涉及广大职工基本生活,涉及社会稳定,在企业破产程序中对待职工集资款的处理,能够利于职工安置,有利于发挥各种积极因素,且有利于社会稳定。因此,将企业向职工筹借的款项视为破产企业所欠职工工资处理,这是有深刻的历史背景的,是通盘考虑当时的政策因素而作出的权宜之计。最高人民法院《企业破产案件规定》也是对这一政策精神的一脉相承。还需要强调的是,《企业破产法》第113条第1款第2项规定,破产人欠缴的除前项规定以外的社会保险费用和破产人所欠税款列为第二顺序,税费涉及公共利益,关乎国计民生,就职工个人的集资款与公共利益的重要性与价值排序而言,在当下很难得出其高于税费的结论。何况第2项规定的除第1项规定以外的社会保险费用本身与职工的切身利益同样密切相关,因此,在集资款的排序上甚至不及第二顺序的情况下,遑论归位于第一顺序。想当然地对于集资款的债权价值排序,并不符合法律逻辑和价值规律。

再次,从法律与司法解释的关系看,最高人民法院《企业破产案件规定》第58

条规定:"债务人所欠企业职工集资款,参照企业破产法第三十七条第二款第(一)项①规定的顺序清偿。但对违反法律规定的高额利息部分不予保护。职工向企业的投资不属于破产债权。"然而,在上述司法解释颁布之后,《企业破产法》于2006年颁布,并于2007年6月1日起施行。该法并没有沿循上述司法解释的规划设计路径,将企业的集资款列入第一顺位。这就产生了一个问题:在《企业破产法》没有明确规定,此前的司法解释又没有被废除的情况下,司法解释关于破产没有明确规定的部分是否继续有效?有一种观点认为,应当继续有效,即对于职工集资款的基本原则仍然按照司法解释的规定列入第一顺序清偿。②对此,笔者不敢苟同。按照法律基本理论,(1)如果法律与司法解释都有规定,但规定的内容不一致的,应当以法律的规定作为裁判规则,因为法律是上位法,而司法解释只是广义上的下位法的法律。(2)司法解释颁布在前,法律颁布在后,按照新法优于旧法的原则,也应当适用法律的规定。(3)如果法律没有规定而司法解释作出了规定,如果司法解释的内容没有违反法律的立法目的、基本原则和价值目标,则司法解释的规定当然可以适用;如果司法解释的规定明显与立法目的、基本原则和价值目标相悖,则司法解释的规定当然不能适用。《企业破产法》第113条在规定第一顺位的破产债权时,采取的是列举式,也没有用"等"字兜底和概括,而是作了限定性规定,这就意味着法律对于第一顺序的债权是有严格限定的,超出法律规定的范围,当然不能列入第一顺序。

最后,从破产法的发展潮流看,如前所述,一些国家甚至已将工资排除在优先权的保护范围,当然这需要有完善的社会保障作为强大基础。目前,我国的社会保障事业正在有序进行,2011年还实施了《中华人民共和国社会保险法》,我国已经基本形成了包括社会保险、社会福利、社会救济、优抚安置和社会互助等多个层次的社会保障体系。从长远看,在社会保障体系完善之后,对于职工工资的特殊破产保护必将退出历史舞台,其第一顺位的"历史性待遇"也必然面临终结。

总之,笔者认为,在处理债务人破产时,企业职工集资款不能作为第一顺序清偿。此外,还要注意集资款与投资的区别,对于投资款,要根据性质承担风险而不能作为集资款处理。对于集资款中明确约定的高额利息部分,同样不应予以保护。

---

① 1986年公布的《企业破产法(试行)》已被废止,其第37条第2款规定:"破产财产优先拨付破产费用后,按照下列顺序清偿:(一)破产企业所欠职工工资和劳动保险费用;(二)破产企业所欠税款;(三)破产债权。"该条内容已被2006年《企业破产法》第113条所取代。

② 参见刘振、李道丽:《民间借贷纠纷案件的难点及破解》,载《人民司法·应用》2011年第23期。

第四章 新型民间借贷认定

一、名为民间借贷实为投资的情形,应当如何处理?

实践中,当事人之间对于交付相关资金行为,有的主张是投资款,有的主张是民间借贷,容易引发争议。对此,审判实务中也存在不同观点。

第一种观点认为,对于交付资金行为性质的认定,应当根据双方当事人的意思自治为基础作出评判。当事人对自己的行为最清楚,也最能说明交付资金的目的、用途,因此,应当以双方的约定内容作为判断是投资还是民间借贷的依据。

第二种观点认为,投资与民间借贷是两种不同性质的行为。投资一般参与投资项目的管理,并且投资款不能抽逃,否则构成违法;而民间借贷则不参与所借款项的管理经营,并且在约定的期限届满则收回借款的本金和利息。

笔者倾向于第二种观点。

投资与民间借贷虽都是一定经济主体的经济行为,但借贷与投资是两种不同的法律关系,会产生不同的法律后果,因此准确区分借贷与投资,对于保护自然人的合法权益具有重要意义。具体而言,民间借贷与投资行为在性质、来源、运用及目的等方面有着本质的区别,表现在:

第一,民间借贷是一种债,投资虽也有协议,但不是债,而仅仅是对自己所有物权的处分;借贷可担保、可转移,而投资一般不可担保,但可转让。

第二,民间借贷是一般所有物的所有权发生了转移;而投资仅是占用权发生了一定的变化,但仍享有不完全的支配权、使用权和处分权。

第三,投资的目的是获取一定的收益或效益;而民间借贷的目的则可能是多种的,且没有约定利息的民间借贷是无偿的。

第四,投资所可能获取的效益是未来的、不确定的;而民间借贷如果是有偿的,则其可能获得的效益是确定的。

第五,投资的来源可以是自有,如自身的收益等,也可以是借贷资金;民间借贷一般是有支配权的财物。

第六,投资形成的形态有多种,一般为真实资本或金融资本;而民间借贷则为所有物的所有权的转移,对出借者来说是所有物的暂时消灭。

第七,投资收回的是效益,而投资本身一般是不能收回的(联营除外),抽逃出资在法律上是不允许的,严重的可构成犯罪;民间借贷则是可以而且是应该收回的。投资承担有亏损的风险,而民间借贷则可通过担保、债务转移等来减少风险。①

二、司法实践中如何认定名为投资、实为借贷的情形?

在司法实践中还存在若干名为投资、实为借贷的情形,主要表现为以下五种情形。

第一,虽名为投资,但所有物的所有权发生了转移,不能行使对该物的使用权,如管理、经营权,有的甚至连知情权也没有,则无论是否取得收益,应视为借贷。

第二,虽名为投资,但投资协议中未约定或实际上并未参与经营或管理,而且对收益有明确的约定,则实为借贷。

第三,虽名为投资,在自己的账目处理上只有所有物所有权的转移,被投资方却没有资本金形成的,则应为借贷。

第四,投资协议中规定了投资收回的期限,而且还有担保的,则应视为借贷。

第五,投资者一般享有对投资项目的收益、表决和知情权等权利,而借贷一般不享有此权利。

总之,对投资项目的实际经营管理权或参与经营管理权的判别是解决真假投资与借贷的关键。司法实践中,要正确理解投资与借贷的含义,科学甄别真假投资与借贷,依法维护公民个人的合法权益和企业的发展。②

三、在电子签名和认证制度尚未广泛运用于新型网络理财时,如何审查投资者的真实身份?

当前,在现今电子签名和认证制度尚未广泛运用于新型网络理财时,司法需要解决的难题是,如何审查投资者的真实身份。笔者认为,目前,可考虑采取如下审查规则:

一是多信息匹配规则。当投资者签约时登记的姓名、身份证号码、银行卡号及户名信息、手机号码及用户名等一致时,推定所登记之人为实际投资者。因上述信息与密码同时被盗的可能性较小,除非有相反证据,故该规则具有较高的判定准确度,可作为判定依据。

二是电子设备跟踪规则。即通过手机端操作的投资者,推定该手机用户为实际投资者;通过电脑端操作的投资者,如该电脑由特定个人使用,则推定其为

---

① 参见滕艳军:《名为借款但参与公司经营管理的应认定为投资》,载《人民司法·案例》2014年第10期。

② 同上注。

实际投资者。因电子设备存在多人使用的可能性,故该规则仅能作为辅助判断规则。

四、合伙人之间因合伙出资发生的纠纷,能否以民间借贷关系为由要求返还出资款?

实践中,在组建合伙企业时,投资人并不签订合伙协议,而是与其他合伙人签订了一个借款协议,待合伙企业盈利时分享利益,亏损时,由其他的合伙人返还出资款。对于这种亏损时返还出资款的协议,发生纠纷后如何处理,有两种观点。

第一种观点认为,投资人以借贷关系为案由到法院起诉的,应当审查当事人之间是否存在真实的借贷关系。如果查实当事人之间是合伙合同履行、合伙出资的纠纷,就不应按照借贷关系处理。

第二种观点认为,合伙人将合伙协议改签为借款合同,约定其出资额为对方的借款,在规定期限内,先由合伙企业的利润偿还,待偿还不能时,由对方直接偿还,这种名义上的"借款合同"或者"还款合同"是当事人真实意思表达,是合伙人之间内部的关系,与外部无关。在处理他们内部关系时,可以按照借款关系处理。

笔者倾向于第一种观点。

因合伙关系出资后,所投入资金的盈利和亏损,应当按照合伙协议处理,因为这种出资属于投资,在市场经济条件下,投资就有风险,投资时应当有相应的判断,如果亏损了,应当承担相应的责任,无权要求全部返还,这是自愿承担风险的结果。民间借贷则不同,无论借款人用借款从事何种经营活动,是否盈亏,借款人应一律返还借款及约定的利息,这是基于双方对借款关系的确认。

合伙人共同出资与合伙人民间借贷之间比较容易产生分歧,当事人一方称另一方出资为合伙或者入股,另一方称此款项实为借款,并不是合伙之类,此种情况,须按照谁主张谁举证的原则,根据双方提出的证据,还原法律事实。作出判断,按照合伙、民间借贷各自的法律规范处理。

五、退伙时与其他合伙人就合伙的份额转让产生的欠款争议属于民间借贷纠纷还是合伙纠纷?

经其他全体合伙人一致同意,其合伙人退伙,退伙清算后返还退伙人财产份额时,其他合伙人与其签订了财产份额转让合同,并出具了欠条,之后因追索欠款发生争议。该争议的性质如何认定,司法实践存在两种不同看法。

第一种观点认为,虽然该欠条基于转让财产份额产生,但该财产份额是因退伙而发生的,因此,其本质仍然应当是合伙纠纷。

第二种观点认为,退伙人与其他合伙人已就退伙时的财产份额进行了清算,并出具了欠条,合伙的法律关系已经不存在。因欠条发生的争议应当认定为民间借贷纠纷。

笔者倾向于第二种观点。

合伙关系的加入和退出所产生的法律后果可分为对内的法律后果和对外的法律后果。按照最高人民法院《民法通则意见》第52条及《中华人民共和国合伙企业法》第45条的规定,其他全体合伙人一致同意的合伙人可以退伙。退伙一经生效退伙人失去合伙人资格,退伙清算后返还退伙人的财产份额,若退伙人对合伙造成损失的应当赔偿。按照当事人的约定,因部分合伙人的退伙,双方当事人的内部合伙关系已经终止。依据《民法通则》第52条之规定,全体合伙人对合伙组织对外债务承担连带责任。

从合伙人入伙,到其退伙,再到财产份额转化为款项的过程中,退伙人因其退伙行为,不再对退伙之后合伙组织的行为承担责任,但不能免除对其入伙之后退伙之前合伙组织的对外民事行为负有责任,这就是合伙关系变更所产生的对外的法律后果。

区分是合伙协议纠纷还是民借贷纠纷,关键是双方签订协议之后,合同当事人的权利与义务不同。对于合伙行为,应有明确的合伙协议,对各方的投资比例、合伙事务执行、盈余分配要有明确约定。而民间借贷行为,应出具书面的收条,明确借款数额、返还时间、利息等。合伙人退伙后,退伙人与受让人约定将退伙人在合伙中的份额转让款作为借款的,此时双方当事人之间形成民间借贷法律关系。民间借贷当事人如果约定分期还款,并约定任何一期逾期,出借人均有权要求借款人返还未到期借款的,如借款人违约,则出借人除有权要求返还全部借款外,还可对未到期借款主张利息。

六、对赌协议与民间借贷的关系如何界定?

私募股权中,"对赌协议"的效力应当如何认定,既是一个理论问题,也是一个实务上颇具争议的问题,反映了两种不同的价值思维倾向。

第一种观点认为,"对赌协议"的效力应当根据其内容而论,一般情况下,从尊重当事人意思自治的角度出发,应当认定"对赌协议"原则上有效。

第二种观点认为,"对赌协议"实际是对投资方旱涝保收的承诺,违背了商事活动等价有偿、风险共担的基本原则,从而损害了正常的经济秩序与公共利益,"对赌协议"的非正义性决定了其无效性。因此,应当认定"对赌协议"违反了社会公共利益和国家强制性法律法规,并适用《合同法》第52条规定判定无效。

笔者倾向于第一种观点。

估值调整机制,俗称"对赌协议",是私募股权投资行为中常见的融资契约。有的学者认为"对赌协议"是一种期权[①],也有的学者认为其法律性质是射幸合

---

① 参见谢海霞:《对赌协议的法律性质探析》,载《法学杂志》2010年第1期。

同。① 笔者认为,"对赌协议"并非是射幸合同②,其原理类似于买卖合同中单价确定而数量不确定时多退少补的机制,是一种特殊的股权买卖交易模式。之所以认定"对赌协议"有效,大致有以下几个理由。

首先,从协议内容看。"对赌协议"是投资方与融资方在协议中约定一定的条件,在一定期限内如果约定的条件未成就,由投资方行使估值调整权利,从而弥补高估企业价值的损失;相反,如果约定的条件成就,则由融资方行使相关权利以补偿企业价值被低估的损失。由此,"对赌协议"体现了商法中意思自治的原则。在商事领域中,商人一般具有商事判断和经营能力,具有较强的专业能力,商人之间达成的自治,只要没有违反法律的强制性规定,应当尽量认可他们之间达成的协议的效力,许可他们达成的商事安排,公权力应当给予最大的尊重。③ 在最高人民法院再审审理的海富公司(投资方)与迪亚公司(融资方)、世恒公司(目标公司)增资纠纷一案中,即认定"……在《增资协议书》中,迪亚公司对于海富公司的补偿承诺并不损害公司及公司债权人的利益,不违反法律法规的禁止性规定,是当事人的真实意思表示,是有效的"。④ 认定协议有效,也有助于引导投资方与融资方信守承诺,诚实信用。

其次,从机制作用看。一方面,"对赌协议"有利于高效率地促成交易,对企业的经营管理起到一定的良性引导,在最大化投资收益的共同目标下,先对企业进行融资,再在一定条件下启动估值调整机制,从而加快融资交易的步伐。"对赌协议"建立起来的惩罚与激励机制,往往有利于引导目标公司中的经营管理者尽职尽责,促进目标公司业绩的提升。另一方面,"对赌协议"对双方交易具有一定的担保功能。当股权价值高于或者低于预期收益时,投融资方承诺以一定方式补偿对方,实际具有一定的担保功能。如果在约定的期限内未达到预期收益,则由目标公司的股东按照约定的计算标准与方式回购,从而保证投资方的基本投资利益的实现。

再次,从权利义务看。投资方在这场交易中不仅投入了资金成本,也帮助清

---

① 参见傅穹:《对赌协议的法律构造与定性观察》,载《政法论丛》2011 年第 6 期。射幸合同因其可能带来的道德风险甚至是犯罪诱因在各国都受到严格监管,因而需要遵循更为严格的诚信标准。射幸合同并非我国合同法规定的任何一类有名合同,我国司法解释也未对其进行定义或归类。

② 《对赌协议》的基本功能可以用交通事故第三者责任险来区分说明。第三者责任险的功能是为受害第三方提供充分救济,但在司机(被保险人)不可控的范围内,无论其运气好坏,保险公司都需要承担责任。因此,这一合同具有一定的射幸性。而《对赌协议》中投资者的利益是根据事先约定的公式计算出来的,因此其根本目的不是分配运气带来的收益,而是激励能够控制结果的积极行使商业判断,督促其勤勉,惩戒懒惰和自私的行为。在这一意义上,《对赌协议》是投资人面对不可控因素的自我救济安排,与射幸性没有必然联系。参见李睿鉴、陈若英:《对私募投资中对赌协议的法经济学思考——兼评我国首例司法判决》,载《广东商学院学报》2012 年第 6 期。

③ 参见元小勇:《论商事领域中的法治思维》,载《江西行政学院学报》2013 年第 4 期。

④ 最高人民法院(2012)民提字第 11 号民事判决书。

理产权关系,激励完善公司治理结构以及以公司上市为目标的资本运作。投资方并非旱涝保收,一旦其以股东身份进入目标公司,均依据公司法的规定,对目标公司的经营亏损等问题按照持股比例承担相应损失。因此,不能轻易地从交易结果来推导交易行为是否公平。按照经济竞赛的基本原理,在经济竞赛中,正义者只可能是参与者的行为而不可能是竞赛结果。① 交易本身就是一种商业博弈,有亏有盈,法律并不能保证一项特定的交易中各方可以同等受益。② 也就是说,商事活动中的正义体现为过程正义而非结果正义。③ 同样,商法领域的公平也主要体现为经济公平、机会公平,而非结果公平。在司法实践中,对于特定商事案件的公平性审查,应该侧重审查是否符合机会公平的标准,而不是结果公平的标准。

最后,从法律规定看。"对赌协议"并不违反相关法律规定。尽管《合同法》第52条规定了违反法律、行政法规强制性规定的合同无效,然而,与"对赌协议"有关的法律规定,主要集中在"投资领域共担风险原则""保底条款无效"和"明为投资实为借贷"这三个方面。

第一,就投资领域共担风险原则而言,这一概念出现在1990年最高人民法院《关于审理联营合同纠纷案件若干问题的解答》(以下简称《联营解答》)中。由于我国当时并未制定公司法和合伙企业法,该司法解释属于我国计划经济时期的特定产物。随着我国改革开放的不断深入和我国经济持续稳定发展,市场经济日益盛行,民商法律制度已日臻完善,尤其是那些与国际接轨最前沿资本市场领域,如果在裁判中脱离基于社会正义或基本价值的共识,仍然机械地照搬套用当年特定时期的司法解释来处理当今经济社会中的敏感问题,则无异于刻舟求剑、削足适履,其法律效果与社会效果是值得怀疑的。所谓投资领域共担风险原则,既不是一个普遍规则,也不是一个刚性规则。在投资领域,风险共担只是风险分配中的一种方式。一般而言,在普通合伙的情况下,合伙人对外适用共担风险原则,承担无限连带责任;而在有限合伙和特殊普通合伙的情形④,都不属于共担风险。在商法领域,尤其是在投资领域,法律允许当事人在自愿原则的前提下作出任何风险分担的安排。在上述海富公司与迪亚公司、世恒公司增资纠纷一案中,二审法院认定增效协议书中的股价调整条款违反了投资领域风险共担的原则,即存在对判决前提的认识误区。

第二,就保底条款而言,它本质上是当事人之间的一种风险和利益的分配条

---

① 参见〔英〕弗里德里希·冯·哈耶克:《法律、立法与自由》(第二、三卷),邓正来等译,中国大百科全书出版社2000年版,第129页。

② 参见蒋大兴:《公司法的观念与解释Ⅱ——裁判思维 & 解释伦理》,法律出版社2009年版,第34页。

③ 参见黄占山、杨力:《附对赌协议时股东承诺回购约定的效力》,载《人民司法·案例》2014年第10期。

④ 参见《合伙企业法》第57条、第77条。

款。基于民法意思自治的原则,当事人约定对一方或者部分投资人的投资利益采取保底措施,不仅是市场交易中的常见现象,也存在相应的法理依据。在民商事领域的相关法律规定中,存在禁止设置保底条款的法律规定,如证券法规定的受托人与证券公司①、证券投资基金法规定的公开募集基金中②,都禁止设定保底条款。其禁止的原因是出于保护投资人的考量,禁止专业金融机构以保底承诺诱导投资人非理性地投入资金,导致放大市场波动风险,破坏证券市场稳定性;而在中外合作经营企业法中则有允许外国合作者享受附条件的保底条款的规定。③ 由此可见,关于保底条款的存在及其效力,在特定情形下法律基于公共利益的需要明文规定某些保底条款无效;至于无明文禁止的,则为有效。《联营解答》关于联营合同中的保底条款无效的规定,在目前尚未废止的情况下,一般也应当仅限适用于联营合同,而不应再将该司法解释扩大适用到公司增资协议的效力认定上。④另外,《联营解答》关于联营合同中的保底条款的定义强调了"无论盈亏",从海富公司与迪亚公司、世恒公司增资纠纷一案中财务目标角度看,"对赌协议"使投资者的回报与被投资公司的盈亏直接关联,且投资者有权获得的现金分配额可能为零,这与没有"对赌协议"的一般股权投资的财务目标是完全一致的,体现出了股权投资与债权投资的最根本区别。⑤

第三,就明为投资实为借贷而言,在海富公司与迪亚公司、世恒公司增资纠纷一案中,二审法院参照《联营解答》第4条第(二)项关于"企业法人、事业法人作为联营一方向联营体投资,但不参加共同经营,也不承担联营的风险责任,不论盈亏均按期收回本息,或者按期收取固定利润的,是明为联营,实为借贷,违反了有关金融法规,应当确认合同无效"的规定,认定增资协议书第7条第(二)项约定内容因违反《合同法》第52条第(五)项之规定而无效。在最高人民法院通过了《民间借贷规定》之后,企业之间为生产经营的需要发生的借贷已被认定为有效。因此,

---

① 《中华人民共和国证券法》第144条规定:"证券公司不得以任何方式对客户证券买卖的收益或者赔偿证券买卖的损失作出承诺。"

② 《中华人民共和国证券投资基金法》第20条规定:"公开募集基金的基金管理人及其董事、监事、高级管理人员和其他从业人员不得有下列行为:……(四)向基金份额持有人违规承诺收益或者承担损失……"

③ 如《中华人民共和国中外合作经营企业法》第21条规定:"中外合作者依照合作企业合同的约定,分配收益或者产品,承担风险和亏损……依照前款规定外国合作者在合作期限内先行回收投资的,中外合作者应当依照有关法律的规定和合作企业合同的约定对合作企业的债务承担责任。"学界一般认为,该规定并未禁止中外合作双方约定保底条款,因此,在法律没有明文禁止的情形下应当认定双方可以约定保底条款,且该保底条款有效。然而,也有学者认为,约定这样的保底条款将有损社会公共利益,因此不能认定有效。参见朱玉:《中外合作经营合同保底条款效力探讨——法解释的视角》,载《苏州铁道师范学院学报》(社会科学版)2002年第19卷第3期。

④ 参见季境:《对赌协议的认识误区修正与法律适用》,载《人民司法·案例》2014年第10期。

⑤ 参见李睿鉴、陈若英:《对私募投资中对赌协议的法经济学思考——兼评我国首例司法判决》,载《广东商学院学报》2012年第6期。

再以《联营解答》第 4 条第(二)项规定认定企业间借贷无效已经失去了依据,该规定应当被废除。

综合以上,"对赌协议"是投资与融资的组合行为,其条款本身在于弥合投融资双方的估值差异,对公司控股股东建立合理的激励约束框架,规避相应的投资风险,确保投融资双方约定的财务目标的实现。从当事人意思自治的角度出发,只要协议内容不损害社会公共利益,没有违反法律、行政法规的强制性规定,就应当认定其为有效。

七、公司账册丢失导致未经清算的,股东应否对公司所欠的借款承担偿还责任?

实践中对于因公司账册丢失,有限责任公司的股东、股份有限公司的董事和控股股东应否对公司的欠款承担连带赔偿责任,实务中争议较大。

第一种观点认为,只要因公司账册、重要文件灭失,无法进行清算的,有限责任公司的股东、股份有限公司的董事和控股股东就应当对公司的欠款承担连带赔偿责任。

第二种观点认为,应当区别情况对待。如果是因有限责任公司的股东、股份有限公司的董事和控股股东怠于履行义务,导致公司账册灭失,无法进行清算的,则应对公司的欠款承担连带赔偿责任;非因他们的过错造成公司账册灭失,即使无法进行清算的,也不应承担责任。

笔者倾向于第二种观点。

根据《公司法》第 183 条的规定,公司解散的,应当在解散事由出现之日起 15 日内成立清算组,开始清算。该条规定的 15 日期限为法定期限,清算义务人必须严格遵守,否则应当对公司和债权人因此造成的损失承担相应的民事责任。

公司解散后,清算义务人不尽清算义务的不作为行为包括两种情况:一种是在法定期限内未成立清算组开始进行清算,即根本未履行清算义务;另一种是虽然已经成立清算组,但却未及时开始清算,即怠于履行清算义务。两种情况的性质不同,造成的损失情况也有所不同,因而清算义务人的民事责任也不同。基于未依法清算所造成的不同后果,《公司法解释(二)》第 18 条规定了清算义务人的不同民事责任:

第一种情况,清算义务人未在《公司法》第 183 条规定的期限内组织公司清算组开始清算,造成公司财产贬值、流失、毁损或者灭失的,应当在造成损失的范围内对公司债务承担赔偿责任。

第二种情况,因清算义务人怠于履行清算义务或者其他义务,导致公司主要财产、账册、重要文件等灭失,无法进行清算的,应当对公司的债务承担连带清偿责任。

案例 4-1 浙江省台州市中级人民法院(2011)浙台商终字第 192 号

原告(被上诉人):浙江通正铜制品有限公司(以下简称通正铜公司)

被告(上诉人):游某某、林某某

原审被告:刘某某

玉环县恒泰眼镜有限公司(以下简称恒泰公司)于2001年7月18日经工商登记设立,被告刘某某、林某某、游某某系该公司的股东。该公司于2008年解散倒闭。原告系该公司的债权人,2007年3月,恒泰公司尚欠通正铜公司货款60 626元。2010年,通正铜公司以恒泰公司解散后未进行清算为由,申请法院对该公司进行强制清算。2010年8月,一审法院以该公司实际解散倒闭后,股东未组织清算,在通知股东提供财务账册时也未提供,导致无法清算为由,裁定终结对恒泰公司的强制清算程序。通正铜公司请求判令游某某、林某某、刘某某连带清偿恒泰公司所欠通正铜公司的借款20万元。浙江省台州市中级人民法院二审认为,恒泰公司作为债务人应当及时清偿债务。在清算过程中,一审法院通知恒泰公司的股东提供财务账册,各股东拒不提供该公司的账册等有关资料,导致无法对该公司进行清算。故一审法院据此判决刘某某、林某某、游某某对公司债务承担连带责任并无不当。

因此,有限责任公司股东若因怠于履行义务导致公司主要财产、账册、重要文件等灭失,无法进行清算的,债权人要求股东对公司债务承担连带清偿责任的,人民法院应依法予以支持,而不必以先提起公司人格否认之诉为条件。股东变更未经登记不得对抗第三人,在股东怠于履行义务导致无法清算的情形下,所有登记股东,包括未参与实际管理的股东均应对公司债务承担连带责任。

八、公司未经清算办理了注销登记的,其股东是否应对公司因民间借贷所欠债务承担偿还责任?

我国《公司法》第189条第3款规定,清算组成员因故意或者重大过失给公司或者债权人造成损失的,应当承担赔偿责任。

关于此种赔偿责任的性质,理论上有争议,审判实务中判决也不一致。

第一种观点认为,该赔偿责任的基础是债权侵权理论。依据民事侵权法理论,行为人因过错行为给他人造成损失的,应予赔偿。股东的清算义务是法定义务,没有履行或者不适当履行法定义务就是过错,这种过错行为与债权人不能实现债权有法律上的因果关系,因此股东应对其不作为或者不适当的侵权行为给债权人造成的实际损失承担赔偿责任。审判实务中,适用该理论判决股东承担责任的,严格限制在股东未尽清算之责给债权人造成的实际损失的范围内。

第二种观点认为,该赔偿责任应运用公司人格否认理论。我国公司法虽有法人人格否认的明确规定,但在司法实践中公司解散股东不尽清算义务是否使用公司人格否认制度,理论上有争议,实践上认识不一致,判决也相差甚大,需要司法解释作出具体规定。①

笔者认为,运用公司人格否认理论更为合理。理由为:(1) 股东在法定期限或经批准的期限内不履行法定的清算义务,应视为股东接受了公司的全部财产,造成了公司与股东财产的混同;(2) 股东怠于清算,可以看做是股东利用公司有限责任来损害公司债权人利益,危及了社会公正和交易秩序,因此,适用人格否认理论能从制度上督促股东自觉履行清算义务;(3) 运用该理论,对债权人举证的责任减轻,更有利于保护债权人的利益。② 实际上,《公司法解释(二)》亦持此观点,其第20条规定,公司解散应当在依法清算完毕后,申请办理注销登记。公司未经清算即办理注销登记,导致公司无法进行清算,债权人主张有限责任公司的股东、股份有限公司的董事和控股股东,以及公司的实际控制人对公司债务承担清偿责任的,人民法院应依法予以支持。

公司未经依法清算即办理注销登记,股东或者第三人在公司登记机关办理注销登记时承诺对公司债务承担责任,债权人主张其对公司债务承担相应民事责任的,人民法院应依法予以支持。

九、因股权转让后转让款进行结算出具的借条发生的争议属于民间借贷关系还是股权转让关系?

有限责任公司的股权转让后,双方当事人对股权转让款进行结算,并由受让人出具了借条,双方之间发生的争议是民间借贷关系还是股权转让关系,司法实践中存在争议。

第一种观点认为,当事人之间的法律关系已经从股权转让转化为民间借贷法律关系。

第二种观点认为,当事人之间的法律关系仍然是股权转让关系,因为股权转让本身也涉及转让价款的交付,也有可能涉及款项没有支付。此时,双方的法律基础在于股权转让合同,而非民间借贷合同。

笔者倾向于第一种观点。

受让人不支付欠款的,双方发生的争议应当是民间借贷纠纷而不是股权转让纠纷。这是因为:

首先,如果当事人双方在转让过程中对转让价款的数额发生争议,或者对转让价款支付时间发生争议的,由于这些争议仍然发生在股权转让进行中,因此,应当认定为股权转让纠纷。但是,就本题所涉而言,股权已经发生了转让,双方争议的不再是应否转让、转让的份额、转让的条件、转让的价款等内容,而是所欠款项的交付。

其次,受让人出具欠条后,双方发生的争议涉及欠款的支付、利息等问题,而

---

① 参见罗登亮、黄丽娟:《论我国有限公司清算制度的完善》,载《人民司法·应用》2008年第5期。
② 参见王林清:《公司诉讼裁判标准与规范》,人民出版社2012年版,第654页。

这些问题是民间借贷纠纷的典型特征。

最后,双方形成的欠款是基于股权转让,而股权转让是双方的基础法律关系。正如本书前文所述,因基础法律关系出具的欠条,并不一定完全按照基础法律关系审理。如果双方对基础法律关系没有争议的,则可以按照民间借贷纠纷审理;相反,双方对基础法律关系有争议的,应当按照基础法律关系审理。譬如,建设单位与承包人对工程项目结算后出具了借款协议,在双方当事人对工程结算的款项性质、数额及原合同效力存在争议的情况下,仍然应当按双方间建立的基础法律关系而非民间借贷关系进行审理。

十、如何认定以"过桥借款"方式缴纳出资的股东责任?

2013 年修正的《公司法》改变了我国对公司设立长期坚持的法定资本制,取消了最低注册资本限制。[①] 但是,这并不意味着公司的成立和运营不再依赖于资本。资本仍然是维护公司债权人利益、确保公司稳健经营的最重要因素。

"过桥借款"通常是指公司股东为履行出资义务从第三人处取得借款,股东将借入资金交付公司并取得公司股权后,再将公司资金直接或间接地归还给出借人,用以抵销股东对出借人的欠款。在形式上,"过桥借款"出借人获得清偿的方式有两种:一是股东将公司资金转入股东名下,并以股东名义向出借人偿还借款、清偿债务,公司财务记载公司对股东的应收款;二是股东以公司名义将资金直接支付出借人,公司财务记载公司对出借人的应收款。无论出现何种情况,公司股东都不在设立公司之前存在着主观故意。

实践中,大部分工商行政管理机关将"过桥借款"以股东抽逃出资或虚假出资来处理[②],只要出借人借上述方式实现了债权,就认定股东采取"过桥借款"方式出资。然而,如果出借人与股东、出借人与公司签署合法的协议,且根据协议出借人向股东、公司向出借人都收取合理报酬或价款,且这一报酬都在法律允许的民间借贷利率之内,似乎不宜认定公司股东以"过桥借款"方式缴纳出资。[③] 此时,股东与出借人之间仅形成普通的债权债务关系,应当认定股东已经实际缴纳出资。

但是,如果股东出资方式的确构成"过桥借款",由于"过桥借款"不仅会导致公司名义资本与实际资本之间的差异,而且将导致股东名义股权与实际股权之间

[①] 从公司发展实践看,最低注册资本制度并没有达到其预设的功能,最低注册资本制度在保护债权人方面的作用微乎其微,确定最低注册资本额有着顾此失彼的尴尬,最低注册资本制度有悖公正原则。有关这方面详细论述可参见王林清:《公司诉讼裁判标准与规范》,人民出版社 2012 年版,第 178—179 页。

[②] 原 2005 年《公司法》第 29 条规定,股东缴纳出资后,必须经依法设立的验资机构验资并出具证明。2013 年修正的《公司法》取消了此条规定,意味着工商行政管理机关不再享有对公司设立进行验资并出具验资证明的权利。

[③] 参见李国光、王闯:《审理公司诉讼案件的若干问题(上)》,载《人民法院报》2005 年 11 月 21 日,第 1 版。

的差异，从而背离了公司对资本的需求。股东以"过桥借款"方式出资，其主观目的在于取得以公司名义从事经营的资格，而非按照出资数额或者比例承担投资风险、取得投资收益。据此，应认定利用"过桥借款"出资的股东具有名义股东身份而无实质股东身份。① 这种认定的意义有三：其一，未出资股东应继续承担出资义务，避免股东借机逃避出资义务；其二，未出资股东失去了利润分配请求权；其三，公司债权人可根据代位权直接向未出资股东提出追索，以落实公司法保护债权人的法律理念。②

十一、互联网金融理财的法律性质如何界定？

互联网金融理财的法律性质，主要是探讨互联网金融理财的运作过程中，第三方支付平台、基金公司和投资者之间是一种怎样的法律关系。基金公司并不与投资者直接发生关系，其与第三方支付平台之间的关系也并未突破传统金融理财的界限。三者关系中最为重要的关系，是第三方支付平台与其用户即投资者之间的关系，它对互联网金融理财的定性、法律适用及监管都具有重要影响。关于这种关系，理论界与实务界存在着不同的观点和看法。

第一种观点认为，互联网金融理财中第三方支付平台与用户之间是借款合同关系，用户放入第三方支付平台的资金即为该平台对用户的负债，该平台依据约定的用途使用该资金，并按约定向用户返还本金及孳息，也就是互联网金融理财产品的收益。该观点可简称为"借款合同说"。

第二种观点认为，基于传统民法中货币具有"占有与所有一致"的特点③，当用户将资金转入第三方支付平台，该笔资金的所有权就归属于该平台，该平台可以依约使用该笔资金，用户对第三方支付平台仅有要求其依约返还资金的债权请求权。该观点可简称为"消费保管合同说"。

第三种观点认为，在互联网金融理财中，用户只是委托第三方支付平台进行支付，用以购买基金，二者是委托支付关系中的委托人和受托人的关系；第三方支付平台根据用户的委托进行基金交易资金的划转、支付、购买，同时，第三方支付平台还依据基金公司的委托为基金销售提供展示的平台。该观点可简称为"委托合同说"。

第四种观点认为，互联网金融理财应当是一种各方主体构成的复合法律关系，从支付宝等第三方支付平台的服务协议可以看出，互联网金融理财包含消费保管合同关系、委托支付合同关系、委托代理合同关系等多种法律关系。该观点可简称为"复合法律关系说"。

---

① 参见王林清：《公司诉讼裁判标准与规范》，人民出版社2012年版，第222页。
② 参见叶林、王世华：《公司法定资本制的检讨》，载《法律适用》2005年第3期。转引自吴庆宝主编：《商事裁判标准规范》，人民法院出版社2006年版，第202页。
③ 参见江平主编：《民法学》，中国政法大学出版社2007年版，第266页。

笔者认为,以上四种观点都具有一定的合理性,但又不同程度地存在一定的问题。

按照"借款合同说",第三方支付平台虽然可以占有并且使用理财资金,但实际上却不能随意处分该笔资金,这与借款合同的本质不符。"消费保管合同说"中,用户并没有单独委托第三方支付平台对理财资金进行保管,因此不是标准意义上的消费保管合同。"委托合同说"中,第三方支付平台并不仅仅单纯地扮演委托支付和提供平台角色,一般还专门开设了基金理财账户,并提供损失先行赔付等服务,因此委托合同说也不能成立。至于"复合法律关系说",实际上是将若干法律关系掺杂在一起,虽然具有一定的创新性,貌似更加接近事物的本质,但这对于习惯于将法律关系界定为特定的、独立性质内涵的大陆法系而言,是格格不入的。

笔者认为,总体而言,用户与第三方支付平台之间大致构成的是信托法律关系,该观点可简称为"信托法律关系说"。实际上,大多数理财产品在性质上为信托法律关系,但除了信托公司的集合资金信托计划已经被明确为信托法律关系之外,并没有相关规定对其他各类理财产品的信托性质予以明确,而实务界和理论界对此也一直没有定论,各金融机构对"信托性质"都纷纷回避。这也导致各地司法机关在审理理财产品相关案件时定性不同,司法实践混乱。

首先,从性质而言。用户作为委托人,其基于信任将资金交给第三方支付平台,由该平台作为受托人为用户(委托人)的最大利益管理并处分该笔资金,所获收益归于用户(委托人),用户(委托人)在资金赎回前无权对其占有、使用和处分。这点无疑与信托的定义①和性质较为相符。信托的发源地在英国②,它最主要的特

---

① 从世界范围看,有关信托的定义不下十数种。通过梳理,将一些有代表性的阐释引述如下。其一,《牛津法律大辞典》对信托的解释为:"信托,持有并管理财产的一种协议。据此财产或法定权利的所有者(信托人)将财产和权利交给另一个人或几个人(受托人),后者据此代表或为另一方(受益人)或为其他人,或为某一特定目的或为几个目的而持有财产和行使权利。信托之概念的本质在于法定所有权与受益所有权之间的分离。"参见〔英〕戴维·M.沃克:《牛津法律大辞典》(中译本),光明日报出版社1988年版,第898页。其二,《不列颠百科全书》中对信托的解释为:"信托一词是指一种法律关系;在此项关系中,一人拥有财产所有权,并负有受托人的义务,为另一人的利益而运用此项财产。"参见上海社科院法学研究所编译:《不列颠百科全书》(英文版)第14版,第22卷的Trust词目之中。其三,美国信托法权威鲍吉特(Bogert)对信托的定义为:"信托是当事人之间的一种信任关系,一方享有财产所有权,并负有衡平法上的为另一人之利益而管理或处分该项财产的义务。"参见霍玉芬:《信托法要论》,中国政法大学出版社2003年版,第42页。其四,《日本信托法》对信托的定义为:"本法所称信托,系指将财产权转移或为其他人处分,使他人以一定之目的而管理或处分其财产。"参见《日本信托法》第1条。其五,《韩国信托法》对信托的定义为:"本法中的信托,是指以信托指定人(以下称信托人)与信托接受人(以下称受托人)之间特别信任的关系为基础,信托人将特定的财产转移给受托人,或经过其他手续,请受托人为指定的人(以下称受益人)的利益或特定的目的,管理和处理其财产的法律关系而言。"参见《韩国信托法》第1条第2款。笔者认为,上述对信托的五种代表性定义,虽然侧重点各不相同,表述方法也有区别,但其中蕴含的基本信托关系都是一样的,即基于信托财产上的所有权、占有处分权和收益权三权分离。

② 早些时候,伟大的法律史学家和衡平法律师梅特兰(Maitland)曾经这样评价英国对信托法的贡献:"如果有人要问,英国人在法学领域取得的最伟大、最杰出的成就是什么,那就是历经数百年发展起来的信托概念。我相信再没有比这更好的答案了。"参见〔英〕D. J. 海顿:《信托法》(第4版),周翼、王昊译,法律出版社2004年版,第3页。

征是在受托人的债权人、配偶或继承人向受托人提出请求时,信托财产并不属于受托人的个人财产。按照《中华人民共和国信托法》(以下简称《信托法》)第2条的规定,信托是指委托人基于对受托人的信任,将其财产委托给受托人,由受托人按委托人的意愿,以自己的名义、为受益人的利益或特定目的进行管理或处分的行为。从上述立法确定的定义可以看出,用户作为委托人,将其自有财产委托给第三方支付平台,由第三方支付平台管理并处分该财产,并将获得的收益归于用户,因此,从法律形态上符合信托关系。

其次,从职能而言。信托的基本职能就是帮助别人进行财产管理,进入20世纪90年代以后,发达国家信托业的制度和业务发生了很大变化。当前,在继续强调信托财产管理职能的同时,信托的其他职能日益显现,主要包括:其一,融资职能;其二,投资职能;其三,金融职能。信托职能的多元化,使信托渗透到国家的一切经济活动之中,使信托派生出各种各样的社会机能,如通过信托资金的运作,发挥投资和融资功能,促进经济发展;通过公益信托的运作,促进社会公益事业的发展;通过雇员受益信托的运作,配合国家福利政策推行社会福利计划,发挥社会案例与稳定功能。第三方支付平台占有并且使用理财资金的目的,就是为了履行或实现投资的功能。

再次,从机构而言。我国的法律①确立了金融业分业经营的模式,同样在监管上也采取了分业监管,如此就完全隔断了货币市场与资本市场之间的资金联系,是针对我国现实采取的一种理智选择,构建了中国金融业分业经营、分业管理的格局。但是,金融混业经营是大势所趋,虽然我国金融业目前尚未取得混业经营的"资质",但我国金融业分业经营的格局已经有了一定的突破,如2003年之后,保险业全面向证券业进军,银监会全面对信托业进行监控,以及商业银行业务范围进一步扩大,都为我国最终走向金融混业经营奠定了基础。而互联网金融理财主要依托第三方支付平台和基金公司,这些虽然不是专业的信托投资公司,但由金融理财公司从事信托业务,从长远看符合我国金融业经营的发展趋势。

最后,从业务而言。随着社会环境的不断变迁,信托品种始终不断创新。随着互联网时代的到来,信托公司纷纷开设了网上服务,如电子银行,B2B电子商务、网络银行等。通过因特网,这些信托公司为顾客提供金融调研、在线个人理财工具、利率、股市查询以及金融信息等。可以说,信托金融化与商业化是现代信托的两大典型特征。互联网金融的业务范围,不仅包括帮助用户通过互联网平台处理银行事务,还包括帮助用户购买理财产品,不仅包括提供快捷的支付结算平台,还包括融资服务。这些特征显然符合信托的业务范围。

需要说明的是,笔者之所以认为用户与第三方支付平台之间法律关系是"大

---

① 笔者认为,这些法律至少应当包括2003年修正的《商业银行法》第43条;2009年修订的《保险法》第6条;2014年修订的《证券法》第136条、第137条;2001年通过的《信托法》第12条。

致"而不是"完全"定位于信托,是因为用户与第三方支付平台之间还具有一些不能归类于信托的特点。譬如,以余额宝为例,余额宝用户可以随时随地在余额宝内用余额进行消费或者将资金转出,可以实现理财和消费无缝衔接。然而,就信托而言,委托人一旦把财产或者资金交付给受托人,委托人失去了对于财产或资金的占有和使用,甚至丧失了处分财产的权能。就这点而言,与信托是截然不同的。但这从总体上不影响其为信托的法律属性。

十二、互联网金融理财中,因不可归责于用户自身原因造成资金被盗等损失的,其损失的承担主体如何确定?

实践中,对于互联网金融理财发生的不可归责于用户自身原因造成资金被盗等损失的,该损失应当由谁来承担,历来存有争议。

第一种观点认为,应当由互联网金融理财机构承担相应的民事责任。

第二种观点认为,应当根据用户与互联网金融理财机构之间的协议作为划分责任主体和责任承担的依据,协议明确约定排除了理财机构责任的,则应当从其约定。

第三种观点认为,应当根据互联网金融理财机构的过错确定其是否承担责任,互联网金融机构对于用户账上的资金被盗没有过错的,则无须承担责任。

笔者倾向于第一种观点。

首先,互联网金融理财在法律属性上可定性为信托。《信托法》第25条规定,受托人应当遵守信托文件的规定,为受益人的最大利益处理信托事务。受托人管理信托财产,必须恪尽职守,履行诚实、信用、谨慎、有效管理的义务。第27条第2款规定,受托人将信托财产转为其固有财产的,必须恢复该信托财产的原状;造成信托财产损失的,应当承担赔偿责任。第36条规定,受托人违反信托目的处分信托财产或者因违背管理职责、处理信托事务不当致使信托财产受到损失的,在未恢复信托财产的原状或者未予赔偿前,不得请求给付报酬。从以上规定可以看出,受托人对于委托人以及信托财产负有妥善保管的义务,一旦发生不可归责于用户自身的原因造成资金被盗等损失的,受托人应当承担赔偿义务。

其次,在主体利益平衡方面,应当遵循投资者权益保护原则。在传统理财领域,不少学者基于信托法律关系而倡导给予委托人及受益人倾斜保护[1],对于新型网络理财,这种需求更为迫切。一是基金本身不是有效市场,必然会增加投资者进出成本的不确定性;二是存在着严重的信息不对称,投资者缺乏议价能力,属于弱势群体。故无论监管抑或司法,都应给予投资者倾向性保护。

再次,鉴于对投资者权益保护的理念,2010年以来,世界各国对网络金融投资者的保护都更加严格,如欧盟《关于投资者金融服务之远程销售的第2002/65/EC

---

[1] 参见王连洲、董华春编著:《证券投资基金法条文释义与法理精析》,中国方正出版社2004年版,第13页;胡启忠、高晋康等:《金融领域法律规则新视域》,法律出版社2008年版,第124—178页。

指令》赋予投资者14日的合同斟酌权；美国《统一计算机信息交易法》第112条(e)款规定投资者在获得审查机会后对该合同不同意时,可行使返还请求权并要求赔偿相应损失。当然,设计具体规则时亦应充分考虑运营商的受害程度,适用最小限制原则。

最后,从我国实践层面看,理财产品金融消费者保护问题严峻,近年来,出现了很多理财产品侵害金融消费者的案件。[①] 在资金风险方面,如前所述,为了防止用户资金受到不可预测的损失,根据余额宝的相关协议,用户在使用余额宝的过程中,因不能归责于自身的原因造成资金被盗等损失的,可以向支付宝申请补偿。支付宝也为余额宝资金被盗、账户余额被盗、快捷支付被盗向众安保险公司全额投保,且承诺赔付金额无上限,最快24小时到账。可见,支付宝在某种程度上对用户的理财资金提供了保障。

十三、不具备金融理财资质的机构与他人签订的理财协议或者网络借贷协议的效力如何认定?

在互联网金融理财已有明确准入条件或资质标准的语境下,探讨某一平台或基金公司不符合该条件或者资质标准的,与他人签订的理财协议或民间借贷协议的效力如何认定,实务中不乏争议。

第一种观点认为,市场准入条件是政府部门对于从事互联网金融理财的第三方支付平台、基金公司等设置的门槛,未达到规定的标准的,只是承担行政上的责任,不影响其与投资者签订的金融理财或民间借贷协议的效力。

第二种观点认为,未达到市场准入条件的第三方支付平台、基金公司等与投资者签订的金融理财或网络借贷协议应当认定为无效。

笔者倾向于第二种观点。

新型网络理财是金融革新的积极产物,较之传统理财产品,其关联性和传导性大大增加。互联网金融理财发展初期的"监管真空"为洗钱等金融违法犯罪行为提供了可乘之机,这些违法犯罪行为不仅会危害社会,而且容易引爆全局性、系统性灾难,给互联网理财行业带来毁灭性影响。

之所以将没有达到市场准入条件的第三方支付平台、基金公司等与投资者签订的金融理财或网络借贷协议应当认定为无效,核心理由就在于,这些机构并不具备吸收公众资金款项的条件和能力,极有可能构成非法吸收公众存款或者集资诈骗,并且对社会公共利益带来不可预测的损害和影响,应当依据《合同法》第52条之规定,认定合同无效。

---

① 比如,银行理财领域的中信银行理财产品身陷诉讼风波案件、华夏银行私卖理财产品巨亏事件,信托理财产品领域的金新信托事件,保险公司投资连结保险纠纷案件,以及跨境理财的内地投资者购买KODA理财产品巨亏事件,都引发了广泛关注。参见杨东:《市场型间接金融：集合投资计划统合规制论》,载《中国法学》2013年第2期。

就新型网络理财的市场准入条件而言,笔者认为,应当包括但不限于以下几项标准:

一是实质性条件。如运营商资质、运营资本、员工人数、内控制度等。

二是程序性条件。如注册、审批、备案等,目前我国传统券商开办网上证券业务均需获得证监会颁发的《经营证券业务许可证》,新型网络理财可考虑借鉴适用。

三是持续性条件。如要求在过去两年内未发生重大技术事故。

四是例外条件。针对网络特性,有的地方,如山东省,自2013年8月起适度放宽网络企业名称、住所、经营范围登记等内容,以鼓励网络经营主体的发展[1];一些国家的监管机构设置了相应的查询功能,帮助投资者判断运营商资质。如美国设立 SEC 查询功能,投资者可通过该网站查询投资活动发起人和经纪人是否有业务许可证、是否受到处罚、是否经过合法登记等。[2]

十四、新型网络理财风险提示的标准如何确定?

目前,我国尚未有关于新型网络理财风险提示的标准。[3] 2015年修订的《中华人民共和国证券投资基金法》(以下简称《证券投资基金法》)第98条规定,基金销售机构应当向投资人充分揭示投资风险,并根据投资人的风险承担能力销售不同风险等级的基金产品。这是我国法律对于基金公司、商业银行等金融机构的风险提示义务所作的明确、具体的规范,新型网络理财风险提示的标准可以此作为借鉴。

首先,规范风险提示的方式。新型网络理财风险提示的义务主体应包括网络商业平台和基金公司;风险提示应在显著位置,如置顶或浮标等方式;理财产品销售文件应包含独立的风险揭示书和客户须知;重要文件应设置为自动展开、强制阅读类型,不得默认勾选"已阅知相关文件"等。

其次,落实投资者风险承受能力评估。基于产品风险的匹配原则,监管宜统一设计评估问卷及匹配结论,允许投资者一次测评、普遍适用。运营商应将该评估作为投资者购买新型理财产品必要的前置程序,当评估结果显示投资者风险承受能力低于拟购买的产品时,应拒绝该投资者购买或要求其重新评估;当投资者间隔较长时间再次购买产品时,应对该投资者的风险承受能力重新评估,以确保其具备充分的风险预期和抵御能力。

---

[1] 参见《山东放宽市场准入培育网络经营主体》,载新华网,访问时间:2015年2月27日。

[2] See SEC, Statement by chairman Arthur Levitt of Securities and Exchange commission Concerning on-line trading, January 27, 1999.

[3] 尽管2011年中国银监会对网络借贷风险进行了提示,发出了《中国银监会办公厅关于人人贷有关风险提示的通知》(银监办发〔2011〕254号),但这种提示只是暂时、局部的,与我们探讨的固定的、权威的、周期性的新型网络理财风险提示有本质的不同。

再次,设置针对特殊投资者的风险提示。基于投资者权益保护原则,对特殊投资者应分别处理:一是无民事行为能力人或限制民事行为能力人,因其非适格的理财合同主体,故禁止向其销售新型网络理财产品;二是合理推测为风险承受能力较弱的投资者,主要指70岁以上人群,一般而言其精神和身体抗压能力较差,故应对其购买新型网络理财产品的风险等级以及投资金额进行相应限制;三是资金变动频繁的投资者,主要指在一段期间频繁操作、所涉金额巨大的人群,因存在洗钱风险,故应对其进行相关法律法规的提示,并及时核查其资金来源,依法报送监管机构备案。

最后,加强投资者的风险防控。互联网金融理财的用户众多,且相当一部分是理财的门外汉,缺乏必要的风险意识和自我保护能力。因此,应当加强对投资者的宣传与教育,使其在深入了解互联网金融理财产品本质的基础上,理性判断理财产品本身和互联网技术等方面的风险,并对由于货币市场资金供求变化导致的产品收益变化坦然面对。第三方支付平台和基金公司在加强对个人信息和隐私保护的同时,还要加强相关信息的披露,提高资金运作过程的透明度,如实告知客户产品的风险和收益,监管机构也应在这些方面加强监督。

十五、新型网络理财纠纷中,如何适当分配举证责任?

关于网络理财或者借贷纠纷中的举证责任,无论是民事诉讼法还是最高人民法院《关于民事诉讼证据的若干规定》(以下简称《民事诉讼证据规定》),均未作出特别规定。如果严格遵循"谁主张、谁举证"的原则,因信息不对称,投资者无法知悉运营商的运作细节,故该举证责任应当实行倒置,加诸于运营商。即发生纠纷时,投资者仅需提出合理质疑而不需充分举证,而由运营商举证其已适当履约。投资者的"合理质疑"的来源可以是监管部门发布的信息、行政处罚等,但必须排除新闻报道、论坛发言等具有不确定性、随意性的信息。美国《投资顾问法》第209条规定,SEC根据指控或申诉,可以对运营商进行调查并公开结果,投资者可在诉讼中援用SEC所提出的证据或调查结果,以此证明运营商违反义务的行为。此一可保障处于信息弱势地位的投资者的权益;二可督促运营商改进管理、严格运作,确保投资者的资金安全及投资收益。

《民事诉讼证据规定》并未将新型网络理财列入举证责任倒置的八种情形之一,但根据我国《证券投资基金法》第102条的规定,基金产品信息的保存和管理方为运营商,其举证能力显著强于投资者,故宜采取举证责任倒置方式。投资者举证证明侵权行为和损害结果,由运营商对排除因果关系承担举证责任。涉及理财产品运作过程的数据信息,投资者有权要求运营商完整提供,运营商不能或拒绝提供的,推定其存在过错。

《民事诉讼证据规定》第7条规定,人民法院可以根据公平原则和诚实信用原则,综合当事人举证能力等因素确定举证责任的承担。在涉及P2P网贷纠纷案件的电子证据举证时,由于现行法律的缺失,法官应当充分利用自由裁量的权利,分配举证责任时应遵守公平性、利益性和平衡性原则,结合当事人举证能力,让被告承担一定的举证责任,降低因举证能力差距带来的负面影响。法官若不能以合适的方式保障处于劣势一方的投资人,不仅会使广大投资人利益受到损害,而且会使人们不再信任整个基于计算机和网络进行的活动。

十六、网络理财纠纷中,如何确定电子证据的认定标准?

近年来,民间借贷走红网络经济,使传统的民间借贷业务被搬到网络平台上进行,民间借贷逐渐失去其隐蔽性,有关交易认证、记账、清算和交割等均通过网络完成,其交易形式实现电子化转型,借贷双方足不出户即可实现借贷目的,快速完成交易。目前,网络借贷资金主要用于个人初期创业、短期信用卡资金周转或装修、购物等消费领域。

虽然网络借贷在交易额度上受到一定限制,但因双方属于无担保的信用借贷,因而在实践中还是倍受推崇的。以人人贷为例,作为实名认证平台,用户可以在该平台上获得信用评级,发布借款请求;也可以把自己的闲余资金通过该平台出借给信用良好的个人。从其贷款审核与保障看,该平台在审核借款项目时,要求借入者把身份证扫描上传,提交信用报告、工作认证、学历认证、房产证明、结婚证书以及收入认证等,并按照自己的信用审核标准和方法,对借款用户进行信用风险分析及信用等级分级,同时通过包括贷前审核、贷中审查和贷后管理在内的自身风险管理体系,控制借款逾期违约的风险。① 除人人贷外,我国还有宜信、拍拍贷、天天贷、搜好贷、e借通、红岭创投、融资城等网络借贷平台。客观地看,网络民间借贷在我国的发展目前尚处于初级阶段,其中不乏争议存在。有的将其誉为"网络版孟加拉乡村银行",认为这是一种全新的金融模式;也有人提出,处在监管空白下的网络借贷,无疑是金融诈骗的滋生地,是高利贷的温床。② 尽管如此,随着网络实名制的推行,民间借贷交易方式的电子化转型正在成为一种新的趋势。

由于互联网金融电子化、无纸化的特点,证明借贷关系成立的借款合同、证明借贷关系履行的放款凭证等均无书面凭证。如果没有建立完善的证据保留机制,容易在产生纠纷时举证困难。③ 随着2012年修正的《中华人民共和国刑事诉讼法》第48条和同年修正的《民事诉讼法》正式将"电子数据"规定为法定证据种类

---

① 人人贷的借贷流程包括借入者发布借款列表、借出者竞相投标、借入者借款成功、借入者获得借款以及借入者按时还款。如果用户逾期未归还贷款,该平台贷后管理部门将第一时间通过短信、电话等方式提醒用户进行还款;如果用户在5天内还未归还当期借款,则将会联系该用户的紧急联系人、直系亲属、单位等督促用户尽快还款;如果用户仍未还款,则交由专业的高级催收团队与第三方专业机构合作进行包括上门等一系列的催收工作,直至采取法律手段。参见人人贷网站(http://www.ren-ren-dai.com/aboutP2P.action《人人贷平台机制》《贷款审核与保障》,访问时间:2014年12月27日。
② 参见席月民:《我国当前民间借贷的特点、问题及其法律对策》,载《政法论丛》2012年第3期。
③ 参见宋华俊:《金融"触网"还须"法网"》,载《人民法院报》2014年12月22日,第6版。

之一,电子证据在诉讼中取得了合法地位。电子证据认定问题关系到信息高度发达的时代下,诉讼能否顺利进行和公民合法权益能否得到保障的问题。

法官对电子证据的认定原则的把握应区别于传统证据认定标准。电子证据与传统证据同属证据但是有巨大差别,电子证据与传统证据在认定标准上也应有区别,而不能使电子证据认定囿于传统证据认定标准。由于电子证据被列为合法证据时间较短,不少法官在心理上对电子证据的证明力存疑。英美国家对电子证据认定规则部分值得我们借鉴:采用分类对待的原则,根据实际情况划分不同种类,这样有利于正确判断电子证据的可采性;对电子证据采用非歧视原则,将其和其他证据同等对待。[①]

法官要适度把握电子证据的举证规则。《民事诉讼法》规定了"谁主张,谁举证"的原则。P2P网贷平台的电子数据基本上掌握在网络服务提供商手中,记录存储在专业服务商的服务器上,无论是在举证的便利性还是在技术实力上,这些组织与普通公众相比都应承担不同的责任。另外,从诉讼经济上讲,原告作为普通的消费者所能获取的电子数据十分有限,如果法官苛求其获取电子数据,不但会影响审判的进程,而且会极大增加原告的诉讼成本。

从长远看,要尽快完善我国的电子证据立法,对电子证据的适用范围、采纳条件、可采性原则等作出明确规定;要有步骤、有计划地培养同时具有深厚法律知识和计算机知识的复合型人才;要健全、普及专业的鉴定机构,以满足社会的需要。

十七、网络商业平台的民事责任范围如何确定?

根据新型网络理财的法律性质,网络商业平台应对投资者承担相应责任,但是,对于网络商业平台承担责任的范围却存在争议。

第一种观点认为,网络商业平台作为从事商事行为的主体,因其自身违约导致投资者损失时,其承担责任的范围应以网络商业平台和投资者签订的格式合同为主要依据。

第二种观点认为,只要属于不可归责于投资者自身原因造成的损失,都应由网络商业平台承担。

笔者认为,对于网络商业平台承担责任的范围,应当从以下几个方面分析:

首先,商事合同应遵循意思自治,故网络商业平台因违约造成投资者损失的,其承责的范围应以网络商业平台和投资者签订的格式合同为主要依据。

其次,基于投资者权益保护原则,格式合同中不当排除了网络商业平台法律责任的条款的,应认定为无效,由此留下的民事责任划分可以参照相关法律规范予以补足。至于条款是否属于"不当排除责任",可比照我国证监会《开放式证券投资基金代销服务协议》确定。

---

① 参见李适时主编:《各国电子商务法》,中国法制出版社2003年版,第133页。

再次，应当建立特殊规则以衡平个案。如美国联邦第二巡回上诉法院在 *Olkey v. Hyperion 1999 Term Trust, Inc.* 一案中建立的"谨慎预示"规则可资借鉴。该规则认为，若承销机构实施了足够的风险揭示并使用了足够的谨慎性言语，则可免除欺诈责任。① 长远来看，将此类"现代化非典型契约"典型化，以补足当事人约定之不备并以强行性规定保护投资者权益，方为解决之道。②

最后，因不可抗力引起损失的责任承担问题，有的基金公司《基金网上交易直销自助前台使用协议》将该情形下全部损失约定为"由投资者自行承担"，此属畸形条款。就技术性故障给投资者造成损失的，应由运营商承担赔偿责任，此因投资者和运营商之间达成契约，运营商有义务保障交易安全，另外，网络商业平台和基金公司还应当承担连带责任。这是因为，作为信息弱势方的投资者几乎无法准确判断造成损失的环节和责任主体，故应允投资者以任何一方为被告行使请求权；先行赔付方可就属于另一方责任的部分行使追偿权。

十八、投资者仅以网络商业平台为被告或者仅以基金公司为被告时，是否应当追加其他运营商为第三人？

笔者认为，投资者仅以网络商业平台或基金公司作为被告时，是否需要追加另一方参加诉讼，主要依据当事人列谁为被告，也就是看投资者起诉何者。一般情况下，法院不宜主动追加其他运营商作为无独立请求权的第三人。《民诉法解释》第 81 条第 1 款后段规定，"无独立请求权的第三人，可以申请或者由人民法院通知参加诉讼"。从这一规定可以看出，无独立请求权的第三人参加诉讼是以自己申请为原则，以法院通知为例外。由于其他运营商也存在着承担责任的可能，故其自己申请参加诉讼最为适宜，这既有利于保障其诉讼权利、查明案件事实，也有利于避免投资者诉错主体再另行起诉所造成的诉累和司法资源耗损。

十九、P2P 网贷平台公司提供的服务协议（或称注册协议等）格式条款的效力如何认定？

出借人或者借款人如欲在 P2P 网贷平台上接受中介服务，就需要按照 P2P 网贷平台公司的要求进行相应的注册。注册时，P2P 网贷平台提供一份服务协议（或称注册协议等）。该协议系 P2P 网贷平台公司为重复使用而单方预先拟定的，事先并不与客户进行协商。例如，某 P2P 网贷平台提供的注册协议载明："依据本协议的规定为某某贷用户提供服务。本协议在用户和某某贷间具有法律效力。某某贷提醒您认真阅读本协议、充分理解各条款内容后再选择是否接受本协议。除非您接受本协议所有条款，否则无权使用某某贷于本协议下所提供的服务。您一经注册或使用某某贷服务即视为充分理解并完全接受本协议全部条

---

① 参见文杰著：《证券投资基金法律问题研究》，知识产权出版社 2011 年版，第 124—125 页。
② 参见王泽鉴：《民法概要》，中国政法大学出版社 2003 年版，第 311—313 页。

款。"对于该格式条款的服务协议的效力问题,存在两种不同的观点。

第一种观点认为,只要出借人或者借款人在P2P网贷平台公司提供的服务协议上签字,即意味着该服务协议系双方真实意思表示的表达,因此,自双方签字时该协议成立并生效。

第二种观点认为,即使出借人或者借款人在P2P网贷平台公司提供的服务协议上签字,该服务协议并不一定生效,还要看其是否存在违反法律强制性规定的情形。

笔者倾向于第二种观点。

按照我国《合同法》第39条的规定,上述协议中的条款属于格式条款。《合同法》第39条对提供格式条款一方的提示和说明义务进行了规定,要求采用格式条款订立合同的,提供格式条款的一方应当遵循公平原则确定当事人之间的权利和义务,并采取合理的方式提请对方注意免除或者限制其责任的条款,按照对方的要求,对该条款予以说明。《合同法》第40条对格式条款无效情形进行了规定:"格式条款具有合同法第五十二条和第五十三条规定情形的,或者提供格式条款一方免除其责任、加重对方责任、排除对方主要权利的,该条款无效。"《合同法解释(二)》对格式条款规定了可撤销和确认无效两种情形。

由上观之,P2P网贷平台公司提供的服务协议(或称注册协议)等格式条款,对方当事人接受后并非当然有效,还要根据相关法律规定予以判断其合同的效力。

二十、P2P网贷流程完成后签订的电子合同的成立时间如何确定?

线上交易情形下,P2P网贷在借贷流程完成后,投资者都会收到一份电子合同,里面规定了平台、借款人和出借人的责任和义务,因此,当事人之间成立的是电子合同。我国《合同法》《电子签名法》《民事诉讼法》对电子合同以及电子数据作为证据的效力予以了肯定。依据《合同法》第11条、第32条、第33条,《电子签名法》第2条、第3条、第14条的规定,《电子签名法》所称数据电文,是指以电子、光学、磁或者类似手段生成、发送、接收或者储存的信息。数据电文(包括电报、电传、传真、电子数据交换和电子邮件)可以有形地表现所载内容,属于签订合同的书面形式。

当事人采用合同书形式订立合同的,自双方当事人签字或者盖章时合同成立;当事人约定使用电子签名、数据电文的文书,不得仅因为其采用电子签名、数据电文的形式而否定其法律效力。可靠的电子签名与手写签名或者盖章具有同等的法律效力。当事人采用数据电文等形式订立合同的,可以在合同成立之前要求签订确认书。签订确认书时合同成立。《电子签名法》第11条、第12条还对数据电文的发送时间、发送地点等问题进行了规定,这有助于确定电子合同的成立时间和成立地点。① 关于电子数据能否作为证据使用问题,《民事诉讼法》第63条作了肯定性规定,其规定的证据种类包括电子数据。

当然,在司法实务中,关于电子数据证据如何固定等问题,还需要作进一步的分析研究。

二十一、第三方支付平台备付金的归属如何确定?

《非金融机构支付服务管理办法》虽然已表明备付金不属于第三方支付企业的自有财产,但关于第三方支付平台备付金权属问题实务中仍然存在争议。

第一种观点认为,把钱存在第三方支付平台属于消费保管合同②,而消费保管合同中的标的物属于特殊标的物——货币,其所有权随着交付而由客户转移到保管人一方,因此,客户的资金一旦存入了其在支付宝等第三方支付平台的账户,该笔资金的所有权按照传统民法理论就应该属于第三方支付平台所有,客户也就失去了该笔资金的所有权。

第二种观点认为,第三方支付平台客户账户中的资金是客户要求第三方支付平台代为支付的货款,而并非让第三方支付平台自用的资金,并且实践中第三方支付平台也把该项资金与其自有资金分开管理③,所以应按照类似信托财产的方式把它界定为客户所有的资金。

第三种观点认为,沉淀资金保管合同为混藏保管合同④,沉淀资金的所有权仍归属于客户,第三方支付机构不得使用且返还时只需返还同等数量、种类的货币。

笔者倾向于第二种观点。

笔者认为,解决第三方支付平台备付金权属问题,首先就要明确备付金的性质。《非金融机构支付服务管理办法》第24条规定,支付机构接受的客户备付金不属于支付机构的自有财产,禁止支付机构以任何形式挪用客户备付金沉淀在第三方支付平台的资金。由此,备付金的性质似应定性为由第三方平台代为支付给卖家的货款,而并非提供给平台营运商使用的资金。2013年6月7日开始实施的《支付机构客户备付金存管办法》第4条亦明确"客户备付金只能用于办理客户委托的支付业务和本办法规定的情形。任何单位和个人不得擅自挪用、占用、借用客户备付金,不得擅自以客户备付金为他人提供担保"。

按照《非金融机构支付服务管理办法》中规定的操作认定备付金的权属,也更符合我国第三方支付平台发展的现状。实践中,类似支付宝公司等营运商也将该资金独立于公司自身的营运资金银行账户,单独设立了托管账户来存放这些资

---

① 参见张雪楳:《P2P网络借贷相关法律问题研究》,载《法律适用》2014年第8期。
② 参见张春燕:《第三方支付平台沉淀资金及利息之法律权属初探——以支付宝为样本》,载《河北法学》2011年第3期。
③ 参见唐松松:《浅议第三方支付平台沉淀资金及利息的归属》,载《商品与质量》2012年第2期。
④ 参见杨宏芹、张岑:《第三方支付中沉淀资金的归属》,载《商业经济评论》2012年第1期。

金,性质上类似于一种信托账户,而支付宝公司类似于受托人的地位。因此,对于滞留于第三方支付平台账户而形成的沉淀资金,第三方支付平台只能暂时代为保管,并不相应取得该资金的所有权,所有权仍然属于客户也就是消费者所有。

二十二、第三方支付平台接受的备付金产生的利息的归属如何确定?

在第三方支付平台的钱应不应该有利息?如有利息属于谁所有?毕竟,消费者的资金存于第三方支付平台的银行账户上,那么也就会出现存款的利息。以支付宝为例,虽然支付宝沉淀资金的流动性很大,但是就一定的数量来看是相对静止的,也就是说会有一部分资金始终留在支付宝的银行账户中,一旦用户数量急剧增长,巨额资金沉淀将带来数量客观的利息收入。实务界对此不乏争议。

第一种观点认为,在目前监管不力的情况下,第三方电子支付机构发放利息可能会引起资金大量涌入,带来新的风险,因而不适合分配利息。

第二种观点认为,因第三方支付服务中产生的利息应归第三方支付平台所有。

对此,笔者认为,因第三方支付服务中产生的利息归属,双方有约定的,从其约定;没有约定的,则应当归属于第三方支付平台。主要理由是:

首先,有关法定孳息的归属,《物权法》第 116 条已有规定,当事人有约定的,按照约定取得;没有约定或者约定不明确的,按照交易习惯取得。实践中,第三方支付平台通常会在服务协议中申明不负责提供备付金孳息。例如,支付宝提供的协议中就载有"您同意,本公司无须对您使用支付宝服务期间由本公司保管或代收或代付的款项的货币贬值承担风险,并且本公司无须向您支付此等款项的孳息"的内容。以支付宝为例可以看出,一般情况下,第三方支付平台都不会与消费者就孳息的归属作出明确约定,这就排除了以意思自治为核心的约定优先原则的适用。

其次,根据国际惯例,第三方支付服务中产生的利息一般都是归第三方支付平台所有,比如美国的 PayPal,客户备份金产生的利息均归 PayPal 所有。我国向来的交易习惯一般推定孳息由第三方支付平台取得,这种做法也容易与国际交易习惯接轨。

再次,我国对于备付金利息问题的归属曾有过探讨。在制定《支付机构客户备付金存管办法》时曾有过征求意见稿,首次明确第三方支付平台备付金利息归属的问题,其第 35 条规定:"支付机构可将计提风险准备金后的备付金银行账户利息余额划转至其自有资金账户。"需要说明的是,2013 年 6 月 7 日开始实施的《支付机构客户备付金存管办法》并没有征求意见稿中的上述规定,只是明确"支付机构应当按季计提风险准备金,存放在备付金存管银行或其授权分支机构开立的风险准备金专用存款账户,用于弥补客户备付金特定损失以及中国人民银行规定的其他用途。风险准备金按照所有备付金银行账户利息总额的一定比例计提。

支付机构开立备付金收付账户的合作银行少于4家(含)时,计提比例为10%。支付机构增加开立备付金收付账户的合作银行的,计提比例动态提高。风险准备金的计提与管理办法由中国人民银行另行制定"。然而,从该规定中同样不能得出利息归客户的结论。

最后,从经济学的角度出发,第三方支付平台可以从沉淀资金中获取利益抵扣经营成本,如果强制要求第三方支付平台将该利息归属消费者,势必会加大第三方支付平台或相关托管银行的运营成本,不利于相关产业发展。

因此,当备付金或者说沉淀资金的利息可以通过双方的协议来确定归属,在没有约定的情况下,可按交易习惯属于第三方平台所有。

二十三、P2P网络借贷平台预先扣除居间费的,贷款人所借本金的数额如何确定？

出借人从借款本金中预先扣除利息,则本金应当以扣除后的数额计算。然而,如果P2P网络借贷平台预先从借款本金中扣除居间费的,借款人的实际借款本金如何确定？在传统的民间借贷中,因为不涉及P2P网络平台作为第三方,故不存在这一问题。在P2P网络借贷平台中,居间费用从性质上而言,它不是借贷利息,而是基于居间合同的约定,委托人向作为居间人的P2P网络平台支付的报酬。

笔者认为,P2P网络借贷平台与借款人之间的居间合同关系,与出借人并无多大关系。出借人将贷出的款项交付给P2P网络借贷平台,P2P网络借贷平台从中扣除了居间费用,而这种居间费用按照约定本来就应当由借款人支付。因此,就本金而言,仍然应当以出借人贷出的款项作为本金,即使P2P网络借贷平台扣除了居间费用,并不会改变对借款本金的认定数额。

二十四、如何判断P2P网络借贷平台的居间义务？

P2P网络借贷平台在从事居间活动中,因过失给他人造成损失的,应否承担民事责任？对此问题存在不同的观点。

第一种观点认为,居间人因过失给投资者或者他人造成财产损失的,应当承担赔偿损失的违约责任。

第二种观点认为,我国《合同法》第425条规定的是居间人因故意给他人造成损失的应当承担赔偿责任,但并没有规定过失造成他人损失的仍然要承担责任,据此,要求居间人承担责任的法律依据不足。

笔者倾向于第一种观点。

由于借款人的分散性受限于我国当前信用体系的实际,投资人无法依据权威的征信系统对借款人的资信予以了解掌握,并据此作出判断,投资人更多地依靠P2P网络借贷平台提供的相关信息,平台应当将已有的借款人的信息如实告知投资人。此外,平台还需要承担主动的调查及风控义务,如对借款人提供的征信报告、个人收入证明、借款用途、家庭财产状况等相关信息采取充分的贷前调查、贷中审核、管理等措施降低交易风险。总之,P2P 网络借贷平台提供的居间服务一般包括为借贷双方提供信息发布的平台、收集及审核借贷双方的基本信息、考察借款人的信用、提供划款平台、协助催收款项等。

对于 P2P 网络借贷平台而言,其居间义务履行情况如何,最主要体现在对如实告知义务的判断上。① 而如实告知义务履行情况的判断标准,主要是忠实义务和尽力义务。所谓忠实义务,是指居间合同不管是单务的还是双务的,居间人就自己所为的居间活动,都有遵守诚实信用原则的义务。居间人的忠实义务包括以下几个方面的要求:其一,居间人应当将其所知道的有关订约情况或商业信息如实告知委托人;其二,不得对订立合同实施不利影响,影响合同的订立或损害委托人的利益;其三,居间人对于所提供的信息、成交机会以及后来的订约情况,负有向他人保密的义务。所谓尽力义务,是指居间人应当尽力促进将来可能订约的当事人双方,排除双方所持的不同意见,并依照约定准备合同,对于相对人与委托人之间所存障碍,加以说和与克服。② 此外,居间人还负有保密义务、介入义务等。

根据《合同法》第 425 条的规定,居间人应当就有关订立合同的事项向委托人如实报告。居间人故意隐瞒与订立合同有关的重要事实或者提供虚假情况,损害委托人利益的,不得要求支付报酬并应当承担损害赔偿责任。从表面上看,居间人承担相关法律责任的前提是居间人主观存在故意,过失不在承担责任的范围之内。实际上,P2P 网络借贷平台存在过失也要承担相应的违约责任,主要有两个方面的原因。

第一,根据《合同法》第 107 条的规定,当事人一方不履行合同义务或者履行合同义务不符合约定的,应当承担继续履行、采取补救措施或者赔偿损失等违约责任。也就是说,无论当事人主观是故意还是过失,只要其不履行合同义务或者履行合同义务不符合约定的,都应承担相应的违约责任。

第二,P2P 网络借贷平台作为借贷双方交易提供服务的专业化平台,其注意义务应当比普通居间人更高,且要求投资人证明平台主观是否是故意对于投资人难度较大,P2P 网络借贷平台应当对其因过失造成的损害承担相应的违约责任有其现实的合理性和必要性。如果平台没有尽到居间人应当尽到的义务并造成了损害结果的发生,那么 P2P 网络借贷平台无权要求委托人支付相应的居间报酬;如果委托人在借款逾期产生前已经支付了相关报酬的,委托人有权要求 P2P 网络借贷平台返还;如果 P2P 网络借贷平台对委托人造成其他损失的,也应当结合 P2P

---

① 参见何欣奕:《民商法视域下 P2P 网络借贷平台法律问题思考——以涉及到的主要法律风险与合同类型为中心的观察》,载《法律适用》2015 年第 5 期。

② 参见李国光主编、最高人民法院经济审判庭编著:《合同法释解与适用》,新华出版社 1999 年版,第 1961—1962 页。

网络借贷平台、相关各方的过错程度、造成损害的大小等因素综合认定 P2P 网络借贷平台所应当承担的相应责任。① 因此,涉及 P2P 网络借贷平台的民事责任,应当结合《合同法》的相关规定予以确定。

二十五、P2P 网络借贷平台提供担保的效力如何认定?

现实中的 P2P 网贷平台在公司登记中一般登记为"金融咨询公司"或者"信息服务公司",并不具有担保公司的法定资质。② 为了招揽客户,有的与客户明确签订担保协议,承诺对出借人的本息进行保障。对于该担保的效力问题,学术界与司法实务界存在不同的观点。

第一种观点认为,提供担保在国外 P2P 网贷平台公司并不多见,平台只应成为居间人,不应当提供担保或者债权受让,且担保也有担保资质和借贷交易数额不断增长而担保力不足的问题。一旦 P2P 网贷平台公司提供了担保,即改变了其信息中介的性质,而更像是金融服务中介,需要取得相应的金融业务牌照。而且,根据《最高人民法院关于审理非法集资刑事案件具体应用法律若干问题的解释》(以下简称《非法集资解释》)第 1 条"承诺在一定期限内以货币、实物、股权等方式还本付息或者给付回报属于非法吸收公众存款或者变相吸收公众存款"的规定,该担保应当认定无效。

第二种观点认为,P2P 网络借贷平台公司为出借人提供担保,或者引入第三方担保的方式为投资者(出借人)提供担保。③ 无论是何种形式的担保,都是 P2P 网贷平台公司的真实意思,并不违反法律、行政法规的强制性规定,该担保应当认定有效。

笔者倾向于第二种观点。

迄今为止,P2P 网贷平台选择的担保模式主要有三种:一是平台本身作为借款人的担保人;二是平台引入具有担保资质的第三方担保公司提供担保;三是平台设立风险准备金。④ 本问题主要探讨的是第一种模式。

正如上述第二种观点所持理由中指出的,P2P 网贷平台公司为了吸引客户,增加业务量,自愿为出借人提供担保,或者引入第三方担保的方式为出借人提供担保的,笔者认为,这是 P2P 网贷平台公司自愿承担商业风险的表现,是一种不仅没

---

① 参见何欣奕:《民商法视域下 P2P 网络借贷平台法律问题思考——以涉及到的主要法律风险与合同类型为中心的观察》,载《法律适用》2015 年第 5 期。
② 参见吴景丽:《P2P 网络贷款的九大诉讼问题》,载《人民法院报》2015 年 1 月 28 日,第 7 版。
③ 在 P2P 网贷平台中,担保人可能是自然人,也可能是专门的担保机构。例如,陆金所是由平安集团旗下的平安融资担保(天津)有限公司提供的担保;也有的平台引入其他小额担保公司,如有利网;开鑫贷除了小贷公司担保外,还与其他融资性担保公司合作,如江苏省国信信用担保有限公司、瀚华担保等。
④ 参见何欣奕:《民商法视域下 P2P 网络借贷平台法律问题思考——以涉及到的主要法律风险与合同类型为中心的观察》,载《法律适用》2015 年第 5 期。

有侵害他人利益反而对出借人或者借款人有利的法律行为，断无认定无效的理由。主要理由如下：

首先，尽管目前我国P2P网络平台公司的设立门槛很低，绝大多数P2P网络平台的设立资金都很有限，然而，公司资本与其担保能力并不完全画等号。多年以来，公司信用维系于其资本曾成为颠扑不破的真理，理论与实践不断构造、传承和演绎着一个个关于公司资本信用的神话。殊不知，公司资本只是能够给公司带来收益流的资产的一部分，相对于静态的资本而言，公司资产才能真实、动态地反映公司信用状况。① 按照《担保法》第7条的规定，普通企业或者其他组织能否作为保证人，主要的判断标准是其是否具有代为清偿债务的能力。而这种代为清偿能力往往与公司的资产而不是公司的资本相关联。因此，以P2P网贷平台公司的注册资本简单地衡量其是否具有代为清偿债务的能力，难免陷入"一叶障目，不见泰山"的逻辑悖论境地。

其次，有些互联网金融平台通过网站公告的方式承诺对支付业务使用者或者其他投资者所遭受的损失承担担保责任，这种承诺可以结合《合同法解释（二）》第3条的规定，将公告式担保承诺理解为网络金融平台的悬赏广告，如果客户完成了网站指定支付行为或投资行为，则可宽松地认定双方之间符合担保合同成立的要件。② 当然，对于那些为互联网金融平台业务概括担保的担保公司，如果担保公司对不特定的第三方作出了类似承诺，则这一规则同样适用。

再次，有人担心由于P2P网贷平台公司是为民间借贷提供信息的中介，其行为关系到金融领域的安全问题，故对其提供担保的效力考量应当考虑其所属的领域。这一述论虽未明确担保无效，但从中能够推论出其认定无效更有利于维护社会公共利益的立场表达和观点倾向。笔者认为，在向市场经济转轨的今天，对于商事主体，我们更应关注的是它们的权利能力，进而赋予它们更加广阔的自治空间和经营自由，而不是一味地紧紧盯着它们的行为能力不放。至于考虑金融领域安全问题，完全可以从加强监管尤其是资金监管方面着手。我国法律对于金融机构作为保证人尚且都不禁止，遑论从事信息中介的P2P网贷平台公司。

最后，我国《担保法》并未否定P2P网贷平台公司作为担保人的合法性③，虽然《担保法》第7条规定"具有代为清偿债务能力的法人、其他组织或者公民可以作保证人"，但不应将其理解为命令性规范，或者反过来将其理解为一种禁止性的

---

① 参见王林清：《公司诉讼裁判标准与规范》，人民出版社2012年版，第177—178页。
② 参见雷继平：《互联网金融的民事责任风险》，载微信公号"雷继平法律订阅"，访问时间2015年1月11日。
③ 《担保法》中有关不得为保证人的规定，集中在第8条、第9条、第10条，也即国家机关、学校、幼儿园、医院等以公益为目的的事业单位、社会团体、企业法人的分支机构。除此之外，《担保法》并未特别规定其他不得作为保证人的民事主体类型。并且，《担保法》还强调，经国务院批准为使用外国政府或者国际经济组织借款进行转贷的，国家机关可以作为保证人。

规范,即"不具备清偿能力的人不得作为保证人"。从国外立法例看,虽然有的国家法律(如《日本民法典》)将履行能力作为保证人资格的要件,但毕竟是极少数,就绝大多数国家的法律规定来看,均无此规定,只有《法国民法典》是以不动产作为衡量保证人代偿能力的依据,并将代偿能力作为保证合同生效的要件。何况,代偿能力是不断变化的。

二十六、网络平台公司在网站上发布的公告未明确提供担保但注明了"以自有资金为不能按期还款的借款人所欠本金部分承担垫付责任"的内容,如何看待这一声明的性质?

目前,我国并无专门针对 P2P 网贷平台公司进行规范的法律规定。实务中,一些网络平台公司在业务创新过程中,突破了单纯金融信息中介的功能。有的 P2P 网贷平台公司在其网站上发布公告,在内容中并没有明确写明为投资者(出借人)提供担保,但却注明愿以自有资金为不能按期还款的借款人所欠出借人本金(有的还包括利息债务)部分,承担垫付责任的内容。这种公示内容的性质如何认定?

债务承担和保证并不相同,二者有着本质的区别。债务承担是指债权人或者债务人与第三人订立转让债务协议,将债务转移给第三人,由第三人取代债务人承担合同义务,向债权人履行债务。按照原债务人是否免责为标准,债务承担可分为免责的债务承担和并存的债务承担。在免责的债务承担中,第三人取代原债务人的地位承担全部债务,原债务人脱离债务关系。[①] 债务承担情形下,债务承担人为主债务人,并不享有法定追偿权。而保证人属于从债务人,一般保证人还享有先诉抗辩权,保证人享有法定追偿权。

一般而言,若 P2P 网贷平台公司本意为承担担保责任,其在合同中约定享有对贷款人的追偿权的,则应认定定为担保,不能认定为债务承担。

二十七、设立风险准备金的 P2P 网贷平台能否免除其民事责任?

P2P 网贷平台提取了一定比例的风险准备金后,如果借款人无力清偿债务而风险准备金也不足以弥补出借人损失,P2P 网贷平台应否承担相应的民事责任,实践中存在不同的观点。

第一种观点认为,虽然 P2P 网贷平台提取了一定比例的风险准备金,但是由于风险准备金不足以清偿出借人的本息损失,因此,对于不足的部分,P2P 网贷平台仍应承担相应的民事责任。

第二种观点认为,既然 P2P 网贷平台提取了一定比例的风险准备金,并且在

---

① 参见余雷:《债务承担、债务履行承担和由第三人履行的比较分析》,载《中外企业家》2012 年第 19 期。

P2P 网贷合同中作了说明。即使借款人不能还款,风险准备金不能弥补出借人的本息损失,P2P 网贷平台也不应再承担任何民事责任。

笔者认为,P2P 网贷平台提取风险准备金,在一定程度上的确有利于保障出借人的债权安全。但由于风险准备金属于 P2P 网贷平台所有,在目前 P2P 网贷平台缺乏监管规则下,平台对风险准备金具有完全的支配权,似乎无法保证平台是否会按照承诺履行保证责任。

风险准备金来源于 P2P 网贷平台向债务人收取的服务费。此种偿付受有限偿付和按比例偿付规则等限制,未必能够足额偿付本息。在同期备付金余额账户充足的情况下,可能足额偿付;在同期备付金余额账户不足的情况下,可能只是有限偿付。

实际上,P2P 网贷平台设立风险准备金,存在非法从事融资性担保业务的嫌疑。但 P2P 网贷平台设立风险准备金对于保障出借人的资金安全,防范信用风险具有一定的积极作用。因此,可以通过制定监管规则的方式,赋予 P2P 网贷平台根据自身的业务发展模式,从收取的服务费中提取一定比例的资金设立风险准备金,并在风险准备金范围内按照事先约定的比例,为借款合同的债权提供担保的权利。因此,应当考虑以法规授权的方式适当突破融资性担保的限制,解决 P2P 网贷平台以自有资金设立风险准备金的主体资格问题。但为防止风险准备金被网络借贷平台挪用,应规定风险准备金由独立的第三方托管。[①] 毕竟,风险准备金带有一定程度的担保性质,通过有关部门进行运行监管和第三方资金托管,有利于风险准备金的使用更加透明和规范。

在 P2P 网贷平台设立风险准备金的担保模式中,P2P 网贷平台本身并非作为担保人,这与一般担保法意义上的担保不同,P2P 网贷平台并不承担全部的担保责任,只是相对程度的风险补偿。设立风险准备金也是其平台居间义务的一部分(其实无须强制所有平台均须设置风险准备金),鉴于 P2P 网贷平台按其本质属性在交易过程中处于居间人地位,其本身并不承担交易风险(借款无法按期偿还的信用风险应由出借人承担),且设立风险准备金是平台自愿提供的担保行为,因此,当借款人无法偿还借款的,P2P 网贷平台承担的保证责任范围仅限于按照事先约定的比例,为借款合同的债权提供担保,超过这一比例的,P2P 网贷平台则不承担责任。但是,P2P 网贷平台以其风险准备金向作为债权人的出借人清偿后,就其清偿的部分取得了债权人的权利,可以作为债务人的借款人追偿。

需要注意的是,P2P 网贷平台仅承担事先约定比例的责任,是建立在 P2P 网贷平台设立风险准备金不存在过错的前提下,如果 P2P 网贷平台操作严重不规范,存在风险准备金未予以第三方托管;风险准备金与平台自有资金相混淆,无法实

[①] 参见杨振能:《P2P 网络借贷平台经营行为的法律分析与监管研究》,载《金融监管研究》2014 年第 11 期。

现风险准备金与P2P网贷平台自有资金的隔离;网络借贷平台在出借人参与交易之前,没有真实、完整、清晰地说明风险准备金的提取规则、担保范围、偿还比例、信用风险承担等保障规则等情形的,即使风险准备金无法弥补出借人的损失,对于不足的部分,P2P网贷平台仍然应当承担补充赔偿责任。

二十八、风险买断的责任性质如何认定?

在保本基金问题上,因为一般不涉及主合同无效的情况,所以一般不会引起争议。但在P2P网络贷款情况下,如果民间借贷主合同无效,买断协议是否有效,争议则很大。

第一种观点认为,如果比照《担保法》的规定来处理,民间借贷主合同无效,那么风险买断协议即使约定了无条件承担全部偿付责任的条款,也应认定无效。

第二种观点认为,风险买断由于不具有追偿性,在性质上不属于担保,不能依照《担保法》的规定处理,应按一般合同来处理。

笔者倾向于第二种观点。

主合同无效时,并不必然导致风险买断协议无效。风险买断与担保的最大区别就在于,前者不具有追偿性,而担保人承担了担保责任之后,可以向债务人追偿。从这一区别看,风险买断因不具有追偿性而不能将之定性为担保,在认定风险买断协议的效力问题上,不能依照《担保法》的规定处理,而是应当按照一般合同来处理。

当然,如果风险买断协议依然约定了对借款人的追偿权,那与上述保本基金的风险买断实质上不是一个内涵①,这样的买断协议虽然称之为买断,但究其实质,仍然是对债务提供相应的担保,因而应当将其归属于担保法的范畴。如果民间借贷合同无效,则该风险买断协议也无效,在涉及民事责任的分配和处理上,应当依照《担保法解释》第7条、第8条的相关规定进行处理。

二十九、P2P网络借贷债权转让的效力如何认定?

一些P2P网贷平台将融资债权拆分为单位极小的若干份进行转让。对于这种债权拆分转让的效力,实务界存在不同观点。

第一种观点认为,虽然这种拆分是将大额债权进行了无限制拆分,该模式主要是为了规避"一对多"直接融资的非法集资风险。《合同法》并未对债权部分转让的份数及转让数额作出限制性规定。按照法不禁止即可行的民法原理,该转让行为应当认定为有效。

第二种观点认为,这种大量拆分债权并将其包装为可投资标的的行为,具有明显的金融行为属性,应当受到证券法的调整。如果滥用这种债权拆分转让形

---

① 参见吴景丽:《P2P担保的法律探析》,载《第一财经日报》2015年1月27日,A15版。

式,可能存在违反证券法规以及以合法形式掩盖非法目的的风险,应当认定无效。

笔者倾向于第二种观点。

比如,将企业的几千万元融资债权,拆分为 1 元起投的债权转让形式,即理论上将一个债权可以拆分几万份甚至几十万份进行部分转让,则这种转让形式有可能属于证券产品。证券产品的特殊性表现在:(1) 价值预期性,即证券产品的价值与未来的状况有关;(2) 价值不确定性,即证券产品的价值可能会与人们的预期不一致,会随着某些因素的变化而变化;(3) 公众参与性,即证券市场具有外部性,证券价格对各经济主体的行为会产生直接的影响;(4) 信息决定性,即消费者完全按照证券产品所散发出来的各种信息来判断其价值。① 上述金额拆分的投资显然符合证券产品的特殊性。

对于是否属于证券法上的投资合同,美国采用了投资合同的判定标准,最初出现于美国最高法院的 SEC v. W. J. Howey Co. 一案中。在此案中,美国最高法院宣称:证券法目的上的投资合同是指一个合同、交易或计划,一个人据此:(1) 将他的钱投资;(2) 投资于共同事业;(3) 受引导有获利期望;(4) 利益仅仅来自发起人或第三人的努力。即投资合同的检测标准是"一个人将他的钱投入共同事业并期待从发起人或第三人的努力中获得利润"。有了投资合同的定义标准,"其他定义所不能涵盖的'证券'都可以设法联系到这里,根据投资合同检测标准判定属于'投资合同',进而属于'证券'"。② 对于属于证券的,应当参照证券发行和证券交易管理。同样,对于满足类似条件的债权拆分转让,应当依据《中华人民共和国证券法》(以下简称《证券法》)进行证券发行的管理。③ 因此,对于金额债权拆分行为应当被纳入证券范围进行监管,如果不符合《证券法》关于发行的规定的,该拆分转让合同的效力应当被认定为无效,双方当事人根据各自的过错对损失承担相应的责任。

三十、P2P 模式中的借贷债权转让可否被视为信贷资产证券化?

在网贷债权转让模式业务中,网络借贷平台在对已有债权进行期限和金额的拆分、匹配过程中,难免会形成借贷资金池,并以此为基础发放债权转让合同,提高了债权的流动性。就此是否可以看做是信贷资产证券化,理论界与实务界存在不同认识。

第一种观点认为,这种网络贷款债权转让可以看做信贷资产证券化,主要原因是形成了资金池,尤其对于那些期限较长、金额较大的债权,拆分转让增强了其

---

① 参见王林清:《证券法理论与司法适用》,法律出版社 2008 年版,第 451 页。
② 参见李有星、杨俊:《论我国证券法定范围引发的问题及其解决方案》,载《时代法学》2012 年第 4 期。
③ 参见何欣奕:《民商法视域下 P2P 网络借贷平台法律问题思考——以涉及到的主要法律风险与合同类型为中心的观察》,载《法律适用》2015 年第 5 期。

流动性,这种做法类似于信贷资产证券化。

第二种观点认为,由于资金池模式和债权转让模式在法律关系上的区别,区分合法债权转让与资金池的关键点在于,还款的资金是直接来源于债务人还是来源于债权让与人的资金池。P2P通过网络平台和第三方支付帮助还款对接有助于降低债务人在债权拆分转让过程中的履约成本,并不属于资金池,也并不属于信贷资产证券化。

笔者倾向于第二种观点。

大量借款需求和小额闲散资金的存在为债权转让业务提供了市场。网络借贷平台先借出资金,满足借款者的一次性资金需求,再通过拆分,将不同期限、金额的债权打散转让给众多投资者,既满足了资金需求方,又为中小投资者提供了投资渠道。① 然而,尽管资产证券化的品种、结构日益多样化和复杂化,可用于证券化的资产范围也进一步扩大,但是,只有符合一定条件的资产才能够成为证券化的客体。② 网贷债权转让模式业务与信贷资产证券化,尤其是国内目前通行的信贷资产证券化有着很大的区别,主要体现在主体与行为两个方面。

就主体方面而言,2005年4月,中国人民银行与银监会发布的《信贷资产证券化试点管理办法》将信贷资产证券化定义为"银行业金融机构作为发起机构,将信贷资产信托给受托机构,由受托机构以资产支持证券的形式向投资机构发行受益证券,以该财产所产生的现金支付资产支持证券收益的结构性融资活动"。银监会于同年11月发布的《金融机构信贷资产证券化试点监督管理办法》第2条规定,本办法所称金融机构,是指在中华人民共和国境内依法设立的商业银行、政策性银行、信托投资公司、财务公司、城市信用社、农村信用社以及中国银行业监督管理委员会依法监督管理的其他金融机构。由此可见,中国目前信贷资产证券化相关管理条例所规制的对象并不包括小贷公司以及其他民间借贷机构。

就行为方面而言,银行信贷资产证券化一般是先形成资产池后打包证券化,而除了宜信之外的网贷债权转让模式基本上以单个信贷资产来进行债权转让。银行信贷资产证券化必须通过依托转让信托收益权,以实现风险隔离,信托是债权受让主体,投资人仅仅是该项信托的收益权人,而网贷债权转让模式不存在信托,P2P投资人直接是债权受让人。另外,将债权拆分转让在法律形式上也不同于公司债权的直接发行,不在《公司法》的规制之列。

因此,网贷债权转让模式处于一种法律真空地带。鉴于我国对信贷资产证券化的监管一直很审慎,开展此项业务需要相关部门审批,网贷平台尚不具备进行资产证券化的资格,属于非法发行资产证券化产品,政府部门应当采取监管措施,

---

① 参见李建军、赵冰洁:《互联网借贷债权转让的合法性、风险与监管对策》,载《宏观经济研究》2014年第8期。

② 参见王林清:《证券法理论与司法适用:新〈证券法〉实施以来热点问题研究》,法律出版社2008年版,第15页。

严防风险在民间的产生、传递和蔓延。

三十一、如何确定网络借贷与非法吸收公众存款罪的界限?

网贷中借贷双方是一种借贷合同关系,本质上是民间借贷。网贷平台公司本质上是一种信贷中介服务公司,也有人将其视为从事金融理财服务的准金融机构。① 作为一种新生事物,由于缺乏完备的法律规制和引导,网络借贷平台面临着一系列风险,目前,网贷面临最大质疑是这种运作模式可能触犯非法吸收公众存款罪。

最高人民法院于2010年发布的《非法集资解释》第1条对于是"非法吸收公众存款或者变相吸收公众存款"的行为设置了四项必须同时满足的条件:(1)未经有关部门批准或者借用合法经营的形式吸收资金;(2)通过媒体、推介会、传单、手机短信等途径向社会公开宣传;(3)承诺在一定期限内以货币、实物、股权等方式还本付息或者给付回报;(4)向社会公众即社会不特定对象吸收资金。《非法集资解释》第2条又列举了10种应当以非法吸收公众存款罪论处的具体行为和兜底性规定,并要求行为人只有实施了这些行为之一,同时又符合上述四项条件的,才能以非法吸收公众存款罪定罪处罚。实践中,需要根据《非法集资解释》关于非法集资的概念和四个要件进行具体认定。② 异化的网贷首先面临的是非法吸收公众存款罪的刑事法律风险。

如果网络贷款平台超越居间人角色,直接以融资者的身份出现,向社会公众募集资金,就有可能满足《非法集资解释》第1条、第2条规定的非法吸收公众存款罪的构成要件。例如,有的网络贷款平台推出所谓的优选理财产品,向社会公众募集资金,并设置"锁定期"。③ 这种行为虽然以"理财计划"替代"理财产品",但只不过是在玩儿文字游戏,一旦有关公司承诺在一定期限内以货币、实物、股权等方式还本付息或者给付回报,就会构成非法吸收公众存款罪。这是网贷平台公司当前最需要警惕和防范的行为。

三十二、如何确定网络借贷与集资诈骗罪的界限?

网络借贷平台为资金需求方与供应方牵线搭桥,促成民间借贷合同订立的属性,使得它与集资有着密切的关联性,有必要厘清这种行为与集资诈骗罪的界限。

按照《非法集资解释》第4条的规定,集资诈骗罪的成立不但在主观上要以非法占有为目的,在客观上必须使用诈骗方法,而且通常就是《非法集资解释》第2

---

① 参见朱琳:《对人人贷公司法律性质的分类研究》,载北京大学金融法研究中心编:《金融法苑》(2012年总第85辑),中国金融出版社2012年版。
② 参见刘为波:《〈关于审理非法集资刑事案件具体应用法律若干问题的解释〉的理解与适用》,载《人民司法》2011年第5期。
③ 参见郭奎涛:《人人贷被指涉嫌非法集资》,载《中国企业报》2013年2月5日。

条规定的 10 种具体情形或者其他非法吸收资金的行为。这些非法吸收资金的行为具有一个共同特点,就是巧立名目、弄虚作假。实务中,规范的网络贷款平台主要是以满足中小微企业少量、频繁、急需的贷款需求为业务内容,并且通过严格、规范的业务操作流程和资金管理模式,保证民间借贷的阳光化、规范化、市场化。其融资的用途是满足中小微企业的实际需求,与《非法集资解释》列举的以弄虚作假方式实施的非法吸收资金行为的性质是不同的。①

但是,如果网络贷款平台在筹集资金的过程中,以非法占有为目的,使用诈骗方法吸收资金,一旦数额较大,就会进一步演变为集资诈骗罪。

三十三、如何确定网络借贷与非法经营罪的界限?

自《中华人民共和国刑法》(以下简称《刑法》)第 225 条关于非法经营罪的规定施行以来,理论与实务界对该条文的争议至今未断,主要原因在于非法经营罪有不断扩大的趋势②,因而被称为"口袋罪"。争议集中在"其他严重扰乱市场秩序的非法经营行为"应当如何界定,有观点认为,对于"其他行为"的具体内容,应当通过立法或者司法解释逐一加以明确;未予明确的,应当依照"法无明文规定不为罪"的原则不予认定。③

非法经营罪与网络借贷之间的界限较为明显。非法经营罪的成立以行为人"违反国家规定"为前提。根据《刑法》第 96 条的规定,刑法中的"违反国家规定",是指违反全国人大或者全国人大常委会制定的法律和决定,或者国务院制定的行政法规、规定的行政措施、发布的决定和命令。迄今为止,没有任何这类规定禁止网贷业务。此外,目前法律和司法解释对非法经营的类型作了大量规定④,并没有任何一项规定网贷这类经营行为属于非法经营。从法理的角度分析,网贷中的出借人与借款人之间是一种民间借贷法律关系,网贷平台与二者之间是一种居间合同法律关系,担保人与出借人之间是一种担保法律关系,对这类法律关系应当秉持"法无禁止即自由"的原则,在没有法律禁止网贷的情况下⑤,按照"法无明文规定不为罪"的原则,不应当认定其行为涉嫌非法经营犯罪。

三十四、如何确定网络借贷与擅自发行公司、企业债券罪的界限?

公司、企业债券从法律属性上看,属于按券面约定在一定期限内还本付息的

---

① 参见左坚卫:《网络借贷中的刑法问题探讨》,载《法学家》2013 年第 5 期。
② 参见贾成宽:《非法经营罪堵漏条款的限制》,载《北京政法职业学院学报》2010 年第 2 期。
③ 参见周道鸾、张军主编:《刑法罪名精释(上)》(第四版),人民法院出版社 2013 年版,第 488 页。
④ 参见王作富、刘树德:《非法经营罪调控范围的再思考》,载《中国法学》2005 年第 6 期。
⑤ 参见左坚卫:《网络借贷中的刑法问题探讨》,载《法学家》2013 年第 5 期。

有价证券。① 擅自发行公司、企业债券行为表现为未经报批即发行债券,或者虽然已上报但尚未获得批准即发行债券,以及虽然经过批准但超越批准规模发行债券三种情形。② 无论是哪种情形,行为都是以公司、企业债券为载体。网贷平台为借款人提供信息及咨询服务,并作为中介促成民间借贷合同的签订,虽然借款人和出借人之间形成债权债务关系,某些情况下网贷平台甚至可以充当债务担保人,但他们之间形成的债务载体是一份或者几份各自独立的资金借贷合同或者担保合同,其行为都不涉及发行公司、企业债券,也不以公司、企业债券为载体,因而与擅自发行公司、企业债券之间存在明显界限。③ 当然,如果网贷平台未经国家有关主管部门批准,擅自发行网贷平台公司的债券,数额巨大且后果较为严重的,则可以构成擅自发行公司、企业债券罪。

三十五、众筹在我国可能面临的法律风险有哪些?

在我国,知名的众筹主要包括"点名时间""追梦网""天使汇""大家投"等。众筹作为一种新兴金融形式,在全世界蓬勃发展的过程中都遇到了共同的问题,即众筹交易的合法性与消费者权益保护等问题。当前,众筹可能面临的法律风险包括:

第一,众筹模式的参与对象十分广泛,如果引发诉讼,波及面很大,甚至极有可能引发集团诉讼。

第二,可能存在资金池风险和项目发起者的违约等风险。若众筹平台在无明确投资项目的情况下,事先归集投资者资金,形成资金池,然后公开宣传、吸引项目上线,再对项目进行投资,则存在非法集资的嫌疑;若平台在投资人不知情的情况下将资金池中的资金转移或挪作他用,更有构成集资诈骗罪的可能。

第三,我国法律规定,未经中国人民银行许可,任何非金融机构和个人不得从事或变相从事支付业务。众筹平台没有取得支付业务许可证,但实际上一些平台往往充当支付中介的角色,众筹平台来掌控资金,没有引入合法的第三方支付机构进行资金托管。

第四,项目发起者在募集成功后不兑现承诺甚至把资金挪作他用,众筹平台后期监督的缺乏,导致众筹人的违约诉讼甚至构成欺诈犯罪。

第五,部分股权众筹平台直接向普通民众发售股份④,投资者权益保护极其薄

---

① 参见高铭暄、马克昌主编:《中国刑法解释》(上卷),中国社会科学出版社2005年版,第1259页。
② 参见赵秉志主编:《刑法新教程》(第三版),中国人民大学出版社2009年版,第456页。
③ 参见左坚卫:《网络借贷中的刑法问题探讨》,载《法学家》2013年第5期。
④ 例如,2013年9月16日中国证监会通报了淘宝网上部分公司涉嫌擅自发行股票的行为并予以叫停。叫停的依据是国务院办公厅《关于严厉打击非法发行股票和非法经营证券业务有关问题的通知》(国办发〔2006〕99号),该通知规定:"严禁任何公司股东自行或委托他人以公开方式向社会公众转让股票"。至此,被称为中国式"众筹",即利用网络平台向社会公众发行股票的行为,首次被界定为"非法证券活动"。

弱。由于我国现有法律的规定较严，众筹模式在形式上很容易压着违法的红线，众筹发展速度较慢，尤其是股权型众筹存在非法发行、销售股票的严格法律制约。股权众筹业务往往划分为线上和线下两个部分，线上主要用于信息展示、投融资双方交流，在达成意向后转入线下的增资扩股操作，业务流程被分割，操作非常不便，制约了平台信息和技术优势的发挥。

三十六、如何强化对股权众筹的监管？

股权众筹是指融资者借助互联网上的众筹平台将其准备创办的企业或项目信息向投资者展示，吸引投资者加入，并以股权的形式回馈投资者的融资模式。[1]

在我国，股权众筹平台保守估计已超过 100 家[2]，主要分为有担保的股权众筹和无担保的股权众筹。目前国内只有贷帮网的众筹项目在投资者进行众筹投资时，有第三方机构提供相关权益问题的担保责任，为有担保的股权众筹，其他的基本上都是无担保的股权众筹。[3] 至今，我国尚未有明细的法律、行政法规对股权众筹作出明确规定，社会各界寄希望于在《证券法》修改中借鉴国际经验，给股权众筹留下空间。[4] 按照学者的研究，目前，股权众筹面对三个困境。一是法律困境，在刑事方面，股权众筹可以触及三项刑事犯罪，分别是非法吸收公众存款罪、集资诈骗罪和擅自发行股票、公司、企业债券罪；在民事方面，因股权众筹平台倒闭或跑路引发的诉讼，在网络支付过程中资金被盗引起的纠纷，投资人因资金被平台挪用而引发的纠纷[5]，等等。二是信义困境，股权众筹在专业性、信用上以及违约方面都存在一定的风险和挑战。三是现实困境，股权众筹发展受到平台成熟有限、投资者准入机制不完善等现实因素的制约。[6]

我国应当重视对股权众筹的引导与监管。首先，推进《证券法》中有关证券公开发行条款的修改，承认股权众筹的合法地位，同时增加相应的有关投资者、融资者、众筹平台的条款，明确其权利义务。其次，要加强对投资者风险意识的培育，对股权投资者进行分类，并按照不同的类别设定投资者的权利边界和义务区域，达到控制投资者损失，稳定金融市场的目的。再次，借鉴发达国家较为成熟的信息披露制度、合格投资者准入制度及投资金额防控制度，尽快明确股权众筹的监

---

[1] 参见杨东、刘翔：《互联网金融视阈下我国股权众筹法律规制的完善》，载《上海金融》2014 年第 11 期。

[2] 参见刘琪：《股权众筹平台逾 100 家行业发展困局难解》，载《证券日报》2014 年 6 月 14 日。

[3] 参见徐迪：《我国股权众筹的发展及风险揭示》，载《赤峰学院学报》（自然科学版）2014 年第 10 期（下）。

[4] 参见吴晓灵：《证券法修订或给股权众筹留下空间》，载《上海证券报》2014 年 6 月 30 日。

[5] 参见吴景丽：《互联网金融的基本模式及法律思考》（上），载《人民法院报》2014 年 3 月 26 日，第 7 版。

[6] 参见何欣奕：《股权众筹监管制度的本土化法律思考——以股权众筹平台为中心的观察》，载《法律适用》2015 年第 3 期。

管机构以及监管职责、范围,形成既具有我国特色又与世界接轨的股权众筹监管制度。最后,明确股权众筹平台的权利义务关系,股权众筹平台不能为自己设定没有法律依据的权利,同时法律应当明确规定股权众筹平台应尽的法定义务,如保护投资者个人信息义务、事前信息审核与事后项目监督义务、风险提示与投资教育义务等,对于不合理的服务条款应当予以清理,以平衡服务双方的约定。

三十七、保证本息固定回报但不参与分红的委托理财合同发生争议的如何定性?

保底条款在许多保本分红型的理财产品中屡见不鲜,这种理财分红的比例往往事先固定。对于出借账户控制权,约定了保底条款的理财,但不参与分红,其性质如何认定,司法实践中存在不同观点。

第一种观点认为,因投资的所有风险全部转移到受托方,而对于委托方来讲,这一种理财方式可能除了收益高于同期银行利息外,与把该资产存入银行已无区别。因此,应当认定委托理财为民间借贷关系。

第二种观点认为,委托理财中虽然存在资金交付的情况,更多的则是账户的托管,如果是借贷法律关系,则此时"借"与"贷"的将是账户,或者说可能只是股票账户里的股票,这与借贷法律关系也是不相符的。因此,应当认定为委托理财关系。

笔者倾向于第一种观点。主要理由是:

第一,无论是委托人还是受托人,双方在委托理财的各个环节都存在着"借"与"贷"的主观意愿。实际上,委托人之所以将账户控制权转移给受托人,就是为了得到双方事先约定的固定回报。而这种回报名义上是理财的收益,实际上也就是受托人使用委托人资金产生的对价。

第二,由于委托人并不参与分红,说明委托人的缔约目的和合同预期纯粹是追求资产的固定本息回报,而对于受托人管理资产行为以及收益后的分成并无预期,其合同性质应当归类为借贷。

第三,委托人与受托人虽然是通过出借账户控制权为形式,但账户是资金的归属地。实际上,双方发生的仍然是账户资金所有权的转移,也就是说,同样存在着资金交付的问题。委托人与受托人双方都有"期限届满后,受托人向委托人返还本金并支付固定回报"的约定。上述特点与民间借贷本质特征别无二致:都是转让货币的所有权;都约定了一定期限;都约定了固定收益。

因此,有保底条款的出借账户控制权且不参与盈利分配的委托理财合同,其名为理财,实为民间借贷。对于该类合同的效力,应当按照《民间借贷解释》的规定作出相应处理。

三十八、受托人以自己的名义从事投资管理活动的委托理财与信托有何区别?

根据《信托法》第2条的规定,信托是指委托人基于对受托人的信任,将其财产权委托给受托人,由受托人按委托人的意愿以自己的名义,为受益人的利益或者特定目的进行管理或者处分的行为。在委托理财中,有的委托人将资金所有权转移给受托人——券商,由券商在自己的账户上操作,券商按照与客户的约定,为客户的利益进行投资。这种类型的委托理财符合信托的部分特征,因而被称为信托型委托理财。有学者认为,同时具备"委托人将资产转移交付于受托人"以及"受托人以自己的名义管理和处分资产"这两个条件的委托理财,即为"信托型"委托理财。[1]

从形式上看,委托理财与信托有其相似之处,如都是由受托人管理委托人的资产;都是基于一定的信任产生的委托。我国《信托法》对信托的界定较为宽泛,这便于把金融领域中一些新生的法律关系纳入其中,以避免因无法可依导致无效。但是,并非所有委托理财都可定义为"信托型"委托理财。严格意义上讲,委托理财与信托还是有区别的。

委托理财是债权请求权,而信托法律关系中的受托人对信托财产拥有名义上的所有权和控制权,具有他物权的性质。[2] 同时,委托理财合同一般可撤销或变更,委托人或者受托人死亡、丧失民事行为能力或者破产的,委托合同终止,但当事人另有约定或者根据委托事务的性质不宜终止的除外。而信托一经设立,一般不能撤销甚至变更,委托人不能与受托人协商变更受益人的受益权。设立信托后,委托人死亡或者依法解散、被依法撤销、被宣告破产时,委托人是唯一受益人的,信托终止,信托财产作为其遗产或者清算财产;委托人不是唯一受益人的,信托存续。

因此,如果将委托理财定位为信托法律关系,除了必须满足"受托人以其自己的名义为委托人管理资产、所得利益归委托人或者其他受益人"这一条件外,还应满足"受托人必须是经金融主管部门批准具备法定资质的信托机构"这一条件。

三十九、委托理财与行纪合同有何区别?

有一种观点认为,以证券公司为受托方接受的委托理财是一种行纪法律关系。[3] 笔者认为,判断委托理财合同是否行纪合同,可以从两个方面入手:

其一,从主体来看,行纪合同的主体具有限定性。在我国,行纪合同的行纪人

---

[1] 参见朱一飞:《委托理财的法律性质》,载《人民法院报》2005年12月7日。
[2] 参见何宝玉:《英国信托法原理与判例》,法律出版社2001年版,第45—46页。
[3] 参见张凤翔:《委托投资(理财)协议中"保底条款"的法律分析》,载奚晓明主编:《中国民商审判》(第二卷),法律出版社2002年版,第83页。

只能是经批准经营行纪业务的法人或公民,也就是说,行纪人的主体资格要受到限制。相比之下,委托理财的受托人资格则没有如此严格的规定,实践中自然人之间的委托理财同样大量存在。

其二,从有关法律规定来看,我国《证券法》第 125 条规定了经国务院证券监督管理机构批准证券公司可以经营证券经纪业务,但相关法律规定并未把证券公司受托投资管理纳入证券经纪的范畴。此外,证监会专门制定的《证券公司客户资产管理业务试行办法》更是把客户资产管理业务作为证券公司一项独立的业务进行管理。其第 41 条规定:"证券公司代表客户从事资产管理业务时,不得向客户作出保证其资产本金不受损失或者取得最低收益的承诺。"因此,以证券公司为受托方接受的委托理财认定性质为行纪说缺乏立论依据。

四十、证券公司与客户订有保底条款的委托理财合同,其效力如何认定?

证券公司与客户签订有保底条款的委托理财合同,涉及保底条款无效,对此,由于《证券法》第 144 条已有相应规定,实践中争议不是很大。有争议的是,保底条款无效是导致整个理财合同无效,还是仅仅保底条款部分无效。对此问题,存在两种不同观点。

第一种观点认为,保底条款是委托理财合同的目的条款和核心条款,保底条款无效,将导致委托理财合同整体无效。

第二种观点认为,保底条款无效并不能导致整个合同无效。按照《合同法》的规定,合同条款部分无效,其他部分有效的,不影响其他部分条款的效力。

笔者倾向于第一种观点。

《证券法》第 144 条规定:"证券公司不得以任何方式对客户证券买卖的收益或者赔偿证券买卖的损失作出承诺。"因此,证券公司与客户签订有保底条款的委托理财合同,就保底条款这一部分而言,应当被认定为无效。

然而,保底条款毕竟属于委托理财合同中目的条款和核心条款,双方当事人对合同权利义务的安排都是围绕保底条款对风险收益的约定进行处理,发生争议也是围绕保底条款的约定进行辩争。若仅认定保底条款无效而委托理财合同有效,则委托合同的风险全部由委托人承担,有悖于双方约定的理财合同的初衷,将会造成不公正的后果。① 因此,保底条款不能成为相对独立的合同无效部分,故保底条款无效应当导致委托理财合同整体无效。对于合同无效,根据双方过错大小,对损失分别承担责任。一般情况下,应当认定受托人对损失承担主要责任。②

---

① 参见尤冰宁:《约定本息固定回报的民间委托理财合同按借贷处理——厦门海峡导报发展有限公司诉厦门金同成实业发展有限公司企业借贷纠纷案》,载陈国猛主编:《民间借贷:司法实践及法理重述》,人民法院出版社 2015 年版,第 55 页。

② 参见吴庆宝主编:《民事诉讼疑难案件裁判要点与依据》,人民法院出版社 2008 年版,第 515 页。

这是因为,在委托理财关系中,由于委托人专业知识的匮乏和合同约定的决策权由受托人享有,因而受托人的独立意志和受托权限都得到了极大的扩张。其在享有较大权利的同时,根据权责一致的原则,也当然应负有较大的责任。

从委托理财合同产生的现实背景来看,保底条款是委托人订约的基础,若没有该条款作为底线,委托理财这种资产投资方式绝不会在市场中存在。从这一点而言,保底条款是整个合同的核心与基础条款,其他条款只不过是保底条款的延伸与扩展。因此,在保底条款无效的情形下,其实质后果是原合同目的落空。这种处理方式,也是考虑到证券公司不同于一般的企事业单位或者自然人,而是作为专门从事金融证券业务的部门,对于理财客户更应当负有审慎和诚信的义务。

四十一、委托理财合同与委托合同有哪些区别?

"合同性质决定官司走向"。① 如何界定委托理财的法律性质,成为解决许多问题的关键所在。受托人以委托人的名义从事投资管理活动为"委托型"委托理财合同,又称委任合同,是指一方委托他方处理事务,他方允诺处理事务的合同。② 委托理财与委托合同在委托他人处理相关事务、以双方当事人相互信任为基础这两个特征上是基本一致的,但委托理财合同与委托合同也有一些区别。

首先,委托合同是诺成、不要式合同;而委托理财合同双方的权利义务关系一般通过书面合同界定,且以委托人交付货币资金、金融证券或其账户为前提。正因为如此,也有学者认为委托理财合同属于实践性合同。③ 笔者更倾向于委托理财合同为诺成性合同。

其次,委托合同可以是有偿合同,也可以是无偿合同④;而委托理财合同多为有偿合同,实践中委托理财合同大多约定了受托人通过管理资产而获得一定的收益。

再次,委托合同中,委托人承担处理委托事务的一切后果,当然包括风险。根据我国《合同法》第406条第1款的规定,"有偿的委托合同,因受托人的过错给委托人造成损失的,委托人可以要求赔偿损失。无偿的委托合同,因受托人的故意或者重大过失给委托人造成损失的,委托人可以要求赔偿损失","受托人超越权限给委托人造成损失的,应当赔偿损失"。据此,即使受托人存在恶意,同样由委托人承担处理委托事务的后果,因受托人恶意给委托人带来的损失由受托人赔

---

① 宣伟华:《合同性质决定官司走向》,载《上海证券报》2004年9月7日。
② 参见王利明主编:《民法》,中国人民大学出版社2002年版,第470页。
③ 参见杨虹:《委托理财法律性质探析》,载《福州大学学报》(哲学社会科学版)2008年第6期。
④ 我国《合同法》第405条规定:"受托人完成委托事务的,委托人应当向其支付报酬。因不可归责于受托人的事由,委托合同解除或者委托事务不能完成的,委托人应当向受托人支付相应的报酬。当事人另有约定的,按照其约定。"从该条规定可以看出,委托人与受托人不仅可就处理委托事务的报酬多少进行约定,而且可以就是否给付报酬进行约定,因而处理委托事务的报酬并不构成委托合同的要件,不能据此认定委托合同只能是有偿合同。

偿;而委托理财合同往往约定委托人不承担风险,特别是具有保底条款的委托理财合同,实际上投资风险是由受托人承担的。

最后,并非所有的委托理财合同都可定义为委托型委托理财合同。只有当双方当事人在合同中约定,由委托人自行开设账户并投入资金或购买证券资产后,将账户控制权委托受托人进行证券交易,受托人承诺支付回报,对超额投资收益约定由委托人和受托人按比例分成的情况才能称为委托型委托理财合同。这一类型的委托理财合同实质上是由受托人以委托人的名义对委托人的财产实施投资管理行为,由委托人承担投资管理行为的法律后果,包括收益和风险,其性质为委托合同,因而可以定义为"委托型"委托理财合同。

四十二、保证本息最低回报条款和保证本金不受损失条款的民间委托理财合同的效力如何认定?

关于保证本息最低回报条款和保证本金不受损失条款的民间委托理财合同,其法律效力如何认定,在审判实践中同样存在不同观点。

第一种观点认为,包括保证本息最低回报条款和保证本金不受损失条款的民间委托理财合同在内,只要是存在保底条款的,就应当认定其违背了民事法律行为所应当遵循的公平和等价有偿原则,保底条款所确定的权利义务严重不对等。通过保底条款来将投资风险全部转嫁给受托人,让受托人承担其行为不利后果,虽然来源于双方的意思自治,但由于其违反了委托代理制度的法定准则而当然不应得到保护,应当认定无效。

第二种观点认为,保证本息最低回报条款和保证本金不受损失条款的民间委托理财合同是当事人真实意思表示,并不违反法律的禁止性规定,应当认定为有效。

笔者倾向于第二种观点。

第一种观点之所以认定保底条款无效,还因为,从社会经济关系的角度来看,确认委托理财合同保底条款无效是利益平衡和价值补充的必然反映,保底条款违背最基本的经济规律和市场规则,将投资风险全部转移给受托方,不仅不能产生真正的激励和制约效果,而且只会助力非理性或者非法的行为产生。[①] 在笔者看来,尽管我国投资理财市场问题丛生,风险密布,强调国家的适度干预是必要的,但是,对于保证本息最低回报条款和保证本金不受损失条款的民间委托理财合同,国家不能过度干预,否则就侵害了私法自治的空间。

首先,认定民间理财合同保底条款有效比较符合委托人与受托人双方的最大利益,因为委托人对保底条款的信赖利益得到了保护,理财人也可以通过诚信度

[①] 参见刘文辉:《委托理财合同保底条款的法律效力》,载《郑州航空工业管理学院学报》(社会科学版)2007年第3期。

的增强招揽更多的理财业务。合理的信赖保护，是法秩序的必然要求。① 出于营利最大化的驱使，委托人与受托人共同缔结委托理财法律关系，皆出于真意表达，法院应尽可能尊重他们的自主行为，不轻易否定此类合同的效力。

其次，民间理财合同不同于专业的证券机构理财，证券公司属于风险投资，在委托理财合同中约定保底条款，承诺向委托人支付固定的收益，这种行为的实质是证券公司为招揽理财业务的不正当竞争行为。证券公司一旦接受全部风险，在投资证券市场时更容易倾向高风险、高收益的投资取向，甚至可能采取盲目的投机或违法行为以获取不正当利益，此种行为不仅增加投资风险，而且对资本市场和投资业本身造成冲击，危及证券市场秩序。而民间理财则不同，民间理财的委托人与受托人往往都是处于相对平等的地位，这与处于垄断地位的证券公司、保险公司与别无选择的消费者之间的关系是绝然不同的。在双方奉行意思自治的前提下，对形成的契约予以最大可能的保护，恰恰符合契约正义的目标。契约自由原则体现了经济的要求，是自由主义经济政策在法律上的直接翻译。② 那种认为契约自由只能建立在完全自由市场的假定基础之上的观点是不当的，恰恰相反，正是由于我们缺乏对市民社会意思自治保护的理念和传统，契约自由才愈发显得弥足珍贵，所以才更应当珍视维护契约自由的空间，而不应当动辄以国家干预为借口任意侵入私法自治的领地。

再次，通过保底条款将投资风险全部转嫁给受托人，让受托人承担其行为不利后果，从长远看，对受托人而言并没有什么不利后果。那种认为保底条款所确定的权利义务严重不对等，是对受托人权益的严重侵害的观点根本与现实不符。受托人虽然不是专业的证券公司，但也毕竟都是有着专业投资管理业务经验的服务类公司或自然人，他们希望运用自己的理财投资经验为他人谋取利润，为自己获得利益，而且委托理财合同中大多数都是受托人通过各种形式招徕顾客，希望能够得到他人的委托。很难设想，作为一个理性的经济人，明知自己不会营利甚至会亏本的情况下，还会反复游说他人委托自己理财。片面认为保底条款将投资风险全部转嫁给受托人，对受托人不公平的观点是站不住脚的。二者之间的理财合同并没有违反公平和等价有偿原则。

最后，保证本息最低回报条款和保证本金不受损失条款的民间委托理财合同并不违反法律规定，都属于受托人的保底承诺，改变了委托合同由委托人承担风险的基本特征。应当看到，民间委托理财合同并没有法律明确的禁止性规定，而这恰恰是司法实践中认定合同效力的最重要原因。因此，应当尊重委托理财合同当事人之间意思自治的产物。尽管现代民法有限地吸收了社会本位的思想，但是这绝不是以改变民法学中的个人权利本位理念为前提的，民法的基本出发点仍然

---

① 参见黄勤武、朱玲：《委托理财合同保底条款的效力认定》，载《福建政法管理干部学院学报》2007年第1期。

② 参见李永军：《合同法》，法律出版社2004年版，第37页。

定位于个人权利观念,否则民法将失去本应有的个性。① 另外,《合同法》对于委托人风险的承担仅是一个任意性规定,法律并不禁止民间委托合同当事人自由地安排他们之间的权利义务。

四十三、网络委托理财合同的履行地如何确定?

关于网上委托理财合同履行地的确定问题,实务中存在两种不同的观点。

第一种观点认为,委托合同履行地应当是办理委托事务的地点,即委托行为发生地。投资公司在办理委托事务时,均在其办公场所通过互联网对账户进行操作,其受委托实施的交易行为发生在办公场所,其办公场所所在地应为合同履行地。

第二种观点认为,受托人投资公司虽然办理委托事务时均在其办公场所通过互联网交易,但交易行为结果发生地也系合同履行地之一,该地人民法院对案件也有管辖权。如果以电脑操作地点作为合同履行地,容易造成合同履行地的不确定性,也容易造成让受托人任意选择管辖法院的现象。

笔者认为,便于当事人参加诉讼、便于人民法院行使审判权的"两便"原则是确定法院管辖权的基本原则。立法上关于管辖权的规定,都是基于"两便"原则的要求而作出的。《民事诉讼法》第23条规定,因合同纠纷提起的诉讼,由合同履行地或者被告住所地人民法院管辖。这条规定也应当符合"两便"原则的要求。以合同履行地来说,由合同履行地法院管辖,可能会使得当事人和法院的调查取证等活动更加便利,所以立法上才把合同履行地作为确定管辖的连结点予以规定。网上理财纠纷中,如果以上网行为地作为合同履行地,由于当事人上网的地点是可以随时变更的,可能就会造成一个合同纠纷案件由数个甚至数十个、数百个合同履行地法院管辖的混乱局面。如果当事人恶意地利用这一规则,更有可能造成当事人随意选择上网地点从而随意选择管辖法院这种严重混乱的后果。而理财账户所在地相对简单、明确,是作为规范管辖秩序的最佳选择。

最高人民法院(2009)民立他字第39号批复意见认为,合同履行地一般是指当事人履行合同约定义务的地点,委托理财合同属于双务合同,标的即委托理财账户中的款项,所以委托人将款项存入委托理财账户并将控制权交给受托人是履行其义务的行为。因此,委托理财账户的开设地可以作为合同履行地。②

需要注意的是,《民诉法解释》第20条将以信息网络方式订立的买卖合同,通过信息网络交付标的的,作出了以买受人住所地为合同履行地的规定。这一规定对于启发我们认定网络委托理财合同的履行地同样具有积极作用。根据《侵害信息网络传播权的规定》(法释〔2012〕20号)第2条的规定:"本规定所称信息网络,

---

① 参见张忠军:《金融监管法论——以银行法为中心的研究》,法律出版社1998年版,第15页。
② 参见王德荣:《委托网上理财合同履行地的确定》,载《人民司法》2009年第24期。

包括以计算机、电视机、固定电话机、移动电话机等电子设备为终端的计算机互联网、广播电视网、固定通信网、移动通信网等信息网络,以及向公众开放的局域网络。"通过上述媒介订立的买卖合同,均可视为通过互联网等信息网络形式订立的买卖合同。① 同样,通过上述媒介订立的委托理财合同,均可视为通过互联网等信息网络形式订立的委托理财合同。

  网络的虚拟性使得现实生活中的地域观念变得虚无,这就为确定网络理财行为的履行地增加了困难。现实中网络理财往往全部通过网上操作完成,这对确认合同履行地造成了困难。如果是跨国网络交易发生纠纷,还会涉及适用准据法的问题。就涉外民事纠纷而言,若交易双方并无管辖法院、仲裁地和准据法之约定,在我国原则规定原告可以依民事诉讼法相关规定向有管辖权的法院提起民事诉讼。因此,在法律、司法解释对网络理财行为的履行地问题没有明确规定的情况下,思考这个问题既要深入地探索立法本意,结合案件的实际情况,又要考虑现有类似司法解释的规定,以作出公平合理的利益衡量和司法选择。就此,关于网络理财合同履行地的确定,笔者认为,在当事人对于网络委托理财合同履行地没有约定或者约定不明的情况下,委托理财账户的开设地可以作为合同履行地;另外,还可以参照《民诉法解释》第 20 条关于以信息网络方式订立的买卖合同确定履行地的规定,以委托人住所地作为合同履行地。

---

  ① 参见沈德咏主编、最高人民法院修改后民事诉讼法贯彻实施工作领导小组编著:《最高人民法院民事诉讼法司法解释理解与适用》(上),人民法院出版社 2015 年版,第 159 页。

第五章　民间借贷事实认定

一、民间借贷案件中欠条与借条有何实质性区别？

在民间借贷纠纷中，一些借款人出具的是"欠条"，有的借款人则出具的是"借条"。出借人往往对此不太注意，实务中更重视的是"欠条"或"借条"的内容。对于"欠条"和"借条"是否有实质性区别，实务中有三种不同看法。

第一种观点认为，"欠条"与"借条"并无本质上的区别，都是借款人向出借人出具的、用于证明借贷法律关系存在的书面证据。

第二种观点认为，"欠条"与"借条"有一定区别，"欠条"表明借款人所欠的款项，但并不能表明借款人所借款项，尤其是借款人偿还了部分借款，双方重新出具新的书面证明时，使用"欠条"表明借款人尚欠的款项；而"借条"则表明借款人借的款项总额。

第三种观点认为，"欠条"与"借条"是两个不同的法律概念，二者有实质性区别。

笔者赞同第三种观点。

"欠条"与"借条"是两个完全不同的概念。二者至少在以下方面存在重要区别：

1. 产生的原因不同。借条主要是因借款而产生的；而欠条产生的原因是多种多样的，任何能以金钱为给付内容的债权关系都能产生欠条。

2. 法律效力不同。借条本身反映出借贷双方的借款合同关系，出借人已履行了借款合同中的"出借"义务，借款人有按约定返还借款的义务。如果借款人不守诚信，不履行返还借款义务，出借人可以凭着"借条"起诉到人民法院，请求人民法院判令借款人返还借款。此时，"借条"就成了借贷纠纷案件中最重要的证据，而且证明力较强。由于通过借条本身较易于识别和认定当事人之间存在的借款事实，借条持有人一般只需要向法院陈述借款的事实，无须对债发生的原因进行举证，其诉讼请求就会得到人民法院的支持。欠条形成的原因可以基于多种事实而产生，借钱只是其中一种形成的原因，不是形成的唯一原因。当欠条持有人凭欠条向法院起诉时，还必须向法官陈述欠款形成的事实，如果对方否认，欠条持有人须进一步证明存在欠条形成的事实,否则法院很可能不予支持。如果是违法的欠款将得不到法院的支持,比如由于赌博、贩毒等理由打下的欠条,法院就不会支持返还欠款的请求。

3. 性质不同。借条反映的是当事人之间借款合同关系,借条本身是借款合同的凭证,每一个借条背后都是一个借款合同;而欠条则是当事人之间的一个结算结果,反映的是当事人之间单纯的债权债务关系。

4. 诉讼时效不同。借条诉讼时效的起算点有三种情况。第一种情况,注明了还款期限的"借条"。如果借款人在约定的还款期限内没有还清借款,按照《民法通则》第135条的规定,诉讼时效期间从其注明的还款期限之次日起开始计算,期限为2年。第二种情况,没有注明还款期限的"借条"。根据《民法通则》第88条第2款第(二)项的规定,"履行期限不明确的,债务人可以随时向债权人履行义务,债权人也可以随时要求债务人履行义务"。第三种情况,超过诉讼时效期间借款人在催款通知单上签字或者盖章的欠条,视为对原债务的重新确认,该债权债务关系受法律保护。① 欠条的诉讼时效也有两种情况。一是约定的履行期限届满,债务人未履行债务,出具没有还款日期的欠条。根据《民法通则》第140条的规定,对此应认定诉讼时效中断。如果债权人在诉讼时效中断后一直未主张权利,诉讼时效期间则应从债权人收到债务人所写欠条之日的第二天开始重新计算,期限为2年。这是因为在债务人出具欠条时,债权人就已经知道自己的权利受到了侵害,故债权人应当在欠条出具之次日起2年内向人民法院浅述借条与欠条的界定主张权利。② 二是未约定合同履行期限,债务人未履行债务,出具没有还款日期的欠条,诉讼时效期间应从债权人向债务人主张权利时起算。因为没有约定履行期限,债务人可以随时向债权人履行义务,债权人也可以随时要求债务人履行义务,债权人要求债务人履行义务之时,就是向债务人主张权利之时,诉讼时效中断。当然,如有证据证明欠条是借贷关系的凭证,也可以作为借条来认定。

5. 证明力不同。举证时,借条持有人一般还需要举证出借了借条中载明的款项的事实和证据;而欠条持有人只需要陈述欠条形成的事实。这是两者的一个重要区别。

二、收条的法律性质及其诉讼时效期间应当如何认定?

收条,是指出条人向持条人出具的表明自己已收到对方一定数额金钱或财物

---

① 参见董达:《浅述借条与欠条的界定》,载《法制与经济》2012年总第308期。

② 对此,《最高人民法院关于债务人在约定的期限届满后未履行债务而出具没有还款日期的欠款条诉讼时效期间应当从何时开始计算问题的批复》中指出:"双方当事人原约定供方交货后,需立即付款,需方收货后无款可付,经供方同意写了没有还款日期的欠款条,根据民法通则第140条的规定,对此应认定诉讼时效的中断。如果供方在诉讼时效中断后一直未主张权利,诉讼时效期间则应从供方收到需方所写的欠款条之日的第二天开始重新计算。"

的法律证明文书。根据收条所载明的对象不同,收条同样可以分为金钱收据和财物收据。从属性上看,收条是当事人之间基于一定民事关系开展民事交易活动的财务书面凭证,可以在一定程度上反映当事人之间的债权债务关系,但并不能据此必然推论出双方的债权债务关系,更非债权文书本身。也即,收条并不能当然地证明交接双方的债权债务关系①,它只是表明当事人交易履行状况的一种结算凭证。

就法律性质而言,收条是一种履行凭证,其本身只能证明收条持有人履行了某种给付行为这一客观事实,不能证明给付行为发生的原因、性质以及法律后果。(1)收条本身不能证明给付行为发生的原因。现实中,交易双方发生的给付行为的原因有很多,仅货币就有货款、还款、借款、捐款、赔偿款、代收款等各种可能,而不同的给付原因所产生的法律性质、后果也不相同。(2)收条本身不能证明给付行为的法律性质。不同的给付原因体现了不同的法律性质:货款体现了买卖关系;借款体现了借贷关系;还款体现了欠款关系;捐款体现了赠与关系;赔偿款体现了民事侵权关系;代收款体现了委托关系。不同的法律关系在诉讼中所产生的请求权是不相同的,举证责任也不尽相同,法院审理的思路和途径也不相同,裁判结果也可能会完全不同。(3)收条本身不能证明给付行为所产生的法律后果。收到借款的法律后果是债的产生;收到货款、还款、赔偿款的法律后果是债的消灭;收到代收款的法律后果是收条持有人与他人之间形成法律关系。在民间借贷纠纷案件中,收条有多大的证明力,应当结合其他证据才能发挥作用。

在计算该收条所反映的债权之诉讼时效期间时,并不能从该收条所载内容本身寻求依据,而只能从收条赖以存在的基础法律关系(如合同关系)中去探找根据,或者说应当依据其基础法律关系之整体履行状况来确定债权人行使债权的诉讼时效期间。

三、没有借条或者借据的民间借贷纠纷,当事人起诉到法院的应当如何处理?

发生在亲朋好友之间的民间借贷,由于彼此关系较为密切,尤其是在农村更加重视亲情、血缘关系,因此出于信任或碍于情面,有的民间借贷关系往往是以口头协议的形式订立,无任何书面证据。一旦借款人矢口否认,出借人就会因此拿不出证据而陷入"空口无凭"的尴尬境地。

司法实践中,对于既没有书面借据也无借款支付事实依据的纠纷,人民法院能否受理存在一定争议。根据《民事诉讼法》第119条的规定,对于原告主体资格适格、被告明确、诉讼请求具体、属于法院受理案件范围且受诉法院管辖的案件,人民法院应当立案受理。民事诉讼证据的形式与种类有多种,如言词证据、书面

---

① 参见蔡晓明:《民间借贷纠纷案件处理的思路新探》,载《法律适用》2014年第6期。

证据等,司法实践中可以要求原告提供书面说明,视为言词证据予以立案。

四、原告仅凭借条而无其他证据提起诉讼的民间借贷案件,借条的证据效力如何把握?

民间借贷案件当事人之间由于借贷关系发生前存在某种信赖关系,往往不签订书面的民间借贷合同,有的借款人只给出借人出具一张借条,并且成为现今生活中的常态。一旦双方之间产生矛盾,彼此关系恶化,借款人很可能矢口否认,出借人往往只有一张借条作为唯一的证据。在这种情况下,如何对借条的证据进行认定,进而对借贷关系的成立与否作出评判,这对案件的处理结局和走向起到决定性的作用。目前,对于借条在民间借贷案件中的证据效力主要有以下几种观点:

第一种观点认为,借条是书证,在必要时也可以成为物证,根据最高人民法院《民事诉讼证据规定》第70条的规定,借条效力优于其他的证据,有完全证明力。况且根据一般生活常识,如果双方不存在事实上的借贷关系,借款人也不会随便给借条持有人出具借条,在借款人没有相反的证据足以推翻借条效力的前提下,借条应当能够直接证明双方当事人借贷关系成立。因此,除非对方当事人没有确凿的、相反的证据足以推翻借条所记载的内容,否则,借条持有人(原告)请求出具借条的借款人(被告)归还借款的诉讼请求一般应得到支持。

第二种观点认为,民间借贷合同是实践性合同,要证明借贷关系的成立,不能仅凭一张借条就加以认定双方之间的借贷关系成立。出借人要证明民间借贷合同成立与生效,除了提供借条这一直接证据之外,还要证明其确已支付了借款。因为现实中存在很多借款人已经还款但没有要回借条的情况,也有出具了借条但并未获得款项的情况,甚至还存在被强迫打借条等特殊情况。单凭一张借条并不能证明借贷关系的成立,原告没有完成举证责任。如果被告否认并且提供了足以怀疑借贷关系存在的证据,人民法院应当驳回原告的诉讼请求。

第三种观点认为,原告主张以现金支付的方式出借款项,除借条之外,不能提供其他证据证明存在借贷关系,被告否认,经审查无法认定借贷关系是否存在,对于数额较小的借贷,出借人作出合理解释的,一般视为债权人已经完成证明责任,可以认定借贷事实存在;对于数额较大的现金支付,人民法院可以要求出借人本人、法人或者其他组织的有关经办人员到庭,陈述款项现金交付的原因、时间、地点、款项来源、用途等具体事实和经过,并接受对方当事人的质询和法庭的询问。无正当理由拒不到庭的,应承担相应的法律后果,应当驳回原告的诉讼请求。至于数额大小的判断,由法官根据各地经济发展水平予以确定。

对于本问题,笔者试图从以下几个方面展开阐释。

(一) 被告抗辩主张已经偿还借款的

当事人之间的民间借贷合同的成立与生效包括两个要素:一个要素是双方形

成了借贷的合意,也就是以书面为载体或者通过口头形式表现出的民间借贷合同,这个合同起到了证明双方就借贷事项达成了一致意见;另一个要素是出借人支付了款项,出借人支付款项的行为意味着其完成了出借款项的义务。这两个要素必须同时存在、缺一不可。

发生在自然人之间的民间借贷合同的性质是实践性合同,民间借贷合同的生效应当以出借人给付钱款为条件。作为自然人的原告起诉作为自然人的被告,要求被告承担还款责任,原告仅仅依据借条尚未完成举证责任。因为原告提起民间借贷纠纷诉讼,是要以民间借贷合同的成立并生效为前提,而民间借贷合同的生效的举证责任,显然应当由作为原告的出借人承担。按照《民诉法解释》第91条第1项的规定,"主张法律关系存在的当事人,应当对产生该法律关系的基本事实承担举证证明责任"。就自然人之间民间借贷法律关系的基本事实而言,如上所述,包含两个基本要素,这两个要素不仅是证明合同生效不可或缺的条件,也是出借人诉讼请求能够获得支持的重要法律依据。因此,就自然人之间的民间借贷合同,出借人提起诉讼主张借款人承担还款责任,除了要证明其与借款人之间存在着借贷的合意之外,还负有证明出借人履行了"提供借款"的义务,只有出借人履行了这一义务,才能转化为其向借款人请求还款的权利。就此而言,出借人应当对其履行了"提供借款"的行为承担举证责任。

但是,这里不能忽视一个问题。如果被告主张,虽然借条仍然在原告处,但其已经偿还借款。笔者认为,被告的这种抗辩就会产生两个法律效果:一是等于被告承认了借贷关系确已发生,被告曾经收到过原告支付的借款,这也意味着原告可以不必再为借贷关系的成立负举证责任;二是被告对其已经偿还借款的抗辩主张,应当提供证据证明。

1. 如果被告提供了证据,证明其确已还款,则原告负有举证证明借贷关系仍然成立的责任。也就是说,原告要举证证明,被告还款并不是偿还所起诉的该笔借款;或者举证证明被告根本没有还过款;或者举证证明被告还款远远不够本息金额;等等。

2. 如果被告仅抗辩主张其已经还款,但又提供不出其他证据证明,被告的主张因为缺乏证据证明,此时法官的内心确信往往会向原告倾斜。在这种情况下,一般可以认定双方之间借贷关系成立并生效,被告尚未还款。但是,人民法院还是应当注意要结合借贷金额、款项交付、当事人的经济能力、当地或者当事人的交易方式、交易习惯、当事人财产变动情况以及证人证言等事实和因素,综合判断查证民间借贷是否真实发生,防止虚假诉讼。

(二)被告抗辩借贷事实未发生的

作为出借人的原告只提供了借条而无其他证据,在此情况下,被告若抗辩借贷事实未发生,比如,未收到原告支付的款项、原告不同意出借款项,等等。对此,由于借条乃由被告所书写,那么作为被告的借款人应当向法庭说明,为何会在原告未提供借款的情况下仍然出具借据。如果被告的说明、抗辩或者反证足以对款项支付的真实性引起合理怀疑，则应当再由原告进行举证，以证明款项已经支付给被告。

这是因为，借条仅仅是形成借贷合意的表征，但绝非是借贷行为已经发生和履行的天然最佳证明。根据《民诉法解释》第90条的规定："当事人对自己提出的诉讼请求所依据的事实或者反驳对方诉讼请求所依据的事实，应当提供证据加以证明，但法律另有规定的除外。在作出判决前，当事人未能提供证据或者证据不足以证明其事实主张的，由负有举证证明责任的当事人承担不利的后果。"[1]就此而言，出借人仅提供了借贷凭证——借条，基本可以认定两个事实：一是双方之间达成了借贷合意；二是民间借贷合同成立并生效（自然人之间的除外，因为自然人之间是实践性合同）。但对于合同一方当事人是否按约履行了合同，譬如，出借人是否提供了借款，应当由履行合同一方当事人举证证明。因此，出借人仅提供借条但未提供交付款项证据的，还应将举证责任分配给主张协议已实际履行的出借人[2]，出借人应当就履行了"提供借款"的义务承担举证责任。只有如此，才能获得向被告主张返还借款的实体权利。

也有人认为，一般情况下，借款人给出借人出具借条，往往都是收到了款项之后才出具，如果没有收到所借的款项，借款人断然不会为出借人出具借条，这已经成为墨守成规的民间交易常识，或者说已经成为一种无可厚非的寻常习惯。然而，我们不能忽略的事实是，近年来全国各级各地法院受理的大量民间借贷案件中，借条产生的原因形形色色、五花八门：有的借条载明的借款本金中既包括借款又包括其他基础法律关系产生的债权；有的是为受托办理入学、工作等事项不成，将收取的委托办理事项费用转而写成借款；有的是因赌博欠债出具借条[3]；有的是被逼迫威胁而写借条，事后又向公安报案或者干脆不报案；有的虽然出具了借条但实际上根本未得到借款；有的是因为感情的原因出具的欠条；有的已经偿还了借款但却忘记收回借条；等等。实践中还出现制式性借条，即借条均由出借人事

---

[1] 应当注意的是，《民诉法解释》第90条的规定在表述和内容上与《民事诉讼证据规定》第2条有所不同。《民事诉讼证据规定》第2条规定："当事人对自己提出的诉讼请求所依据的事实或者反驳对方诉讼请求所依据的事实负有责任提供证据加以证明。没有证据或者证据不足以证明当事人的事实主张的，由负有举证责任的当事人承担不利后果。"二者的区别：一是《民诉法解释》第90条将"谁主张、谁举证"这一证据分配规则作了限定，即法律另有规定的除外，从而为举证责任倒置以及人民法院公平分配举证责任提供了法律依据；二是将未能提供证据限定在"作出判决前"，这主要是为了在审判实践中贯彻2012年修正的《民事诉讼法》第65条的规定："当事人对自己提出的主张应当及时提供证据。人民法院根据当事人的主张和案件审理情况，确定当事人应当提供的证据及其期限。……当事人逾期提供证据的，人民法院应当责令其说明理由……"

[2] 参见杜万华、韩延斌、张颖新等：《建立和完善我国民间借贷法律规制的报告》，载《人民司法·应用》2012年第9期。

[3] 参见朱敏、吴克坤：《关于民间借贷纠纷案件的司法建议》，载《人民司法·应用》2011年第23期。

先统一印制提供给借款人,借款人不能随意更改借条的内容,只在借条上签字确认即可。制式借条的用词造句一般都很严谨,本金、利息的表述均严格依照法律的规定。此外,出借人还与借款人之间定期结算,签订结算协议、还款协议等书面文件,用以佐证借条内容的真实性。因此,一旦出借人以借条为据要求还款,借款人以借条本金包含隐性高息抗辩时,法院很难查证出借本金的实际数额。① 诸如此类情形在当下的现实中不胜枚举。因此,不能认为被告只要出具了借条就意味着其获得了借款,更不能将之认定为习惯。退一步而言,即便算做一种习惯,然而,法律规则优先于习惯应用,习惯只是在法律没有规定的情况下才可以作为裁判的参考依据,法律对举证责任已具明文的,不能以交易习惯作为认定事实和证据分配的参照或准则。

还需要提及的是,除双方均为自然人之外的其他民间借贷合同,从属性上看都应归类于双务合同。双务合同中,当事人所负的给付义务不是独立存在的,而是具有牵连性,亦即目的性的相互依赖性。② 民间借贷合同存在着两个给付行为:出借人支付款项和借款人偿还借款。这两个给付行为实际上是有前后顺序而非互为因果的。出借人首先要支付款项,之后借款人才能偿还借款。如若出借人没有提供款项,则借款人即保有合同法中的先履行抗辩权。故此,出借人欲要求借款人偿还借款,必须先证明自己已经履行了合同约定的义务。

(三) 被告不抗辩的

人民法院审理的民间借贷案件中,有的被告根本就不抗辩,而是直接认可借款事实实际发生,但却没有钱偿还;或者有的被告干脆不出庭。需要注意的是,按照《民诉法解释》第110条的规定,人民法院认为有必要的,可以要求当事人本人到庭,就案件有关事实接受询问。在询问当事人之前,可以要求其签署保证书。以下分两种情况讨论。

1. 被告直接认可借款事实已经发生的。按照《民诉法解释》第92条第1款的规定,一方当事人在法庭审理中,或者在起诉状、答辩状、代理词等书面材料中,对于己不利的事实明确表示承认的,另一方当事人无需举证证明。这是关于自认的规定。一般而言,被告自认后,免除了原告的举证责任。但是,自认并不意味着原告举证责任的结束,并不意味着法院可以根据自认而确定案件事实。如果法院在审理过程中发现案件有疑点或者产生合理怀疑的,仍然负有继续查明案件事实真相的义务。也就是说,自认的事实并不一定就是案件事实。正因为如此,《民诉法解释》第92条第3款才规定:"自认的事实与查明的事实不符的,人民法院不予确认。"在审理过程中,人民法院应当分别要求原告和被告对借款的事实经过予以陈

---

① 参见关情:《民间借贷大额现金交付案件的审理思路——以江苏省高级人民法院审理民间借贷案件会议纪要为研究蓝本》,载王利明主编:《判解研究》2013年第1辑(总第63辑),人民法院出版社2013年版,第170页。

② 参见张金海:《论双务合同中给付义务的牵连性》,载《法律科学》2013年第2期。

述,尤其是对原告支付了款项的事实作重点审查。毕竟,原告提起了民间借贷诉讼,原告应当对民间借贷法律关系的存在承担举证责任。如果经审查,合理怀疑无法排除的,或者说无法达到对待证事实是否存在的内心确信程度的,人民法院应当根据《民诉法解释》第108条关于高度盖然性证明标准的规定,对原告主张的事实不予认定。

2. 被告根本不出庭的。被告因为种种原因拒不到庭,导致案件事实无法查清的,人民法院可以援引《民事诉讼法》第174条的规定,对被告实行拘传。需要注意的是,被告未到庭,或者经法庭传唤无正当理由拒不到庭的,此时,人民法院仍然要查明借贷案件事实。如果经查证借贷事实确已发生,被告确未还款的,则应当判决被告承担实体责任;但如果经查证借贷事实确未发生,或者借贷事实是否发生真伪不明,则应当判决驳回原告的诉讼请求,绝不能因为被告拒不到庭就理所当然地让其承担败诉的后果。

五、能否以借贷数额大小作为区分证明责任的标准?

在2015年8月最高人民法院出台《民间借贷规定》之前,各地人民法院根据当地民间借贷纠纷案件的实际,出台了若干具有指导意义的政策意见,为审理大量此类案件提供了很好的规范指引。对于这一问题,许多高级人民法院在审理民间借贷案件中形成了一个习惯性操作或处理规则,以数额大小作为区分对待的分水岭。即对于传统的数额较小的民间借贷案件,如果出借人主张是现金交付,但除了借条又没有其他证据的,出借人提供借条并能作出合理解释的,可以认定交付借款事实存在,一般可视为其已完成了举证责任。① 这是由于民间传统借贷的交易习惯和具有的救急功能决定的,在借款人没有相反证据可以推翻的情况下,按照交易习惯,就可以认定借款事实存在②,借款人应当还款。对于数额较大的案件,出借人必须提供已经交付款项的证据。然而,对于此种习之惯常且行之有效的做法,笔者不敢完全苟同。

笔者认为,根据数额大小作为区分的标准没有正当性,尽管这种做法发生在

---

① 如浙江省高级人民法院《关于审理民间借贷纠纷案件若干问题的指导意见》(浙高法[2009] 297号)第17条规定:"……法院应当根据现金交付的金额大小、出借人的支付能力、当地或者当事人之间的交易方式、交易习惯以及借贷双方的亲疏关系等诸因素,结合当事人本人的陈述和庭审言辞辩论情况以及提供的其他间接证据,依据民事诉讼高度盖然性的证明标准,运用逻辑推理、日常生活常理等,综合审查判断借贷事实是否真实发生。必要时,法院可以依职权进行调查取证。对金额较小的现金交付,出借人作出合理解释的,一般视为债权人已经完成行为意义上的证明责任,可以认定借贷事实存在。对于金额大小的界定,鉴于本省各地经济发展状况、出借人个体经济能力存在差异,可由法官根据个案具体情况裁量。"上海市高级人民法院《关于审理民间借贷合同纠纷案件若干意见》(沪高法民一[2007]第18号)、江苏省南京市中级人民法院《关于审理民间借贷纠纷案件若干问题的指导意见》(2010年10月6日)也作了类似规定。

② 参见蔡晓明:《民间借贷纠纷案件处理的思路新探》,载《法律适用》2014年第6期。

当事人之间身份较为亲密且出借人具有支付能力的情形下更具有说服力,甚至与当地交易习惯直接关联,但这种做法明显违背了法律的规定。因为决定法院是否驳回原告的诉讼请求,依据的是原告主张的民间借贷是否真实存在,而不取决于借贷的量。① 出借人对于已经出借款项的事实负有举证责任,这一责任不因数额较小就可以免除。并且,以借贷金额的大小作为划分举证责任的界限不仅没有法律根据,而且也不具备现实意义。数额的大小是相对的,以5万元为例,对于不同地区,有的地方认为5万元为较大数额,但较为发达的地区则不这样认为;即使对于同一地区不同的人,5万元同样会有大数额和小数额的不同认识。因此,以借贷金额大小作为区别或者划分举证责任的标准有失公允,其操作性并不强,而且容易导致产生相同案件结果不同的窘境。或者正因为如此,有的法院尝试规定不能仅以数额大小来确定举证责任的分配和相应证明力②,这种做法无疑值得借鉴。

另外,出借人仅凭借条起诉,按照某些法院的做法,对于数额较小的案件,只要出借人作出合理解释即可认定其借贷事实存在,并认为,这种"合理解释"同样是在证明"已提供借款"。也就是说,当事人在运用民事诉讼法规定的"当事人的陈述"这一证据种类来对自己的主张加以证明。对于案件审理而言,当事人的陈述是查明案件事实的一个线索,应当给予重视,但还应当注意到,双方当事人在案件中处于对立地位,他们之间存在利害冲突,可能会夸大、缩小甚至歪曲事实。③ 所以,人民法院审理民间借贷案件时,对于当事人的陈述应当客观地对待,只有把当事人的陈述和案件的其他证据结合起来,综合研究审查,才能确定其是否可以作为认定事实的根据。

六、借条被撕毁后又重新粘贴的,能否作为原告提起诉讼的证据?

司法实践中,撕毁借条的情形比较普遍,但被撕毁的原因却有很多,实务中主要是出于借款人已经还款因而撕掉借条;也有的是借款人从出借人处把借条抢夺过来撕毁,意欲逃脱债务。不论撕毁借条的原因为何,这里需要讨论的问题是,借条被撕毁后又重新粘贴的,能否作为原告提起诉讼的证据?

原告提交的借条系撕掉后重新粘贴的,一方面,如果粘贴后的借条基本完整,

---

① 参见王林清、陈永强:《民间借贷的事实审查与举证责任分配之法理》,载《政治与法律》2013年第12期。

② 例如,安徽省高级人民法院《关于审理民间借贷纠纷案件若干问题的指导意见》(皖高法〔2013〕470号)第13条规定:"出借人主张现金支付的,应当提供相应的证据予以证明。人民法院应当根据借贷金额大小、款项交付、出借人的经济能力、交易细节、交易习惯、出借人与借款人的关系亲疏程度等因素,综合判断借贷事实是否发生。"浙江省高级人民法院《关于审理民间借贷纠纷案件若干问题的指导意见》(浙高法〔2009〕297号)第14条、第16条也规定,对于借据有异议的,人民法院应当根据双方提供的有效证据,结合案件的其他证据及相关情况,对借据的真实性进行综合审查判断。

③ 全国人大常委会法制工作委员会民法室编著:《〈中华人民共和国民事诉讼法〉释解与适用》,人民法院出版社2012年版,第93页。

法律并没有规定被撕掉后重新粘贴而成的单据不能作为主张权利的依据,另一方面,原告提交的借条是以其文字记载的思想内容来证明民事案件真实情况的证据,而且又是原件,属于书证。因此,原告以此作为主张存在借贷合意的证据是可以的。但是,原告欲主张被告偿还借款,原告仍然还需要先对其已经提供了款项承担举证责任。

被告如果主张撕掉借条即意味着已经偿还借款,虽然该项主张在现实中不乏实例,许多民间借贷的借款人偿还了借款后都是将借条收回时撕掉,但是,这一主张并不能完全证明其已偿还借款,尤其是原告不认可的情形下,被告尚需提供其他证据佐证其已还款。

原告持撕掉后重新粘贴的借条起诉,并提供了其他已支付款项给借款人的证据,被告主张因偿还了借款所以将借条收回后撕掉,且也提供了其他已偿还借款的证据,此种情况下,应当依据《民事诉讼证据规定》第73条的规定,双方当事人对同一事实分别举出相反的证据,但都没有足够的依据否定对方证据的,人民法院应当结合案件情况,判断一方提供证据的证明力是否明显大于另一方提供证据的证明力,并对证明力较大的证据予以确认。

近年来,民间借贷纠纷日益增多,在此类纠纷中,借条或借据是证明双方存在借贷合意的最直接、最有力的证据。作为民间借贷的当事人,在借款的时候,出借人应要求借款人及时出具借条或借据,并且在借条上注明借款金额、还款期限及利息等基本情况;同时,在偿还借款本息过程中,借款人应要求出借人及时出具收据,或者将还款情况在借条借据上注明,并由出借人签名,防止日后产生不必要的麻烦。另一方面,要提高对借条借据重要性的认识,既要妥善保管好借条借据,防止借条借据灭失或者损毁,也不能随意将借条借据交由他人,防止借条借据被当事人或者他人撕毁导致举证困难①,避免造成因证据保管欠当而承担不利的法律后果。

七、如何强化民间借贷举证证明责任的分配规则?

与传统的民间借贷相比,当前的民间借贷无论是在形式上还是在内容上都已发生了很多深刻变革,当事人借贷的目的绝大多数具有营利性,相应的,其风险意识理应较强。当事人主张是现金交付,但除了借条没有其他相关证据的,人民法院应当责令其提供能够证明其已交付款项的间接证据,同时,还需要进一步审查出借人的经济实力、债权人与债务人之间的关系以及交易习惯等因素,并运用逻辑推理,合理判断借贷事实是否真实发生。还应当重视的是,人民法院在必要时应当传唤出借人、借款人本人到庭(当事人是法人或者其他组织的,则由其具体经

---

① 参见黄鹤庆、杨如龙:《民间借贷纠纷中撕毁重贴借条的证据效力》,载《人民司法·案例》2012年第8期。

办人员到庭),详细陈述款项、现金交付的原因、时间、地点、支付方式、钱款用途等具体事实和经过,并接受对方当事人和法庭的询问。在认定交易习惯时,不仅要充分考虑行业的特点、社会风俗习惯,还要顾及借贷的目的和当事人之间的习惯性做法等因素,而绝不能贸然地将借条作为出借人已提供款项的当然证据、充分证据。对于应当出庭而没有正当理由拒不出庭说明情况的,人民法院在现有证据无法查清案件事实的情况下,应当对未出庭一方赋予其不利的法律后果。为此,《民诉法解释》第110条第3款规定:"负有举证证明责任的当事人拒绝到庭、拒绝接受询问或者拒绝签署保证书,待证事实又欠缺其他证据证明的,人民法院对其主张的事实不予认定。"审判实践中,应当很好地运用这一规定,切实发挥出该规定的应有作用。

笔者认为,民间借贷案件的审理应当作出一体化规定,切实统一裁判规则和法律后果,也有利于增强当事人对自己行为后果的先知先觉,有利于增强其行为的可预见性。出借人除了提供借条这一直接证据之外,还要证明其确已支付了借款,仅凭一张借条并不能证明出借人已经"提供了款项",应当认定其并未完成举证责任。而不应完全依赖法官的初步判断和内心确信,对于出借人主张的借款事实是否具有不可排除的合理怀疑。应当清醒地认识到,这种所谓的"合理怀疑"因其主观性太强而易误入因人而异的区域,容易导致裁判规则适用标准的极不统一,反而影响了法律实施的效果。

八、原告仅凭转款凭证而无其他证据提起民间借贷纠纷的,转账凭证的证据效力如何把握?

原告仅凭转账凭证提起诉讼,但没有借贷合意的证明,如何处理此类民间借贷纠纷案件?审判实践中,此类问题较为普遍,但观点不一。

第一种观点认为,原告仅依据金融机构划款凭证提起诉讼的,应看被告如何答辩。如果被告辩称划款系原告偿还双方以前的借款且借条已经灭失,被告应当对其抗辩主张承担举证责任。被告提供了相应证据证明其主张的,则借贷关系成立的举证责任由原告承担。

第二种观点认为,原告仅依据金融机构划款凭证提起诉讼的,又无其他证据佐证,则原告本人应当到庭陈述相关事实。如果原告本人又拒不到庭陈述,法院根据孤证又不能认定当事人所诉借款是否真实发生,其诉请缺乏法律依据,就应当承担不利的法律后果。

第三种观点认为,一般情况下,原告应当承担败诉的法律后果。但在司法实践中,要考虑到当事人在民事案件举证活动中举证的能力、举证的难易程度及举证的可能性等实际情况,而不应一概而论,需要对各种情况进行具体的区分。

笔者认为,在处理民间借贷纠纷案件的审判实践中,难度较大的往往是对借款事实的认定,而非法律关系的定性。如当事人就相关借款事实发生争议,则需要依据有关证据规则,对当事人提供的证据加以综合分析判定。回答本题的思路同上一问题。

尽管原告提供了银行划款凭证,划款凭证能够证明原告通过银行向被告支付了款项,然而,支付款项可以基于不同的原因,因而也会体现出不同的法律性质:给付货款体现的是买卖关系;提供借款体现的是借贷关系;交付捐款体现的是赠与关系;支付赔偿款体现的是民事侵权关系;等等。仅仅有银行的划款凭证,并不能证明双方之间存在借贷法律关系。[①]

(一) 被告抗辩的

答辩权是在民事诉讼中处于防御地位的当事人为维护自己的权益所享有的一项反击和防御对方当事人的诉讼权利。[②] 答辩权也可以称之为抗辩权,其权利来源于当事人的辩论权。被告可以对原告的主张予以反驳,按照《民诉法解释》第90条的规定,被告反驳原告诉讼请求所依据的事实,也应当提供相应的证据加以证明。然而,被告的反驳并不意味着原告举证责任的减轻或者免除,原告仍然负有对双方之间成立民间借贷法律关系提供证据加以证明的义务。被告反驳原告主张提供的证据,可以作为人民法院认定案件事实的依据。

1. 被告抗辩主张已经偿还借款的。被告应当对其主张提供证据证明。如果被告提供了证据证明其已经偿还借款,原告仍然负有提供证据证明借贷关系存在的责任。

2. 被告抗辩称划款系原告偿还双方之前借款或者其他债务。被告应当对其主张提供证据证明。被告提供相应证据证明其主张后,原告仍应就借贷关系的成立承担举证证明责任。如果不能提供相应证据证明其主张,或者虽然提供但不足以证明其主张的,人民法院仍然要在查明案件基本事实的基础上,通过内心确信借贷事实已经发生,则判决被告承担不利的法律后果。

(二) 被告不抗辩的

1. 被告直接认可借款事实已经发生的。

2. 被告根本不出庭的。

这两方面的处理与上题的内容相同,此处不再赘述。

九、借款协议、借条、欠条和收条的相互关系及运用如何把握?

借款协议、借条、欠条和收条都是表示当事人意思自治确定合同法律关系的书面凭证,都能在不同程度上证明某种法律事实和法律关系的存在。虽然在证据

[①] 当然,如果转账凭证本身记载了转账的原因是支付给被告所借的款项,则该转账凭证不仅证明了存在借贷合意,而且原告还支付了所借款项,原告已经完成了举证责任。但这种情况不在本问题讨论之列。

[②] 参见谷现海、周黄河:《民事诉讼中的被告提交答辩状的法律性质》,载《郑州航空工业管理学院学报》(社会科学版)2003年第3期第22卷。

的证明力方面有所不同,但它们之间存在着相互联系,譬如,借条中包含有借款协议;借款属于欠款,但欠款不一定是借款;收条有可能是借款,也有可能是还款;等等。在民间借贷纠纷案件中,借款协议、借条、欠条和收条可能不是孤立的,有时一个民间借贷法律关系中会同时出现借款协议、借条、欠条和收条这些证据相互交织的情况。人民法院会在不同情形下对案件事实作出不同的认定,并据此作出不同的裁判。

第一,债权人同时持有借款协议和收条。借款协议是证明双方当事人借贷合意的凭证,收条是款项给付的履行凭证。在有借款协议的前提下,收条能起到三个证明作用:一是双方的法律关系是借贷关系;二是双方的借款事实已经发生;三是债权人的合同义务已履行完毕。此时,收条就是债权人的债权凭证。

第二,债权人持有借条或欠条,债务人持有收条。虽然借条与欠条在证明基础事实方面有着不同的证明力,但它们相同之处是都能证明双方存在债权债务关系。当收条与借条、欠条相对立时,收条的证明作用是:一是债务人已经履行了给付义务;二是债权人的债权可以抵销。此时,收条就成为债务人履行义务的凭证。

第三,一方当事人持有借条,另一方当事人持有欠条。借条是借贷关系的权利凭证,欠条是债权债务关系的权利凭证,当借条与欠条对立时,虽然两者形成的原因可能不同,但在债务履行方式上都是给付货币,双方互享债权,互负债务,种类相同,依照法律规定可以相互抵销。

十、原告仅提供银行划款凭证,法院向其释明,由于债务是因其他法律关系引起,应当变更诉讼请求和理由。原告坚持不变更的,人民法院应当如何处理?

作为债权人的原告仅仅提供银行划款凭证,如果经法院查证,能够查明双方之间确实存在借贷关系的,按照民间借贷纠纷审理;但如果查明债务确系因其他法律关系引起的,人民法院应当向原告释明,由原告(债权人)变更诉讼请求和理由后,按照其他法律关系审理。

但这里有一个问题,如果原告(债权人)坚持不变更理由和诉讼请求的,人民法院应当如何处理? 实际上,这一问题涉及对《民事诉讼法》第119条"原告是与本案有直接利害关系"的理解。一种观点认为,在原告坚持不变更诉讼请求和理由的情况下,人民法院应当判决驳回原告的诉讼请求。

笔者认为,此时人民法院应当从程序上驳回原告的起诉。主要理由是:原告仅凭转款凭证提起诉讼时,形式上已经符合了《民事诉讼法》第119条规定的四个要件,人民法院所以才立案审理。在审理过程中,发现当事人之间的基础法律关系并非民间借贷,而是其他基础法律关系,则原告不能构成民间借贷的债权人,但是仍可以构成其他法律关系的债权人。但此时,原告与其据以提起诉讼的民间借贷法律关系没有任何关联,相反,却与其他基础法律关系有着千丝万缕的关系。

因此，原告实际上是其他基础法律关系的直接利害关系人。《民事诉讼法》第119条中的"直接利害关系"指的是民事关系，也就是实体上的法律关系。由于原告与民间借贷法律关系不具有利害关系，因此，不符合民事诉讼法规定的起诉条件，应当裁定驳回起诉。

十一、对于拒不到庭不能查清民间借贷案件基本事实的原告，可否适用拘传措施？

原告提起民事诉讼，就负有协助法院将案件基本事实查清的义务。司法实践中，大量民间借贷纠纷案件的原告往往不亲自到庭，而是委托律师或者其他公民作为诉讼代理人参与法庭调查和辩论。由于民间借贷行为具有强烈的人身亲历性，接受委托的律师或者其他公民往往对于借贷的起因、协商过程、款项的交付、本金的偿还、利息的约定等与民间借贷案件密切相关的基本事实一无所知，给人民法院查明案件事实造成了很大的困难，往往导致最终无法查明案情。此时，如果依照《民事诉讼法》第143条的规定，按撤诉处理，可能会损害国家利益、社会公共利益或者他人合法权益，尤其是民间借贷案件，已经出现了众多虚假诉讼，侵害他人合法权益的事情发生，甚至有的原告冒充他人提起民间借贷诉讼。在诉讼过程中，原告认为人民法院已有所察觉，就会采取拒不到庭的方式来逃避追究，这时，如果人民法院不能拘传其到庭，就不能在查清案件基本事实的基础上，依法处理此类案件，以维护国家利益、社会公共利益或者他人合法权益，并依法对原告等相关责任人采取罚款、拘留等强制措施，维护人民法院正常的诉讼程序。

正是基于这些考虑，《民诉法解释》第174条第2款规定，可以对原告适用拘传措施。对原告适用拘传措施的前提条件是原告拒不到庭不能查清案件基本事实。所谓案件基本事实，是2012年《民事诉讼法》修改时新增加的概念，是指案件的关键事实，比如，借贷合意、款项交付的事实，这些事实可能影响案件最终的裁判结果。因此，对于因原告拒不到庭导致无法查清案件基本事实的，人民法院应当对原告适用拘传措施，以切实维护民事诉讼秩序，保护他人实体利益。

十二、民间借贷案件中，手机短信能否作为认定案件事实的依据？

审判实践中，对于手机短信作为一种证据对待基本上形成了共识。然而，对于手机短信应当作为书证还是作为电子数据，实务中观点不一。

第一种观点认为，《合同法》第10条第1款规定："当事人订立合同，有书面形式、口头形式和其他形式。"第11条规定："书面形式是指合同书、信件和数据电文（包括电报、电传、传真、电子数据交换和电子邮件）等可以有形地表现所载内容的形式。"手机短信是属于数据电文的一种，可以归入我国《民事诉讼法》中的书证范围，在决定是否采纳手机短信作为证据使用时，应当按照书证的标准和要求对待。

第二种观点认为，手机短信应当作为视听资料的一种。

第三种观点认为，手机短信应当视为电子数据。

笔者倾向于第三种观点。

随着电子技术特别是计算机网络技术的发展，电子数据证据数量上越来越多，在司法活动中的作用越来越大。视听资料之前也不是一种独立的证据类型，只是随着视听技术的发展和普及，其独立的法律地位才得到三大诉讼法的认可。电子数据证据本身种类上就有很大的复杂性和特殊性，将其简单地划入某一现有的证据种类或者是分别划入其他七种证据种类中，依靠对现有的各类证据的运行规则进行修修补补，难以解决电子数据证据所带来的诸多法律难题，也无法充分发挥电子数据证据的证明价值。

在我国，有关证据法律地位的界定直接决定该类证据的运用规则，对证据采纳和采信的意义重大。赋予包括手机短信在内的电子数据证据以独立性，满足现代信息社会的要求，推动电子技术的发展，适应电子数据证据广泛运用的趋势，更有利于促进电子商务、电子政务的进一步普及，公正、及时审理计算机、网络等案件，有效解决各类涉及电子证据的纠纷。

由于手机短信有其固有的易灭失性，手机短信作为证据，要成为认定案件事实的依据，对其保全有特殊的必要性。短信很容易由于机主的操作不当被误删；也可能被利害关系人恶意删除致使证据毁灭；手机储存容量过小，可能因短信接收过多致使其被自动删除；手机灭失及其电话卡损坏等其他可使其灭失的原因。对于手机短信的保全，可以将其转化为书面形式。根据《民事诉讼证据规定》第24条的规定，可以采取勘验及制作笔录的方法，将其短信内容固定下来。除此之外，将其进行公证也可以起到很好的保全效果。证据的真实性、可靠性是证据具有证明力的重要依据。

由于手机短信具有易修改性、易编辑性以及不留痕迹的特点，同时，受网络、环境、技术等多方面的影响致使其容易出错，其对案件真实性的反映有一定的局限性。手机短信作为证据，在运用其证明案件事实时，应注意进行综合性的分析研究，既能从正面证实案件的事实真相，又能从反面排除案件的虚假成分，从而得出正确、可靠的结论。

十三、民间借贷案件如何审查证人证言？

证人证言作为民事诉讼证据之一，虽然证明力较低，但在现实生活中最为广泛，也最易获取。在民间借贷案件中，证人证言是当事人运用最多的证据种类。

任何事情的发展总有前因后果，正常人的行为举措一般不会违背生活常理，法官要善于从纷杂的证人证言中洞察细微，辨别真伪，努力探究案情的来龙去脉。在以口头或者书面形式订立的民间借贷合同发生纠纷后，案件本身只有数个证人证言，没有证明力高于证人证言的其他书证、物证等证据，且数个证人证言相互之间存在矛盾时，此时要注重审查证人证言之间的内在联系以及证人与当事人之间的关系。例如，证人提供的系对其有亲属关系或者其他密切关系的一方当事人有利的证言,其证明力应当低于其他证人证言;当庭出庭作证的证人所作证言应高于未出庭证人所作证言;数次证言内容保持一致的证人证言高于数次证言不一致的证人所作的证言。当然,这里要注意,仅是证明力低,而非没有证明力。

十四、民间借贷案件中对于私自录音的证据效力如何认定?

录音属于视听资料,可以作为证据使用。视听资料是指用录音、录像磁带或者其他科学方法反映的形象和声音,以及电脑中存储的资料等,是用来证明案件事实的一种证据。视听资料在我国是一种独立的证据种类,它是随着科学技术的发展进入证据领域的。对于民事案件的审判具有其他证据无法替代的优越性,但其本身又具有易于伪造和篡改的缺陷。应对视听资料的证据能力进行合理地判断,并通过有效的途径赋予其证据能力,对非法证据进行排除。

1995年3月,最高人民法院就私自录音的证据效力问题作出了《关于未经对方当事人同意私自录制其谈话取得的资料不能作为证据使用的批复》,这是我国司法实践中第一个关于非法证据排除的规则。该批复指出:"证据的取得必须合法,只有经过合法途径取得的证据才能作为定案的依据。未经对方当事人同意私自录制其谈话,系不合法行为,以这种手段取得的录音资料,不能作为证据使用。"该批复的积极意义在于确立了民事诉讼证据应当具有合法性的原则。但是,未经对方当事人同意的录音未必不合法,因此在录音资料是否合法的判断标准上,该批复显得过于严厉。2001年12月6日最高人民法院又通过了《民事诉讼证据规定》,其中第68、69条就视听资料作为有效证据的条件、证据能力等作了较为具体的规定。第68条规定:"以侵害他人合法权益或者违反法律禁止性规定的方法取得的证据,不能作为认定案件事实的依据。"这条规定较之前述1995年的批复,在一定程度上完善了我国司法实践中的非法证据排除规则。进而第69条规定,存有疑点的视听资料不能单独作为认定案件事实的依据。该条被有的学者认为是补强证据规则。

由于非法证据排除问题反映了法律制度中各种不同目标、价值和利益之间的竞争与冲突,而这些目标、价值和利益均有其合理性,因此在确定证据排除规则时,应当综合考虑实体公正与程序正义的冲突、目的合法与手段违法的冲突、保护自己合法权益与侵犯他人合法权益的冲突、保护合法权益与维护法律秩序的冲突,以将非法证据排除规则建立在各种冲突的最佳平衡点上。① 《民诉法解释》在坚持非法证据排除立场的同时,对于《民事诉讼证据规定》第68条作了修改,将"侵害他人合法权益"修改为"严重侵害他人合法权益",即对侵害他人合法权益提出了程度上的条件,要达到严重程度,这一定程度上体现了利益衡量的因素,意味着对他人合法权益造成一般性侵害的,不会导致证据被排除,因此,证据的判断标

---

① 参见李浩:《民事诉讼非法证据排除规则探析》,载《法学评论》2002年第6期。

准有所放宽。① 这也意味着,未经对方同意的私自录音可以作为证据使用。

实践中,对于录音等视听资料证据力的审查判断,还要考虑以下几点:(1) 视听资料的来源是否可靠;(2) 视听资料的形成时间、地点;(3) 视听资料的内容是否真实可靠;(4) 与本案其他证据能否形成关联性。

十五、当事人以QQ聊天记录作为民间借贷案件证据的,应当如何审查认定?

QQ聊天实际上是一种以文字、语音和视频为主的网络即时信息交流方式,QQ聊天记录在性质上属于电子数据。2012年修订的《民事诉讼法》第63条将电子数据明确规定为一种法定证据类型。按照联合国《电子商务示范法》第2条的规定,"电子数据是指由电子手段、光学手段或者类似手段生成的传送、接收或存储的信息"。日常生活中常见的电子邮件、QQ聊天记录、MSN聊天记录、微博、博客、电子公告牌记录以及电子商务中的电子数据交换、电子资金划拨等数据信息都有可能成为审判实践中的电子证据。

电子数据作为科学技术发展所产生的新证据类型,与传统的证据相比,具有高科技性、无形性、多样性、客观真实性、易破坏性等特征②,而QQ聊天记录则比较典型地表现了电子数据这些主要特性:(1) QQ聊天记录的产生具有无形性和虚拟性;(2) QQ聊天记录的内容具有准确性和易删改性;(3) QQ聊天记录的形式具有复合多样性。

与其他证据一样,QQ聊天记录作为电子证据也应当经过真实性、关联性和合法性的审查,才能对其有无证明力和证明力大小作出正确判断。

1. 对QQ聊天记录的真实性审查。QQ聊天记录的易删改性使其真实性极易受影响,保证QQ聊天记录的真实性是决定该电子证据可采性的关键。对于聊天记录来说,一般可以通过自认、推定、专家辅助人意见和鉴定等方式来认定其真实性。

2. 对QQ聊天记录的关联性审查。与其他证据材料的关联性审查一样,聊天记录的关联性首先要求记录的内容与案件的待证事实之间有客观的联系,与待证事实无牵连关系的,应予排除。但由于QQ聊天记录的虚拟性特点,如注册时没有实行实名制,昵称可以随时更改,使用者具有不确定性,这就使其关联性审查的难点常常在于将聊天记录中的虚拟人物还原为现实中的当事人,即能将网络环境中虚拟的聊天双方主体与现实生活中特定的行为人联系起来,进而能够将聊天记录中的信息与当事人的意思表示联系起来的,可以认定与案件相关联,如不能还原成现实中的当事人的,则应予排除。

---

① 参见沈德咏主编,最高人民法院修改后民事诉讼法贯彻实施工作领导小组编著:《最高人民法院民事诉讼法司法解释理解与适用》,人民法院出版社2015年版,第353页。
② 参见姜宇航:《电子证据基本问题初探》,载《法制与社会》2013年第4期。

3. 对 QQ 聊天记录的合法性审查。合法性是证据的形式、收集证据的主体及收集证据的程序合法。① 具体到聊天记录这样的电子证据,除了证据的主体和其他形式要件外,其是否具有合法性,主要在于其显现、收集和提取等方面是否严格按照法定的程序和方法进行。实践中可以通过非法证据排除来达到保证聊天记录合法性的目的。

一般来说,具备了真实性、关联性和合法性的 QQ 聊天记录即具备了证据价值,但是不同的证据与待证事实之间的关系不同,在对待证案件事实的证明效力上也存在着差异。根据聊天记录的前述特征,在认定其证明力大小时,主要应注意考量以下因素:

1. 通过准确识别聊天记录的原件和复制件来判定证明力的大小。证据原件的证明力显然优于复制件,而聊天记录的无形性特点决定了其原件就是最初生成的电子数据及其首先固定所在的各种存储介质,但作为编码方式排列的数字化信息却无法被直接感知,这就需要首先将其转化为人们可以识别的形式。

2. 正确界定聊天记录是直接证据还是间接证据来判定证明力的大小。直接证据的证明力显然高于间接证据的证明力,而由于长期将电子数据视为一种视听资料,实践中存在将聊天记录等电子证据按间接证据对待的做法,但实际上不能简单地一概而论,而应由法官根据个案的具体情况来分析,如果查明聊天记录等电子证据自生成以后始终以原始形式显示或留存,同时该证据与案件事实有着内在的、密切的联系,则其为直接证据。反之,若该证据不足以单独证明待证事实,则属于间接证据。

3. 通过全案证据的整体性审查来判定证明力的大小。案件事实不是单个证据的简单相加,对每一个证据的证明力的判断离不开对所有证据的全盘考虑。聊天记录等电子证据如果和全案其他证据相互佐证,形成事实认定的"证据链",就能得到法院的采信,即使是复制件、间接证据或其他有瑕疵的电子证据,只要当事人充分举证,全案证据能够构成完整的证据链,法院也可以对其证明力作出综合的审核认定。②

十六、民间借贷纠纷中能否应用测谎作为认定案件事实的证据资料?

民间借贷案件审理中能否应用测谎,这一问题已经成为审判实务中不可回避的话题。由于许多民间借贷操作不规范,缺乏对借贷合意及资金相互往来证据的保留,发生纠纷后大量当事人又不亲自到庭,或者虽然到庭但由于诚信缺失,往往谎言不断,导致法院在查明事实方面难上加难。能否运用测谎技术帮助查清案件事实,一直成为争议焦点。

---

① 参见何家弘主编:《新编证据法学》,法律出版社 2000 年版,第 109 页。
② 参见林晨、金赛波主编:《民间借贷实用案例解析》,法律出版社 2015 年版,第 134—137 页。

第一种观点认为,由于测谎需要当事人的配合,而多数当事人并不愿意通过这一方式为审理案件提供参考,对于测谎结果如何认定,对于测谎结果不满意能否重新测谎等诸如此类问题尚无明确规定,且各地测谎技术水平并不一致,由于当前规范测谎程序的相应机制尚未健全,测谎成本较大,标准不统一,因此,在民间借贷案件审理中不宜采用测谎技术。

第二种观点认为,坚持自愿原则是测谎合法性的前提,也是当事人处分原则的必然要求。在民事诉讼中,如果当事人自愿测谎,当然可以应用测谎,但法院不得依职权提起测谎。

笔者倾向于第二种观点。

一般认为,测谎技术的使用有三大前提:(1)被测人必须自愿接受测试,除非涉及刑事案件,任何人不能强迫他人接受测谎,否则,构成对人身权的侵犯;(2)操作人员具有高度的专业水平,以确保测试结论的准确性;(3)测试机构及操作人员具有较高的公信力。鉴于测谎结论并非我国相关法律所规定的法定证据种类,在刑事诉讼中,测试结论只能作为侦查手段,以确定下一步的侦查工作方向,或作为调查取证的线索。在民事诉讼中,笔者认为,测试结论既可作为审查其他证据的辅助性手段,也可以作为民事诉讼证据中的鉴定意见对待。

案例 5-1[①]

原告:陈某

被告:汤某某、张某某

汤某某、张某某系夫妻。2007年11月,原告与被告汤某某经案外人张某平介绍,签订了网吧营业执照经营使用权转让协议,原告支付了定金1万元。因被告汤某某在约定的3个月内办理营业执照转让手续的承诺未能兑现,双方于2008年3月13日签订了补充协议,由被告汤某某赔偿原告损失77万元。嗣后,原告收到被告汤某某汇款5万元。2008年6月1日,被告汤某某写下保证书,称其欠原告74万元,并承诺分三次还清。2008年6月3日,原告收到被告汤某某支付的20万元。后原告向法院起诉,认为其于2008年6月1日交给被告汤某某74万元,要求归还尚欠的54万元。

两被告辩称,因被告汤某某在网吧使用权转让中有欺骗原告之行为,原告认为自己受骗且产生巨大损失,才采用逼迫手段使被告汤某某写下保证书,并迫使被告汤某某支付了25万元。其与原告没有发生借贷关系,故请求法院驳回原告诉请。

审理中,原告称讼争的74万元系其向亲友筹集后于2008年6月1日当场交给被告汤某某,用于投资与被告汤某某合伙做石油生意,对于合伙的权利义务、经营分工、盈亏分担等事项双方均未约定,而事后才发现该项目不存在,故请求依法

[①] 参见傅胤胤、范珺莹:《民间借贷纠纷中测谎的应用》,载《人民司法·案例》2010年第6期。

判决被告归还该笔欠款。被告汤某某则予以否认,并坚持其从未收到过原告所说的74万元,而是受原告胁迫才写下保证书。

鉴于双方对"原告是否于2008年6月1日将人民币现金74万元交付给被告汤某某"一节说法不一,经征得双方一致意见,法院委托公安机关相关部门进行心理测试。测试结果表明:原告陈某在涉及该情节问题上出现了说谎心理反应,被告汤某某在同样的问题上未出现说谎心理反应,故根据测试数据综合分析判断,被告汤某某关于该情节的陈述可信度高于原告。对该测试结果,原告对其真实性、合法性、关联性均持异议,认为测试过程试题设计不合理,未触及本案焦点,对于结论产生的依据以及生理反应等未作详细说明,测试存在误差率,且测谎报告非证据种类之一,故该测试结果不能作为定案的依据。两被告对测试结果无异议。

上海市浦东新区人民法院经审理认为,本案的争议焦点是:被告汤某某所写的保证书所涉74万元的性质及实际交付与否。对此,原告主张系投资款,而被告予以否认,认为系网吧转让事宜中的补充协议所涉之损失款,被告汤某某并未收到此款。对此争议,法院认为,第一,原告与被告汤某某系经他人介绍相识,在首次合作(即网吧使用权转让)中被告汤某某的诚信已得到质疑。据原告所称,此次纠纷中被告汤某某尚欠原告68万元未付,而在此情况下,原告仅凭被告汤某某声称有石油生意可以投资并有高额回报而向亲友筹集大额资金,且原告作为合伙的一方,在双方未达成如何合伙、合伙各方的经营管理如何分配、盈亏如何负担等相当重要的合伙合同内容之情况下,就将74万元巨资交付被告汤某某的行为有悖于常理。第二,经双方合意,"对原告是否于2008年6月1日将人民币现金74万元交付给被告汤某某"一节,由法院委托公安机关相关部门进行心理测试,其结果表明,被告汤某某关于该情节的陈述可信度高于原告。应当指出,心理测试虽非法律明文规定的证据种类之一,但系基于双方当事人的合意进而委托公安机关相关部门作出,并无违法之处;至于未详尽描述说谎时的心理反应,则是测试机构的行文表述方式。原告否定心理测试报告之理由,无事实和法律依据,法院未予采信。心理测试结果虽不能单独作为定案的依据,但可作为辅助参考。故原告将74万元钱款作为投资款实际交付给被告汤某某的事实难以认定,对原告要求被告还款的诉讼请求不予支持。至于原告与被告汤某某之间的其他纠纷,可另行解决。综上,法院根据《民事诉讼法》第64条第1款、《最高人民法院关于民事诉讼证据的若干规定》第2条之规定,判决驳回原告陈某的诉讼请求。

宣判后,原告陈某不服一审判决,提起上诉。上海市第一中级人民法院经审理,判决驳回上诉,维持原判。

本案中,在进行测谎前,法院已经用尽了一切查明案件事实的方法,已经明确原告与被告汤某某只是一般的朋友关系,双方在签订保证书前因网吧使用权转让发生过纠纷,该纠纷尚未解决,并了解到原告对借款的性质前后陈述有矛盾等,在用尽一切查明案件事实的方法，包括已经充分引导当事人举证和依职权取证，案件主要事实仍处于真伪不明状态时，在双方当事人均同意的前提下，测谎是必要和可行的。一、二审法院首先通过已经查明的案件事实明确了原告的意见有不合常理之处，进而参考测谎结论中被告汤某某陈述的可信度高于原告的意见，作出了原告将74万元钱款作为投资款实际交付给被告汤某某的事实难以认定的结论，从而适用举证责任规则判决驳回原告的诉讼请求，有理有据。

理论上讲，测谎结论与鉴定意见具有高度契合性。首先，与案件中的其他问题相比，测谎显然具有专门性，这体现在其专用仪器、特殊原理、专业术语及特定程序等，与案件中的其他问题甚至其他鉴定意见相比，都具有专业性。其次，《人民检察院鉴定人登记管理办法》及《公安机关鉴定人登记管理办法》中都对心理测试人员的资质作了明确规定，测谎鉴定人的资质也已经得到了相应规范。再次，测谎的程序及测谎意见的形式也已经有明确的规范，其中最高人民检察院《人民检察院心理测试技术工作程序规则》对心理测试人员、环境、委托受理、测试程序及测试文书格式等都作了明确规定。最后，测谎意见对于案件事实的认定具有一定的参考、借鉴价值，可以成为审查和鉴别其他证据的一种有效方法。① 因此，无论是从程序上看还是从合法性上看，测谎结论与鉴定意见都具有共性，即结论的针对性、书面性、确定性和可重复性，二者是高度契合的。

测谎在《人民检察院鉴定人登记管理办法》《公安机关鉴定人登记管理办法》中都有规定，鉴定人包括心理测试人员。尽管三大诉讼法都没有就能否进行测谎加以明确规定，但在以意思自治为其主要原则的民事诉讼中，双方当事人在测谎问题上达成一致，同意进行测谎，是其行使处分权的表现。测谎结论或者结果具有证据的"三性"：测谎所依据的理论都是科学的生理学、医学、心理学、统计学原理，都是公认的科学，测谎结论是建立在客观规律的基础之上，因此，测谎结论具有客观性；测谎中所提出的针对性问题与案件事实相关联，测谎活动中引唤出被测试人对客观事实真实的反映，与案件实际情况相关联，因此，测谎结论具有关联性；测谎技术在民事诉讼领域中的应用未作出禁止性的规定，来源合法，测谎结论亦可归属于法定证据鉴定意见的一种，形式合法，因此，测谎结论具有合法性。在此基础上，有学者认为，在司法实践中，没有必要被法律规定的证据种类的词义所羁绊，当出现新的表现形态的证据材料时，不能因为与法律罗列的证据种类在概念上难以契合，就认为该材料不具有合法性而剥夺其证据能力，否则我们的审判工作将难以适应现代科技文明的发展，也丝毫不利于案件事实的查清。② 笔者赞同这一观点。在民事诉讼中，只要没有法律明确禁止性规定的即可进行测谎。但是，由于目前测谎结论还达不到100%的准确率，司法实务中不能单独以测谎结论

---

① 参见傅胤胤、范珺莹：《民间借贷纠纷中测谎的应用》，载《人民司法·案例》2010年第6期。
② 参见王继福：《测谎结论的民事证据考察》，载《科技法制论坛》2008年第76期。

作为认定案件事实的依据,必须结合其他证据综合分析认定。

十七、民间借贷案件运用测谎的前提条件是什么?

在民间借贷中,对于大额借款,债权人主张是现金交付仅提供了借据,或者仅提供了银行转账凭证,往往不能完成举证责任。债权人还应该就借款已经交付给债务人或者双方存在借贷合意进行举证。如果被告反驳原告的主张也提供了相应的证据,此时,还应结合债权人经济实力、借款的来源、双方之间的关系、借款的用途等因素综合判断。① 但在民间借贷纠纷案件中,往往容易陷入"证据僵局"——当事人所举证据互相对抗,无法应用优势证据规则,法院对于案件事实存在与否难以确信;双方当事人举出的证据证明力相当但都有"瑕疵",不能使得待证事实达到高度盖然性标准的要求。当穷尽上述手段后,是否交付借款的事实仍处于真伪不明的状态时,才可以考虑采用测谎程序。

此外,双方当事人对款项性质产生不同看法,借助其他证据无法证明借款性质的事实,测谎也可以作为对款项性质认定的一种举证方式。② 当然,如果双方当事人都不愿意测谎,如前所述,人民法院应当坚持当事人自愿原则,不得强迫测谎。对于当事人主张借条上的签字非其本人签署时,在无其他证据证明的情况下,可以通过笔迹鉴定的方法加以确定,而不宜进行测谎。

十八、民间借贷案件启动测谎程序的主体如何确定?

民间借贷案件属于民事案件,测谎程序应当根据当事人的申请而启动,主要体现在以下几个方面:

首先,提起测谎申请的主体只能是当事人。民事诉讼中的测谎是在双方当事人就案件同一事实作出截然相反的陈述时,经双方当事人就测谎达成一致意见后,对双方当事人就同一问题的反应进行测试,进而根据测试结果判断哪一方当事人陈述的可信性较大。在民间借贷案件审理过程中,当事人是诉讼活动的主体,当事人有权处分其诉讼权利,是否提出、提出何种证据,都是其意思自治的体现。故申请或者接受测谎,都应由当事人自主决定,法院不可强行干预。法官可以进行必要的释明以引导当事人提起测谎申请,但法院不得依职权提起测谎。

其次,如果双方当事人都拒绝接受测试,则人民法院只能就已有证据进行综合判断,并依据举证规则和原理作出事实认定。

再次,如果只有一方当事人明确表示不愿意接受测谎的,其拒绝进行测谎的行为也是其行使处分权的表现,但并不能因为其拒绝测谎而想当然地以此作为对其不利的因素。

---

① 参见傅胤胤、范珺莹:《民间借贷纠纷中测谎的应用》,载《人民司法·案例》2010年第6期。
② 参见吴丹红:《民事诉讼中的测谎——基于证据法角度分析》,载《中外法学》2008年第6期。

最后，如果一方当事人在诉讼过程中明确表示同意测谎，但之后又拒不参加测谎的，人民法院不能强迫其参加测谎。一般而言，未说谎者不会出尔反尔无故拒绝接受测试。即便如此，也不得对其强制进行测试，但此时当事人出尔反尔的不诚信言行形成的品格可以作为法官在自由心证时的参考。此时，还可以对同意测试的一方当事人单独进行测谎[①]，如果测试结果表明被测人没有说谎，则应推定拒绝接受测试的一方说谎，从而作出对其不利的事实认定。

十九、民间借贷案件启动测谎程序后，应当注意哪些问题？

法院接受测谎申请后，应当严格按照法定流程进入测谎程序。在双方当事人均在场的情况下，通过摇号确定测谎机构；及时告知当事人测谎人员组成、测谎具体时间、地点，当事人对测谎人员的组成提出异议并要求相关人员回避的，应先暂时中止测谎程序，并依据《民事诉讼法》关于回避的相关规定，决定是否更换测谎人员；当事人对测谎时间、地点提出合理建议时，应当予以采纳。

此外，人民法院还应当告知被测者有关测谎的相关情况。借款纠纷尤其是民间借贷的大部分当事人，缺乏必要的法律专业知识，对测谎了解甚少，甚至有人将其与刑事诉讼中的测谎程序混为一谈，认为接受测谎是法定义务，部分法官在未充分释明的情况下便进行测谎，往往造成该类当事人在测谎结论不利时以重大误解为由要求撤销测谎结论。因此，在当事人提出或接受测谎申请后，法院应当及时履行释明义务，告知受测者在法律上无接受测谎之责任；在实施测谎前测谎机构应向被测者说明测谎仪器的操作原理、检测的程序、检测的目的及检测结果的用途、效果等，消除被测人的心理恐惧，获得被测人对测谎技术的信任。

与民间借贷案件有利害关系并有可能接受测谎结论约束的当事人有权知道该结论形成的依据和理由。[②] 测谎结论作出后，法院应在开庭前将测谎结论送达双方当事人，并组织双方当事人对测谎结论进行开庭质证。如果当事人申请通知鉴定人出庭质证，法院应通知鉴定人出庭接受当事人质询。对于当事人补充鉴定、重新鉴定的请求，法院应根据《民事诉讼证据规定》第27条的规定，要求申请方提供证据，并进行严格审查，审慎处理。

二十、民间借贷案件测谎应当坚持哪些原则？

实务界根据民间借贷纠纷中测谎的应用，还提出了测谎中应当坚持的原则：

一是当事人自愿原则。当事人自愿参与测谎是测谎合法性的前提，测谎中坚持当事人自愿原则。

[①] 实务中也有人认为，只有双方当事人均同意测谎时，人民法院才能启动测谎程序，对此笔者不敢苟同。审判实践中双方都同意测谎的情形比较少见，而且测谎作为一种证据使用，并不一定完全需要双方当事人均同意才可进行。

[②] 参见韩冰：《测谎证据在民事诉讼中的应用》，载《行政与法》2006年第6期。

二是谨慎采用原则。根据《民事诉讼证据规定》第26条的规定,法官有决定是否准许测谎的裁量权,但该权力应该谨慎行使①,必须在用尽一切查明案件事实的方法,包括已经充分引导当事人举证和依职权取证,案件主要事实仍处于真伪不明状态时,才能启动测谎。所以,测谎应严格限定在双方都已穷尽了举证手段而事实认定仍真假难辨时方可适用。在测谎结论的审查阶段,对于当事人提出的重新测谎申请,应根据《民事诉讼证据规定》第27条的规定,要求申请方提供证据,并进行严格审查。

三是测谎结论"孤证不使用"原则。测谎结论"孤证不使用"原则是指仅凭测谎结论不能作为认定案件事实的依据,这与最高人民检察院《人民检察院心理测试技术工作程序规则》第3条关于测谎结论不能单独作为证据使用的规定是一致的。实践中,要结合其他证据综合判断测谎结论是否成立。比如,根据一般的生活常识、当事人在法官面前陈述时体现出来的诚信程度等品格证据,等等,综合判断以形成自由心证的依据。在这种情况下形成自由心证的过程,应当在裁判文书中予以清晰阐明。② 此外,测谎结果在逻辑上一般只有两种具有矛盾关系的可能性,二者只能是一真一假,而不存在其他可能性。倘若测试结论有三种以上的可能性,则一般不能采用此种手段辅助定案。③

二十一、民间借贷案件中人民法院应当如何对待测谎结论?

第一,测谎结论只能作为间接证据。目前,测谎结论只能作为间接证据使用,用以加强法官的内心确信。主要原因如下:一是测谎结论并不能达到百分之百的准确,还存在一定的误差。虽然我国目前的测谎技术取得了长足的进步,甚至有些统计结果表明在办理的数百起测谎案件中,没有发现一起错案。④ 但测谎的准确度仍然可能受到许多因素的影响,比如被测人总体性质、测试人员和被测人个人特点、测试中测试人员和被测人之间建立的关系、测试的方法、是否使用了反测试的方法(如服用镇定剂)等。正因影响测谎准确率的因素众多,且目前缺乏采信测谎结论的相应质证程序,相关程序规则没有建立,因此,测谎结论在一般情况下并不能作为单独证明事实的证据。二是测谎结论虽然具有证据的"三性",但仅是对当事人陈述的一个加强,而加强的部分只能反映当事人在某一事实上是否撒了谎,并不涉及案件的全部事实,故测谎结论必须与其他证据结合起来进行综合审查判断,才能作为诉讼证据采用。故在审理借贷纠纷中引入测谎程序后,绝对不能把测谎结论作为唯一的定案依据,不能仅凭测谎结论一项证据就认定一方当事

---

① 参见张卫平:《将测谎结论作证据应谨慎》,载《人民法院报》2007年5月17日。
② 参见傅胤胤、范珺莹:《民间借贷纠纷中测谎的应用》,载《人民司法·案例》2010年第6期。
③ 参见刘粤军、廖俊莲:《心理测试能否作为认定事实的辅助手段》,载《人民司法·案例》2012年第2期。
④ 参见宋英辉:《关于测谎证据有关问题的探讨》,载《法商研究》1999年第2期。

人败诉,而要结合其他证据,综合考量。①

第二,测谎结论应作为补强证据。补强证据是指某一证据不能单独作为认定案件事实的依据,只有在其他证据以佐证方式补强的情况下,才能作为定案的证据。②《民事诉讼法》第75条第1款规定:"人民法院对当事人的陈述,应当结合本案的其他证据,审查确定能否作为认定事实的根据。"测谎结论只能用来审查言词证据的真实可靠性,不能直接用来直接证明案件事实,需要与其他证据相结合,作为整个案件的证据链条上的一个环节,有限采用。只有在与其他的证据相关联的情况下,形成一个比较一致的证明体系,才能最终发挥其证明作用。例如,在民间借贷纠纷中,债权人债务人就借款是否已经交付发生争议并申请测谎,即使测谎结论对一方不利(如测谎结论是债权人对该问题有说谎的倾向),也不宜直接认定出借人没有交付款项,而仍应综合其他证据,如有无证人证言、出借人有无银行取款记录、借款人有无大额支出、出借人与借款人之间是否存在长期经济往来等因素加以考量认定。

第三,测谎结论需要有限采用。证据的"有限采用规则",是英美国家证据法中关于证据可采性的一个重要规则。美国《联邦证据规则》第105条规定:"如果采纳的证据只是对一方当事人或出于某一目的是可以采纳的,而对另一方当事人或出于另一目的是不可采纳的,那么法庭根据请求,应将该证据限制在其适当的适用范围内,并向陪审团相应作出指示。"适用"有限采用规则"的证据与一般证据的区别在于,证据的采纳必须以该证据适用于某个限定的目的为前提,否则该证据不能被采纳,即不能作为证据使用。在美国的司法实践中,"有限采用规则"主要适用于以下几种证据:① 自相矛盾的陈述;② 相似性陈述;③ 品格证据;④ 传闻证据;⑤ 笔录和音像材料。"有限采用规则"对我国测谎结论的规范使用有很好的借鉴意义。

在民事诉讼中,正确应用测谎结论的方法应当是:通过测谎得到测谎结论,可以在诉讼中采用为证据,但属于"有限可采",即只能用来审查言词证据的真实可靠性,而不能直接用来证明案件事实。③ 当待证事实通过测谎结论得以证明之后,可以作为与待证事实存在间接联系的补强证据,帮助法官形成心证。测谎结论虽然不能作为认定案件事实的唯一证据,但在与其他证据相结合并形成一个比较一致的证明体系,作为整个案件的证据链条上的一个环节的情况下,它是可以发挥积极作用的。

二十二、欠条转化为借条的,如何处理民间借贷纠纷案件?

审判实践中,经常会遇到双方当事人对于以前发生的债权债务进行结算后形

---

① 参见古豪莉:《测谎结论证据属性研究》,载中国优秀硕士学位论文全文数据库。
② 参见廖中洪主编:《证据法精要与依据指引》,人民出版社2005年版,第391页。
③ 参见何家弘:《测谎结论与证据的"有限采用规则"》,载《中国法学》2002年第2期。

成欠条,又将欠条转化为借款的情形发生。对此,形成了两种不同的观点:

第一种观点认为,欠条可以证明双方存在一种债的法律关系,也就是出具欠条的一方对另一方欠付欠条上载明的款项金额。双方当事人协商同意将欠条转化为借款的,是当事人意思自治的表现,只要约定的利息没有超过法定标准,人民法院自不应多加干涉,这一行为当然有效。

第二种观点认为,欠条是双方当事人确定债权债务的权利凭证,其形成的原因很多,如果并非是基于借贷关系形成的欠条,当事人又将之转化为借款的,意味着出借人在并未实际交付款项的情形下也能产生借贷关系。这与传统民间借贷的特征不相吻合。因此,这种转化行为人民法院不应认可。

笔者认为,由于债的形成原因很多,可以基于多种事实而发生,既可能因为民间借贷而产生,也有可能因为买卖、租赁、劳务、损害赔偿等而产生,还有可能基于其他违法行为而产生。所以,欠条只能证明双方具有债权债务关系,但并不能证明该债权债务关系形成的原因。欠条并非在任何情况下都不能转化为借款,但这种转化至少要符合以下几个基本要件:(1) 欠条是基于合法的民事关系而产生的债权债务;(2) 欠条转化为借款是双方当事人真实意思表示;(3) 欠条转化为借款没有损害国家、集体或者第三人合法权益;(4) 欠条转化为借款所约定的利率没有超过法定的标准。为了更好地说明这一问题,现以案例为辅助材料。

案例 5-2[①]

2011 年 8 月 28 日,王某给张某出具一张欠条,欠条上注明"今欠到 Y 煤矿退股金五千万元整"。2011 年 9 月 1 日,张某作为出借人、王某作为借款人签订了一份《借款合同书》。约定:王某因资金周转困难,向出借人张某借款人民币 5 000 万元,具体数额按借款人向出借人出具的收据为准;借款期限 20 天,从 2011 年 8 月 28 日起至 2011 年 9 月 16 日止;如借款人未按期偿还借款本息,承担借款总额 20% 的违约金。2011 年 9 月 20 日,张某将王某诉至法院,诉称自己曾是 Y 煤矿的股东,占有 20% 的股权,王某是该煤矿的实际控制人,后来王某未经张某的同意,私自将该煤矿 80% 的股权转让给第三人,并收取了第三人支付的股权转让款。被转让的 80% 的股权中就包含了张某所持有的 20% 的股权,但王某并未将相应的股权转让款支付给张某。后经双方协商,王某同意支付 5 000 万元给张某,遂于 2011 年 8 月 28 日向张某出具了欠条。因欠条内容简单,为保障欠条的履行,2011 年 9 月 1 日,双方又签订了《借款合同书》,将欠条中对应的欠款转化为了《借款合同书》中的借款,并增加了关于还款时间和违约金的约定。因王某未按照合同约定偿还款项,请求法院:依法判令王某偿还借款 5 000 万元及违约金,诉讼费用由王

[①] 参见最高人民法院民一庭:《民间借贷纠纷案件的证据认定,应从各证据之间的联系等方面进行综合审查判断》,载奚晓明主编、最高人民法院民事审判第一庭编:《民事审判指导与参考》(总第 54 辑),人民法院出版社 2013 年版,第 129—133 页。

某承担。王某答辩称:欠条和《借款合同书》都是自己受胁迫签订,不具有真实性;张某不是Y煤矿的股东,不存在所谓退股的事实,欠条所记载内容不真实;《借款合同书》签订后,张某并没有向自己实际出借5 000万元,请求驳回张某的诉讼请求。

一审法院认为,王某主张其是受胁迫签订欠条和《借款合同书》,但未能提供充足证据证明,对其主张不予支持。欠条和《借款合同书》是各方当事人的真实意思表示,内容不违反国家法律和行政法规的强制性规定,不损害国家利益或社会公共利益,应认定有效。双方当事人应按欠条和《借款合同书》的约定行使权利,履行义务。王某答辩否认欠张某5 000万元,但未能提供证据予以证明。至于签订《借款合同书》之前双方存在合作关系,在结算时如何形成欠款事实并转化为《借款合同书》的过程,双方均未提供证据,对该事实不予认定。王某欠张某借款的数额应以欠条及《借款合同书》确认的数额为准。鉴于张某与王某形成的是借贷法律关系,民间借贷利息及违约金之和不能超过《最高人民法院关于人民法院审理借贷案件的若干意见》第6条规定利率限度所计算的数额,对超出部分一般不予保护。据此,一审法院判决:王某偿还张某借款5 000万元人民币,并按中国人民银行同期同类贷款利率的4倍计算支付违约金,自2011年9月17日起至付清之日止,但最高不得超出1 000万元。

王某不服一审判决,提起上诉,请求裁定撤销一审判决,将本案发回重审。其上诉理由为:(1)一审判决对《借款合同书》的认定自相矛盾。一审判决先否定了欠款转化为借款合同,但又以欠条作为认定借款数额的依据。(2)一审判决混淆了两个独立的法律关系。一审判决以案外法律关系的欠条作为本案借款合同法律关系履行的证据,是将两种不同性质的债务相混淆。(3)一审判决分配举证责任错误。张某以借款合同纠纷为由,主张王某偿还借款及违约金,其应当就《借款合同书》项下出借款项承担举证责任,否则应承担举证不能的后果。

在本案审理过程中,对《借款合同书》和欠条的认定以及当事人的举证责任问题,有一种意见认为,欠条上王某的签字为真实,是对自己所承担债务的确认。《借款合同书》上张某和王某的签字均为真实,代表双方的真实意思表示。至此,张某作为出借人的举证责任已经完成,王某否认借款事实需要举证证明。笔者不赞同这一观点。理由如下:

1. 借贷关系是否存在是民间借贷纠纷案件的首要基本事实。民间借贷是借款合同的一种,是根据主体类型作的一种分类。借款合同,是指出借人将资金出借给借款人并约定一定期限,借款人到期还本付息的合同,所以出借行为和还款行为是当事人的主要合同义务。若是自然人之间的借贷,出借人有没有实际提供借款,还直接关系到借款合同有没有生效。所以,在民间借贷纠纷案件中,首先要审查的基本事实就是借贷关系是否存在,出借人对实际发生的出借行为应承担举证责任。本案中,张某和王某都是自然人,双方之间的《借款合同书》应自张某提供借款时生效,所以张某有没有实际向王某提供借款,直接决定合同有无生效。张某主张其虽没有向王某实际支付5 000万元,但因王某对自己有5 000万元的欠款,双方就把这笔欠款转化为了借款,形成了《借款合同书》。此种情形下,借款是不是由欠款转化而来就成为案件的基本事实,需要查明,张某对其主张应承担举证责任。

2. 借款合同和欠条对应不同的法律关系,需要查明两者之间的联系。审判实践中,特别是在民间借贷纠纷案件中,原告主张债权的证据除了借款合同,常见的还有欠条。借款合同和欠条,形式不同,内容不同,对应的法律关系不同,对当事人的实体利益也会有不同的影响。借款合同是以合同的形式,有双方的签字或盖章。合同当事人就是在合同上签字盖章的人,借款合同对出借人提供借款的具体时间一般都有约定,通常是借款合同成立在先,出借人提供借款在后。借款合同对应借贷关系。而欠条通常是由债务人单方出具,内容上有的载明债权人,有的不记载,不记载债权人的情形下,持有欠条的人即被认定为债权人。欠条通常是对已经发生的债权债务的记载,即产生债权债务的事实发生在先,欠条形成在后。欠条对应的基础性法律关系包括多种类型,可能是基于借款,也可能是基于买卖(如欠付货款),还可能基于股权转让等原因,欠条是对这些基础性法律关系的处理和确认。鉴于以上区别,若在同一案件中,原告同时举证借款合同和欠条来主张同一债权,则需要对它们之间的关系进行审查判断。本案中,张某和王某之间既有《借款合同书》,也有欠条,欠条记载的款项性质为"Y煤矿退股金",不同于《借款合同书》对应的借款合同关系。所以,在张某将二者都作为证据提交,且指向同一笔款项时,对于二者之间的关系需要审查。再者,本案中,虽然欠条和《借款合同书》记载的金额相同,但《借款合同书》明确了还款期限,并约定了违约金条款。所以,如果以《借款合同书》为主要证据支持张某的诉讼请求,则王某除返还本金外,还应按照合同约定支付违约金,如果以欠条为主要证据支持张某的诉讼请求,则不适用违约金条款,这会直接影响到案件的处理结果,从这方面讲,也需要认定双方当事人之间究竟是何种法律关系。

3. 在民间借贷案件中,应当对借贷的内容进行必要的审查。对于民间借贷纠纷案件的证据认定,不仅要审查判断各证据之间的联系,还要审查判断各证据与案件事实的关联程度。目前,民间借贷案件数量较多,标的额较大,为防止当事人以民间借贷的形式掩盖非法目的,在大额民间借贷纠纷案件中,即使所提供的借款合同、欠条等证据均为真实,人民法院对证据与案件事实的关联程度,即借贷内容也要进行必要的审查。何为大额,要结合各地经济发展水平、个案中当事人的支付能力、交易习惯等具体情形予以判断。至于审查至什么程度,既要寻求证据与案件事实的关联性,也要尊重当事人对自己民事权利的处分,所以是必要审查而非面面俱到。本案中,张某主张借款由欠款转化而来,并以欠条为证据证明王某欠自己5 000万元。因5 000万元数额巨大,法院不仅需要审查借款是否由欠款转化而来,还需要对欠条的形成过程作必要审查,如结合欠条上记载的内容,审查张某是否曾为 Y 煤矿的股东、是否有股权转让之事宜等。张某对此应承担相应的举证责任。

从这个案件可以看出,查明案件事实是整个民事诉讼活动顺利进行的前提,而查明案件事实的核心在于证据。证据规则是否完善,直接关系到证据的认定活动是否能得到科学、有效的规制,完善的证据规则在一定程度上能保证案件事实的查明;相反,一个不完善的证据规则不仅不能起到查明案件事实的作用,还可能会导致案件的查明活动朝相反的方向发展,阻碍案件事实的认定,从而不利于诉讼正确、顺利地进行。① 因此,对于民间借贷纠纷案件的证据认定,不能仅仅依靠单一证据②,而应当结合其他证据加以分析,并且还要从各个证据与案件事实的关联程度、各个证据的证明力以及各证据之间的联系等方面进行综合审查判断。

二十三、民间借贷事实审查时人民法院如何确定调查和搜集的证据范围?

司法实务中,许多当事人之间的民间借贷离不开特殊的生活圈和交往圈,在案件的现有直接证据和间接证据都不能促使法官对案件事实达到内心确认时,依职权确定调查和搜集证据范围,是一条行之有效的方法。人民法院确定调查和搜集民间借贷证据的范围大致可包括以下几个方面的内容:

一是借贷双方之间身份关系背景。由于民间借贷中信任因素起着较大的作用,双方之间的社会关系、身份关系、商业往来经历对更好理解借贷事实有着较为重要的作用。通过正确分析借贷双方的特殊关系,可以更为全面地认识纠纷形成的来龙去脉,也有助于深入地透析案件的真实情况。

二是出借方是否具有相应的财产能力,这是考量借款事实真实性的重要间接证据和辅助证据。

三是外界因素的影响。在个案中,借款方否认借贷关系存在的一个理由是受到胁迫而写下的借条。对于这种情况,借款人应就其受到胁迫的事实负担举证责任。

四是借贷双方的借款经过、方式、付款途径、资金来源。真实的借款现金给付必然离不开特定的交付时间、地点、人员、场景等,这些细节问题对于作虚假陈述的一方当事人来说,在数次的庭审、谈话中很难不留下破绽。

五是交易习惯。根据民间借贷案件的常识,数额不大的借贷案件一般通过现

---

① 参见刘波:《我国证据规则完善的必要性与可行性——以民事诉讼证据规则为视角》,载《法制博览》2014 年第 1 期。

② 当然,如果民间借贷案件中只存在单一证据的,并非就说明民间借贷关系不成立或不生效,如果民间借贷案件中只有一个证据,则要看这一单独的证据能否证明待证事实,能否达到法定的证明标准。

金支付,但是对于大额款项如几百万元时,通常人们不会携带现金进行交易。当然,正如本书所指出的,现实中也存在着大量的民间借贷,其交易的形式完全是现金交付而不通过银行转账的情形,这点也应当引起重视。

六是当事人陈述中的疑点。在双方当事人各执一词,事实真伪难以判断时,必定有一方当事人进行了虚假陈述,法官可以从当事人在庭审陈述中的疑点问题入手展开调查取证,判断是否属于谎言,借以达到釜底抽薪之效。必要时可以采用测谎手段,帮助确立心证,也可给不诚信的当事人造成心理压力。

二十四、民间借贷案件中如何运用隔离作证规则?

《民事诉讼证据规定》第58条规定:"审判人员和当事人可以对证人进行询问。证人不得旁听法庭审理;询问证人时,其他证人不得在场。人民法院认为有必要的,可以让证人进行对质。"该法条确立了隔离作证规则,防止证人相互串通或受到其他证人证言的影响。证人出庭作证前,人民法院要按照《民诉法解释》第119条之规定,告知其如实作证的义务以及作伪证的法律后果,并责令其签署保证书(无民事行为能力和限制民事行为能力人除外)。法官运用隔离询问规则时,应当组织引导当事人对证人分别进行交叉询问,在当事人提问不全面时适时运用法庭发问,可以充分揭示客观事实。法官运用隔离询问规则查清案件事实,应当注意以下两点:

1. 有效采取隔离措施,保证证人如实作证。(1)一名证人接受询问时,其他证人不得进入法庭;证人不得使用手机等通讯工具,证人之间亦不得交流,法院应当派工作人员维持纪律。(2)证人与当事人之间应有效隔离。当证人和当事人需要就同一事实分别陈述时,采取当事人在先、证人在后的顺序,避免当事人在听取证人证言之后再接受询问,其回答受到证人证言的影响,或者与证人串通虚构事实。

2. 采取当事人询问为主,法官询问为辅的模式,充分揭露案件事实。根据《民事诉讼法》第63条第1款第(六)项之规定,证人证言属于证据的一个种类,因此应当由当事人作为质证的主体,充分体现当事人在诉讼中的主导性和对抗性,法官处于中立地位,发挥引导作用。同时,考虑到当事人诉讼能力偏低的现实,法官不能超脱于庭审询问之外,而应当根据实际情况进行补充发问,揭示客观事实。具体包括:首先,在询问开始前,法官要求证人对事实进行描述;其次,法官主持双方当事人对证人进行交叉询问,按照提供本方证人的当事人进行主询问,随后由另一方当事人进行反询问的顺序进行,在反询问时,当事人对于对方证人可以进行诱导性询问,以验证证人证言的可信度;最后,法官适时对证人进行发问或追问,要求证人对细节问题作出回答,从中比较审查是否存在矛盾和疑点,甄别真伪,使法官更有效地判断证人的记忆力和表达能力是否存在瑕疵,证人之间的陈述是否存在矛盾,以确认事实。①

二十五、民间借贷纠纷中如何排除非法证据?

民间借贷案件审理过程中,被告主张借条系在受胁迫的情况下出具的。此时应当如何处理民间借贷案件,存在两种不同的观点:

第一种观点认为,根据《合同法》的规定,一方以胁迫的手段使对方在违背真实意思的情况下订立的合同,属于可变更、可撤销的合同。被告如果在民间借贷纠纷案件中主张存在此情况,说明民间借贷合同可能是受胁迫订立的,所以,法院应向主张受胁迫的一方释明,由其另行提起诉讼申请撤销或变更借贷合同,原民间借贷纠纷案件应中止诉讼。

第二种观点认为,人民法院应当审查确定借条是否是在受胁迫的情形下出具的,如果属实,则应当认定借条作为证据不具有合法性,不能作为定案的依据。

笔者倾向于第二种观点。

受胁迫的当事人当然有权主张撤销或变更借贷合同,但从证据法的原理考虑,能够作为认定案件事实的证据必须是合法的、真实的以及与案件有客观联系的,合法性是证据的首要条件。并且,在民间借贷纠纷案件中,出借人也可能主张借款人以暴力等手段逼迫其出具收条。因此,在审理民间借贷纠纷案件时,一方当事人主张对方提供的证据系以非法手段获取,应当进行审查。最高人民法院、最高人民检察院、公安部、国家安全部、司法部《关于办理刑事案件排除非法证据若干问题的规定》规定,非法证据,应当予以排除,不能作为定案的根据。这一司法解释虽然是针对刑事案件的,但该规定的精神在民事案件中也值得参照。且最高人民法院《民事诉讼证据规定》第65条规定,审理案件时应审核证据的形式、来源是否符合法律规定。《民诉法解释》第106条规定,对以严重侵害他人合法权益、违反法律禁止性规定或者严重违背公序良俗的方法形成或者获取的证据,不得作为认定案件事实的根据。

因此,在审理案件中应当对证据是否合法进行审核、认定,不合法的证据不能作为认定案件事实的依据。在判断非法证据的标准上,应当包括以下几个方面:(1)对以严重侵害他人合法权益的方法形成或者获取的证据,不得作为认定案件事实的根据。这里的"严重侵害他人合法权益"是指对侵害他人合法权益提出了程度上的条件,即达到严重的程度,这种规定在一定程度上体现了利益衡量的因素。这意味着对他人合法权益造成一般性侵害的,不会导致证据被排除。因此,非法证据的判断标准有所放宽。(2)对以违反法律禁止性规定的方法形成或者获取的证据,不得作为认定案件事实的根据。违反法律禁止性规定仍然应当作为

---

① 参见李一萌、邹碧华:《隔离作证规则的运用——上海二中院判决杨建平诉韩方明、罗建华民间借贷纠纷案》,载《人民法院报》2007年9月14日。

判断证据合法与否的标准,违反法律禁止性规定是指违反实体法上的规定,这里的实体法不限于民事法律,一切实体法规范均包括在内。(3)对以严重违背公序良俗的方法形成或者获取的证据,不得作为认定案件事实的根据。严重违背公序良俗,是指证据在形成或者获取过程中并无对他人合法权益的明显损害,但其形成或者取得的存在本身过程违背公序良俗的情形。[1] 一方当事人在审理期间主张对方当事人以其他非法手段取证的,应当要求其提供涉嫌非法取证的人员、时间、地点、方式、内容等证据或证据线索,法院应当对相关证据或证据线索进行审查或调查。

在民间借贷纠纷中,如果能够证明原告据以主张民间借贷关系成立的证据是通过胁迫等非法手段获取的,即可认定原告没有提交合法证据证明其主张,可以以原告的诉讼请求证据不足来驳回其诉讼请求,而无须让被告另行提起诉讼变更或撤销合同。

二十六、民间借贷案件中如何认定证据系胁迫取得?

审判实践中不易掌握的是如何认定胁迫。《民法通则意见》第69条规定:"以给公民及其亲友的生命健康、荣誉、名誉、财产等造成损失,或者以给法人的荣誉、名誉、财产等造成损害为要挟,迫使对方作出违背真实的意思表示的,可以认定为胁迫行为。"根据这一规定,笔者认为,民间借贷案件中认定证据系胁迫取得,其构成要件应当为:

第一,行为人具有胁迫的故意。所谓胁迫的故意,是指行为人明知自己的行为会使相对人陷入心理上的恐惧而作出违背真实意愿的意思表示,而希望或放任这种结果的发生。

第二,行为人实施了严重损害他人的胁迫行为。胁迫行为不仅包括直接给相对方施加损害,也包括以言语威胁将要给相对方施加损害。但是,不论是何种形式的胁迫,按照《民诉法解释》第106条的规定,必须要达到"严重侵害他人合法权益"的程度。这一规定在一定程度上体现了利益衡量的因素,这也就意味着,对他人合法权益造成一般性侵害的,不会导致证据被排除。[2] 由此,非法证据的判决标准有所放宽。

第三,胁迫行为是针对特定的当事人实施的。确定胁迫行为是否构成,应当以特定的受胁迫人而不是一般人在当时的情况下是否感到恐惧为标准来加以判断。即使一般人不感到恐惧,而受胁迫人感到恐惧,亦可构成胁迫。由于受胁迫时,当事人往往孤身一人,难以提供直接证据证明受胁迫的情况,在审理民间借贷案件的实践中,可以从主张受胁迫方当时是否报警或何时报警、当时有无就医、其

---

[1] 参见沈德咏主编、最高人民法院修改后民事诉讼法贯彻实施工作领导小组编著:《最高人民法院民事诉讼法司法解释理解与适用》(上),人民法院出版社2015年版,第354页。

[2] 同上注。

主张的非法证据本身是否有其他疑点等方面进行判断。

二十七、以严重违背公序良俗的方法获取的证据能否作为民间借贷案件的证据？

《民事诉讼证据规定》第68条在明确非法证据应当排除的原则基础上，对非法证据的判断标准进行重新设计，即以取得证据的方法是否侵害他人合法权益或者违反法律禁止性规定作为非法证据判断标准。

但在一些特殊情况下，这种判断标准有时会遭遇合法权益之间的冲突。因此，在判断非法证据时应当进行利益衡量，即对取得证据方法的违法性所损害的利益与诉讼所保护的利益（忽略取证方法的违法性所能够保护的利益）进行衡量，以衡量的结果作为判断非法证据的重要考量因素。如果取证方法的违法性对他人权益的损害明显弱于忽略违法性所能够保护的利益，则不应判断该证据为非法证据。

《民诉法解释》第106条增加了以严重违背公序良俗的方法形成或获取的证据应当予以排除的规定。由于在审判实践中一直以侵权行为的构成作为判断取证方法是否构成"侵害他人合法权益"的标准，违反公序良俗损害他人合法权益的情形因构成侵权行为，事实上已被"严重侵害他人合法权益"的标准所涵盖。故"严重违背公序良俗"，是指证据在形成或者获取过程中并无对他人合法权益的明显侵害，但其形成或者取得的过程本身存在违背公序良俗的情形。因此，以严重违背公序良俗的方法获取的证据，不能作为民间借贷案件的证据。但需要注意的是，违背公序良俗必须达到"严重"的程度才能作为非法证据排除，一般性地违背公序良俗取得的证据可以作为证据采用。何谓"严重"，需要法官根据获取证据的方式方法、道德伦理、文化传统、当地习惯等因素综合判断认定。

二十八、民间借贷案件中，对于存疑证据的效力如何认定？

民间借贷案件中，有的出借人持有的借条上没有借款人的姓名；或者将姓名写成别名、同音字；或者借条上借款人的身份证号码与真实的身份证不一致，而借款人否认存在借款的事实；或者借条中出现特殊语言或出现歧义，如将"玖"写成"玫"，或是对"还"字的不同理解；或者当事人持有的银行转账单上虽有汇出金额、收款人姓名，但并不能证明此笔款项就是所借款项；或者借条的内容存在虚假因素，无法直接作为认定案件事实的依据。对于上述种种问题应当如何处理，审判实务中存在不同观点。

第一种观点认为，按照民事诉讼"谁主张、谁举证"的原则，出借人应当对双方之间存在借贷的合意、借款事实的发生承担举证责任。如果当事人提供的证据存疑，尚无法达到举证责任要求的，应当判决驳回其诉讼请求。

第二种观点认为，出借人仅提供了存疑证据，但由于该证据存在不可排除的合理怀疑事实时,应认定此时的借条仅具有推定性的证据效力,出借人还应提交其他证据印证借款事实的实际发生。无法提供的,应当判决驳回其诉讼请求。

笔者倾向于第二种观点。

自然人之间的民间借贷合同具有实践性特征,其他民事主体之间的民间借贷合同则定性为诺成性合同。然而,不论是实践性合同抑或是诺成性合同,出借人行使债权请求权要求借款人偿还借款本息的,都应当对是否已形成借贷合意、借贷内容以及是否已将款项交付给借款人等事实承担举证责任。

借条为借贷双方形成借贷合意的凭证,同时具有推定借贷事实已实际发生的初步证据效力,但在借款人提出借贷事实未实际发生的抗辩,或者提出了对借款事实发生合理怀疑时,或者人民法院对借贷事实产生不可排除的合理怀疑时,出借人还应负有补强款项来源、提交其他证据印证借贷事实实际发生的责任,人民法院亦应当要求出借人补充提交款项来源等证据,以合理解释前述可疑事实。对此问题,有关政策文件亦有相应规定,依据《最高人民法院关于依法妥善审理民间借贷纠纷案件促进经济发展维护社会稳定的通知》第7条的原则要求,对主张现金交付的借贷,可根据交付凭证、支付能力、交易习惯、借贷金额的大小、当事人之间的关系以及当事人陈述的交易细节经过等因素综合判断。由此可见,对于存疑证据,人民法院并非是立即作出驳回当事人的诉求,而是要求其继续举证或者依照职权调查取证。只有确实无法查证的,才能作出相应的裁判结果。

由于我国尚未有类似于国外现金交易法的规定,并未强制要求大额款项支付必须以银行走账的方式进行,而且现实生活中也确实存在通过大额现金支付的方式提供借款或者偿还借款,因此,不能因大额款项未经银行转账就认为没有支付借款或者没有还款。出借人主张大额现金交付的情形下,审查借款事实是否实际发生存在较大难度。在存在不可排除的合理怀疑事实时,应认定此时借条仅具有推定性的证据效力。出借人还应提交其他证据印证借款事实的实际发生。在出借人完成证据补强义务的情形下,依照最高人民法院司法解释的规定,对于是否存在借贷关系及借款本金的数额,应从在案证据与案件事实之间的关联程度,以及各证据之间的逻辑联系等方面进行综合判断。[①]

二十九、不到庭无法查清案件事实的当事人无正当理由拒不到庭的,应当承担什么样的法律后果?

对于不到庭无法查明案件事实的原告或者被告可以采取拘传,这是关于对妨害民事诉讼的强制措施的适用。然而,就实体而言,对于不到庭无法查明案件事实的原告或者被告无正当理由拒不到庭的,应当承担什么样的实体法律后果?

---

① 参见关倩:《民间借贷大额现金交付案件的审理思路——以江苏省高级人民法院审理民间借贷案件会议纪要为研究蓝本》,载王利明主编:《判解研究》2013年第1辑(总第63辑),人民法院出版社2013年版,第167—179页。

《民间借贷规定》第 18 条规定:"根据《关于适用〈中华人民共和国民事诉讼法〉的解释》第一百七十四条第二款之规定,负有举证证明责任的原告无正当理由拒不到庭,经审查现有证据无法确认借贷行为、借贷金额、支付方式等案件主要事实,人民法院对其主张的事实不予认定。"在民间借贷案件中,双方在诉讼中应当遵循诚实信用原则。然而,许多民间借贷纠纷中,借款人或者出借人一方常常不到庭,由代理人参加诉讼,代理人在诉讼中对借据或者其他证据提出异议,法庭无法确定的,无论是债权人还是债务人,法院均可以要求当事人本人到庭陈述。当事人无正当理由拒不到庭的,应当承担失权的法律后果。

违反诚实信用原则可以发生实体法上的"失权"效果,即相应的实体权利丧失。民事实体法上的失权是指权利人在相当期间内不行使其权利,依特别情事足以使义务人正当信任债权人不欲其履行义务者,基于诚信原则不得再为主张。[1] 我国台湾地区学者认为,在诉讼法上,同样适用失权原理,"可期待当事人适时提出攻击防御方法而其未提出者,他造当事人有正当理由信赖其不提出,故该攻击防御方法之提出产生失权效果"。[2] 我国台湾地区新"民事诉讼法"增加规定了强化失权效果,且明定当事人负有依诚信原则促进诉讼义务,"基于诉讼法上的诚信原则,应认当事人对于他造及法院负有适时提出义务,就攻击防御方法之提出时期,应受相当之制约,基此,新法分别情形课当事人负一般性及个别的诉讼促进义务,且为落实有关诉讼促进义务之规定,贯彻诉讼促进之要求,新法同时增修相关规定,强化失权之制裁"。

笔者认为,当事人应当亲自到庭陈述而未到庭的,违反了依据诚信原则确立的法定出庭义务,应受制裁,其请求权应予驳回,或者抗辩权应被认定不成立。比如,在借条上故意不签真实姓名或者故意将姓名写错,从而否认借款事实,通过其他证据无法查明案件事实的,当事人必须亲自到庭质证。经传唤无正当理由拒不到庭的,法院应适用"违反诚信者无抗辩"之原理,支持另一方的主张。[3] 因此,民间借贷案件中应当进一步明确失权效果,以保障当事人促进诉讼义务之履行和借贷事实之查明。

三十、制式借条均由出借人打印提供的情形下,如何认定民间借贷案件的事实?

司法实践中,还有一种情况应当引起重视,即在制式借条均由出借人打印提供的情形下,仍不能绝对性地排除出借人因其他用途支取现金,但依照支取现金记录编制借条,要求借款人签字确认的情形。尤其是在一些民间借贷案件中,参

---

[1] 参见王泽鉴:《民法总则》,中国政法大学出版社 2001 年版,第 560 页。
[2] 许士宦主编:《新民事诉讼法》,北京大学出版社 2013 年版,第 300 页。
[3] 参见王林清、陈永强:《民间借贷的事实审查与举证责任分配之法理》,载《政治与法律》2013 年第 12 期。

加诉讼的出借人虽为自然人身份,但在其背后隐藏有组织的借贷团体,从而能够做到对每个流程的衔接都安排得十分严谨。

但是,考虑到民事案件的审查力度有限,以及现金款项来源证据系对既有借条等书面文件表征的借贷事实进行辅助性、补强性地证明,因此在借款人已向出借人出具一系列书面文件明确认可已收到出借人借款并作出自愿按约定内容还本付息的意思表示,且出借人已提供补强证据对现金交付事实予以证明的情形下,应认定出借人的举证已达到民事案件认定事实的高度盖然性标准。如借款人仍坚持绝对否定性的抗辩主张,提出借款事实并未实际发生的,则应对其在借条上确认借条全部内容的行为作出合理解释,换言之,此时的举证责任已转移至借款人,如借款人不能提交充分的反驳证据,则应负担相应不利的法律后果。

案例 5-3①

原告刘某诉称借款 2 170 万元给东升公司、徐某(东升公司法定代表人),有借款人签字确认的 122 张借条为据,借条均载明:"今向刘某借款现金×元;在约定借款期限届至时,应于归还本金当日支付利息,利息按银行商业经营性贷款利率(或银行同期贷款利率)的四倍计算。"借款人在借期内定期向刘某出具《保证按时还款承诺书》;此后双方签订《结算协议书》,约定借款人应于同年 7 月 19 日前还清借款。东升公司、徐某另出具《承诺书》,承诺就占用资金给刘某造成的投资损失,另支付补偿款 253 万元。2010 年 7 月 19 日,约定还款期限届至,刘某向公安机关报警称其至借款人公司取款,在复印借条原件时,徐某将封存借条原件的档案袋扔出窗外,后无法找到。刘某因要款未果诉至法院,请求判令借款人东升公司、徐某还本付息。被告东升公司、徐某共同答辩称:案涉借款事实未实际发生,刘某主张的借条金额均为其他借款(已形成另案诉讼)滚动计算而来的高额利息,因另案诉讼查封东升公司的土地、设备,其于无奈之下被迫签订系列书面文件,请求驳回刘某的诉讼请求。

江苏省南京市中级人民法院经审理认为,在借款人抗辩未实际收到款项的情况下,刘某就该节事实仅作口头陈述,未能提交其他证据加以证实。据其陈述,其在另案借款未还的情况下,又将 2 170 万元出借给东升公司、徐某,案涉金额较大且均以现金方式交付,该行为本身与常理不符。刘某起诉主张业已发生的借款事实存在不能排除的合理怀疑,仅凭《结算协议书》《保证按时还款承诺书》《承诺书》及公安机关的询问笔录等主张权利依据不足。判决驳回刘某的诉讼请求。

刘某不服一审判决,向江苏省高级人民法院提起上诉。经二审释明,出借人提交了款项来源等证据,用以补证其以现金方式交付借款。二审法院认为:

第一,民间借贷合同具有实践性特征,出借人行使债权请求权要求借款人偿

---

① 江苏省南京市中级人民法院(2011)宁商初字第 10 号民事判决、江苏省高级人民法院(2011)苏商终字第 151 号民事判决。

还借款本息的,应当对是否已形成借贷合意、借贷内容以及是否已将款项交付给借款人等事实承担举证责任。借条为借贷双方形成借贷合意的凭证,同时具有推定借贷事实已实际发生的初步证据效力,但在借款人提出借贷事实未实际发生的抗辩,且人民法院对借贷事实产生不可排除的合理怀疑时,出借人还应提交其他证据印证借贷事实的实际发生。本案中,122张借条除签字以外的内容均由出借人事先打印提供、大额借款均以现金交付,缺少银行转账凭证,且款项交付方式与另案大额借款通过银行转账的交易习惯不符,此外刘某承认借条金额中还存在将利息预先计入本金的情况。因此,仅凭借条或借款人徐某丢弃借条的行为,尚不能认定出借人已将2170万元借款本金实际交付给借款人。同时,刘某在东升公司、徐某未归还另案借款的情形下又继续出借大额款项,行为不合常理,不能排除借条所载本金数额中包含高额利息的可能性。刘某提交的《结算协议书》《保证按时还款承诺书》虽形式完备,但该两份证据中的结算数额系依据借条数额计算而来,并不能证明借款本金交付的事实。因此,出借人应补充提交证据证明出借款项的来源、其具有支付大额借款的能力等,以印证借贷事实的实际发生。

第二,在出借人在二审中补充提交款项来源等证据的情形下,对于是否存在借贷关系及借款本金的数额,应从在案证据与案件事实之间的关联程度,以及各证据之间的逻辑联系等方面进行综合判断。首先,刘某提交的银行提现凭证能够证明其具有出借大额款项的支付能力。其次,经审查,刘某在另案中提交的证据系两份借款协议,而本案借款均以借条方式形成,应认定两案所涉借款法律关系彼此独立。再次,银行提现凭证不能直接证明刘某向东升公司、徐某交付借款,仅能证明刘某在当日支取现金,对于款项支取后的去向,还应有借款人出具的借条予以印证。此时借条的性质类似于"收条",如出借人支取款项的时间、金额与借款人出具借条的时间、借条所载金额均能一一对应,则能形成证明借贷双方之间形成债权债务关系的证据链,证明出借人刘某在支取现金后,将该笔款项交付给借款人。

第三,案涉122张借条约定的利率未违反国家有关限制借款利率的规定,应予保护。该约定利率为借期内利率,当事人仅约定借期内利率,未约定逾期利率,出借人以借期内的利率主张逾期还款利息的,依法予以支持。借贷双方约定的借款偿还期限为2010年7月19日,故利息起算的时间应为借款偿还期限届满后的次日,即2010年7月20日。

第四,《承诺书》未记载253万元补偿款的计算依据,对约定补偿款253万元的性质,应认定为借款人东升公司、徐某承诺的对于逾期偿还借款所承担的违约金。本案中,刘某主张的逾期还款利息已经达到中国人民银行同期同类贷款利率的4倍,对于超出的部分,不应予以保护。江苏省高级人民法院依据查明的事实改判撤销南京市中级人民法院一审民事判决;东升公司、徐某在判决生效之日起15日内偿还刘某借款本金871.54万元及相应利息(利息自2010年7月20日起至还清之日止,按照中国人民银行规定的同期同类贷款利率的 4 倍计付);驳回刘某的其他诉讼请求。

三十一、民间借贷案件中如何认定证明是否达到盖然性标准?

民间借贷案件中,尤其是大额借贷合同,就出借人是否已经履行了提供款项的义务,成为此类案件的核心问题所在。而出借人提供款项或者履行出借义务的举证责任标准,由于没有统一明确的规定,因而各地做法迥异,判决结果也大相径庭。就此问题,实务中大致形成两种观点:

第一种观点认为,只要借款人出具了收条、承诺收到了款项或者以其他形式明示或默示收到款项的,即应认定出借人履行了提供借款的义务;如果借款人事后反悔否认收到该款项的,则其应对未收到款项承担举证责任。

第二种观点认为,虽然借款人为出借人出具了收条,或者在借款协议中表明其已收到大额款项,但现实生活中的确存在有的借条或收条是被胁迫而写,也有的是为了掩盖高额利息。因此,不能仅凭贷款人向出借人出具的收据就认定出借人已经履行了提供借款的义务,如果借款人的抗辩事由足以引起法官的合理怀疑,人民法院还应进一步审查贷款事实,并就出借款项要求出借人进一步提供证据证明。

笔者倾向于第二种观点。

就借条或者借据的审查而言,应当把握民间借贷合同关系的性质,全面细致地了解和调查借条的形成过程、借款原因和借款目的、债权人资金的具体来源、借款与还款时间等。

对于民间借贷纠纷案件的证据认定,不仅要审查判断各证据之间的联系,还要审查判断各证据与案件事实的关联程度。目前,民间借贷案件数量众多,标的额较大,为防止当事人以民间借贷的形式掩盖非法目的,在大额民间借贷纠纷案件中,即使所提供的民间借贷合同或者协议、欠条、借据等证据均为真实,人民法院对证据与案件事实的关联程度,即借贷内容也要进行必要的审查核对。[1] 为更好地阐释和说明这一问题,现以发表在《人民司法》上的一个典型案例作为样本予以分析。基本案情如下[2]:

---

[1] 最高人民法院民事审判第一庭:《民间借贷纠纷案件的证据认定,应从各证据之间的联系等方面进行综合判断》,载奚晓明主编:《民事审判指导与参考》2013 年第 2 辑(总第 54 辑),人民法院出版社 2013 年版,第 131—132 页。

[2] 周歆焱与重庆康发物业发展有限公司(案例中简称康发公司)民间借贷纠纷案。一审案号(2009)渝五中法民初字第 151 号;二审(2010)渝高法民终字第 78 号。转引自彭贵:《民间借贷中巨额现金交付的证据规则》,载《人民司法·案例》2010 年第 16 期。

案例 5-4

2004年12月30日,周某某与康发公司、张某某签订借款合同,约定:康发公司向周某某借款1640万元以及张某某对该借款的担保责任、利率、还款期限、违约责任等内容。借款合同签订后,周某某用现金或转账支票的方式先后共借给康发公司共计1640万元。康发公司收到借款后,向周某某分别出具了借条。后康发公司未按借款合同约定归还借款。2006年11月23日,周某某与康发公司、张某某签订《借款及还款协议》,约定:(1)康发公司收到周某某借款1640万元,该借款到期后,康发公司未履行还款义务。(2)本协议签订后,周某某再借给康发公司现金1500万元,康发公司出具书面收据,张某某在该收据上签章,以证实周某某出借行为的真实性。(3)还款期限、利率、违约责任等内容。在借款及还款协议签订后的次日,康发公司向周某某出具了内容为康发公司借周某某现金1500万元整的收据一张。张某某在该收据上署名。借款到期后,康发公司仅向周某某支付利息270万元,其余款项一直未付。

周某某于2009年5月18日向重庆市第五中级人民法院提起诉讼,请求判令康发公司偿还周某某借款本金3140万元,支付至实际还款日止的利息以及其他诉讼主张。康发公司辩称:康发公司未收到1500万元现金借款,借款收据是在周某某胁迫之下出具的,不应采信等答辩意见。重庆市第五中级人民法院一审认为,借款合同、借款及还款协议应属有效合同。借款合同签订后,周某某已按约支付康发公司借款1640万元。此后其与康发公司、张某某签订借款及还款协议,又约定周某某在3日内再借给康发公司现金1500万元。在签约次日,康发公司即向周某某出具了内容为收到周某某现金1500万元的收据,张某某也在该收据上签署了姓名。康发公司、张某某辩称该借款收据是在周某某胁迫之下出具的,但未提供任何证据予以证明,对该辩称理由不予支持,故应认定周某某共计支付给康发公司的借款为3140万元。判决康发公司于判决生效之日起15日内返还周某某欠款3140万元及利息等。

宣判后,康发公司不服一审判决,提起上诉。

重庆市高级人民法院经审理认为,关于1500万元现金借款是否履行的问题,因康发公司向周某某出具了收到周某某现金1500万元的收据,并且周某某提供了其具备支付1500万元现金的资信证据且对现金划款作出了合理解释,康发公司虽然辩称该借款收据是在周某某胁迫之下出具的,1500万元系其支付给周某某的高息,但是其未提供任何证据予以证明,故应认定周某某已经向康发公司实际履行了贷款义务。判决驳回上诉,维持原判。

从本案案情及一、二审法院的审理情况看,1500万元现金借款是否履行是本案的核心与焦点所在。二审法官认为:"一般而言,借款人向贷款人出具的收据应当是借款已经实际履行的有力证据。法院在认定民间借贷纠纷中借款事实是否履行时,只要出借人提供了借款人出具的收据,就可以推定贷款人已经履行了贷款义务。如果借款人没有其他的足以引起法官合理怀疑的抗辩理由及证据,法官可以不对借款事实作进一步审查。一审中,虽然当事人对此提出了抗辩,但是法院未作继续深入审查,这明显不妥。"①显然,二审法官发现了一审法院审理本案中潜在的硬伤,因而在二审程序中对此给予了充分注意,并就借款是否实际履行作了进一步查证。单就这个角度观察,二审法官在处理本案时显然很好地找准和把握了问题的关键。有关第二笔1500万元的借款,作为出借人的周某某究竟是否支付给了借款人康发公司,正如二审法官所指出的:"收据中载明的收到的现金的性质究竟是借款本金还是高息,从法官的内心确信来看,其系高息的可能性较大,因为此种情况在现实生活中比比皆是。"笔者赞同二审法官的敏锐分析,并进而认为,本案还应当对以下几个问题作出思考,或许可能对案件的处理更为周全、得体。

(一)第二笔1500万元借款是否符合日常经验?

经验法则既包括一般人日常生活所归纳的常识,也包括某些专门性的知识,如科学、技术、艺术、商贸等方面的知识等。② 在诉讼证明中,认定案件事实的方法主要有两种:一是通过获得证据来证明;二是通过推定来证明。经验法则是事实推定的依据,两者之间存在着紧密的联系。"司法上的事实推定是法院以采取类型化的技术方式,在并不顾及事物本身的特殊性与经验法则的相对性、主观性的条件下,按照事物的普遍性与常态性所体现的经验法则对待事实进行判定。"③笔者认为,本案中第二笔1500万元的借贷似乎与日常经验不符。

2004年12月,周某某借给康发公司1640万元。从双方签订该笔借款合同看,对于民间借贷的担保责任、利率、还款期限、违约责任等内容都作了十分详细的约定,而这些详尽的约定恰恰是作为债权人的周某某特别在意和关心的。由此可见,周某某并非对存在的潜在商业风险懵懂无知,相反,通过这一缜密的合同约定内容能够感觉到出借人是一个理性的经济人,且对于往外放贷产生的风险和利益有较为充分的认识。民间借贷合同到期后,康发公司分文未还。这种严重违约的行为,无疑对周某某的权利造成了严重损害,一般情况下,周某某应当通过各种途径追偿该笔借款。然而,在康发公司根本没有还款的情况下,根据案情介绍,周某某于两年之后的2006年11月又借给康发公司1500万元。这点让人感觉与一般常理有些不太相符。对于借款人而言,第一次的借款分文未还,再想获取第二次放贷,而且是如此之大的数额,基本上是不可能的,出借人不可能再冒一次风险,除非第二笔借贷是为了以新还旧,或者出借人为追求巨额的高利贷链而走险,或者出于其他原因,自然另当别论。然而从案情介绍看,这些疑虑无法在案情中获取冰释,第二笔1500万元的借贷让人疑窦丛生也就不足为奇了。

---

① 彭贵:《民间借贷中巨额现金交付的证据规则》,载《人民司法·案例》2010年第16期。
② 参见〔日〕新堂幸司:《民事诉讼法》,林剑峰译,法律出版社2008年版,第375页。
③ 毕玉谦:《民事证明责任研究》,法律出版社2007年版,第462页。

（二）本案是否存在其他容易让人产生合理怀疑的现象？

以下疑问，足以让人对案件客观事实产生自我描绘，进而容易对一、二审认定的法律事实产生困惑疑虑：

1. 关于1 500万元现金的支付问题。应当说，在市场经济条件下，确实存在大额款项以现金支付的情形，根据笔者的调研，尤其是在浙闽区域一带，不通过银行汇款而直接以大额现金支付款项几近成为一种交易习惯。所以，不能因大额款项以现金支付而想当然地认定为不符合常理，也不能仅因为没有银行转账凭证就认为没有支付款项。然而，本案中的第一笔1 640万元，周某某是以现金或转账支票的方式支付给康发公司，第二笔1 500万元，除了康发公司向周某某出具的收据外，出借人再没有提供任何其他证据加以佐证，这与当事人之间的交易习惯不太吻合。

2. 关于约定出借行为真实性问题。2006年11月23日，周某某与康发公司、张某某签订的《借款及还款协议》约定："……2. 本协议签订后，周某某再借给康发公司现金1 500万元，康发公司出具书面收据，张某某在该收据上签章，以证实周某某出借行为的真实性。"在商业交易习惯中，很少有对真实的交易关系通过约定来确认，事实上，真实的交易关系是建立在真实的支付价款和履行义务之上，而不是通过约定确认交易的真假。周某某与康发公司、张某某通过约定证实出借1 500万元的真实性与一般交易习惯不符。

3. 关于1 500万元支付的时间问题。2006年11月23日，周某某与康发公司、张某某签订的《借款及还款协议》中约定的是协议签订的3日内再借给康发公司现金1 500万元，假设周某某真有放贷的计划，用3天的时间准备1 500万元现金大致还算正常，毕竟，如此大额的现金筹集确需一点时间，这也恰恰说明周某某亦考虑到了这一点。然而，根据案情介绍，在签订协议的次日，周某某即支付1 500万元现金。可见其准备现金的速度甚至超出了自己的预期。

4. 关于出借人的资产状况问题。正如二审法官所考虑的，"借款能否实际履行的前提是贷款人具有履行的能力，故对出借人资信的审查是必须的"。因此，二审向周某某释明，其应就1 500万元现金借款的履行情况进一步举示证据。周某某举示了2005—2006年重庆大江摩托车发动机制造有限公司、重庆大江动力设备制造有限公司的现金明细账，其中载明两公司的现金流量约2 000万元。周某某支付给康发公司的1 500万元现金就是从上述两公司提取的。"因上述公司系周某某家族的公司，可以确信出借人具有相应的履行贷款合同的资信能力。"然而，笔者却有疑问，两家家族公司2005—2006年期间的现金流量2 000万元，根据案情介绍，仅在2006年11月24日，周某某就动用了其中的1 500万元现金。难道这两个家族公司就在这一天的现金流量就达到如此之多？

5. 关于家族公司资金管理问题。根据案情介绍，周某某对外放贷的1 500万元现金，来源于其两个家族公司，遗憾的是，这两个家族公司对于如此之大的现金流动情况,既没有内部划款凭证,也没有相应的财务记载。由于案情尚未提及周某某是否为该两家公司的实际控制人或者控股股东,因而不宜妄加揣测,但两家公司动用如此之大数额的现金却未留下相关凭证,似乎与公司治理结构和日常经营管理的要求格格不入。

(三) 未排除合理怀疑的证据能否适用证据优势?

《民事诉讼证据规定》第 73 条对民事诉讼"高度盖然性"的证明标准作出了具体规定。"高度盖然性"证明标准,就是将盖然性占优势的认识手段运用于司法领域的民事审判中,在证据对待证事实的证明无法达到确实充分的情况下,如果一方当事人提出的证据已经证明该事实发生具有高度的盖然性,人民法院即可对该待证事实予以确认。① 因此,高度的盖然性必然是建立在证据的优势基础之上。

审理上述案件的二审法院认为:"从证据优势角度看,周某某的证据具有明显优势。虽然康发公司的陈述足以引起法官的合理怀疑,法官必须对借款事实作进一步查明,但是,当贷款人在提供了资信证据并对不能提供划款依据作出了合理说明时,法院不能否定其权利。……康发公司出具了收到周某某现金 1 500 万元的收据,并且周某某提供了其具备支付 1 500 万元现金的资信证据且对现金划款作出了合理解释,康发公司虽然辩称该借款收据是在周某某胁迫之下出具的,1 500 万元系其支付给周某某的高息,但是其未提供任何证据予以证明,故认定周某某已经向康发公司实际履行了贷款义务。"② 显然,二审正是在确认周某某的证据具有明显优势的前提下,支持了周某某的主张。对此,笔者的看法与二审法官的认识略有不同。虽然康发公司称该借款收据是在周某某胁迫之下出具的却又未提供任何证据予以证明,周某某提供的证据包括资信证据、收款证据以及当事人陈述,这些证据并不一定构成证据优势,关键原因就是它们无法排除上述合理怀疑,且与日常经验不相符。

有学者认为,证据优势"是指某一事实存在的证据的分量和证明力比反对该事实存在的证据更有说服力,或者比反对证明其真实性的证据的可靠性更高"。③ 笔者认为,对于证据优势的要求,简言之,必须达到足以令人确信其待证的事实确实存在的程度。当然,其所要求的证明标准是一种相对的"法律真实",而非绝对的"客观真实",这种"法律真实"在内心确信的程度上必须至少达到足以令人信服的高度盖然率。因此,优势证据最起码要达到认定待证事实的最低限度,即使一方当事人所举证据相较于对方当事人处于优势,但是如果其所举的证据并不能证

---

① 参见张雪楳:《企业之间借贷的效力认定及其利息保护——洪泽丰润金属物资回收有限公司与安徽福赐德新材料有限公司企业借贷纠纷案》,载奚晓明主编:《商事审判指导》(总第 38 辑),人民法院出版社 2015 年版,第 147—148 页。

② 彭贵:《民间借贷中巨额现金交付的证据规则》,载《人民司法·案例》2010 年第 16 期。

③ 李国光主编:《最高人民法院〈关于民事诉讼证据的若干规定〉的理解与适用》,中国法制出版社 2002 年版,第 465 页。

明其所主张的事实,不能排除合理怀疑的,也不能达到"高度盖然性"的证明标准,就不能支持其诉讼请求。

笔者认为,高度盖然性证明标准运用的关键在于自由心证。自由心证制度是由于无法克服证据不能完全复原案件原貌的缺陷,转而探求案件事实与法官内心确信之规则,它要求法官根据自己的理性和良心进行判断,形成确信并由此认定案情的一种证据制度。① 这就要求法官在自由心证时,必须在内心达到确信,其认定必须符合事物发展的盖然性原理,并以一个通常的、善良的、合理的第三者判断结果为参照,检验心证的合理性。高度盖然性系依据日常经验可能会达到的那样的高度,疑问即告排除,产生近似确然性的可能。具体运用到本案,尽管周某某提供的包括资信证据、收款证据以及当事人陈述在内的证据数量,要比康发公司所谓单纯地受周某某胁迫之下出具收据的主张在数量上占优势,然而"优势"并不单纯以证据数量的多少进行衡量,而以证据的证明力大小作为判断标准②,证据的优势与证人数量的多少或者证据的数量无关。本案中周某某所提供的证据并没有构成相应的优势,其所证明的结果尚未达到一般具有普通常识的正常人认为具有某种必然的或合理的盖然性或确信程度。或许正是基于此,甚至二审法院亦认为:"从法官内心确信来看,其系高息的可能性较大,因为此种情况在现实生活中比比皆是。"③

总之,民间借贷案件的借贷事实发生非常复杂,情况各不相同,尤其是大额款项的交付,在审判实践中,应当加强对借条记载内容真实性、合法性审查以及对借条本身真实性的审查,具体案件具体分析。特别是在当事人双方和证人证言存在诸多相互矛盾的时候,要进一步调查出借人的出借能力及借款人的还款能力、借贷的起因及用途、出借人交付款项的时间、地点以及交付的形式,综合考量债权人与债务人之间的关系、交易习惯以及证人证言的可信度等因素予以认定;同时,还要按照《民诉法解释》第105条之规定,运用逻辑推理和日常生活经验法则,对证据有无证明力和证明力大小进行判断。

出借人仅提供借贷合意凭证但无法提供交付凭证的,应将举证责任分配给主张协议已实际履行的出借人④,出借人应当就履行了"提供借款"的义务承担举证责任;之后借款人如果否认借款事实或主张已经将债务偿还的,应对相应事实承担举证责任,但要将借条和其他证据结合起来审慎认定。需要强调的是,即使借

---

① 参见李跃利:《论我国民事诉讼证明标准的立法完善》,载《甘肃政法学院学报》2003年第10期。

② 参见张雪楳:《企业之间借贷的效力认定及其利息保护——洪泽丰润金属物资回收有限公司与安徽福赐德新材料有限公司企业借贷纠纷案》,载奚晓明主编:《商事审判指导》(总第38辑),人民法院出版社2015年版,第148页。

③ 彭贵:《民间借贷中巨额现金交付的证据规则》,载《人民司法·案例》2010年第16期。

④ 参见杜万华、韩延斌、张颖新等:《建立和完善我国民间借贷法律规制的报告》,载《人民司法·应用》2012年第9期。

款人的举证未完成,只要对出借人的证据存在合理怀疑,且这些合理怀疑是由于出借人的行为造成的,出借人即负有排除这些合理怀疑的义务,否则不能适用"高度盖然性"标准,其诉讼请求并不一定会得到支持。唯有如此,方可以减少司法随意性,从而有助于维护司法的连续性、一致性。

三十二、民间借贷出具的借条中有的记载为"今借",有的记载的则是"今借到",二者有何不同?

司法实务中,有的借款人出具的借条上载明"今借×××人民币×元",还有的借条中记载了"今借(到)×××人民币×元"的内容,这就容易产生歧义。在审理案件时,"借"与"借到"会产生哪些不同后果,二者在举证责任上又有何区别,出借人仅凭记载有"借到"的借条起诉到法院,其诉讼请求必然会获得支持吗?

一般而言,借条是当事人之间成立民间借贷合同法律关系的证明。单从字面上的文义理解,"借"仅指的是双方形成了借贷的合意,借款人向出借人出具借条本身就是认可双方之间成立了借贷法律关系。而"借到"则不仅可以理解为双方就借贷已经形成合意,而且也可以认定借款人已经从出借人处得到了款项本金,这也就意味着出借人履行了提供款项的义务。从这个角度而言,"借"与"借到"所相对应的举证责任有所不同,同样都是借贷合同纠纷,持有记载"今借"借条的出借人,还负有提供证据证明已经提供了款项的义务;而持有记载"今借到"借条的出借人,一般情况下可以此记载作为其提供了款项的有力证据。

"谁主张、谁举证"是民事诉讼的一般举证原则,我国《民事诉讼法》及其相关司法解释均对该原则进行了规定。民间借贷的出借人持有记载"今借到"的借条,既能证明双方之间成立了借贷合同法律关系,又能初步证明其已经实际交付所借款项给借款人。但问题是,在民间借贷案件审理过程中,出借人仅持有"今借到"这一唯一的证据,而借款行为又存在其他合理怀疑的因素,此种情形下能否支持出借人的诉讼主张?

对此问题,笔者认为,出借人仅持有记载"今借到"的借条这个唯一证据的,如果借款本身容易使人产生合理怀疑,譬如,对于大额款项的交付没有其他直接证据或者间接证据佐证,借款人对于借款不作任何答辩或者抗辩,双方都要求法院主持调解,或当事人对款项来源及其走向难以说明,等等,遇到诸如此类情形,人民法院通过其他手段无法查明借贷事实究竟是否发生的,应当注意经验法则的运用。

就经验法则而言,一般情况下,民间借贷当事人之间的现金交易,往往都是在一定背景下进行的,出借人或者从银行提取了款项,或者通过其他形式交付款项;借款人收到借款后或者存入银行,或者转入其他用途。如果当事人双方仅有借条这个唯一的证据,再无其他证据证明借贷事实的发生及其经过,则与一般生活经验不相吻合,容易使人产生合理怀疑,而这个怀疑并非是借条本身所能够解释清楚的,它无法达到确信对待证事实的存在具有高度可能性。《民诉法解释》第108条第1、2款规定:"对负有举证证明责任的当事人提供的证据,人民法院经审查并结合相关事实,确信待证事实的存在具有高度可能性的,应当认定该事实存在。对一方当事人为反驳负有举证证明责任的当事人所主张事实而提供的证据,人民法院经审查并结合相关事实,认为待证事实真伪不明的,认定该事实不存在。"因此,在双方当事人确无其他证据证明的情况下,很难使人确信借贷事实的存在具有高度可能性,在借贷事实真伪不明的情况下,应当认定借贷事实不存在,出借人要求借款人返还借款本息的诉求不能得到满足,这也是对经验法则的另一种形式的具体运用。

审判实务中的民间借贷案件,对于经验法则的搜集与选择,有学者主张应围绕以下几个方面展开:一是借贷双方之间的关系;二是出借人是否具有相应的财产能力;三是外界因素的影响;四是借贷双方的借款方式、走款途径。[①] 笔者对此深以为是,但同时还认为,适用经验法则时应当给当事人以充分的辩论机会,以便其对事实进行完全的陈述,唯有如此,才能奠定法院采用经验法则的心证基础。

三十三、当事人以不当得利为由主张返还钱款的,举证责任如何分配?

不当得利的"一方获利""他方利益受损"以及"获得利益与他人受损之间存在因果关系"这三个要件属于权利发生要件,应由不当得利债权人承担证明责任这一点在理论界和实务界都是毫无争议的。而有关不当得利的证明责任分配的难点问题主要集中在"没有法律上的原因"这一点上。对此,有三种不同观点。

第一种观点认为,应当按照"谁主张、谁举证"的一般举证责任分配规则确定。当事人在民事诉讼中对自己主张的事实,有提供证据加以证明的责任,这就要求原告和被告都要对自己的事实主张提供证据。最高人民法院《民事诉讼证据规定》第2条规定既是对一般举证责任分配规则的进一步阐述,也是对法律要件分类说的再现。在诉讼实践中,除非在法律中另有规定,民事诉讼应依据该原则来分配证明责任。由此,主张不当得利返还的债权人应当对"没有法律上的原因"承担举证责任。

第二种观点认为,"没有法律上的原因"属于消极事实,依照证明责任的消极事实学说,为消极的事实陈述的人,不负证明责任。因此,以不当得利起诉的,被告抗辩的,应当对自己取得财物或者钱款"有法律上的原因"承担举证责任。

第三种观点认为,就不当得利"没有法律上的原因"要件应当由主张不当得利的债权人负证明责任,同时也存在例外,应当根据不当得利的不同类型划分,确定不同的举证责任。在给付型的不当得利中,原告对被告占有现状的否定评价是建立在否定自身移转财产行为的基础之上的,因此原告应更有能力对自身的移转财

[①] 参见吴献雅:《经验法则类型化研究》,载《北京政法职业学院学报》2009年第4期。

产行为提供证据,这是不当得利证明责任的一般理论。在非给付型不当得利中,例如,在侵害他人权益的不当得利案例中,通常认为原告对"没有法律上的原因"要件不承担证明责任;在票据纠纷案件中,票据的当事人与基础法律行为的当事人相同,票据债务人以不当得利抗辩债权人的权利请求,那么基础行为的债权人基于票据的无因性并不需要对基础行为构成有效原因承担证明责任,而应由以不当得利抗辩债务的票据债务人就基础债权没有发生或已经消灭承担证明责任。

不当得利分为给付不当得利和非给付不当得利。给付型不当得利主要是指受益人受领他人基于给付行为而转移的财产或利益,因欠缺给付目的而发生的不当得利[①];非给付型不当得利主要是基于受益者、受损失者和第三人的行为,或者基于事件、法律规定而发生的不当得利。[②] 无论是给付型或者非给付型不当得利,要确定不当得利诉讼的证明责任分配,先应该分析不当得利的构成要件。"一方获利""使他人利益受损""获得利益与他人受损之间存在因果关系"是不当得利的三个客观要件,也是不当得利发生的事实依据。无论是获取利益、利益受损还是获利与受损之间存在因果关系,都属于客观发生的现实。正因为如此,上述三个要件由不当得利债权人承担证明责任在理论与实务界没有任何疑义。但就"没有法律上的原因"而言,它是构成不当得利的法律要件。笔者认为,这种建立在法律认识和评价基础之上的构成要素,无论是将其作为不当得利的前提条件还是发生要件,将其归类于"目的因素"而非"认定事实"的范畴而为适宜。笔者还认为,对于"目的因素"的举证,给付型不当得利应由主张不当得利一方承担"没有法律上的原因"的举证责任;非给付型不当得利则应由受益一方对其受益系"有法律上的原因"承担举证责任。主要理由如下:

首先,给付型不当得利既可以是自始欠缺给付目的,也可以是给付目的嗣后不存在,还可以是给付目的之不达,而给付目的就是给付的原因。如果由于某种原因,给付目的(原因)不存在或者不能达到,那么受领给付者的受有利益便会因无法律上的根据而成为不当得利。由此,给付型不当得利的功能就在于调整这种欠缺给付目的的财产变动。正是由于原告(不当得利债权人)通常亲历或了解给付不当得利中财产发生移转的原因,以及移转原因消失的法律事实,并认为被告受益无合法根据。原告对被告占有现状的否定评价是建立在否定自身移转财产行为的基础上的,因此原告应更有能力对自身的移转财产行为提供证据。[③] 实际上,此处所讲的"原告应更有能力对自身的移转财产行为提供证据"是针对原告遭受利益损失、被告因此获得利益而言的。利益变动的原因很多,诸如买卖、借贷、租赁、消费、承揽、违约、侵权、赠与等基础关系,都会发生给付金钱的表征。在给

---

① 参见邹海林:《我国民法上的不当得利》,载梁慧星主编:《民商法论丛》(第五卷),法律出版社1996年版,第20页。
② 参见李双元、温世扬:《比较民法学》,武汉大学出版社1998年版,第600页。
③ 参见周冬冬:《不当得利诉讼的证明责任分配》,载《人民司法·案例》2010年第6期。

付型不当得利情形下,原告的给付行为往往并非是凭空进行的,作为一个理性之人,应当就其给付行为说明原因,提供证据证明对方获取利益"没有法律上的依据",毕竟,原告离这些基础原因和证据更近,更应当有理由和义务提供。

其次,在给付型不当得利诉讼中,原告主张不存在合法根据,并不意味着客观上就真如其所说的无合法根据。第一,无合法根据既有自始的无合法根据,亦有嗣后的无合法根据。在基于合同的给付而产生的不当得利诉讼中,如果合同被宣告无效、被撤销或被解除,原有的给付因失去合同的支持而变为不当得利,此时的"无合法根据"也就是"失去合法根据",实际上是一种积极的事实。依罗森贝克的权威学说,只要属于权利发生规范的构成要件事实,即使是消极事实,原告的证明责任也不能免除。第二,让原告承担"没有合法根据"的证明责任并非不公平。给付型不当得利请求权人乃是使财产发生变动的主体,由财产变动的控制者承担举证不能的风险,实属合理。被告收取原告给付的利益存在诸多可能的原因,未必均属不当。那种在给付原因未查明之前即假定被告收取的是不当利益,而原告则是受害人的想法纯属于先入为主、有责推定,有悖于司法规律与法官操守。第三,被告并非离"没有合法根据"的证据更近。在不当得利诉讼中,经常发生的情况是,原告所为之给付行为有法律上的原因(如借贷、赠与、合伙、投资等),相关的证据就在原告的手中,但原告出于诉讼策略甚至是诉讼欺诈的考虑,谎称无合法根据。如果没有任何实证的依据就主观臆断被告离"没有合法根据"的证据更近,不但难以服人,而且还会给被告带来巨大的也是不公平的风险。第四,不当得利制度发展到今天,已经形成固定的构成要件,不能将不当得利视为"实现正义之万灵丹,在社会伦理上或道法尚可资非难者,并非当然构成法律上之不当"。① 不当得利作为一种独立的法律制度,具有严格的适用范围,不能作为当事人在其他具体民事法律关系中缺少证据时的请求权基础。② 不当得利制度并非凌驾于其他民法制度之上负有衡平调节任务的高层次法律,"受有利益而致他人损害,应否成立不当得利,应以实体规定及其含蕴之价值判断认定之,不宜迳以衡平原则作为判断标准"。③ 第五,《民事诉讼证据规定》第5条规定,在合同纠纷案件中,主张合同关系成立并生效的一方当事人对合同订立和生效的事实承担举证责任。合同与不当得利都是债的发生根据,二者处于同等并列的地位。相应的,在设计举证责任分配上,也应体现出大致相同的责任平衡。由此可以推及,在给付型不当得利诉讼中,主张不当得利成立的一方当事人(也就是原告)应当对不当得利成立的事实承担举证责任。这样推理的结果恰恰吻合了举证责任分配的法理实质——"谁主

---

① 王泽鉴:《债法原理》(第二册·不当得利),中国政法大学出版社2002年版,第15页。
② 参见最高人民法院民一庭:《借贷纠纷案件当事人的诉讼请求被驳回后,又以不当得利为由另行起诉主张权利的,人民法院不予支持》,载奚晓明主编:《民事审判指导与参考》,法律出版社2011年版,第136—138页。
③ 王泽鉴:《债法原理》(第二册·不当得利),中国政法大学出版社2002年版,第16页。

张,谁举证",也为当事人双方的实体利益和程序利益寻找到了基本公平的分界线。

再次,给付型不当得利中,证明"没有法律上的原因"并非不可能。尽管"没有法律上的原因"系作为待证事实对待,将其定位于"消极事实"自不待言。然而,按照罗森贝克的规范说理论,如果消极事实在实体法规范中是作为权利发生要件而存在的,应该由主张该权利发生的一方承担举证责任。可见,对于消极事实,同样存在承担举证责任问题。至于认为消极事实举证困难,罗森贝克认为,没有发生的事实,不能直接予以证明,而只是从中推导出,觉察出某个事情,但若在事实存在的情况下是不可能察觉到的。至于举证困难,根据以往经验,对于存在事实的证明,往往也只是以间接的方式进行的,且对存在这一事实的证明与对不存在这一事实的证明同样困难。此外,对表明是肯定的情况的驳斥构成了对否定的证明。任何情况下,证明困难并非证明的不可能,不得改变我们的证明责任原则。①上述观点确具至理,譬如,对于"甲昨天晚上没有给乙送货"这样一个消极事实而言,如果甲对此负有举证义务,则可以通过昨天晚上甲在做其他事情或者甲在外地不可能去乙的住处等,来间接推导出其没有给乙送货的结论。对于此类消极事实,可以通过推导、排除等方式间接印证。

最后,对于非给付型不当得利,由于被告获得利益并不是基于原告的主动给付行为导致发生的,因此,被告距离该利益"有法律上的依据"更近,由被告对此承担举证责任更为公平。"没有法律依据"是相对于"有法律依据"而言的。当原告没有主动给付,再让其举证被告获得"没有法律依据",则从客观上近乎不可能,此时赋予取得利益的一方负有证明其获取利益有"合理的依据"的义务,更符合民事诉讼的诚实信用原则。因为取得利益的一方证明其利益的取得有"合理的依据"相对简单、方便、快捷,在实现举证的可能性上具有无可比拟的优势。因此,将"存在法律依据的情况下取得利益"的举证责任倒置,不但符合程序公正的价值,也与举证责任倒置的法理精髓相吻合。当然,也许有人因此担心,财产的占有人如果随时都会遭到他人对其财产是否存在法律上的依据的质疑,无疑会给财产权的安定性造成威胁,权利的所有人在财产变动原因合理性被推翻之前,应当获得法律对他的充分信赖和保护。笔者认为,这种担忧其实是多余的。现实中对个人财产合法性质疑进而通过诉讼要求返还的,现有的途径大多只有依据民法中债的规定提请公权力裁判,原告如果败诉,则其要承担诉讼费用,并要承担被告因诉讼花费的费用。所以,绝大多数情况下,他人不会对某人财产是否有法律依据而任意聚讼质疑。从另外角度讲,原告提起不当得利之诉失败的,也从侧面加强了被告财产合法性的证明度。

---

① 参见〔德〕莱奥·罗森贝克:《证明责任论》,庄敬华译,中国法制出版社2002年版,第341—342页。

笔者还认为,在审理不当得利案件中,人民法院还应当注意适用高度盖然性的标准评判证据证明力大小,要结合原告的诉称、被告的答辩等多种因素,判断原、被告所主张的事实哪个更符合事物发展的概率。"在适用高度盖然性这一标准时,法官可依经验法则的要求,将一般人的内心确信作为参考。"[1]总之,民事实体法是以公平为原则,而民事程序法则是为实现实体法的价值目标而创设的具体规程。从这个意义上讲,程序法外在虽具独立的品格特质,然而它的使命和责任却是服从和服务于实体法的价值目标。因此,绝不能因为程序选择路径的不同,导致实体上的结果发生截然不同的后果,否则,程序法必然成为一种可以决定实体法走向、成败命运的工具,它会因不同的人作出不同的选择而在结果上大相径庭,神圣的法律最终沦落为被他人操纵玩弄的傀儡,而这显然不是法律的品格。程序选择路径不同,实体结果应当殊途同归,这才是程序法包括举证责任分配理论所应当秉承和坚持的操守。

三十四、民间借贷纠纷案件中双方均不申请鉴定借条真伪的,举证证明责任应如何分配?

民间借贷纠纷中,被告经常会对原告提交的借据的真实性提出异议,如对借据上的签名或盖章的真实性予以否认、对签名形成的时间不予认可。当借据真伪存疑时,如何分配举证责任,尤其是原、被告双方均不申请鉴定的,举证责任如何分配,成为审判实践中的一个突出问题。对此,有两种截然不同的观点。

第一种观点认为,根据"谁主张、谁举证"的证据规则,被告(借款人)主张借条上的签名或盖章不真实,应该由被告(借款人)承担举证责任。

第二种观点认为,应该由原告(出借人)承担申请鉴定的举证责任。

笔者认为,申请鉴定不仅是一个程序性问题,还涉及举证责任的最终分配问题。有关这一问题,应从以下几个方面把握:

首先,原告持借条(据)、收条(据)、欠条(据)等债权凭证提起诉讼,被告对债权凭证的真实性提出异议的,双方当事人均可以申请鉴定。鉴定意见属于证据的一种,申请鉴定是当事人履行自己举证责任的内容,当事人需要鉴定意见来证明自己提出的主张时,理所当然应当申请鉴定。《民事诉讼法》第76条第1款规定:"当事人可以就查明事实的专门性问题向人民法院申请鉴定。"这里的表述用语是"可以",即当事人有权申请,但并不意味着只要当事人行使这一权利,必然会导致鉴定程序的启动,这里需要法院进行裁量,确定是否有鉴定的必要。如果申请鉴定事项与案件事实没有关联的,则其鉴定的申请人民法院不予准许。有关这一点,《民诉法解释》第121条第1款已经作出规定:"当事人申请鉴定,可以在举证期限届满前提出。申请鉴定的事项与待证事实无关联,或者对证明待证事实无意

---

[1] 李君临:《不当得利纠纷的举证责任研究》,载《法制与经济》2012年第10期。

义的,人民法院不予准许。"

其次,双方当事人都不申请鉴定,而相关事实必须通过鉴定,人民法院应当根据不同情形分别作出处理:

(1) 被告虽然对原告提供的债权凭证的真实性提出异议,但未提供反驳证据或者提供的证据不足以证明债权凭证的真实性存在疑点的,应当由被告申请鉴定。被告不申请司法鉴定,或者虽然申请司法鉴定但拒不提供笔迹、印章等对比样本的,可以认定该债权凭证的真实性。这是因为,原告所举的借条上载明了借款人,也载明了借款数额和借款时间,该证据从形式上具备了民间借贷合同的要件,应当认定原告就其请求和主张完成了举证责任。对于被告针对该借据提出的诸如"借条上的内容和签名非其本人所签"的抗辩主张,属于被告对原告提供证据的质证内容。其质疑只有是合理的、符合一般常规和日常经验的事实理由才被采纳。

(2) 被告对原告提供的债权凭证的真实性提出异议,并且提供了相应证据证明债权凭证的真实性存在疑点的,由原告申请鉴定。原告不申请司法鉴定,人民法院不予认定该债权凭证的真实性。原告申请司法鉴定,被告应当提供笔迹、印章等对比样本;被告拒不提供笔迹、印章等对比样本的,可以认定该债权凭证的真实性。这是因为,出借人不仅要对借贷内容负举证责任,还要对借款人是谁、借款时间、利息等内容负有举证责任。尤其是在被告对原告提供的证据提出了令人产生合理怀疑的疑点时,原告对于债权凭证的真实性更负有证明其真实性的责任。

(3) 被告虽然对原告提供的债权凭证的真实性提出异议,并且提供了相应证据证明债权凭证的真实性存在疑点的,但是原告既有借据又有其他证据予以佐证,致使双方提供的证据效力难以准确划分的,应当根据"谁主张、谁举证"的举证分配基本原则,由原告(出借人)申请司法鉴定。这是因为,按照《民事诉讼证据规定》第5条的规定,在合同纠纷案件中,主张合同关系成立并生效的一方当事人对合同成立和生效的事实承担举证责任。在双方提供的证据中任何一方都无法达到优势地位时,此时,出借人应该对借款合同成立并生效的事实承担举证责任,即出借人应承担申请鉴定的借据上签名和盖章真实性的责任。

再次,申请鉴定的当事人或者法院确定应当申请鉴定的主体,预交鉴定费用,但最终负担按照国务院《诉讼费用交纳办法》第29条的规定确定。此外,对于需要鉴定的事项负有举证责任的当事人,在人民法院指定的期限内无正当理由不提出鉴定申请或者不预交鉴定费用或者拒不提供相关材料,致使对案件争议的事实无法通过鉴定结论予以认定的,按照《民事诉讼证据规定》第25条第2款的规定,应当对该事实承担举证不能的法律后果。

最后,在某些情况下,虽然双方当事人均没有申请鉴定,但人民法院认为审理案件需要对专门性问题进行鉴定,比如,民间借贷纠纷中的某些专门性问题可能涉及有损国家利益、社会公共利益或者他人合法权益的事实,需要进行司法鉴定,在这种情况下,人民法院应当委托有资格的鉴定人进行鉴定,对此,《民事诉讼法》第76条第2款明确规定:"当事人未申请鉴定,人民法院对专门性问题认为需要鉴定的,应当委托具备资格的鉴定人进行鉴定。"《民诉法解释》第121条第3款也规定:"符合依职权调查收集证据条件的,人民法院应当依职权委托鉴定,在询问当事人的意见后,指定具备相应资格的鉴定人。"这里的"询问当事人的意见"并不是指需要征得当事人的同意,而是指可以由当事人双方协商确定具备相应资格的鉴定人,如果当事人协商不成的,由人民法院指定。

三十五、民间借贷案件的鉴定人不出庭的,产生何种法律后果?

鉴定意见虽然是民事诉讼中经常使用的一种证据,但在诉讼实践中关于鉴定意见的运用也存在不少问题,鉴定人不出庭就是一个比较棘手的问题。鉴定人不出庭,很容易导致对鉴定意见无法进行有效审查,鉴定意见是否具有科学性和真实性,只有通过庭审、鉴定人出庭作证、法庭辩论、当事人对鉴定人进行质询,才能得到合理的答案。鉴定意见属于意见证据,是鉴定人作出的一种结论性意见,如果其不出庭,导致当事人无法积极参与对证据的质证,使得当事人与鉴定人之间缺乏必要、及时的交流和沟通,降低了当事人对鉴定意见的信任和对法院权威性的信服。当事人不服鉴定意见的,法官只能反复委托重新鉴定,造成多个鉴定意见无法认定的局面,导致案件久拖不决。

从有关国家和地区来看,鉴定人出庭均为诉讼的基本要求。例如英美法系中的专家证人制度,专家证人必须出庭作证,在作证之前必须说明其具有在某领域专家所应当具备的知识和经验,从而可以就专门问题提供自己的意见。我国台湾地区"民事诉讼法"第335条亦规定:"受诉法院、受命推事或者受托推事得命鉴定人具鉴定书陈述意见。鉴定书须说明者,得命鉴定人到场说明。"为了解决上述问题,保证鉴定的公正性和科学性,按照《民事诉讼法》第78条的规定,当事人对鉴定意见有异议或者人民法院认为鉴定人有必要出庭的,鉴定人应当出庭作证。鉴定人经人民法院通知拒不出庭作证的,鉴定意见不得作为认定该案事实的根据;支付鉴定费用的当事人可以要求返还鉴定费用。

三十六、民间借贷案件中对于未签章的鉴定意见应当如何处理?

包括民间借贷案件在内,司法实践中会遇到只有鉴定人签字而无所在单位盖章的鉴定意见,其效力如何认定?鉴定意见要具有证明作用,鉴定意见的形式必须合法。从理论上讲,鉴定既然是鉴定人的个人行为,鉴定意见就应由鉴定人签名或盖章,至于鉴定人所在单位是否加盖公章在所不问。但笔者认为,在实践中,鉴定意见一般需要单位盖章出具,这种行为实际上是单位的信用担保,而不仅仅是鉴定人以自己的人格和技术水平来保证鉴定意见的可靠性。因此,未加盖鉴定单位公章的,应当通知单位补盖公章,拒不盖章的,鉴定意见也可以作为证据对待。

司法实践中,还可能会遇到只有鉴定机构盖章,而鉴定人未签字盖章的鉴定意见,其效力如何确定?笔者认为,鉴定是由具体的鉴定人操作进行,特别是鉴定人应当出庭接受法院与当事人的询问。如果鉴定人不签章,将不知何人实施的鉴定行为,鉴定意见也难以通过法定程序加以认定,所以鉴定意见必须有鉴定人的签章才具有效力。对于鉴定人未签字的鉴定意见,法院应当令其补签,拒不签章的,鉴定意见无效。

第六章 民间借贷利率利息

一、对于民间借贷利率应当严加管制还是完全放任?

近几年来,伴随金融创新与金融市场的深化,陈旧的利率管制政策反向成为经济发展的障碍。为克制这一弊端,西方国家纷纷改弦更张。19世纪以来,美国有高利贷法的各州采取了两项对策:一是放开利率限制;二是调高利率上限。[①] 德国并未沿袭对民间利率设定固定上限的策略,而是走上了由法官自由裁量进而评判民间借贷利率是否显失公平或违反公序良俗。近年来,国际热钱大量涌入,我国民间借贷市场化变革如火如荼,民间利率改革的管制尺度与市场化放任的边界之争,学术界与实务界观点纷呈,主要集中在三个有代表性的观点上。

第一种观点认为,我国现在的利率管制,在当前民营经济与民间金融发展的背景下,其扭曲资金市场配置、导致逆向选择、妨害市场竞争的缺陷日渐突出,已成为金融市场发展的制度障碍;并且,民间借贷利率是借贷双方在契约自由原则下达成的协议,自应当得到法律的保护;另外,利率市场化已经成为一个世界潮流,且我国的利率市场化改革正在如火如荼地进行,因此,应当放弃对民间借贷利率的管制。

第二种观点认为,我国信贷市场是一个不充分竞争的市场,即使是民间借贷市场,借贷双方实际地位并不平等,容易产生不公平交易。我国民间借贷利率应当严加管制,从而真正实现从形式自由到实质正义的转变。

第三种观点认为,民间借贷利率自由决定体现了理性经济人的人格和价值,其背后正是契约自由的法哲学基础。但是,对于民间借贷利率又不能完全放任自流,而应当从最高利率上加以明确限制,实现从严格管控到适度疏导的转变。

笔者倾向于第三种观点。

作为经济现象和法律现象并存的民间借贷,对其利率的规制反映了一种适应

[①] See Efraim Benmelech and Tobias J. Moskowitz, "The Political Economy of Financial Regulation: Evidence from U.S. State Usury Laws in the 19th Century," *The Journal of Finance*, 65, 3 (2010), pp. 1029-1073.

性的民间自发创造。在我国,民间借贷利率在政府管控之下没有发挥出正当金融制度有益补充的作用,成为一种制度供给不足而致的变异产物。在市场经济国家中,民间借贷利率主要由民间资本市场供需关系决定,并与国家经济形势、货币政策等因素形成互动关系。随着我国利率市场化进程的不断推进,应当尝试建立以疏导为核心的新型利率规范机制,以此推进民间融资的阳光化运作,并通过建立新的法律选择以规范民间金融的未来走向,从而更加充分地释放民间融资所蕴含的正能量,进一步发挥其在经济发展中的重要助推器作用。[1] 简单而言,我国民间借贷利率的规制,应当在遵从当事人意思自治的基础上,从最高利率上加以明确限制,实现从严格管控到适度疏导的转变。主要理由如下:

首先,就优化资金配置而言。在马克思和凯恩斯看来,"市场利率是由借贷资金供求决定的,而非简单地由政府行政干预来制定和调整"。[2] 利率管制并非是影响借贷的唯一因素,借贷期限、借款用途、借款人还款能力和信用记录、区域性经济发达程度等因素都将影响借贷合议的达成。[3] 对于放贷人而言,法律干预利率会破坏时间在金融合约中的基础作用[4];对于借款人而言,利率管制反而可能导致其丧失获得贷款的机会。[5] 因此,在利率管制过于严苛的环境下,保护弱势的借款人只是理论上的一个假想,实质上反而剥夺了借贷双方的自主选择权。然而,上述理由并不能成为放任利率上限的最佳借口。从金融学角度看,设置利率的上限,能够防止资金过度投机与浪费从而脱离实体经济,进而实现资金在金融市场中的优化配置。按照亚当·斯密的观点,过高的利率会挤出诚实人。由于民间借贷市场透明度低,信息不对称,高利率的逆向激励更易诱导形成"金融传销化",进而引发社会动荡。[6] 正如 Glaeser 和 Sheinkan 指出的,贫富差距越大的年代,政府通过规制借贷利率作为社会财富分配工具的一个注解。[7] 由于借款方通常处于弱势地位而缺乏议价权,因此,法律通过利率限制强制性地将资金带来的收益少分给贷款方,从而实现资金在金融市场内的优化配置。

其次,就防范金融系统性风险而言。在边沁看来,利率管制对民间借贷出借

---

[1] 参见王林清、于蒙:《管控到疏导:我国民间借贷利率规制的路径选择与司法应对》,载《法律适用》2012 年第 5 期。

[2] 刘义圣:《利息理论的深度比较与中国应用》,长春出版社 2011 年版,第 167 页。

[3] 参见王林清、于蒙:《管控到疏导:我国民间借贷利率规制的路径选择与司法应对》,载《法律适用》2012 年第 5 期。

[4] 参见〔美〕威廉·N. 戈兹曼、K. 哥特·罗文霍斯特:《价值起源》,王宇、王文玉译,万卷出版公司 2010 年版,第 33—36 页。

[5] See Donato Masciandaro, "In Offense of Usury Laws: Microfoundations of Illegal Credit Contracts," *European Journal of Law and Economics*, 12.3 (2001), pp. 193-215.

[6] See William Anderson, "An Economic Analysis and Brief Legislative Overview of Usury Ceilings," *Congressional Research Service Reports*.

[7] See Edward L. Glaeser and Jose Scheinkman, "Neither A Borrower Nor A Lender Be: An Economic Analysis of Interest Restrictions and Usury Laws," *The Journal of Law and Economics* 41.1 (1998), pp. 1-36.

人的交易费用和风险承担提出了较高的要求,不利于其在金融市场中与大型金融机构的公平竞争。① 按照麦金农的"金融抑制"目的理论,发展中国家普遍实施严格利率管制,限制民间金融。② 利率管制导致具有规模的金融机构利用其在各个方面显而易见的优势帮助分散风险,从而处于优势地位,必然就会将民间放贷机构挤出金融市场,导致垄断的形成。然而,放任或者过于宽松的利率政策并不利于经济发展,反而有可能导致经济泡沫,引发各种危机。没有上限的利率促使大量资本从实体经济中剥离,形成资金"空转"现象,民间资本作为一种重要的生产要素,没有通过市场的资源配置而得到有效利用,相反,在市场的自发性、盲目性和滞后性的环境下,高利贷催生了"资金掮客",加剧资金"体外循环",甚至产生"蝴蝶效应"进一步向银行金融体系传递,容易诱致引发金融系统性风险。

再次,就避免社会危机而言。没有管制的民间借贷利率,在资本逐利的自然天性驱使下,盲目流入国家限制甚至禁止的产业、行业或企业,形成重复建设和产能过剩,加大经济结构性风险③,甚至成为刑事犯罪的渠道和工具,给社会增加不稳定隐患,加剧了社会矛盾的累积,进而影响社会稳定。设置利率上限,符合我国对于金融抑制的历史发展惯性与社会理念,有利于避免社会危机。从周至清,我国历朝历代都对民间借贷的利率有着较为严格的限制,以遏制高利贷的蔓延,实现对民间借贷的规范管理。一方面,以法律规定放贷者可以收取相应利息,反映出执政者对利息来源于利润以及让渡财产的使用权应当取得回报等金融规律具有一定的认识,客观上对社会经济发展起到了一定的促进作用;另一方面,法定利率为界定高利贷提供了一条简捷的标准,也是进一步规定违法者法律责任的前提条件,这对引导民间借贷规范运行、抑制高利贷产生了一定的作用。笔者认为,在我国实行利率管制更多是基于农耕社会的历史惯性和社会道德的考量。一直以来,民间借贷以消费借贷为主,市场化背景下的放贷人则为追求自身利益最大化,如果对高利率完全听之任之、放任自流,则必然导致借款人债台高筑,危及社会和谐稳定。

最后,就金融市场发展历程而言。全球金融市场发展的历程证明,利率管制对于缓解金融危机具有实质性的效果。19世纪末期,美国推行金融自由化,一定程度上激活了美国的金融市场,然而,美国的次贷危机表明,利率自由化是本轮危机的主要原因之一,受到美国各界的质疑和批评。正是基于对次贷危机引发的利率市场化弊端的反思,美国绝大部分州重新规定了最高利率限制,欧盟27个成员国中有21个国家的法律也规定了最高利率限制。④ 20世纪七八十年代,拉美国家

---

① 参见许德风:《论利息的法律管制——兼议私法中的社会化考量》,载《北大法律评论》2010年第1期。
② 参见〔美〕R.L.麦金农:《经济发展中的货币与资本》,卢聪译,三联书店1998年版,第11页。
③ 参见杜万华、谢勇:《民间借贷利率的规制》,载《人民司法·应用》2013年第19期。
④ 参见岳彩申:《民间借贷的激励性法律规制》,载《中国社会科学》2013年第10期。

实行利率市场化改革,完全放开利率监管,然而,有近一半的国家在利率市场化进程中发生了金融危机①,形成的泡沫经济急剧膨胀,最终导致大量银行和企业破产、倒闭。② 完全放开利率凸显市场自发性和滞后性的弊端,容易导致泡沫经济问题的爆发。利率市场化之所以在西方金融市场占据主流,主要归结为19世纪末期自由主义思想的蔓延。然而,次贷危机和金融危机带来的大量经济泡沫,残酷地颠覆了利率市场化的完美假设,清晰地揭示实行利率市场化必须存在的重要前提,即有赖于一个稳定宏观经济环境、完善的金融稳定机制和市场经济行为主体理性等多种因素。③ 当今世界绝大多数国家和地区对借贷利率进行了规制,只不过管制程度和规制模式的不同而已。

利率是调整供求平衡的价格,是一个国家市场经济的宏观体现。笔者认为,我国有关民间利率管制的政策取向,必须充分考虑民间借贷自身的优势及其在金融市场中所处的地位,走出一条有别于西方利率完全市场化的本土道路,可以考虑采取适度监管的方式,即由一味严格规制监管转变为以疏导代替捆绑,以管制代替放任相结合的方式,并通过建立新的法律选择以规范民间金融的未来走向。④ 同时,还要对高利率导致的洗钱、暴力追债、恶意追债等问题引起足够的重视,在制度设计时对其进行重点防范。从上述角度看,《民间借贷规定》关于民间借贷利率上限作出了有效线、自然之债线以及无效线的明确划分,符合我国国情,因而是恰当的。

二、人民币各类储蓄存款适用何种利率?

人民币储蓄存款按储种可分为活期存款、整存整取、零存整取、整存零取、存本取息、定活两便、通知存款。随着利率市场化的推进,目前,中国人民银行公布的是各类存款的基准利率,即各类存款利率的上限,开办储蓄业务的金融机构(一般指商业银行和城乡信用社)可在基准利率基础上实行一定的浮动利率,但在客户存款时须告知具体存款利率水平。随着利率市场化改革的不断深入,在不久的

---

① 阿根廷在1971年开始利率市场化改革,成为第一个推进利率市场化的发展中国家,由于各种原因这次改革被中止。到1975年重新开始利率市场化进程,取消了储蓄存款利率以外的其他利率限制;1976年9月,放宽了储蓄存款利率的限制;1977年6月取消了所有利率的管制,实现了利率的全面自由化,整个进程只有两年。智利从1974年5月开始放松管制;1974年11月取消了所有存款利率的管制;1975年4月取消了民有利率管制,进程期限只有1年。拉美其他国家的利率改革进程同样也很短。事后情况表明,这些激进式改革是不成功的,又不得不恢复一些管制措施。参见盛朝晖:《从国际经验看利率市场化对我国金融运行的影响》,载《中国改革》2010年9月17日。

② 参见王松奇:《我国利率市场化改革的趋势及影响》,载《银行家》2011年第5期。

③ 参见王琼:《从民间借贷行为看我国的利率市场化改革》,载《南华大学学报》(社会科学版)2004年第2期。

④ 参见王林清、于蒙:《管控到疏导:我国民间借贷利率规制的路径选择与司法应对》,载《法律适用》2012年第5期。

未来,金融机构存款利率的上限管理也会被取消①,而将完全由市场自主决定。

三、司法保护民间借贷的最高利率应当逐渐趋高还是渐向走低?

关于民间借贷利率的价格走向,或者说司法保护民间借贷的最高利率的上限,一直是实务界争论不休的话题。主要存在三种不同的观点。

第一种观点认为,我国自2013年7月20日起取消了金融机构贷款利率0.7倍的下限,由金融机构根据商业原则自主确定贷款利率水平。因此,当正式金融机构都取消了贷款利率限制实现利率市场化的形式下,仍然对民间借贷利率进行限制有违市场公平、平等原则。因此,我国应当取消司法对利率保护的最高上限的规定。

第二种观点认为,我国利率市场化改革尚未完成,民间借贷市场不同于正规的金融市场,通过司法设置对利率保护的最高上限是可行的,但原来的"四倍"有些过高,应当将保护的最高利率上限下调。

第三种观点认为,目前暂时通过司法设置对利率保护的最高上限是可行的,但原来的"四倍"有些过低,应当将保护的最高利率上限大幅上调。

笔者认为,纵观世界各国,大多都是通过立法的形式确定借贷利率的标准。在我国,央行负有依法制定和执行货币政策、制定和实施宏观信贷指导政策的职能,同时在实施金融宏观调控、保持币值稳定、促进经济可持续增长和防范化解系统性金融风险中发挥重要作用。按照《人民币利率管理规定》第4条的规定,中国人民银行制定的各种利率是法定利率,法定利率具有法律效力,其他任何单位和个人均无权变动。就此而言,确定民间借贷利率的上限也应当由央行执行。

然而,在央行尚未对民间借贷利率作出规范调整之时②,由最高人民法院暂时确定司法保护民间借贷利率的最高上限也是可以接受的替代方案。③ 在现代市场经济中,司法对金融业的发展起到推进和保险的作用,当出现金融压制或金融垄断情况时,司法担当着维护市场经济自由平等竞争的社会矫正正义功能,当出现

---

① 2015年6月28日,央行宣布下调金融机构人民币贷款和存款基准利率,这也是央行自2014年11月启动本轮降息降准"连环组合"以来,第四次降息、第三次降准。一年期贷款基准利率下调0.25个百分点至4.85%,一年期存款基准利率下调0.25个百分点至2%。央行同时指出,其他各档次贷款及存款基准利率、个人住房公积金贷款利率相应调整。

② 央行从2006年就在加快制定"放贷人条例",将明确非吸收存款类放贷人主体的法律地位,允许符合条件的个人和企业以自有资金注册成立"只贷不存"的放贷机构,从而打破被银行垄断的信贷市场。然而,9年过去了,这部万民千呼万唤、翘首期待的规章至今"犹抱琵琶半遮面",没有任何消息。而民间借贷利率由"放贷人条例"予以规范是最恰当不过的。

③ 由法院对民间借贷利率进行规制并非是我国仅有。如在德国,由法官依据民法规定的"暴利条款"——公序良俗原则与显失公平原则在个案中进行判断;2006年初,日本最高法院出台规定,消费贷款公司的年利率以后不得超过20%。参见苑春湘:《民间借贷利率法律规制问题研究》,中国人民大学2014年博士论文,第150页。

金融无序和混乱时,司法担当着维护国家经济和金融秩序的国家守护人的作用。法经济学理论认为,任何市场都会失灵,政府干预也会失灵,而且后者可能比前者更甚。① 传统经济学关于政府和市场关系的争议中必须加上法律或法院的维度,也就是法律规制或法院裁判而形成的判例将成为公共知识,进而引导人们的预期行为,促进社会合作秩序。因而,司法对民间金融秩序越来越重要。

就司法保护民间借贷利率的最高上限而言,笔者认为,在一定时期内应当设置一个较低的限度,主要理由简述如下:

首先,资金供求关系决定了民间借贷利率。资金供求关系不仅决定着国家信贷利率状况,也决定着民间借贷利率状况。自 2008 年 9 月以来,央行连续七次下调贷款基准利率,2015 年 5 月 11 日起,金融机构一年期贷款基准利率下调至 5.1%。这说明,银行等金融机构余额宽松,放贷加快,必然压缩民间借贷市场空间。在银行机构存贷两旺、贷款利率降低的压力下,民间借贷利率必然持续下降。此外,随着我国金融市场改革,村镇银行、小额贷款公司的纷纷成立,民间借贷市场的份额将进一步缩小,民间借贷利率的空间将进一步压缩。

其次,我国各行业平均利润率大多处于一个较低的水平,超过 10% 的行业仅限于房地产、银行业、能源产业等极少数特殊垄断行业。在社会行业整体利润率不高的情况下,调高民间借贷利率的上限,必然导致实体经济空心化,容易引发全民放贷的异常现象。

再次,观察不同国家和地区有关民间借贷的立法设计,可以发现一个规律,绝大多数境外立法规制民间借贷总体居于一个低利率水平。例如,美国对于无明确协定或者有明确协议的高利率水平大都控制在 20% 以下(见图 6-1、图 6-2②);我国香港特别行政区《放债人条例》明文规定,超过年息 60% 的实际利率贷出款项或要约贷出款项的即属犯罪,所订实际利率超逾年息 48% 的则可推定该宗交易属敲诈性。我国台湾地区"民法"第 205 条规定,债权人对于约定利率超过平息 20% 的利息丧失请求权。

最后,我国民间借贷利率正处于由严格管控向市场主导转变的过程之中,利率市场化大致将于 2016 年完成。③ 因而,还应当考虑利率市场化改革对民间借贷利率的影响。与官方利率的外生定价机制不同,民间借贷利率是一种内生的定价

---

① 参见冯玉军:《法经济学》,中国人民大学出版社 2013 年版,第 97 页。
② 笔者通过比对美国民间借贷利率上限而得出。参见 http://www.wikiloan.com/main/usury; http://www.loanback.com/category/usury-laws-by-state/; http://www.lectlaw.com/files/ban02.htm。
③ 2014 年 7 月,在中美战略与经济对话"金融改革与跨境监管专题会议吹风会"的新闻发布会上,中国人民银行行长周小川对利率市场化进程给出了时间表,他说:"利率市场化时间表当然也还是依靠各种外汇条件、国际国内经济。但我们还是认为两年内应该可以实现。"这意味着,中国将在 2016 年实现利率市场化。然而,实现利率市场化要解决的远远不是实现存款利率的浮动和减小利差这些形式上的标志,而是支撑利率市场化背后的经济条件、市场条件、监管条件以及体制条件。载 http://news.xinhuanet.com/house/cq/2015-01-05/c_1113871977.htm,访问时间:2015 年 1 月 12 日。

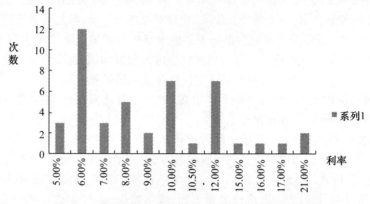

图 6-1 美国各州无明确协定的法定利率情况分布图

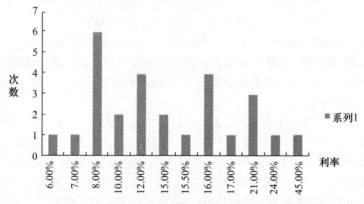

图 6-2 美图各州有明确协定的法定利率情况分布图

机制,由民间借贷市场的状况决定,具有自发性,是反映资金市场状况的指向标。在我国,金融监管一向奉行国家垄断的理念,由于依靠不同的体系,民间金融应该与正规金融处于一种平行关系。[1] 相反,如果对民间金融与正规金融在利率管制上一视同仁,则其自有优势难以发挥,从而不利于民间金融的长远发展。民间借贷利率一般随行就市,一方面,反映了市场资金供需状况,对官方确定利率具有参考价值;另一方面,可以形成对正规金融的有效竞争,对推动金融业特别是利率的市场化改革有着积极意义。[2] 在这个层面上,利率市场化改革的完成必然导致金融机构相互竞争的态势有所加强,尤其是外资银行的引入,贷款利率进一步走低

---

[1] See Arne Jon Isachsen and Steinar Strøm. "The Hidden Economy: The Labor Market and Tax Evasion," *The Scandinavian Journal of Economics* (1980), pp. 304—311.

[2] 参见王林清、于蒙:《管控到疏导:我国民间借贷利率规制的路径选择与司法应对》,载《法律适用》2012 年第 5 期。

是显而易见的。在这种情况下,我们在设计民间借贷利率上限时,应更加立足于我国的经济社会总体发展水平、金融市场化改革①、资本市场供给需求等实践情况,但总体上应当保持相对较低的上限空间。

笔者认为,由最高人民法院对民间借贷利率设置司法保护的最高上限只能是暂时的、过度性的。利率制度是市场经济中重要的金融活动规则,应当通过国家立法的形式加以规范。我国司法的职能定位是民间借贷市场秩序的维护者,是个体金融自由与国家干预的平衡者,其职能的发挥更多的体现在事后监督和权利救济,而不是规则的制定。笔者还认为,人民司法履行着维护大局稳定、促进社会公平正义的重要职能,司法政策应当反映国家政策、维护国家政策并体现国家政策,同时根据国家政策的需要而适时调整。针对当前我国金融政策不断变化,最高人民法院还应当及时调整相关司法解释内容,以使民事审判工作与我国金融政策良好衔接,从而更好地服务于经济社会的良性发展。

四、人民币储蓄存款业务的年利率、月利率和日利率如何换算?

我国一般公布人民币存款年利率。由于存款期限不同,银行计算利息时需将年利率换算成月利率和日利率,换算公式为:

$$月利率(‰) = 年利率(\%) \div 12$$
$$日利率(‱) = 年利率(\%) \div 360$$

年利率除以 360 换算成日利率,而不是除以 365 或闰年实际天数 366。依据惯例,我国按 9 的倍数确定年利率数据,年利率换算成日利率除以 360,可除尽。中央银行或商业银行在确定利率水平时,已经考虑了年利率、月利率和日利率之间的换算关系。

五、我国民间借贷利率应当统一规范还是分类规制?

我国民间借贷利率分类管理模式究竟应作出何种选择为佳?学说与实践中向来未有定论。

第一种观点认为,我国无须对消费性借贷和经营性借贷分别区分规定利率的上限。

第二种观点认为,应当对消费性借贷和经营性借贷分别区分,进而规制不同的利率上限。

笔者认为,从有关国家和地区关于民间借贷管理模式的比较观察,似乎分类

---

① 2013 年 7 月 20 日,央行宣布全面放开金融机构贷款利率管制,此举意味着,中国的利率市场化改革再次取得重要进展。目前,除对金融机构存款利率 1.1 倍的上限管理外,所有其他利率都已经市场化了。

规制的管理模式更加妥当①,能够较好地平衡金融市场中消费型借贷和生产型借贷所需要解决的不同问题。但这一分类规制模式可否直接照搬到我国民间借贷管理模式之中呢?最高人民法院1990年曾颁布的《关于贯彻执行〈民法通则〉若干问题的意见(修改稿)》中,即把民间借贷利率分为生活性借贷利率和生产性借贷利率两种,并规定生活性借贷利率不得高于国家银行同类贷款利率的2倍,生产经营性借贷利率不得高于国家银行同类贷款利率的4倍。然而,这种试图采纳分类规制的尝试最终未能在立法中得到体现,依旧让许多学者深表遗憾。② 然而,笔者认为,在当下的我国,实行分类规制的管理模式存在很多难以克服的弊端,因此,目前暂时不宜实行分类管理模式。主要理由简陈如下:

首先,我国的高利贷现象在消费型借贷中并不明显。从实证角度来看,根据学者的调研数据,农户间的生活性借贷约定无息的比例占84.87%,年利率6%以下的接近九成。③ 由此可见,高利贷现象在现实生活中的生活消费性借贷中并不明显,故将消费型借贷类型化并对其进行特别保护的现实需要并不明显。

其次,司法实务对于资金用途很难作出认定。货币是一种典型的种类物,借款人在借款后到底是使用该笔款项进行消费还是经营在实践中难以认定。民间借贷不同于金融机构借贷,借款人没有义务向出借人说明借款用途,也没有义务必须按照与出借人约定的借款用途使用资金。也就是说,除非双方在合同中明确约定上述义务,否则法官很难就合同本身来认定其属于生活消费型借贷还是生产经营型借贷。如采取分类管理,实践中极易出现借贷双方为规避消费型低利率的限制而编造为生产经营型借贷之形式,或者本为生产经营型借贷,为了少支出利息费用而编造消费型借贷。这不仅难以达到保护消费型借款人,维护社会公共秩序和善良风俗的初衷和目的,反而会大大加重了当事人的举证责任,增加了司法审查的难度,造成司法资源的浪费。

再次,采取统一规范的利率管理模式符合我国民商合一的立法体例。无论是英美法系还是大陆法系,其对于民间借贷利率进行分类规制的依据都是基于民事与商事之间越来越明显的差异。④ 然而,我国立法和司法实践尽管也愈来愈认识到民商事活动所存在的不同,但始终未改变我国民商合一的立法模式,仅是在司法实践中对于商事案件的审理,由法官依据效率优先原则、外观主义原则对相关争议进行一定能动的解释。在我国立法并未改变民商合一的立法例情况下,若在

---

① 也有学者认为,我国民间借贷分类管制可以分为商事性借贷、消费性借贷、公益性小额借贷、小额借贷四类。参见周松山:《二元金融结构调整中的挑战与应对》,上海三联书店2012年版,第361页。

② 参见高圣平、申晨:《论民间借贷利率上限的确定》,载《上海财经大学学报》2014年第2期。

③ 参见张元红、李静、张军等:《农户民间借贷的利率及其影响因素分析》,载《农村经济》2012年第9期。

④ 参见曾洋:《民间融资利率管理的类型化路径选择》,载《南京社会科学》2013年第9期。

民间借贷利率管理模式上采取区分民事民间借贷和商事民间借贷的方式,容易造成法律适用的结构和逻辑的混乱,反而不利于解决实践中层出不穷的民间借贷案件。

最后,盲目追求"一步到位"式地跃进化发展,不仅难以发挥分类规制利率管理模式的优势,反而会对利率管制政策的执行和司法事后审查带来困扰。当前交易活动中的很多行为介于生活消费与投资经营之间的模糊地带,使得单纯区分用于生活和用于投资收益的意义已经不是很大。例如,自然人购买不动产或者其他高价动产的行为,既可以理解为消费行为,也可以理解为投资行为。① 因此,采用统一规范的模式仍应是我国今后一段时期对民间借贷利率规制类型的必要选择。

基于以上分析,笔者认为,尽管分类规制的管理模式有其本身制度性的合理性,代表着一种发展趋势,将来从立法层面把民事合同与商事合同明确区分的情况下,确应当区分金融市场中生活消费型借贷和生产经营型借贷。② 但在我国现有市场发展水平并不健全,生活消费型借贷和生产型借贷在司法实践中难以判断的状态下,还是坚持统一规范较为稳妥。

六、民间借贷应否就长期借贷和短期借贷分别设置不同的利率标准?

我国中小微企业融资难已经成为一个不争的现实,融资难的困境之一即短期的过桥融资的利息畸高,司法实践究竟应当如何应对?对此观点不一。

第一种观点认为,应当区分短期、长期利率,短期利率可以适用更高的利率上限,理由在于:短期借贷解决资金急需的困难,当事人可以接受较高的资金筹集成本;利率作为资金价格主要由借贷成本和供给状况所决定,短期借贷因筹资成本较高,利率也应当相应高一些。

第二种观点认为,没有必要对民间借贷利率作出短期和长期的区分,一是当前对于短、长期利率无法从技术层面作出正确确定;二是即使作出区分,实践中也容易被规避;三是当事人自然会对短、长期的不同利率进行磋商,司法没有必要越俎代庖。

笔者倾向于第二种观点。目前如果对短期利率单独设置更高的利率上限,则潜在多重问题难以回答。

首先,长短期借贷难以区分。司法实践中不仅难以明确界定短期借贷与长期借贷,而且完全可以通过借条的合理安排绕过司法认定,造成此类划分的意义变得并不显著。如果不按照借条处理,那么此类界限的划定又将成为一个司法难题。

其次,法律规避行为难以化解。如果规定了比长期借贷利率更高的短期借贷

---

① 参见高圣平、申晨:《论民间借贷利率上限的确定》,载《上海财经大学学报》2014年第2期。
② 参见王林清:《民间借贷利率的法律规制:比较与借鉴》,载《比较法研究》2015年第3期。

利率,当事人完全可以将长期借贷期限缩短为数个较短期限,借此规避长期借贷利率限制。只要存在制度洼地和套利空间,资本就会规避一切限制以追逐利润,并在实践中表现得淋漓尽致。如为规避企业之间资金拆借无效的规定,企业法定代表人以个人名义借贷[1];企业转嫁银行贷款牟取高利[2];通过委托贷款、委托理财、联营等形式"曲线救国"以达到借贷的目的。[3] 这些规避将严重损害法律的权威并导致利率规制目标的失败。

再次,长短期借贷利率可能倒挂。虽然在大多数情况下,民间借贷期限越短,民间借贷的利率越高,但在经济形势预期不好的情况下,长期利率高于短期利率亦非不可能。一项有关温州民间借贷利率检测的数据表明,期限与利率负相关的有42个,有一定程度正相关的月份有31个[4],由于民间借贷短期利率高于长期利率的情形经常发生,在经济形势不好时也并不罕见,此时,再按照经济发展态势良好时期的情况而设置的高于长期利率的短期利率上限并不可取,否则到时出现民间利率上限的倒挂将很大程度影响经济和社会的稳定。

最后,难以设置短期利率。即使要确定一个短期利率上限,亦较难确定,缺乏一个明确的标准与参考。民间高利贷对于一周两周的短期贷款的约定周利率可以高达1%～3%,综合年利率可达50%～150%,变化范围如此大的短期利率如何设置上限且能保证弱势借款人不受过分盘剥,其标准殊难确定。

基于以上明显的困难,且目前暂无打破僵局的灵丹妙药,笔者建议,对于长期利率和短期利率不应作出区分,可统一予以规定。否则,意图通过法律权威来实现利率管制,不仅无法实现国家宏观经济政策,无法调整利息收入分配,无法防止过度危险的借贷行为[5],更重要的是,立法目标的失败将严重损害法律的权威。

七、如何看待名义利率与实际利率之间的关系?

利率是国家进行宏观调控的重要经济杠杆,是企业和个人理财所必须考虑的一个重要因素。在金融业务中,由于计息方式(单利、复利、贴现)、结算方式(先付款、后付款、分期付款)、通货膨胀、手续费等因素的影响,使利息的实际收入与名义收入不同。于是,利率便有了名义利率和实际利率之分。所谓名义利率,是指通常所说的存款利率、贷款利率等事先确定的利率。实际利率是指从实际发生利息出发,考虑新的计算方式、结算方式等影响利息收入的因素,重新计算出的利

---

[1] 参见姚辉:《关于民间借贷若干法律问题的思考》,载《政治与法律》2013年第12期。
[2] 参见杜万华、韩延斌、张颖新等:《建立和完善我国民间借贷法律规制的报告》,载《人民司法·应用》2012年第9期。
[3] 参见王林清:《论企业间借贷正当性的法律分析》,载《法学评论》2014年第5期。
[4] 这31个都集中于2008年年初以及2011年下半年。当时CPI高企,宏观调控较严格。参见丁骋骋:《民间借贷利率期限结构之谜——基于温州民间借贷利率监测数据的解释》,载《财贸经济》2012年第10期。
[5] 参见王林清:《民间借贷利率的法律规制:比较与借鉴》,载《比较法研究》2015年第3期。

率。实际利率有时大于、有时等于、有时小于名义利率。

八、民间借贷利率上限的设置应当采取固定利率还是浮动利率?

有关民间借贷利率上限的调整模式,针对上述三种方案,在立法和司法实践中应当如何运用,我国学界和实务界同样存在纷争。

第一种观点认为,统一划线模式有利于法律实施的统一,且能够增强当事人行为的预期,因此,应当通过立法设定民间借贷利率的统一上限。

第二种观点认为,民间借贷形成原因复杂多样,个案具体情形变化多端,主体协商程度千差万别。不适宜"一刀切"地适用一个统一的标准。可以借鉴德国模式,对于不同的案件采取不同的处理方式,但是,应当给予一个明确的上、下限空间,法官只能在这个空间范围内自由裁量。

第三种观点认为,折中模式既克服了法律规定的机械适用,又能兼顾到个案的具体情形。应当采用折中模式处理民间借贷利率的上限。

笔者倾向于第一种观点,认为在我国应当采取统一划线的模式。主要原因如下:

无论是第二种观点所主张的个案判定模式,要求利率规制在个案中进行利益衡量和判断,还是第三种观点所主张的折中模式,在确定的法定利率空间范围内,要求法官依据案情酌定调整,在笔者看来,考量我国现阶段的司法能力,这两种模式都不符合我国的国情,尤其是不符合我国司法的客观现状。这两种模式对法官的专业性要求过高,很容易造成"同案不同判",与目前司法体制改革所强调裁判标准统一化、规范化的要求相距甚远。

我国目前的民间金融市场并不成熟,司法关于民间借贷的明确规则的管制信号,远胜于法官的自由裁量。鄂尔多斯、温州等地的民间借贷风潮表明,民间借贷潜在的最主要问题在于信息不对称情况下的高利率诱惑。采取统一划线模式可以明确告知民众法律的立场,进而达到明确的规则,比自由裁量的标准更加适合在我国这样的转型期传递公众以管制信号的目的。法官的自由裁量会降低该规则的明确性并转而导致管制行为效力的削弱,对于维护金融秩序不利。

民间借贷的利率规制,在多数国家是通过行政管制的方式实现的,法院职责在于事后裁判。然而在我国,行政机关无暇顾及民间借贷的利率规制,职责转而由法院进行事后规制。一个不可回避的现实是,由于我国法院的法官普遍缺乏金融实操经验,导致对金融领域专业知识了解有限,即使在金融审判专业化的今天,面对花样繁出的金融业务其专业性较行政部门也相对偏低,且法院在信息来源上处于不利的状态,现有的法院的信息来源途径无法保证在面对专业问题时能够作出迅速而准确的裁判[①];加之法院普遍"案多人少",由法官系统化学习金融知识,

---

① 参见陈若英:《超脱或应对——法院与市场规制部门的竞争》,载《北大法律评论》2013 年第 1 辑。

并在每个案件中进行衡量,其司法成本亦高至司法系统难以承担。相比之下,德国法官无论在法官的专业性、案件数量上比之我国都有一定的优势。因此,可以说我国法官处理此类案件存在天然的劣势,现阶段由法院通过个案衡量来对复杂的民间借贷纠纷实行利率后端规制实非上选之策。

我国现在法院司法公信力有限,而民间借贷案件常有标的额较大的案件,利益冲突激烈①,如果由法官通过规则的适用而获得自由裁量权进行裁量,由此可能引起争讼双方的激烈反对,进而会导致双方对判决本身的强烈质疑,法官的审判难度和不确定性大增,从而增加已经非常巨大的司法环境压力。

九、能否以贷款基础利率(LPR)或者同业拆放利率(Shibor)作为确定利率锚标准的选项?

通过一个确定的标准来对民间借贷利率上限进行司法规制符合我国立法习惯和司法实践,如之前一直被司法承继的 4 倍贷款基准利率为红线的做法。然而,随着未来贷款基准利率的取消,是继续锚定其他利率还是放弃这一思路?出于路径依赖,使用该方法锚定其他利率,是成本最小的变革。目前可能锚定的利率主要是以下两个:贷款基础利率(Loan Prime Rate,简称 LPR)②和上海银行间同业拆放利率(Shanghai Interbank Offered Rate,简称 Shibor)。③ 笔者认为,这两个利率都不适合作为民间借贷利率上限的利率锚,理由有四个:

首先,Shibor 的利率形成机制导致其不适合作为民间借贷的利率锚。Shibor 是由 18 家银行之间拆借利率的平均数计算而成,信用基础与民间借贷差异很大。民间借贷借款人的信用与以银行信用为基础的 Shibor 不能相提并论,银行的利率所对应的风险水平很低,民间借贷当事人的风险意识较弱,且风险控制和监管的缺乏导致其所面临的风险更大。④ 风险水平的巨大差异,导致 Shibor 与民间借贷的利率差异很大。

其次,LPR 的利率期限种类过少,不适合作为民间借贷的利率锚。作为商业银行对其最优质客户执行的贷款利率 LPR,与民间借贷利率并无本质区别,都是货币零售市场的价格,因此从其形成机制上是可以作为民间借贷的利率锚的。但

---

① 例如,浙江省全省法院 2014 年上半年共受理民间借贷纠纷案件 6 万余件,涉案标的额 400 亿元,案均标的额超过 66 万元。计算可知该类案件中如果由于自由裁量导致的利率计算浮动达 2%,则总利息差距可接近 1 亿元。

② 贷款基础利率(Loan Prime Rate,简称 LPR),是基于报价行自主报出的最优贷款利率计算并发布的贷款市场参考利率。目前,对社会仅公布 1 年期贷款基础利率。

③ 上海银行间同业拆放利率(Shanghai Interbank Offered Rate,简称 Shibor),以位于上海的全国银行间同业拆借中心为技术平台计算、发布并命名,是由信用等级较高的银行组成报价团自主报出的人民币同业拆出利率计算确定的算术平均利率,是单利、无担保、批发性利率。目前,对社会公布的 Shibor 品种包括隔夜、1 周、2 周、1 个月、3 个月、6 个月、9 个月及 1 年。

④ 参见杜万华、谢勇:《民间借贷利率的规制》,载《人民司法·应用》2013 年第 19 期。

是 LPR 只有 1 年期一种利率期限,类型过少,无法作为各种不同期限条件下的民间借贷的利率参考。①

再次,Shibor 和 LPR 的波动性过大,不适合作为民间借贷的利率锚。Shibor 和 LPR 每天 11:30 更新一次,其对于短期资金供求关系和市场信息反应较快,波动较大。现行贷款基准利率自 1989 年以来只变动过 40 次,变化幅度远远小于民间借贷,最近一次确定的贷款基准利率是 2015 年 10 月 24 日确定的。相对稳定的利率锚才可以让借贷合同双方有稳定的预期来确定民间借贷的利率,如果使用 Shibor 或 LPR 作为利率锚,将导致合同双方难以形成对利率的稳定预期②,对于司法裁判机关亦不方便,在案件审理中,每日变动的利率会导致司法适用时非常繁杂,需要对每一天是否超过上限进行判断。故不宜以贷款基础利率或同业拆借利率为参照指数。

最后,Shibor 和 LPR 目前都还处于探索阶段,按照央行的观点,无论是 LPR 还是 Shibor,如欲成为市场定价自律机制,在现阶段并不完善,应当对二者继续培育,以期建立我国较为完善的市场利率体系。③ 因此,Shibor 和 LPR 机制建设还是一个目标,以此为司法规制民间借贷利率标准尚不成熟。

综上,笔者认为,无论是通过 Shibor,还是依赖于 LPR,都难以承担民间借贷利率上限锚定点的重任。民间借贷锚定点需要一个更加容易操作,更明确的方案。笔者的建议方案是:只能采取固定利率上限。这一固定利率上限的建议,或许面临着各种各样的批评,但该模式毕竟标准明确,能够较好地引导和约束市场的行为,便于当事人预见其行为后果并保障交易安全,有利于把握裁量尺度和统一执法。④ 因此,就现阶段而言,这一模式恐怕是最优的裁判规则选择,而在适当选定固定上限点的利率水平之后,也能最大限度地扬长避短,发挥其积极作用。

十、受司法保护的民间借贷利率的上限如何确定?

由于央行将不再公布贷款基准利率,已失效的《关于人民法院审理借贷案件的若干意见》(以下简称《借贷案件意见》)中的"同期同类贷款利率的四倍"即失去了参照标准。在如何确定司法保护民间借贷利率的最高上限上,学界与实务界各种观点不一,主要集中在以下几点:

---

① 虽然 Shibor 有隔夜、1 周、2 周、1 个月、3 个月、6 个月、9 个月及 1 年等多种种类,但相对于目前基准利率 6 个月以内、6 个月至 1 年、1 至 3 年、3 至 5 年、5 年以上的期限全覆盖,仍然偏少。

② 一个直观的感受就是观察投资于银行间市场和定期优惠存款的余额宝等"宝宝类产品"的收益水平,每天收益都有一定的变化,收益率高低可达 3 倍之大。Shibor 利率在 2013 年 6 月 20 日,隔夜利率达到年化 30%,一周拆借利率达到年化 28%。

③ 参见中国人民银行货币政策司:《2014 年第一季度中国货币政策执行报告》,第 50 页,载 http://www.pbc.gov.cn/publish/zhengcehuobisi/4210/2014/20140506185141936579093/20140506185141936579093_html,访问时间:2014 年 12 月 12 日。

④ 参见王林清:《民间借贷利率的法律规制:比较与借鉴》,载《比较法研究》2015 年第 3 期。

第一种观点认为,应当大幅上调司法保护的最高利率区间,考虑到我国利率市场化改革,可以参考国外的一些做法,将最高利率调至年利率40%甚至以上,超过年利率40%的,则无效。

第二种观点认为,之前的"同期同类贷款利率的四倍"太高,不利于保护实体经济的创业发展,应当适当调低至年利率20%以下,超过年利率20%的,则无效。

第三种观点认为,从政策稳定性的角度出发,原来的"四倍"大致年化利率24%左右。将年利率24%作为司法保护的上限是适当的。

笔者倾向于第三种观点。主要基于以下几个简要理由:

首先,确立民间借贷利率司法保护的上限,离不开对实施多年的政策的一贯维系。作为司法调整的明确政策,"同期贷款利率的四倍"从1991年至今已经实施25年,各类民事、商事主体对于"四倍"已经形成思维定势并深入人心。事实上,有关"四倍"的由来,理论界和学术界并未有一个较为权威的解释,根据笔者的考证,最早提出最高利率为银行利率4倍的,是新中国成立初期的邓子恢副总理。[①] 通过其提出的"月息超过一分五的视为高利贷"的论断,大致能够计算出是当时利率的4倍。在当时的制度设计环境下,我国并未完全确立以经济发展为中心的发展目标,4倍利率的限制更多是基于遏制高利贷,维护社会环境安定的角度考虑,并且4倍利率限制的初衷,也主要是为了规范生活消费性民间借贷市场。从政策稳定性的角度出发,在确定新的司法保护上限时,仍然要以原来的"四倍"作为基本政策依据。

其次,确立民间借贷利率司法保护的上限,离不开中国人民银行货币政策司的统计数据。该数据显示,自2002年2月至2015年1月的13年间,尽管贷款基准利率存在一定的波动,但总体维持在5%～7.5%的水平内,按照"四倍红线"的计算原则,民间借贷利率则应保持在20%～30%的范围之内。由此,笔者认为,按照前述确定利率上限应当明确的两个关系,作为贷款基准利率5%～7.5%的中间值6.25%应当作为4倍的基础,如此计算,4倍大致为20%～25%[②],且这一数值可在较长一段时期内保持相对稳定,并可以作为未来立法规定民间借贷利率上限的参考。因此,司法保护年利率应当控制在25%左右,其利息受法律强制力之保障。

---

① 最早出现"高利贷"字样的司法解释是最高人民法院1952年11月27日发布实施的《关于城市借贷超过几分为高利贷的解答》,该解答指出,城市借贷利率一般不应超过三分,但即使超过三分,只要是双方自愿,也不宜干涉,强调了对当事人意思自治的尊重。1964年2月15日,《中共中央转发邓子恢〈关于城乡高利贷活动情况和取缔办法的报告〉》认为,月息超过一分五厘的,视为高利贷,但要尊重当事人的真实意思。1981年5月8日,《国务院批转〈中国农业银行关于农村借贷问题的报告〉的通知》并未将利率高低作为判断标准,而以贷款人是否以从事高利盘剥,作为主要经济来源,是否严重危害社会主义经济和人民生活作为认定高利贷的标准。

② 截至2015年6月1日,央行公布的1年期贷款基准利率仍为5.1%,则依照之前的司法惯例"四倍红线"的计算原则,民间利率的最高值为年利率20.4%。

再次,确定民间借贷利率的上限,同样离不开我国民间借贷的实际状况作为重要参考依据。根据西南财经大学中国家庭金融调查与研究中心发布的《中国家庭金融调查》报告显示,全国民间借贷利率为23.5%,而农村地区民间借贷利率为25.7%。[1] 目前新型的P2P借贷平台上的贷款利率则屡屡突破4倍红线,达到30%～40%[2],但网络借贷平台本应是一个居间的主体,是否具备投资理财的营业资格尚无定论。[3] 无论是生活消费型民间借贷还是生产经营型民间借贷,法律不能游弋于一个较为暧昧的态度,必须旗帜鲜明地提出一个具体定值。

最后,由于当前我国市场经济环境尚不完善,尚需建立诚信的社会信用体系,在利率市场化初期如果不设定民间借贷利率上限,高利贷可能会危害借款人利益、冲击金融市场秩序。随着利率市场化改革的深入,央行的基准利率越来越具有灵活性,以灵活变动的央行基准利率为标准设定民间借贷利率上限将会有困难。考虑到近年来我国行业利润率普遍在10%以下,且经济新常态下,当前和今后一段时期经济下行压力还比较大。规定一个不是很高的利率水平,有利于促进中小微企业融资,促进实体经济的发展。因此,对于年利率40%或者更高的主张,可能并不太适宜当前的经济运行。在目前的立法及司法解释无法区分生活消费型民间借贷和生产经营型民间借贷的前提下,应当废止现行以银行同期同类贷款利率4倍来认定高利贷的有关规定,在民间借贷利率完全市场化之前,可考虑将民间借贷利率的上限确定为24%作为过渡。这一数值大致符合我国经济和社会发展现状,较易为社会各界认可,又能够给当事人契约自由、意思自治留有空间。[4] 并且,无论是当事人还是法官计算方便,折合月息为2分,进而依此设计司法保护的具体步骤。

十一、如何确定民间借贷利率无效的红线?

关于民间借贷的无效线,与民间借贷利率的保护线一样,历来成为争议焦点。

第一种观点认为,应当将超过年利率24%的民间借贷利率视为无效。

第二种观点认为,应当将超过年利率36%的民间借贷利率视为无效,年利率在24%～36%之间的,可以视为自然之债,以给当事人留有足够的自治空间。

第三种观点认为,应当考虑到我国利率市场化改革的方向,并考虑给当事人更多的自治空间,宜以年利率40%或者48%作为确定无效的红线。

---

[1] 该报告调查对象主要为家庭,因而其数据结论更多地解释了生活消费型民间借贷利率的实际状况。参见《调查显示中国民间借贷利率平均23.5%》,载 http://finance.sina.com.cn/china/20140529/200819268839.shtml,访问时间:2014年9月15日。

[2] 参见《P2P网贷融资成本最高超30% 借款人的成本太烫手》,载 http://hznews.hangzhou.com.cn/jingji/content/2014-06-07/content_5312990.html;《P2P"普惠调查":平台费推高实际利率最高超40%》,载 http://www.nbd.com.cn/articles/2014-06-04/838803.html,访问时间:2014年9月17日。

[3] 参见王林清、鲁璐:《P2P网络借贷合同效力及司法救济》,载《净月学刊》2014年第10期。

[4] 参见王林清:《民间借贷利率的法律规制:比较与借鉴》,载《比较法研究》2015年第3期。

笔者倾向于第二种观点。

市场具有盲目性、自发性、滞后性的弊端,若完全实行利率自由化,则会导致放贷者为获得自身最大利益不断提高民间借贷之利率,从而不利于资金在金融市场内的优化配置和民间借贷市场的长远发展。因而,有必要以法律的形式对超过民间借贷利率固定值作出否定评价。这种否定评价的通常做法就是将高于固定值利率的借贷认定为无效,并且借款人对于超过该数值给付的利息,应当作为出借人的不当得利返还给借款人。西南财经大学《2014 中国财富报告:展望与策略》显示,2013 年全国各行业民间融资平均年利率达到 36.2%①,由此可见,在当前的民间资本市场环境下,以年利率 36% 作为民间借贷利率无效线的"天花板"也是符合我国金融市场的实际需求的。

十二、年利率 24%～36% 之间的民间借贷,如何认定其效力?

关于年利率在 24%～36% 之间的民间借贷的效力问题,同样存在不同观点和看法。

第一种观点认为,凡是超过年利率 24% 的民间借贷利率一律认定无效。毕竟,我国社会各行业平均利润率都很低,超过年利率 24% 已经属于暴利范围,法律不应当保护。

第二种观点认为,应当将超过年利率 36% 的民间借贷利率视为无效,年利率在 24%～36% 之间的,可以视为自然之债,以给当事人留有足够的自治空间。

笔者倾向于第二种观点。之所以如此设计与解释,主要考虑如下:

首先,这一思路与解释,是对我国已有司法实践的总结。我国对于超出"四倍红线"部分利息的表述为"超出此限度的,超出部分的利息不予保护",从语义解释的角度看,"不予保护"意味着不能获得国家强制力的保护,即不可经由司法强制执行,但是否无效且无保持力则并不明确。② 从原《借贷案件意见》体系角度看,其第 10 条规定了"应认定为无效",由此,笔者认为,其第 6 条规定的"不予保护"应认定为具有债的保持力而无债的执行力。这种理解在我国司法实践中得到部分认可③,甚至成为地方审判的指导意见。④ 由此,将这一部分债权认定为自然之债

---

① 参见《去年民间融资平均年利率 36.2%》,载 http://www.edai.com/news/minjian/112773.html,访问时间:2014 年 7 月 15 日。

② 例如,2011 年《最高人民法院关于依法妥善审理民间借贷纠纷案件促进经济发展维护社会稳定的通知》中规定,"对于因赌博、吸毒等违法犯罪活动而形成的借贷关系或者出借人明知借款人是为了进行上述违法犯罪活动的借贷关系,依法不予保护"。此处的"不予保护"则应理解为借款行为无效。

③ 譬如,笔者检索到(2014)甬东商初字第 202 号、(2013)深中法民终字第 1990 号、(2013)深中法民终字第 2213 号、(2011)温乐虹商初字第 328 号等民事判决即采此理解。

④ 例如,江苏省南京市中级人民法院《关于审理民间借贷纠纷案件若干问题的指导意见》([2010]4 号)第 27 条规定:"债务履行完毕后,借款人以利息或者违约金超过四倍利率为由,起诉请求出借人返还其已支付的利息或者违约金的,不予支持。"

是我国目前实践中的一种选择的总结。

其次,这一思路与解释,有利于实现国家强制与私人自治的协调。民间借贷本质是私法问题,国家因为金融社会化因素对该类纠纷进行规制而设置上限。由于我国目前行政能力、民间借贷法律体系、司法能力的考量,设置固定利率上限是目前最优的选择,由此可能会导致对于民间借贷的管制过严,通过设置法定之债—自然之债—债权无效三个等级的安排,有助于软化这种过严的管制,使得私人可以通过自身的安排与履行而实现其私法行为而不至于触碰到带有公法属性的利率管制。

再次,这一思路与解释,有利于生产经营型借贷的进行。生活消费型民间借贷基于人缘、地缘等"熟人社会"的信用保障,利息并非是贷款人规避风险的主要方式;而对于生产经营型民间借贷而言,其更多表现为"陌生社会"之间理性经济人对于利益的共同追求,故其利率要高得多。笔者认为,以生产经营型民间借贷为主要对象的民间金融机构具有一定的规模性和组织性,其自力救济能力也更强;企业借贷人在注重自身短期经济利益的同时也更重视自身的商业信誉。因而,在这一情形下,即便法律不对其强加干预,放贷人也能通过披露借贷人信誉情况、要求借贷人提供抵押等方式来降低自身的放贷风险。

最后,这一思路与解释,也为短期融资预留了自治的空间。在我国,借贷的原因千变万化,形式五花八门。其中,也包括以过桥贷款为典型的短期融资。个人或企业因生产经营或者其他原因急需资金,并愿意以超过 2 分的月息(年利率 24%)支付资金的提供者,虽然利率较高,但由于时间很短,因而利息总数并非过高。对于这样的民间借贷,法律应当给予一定的灵活空间。但是,无论是何种形式的借贷,都不可以越过年利率 36% 的红线,否则,当事人极有可能将一段较长时期的借贷拆分成若干短期贷款,以此追求超过年利率 36% 更高的资金收益。① 这种行为不仅侵害了他人合法权益,也构成了对正常金融秩序的侵害,因此应当获得司法的否认性评价。

故而,对于年利率 24%～36% 之间的民间借贷利息应认定为自然之债,具体处理方案是:24%～36% 之间的债权并无请求力,但该约定也并非无效,当出借人请求给付时,借款人可以拒绝给付,出借人不得通过诉讼强制借款人履行;假如借款人已经给付且出借人受领了,法院亦不得认定为不当得利②要求出借人返还。换言之,出借人享有债权之保持力,但不享有债权之执行力。

十三、借贷双方没有约定利息,出借人能否主张借款人支付借期内的利息?

民间借贷利息是民间借贷的重要问题。然而,法律对于利息问题的规定相对

---

① 参见王林清:《民间借贷利率的法律规制:比较与借鉴》,载《比较法研究》2015 年第 3 期。
② 参见孙森焱:《新版民法债编总论》(上册),台北三民书局 1999 年修订版,第 411 页。

较少,导致实践中存在许多问题。就当事人之间发生的民间借贷没有约定利息,对于借期内的利息应否支付的,存在不同的观点。

第一种观点认为,借贷当事人对于利息没有约定的,该民间借贷应当视为无偿合同。对于借期内的利息,借款人可以不予给付。

第二种观点认为,虽然当事人没有约定利息,但应当看到,随着市场经济的发展,无偿合同的类型和数量越来越少,当事人不约定利息的原因有很多,有的可能是碍于情面等。出借人将资金借给借款人,帮助借款人渡过难关,借款人支付一定的利息也符合公平原则。因此,如果出借人主张借期内利息的,法院可以比照同期同类存款利率判决借款人支付给出借人。

第三种观点认为,应当区分属于民事借贷合同还是商事借贷合同。民事借贷合同可以考虑无偿性借贷;商事借贷合同则应当坚持有偿性为原则,借款人应当向出借人支付一定的利息,否则对于出借人也是不公平的。

笔者倾向于第一种观点。

利息是借款人(债务人)因使用借入货币或资本而支付给出借人(债权人)的报酬,又称"子金",即母金(本金)的对称。对于自然人之间的借贷,因其具有互助性,既可以是无偿的,也可以是有偿的。自然人之间可以约定利息,也可以不约定利息。《合同法》第211条第1款明确规定:"自然人之间的借款合同对支付利息没有约定或者约定不明确的,视为不支付利息。"因此,为了避免发生争议,仅就自然人之间的民间借贷合同,如果对支付利息没有约定或者约定不明确的,推定为无息借款,这种规定是合乎情理的。

这里需要注意的是,《借贷案件意见》第8条第1款规定:借贷双方对有无约定利率发生争议,又不能证明的,可参照银行同类贷款利率计息。按照这一规定解读,即使发生在自然人之间的民间借贷,如果双方对有无约定利率发生争议又不能证明的,则仍然需要计算利息,这与《合同法》第211条的规定显然不符。笔者认为,《借贷案件意见》制定在1991年,早于《合同法》的颁布实施,且《借贷案件意见》属于司法解释,按照上位法优于下位法、新法优于旧法的原则,《借贷案件意见》第8条第1款的规定不能适用于自然人之间的民间借贷。另外,《民间借贷规定》第33条已经明确规定,《借贷案件意见》同时废止不再适用。因此,《借贷案件意见》不能再作为人民法院裁判案件的依据。

对于其他民事主体之间发生民间借贷,如果没有约定利息,则该民间借贷为无偿借贷。"没有约定"不同于"约定不明",利息是民间借贷合同中的重要条款和内容,作为借贷双方都是理性的民事主体,不可能对这样一个重要事项存在疏忽或遗漏。既然民间借贷合同中没有约定利息,就意味着双方确定该借贷关系没有对价,是无偿的,或者认为出借人放弃了利息收益。人民法院不能替代当事人作出意思欠缺的弥补,将无偿变为有偿,否则就是以司法之手僭越民事主体意思自治的空间。

十四、民间借贷法律关系中债权人享有利息的依据是什么？

利息之债以民间借贷合同为原型。在民间借贷法律关系中,利息是本金所生之孳息,本金是利息所从出之原物。因此,当事人基于金钱借贷之债而主张利息的,该利息作为本金的收益具有法定孳息的属性是毋庸置疑的。

利息收益作为本金的法定孳息,自应归金钱之债的债权人享有,不受当事人过错的影响。然而,债权人享有利息的依据是什么？这在司法实践中同样存在分歧。有观点认为,债权人取得利息是基于对本金的所有权,利息的归属适用孳息随原物的法则。应当看到,法定孳息的归属不同于天然孳息,法定孳息是基于法律关系而发生,其归属自应取决于法律的规定或者合同的约定。利息收益作为法定孳息,是本金在民间借贷法律关系中产生的收益,因此,债权人取得利息,并非基于对本金的所有权,而是基于民间借贷合同产生的债权。民间借贷合同具有相对性,因此,利息之债也具有相对性,无论本金辗转至何人手中,债权人仅对民间借贷合同的债务人享有收取利息的权利。例如,甲将 1 000 元借给乙,约定利息为 50 元,之后乙又将这 1 000 元借给丙,约定利息为 80 元,虽然 50 元与 80 元同为这 1 000 元本金的法定孳息,但因存在于不同的民间借贷关系中,只能归属于不同的债权人,换言之,甲只能请求乙支付 50 元利息,而对乙、丙约定的 80 元利息不享有权利。因此,脱离合同关系,仅以原物的所有权解释利息收益的归属是不合适的。①

十五、当事人之间对借贷利息约定不明的,出借人能否主张借款人支付利息？

民间借贷案件审理中,利息裁判是一个法学理论长期忽视的问题,却又是司法实务操作中经常碰到的问题。借贷双方对利息约定不明的,出借人能否主张借款人支付借期内的利息？对此,有两种不同的观点。

第一种观点认为,民间借贷案件中当事人既然对利息作了约定,则意味着该借贷关系非无偿借贷,借款人应当支付利息,但是由于双方约定不明,因此,人民法院可以参照同期同类贷款利率计算利息。

第二种观点认为,自然人之间对借贷利息约定不明的,出借人无权主张利息。但是,除自然人之间借贷以外,借贷双方对利息约定不明,出借人主张利息的,应当结合当事人的交易方式、交易习惯以及市场利率等因素确定。

笔者倾向于第二种观点。

（一）自然人之间约定利息不明的处理

随着市场经济的发展,民间有息借贷现象便不断出现。以自然人之间的借贷

---

① 参见唐世银、孙盈:《关于民事审判中利息给付问题研究》,载《法律适用》2011 年第 4 期。

为例,《民法通则意见》第124条规定,借款双方因利率发生争议,如果约定不明,又不能证明的,可以比照银行同类贷款利率计息;而《合同法》第211条则规定,自然人之间的借款合同对支付利息没有约定或者约定不明确的,视为不支付利息。《民法通则意见》第124条反映出在民事诉讼过程中,法官起积极主导作用的思想;法官不但要明法析理,为了查清案件事实,还要帮助指导当事人寻找证据;而《合同法》第211条则反映出在民事诉讼中法官是消极的仲裁者、法律的守夜人,对于纠纷的解决,当事人起主导作用。对于自己的主张,当事人要寻找证据予以证明,如果不能提交证据证明自己的主张成立,那么就要承担举证不能的不利法律后果。对于同一个问题出现不同的法律规定,可以看出我国立法者在立法思想上的变化,同时也反映出《民法通则意见》第124条和《合同法》第211条所体现的法律理念有所区别。

对于自然人之间利息约定不明的,应当适用《合同法》第211条的规定,即视为不支付利息。这是因为:一是《合同法》是上位法,当然优于作为下位法的《民法通则意见》;二是《合同法》是新法,自然优于作为旧法的《民法通则意见》;三是《合同法》制定的当时社会背景下,自然人之间的借贷更多地是生活型消费借贷,提倡互帮互助。因此,对于自然人之间没有约定利息或者约定不明的,一律视为不支付利息。

(二) 除自然人之间借贷的外,利息约定不明的

在合同法理论上,把当事人没有约定、约定不明的现象称为合同漏洞。① 并没有把理解争议作为单独情形处理,而是涵盖在约定不明之中。如何解决合同漏洞,有两种理论:一是合同漏洞的填补理论,主要有当事人协商填补、依任意性规范填补;二是合同解释理论,即通过对漏洞的解释来明确争议,主要有补充性合同解释(针对没有约定)、阐释性合同解释(针对约定不明)两种方法。②

解决同样的漏洞问题,有两种理论,多种方法,那么合同解释与漏洞填补谁优先适用呢?大陆法系的传统民法上,任意性规范优于合同解释③;我国台湾地区学者也持此观点,主张任意性规范优先。在英美法系,按当事人默示意图—推定的意图—法律的规定来处理。④ 在我国,对于该问题如何处理,合同解释与合同漏洞填补在适用上是何种关系,学者意见不一。⑤ 对于自然人之间以外的民间借贷合同,利息约定不明的如何处理,实践中存在很大争议。有的主张通过《合同法》第62条规定解释,有的主张以《合同法》第125条关于合同解释的六大规则进行

---

① 参见王泽鉴:《债法原理》,中国政法大学出版社2003年版,第224页。
② 参见陈涛:《合同漏洞填补研究》,西南政法大学2011年硕士论文。
③ 参见[德]迪特尔·梅迪库斯:《德国民法总论》,邵建东译,法律出版社2001年版,第260页。
④ 参见王军主编:《美国合同法》,中国政法大学出版社1996年版,第254页。
⑤ 参见雷星:《没有约定、约定不明、理解争议的处理规则》,载 http://blog.sina.com.cn/s/blog_4038ad190101g211.html,访问时间:2015年6月28日。

解释。

在笔者看来,由于法律没有规定自然人之间以外的民间借贷合同利息约定不明的处理,如前所述,《合同法》将"约定不明"与"理解有争议"作了区分,对于"理解有争议"有争议的,则应当考虑适用《合同法》第 125 条的规定;而对于当事人利息约定不明的,在无法通过协商一致达成补充意见的情况下,应当适用《合同法》中有关合同约定不明的补救条款处理,即《合同法》第 61 条的规定,当事人不能达成补充协议的,按照合同有关条款或者交易习惯确定。如果依照《合同法》第 61 条仍然不能确定,则适用《合同法》第 62 条的规定,按照订立合同时履行地的市场价格履行。《民间借贷规定》同样采取了这一思路。

十六、同一种类的储蓄业务,为何在不同的商业银行其利息存在差异?

随着利率市场化的推进,各商业银行在计算存款利息时,可能存在差异。利息差异主要来源于以下几个方面:一是商业银行在政策允许范围内可对存款利率上下浮动,各商业银行存款利率可能不同,储户在存款时应了解具体的存款利率水平,选择合适的银行。二是计结息规则不同,因复利因素造成利息差异。三是利息计算方法不同也会导致利息差异,如定期存款是采用整年整月加零头天数还是按存期实际天数计算利息即会导致利息差异。银监会规定,商业银行应当将存款计结息规则和计息方法告知客户,客户亦可向银行咨询相关信息,以便自主选择银行办理储蓄业务。

十七、如何运用习惯确定约定不明的利息?

习惯与特定地域的人们生活密切相关,例如,在清代安徽太平县,买柴炭鱼肉菜果之类以十八两为一斤,油烟烟酒之类以十六两为一斤……① 因此,一旦这些交易行为形成纠纷成诉,不了解当地民俗习惯,单凭字据是无法认定案件事实的。作为一种通行的行为法则,民俗习惯在证据法和诉讼上表现为经验法则,在司法裁判中具有强大的事实认定功能。在案件事实认定中引入民俗习惯可以缓解法律真实和客观真实在理论上的冲突,防止以事实的盖然性或者不确定性否定证据的存在,从而有利于对当事人权利的保护。② 民俗习惯司法运用有多种途径,将民俗习惯运用于案件事实的认定就是途径之一。

当事人对某项民事争议的事实都没有证据证明时,法院可以根据当地民俗习惯认定案件事实。例如,民间借贷有不少借款人在出具的借条上载明"利息一分",当发生纠纷时,关于"利息一分"是指月息一分还是年息一分? 依照江苏省姜堰地区民间借贷习惯,"利息一分"是指月息一分,也就是利率为月 1%,据此法院

---

① 参见梁治平:《清代习惯法:社会与国家》,中国政法大学出版社 1996 年版,第 52 页。
② 参见王彬:《民俗习惯的司法功能》,载《湖南公安高等专科学校学报》2009 年第 2 期。

可以根据这个民俗习惯推定当事人约定的利息是月息1%①,而不能以约定不明按照《合同法》第211条第1款的规定视为不支付利息处理。② 实际上,从我国古代看,"利息一分"大都是指月息而不是年息,如果是年息,则利率太低,对于出借人而言极其不利,如我国北宋时期抵当所的放贷利率为月息1%③,金代的法律对于官办当铺的利率规定也是月息1%。

十八、民间借贷预先在本金中扣除利息的,如何确定本金数额?

民间借贷实务中对于出借人预先扣除利息,大多数意见认为,既然《合同法》第200条明确禁止利息预先在本金中扣除,民间借贷也同样不应允许出借人预先扣除利息。但是,就出借人与借款人对于预先扣除利息达成了协议,如何认定该协议的效力问题,有两种不同的观点。

第一种观点认为,无论出借人与借款人是否就预先扣除利息达成了协议,出借人都无权预先扣除利息。实际上,即使达成了协议,该协议也应当认定无效。

第二种观点认为,《合同法》第200条明确禁止利息预先在本金中扣除的规定,主要针对的是金融机构与借款人。由于二者处于经济上的不对等地位,法律因此才作出上述规定。对于民间借贷而言,出借人与借款人的地位平等,且预扣利息经过了双方的合意,因此,法律自无干涉的必要。当然,如果预扣利息导致出借人获得的利息收益超过最高限度的,超过部分可以认定无效。

笔者倾向于第一种观点。

预扣利息属于变相提高贷款利率的行为,它是出借人以牟取超过法定利息以上的非法高额利息为目的,借合同形式发放的高利贷。从形式上看,借款人自愿接受预扣利息条款的意思表示,使人造成平等交易、两厢情愿的错觉。而事实上,这种平等只能是形式上的平等、实质上的不平等,对于急需用款的借款人而言,接受这样的条款只是出于无奈,并没有平等自愿可言。

《合同法》第200条应当被视为效力性强制性规范,当然不得以协议约定排除其适用。同理,在民间借贷中,出借人与借款人也不得在民间借贷合同中事先约定在本金中扣除利息,如果有这样的约定条款的,则应确认为无效条款,但该条款的无效不影响合同其他条款的效力。实践中借款人经常主张出借人预先在本金中扣除利息,但却很难查明相关事实。笔者认为,对于这一问题,仍然应当坚持"谁主张、谁举证"的原则,合理分配举证责任。

---

① 参见唐建国、高其才:《习惯在民事审判中的运用》,人民法院出版社2008年版,第185—186页。
② 参见袁春湘:《民间借贷的习惯及其在司法审判中的运用》,载《人民司法·应用》2013年第7期。
③ 参见郭建:《中国财产法史稿》,中国政法大学出版社2005年版,第84页。

十九、既未约定借期内利率,也未约定逾期利率,自逾期还款之日起的利息如何保护?

目前,民间借贷双方当事人在借贷关系中,既未约定借期内利率,也未约定逾期利率的不在少数。出借人要求借款人偿还借款时,往往因为没有约定利息,而使自己的权益得不到保护。由于双方对于借期内的利息没有约定,按照《民间借贷规定》的内容,出借人无权要求借款人偿还利息。但是,对于借期届满,或者不定期借贷经出借人催还借款人仍然不偿还的,如何计算逾期利息?《借贷案件意见》第9条规定,不定期无息借贷经催告不还,出借人要求偿付催告后利息的,可以参照银行同类贷款的利率计算。① 最高人民法院法〔2011〕336号《关于依法妥善审理民间借贷纠纷案件促进经济发展维护社会稳定的通知》对此问题的基本精神是,出借人参照中国人民银行同期同类贷款基准利率,主张自逾期还款之日起的利息的,依法予以支持。② 从处理方式和思路上看,二者大致相同。

但是,应当注意的是,随着我国利率市场化的逐步进行,贷款基准利率将完全放开,央行将不再公布贷款基准利率,这就导致将没有了同期同类贷款基准利率作为计算的参照标准;同时,在利率市场化发展到一定阶段后,由各个商业银行按照市场自主确定贷款利率,不同地区的不同银行、同一地区的不同银行或者不同地区的同一银行,在确定贷款利率时可能都有所不同,这就导致难以确定依据哪一家银行作为计算同类贷款的依据。而且,有的借款期限根本没有相对应的贷款利率,譬如,借期为9个月,是按照6个月的贷款利率还是按照1年期的贷款利率计算?法律并没有作出明确规定,实务中在处理上五花八门,导致裁判标准不一,有失法律尊严和统一。

为了解决这一问题,《民间借贷规定》第29条第2款第(一)项作出了规定。既未约定借期内的利率,也未约定逾期利率,出借人主张借款人自逾期还款之日起按照年利率6%支付资金占用期间利息的,人民法院应予支持。按照这一规定,在借贷双方对借期内利率和逾期利率都没有约定的情况下,出借人仍然可以要求借款人自逾期还款之日起按照年利率6%支付利息。这里的年利率6%,是最高人民法院商同中国人民银行确定的。主要依据是,近年来,央行公布的贷款基准利率大致保持在年利率6%左右,且《民间借贷规定》确定的司法保护利率的第一档上限为24%,按照以前4倍贷款利率计算,正好可以得出基准利率为6%。这一规定有助于人民群众对此标准的理解和接受,也体现了司法的政策连续性。

---

① 参见吴庆宝、孟祥刚主编:《金融纠纷裁判标准规范》,人民法院出版社2009年版,第64页。
② 参见张先明:《认真践行能动司法理念,妥善化解民间借贷纠纷——最高人民法院有关负责人就〈通知〉有关情况答记者问》,载《人民法院报》2011年12月7日。

二十、民间借贷中的复利能否得到司法保护？

对于我国法律是否保护计复利，理论界和实务界有两种截然不同的观点。

第一种观点认为，复利是我国法律所明确禁止的，不予保护，计收复利的欠条（借条）当然也不应受到保护。

第二种观点认为，计复利的欠条（借条）并不违反当事人意思自治原则，理应受到保护。实际上复利在我国是受到一定限度的保护的。

笔者倾向于第二种观点。

首先，虽然全国人大及其常委会制定的法律中没有关于复利的明确规定，有关复利的明确规定只见诸于最高人民法院的司法解释和中国人民银行的规章，但中国人民银行发布的规章仅适用于银行等金融机构，并不直接适用于民间借贷纠纷。在处理民间借贷案件中的复利问题上，只有适用最高人民法院的两个司法解释：一是1988年的《民法通则意见》；二是1991年的《借贷案件意见》。《民法通则意见》第125条明文规定，公民之间的借贷，出借人将利息计入本金计算复利的，不予保护。显然《民法通则意见》对于复利是持完全否定态度的。但在《借贷案件意见》第7条中却规定："出借人不得将利息计入本金谋取高利。审理中发现债权人将利息计入本金计算复利的，其利率超出第六条规定的限度时，超出部分的利息不予保护。"从《借贷案件意见》的立法本意和条文文义可以看出，对于复利是持一种适当保护的观点，即允许适当计算复利，但超过一定限度时，超出部分的利息不予保护。这两个司法解释都是由最高人民法院制定的，根据法律适用中同阶位法律"后法优于前法"的适用原则，在处理民间借贷中的复利问题应当适用《借贷案件意见》的规定，所以我国法律对计复利的欠条（借条）是持有限度的保护的。

其次，根据《合同法》第211条第2款的规定，自然人之间的借款合同约定支付利息的，借款的利率不得违反国家有关限制借款利率的规定。只要借贷双方所规定的借款的利率没有违反国家有关限制借款利率的规定，即使该借贷关系中有计算复利约款的存在，该借贷关系也应受到法律保护。因此，在民间借贷纠纷中，当事人就复利问题作出约定的，其所约定的利率只要不超出最高利率限度的，就应当予以保护；超出最高限度的部分，认定无效。对于金融机构借贷行为中的复利条款，法律是予以肯定的。如中国人民银行发布的《关于调整各项贷款利率的通知》中规定，固定资产全部按季结息，每季末月的20日为结息日，对不能支付的利息，计收复利。

再次，之所以长期对复利采取打压政策，主要是基于维护社会稳定，理顺经济秩序，保障传统道德的考虑。但是，这种做法也会导致忽视对债权人利益合理、正当、充分的保护,挫伤了民间资金流动的积极性和有效作用。① 实际上,允许复利的存在在理论上也是有一定支撑的。应当收回的利息如果再投资,必然会得到新的利息收益,拒绝如期支付利息就意味着剥夺他人收取利息再投资的权利,是对他人权利的侵害,也必然造成他人的利益损失。因此,收取复利符合正义的标准。另外,无论是违约还是侵权,借款人逾期不还款理应承担相应的责任,支付复利也是正当的,如果双方约定了复利却又不能计算复利,等于变相鼓励了违约和侵权②,而对于另一方的合法权益却不能得到法律的有效保护。显然这不是法律所应坚持的方向。

最后,在国际上,出借人计收复利是金融机构的惯例,所以,对复利予以保护既符合国际惯例,也是对借款人不按时结息的违约行为的惩罚。

综上,笔者认为,有条件地承认民间借贷中的复利是符合契约精神和公平正义的,这样既能最大限度地维护合同自由原则以及债权人的利益,又能对债务人以适当的保护,兼顾了公平原则。《民间借贷规定》同样规定了对复利的保护,但也是给予一定限度范围内的保护。

二十一、银行存款的计结息规则如何确定?

存款计结息规则,指商业银行在计算存款利息时采用何种利率、如何计算利息、在什么时间支付所计利息或转入存款账户等一系列原则。

目前,活期储蓄存款每季度结息一次,每季末月的20日为结息日,按当日挂牌的活期利率计息,商业银行在这一日将利息转入储户账户。如果储户在结息日前清户,商业银行将按当日挂牌活期利率计算利息并连同本金支付给储户。

定期整存整取存款按存单开户日挂牌公告的相应的定期储蓄存款利率计算利息。如在存期内遇利率调整,不论调高或调低,均按存单开户日所定利率计付利息,不分段计息。如储户提前支取,全部提前支取或部分提前支取的部分,按支取日挂牌公告的活期储蓄利率计息,未提前支取的部分,仍按原存单所定利率计付利息。

除活期储蓄存款和整存整取定期存款计结息规则由人民银行确定外,其他储种的计结息规则由商业银行法人(农村信用社以县联社为单位)以不超过人民银行同期限档次存款利率上限为原则,自行确定并提前告知客户。客户可向商业银行查询该行的计结息规则。

二十二、银行是如何采用积数计息法和逐笔计息法计算利息的?

银行主要采用积数计息法和逐笔计息法计算利息。积数计息法便于对计息

---

① 参见刘政传:《浅谈我国民间借贷利息的民事法律问题》,载《法制与社会》2007年第8期。
② 参见曹冬媛:《民间借贷利息的法律问题》,载《河北法学》2012年第12期。

期间账户余额可能会发生变化的储蓄存款计算利息。因此,银行主要对活期性质的储蓄账户采取积数计息法计算利息,包括活期存款、零存整取、通知存款;而对于定期性质的存款,包括整存整取、整存零取、存本取息、定活两便,银行采用逐笔计息法计算利息。

(1) 积数计息法。积数计息法就是按实际天数每日累计账户余额,以累计积数乘以日利率计算利息的方法。积数计息法的计息公式为:

利息 = 累计计息积数 × 日利率

其中累计计息积数 = 账户每日余额合计数。

例:某储户活期储蓄存款账户变动情况如表6-1(单位:人民币元),银行计算该储户活期存款账户利息时,按实际天数累计计息积数,按适用的活期储蓄存款利率计付利息。

表6-1 活期储蓄存款账户变动情况表

日期	存入	支取	余额	计息期	天数	计息积数
2015.1.2	10 000		10 000	2015.1.2—2015.2.2	32	32 × 10 000 = 320 000
2015.2.3		3 000	7 000	2015.2.3—2015.3.10	36	36 × 7 000 = 252 000
2015.3.11	5 000		12 000	2015.3.11—2015.3.20	10	10 × 12 000 = 120 000
2015.3.20			12 000			

银行每季末月20日结息,2015年3月20日适用的活期存款利率为0.72%。因此,到2015年3月20日营业终了,银行计算该活期存款的利息为:

利息 = 累计计息积数 × 日利率
    = (320 000 + 252 000 + 120 000) × (0.72% ÷ 360)
    = 13.84 元

(2) 逐笔计息法。逐笔计息法是按预先确定的计息公式逐笔计算利息的方法。采用逐笔计息法时,银行在不同情况下可选择不同的计息公式。

① 计息期为整年(月)时,计息公式为:利息 = 本金 × 年(月)数 × 年(月)利率

② 计息期有整年(月)又有零头天数时,计息公式为:利息 = 本金 × 年(月)数 × 年(月)利率 + 本金 × 零头天数 × 日利率

(3) 其他计算方法。银行也可不采用第一种、第二种计息公式,而选择以下计息公式:利息 = 本金 × 实际天数 × 日利率。其中实际天数按照"算头不算尾"原则确定,为计息期间经历的天数减去一。逐笔计息法便于对计息期间账户余额不变的储蓄存款计算利息,因此,银行主要对定期储蓄账户采取逐笔计息法计

利息。

例如:某客户 2015 年 3 月 1 日存款 10 000 元,定期 6 个月,当时 6 个月定期储蓄存款的年利率为 2.43%,客户在到期日(即 2015 年 9 月 1 日)支取,利息是多少?

① 这笔存款计息为 6 个月,属于计息期为整年(月)的情况,银行可选择"利息 = 本金×年(月)数×年(月)利率"的计息公式。

$$利息 = 10\,000 \times 6 \times (2.43\% \div 12) = 121.50 \text{ 元}$$

② 银行也可选择"利息 = 本金×实际天数×日利率"的计息公式,这笔存款的计息期间为 2015 年 3 月 1 日至 9 月 1 日,计息的实际天数为 184 天。

$$利息 = 10\,000 \times 184 \times (2.43\% \div 360) = 124.20 \text{ 元}$$

由于不同计息公式会导致计算利息的结果存在差异,因此,储户在存款时可向银行咨询计息方法的相关情况。

二十三、民间借贷仅约定了借期内利率但未约定逾期利息的,如何计算逾期履行期间的利息?

对于履行期间利息的计算标准,有约定的按照约定计算,如果约定的逾期利率标准超过司法解释规定的最高标准的,则认定无效。问题是,如果民间借贷合同中只约定了借期内的利率,没有约定逾期利率,如何计算逾期利息?对此,主要有三种不同的观点。

第一种观点认为,应当以借期内约定的利率来计算逾期利息。

第二种观点认为,应当以中国人民银行公布的同期同类贷款基准利率上浮 30%～50% 计算。

第三种观点认为,可以参照中国人民银行《关于人民币贷款利率有关问题的通知》第 3 条的规定,其利息计算的利率标准可在民间借贷合同约定的借期内利率水平上加收 30% 计算,但仍然不能超过法定的最高标准。

笔者倾向于第三种观点。主要理由如下:

首先,在价格理论的视角下,利息的功能可被分解为以下几部分:抵销通货膨胀、冲销风险、支付交易费用、获取资本利得。冲销风险与除去交易成本之后的资本利得是解释利息的主要着眼点。正是基于利息这一经济属性,才有了利息的拟制孳息的法律属性。从这个层面上讲,逾期付款必然要支付利息。[①] 如果按照第一种观点,即将借期内的利率适用于逾期过程中,则是将"逾期"这种违约行为的表现视为原民间借贷合同在同等条件下的自然延续,这等于抹杀了此种"逾期"行为的违法性,显然是不妥当的。而且,如果借期内的利率低于同期同类贷款利率的,则在逾期的情况下仍然适用低于同期同类贷款利率的借期内的利率,这对于

---

① 参见张娜娜:《金融担保业务相关利息及违约金的裁量》,载《人民司法·案例》2015 年第 10 期。

出借人而言明显不公平。

其次，如果按照第二种观点，则同样是不合理的。因为按照中国人民银行公布的同期同类贷款基准利率上浮一定比例计算的逾期利息可能仍然会低于按照合同约定的借款利率计算的利息，从而使得出借人的损失更大，对于出借人并不公平。

再次，随着我国利率市场化改革，中国人民银行将取消公布贷款基准利率，按照这一做法也会失去参照依据。

最后，借款人未在民间借贷合同约定的期间履行还本付息的，即构成违约。在民间借贷合同约定的利率水平上再加收30%，能够体现出对于借款人逾期履行的适当惩罚，从而能够体现出对借款人违约行为的否定性评价。[①] 并且，按照《合同法解释（二）》第29条的规定，当事人对于违约金约定的数额过高或者过低，可以请求予以适当调整，调整的界限即以实际损失的30%为准。采用第三种观点与这一做法不谋而合。当然，逾期利息以借期内的利率上浮30%计算也是有限制的，即不能超过年利率的24%。

需要注意的是，《民间借贷规定》并未采取这一观点，而是坚持以借期内约定的利率来计算逾期利息这一做法。之所以这样规定，主要基于以下考虑：一是既然借贷双方在民间借贷合同中约定了借期内利率，则表明双方实行有偿的资金使用。当前，民间借贷利率普遍较高，如果按照上述第三种观点计算逾期利息，则逾期利息会更高，从平衡双方利益的角度，以借期内约定的利率来计算逾期利息似无不妥。二是最高人民法院法〔2011〕336号《关于依法妥善审理民间借贷纠纷案件促进经济发展维护社会稳定的通知》第6条规定，当事人仅约定借期内利率，未约定逾期利率，出借人以借期内的利率主张逾期还款利息的，依法予以支持。从保持政策稳定性角度出发，《民间借贷规定》传承沿袭了该通知的精神，既然《民间借贷规定》对此已经作出明确规定，司法实践中就应当执行。

二十四、如何确定逾期履行期间的起止时间？

逾期履行期间利息的计算不同于借款期间利息的计算，首先表现在其利息计算期间的不同，所以认定逾期履行期间的起止时间尤为重要。

（1）逾期履行期间的起始日期

在民间借贷纠纷中，借款人超过借款期间仍未履行还款义务的，就要开始计算逾期履行的利息。所以，逾期履行期间利息的计算期间是从借款期间届满之次日开始计算的；如果民间借贷合同未约定还款期限的，则从催告后的合理期限截止日之次日起计算。

---

① 参见杜万华、韩延斌、张颖新等：《建立和完善我国民间借贷法律规制的报告》，载《人民司法·应用》2012年第9期。

（2）逾期履行期间的截止日期

至于计算至何日为止，由于法律没有作出明文规定，司法实践中，主要有三种认定截止日的做法：① 以付清之日作为逾期利息的截止日；② 以法院裁判文书生效之日作为逾期利息的截止日；③ 以生效裁判文书指定的日期作为逾期利息的截止日。

如果采用上述第①种做法，会使得实际大量存在的迟延履行情况变得在裁判文书中根本不可能存在，《民事诉讼法》第253条关于迟延履行的规定将成为具文，毫无意义。

如果采用上述第②种做法，会有两种情况无法解决：一是如果借款人在裁判文书生效之前履行了还款义务的，逾期利息计算至法院裁判文书生效之日，对借款人明显不公平；二是如果借款人在裁判文书指定的期间履行的，而该期间一般要晚于裁判文书生效期间，仅仅将逾期利息计算至法院裁判文书生效之日，对于出借人明显不公平。

如果采用上述第③种做法，即以生效裁判文书指定的日期或者"判决给付之日"①作为逾期利息的截止日，则借款人在指定日期之前已经履行了还本付息义务，却还要支付逾期利息至生效裁判文书指定的日期，这对于借款人而言是不公平的。

由此，笔者认为，逾期履行期间的截止日期应当将借款人履行的日期与生效裁判文书指定的日期结合起来确定，具体是：如果借款人在生效裁判文书指定的日期之前已经履行了还本付息义务，则计算逾期利息的截止日期应当是借款人履行了偿还义务的日期；如果借款人在生效裁判文书指定的日期之后才履行（或未履行、未完全履行）了还本付息的义务，则计算逾期利息的截止日期应当是生效裁判文书指定的日期，超过该指定的日期则应当按照法律规定计算迟延履行利息。

二十五、如何确定逾期履行期间利息计算的基数？

对于逾期履行期间利息的计算基数，司法实践中的做法不太一致。

第一种观点认为，逾期履行期间利息的计算基数仍然是借款本金。

第二种观点认为，应当以借款本息作为逾期履行期间利息的计算基数。理由是：一旦借款期间届满，出借人按照民间借贷合同的约定可以获得包括借款本金和利息，若借款人没有履行，出借人就无法在借款人逾期履行期间内对这一独立利息进行占有、使用、收益，也无法取得该利息可能产生的利益，这对出借人无疑是一大损失。

---

① 参见张婉苏、黄伟峰：《民间借贷利息裁判标准研究——基于南京地区十年间终审判决书的整理与分析》，载《江苏社会科学》2012年第3期。

笔者倾向于第一种观点。我国《合同法》第207条"借款人未按照约定的期限返还借款的,应当按照约定或者国家有关规定支付逾期利息"的规定,应当理解为,一旦借款期限届满,借款人没有履行借款义务的,就不再按照合同贷款利率计算利息,而是按照合同约定或者国家有关规定的逾期利率计付逾期利息,一般情况下,逾期利率高于期内的利率,以体现对当事人不履行法定或者约定义务的惩罚。但是,就计算基数而言则没有改变,仍然要以借款本金为计算基数,而且如果以借款本息作为逾期履行期间利息的计算基数,则有计算复利之嫌。当然,这里需要注意的是,如果当事人明确约定了逾期利息的计算基数是借款期间的本金与利息之和,则对于这一约定原则上应予准许,但是不能超过《民间借贷规定》中所规定的幅度,即:借款人在借款期间届满后应当支付的本息之和,不能超过最初借款本金与以最初借款本金为基数,以年利率24%计算的整个借款期间的利息之和。出借人请求借款人支付超过部分的,人民法院不予支持。

二十六、已经支付了年利率在24%～36%之间的利息,借款人能否主张出借人返还该部分的利息?

民间借贷的双方当事人约定借贷利息超过年利率24%,但不足36%,对于超过24%部分的利息,借款人已经支付,事后又后悔请求出借人返还的,人民法院能否支持?对此,有两种不同的观点。

第一种观点认为,既然《民间借贷规定》确定司法保护的年利率上限是24%,那么,对于超过年利率24%的民间借贷利息,借款人已经支付的,都有权要求返还。

第二种观点认为,超过年利率24%不足年利率36%的部分可以视为自然之债,出借人已经受领的,借款人无权要求返还;借款人未支付的,出借人无权要求支付。

笔者倾向于第二种观点。

在上一节和本书其他章节中,也谈到了自然债务,对于这一问题此处不再赘述。笔者认为,对于约定在年利率24%～36%之间的利息,可以视为自然之债。也就是说,双方约定年利率在24%～36%之间,并且当事人自愿履行完毕或者当事人根本未自动履行的,法院均不予干预,任何一方诉请法院支持对其有利的请求的,均不能获得司法的支持与保护,从而彰显其自然之债的特性。

从金融学角度分析,将约定在年利率24%～36%之间的利息赋予当事人履行的自主决定权,也能够体现司法保护利率设置缓冲空间的良好用意,也给未来利率市场化后民间资本市场利率水平预留了调整空间。民间借贷主体基于意思自治可以在此缓冲区间内约定相对较高的年利率水平,体现了市场在配置资源中起决定性作用的改革要求。

总之,自然之债是道德上义务之升华,而非法律上义务之贬降。将约定在年利率24%～36%之间的利息视为自然之债,可以较好地调节出借人与借款人之间的利益平衡。自然之债的债务人在法律上虽无履行的义务,但法律赋予债务人的自愿履行行为以法律效力,有助于社会正义的实现。

二十七、借款人支付的超过年利率36%部分的利息,能否主张返还?

对于超过年利率36%部分的利息,按照《民间借贷规定》第26条的规定,认定为无效。无效合同是违反合同生效要件的一种合同类型,是相对于有效合同而言的,是指合同虽然已经成立,但因其在内容上违反了法律、行政法规的强制性规定或社会公共利益而不发生法律效力的合同。[①] 对于超过年利率36%部分的利息的约定,属于无效约定,如果合同其他条款有效,当然不影响其他条款的效力。

合同条款被确认为无效后,虽然不能产生当事人预期的法律效果,但当事人之间基于法律直接规定而产生了新的债权债务关系,也就是,当事人依据合同或者合同中的某个无效条款取得的财产应当返还给对方。在民间借贷中,双方约定超过年利率36%部分的利息因违反司法解释设定的强制性红线而无效,因此,出借人即使已经获得借款人支付的超过年利率36%部分的利息,也应当向借款人返还。需要注意的是,这里的返还财产不适用过错责任原则,不论双方订立民间借贷合同时谁有过错,即使出借人并无过错,只要其收取了超过年利率36%部分的利息的,就负有返还给借款人的义务。当然,返还只适用于已经收取的情况,如果出借人尚未收取该部分利息,自然没有适用返还财产原则的必要。

二十八、民间借贷既约定了逾期利息又约定了违约金的,应当如何处理二者的关系?

无论是约定逾期利息,还是约定违约金,都是法律允许的。在民间借贷合同中,同时约定逾期利息和违约金的,应当如何处理?对此,实践中存在三种不同观点。

第一种观点认为,逾期利息具有惩罚性和督促违约方的功能,从性质上讲,就是违约金。如果对逾期还款既适用违约金又适用逾期利息,相当于进行了两次追究,意味着对一种违约行为要承担两次违约责任,对还款人不公平。因此,对于同时约定逾期利息和违约金的,出借人可以选择适用逾期利息或者违约金。

第二种观点认为,逾期利息和违约金的性质不同,逾期仍然是利息,而违约金是承担违约责任的一种方式,从法理上讲可以并存。但是,逾期利息与违约金合并计算没有依据,应当依据相关规定各自认定合理数额。

第三种观点认为,逾期利息和违约金可以并存,但二者之和不能超过依据利率上限计算的数额。

---

① 参见王利明:《论无效合同的判断标准》,载《法律适用》2012年第7期。

笔者倾向于第三种观点。

首先，逾期利息和违约金都是当事人可以约定的项目，法律关于逾期利息的规定并不能排斥违约金。逾期利息与违约金各有适用的条款，《合同法》及其司法解释对违约金的适用及数额调整有专门规定，民间借贷合同也应当适用《合同法》的规定。因此，二者不仅可以同时约定，也可以同时得到支持，那种认为逾期利息与违约金各能择一适用的观点缺乏法律依据。

其次，逾期利息与违约金各自都有法律适用上的限制。对于逾期利息而言，如借款人按期还款，出借人可将取得的现金存入银行取得利息，但因借款人未及时履行付款义务，而使其无法存款取得利息，因而造成了一定的利息损失。对于违约金而言，《合同法解释（二）》第29条对于当事人主张的违约金过高或者过低的，人民法院可以实际损失为基础，综合若干其他因素进行增减。对于违约金的调整，一方面兼顾了对当事人意思自治的尊重，另一方面也是出于经济效益的考虑，防止债权人滥用诉权。

再次，民间借贷中借贷双方约定的利率不得超过银行同期贷款基准利率的4倍，否则视为高利贷①，超出部分不受法律保护。逾期利息的立法目的在于加重逾期一方的责任，敦促借款人尽快履行债务。而合同法中的违约损害赔偿的目标是达到如同合同完全履行的结果。因此，从立法目的上看，违约金加上逾期利息总和超过依据利率上限计算的数额本身，即会造成义务人的违约行为反而增加了权利人收益的可能，双方的权利与义务明显违反公平、等价有偿原则，甚至有可能造成变相支持高利贷的发生，引发社会风险。②

最后，鉴于借贷合同违约造成的直接和最主要的损失就是出借人无法利用本金谋取收益，同时逾期付款违约金的性质与逾期利息在一定程度上也有相似之处。实践中，民间借贷当事人往往通过巧立名目的方式谋求高利贷来达到规避法律的目的，为避免二者同时适用导致的处罚过重，为防止出借人规避法律，以违约金的方式获取高息，必须作出相应的限制。对于出借人与借款人在民间借贷合同中既约定利息，又约定逾期付款违约金的，应当认定最终收取的利息和违约金的总额不应超过年利率24%为标准，对于超过的部分不予支持。

---

① 2002年《中国人民银行关于取缔地下钱庄及打击高利贷行为的通知》规定："民间个人借贷利率由借贷双方协商确定，但双方协商的利率不得超过中国人民银行公布的金融机构同期、同档次贷款利率（不含浮动）的4倍。超出上述标准的，应界定为高利贷行为。"按照上述内容看待民间借贷高利贷，应当以年利率24%作为界限。但是笔者认为，超过年利率24%不足36%的，不应当认定为高利贷，对于超过年利率36%的，才应当认定为高利贷，并受到法律的否定性评价。

② 参见胡欣：《既约定利息、逾期利息又约定违约金的，以银行同期贷款利率的四倍为限——卢某世诉林某赐、王某云借贷纠纷案》，载陈国猛主编：《民间借贷：司法实践及法理重述》，人民法院出版社2015年版，第148—150页。

二十九、当事人约定了实现债权支出律师费、服务费等的承担问题,如何处理?

在民间借贷案件中,当事人还往往通过律师费、服务费等形式掩盖超出法律规定限度的高额利息。① 对于该部分费用应否予以支持,目前各地法院的观点尚不一致。有的法院认为,该部分费用只要与利息累计超出 4 倍,则对超出的部分一律不应予以支持;有的法院认为应当区分该费用是否为必要费用,如出借人主张的律师费即为必要支出费用,即应予支持。

笔者认为,在民间借贷纠纷案件中,当事人双方对为实现债权支出的律师费用有明确约定的,可以按照约定处理,但另一方当事人请求扣除超出合理部分的律师费用的,人民法院应当予以支持。但是,对于服务费用的承担问题,笔者认为,应当严格审查,许多民间借贷合同中约定的服务费是变相的高额利息。在具体计算标准上,可以按照《民间借贷规定》第 30 条的规定,即:出借人与借款人既约定了逾期利率,又约定了违约金或者其他费用,出借人可以选择主张逾期利息、违约金或者其他费用,也可以一并主张,但总计不能超过年利率 24%。

三十、民间借贷迟延履行利息如何计算?

生效裁判文书有一般债务利息内容的,如何计算迟延履行利息?对此,主要有四种观点。

第一种观点认为,迟延履行利息以一般债务利息率的 2 倍计算。

第二种观点认为,一般债务利息只计算至生效裁判文书确定的履行期间届满之日,从届满之日起迟延履行利息以 2 倍的一般债务利息率计算。

第三种观点认为,迟延履行利息(以 2 倍相关利率标准计算)和一般债务利息不能同时计算,可以考虑选择适用,依照就高不就低的原则处理。

第四种观点认为,既计算一般债务利息,又计算迟延履行利息。

笔者倾向于第四种观点。主要理由如下:

首先,计付迟延履行利息是一种执行措施,由于一般债务利息率千差万别,迟延履行利息以一般债务利息率的 2 倍计算,扩大了这种差异。这种差异不仅导致法律对债务人的惩罚幅度不同,而且也导致对债权人的保护程度不一致,违反了平等保护当事人权益的基本原则。另外,这种方法计算的结果在部分案件中有可能畸高。如民间借贷纠纷案件中,双方约定的利率为银行同期同类贷款利率的 4 倍,如果以该利率的 2 倍计算,就是银行同期同类贷款利率的 8 倍,对债务人来说

---

① 参见陆青:《论民间借贷的司法规范——以江浙沪三地高院意见为中心的实证考察》,载《法治论丛》2011 年第 5 期。

过于沉重,且即使判决了,一般也很难执行到位。

其次,单一计算存在障碍。单一计算方法改变了生效法律文书所确定的义务,且单一计算的结果,在有的情况下会低于迟延履行期间一般债务利息的数额,起不到惩罚被执行人的作用。如生效法律文书确定了以4倍利率标准计算一般债务利息至款项付清之日止,根据单一计算方法,迟延履行期间的债务利息以2倍的利率标准计算,就低于原来确定的利息幅度。

再次,迟延履行期间的一般债务利息率高于2倍相关标准利率的情况下只计算迟延履行期间的一般债务利息,此种方法在一定情况下不能体现法律的惩罚性。

最后,并行计算的方法合理得当。之所以并行计算,是因为并行计算既尊重了法律文书的效力,又体现了一定的惩罚性。正是因为迟延履行利息与一般债务利息的本质不同,同时计算两种利息并不冲突,不存在重复计算的问题,《最高人民法院〈关于执行程序中计算迟延履行期间的债务利息适用法律若干问题的解释〉》(以下简称《迟延履行期间利息解释》)采用了并行计算的方法。① 不过,考虑到如果以2倍的相关利率标准计算迟延履行利息,数额较高,而以1倍的相关利率标准计算较为缓和。②

但是,《迟延履行期间利息解释》不以2倍而是以1倍的做法是否妥当,值得商榷。笔者认为,总体而言,这种做法于法无据,有悖于《民事诉讼法》第253条的规定。《民事诉讼法》第253条明确规定,被执行人未履行金钱给付义务的,应当"加倍"支付迟延履行期间的债务利息;未履行其他义务的,应当支付迟延履行金。"加倍"意味着2倍,而不是1倍。当然,《迟延履行期间利息解释》制定的背景是我国司法的执行制度和机制已进一步完善,执行措施更有力度,网络查控机制、限制高消费制度和失信被执行人名单制度等成为执行工作的有力武器。基于这些考虑,《迟延履行期间利息解释》将迟延履行利息制度对被执行人的惩罚控制在适当范围,着眼于通过各项措施的综合作用,促使被执行人及时履行义务。即便如此,作为计算迟延履行期间利率的规定与《民事诉讼法》第253条的规定不太相符,但既然司法解释已经作出规定,在司法实务中就应当执行。

---

① 《最高人民法院〈关于执行程序中计算迟延履行期间的债务利息适用法律若干问题的解释〉》第1条:"根据民事诉讼法第二百五十三条规定加倍计算之后的迟延履行期间的债务利息,包括迟延履行期间的一般债务利息和加倍部分债务利息。迟延履行期间的一般债务利息,根据生效法律文书确定的方法计算;生效法律文书未确定给付该利息的,不予计算。加倍部分债务利息的计算方法为:加倍部分债务利息=债务人尚未清偿的生效法律文书确定的除一般债务利息之外的金钱债务×日万分之一点七五×迟延履行期间。"

② 参见刘贵祥、王宝道:《〈关于执行程序中计算迟延履行期间的债务利息适用法律若干问题的解释〉的理解与适用》,载《人民司法·应用》2014年第17期。

三十一、生效法律文书没有确定一般债务利息时如何计算迟延履行利息？

既然有一般债务利息的案件是以1倍的利率标准计算迟延履行利息，那么，没有一般债务利息的案件也应当一致，适用相同的利率标准计算迟延履行利息。迟延履行利息采用单独的计算方法，与一般的债务利息的计算没有关系，通俗地讲，就是两者各算各的，互不影响。

例1 2015年6月28日生效的法律文书确定，借款人应当在3日内支付出借人借款本金1万元；支付自2015年1月1日始至借款付清之日止以日万分之五计算的利息；借款人迟延履行的，应当根据《民事诉讼法》第253条的规定加倍支付迟延履行期间的债务利息。借款人于2015年9月1日清偿所有债务。在这个案例中，迟延履行期间的债务利息＝借款本金×生效法律文书确定的一般债务利息率×迟延履行期间的实际天数＋借款本金×1.75‰×迟延履行期间的实际天数（10 000×5‰×60＋10 000×1.75‰×60＝405元）；迟延履行期间开始前的一般债务利息＝借款本金×生效法律文书确定的一般债务利息率×迟延履行期间开始前的实际天数（10 000×5‰×180＝900元）。债务人应当支付的金钱债务为10 000＋405＋900＝11 305元。

例2 2015年6月28日生效的法律文书确定，债务人应当在3日内支付债权人侵权损害赔偿10 000元；债务人迟延履行的，应当根据《民事诉讼法》第253条和《迟延履行期间的利息解释》第1条的规定加倍支付迟延履行期间的债务利息。债务人在2015年9月1日清偿所有债务。在本案中，迟延履行期间的债务利息＝损害赔偿数额×1.75‰×迟延履行期间的实际天数（10 000×1.75‰×60＝105元）。债务人应当支付的金钱债务为10 000＋105＝10 105元。

第七章　民间借贷与夫妻债

一、民间借贷中的夫妻共同债务的内涵如何界定？

由于社会生活的不断变化,夫妻共同债务的形式也千变万化,对其种类进行列举是无法穷尽的,只有抓住其本质,确立一个判断标准,才能以不变应万变,有效应对随时产生的新情况、新问题。司法实践中,对于夫妻共同债务的认定标准存在以下观点。

第一种观点认为,1993 年《最高人民法院〈关于人民法院审理离婚案件处理财产分割问题的若干具体意见〉》(以下简称《离婚财产分割意见》)第 17 条第 1 款规定:"夫妻为共同生活或为履行抚养、赡养义务等所负债务,应认定为夫妻共同债务,离婚时应当以夫妻共同财产清偿。"《婚姻法》第 41 条规定:"离婚时,原为夫妻共同生活所负的债务,应当共同偿还。"基于上述法律规定,认定是否为夫妻共同债务应以是否用于夫妻共同生活为必要,该观点可简称为"用途论"。①

第二种观点认为,《离婚财产分割意见》第 17 条第 2 款规定:"下列债务不能认定为夫妻共同债务,应由一方以个人财产清偿:(1) 夫妻双方约定由个人负担的债务,但以逃避债务为目的的除外。(2) 一方未经对方同意,擅自资助与其没有抚养义务的亲朋所负的债务。(3) 一方未经对方同意,独自筹资从事经营活动,其收入确未用于共同生活所负的债务。(4) 其他应由个人承担的债务。"因此,凡以夫妻双方名义所欠债务,或者虽以夫妻一方名义所欠债务但经过对方同意的,应当视为夫妻共同债务,该观点可简称为"合意论"。②

第三种观点认为,《最高人民法院关于适用〈中华人民共和国婚姻法〉若干问题的解释(二)》(以下简称《婚姻法解释(二)》)第 24 条规定:"债权人就婚姻关系存续期间夫妻一方以个人名义所负债务主张权利的,应当按夫妻共同债务处理。但夫妻一方能够证明债权人与债务人明确约定为个人债务或者能够证明属于婚

---

① 参见刘汉江:《浅谈夫妻共同债务认定规则》,载江苏法院网(http://www.jsfy.gov.cn/llyj/xslw/2014/02/21140826891.html)。

② 参见许元昭:《夫妻债务清偿规则探讨》,载《襄樊职业技术学院学报》2009 年第 3 期。

姻法第十九条第三款规定情形的除外。"因此,在排除第 24 条两种但书情形外,只要举债发生在婚姻关系存续期间,均应认定为夫妻共同债务,该观点可简称为"时间论"。①

笔者认为,由于夫妻共同债务发生时间不仅局限于婚姻关系存续期间,因此仅考虑债务形成时间无法完全辨别是否为夫妻共同债务。应结合债的原理、婚姻法的规定以及夫妻共同债务内涵进行理解。《离婚财产分割意见》第 17 条第 1 款规定:"夫妻为共同生活或为履行抚养、赡养义务等所负债务,应认定为夫妻共同债务,离婚时应当以夫妻共同财产清偿。"据此,应主要从债务的去向、用途是否与共同生活有关联的角度来把握夫妻共同债务的认定。最高人民法院《婚姻法解释(二)》第 24 条规定:"债权人就婚姻关系存续期间夫妻一方以个人名义所负债务主张权利的,应当按夫妻共同债务处理。但夫妻一方能够证明债权人与债务人明确约定为个人债务,或者能够证明属于《婚姻法》第十九条第三款规定情形的除外。"而《婚姻法》第 19 条第 3 款规定:"夫妻对婚姻关系存续期间所得的财产约定归各自所有的,夫或妻一方对外所负的债务,第三人知道该约定的,以夫或妻一方所有的财产清偿。"因此,从 2004 年 4 月 1 日起,认定夫妻共同债务以是否形成于夫妻关系存续期间为标准。应当说明的是,《离婚财产分割意见》第 17 条规定是从夫妻离婚时如何进行债务承担的角度所作的规定,《婚姻法解释(二)》第 24 条规定系从债权人主张权利的角度所作的规定,两个法条针对的是不同的法律关系,故在债务性质认定标准、抗辩事由、举证责任、证明标准上规定不同是完全合理的,应当区别场合准确适用法律,不能将夫妻内部关系和夫妻一方与债权人之间的外部法律关系的债务性质的认定标准混为一谈。②

有学者提出,认定夫妻共同债务可以从两个方面把握:一是夫妻是否有共同举债的合意,如果夫妻双方有共同举债的意愿,那么不论夫妻双方是否共享了该债务带来的利益,该债务均应视为夫妻共同债务;二是夫妻是否分享了债务带来的利益,如果夫妻事先并无共同举债的合意,但债务发生以后,债务带来的利益由夫妻二人共同分享的话,同样应当视为共同债务。③ 这种结合了债的基本原理以及夫妻共同债务内涵为内在本质,以举债的合意与实际用途作为外在判断原则的标准,可以将其简称为"主客观相结合"的标准。而"主客观相结合"的标准更符合婚姻关系的基本原理。

笔者认为,婚姻关系包括夫妻人身关系和财产关系。夫妻二人通过合法程序结合在一起,共同生活、相互尊重、平等互助,其中一方为了共同生活的需要或共同利益的需要而负债,理应由夫妻二人共同承担,这直接体现了婚姻关系中的夫

---

① 参见陈沈雁:《完善我国的夫妻债务制度》,载《黑河学刊》2009 年第 1 期。
② 参见王林清等:《婚姻家庭纠纷裁判精要与规则适用》,北京大学出版社 2014 年版,第 106—107 页。
③ 参见蒋月:《夫妻的权利与义务》,法律出版社 2001 年版,第 206 页。

妻身份关系。同样,该标准也适用于夫妻财产关系。我国《婚姻法》第17条规定了夫妻财产制度,夫妻共同创造财产,根据法律规定或夫妻约定,其一部分或全部为共同财产,共同财产为夫妻共同所有,享有平等的处理权。基于夫妻合意或使共同财产受益之债务应当为夫妻共同债务,此符合权利义务相一致的基本原理。因此,有关夫妻共同债务的认定标准,笔者赞成"主客观相结合"的标准。

二、对于夫妻一方或双方进行智力投资,因接受继续教育、进修、出国留学或者参加技能培训等引发的民间借贷是否应当认定为夫妻共同债务?

对于夫妻一方或双方进行智力投资,因接受继续教育、进修、出国留学或者参加技能培训等对外借款所产生的债务是否应当认定为夫妻共同债务,司法实践中存在不同的观点。

第一种观点认为,夫妻进行正常的文化教育活动符合法律规定,也符合日常生活情理,由此而负债属于夫妻债务范围。①

第二种观点认为,此类情况应当区别对待,具体问题具体分析。具体来讲,如果夫妻一方借款进行智力投资,习得的仅是某项普通的技术或技艺,人才资本的含金量不高,所借债务不多,且获得某项技能后,用所学之长赚钱用于改善家庭共同生活,则由此所生之债务应认定为夫妻共同债务;如果一方所接受的教育培训成本较高,且离婚时一方没有受益或受益很少,则应将其视为接受培训方的个人债务。因为夫妻一方借款进行智力投资的结果,是人力资本(指一个人拥有的从事有经济价值的活动的能力、知识和技能,它主要靠学习、训练和经历来获取和积累,是决定劳动生产的一个主要因素)的积累,这是一种无形资产,这样的人力资本将是获得者终身受益的无价之宝,将由此产生的债务认定为共同债务是很不公平的。②

笔者倾向于第一种观点,认为将一方接受教育培训对外借款所负之债认定为夫妻共同债务更加符合立法的基本原理和精神。

主要理由如下:

首先,接受教育和职业技能培训,是夫妻共同生活的内容之一,是法律赋予夫妻双方的权利。夫妻进行正常的文化教育活动符合法律规定,也符合日常生活情理,因此产生的债务应认定为夫妻共同债务。如果此费用较高,双方可以通过协商解决费用的分担及债务的归属。

其次,如果夫妻双方对于正常的文化教育活动所需要的费用没有此类约定,说明另一方愿意支持自己的配偶参加学习与技能提升,这是夫妻关系中相互信任和共同生活等特有的身份关系属性所决定的。否则,夫妻一方接受教育或提高的权利就难以保证。

---

① 参见蒋月:《夫妻的权利与义务》,法律出版社2001年版,第208页。
② 参见藤蔓、丁慧、刘艺:《离婚纠纷及其后果的处置》,法律出版社2001年版,第157页。

再次,把夫妻一方接受教育或培训得到的诸如学位和专业技能等,视为一种无形财产没有法律依据。"学位并不是可分割的夫妻共同拥有的资产"[1],这是美国加利福尼亚州法院和科罗拉多州最高法院的观点。学位或专业技能并不直接具有财产内容,是不能分割的,不具备财产的法律特征,因为不能按无形财产对待。

最后,如果在离婚时,由双方共同承担其中一方的高额培训费用有失公平的话,可以通过补偿的方式解决。《婚姻法》第40条就规定了离婚时一方付出较多义务的,可以向另一方请求补偿,另一方应当予以补偿。这也符合权利义务相一致的原则。

三、婚前个人因民间借贷形成的借款能否转化为夫妻共同债务?

对于婚前个人债务能否转化为夫妻共同债务,理论与审判实践中存在着不同观点。

第一种观点认为,婚前一方举债系债务人的个人行为,与夫妻共同生活无关,债务人配偶并不知晓,如婚前个人债务可以转化为夫妻共同债务,将使婚姻关系具有不可预见性,对债务人配偶保护不力。而且,债权人出借款项时债务人尚未结婚,因此债权人系基于对债务人个人资信的信任而出借款项,是双方相互选择、相互信任的结果,具有相对性,债权人在出借款项时仅预见将来偿还款项的是债务人,如将此种债务转化为夫妻共同债务,既突破了合同相对性,也大大超出了债权人出借款项时的心理预期,有过度保护债权人利益之嫌。

第二种观点认为,虽然婚前举债是个人行为,但实践中经常出现婚前举债是为了婚后生活所用,如购买婚房、置办结婚用品,如此时仍认定为个人债务,对债务人不公平。而且,根据《婚姻法》的规定,离婚时,原为夫妻共同生活所负的债务,应当共同偿还。因此,虽为婚前举债,但如系用于夫妻共同生活的,则符合夫妻共同债务的判定条件,婚前个人债务可以有条件地转化为夫妻共同债务。对于债权人而言,虽然其系将款项出借给债务人个人,但客观上款项如确实用于夫妻共同生活,让夫妻共同偿还也符合权利义务相一致的原则,对举债人配偶一方并无不公平,对债权人的债权即使多一层保护,也并非过分,况且此种婚前个人债务转化为夫妻共同债务的情形在司法实践中并不多见,婚前个人举债绝大多数被认定为个人债务。

笔者倾向于第二种观点。

夫妻一方婚前所负个人债务是其与债权人之间因特定法律事实而形成的债权债务关系。根据债权相对性原理,债权人只能向特定的债务人主张权利,而不能在债务人结婚后向其配偶主张权利,因为债的发生必须基于当事人之间的意定

---

[1] 朱伟一、董婉月:《美国经典案例解析》,法律出版社2000年版,第200页。

或法律规定,债的相对性不会因为其他事由而发生移转。夫妻一方在婚前所负的个人债务,如另一方在婚后没有向债权人作出承诺,便不会在原债务人的配偶与债权人之间产生合意,债权人就没有权利向债务人的配偶主张权利的合法理由和依据。因此,夫妻一方婚前个人所负债务不能因婚姻关系的发生而转移,债权人亦不得就一方婚前个人债务向债务人配偶主张债权。但是,作为例外,如果一方婚前所负债务与婚后夫妻共同生活具有必然的联系,即若一方债务或婚前所负债务中的资金、财物已转化为婚后夫妻共同财产或已成为婚后夫妻共同的物质生活条件的,则婚前一方所负债务即转化为夫妻共同债务,应当由夫妻共同连带偿还,此也符合权利义务相一致的原则和为夫妻共同生活所负的夫妻共同债务的判定标准。

以下两种情形下可能导致夫妻一方婚前债务转化为婚后共同债务:(1)婚前举债一方的配偶在婚后向债权人做出承诺,自愿承担债务人的婚前债务,这种情况在性质上属于意定之债,债务人配偶自愿作出意思表示承担债务人婚前债务的,债权人有权向债务人配偶主张债务人的婚前债务;(2)法律明确规定夫妻应当共同承担的一方婚前债务,例如债权人如果能够证明债务人在婚前所负债务是用于婚后家庭共同生活的,法律明确规定这种情况下的债务应当由夫妻共同承担。

在日常司法实践中,婚前个人债务转化为婚后共同债务的有以下几种类型:(1)一方婚前按揭贷款买房,婚后夫妻双方共同还贷、居住、共同使用的,可以转化为婚后共同债务;(2)一方婚前举债购置大量结婚用品,婚后为夫妻双方共同生活所需要时,可以转化为婚后共同债务;(3)一方婚前借款装修房屋时,该房屋供夫妻婚后共同居住或共同使用的。

笔者认为,设立婚前债务转化制度,目的是为了保护善意债权人的利益,但在现实中也存在债务人与债权人之间恶意串通的情形。借款行为发生时,债务的担保是基于婚前借款人的个人信赖,而非基于当事人的婚姻关系,当事人的配偶往往是被动的,很多债务人是在将来的配偶不知情的情形下进行借款,而债务人的配偶也往往是基于债务人财产外表现象与其结婚登记的。因此,为了兼顾债务人配偶的利益,债权人需提供充分的证据证明婚前所欠债务用于婚后家庭共同生活。人民法院在审查这些证据时要对证据内容与形式、证据的证明力、证据的盖然性予以全方位、多角度的审查。总之,要从一方婚前债务与婚后共同生活的因果联系来判断,综合审查债务人举债的目的、用途以及婚后共同生活的需要等诸多因素。

在处理婚前债务向婚后共同债务转化时,要防止两种倾向:一是不能将一方婚前的全部债务转移给债务人配偶,例如一方婚前因侵权行为所负的债务、一方婚前因违法行为受到国家机关处罚所负的债务等,只要与婚后夫妻共同生活无关,不能要求债务人配偶承担清偿责任;二是不能对债权人的举证责任设定苛刻的要求,应当及时在债权人与债务人及其配偶之间转换行为意义上的举证责任,如果债权人主张债务人婚前所负债务主要用于婚后共同生活,并举证证明了借款的时间、结婚的时间及结婚时购置了大量结婚用品,可以推定债务人所负债务用于婚后共同生活。此时,债务人及其配偶就否认的事实应承担举证责任。如果双方所持证据均不能完全证明自己的主张时,法院可以根据证明力较大的证据判决。如果能够认定一方婚前所欠债务与婚后夫妻共同生活确有必然的因果联系,婚前一方所欠的个人债务即转化为夫妻共同债务,应当由夫妻双方共同偿还。

四、夫妻一方的婚前个人债务转化为夫妻共同债务后,债务人配偶承担清偿责任的范围是否应当以其接受婚前财产的范围为标准?

第一种观点认为,夫妻一方的婚前个人债务转化为夫妻共同债务后,夫妻双方应当承担连带责任,因此,债务人的配偶不得以其接受婚前财产的范围作为抗辩的理由,只有这样才能更好地保护债权人的利益。第二种观点认为,夫妻一方的婚前个人债务转化为夫妻共同债务后,债务人的配偶只在实际接受财产或受益的范围内承担清偿责任,这更符合公平负担的原则。笔者同意第二种观点。

五、夫妻一方因违法或侵权行为对外借贷所形成的债务应否认定为夫妻共同债务?

目前我国学术界和司法实务界对于夫妻一方违法行为所生债务之归属,主要存在"个人债务说"与"区别对待说"两种观点。

第一种观点认为,对夫妻一方违法行为所生债务应当归属于违法一方,该观点可简称为"个人债务说",并为绝大多数婚姻法学者和部分实务界人士所赞同。其理由是夫妻一方因民事违法行为或刑事犯罪而产生的债务,是夫妻一方的过错或犯罪行为所致,与另一方没有法律联系。

第二种观点认为,对于夫妻一方违法行为所生债务究竟归属于违法一方还是夫妻共同债务,应当根据不同情况区别对待,该观点可简称为"区别对待说"。这一学说为部分实务界人士及学者所推崇,持该观点论者之所以认为该类债务应当区别对待,是因为如果违法行为人违法所得用于共同生活,则为共同债务,反之为个人债务;如果违法行为人承担损害赔偿责任而没有违法所得,则以其个人财产来清偿。

笔者认为,"个人债务说"片面地认为夫妻一方违法行为形成的债务属于个人债务,而不论行为人实施行为的目的及由此所生利益之最终归属,将会产生如下困惑:

其一,夫妻一方违法行为所生债务不加区分地归于违法行为方,在该违法行为之实施是为了夫妻共同生活或生产经营的情形下,极易产生另一方只享受权利而不承担义务的后果,导致权利义务失衡。如从事个体运输的司机为了夫妻共同生活在营运过程中发生交通事故,为负担伤者医疗费而向他人借款,如该笔债务认定为个人债务,则对另一方存在明显的法律庇护。

其二,夫妻一方实施违法行为所生债务一味归于个人承担,将会使另一方在知道或应当知道行为人实施违法行为的情形下,可能受利益诱惑而弱化对违法行为的反对及阻却力度,甚至纵容违法方或者以不作为的方式间接鼓励其实施违法行为,诱发以一人之违法行为而使夫妻共同受益的道德风险,从而对非违法方阻却对方实施违法行为产生负鼓励效应,从而引发道德风险。

其三,片面地将违法行为所生债务归于夫妻一方个人债务,将有损于法律对违法行为的惩处力度和对受害人的保护力度,不利于对受害人的救济和对交易安全的维护,造成法律对第三人合法权益的保护失去应有功效。①

"区别对待说"虽将夫妻一方违法行为形成的债务以行为所得是否用于共同生活来划分,具有一定的合理性,但其以违法行为是否有利益所得来加以限定,同样存在困惑:

其一,在行为人实施违法行为无所得的情形下,按照"区别对待说"的观点,非违法方将因无所得而对所生之债不承担责任,极大地限缩了夫妻共同债务的范围,增加第三人承受债务的风险。

其二,在行为人实施违法行为无所得的情况下,非违法方不承担责任,在有所得的情况下,非违法方承担责任,此种责任承担方式,无异于给非违法方投保了一份责任保险,其能否承担责任完全取决于非违法方是否享有违法所得,一定程度上会助长非违法方纵容、放任甚至鼓励行为人实施违法行为,以违法行为所生利益为夫妻双方共享,因此,该观点在法律框架内仍难以对道德风险予以有效规制。

笔者认为,认定是否为夫妻共同债务应从两个方面把握:一是夫妻是否有共同举债的合意;二是夫妻是否分享了债务带来的利益。由此观之,夫妻是否分享了债务所带来的利益,是确认夫妻一方行为所生债务最终归属的一个标尺,"个人债务说"简单将夫妻一方实施的违法行为限定为一方的过错,割裂了另一方对该行为的法律联系,不但对夫妻一方实施违法行为的目的及原因没有进行考察,而且对夫妻一方实施违法行为后对另一方的受益结果没有予以正视,割裂了违法行为的原因与结果、主观与客观之间的联系,因此"个人债务说"的缺陷是显而易见的。

任何行为的发生都会产生利益,依据是否符合行为人的意志,区分为积极利益和消极利益。积极利益是符合行为人之行为目的或实现了行为人意欲发生之法律后果的客观情况。消极利益是背离行为人预期之外的不符合其意志的客观情况。在夫妻一方为了共同利益而实施违法行为时,以违法所得之有无来确认非违法方是否担责,将该行为所生利益严格限定在积极利益范围内,对可能产生的消极利益排除于范畴之外,将人为缩小可能的受益主体范围,从而缩小责任主体

---

① 参见蒋月:《夫妻的权利与义务》,法律出版社2001年版,第206页。

范围,在一定程度上赋予非违法方超脱于法律责任之外的特权,导致第三人的利益无法得到保护。因此,有学者认为:"即使债务所带来的是一种不利益,但它仍包含于行为人本源行为所产生的利益之中,夫妻双方仍应对此行为所带来的一切后果负责。"①因此,"区别对待说"对夫妻一方违法行为所生债务之归属的分析有值得肯定的地方,但仍存在商榷空间。

夫妻一方实施违法行为,基于其成因、行为目的不同,以及夫妻特殊的人身关系和财产关系之维度,不能将其不加区分地认定为个人债务,而应具体问题具体分析。这在一些国家的法律中有所体现。《德国民法典》是这样规定的:在配偶双方的相互关系中,下列共同财产债务由其自身招致共同财产债务的一方负担:(1)基于该方在财产共同制开始实施的侵权行为或者因此种行为而对该方进行的刑事诉讼程序而发生的债务。(2)基于与该方的保留财产或特有财产有关的法律关系而发生的债务,即使它们发生在财产共同制开始前或该财产成为保留财产或特有财产前亦同。(3)关于第(1)项和第(2)项所称债务之一的诉讼的费用。②

笔者认为,应根据夫妻一方实施违法行为的利益归属、夫妻一方实施违法行为的主观过错、夫妻另一方对违法行为之主观态度与关联程度等因素综合考虑和衡量后,再作出是个人债务还是夫妻共同债务的判断。

1. 夫妻一方实施违法行为的利益归属

违法行为所生利益的最终归属,应是评判该违法行为所生之债为个人债务还是夫妻共同债务的首要前提。③ 如果夫妻一方为了共同利益、共同生活或共同生产经营的需要而实施违法行为所生债务,按照权利义务相一致的原则,应当认定为夫妻共同债务,除非有其他特别事由,如非违法方有证据证明其在知道或应当知道一方准备或着手实施违法行为后,已极力反对并阻止违法行为的发生。债务的发生是基于行为人的恶意而产生的并且与配偶也没有关联,因此只能由侵权者一方承担。如未经配偶同意为"包二奶"、赌博以及因吸毒等所负债务,即所谓的恶债,均属于个人债务。④ 毫无疑问,此时实施侵权行为的夫妻一方肯定要承担这个负担,因为这样的侵权所产生的债务不会和夫妻共同生活发生关系,即就是该项债务的发生不是服务于夫妻共同生活,同时通常另一方对此也不知情。发生债务的主要原因是实施侵权行为的夫妻一方因为自己的过错而导致了这种债务,同

---

① 陈敏:《以个人名义侵权形成之债由夫妻共同财产清偿——杨美芳、陆志鹤与姜凤财产权属纠纷上诉案》,载 http://www.lawtime.cn/info/hunyin/ccfglhccfg/2010101864992.html。
② 参见陈卫佐译:《德国民法典》,法律出版社 2006 年版,第 459 页。
③ 参见宋修卫:《夫妻一方违法行为所生债务之归属探析》,载《广州广播电视大学学报》2010 年第 5 期(总第 42 期)。
④ 参见杨大文:《婚姻家庭法学》,复旦大学出版社 2002 年版,第 12 页。

时夫妻另一方对此无过错并且没有从该债务中受益。①

2. 夫妻一方实施违法行为的主观过错

夫妻一方实施违法行为之利益，即使最终归属于夫妻共同所有，亦不必然意味着该违法行为所生债务为共同债务。② 因为若对行为人的主观过错不加辨别而认定为夫妻共同债务，将可能为了寻求保护受害人或维护安全而对非违法方的合法权益造成损害，甚至因夫妻一方的违法犯罪行为而株连对方。因此，在明确夫妻一方实施违法行为之利益归于夫妻共同所有的前提下，还有必要对行为人的主观过错进行深度分析，以正确认定夫妻一方违法行为所生债务是个人债务还是夫妻共同债务。夫妻一方为了共同生活或共同利益而实施违法行为，若是出于故意，则该违法行为所生的债务，应认定为行为人的个人债务；若是出于过失，则该违法行为所生之债务，应认定为夫妻共同债务。其原因在于，在故意实施违法行为的情形下，对违法行为人而言，其明知自己的行为会发生危害社会的结果而希望或者放任这种结果的发生，表明违法者主观恶性大，对违法后果亦应有所考虑，因此违法债务理应由其个人承担；对非违法方而言，违法行为之发生，债务之出现，完全不在所能预料的范围，若夫妻一方故意实施违法行为所生之债界定为夫妻共同债务，对非违法方极不公平。而在过失导致违法行为出现时，行为人主观恶性小，其对违法行为所产生之后果，可能根本未有顾及，而在第三人看来，夫妻一方为了共同生活或共同利益所为的行为，具有相互代理的权利，所生之债务认定为夫妻共同债务，有利于维护交易安全，也为社会大众所能接受。

举例说明：村民张某，在驾驶农用车从事家庭运输时发生交通意外，将路人撞伤。经交警部门认定张某负主要责任，赔偿对方4万元。因无钱赔偿，张某遂向李某借款4万元。后张某与妻子黄某感情不和，诉讼离婚。在庭审中，张某认为该借款是自己在婚姻存续期间从事家庭运输时所致，应属于夫妻共同债务。黄某主张该借款并未用于夫妻共同生活，而是张某违法行为产生的债务，应属于张某的个人债务。此种情形下，该借款应认定为夫妻共同债务。因为张某是在从事家庭经营过程中发生的事故，其从事家庭运输的利益归属于夫妻二人，并且张某对于事故的发生并非出于故意，由此产生的债务应认定为夫妻共同债务。同一个案例，如果张某在发生交通事故后，为了逃避责任，再次将伤者碾轧致死，则其行为性质已演变成故意杀人，尽管其是为了家庭利益在从事家庭运输过程中发生的事故，基于其故意的主观恶性，由此产生的债务应认定为其个人债务。

上例中若引入日常家事代理制度，用日常家事代理的范围判断张某驾驶农用车的行为是否符合日常家事代理制度，争议就容易得到解决。日常家事代理权是指夫妻因日常生活事务而与第三人为一定的法律行为时的代理行为。此与代理

---

① 参见王林清等：《婚姻家庭纠纷裁判精要与规则适用》，北京大学出版社2014年版，第110页。

② 参见宋修卫：《夫妻一方违法行为所生债务之归属探析》，载《广州广播电视大学学报》2010年第5期（总第42期）。

制度之目的都在于扩张社会关系,为私法自治之补充。虽然我国《婚姻法》没有规定家事代理制度,但相关司法解释中有类似于日常家事处理方面的规定:因日常生活需要而处理家庭共同财产的,夫妻任何一方均有权代替配偶做出处理。此规定设立的初衷就是为了更加方便共同生活,由于现在夫妻越来越频繁地参与各种经济活动,这样也能最大限度地给家庭带来利益。至于张某因侵权赔偿的借款的性质,需要具体问题具体分析。如果张某驾驶农用车是基于夫妻双方日常生活之需要,符合夫妻之间日常家事代理的范围,那么黄某作为妻子自然是其劳动的受益者。此时,用于事故赔偿的借款应该属于夫妻共同债务;反之,则应将用于赔偿的借款认定为夫妻一方债务。①

3. 夫妻另一方对违法行为之主观态度与关联程度

夫妻双方关系的特殊性,使得夫妻间有着共同的目标和利益,因此,夫妻一方对另一方实施违法行为的联系程度,对判定违法行为所生债务的承担,也具有极为重要的参考价值。(1)夫妻一方对另一方实施违法行为的主观态度。夫妻一方实施违法行为,非违法方在知道或应当知道的情况下,不作任何表示,或不加以反对甚至予以纵容与鼓励,则法律完全可以推定非违法方对该违法行为存在某种程度的认同与肯定,存在默示的同意,对由此产生的民事法律后果归属于夫妻共同承担,该违法行为所生的债务,可以认定为夫妻共同债务;反之,夫妻一方为了共同生活的需要而实施违法行为,非违法方在知道该情况后,对违法方的违法行为明确表示反对,并积极加以阻止,则表明非违法方对违法行为持否定态度,由此所生的债务,应认定为个人债务。例如,夫妻关系存续期间从事非法经营活动对外借款所发生的债务,如果该非法经营活动由夫妻双方共同参与经营,或虽由夫妻一方进行,但另一方明知其配偶从事非法活动而不表示反对,则此类债务应作为夫妻共同债务认定;反之,夫妻关系存续期间,一方为了共同生活的需要从事非法经营活动对外借款所发生的债务,如果另一方并不明知,或虽事先知道但已表示反对的,则此债务应作为非法经营一方的个人债务来认定和处理。(2)夫妻一方对另一方实施违法行为的客观联系。如果夫妻一方实施违法行为,与非违法方存在密切联系,例如是为了非违法方的个人利益,则该违法行为所生的债务,按照夫妻具有合同的目标与利益原则,可以认定为夫妻共同债务。

六、未婚同居期间对外借贷所形成的债务应如何处理?

要解决未婚同居期间对外借贷所形成的债务应如何处理的问题,必须与未婚同居期间的财产归属结合起来,对此,存在两种不同的观点。

第一种观点认为,应当坚持个人财产原则。所谓的个人财产原则就是指同居双方不因同居关系而导致财产的混同或共有,同居前的个人财产归同居主体个人

---

① 参见王林清等:《婚姻家庭纠纷裁判精要与规则适用》,北京大学出版社2014年版,第111页。

所有,同居期间一方所得收入和购置的财产在对方没有辅助性劳动和提供生活帮助的情况下应归该一方个人所有。① 个人财产原则强调同居主体的独立性,认为同居关系与法律承认的婚姻关系毕竟不同,同居主体之间无法律意义上的身份依附性,不仅体现在财产已有和即有财产收入上,也体现在同居期间的债务承担上,同居期间一方举债,不论是用于个人开销,还是同居生活,均应由举债人用个人财产承担。

第二种观点认为,应当坚持共同财产原则。所谓共同财产,是指未婚同居主体在同居期间,个人或共同取得的财产为同居双方的共同财产。② 共同财产原则与法定婚后所得共同原则类似,是指在未婚同居期间,所得的财产由同居双方共同所有,同居期间的支出应由主体双方共同承担,包括一方或双方的举债。

笔者认为,有关未婚同居主体间财产归属及债务承担不能简单地以完全个人财产制或是完全的共同财产制来规制。未婚同居主体毕竟不是法定婚姻双方,在认定未婚同居主体财产归属及债务承担时,应当站在未婚主体的立场加以考虑,主体应当肯定个人财产制的主流,但是要尊重未婚同居主体的意思自治,同时也要重视同居主体的共同利益,区别对待,以便体现公平性和人文性的精神实质。解决此类问题的思路是:

1. 有约定的约定优先。未婚同居归根结底是当事人之间的一种民事行为,因此双方可以自愿约定在同居期间的财产归属以及债务承担,订立财产处置协议,只要这种协议是当事人的真实意思表示,不违反法律的强制性规定,又不损害国家、集体及第三人的合法权益,法院即应认定其效力,用以作为处理同居当事人之间财产关系的依据。③

2. 无约定时,以个人财产制为主,兼顾同居主体的共同利益。考虑到未婚同居与婚姻关系有着本质的区别,法律应当肯定未婚同居主体财产的独立性。对于未婚同居之前的财产应归属于个人所有,同居之后取得的财产原则上也应属于个人所有。但对于同居期间双方共同所得的收入和购置的财产,应如何认定其性质,各国立法区别较大,有的适用夫妻财产制(如瑞士);有的适用联合财产制(如菲律宾);也有的适用合伙关系(如美国部分地区)。④ 相对而言,我国对未婚同居的财产关系仅在《最高人民法院关于人民法院审理未办理结婚登记而以夫妻名义同居生活案件的若干意见》第10条中予以规定:"解除非法同居关系时,在同居生活期间双方共同所得的收入和购置的财产,按一般共有财产处理。"其中使用的

---

① 参见蔡武:《论同居析产案件财产分割问题》,载法律图书馆网(http://www.law-lib.com/lw/lw_view.asp? no=11411)。
② 参见张博昱:《非婚同居财产纠纷问题研究》,黑龙江大学2012年法律硕士论文。
③ 参见王远山:《非法同居的法律效力》,载《江苏经济报》2011年5月4日。
④ 参见赵军蒙:《同居关系中财产纠纷的裁判》,载法律图书馆网(http://www.law-lib.com/lw/lw_view.asp? no=21614)。

"一般共有财产"一词,严格而言,"一般共有财产"并非规范用语。通观《民法通则》,始终没有使用"一般共有财产"的提法,仅有第 78 条第 2 款规定"共有分为按份共有和共同共有……"揣度司法解释者的本意,使用"一般共有财产"只是为了与夫妻共同共有财产相区别,从而否定该种共有的基础法律关系的合法性——非法同居关系,但使用"一般共有财产"一词确与现行法律规定不一致,极易造成认识和使用上的混乱。"一般共有财产"究竟是何种性质的共有? 有观点认为,同居关系毕竟有别于合法有效的婚姻关系,如果选择共同共有认定同居关系的财产关系性质,同居关系就成为与夫妻共有财产关系等量齐观的财产关系,体现不了与夫妻共有财产的区别,不利于保障婚姻关系的合法性和稳定性,也不能保障行政机关婚姻登记的权威性。① 因此同居生活期间双方共同所得的收入和购置的财产,只要能分清贡献力大小,同居当事人可依据贡献力大小或者出资额的多少,确定份额比例。同样由共同经营所负担的债务,也可依据该比例原则,分别承担相应的份额。当双方共同经营所得或债务承担无法量化出各自的贡献力时,则依据公平原则等比例份额地共同享有或承担。另有观点认为,选择按份共有认定同居双方的财产关系性质,在分割财产时,难以认定财产份额,可操作性差且易产生矛盾,应选择共同共有规定同居双方的财产关系。

笔者认为,将同居期间的财产关系认定为共同共有会破坏婚姻关系的合法性和稳定性,损害婚姻登记的权威性的观点,有失偏颇。一方面,规定同居关系的财产关系并不是要将同居关系合法化,而是为了调整同居期间不稳定的财产关系;另一方面,选择与夫妻共同财产关系一样的财产关系,并不当然为同居双方带来利益,更加不会为同居关系带来合法的婚姻效力。可见,破坏婚姻关系合法性和稳定性,损害婚姻登记权威性的是不进行结婚登记的同居行为,而不是对同居关系的财产关系作出规定。《最高人民法院关于适用〈中华人民共和国婚姻法〉若干问题的解释(一)》(以下简称《婚姻法解释(一)》)第 15 条规定:"被宣告无效或被撤销的婚姻,当事人同居期间所得的财产,按照共同共有处理。但有证据证明为当事人一方所有的除外。"对该司法解释应当全面地理解,对其适用范围应作扩大解释,即不仅适用于被宣告无效或被撤销婚姻的同居关系,其他同居关系也可以比照处理,对于同居期间双方共同所得的收入和购置的财产,应认定为共同共有。依此原则,《最高人民法院关于人民法院审理未办理结婚登记而以夫妻名义同居生活案件的若干意见》第 11 条规定:"解除非法同居关系时,同居期间为共同生产、生活而形成的债权、债务,可按共同债权、债务处理。"未婚同居期间对外借贷形成的债务,也可以比照夫妻共同债务的原则处理。如果是出于同居双方的合意或同居双方分享了债务带来的利益,则应认定为同居双方的共同债务。既可以约

---

① 参见赵军蒙:《同居关系中财产纠纷的裁判》,载法律图书馆网(http://www.law-lib.com/lw/lw_view.asp? no=21614)。

定共同承担,也可以约定分别承担。当事人没有约定的,性质上应认定为连带债务,同居双方应承担连带责任。

七、无效婚姻或被撤销婚姻中对外借贷所形成的债务应如何处理?[①]

婚姻是男女双方以永久共同生活为目的的结合,只有在符合婚姻成立的实质要件和形式要件时,才能得到法律的认可和社会的认同,才具有婚姻的法律效力,受到法律的承认和保护,反之,则是违法婚姻,为法律所禁止。无效婚姻是指虽经婚姻登记部门登记结婚,但婚姻当事人欠缺结婚实质要件,故不具备法律效力的一种违法婚姻。《婚姻法》第10条规定了婚姻无效的四种情形,即重婚的;有禁止结婚的亲属关系的;婚前患有医学上认为不应当结婚的疾病,婚后尚未治愈的;未达法定婚龄的。可撤销婚姻,是指当事人因意思表示不真实而成立的婚姻,或者当事人成立的婚姻欠缺法定的结婚要件,通过依法享有撤销权的当事人在法定期限内行使撤销权,使已经发生法律效力的婚姻关系失去法律效力。

婚姻自由是我国宪法赋予公民的基本的人身权利,也是婚姻法的首要原则。结婚自由是婚姻自由的一个重要方面,结婚自由要求婚姻当事人双方应当具有结婚的合意,意思表示真实。[②] 如果一方或双方当事人因受胁迫,不得不违心地作出同意结婚的意思表示,鉴于其本人并不具有结婚的真实意思,因此法律赋予其撤销该婚姻的权利。根据《婚姻法》第11条的规定,可撤销婚姻仅限于因胁迫而形成的婚姻情形。

当婚姻被宣告无效或被撤销的情况下,婚姻关系自始消灭,当事人之间不产生配偶身份,不具有夫妻的权利和义务。但当事人之间毕竟有同居生活的事实,会涉及有关子女抚养、财产处理、债务承担等问题。《婚姻法解释(一)》第15条规

[①] 参见浙江省台州市中级人民法院(2011)浙台商提字第1号。马华平和李群芳系夫妻。李群芳以买房为由向魏冬梅借款28 000元,承诺一个星期内还款。后经多次催讨,马平华和李群芳均以各种理由拒绝还款。魏冬梅诉至法院,要求二被告偿还借款及利息。一审法院判决马平华和李群芳共同偿还借款及利息。一审判决生效后,李群芳与马华平的婚姻经法院宣告无效。马华平申请再审。再审法院认为,李群芳与马华平的婚姻虽被宣告无效,但二人在同居期间为共同生活所负的债务应认定为共同债务。李群芳和马华平在经营广告业务的过程中结识魏冬梅,李群芳一直称马华平系其丈夫,魏冬梅也一直相信两人系夫妻关系。在李群芳谎称因购房暂缺款项的情况下,魏冬梅借款给她。买房虽是借款的理由,但作为债权人无法追究其借款是否真正用于买房,也没有这方面的举证义务。从借款的数额、过程来看,魏冬梅没有义务对李群芳与马华平夫妻关系的真实性、合法性进行审查,借款的过程亦符合通常朋友之间的人情往来。本案借款发生在夫妻关系存续期间,且李群芳怀有身孕,原判认定借款为李群芳与马华平共同债务得当。马华平再审称李群芳骗取了魏冬梅的借款后,并未用于购房,而是在日常生活中挥霍了,应认定为李群芳个人债务,理由不足,不予支持。关于无效婚姻问题。无效婚姻判决是在本案原审判决之后,且婚姻无效与否,对共同债务的认定没有影响,同居期间为共同生活所需所负的债务也应认定为共同债务。马平华认为其与李群芳为无效婚姻,故不应认定为共同债务,理由不成立。遂判决维持临海市人民法院(2009)台临商初字第2675号民事判决。

[②] 参见赵欣:《论婚姻自由原则》,载《今日南国(中旬刊)》2010年第12期。

定:"被宣告无效或被撤销的婚姻,当事人同居期间所得的财产,按共同共有处理。但有证据证明为当事人一方所有的除外。"《最高人民法院关于人民法院审理未办理结婚登记而以夫妻名义同居生活案件的若干意见》第 11 条规定:"解除非法同居关系时,同居期间为共同生产、生活而形成的债权、债务,可按共同债权、债务处理。"依照上述规定,婚姻被宣告无效或被撤销后,同居期间所得的财产首先推定为双方共同共有,如一方主张同居期间的财产为其个人财产,应承担举证责任,而同居期间为共同生产、生活对外借贷所形成的债务,性质上应认定为共同债务,由同居双方承担连带责任,除非能够证明债权人与债务人明确约定为个人债务。

八、事实婚姻中对外借贷所形成的债务应如何处理?

事实婚姻,是相对于合法登记的婚姻而言的,是指没有配偶的男女,未进行结婚登记,便以夫妻名义同居生活,群众也认为是夫妻关系的男女双方的结合。[①] 事实婚姻在我国长期大量存在,在广大农村特别是边远地区,事实婚姻甚至占当地婚姻总数的百分之六七十,其中有的是因为法制观念淡薄,对婚姻登记的重要性缺乏认识;有的是为了逃避国家对婚姻的管理和监督,故意不登记;也有的是因为婚姻登记机关监管不力导致的。

事实婚姻本质上属于违法婚姻,但针对我国事实婚姻的状况,一律承认事实婚姻法律效力会使男女双方的结合脱离了国家的指导和监督,助长违法婚姻的蔓延,不利于《婚姻法》及有关结婚登记制度的贯彻执行,不利于维护法律的严肃性,以致影响国家的法治进程。[②] 但一律不承认其效力,也会使事实婚姻的当事人及其子女的合法权益得不到保护,而且还会不可避免地带来家庭关系的不稳定,既不符合我国传统习惯,也不符合法律的本意。面对大量未经登记而公开以夫妻名义同居生活的男女,如何认定其法律地位,要不要给予保护,在多大的范围内予以保护,我国司法实践根据社会的发展对事实婚姻的法律效力大致经历了从肯定态度到否定态度,从承认到不承认,从注重婚姻的实质到注重婚姻的形式这样一个发展过程。

事实婚姻具备以下特征:

(1)当事人均具备结婚的实质要件。事实婚姻当事人首先应该具备结婚的实质要件,比如双方应该达到法定的结婚年龄并具有结婚的意思表示、彼此不具有血缘关系或者婚姻关系、双方均未患有法律禁止结婚的疾病。如果当事人本身并不具备结婚的实质要件,则只能被评价为无效婚姻或者可撤销婚姻,而非事实婚姻。

(2)形式上不具备结婚的成立条件。根据我国法律规定,结婚必须登记,婚

[①] 参见胡康生主编:《中华人民共和国婚姻法释义》,法律出版社 2001 年版,第 27 页。
[②] 参见张增帆:《论事实婚姻》,载《社会福利》2003 年第 7 期。

姻关系必须经登记程序方可宣告成立,产生法律效力,并受到法律的保护。在理论上,我们称之为法律婚姻,其成立的形式条件就是结婚登记。而对事实婚姻来说,与其最大的区别就在于事实婚姻当事人未履行结婚登记,因此,事实婚姻是欠缺结婚的形式条件的。

(3) 主观上具有创设夫妻关系的目的性。事实婚姻的当事人主观上须具备创设夫妻关系并共同生活的目的性,视此段同居关系为婚姻关系并产生信赖,且基于信赖而稳定地结合在一起。如果主观上并不具备创设夫妻关系并共同生活的目的性,则只能评价为一般同居关系。

(4) 客观上具有共同生活的稳定性。当事人主观上具有结婚的合意,反映到客观上便是产生稳定的同居关系。比如,当事人双方在共有的固定住所共同生活、育有子女或者赡养双方父母、行使或履行配偶身份带来的一系列的权利和义务。因此,当事人双方不仅须具备创设夫妻关系的目的性,而且在客观上还应具有共同生活的稳定性。

(5) 身份关系上具有公开性。法律婚姻当事人的身份关系是公开的,事实婚姻也一样,只是两者在公开的表现形式上有所区别。法律婚姻的成立需要通过结婚登记来公开,其婚姻关系的存在可以通过结婚证来公示,而事实婚姻的成立往往通过中国民间传统的仪式婚来公开,其婚姻关系的存在往往通过当事人双方对外以夫妻身份相处来表现,因此易为群众公认为夫妻。

根据《婚姻法解释(一)》第5条的规定,未按《婚姻法》第8条的规定办理结婚登记而以夫妻名义共同生活,起诉到法院要求离婚的,区别两种情形:(1) 在1994年2月1日民政部《婚姻登记管理条例》公布实施以前,男女双方已经符合结婚实质要件的,按事实婚姻处理,无须补办结婚登记,可以离婚纠纷案件立案受理。(2) 在1994年2月1日民政部《婚姻登记管理条例》公布实施以后,男女双方符合结婚实质要件的,人民法院应当告知其在案件受理前补办结婚登记,补办登记后,按照离婚纠纷案件立案受理;未补办登记,按解除同居关系处理。由此可见,我国现行婚姻立法对事实婚姻的态度较上一阶段又有所变化,对事实婚姻以时间为界区别对待,而且态度上亦有所松动。① 具体说来:

首先,对1994年2月1日前已经同居且当事人双方均符合结婚实质要件的,视为事实婚姻,并且承认婚姻效力。

其次,对1994年2月1日起同居且当事人双方均符合结婚实质要件的,不再一律按照同居关系处理,而是改为效力待定,如果当事人双方补办结婚登记,则婚姻可以追溯到双方均符合结婚实质要件之时,如果当事人双方未补办结婚登记,仍视为同居关系,按照同居关系处理,当然也不会不产生婚姻效力。

---

① 参见王薇:《非婚同居法律制度比较研究》,西南政法大学2007年博士论文。

再次,构成事实婚姻需要具备以下条件:一是男女双方在1994年2月1日前符合结婚实质要件;二是以夫妻名义同居,外人也认为其为夫妻;三是在1994年2月1日以前即开始同居;四是未办理结婚登记。如此则意味着1994年2月1日之后不再存在事实婚姻的问题。

最后,《婚姻法解释(一)》第5条的规定明确了事实婚姻无须补办结婚登记,如当事人要求解除,人民法院应按离婚案件立案受理。可见,在符合事实婚姻的条件下,在处理后果上与合法婚姻后果并无区别。因此,对于事实婚姻中对外借贷所形成的债务,应比照夫妻共同债务的处理原则处理。①

九、男女双方未办理结婚登记即以夫妻名义同居生活,后补办结婚登记,在此之前对外借贷形成的债务是否属于夫妻共同债务?

根据《婚姻法解释(一)》第4条的规定,只要双方当事人符合《婚姻法》所规定的结婚的实质要件,并按照《婚姻法》第8条的规定补办了结婚登记,他们之间婚姻关系的效力从双方均符合《婚姻法》所规定的结婚的实质要件时起算。也就是,变相承认了在补办结婚登记之前的事实婚姻的效力。承认补办登记具有溯及力,其目的就是为了更好地保护事实婚姻关系存续期间夫妻的合法权益。将事实婚姻的效力确认到双方均符合结婚实质要件时起,而非溯及到双方同居时起,避免了将尚不符合结婚条件的双方认定为合法婚姻现象的发生。因此,如果男女双方在同居生活时,已经符合婚姻实质要件,事后补办结婚登记,婚姻关系的效力应从双方均符合结婚实质要件时起算。在此期间对外借贷,应比照夫妻共同债务的处理原则处理。

十、分居期间对外借贷所形成的债务应如何处理?

对于分居期间对外借贷所形成的债务应如何处理,司法实践中存在两种对立的观点。

第一种观点认为,婚姻关系存续期间,处于分居时的债务应当属于夫妻共同债务,夫妻双方应当共同清偿。理由是:(1)我国法定夫妻财产制是婚后所得共同制,《婚姻法解释(二)》第24条的立法目的是为了保护债权人的权利,只要债务

---

① 参见浙江省台州市中级人民法院(2010)浙台商终字第47号。朱某某与应某某系同学关系,应某某与卢某某未婚同居。应某某以做生意资金周转困难为由,分4次向朱某某借款405 000元人民币,应某某各出具借条一份。后朱某某诉至法院,请求判令应某某、卢某某归还借款405 000元。法院认为,应某某与卢某某虽未登记结婚,但双方的户籍信息能够证明双方以夫妻名义同居生活,同居时均符合结婚条件,故认定双方存在事实婚姻关系,判决应某某和卢某某共同偿还借款。应某某和卢某某不服上诉,二审法院驳回上诉,维持原判。

发生在婚姻关系存续期间,就要求夫妻共同偿还。① 该规定表明是否属于夫妻共同债务采用的是推定制度,不是举证证明制度,这是从司法实践角度出发,防止夫妻利用离婚来规避法律责任,导致债权人的利益受损。(2)《婚姻法》第41条是夫妻内部处理债务的规定,对于外部的债权人来说是不适用的。② 夫妻中的一方承担了连带责任,在实际清偿债务后,可根据该条和《婚姻法解释(二)》第25条"一方就共同债务承担连带清偿责任后,基于离婚协议或者人民法院的法律文书向另一方主张追偿的,人民法院应当支持"的规定追偿已经偿还的款项,在另案追偿案件中,分居的事实对于判定是否属于夫妻共同生活所需的借款是关键证据,法律已经给予被告一个法律救济的途径,但在借贷纠纷中无论是分居还是共同生活的债务都不能对抗债权人的主张。(3)分居是夫妻二人的内部状态,我国法律上的认定只有结婚和离婚,法律上从来不认定分居状态,仅仅把分居两年作为认定夫妻感情破裂的一种标准。婚姻关系存续期间获得的财产视为夫妻共同财产,婚姻关系存续期间产生的债务视为夫妻共同债务已经作为法律明文规定。在我国,分居从来不能作为区分夫妻共同债务和夫妻共同财产的临界点,否则婚姻法就没有存在的意义了。

  第二种观点认为,债务发生在分居期间,参考国外别居制度及别居期间债务承担的相关规定,应当推定该债务为举债一方的个人债务,但有证据证明该债务确实基于夫妻合意或用于家庭共同生活的除外。③ 理由是:(1)根据国外立法例,分居期间日常家事代理权是终止的,无日常家事代理权当然不会产生分居期间一方负债推定为共同债务的情形发生。《婚姻法解释(二)》只对两种除外情形进行了规定,对分居期间债务性质未予明确,但该解释系引荐日常家事代理制度而来,根据其立法精神,理应将分居期间一方举债排除在夫妻债务之外。(2)夫妻在分居期间无论在人身、财产和事务的处理上都各自独立,既无举债的合意,所举债务也非用于夫妻共同生活,故分居期间一方举债作为共同债务不符合权利义务相一致的原则,也与我国财产制是以夫妻共同生活为基础进行债务承担的立法精神相悖。(3)从司法实践来看,基于分居期间夫妻双方已经交恶,不排除举债一方与债权人恶意串通损害非举债方利益的可能,如将分居期间一方举债推定为夫妻债务,非举债方的利益将无法得到有效保护。因此将分居期间一方举债首先推定为一方债务,由举债方举证证明为夫妻债务,否则将承担举证不能的法律后果,可以

---

  ① 参见李红玲:《论夫妻单方举债的定性规则——析〈婚姻法解释(二)〉第24条》,载《政治与法律》2010年第2期。
  ② 参见王冠华:《论我国夫妻财产制及共同财产的所有权问题》,载北大法律信息网(http://article.chinalawinfo.com/ArticleHtml/Article_75655.shtml)。
  ③ 参见王岚:《夫妻分居期间财产关系问题研究》,湖南师范大学2013年硕士论文。

有效遏制损害非举债方利益的情形发生。①

笔者认为,分居期间一方对外借贷所形成的债务,应首先推定为个人债务,除非能证明债务确实基于夫妻合意或为共同生活所负,或债权人有合理理由信赖这一债务属于一般家事代理范围。理由是,判断是否为夫妻债务的原则就是是否有共同举债的合意,夫妻是否分享了债务带来的利益。分居使夫妻双方所得的财产处于分离状态,双方在经济上、财产上的联系逐渐减少,对各自所占有的财产和收入的处理由各自独立行使,对外经济交往也均以自己的名义行使,夫妻双方长期分居,逐渐形成两个相互独立的生活、经济单位,其财产状态类似于分别财产制。因此,夫妻分居期间所发生的债务,双方没有共同的合意,多为一方占有、使用、收益和处分,这种债务的自用性很强②,而让完全未分享利益的一方承担责任,有违权利义务相一致的法治原则。

首先,从夫妻财产所有权及其立法精神和分居的特征来看,《婚姻法》第18条及第19条规定的财产制类型(无论是分别财产制、共同财产制还是部分分别财产制或部分共同财产制)均是以夫妻共同生活为前提,即夫妻共同生活、履行同居的义务是设立财产制和进行债务承担的立法基础;反之,无夫妻共同生活,则无设立财产制及债务承担之必要。而从夫妻分居的主要特征即人身、财产及事物上的各自独立性和行为上(包括债务设立)的单一性,双方既无举债之合意,也无通知之可能,故分居期间一方举债作为共同债务不符合权利义务相一致的原则,也与我国财产制是以夫妻共同生活为基础进行债务承担的立法精神相悖。

其次,从夫妻双方利益衡平看,分居期间将一方举债推定为一方债务有危及第三人利益和交易安全之嫌,而在分居情况下将该债务推定为共同债务同样也存在损害非举债方利益的正义缺失。③ 从举证责任原理看,非举债一方要保护自己的权益,至少需要证明两种或然事实,即举债一方与第三人串通抑或恶意举债,或者是举证证明双方已经分居且第三人举债时对分居事实已经明知且未尽到审慎注意义务(即缺乏表见代理的构成要件),才可达到所举债务为举债人个人债务的证明程度,其证明难度较大甚至根本无法举证;而在夫妻双方分居事实可确认的情况下,由举债一方举证证明分居期间举债系依据法定或约定为共同生活之需要(如为履行相互扶养、子女抚养等法定义务或合意举债)而负债则相对容易得多,也符合主张积极事实一方应对所主张的积极事实承担举证责任的证明规则,同理,第三人对分居期间举债时其已尽到审慎的注意义务进行举证亦较非举债一方

---

① 参见于大海:《分居期间配偶一方举债的性质与承担解析》,载中国法院网(http://www.chinacourt.org/article/detail/2009/07/id/364915.shtml)。

② 参见孟德花:《夫妻分居后的债务问题探析》,载《当代法学》2003年第2期。

③ 参见于大海:《分居期间配偶一方举债的性质与承担解析》,载中国法院网(http://www.chinacourt.org/article/detail/2009/07/id/364915.shtml)。

的上述举证责任要容易得多。

再次,从逻辑推定原则来看,因夫妻债务具有财产性和人身性的双重属性,而夫妻分居时财产及债务的人身性要较共同生活时凸现,夫妻分居的独立性和单一性特征也要求对分居期间债务给予特别保护①,在此情况下适用逻辑推定原则时,理应遵循由证明义务较轻的一方承担不利推定的原则,即将举证责任分配给证明责任较容易的举债一方,在其举证不能时作出对其不利的推定即该债务为个人债务;而不能将举证责任分配给举证难度很大甚至根本无法举证的非举债方,由其承担举证不能时的不利推定后果(即推定为共同债务)。二者比较而言,显然前种推定更合乎逻辑规律,也更公平合理。所以在夫妻利益冲突与平衡时应将分居期间一方的举债首先推定为个人债务。

最后,从夫妻债务举证责任的负担来看:(1)对于夫妻已经分居的事实的举证,显然应由非举债一方负担,此为其举证的积极事实,且非举债方为婚姻关系的内部人,具有举证的信息优势。(2)夫妻双方分居期间,双方是否仍有共同举债的合意或者借款是否用于共同生活确实存在令人产生合理怀疑的理由。此种情形下,非举债方如对夫妻双方存在分居的事实、债权人明知或应知分居事实提供了相应证据加以证明的,债权人仍主张按夫妻共同债务处理的,应就债务确实基于夫妻合意或为共同生活所负承担举证责任。②(3)根据《婚姻法解释(一)》第17条的规定:"婚姻法第十七条关于'夫或妻对夫妻共同所有的财产,有平等的处理权'的规定,应当理解为:(一)夫或妻在处理夫妻共同财产上的权利是平等的。因日常生活需要而处理夫妻共同财产的,任何一方均有权决定。(二)夫或妻非因日常生活需要对夫妻共同财产做重要处理决定,夫妻双方应当平等协商,取得一致意见。他人有理由相信其为夫妻双方共同意思表示的,另一方不得以不同意或不知道为由对抗善意第三人。"此为我国婚姻法中有关家事代理的规定。夫妻之间有日常家事代理权,对于超出日常家事代理范围的,如果他人有理由相信其为夫妻双方共同意思表示的,另一方也不得以不同意或不知道为由对抗善意第三人,此为婚姻家庭领域表见代理的规定。此规则同样适用于分居期间一方举债的情形。

多数实行别居制度的国家均规定了别居事实法定公示方法,第三人对此负有审慎注意义务(甚至包括必要征询和通知别居一方义务),否则对非家事范围内(因别居期间不适用家事代理)的负债不认定为善意。我国目前并无别居制度,分居有别于婚姻关系的解除,分居当事人仍为婚姻关系主体,而分居事实也欠缺法

---

① 参见于大海:《分居期间配偶一方举债的性质与承担解析》,载中国法院网(http://www.chinacourt.org/article/detail/2009/07/id/364915.shtml)。

② 参见黄千格:《民间借贷纠纷中夫妻共同债务问题的分析》,载《法制博览》2014年第9期。

定公示方法,很难为第三人所知,因此无法排除日常家事代理的适用。日常家事范围的认定应当综合当地通常的经济状况及生活习惯,也应当考虑家庭的特殊经济状况,若债务数额在当地普通家庭家事范围内,则该债务有高度发生的盖然性,系属于日常家事范围。① 依盖然性说,主张该事实的当事人不负举证责任。当债权数额超过普通家庭日常家事的范围,考虑到该举证达到的标准是"债权人有合理理由信赖",债权人应当对债权仍在债务人日常家事范围这一有利事实进行举证,否则要承担败诉的风险。如超出日常家事代理范围的,债权人要举证其有理由相信为夫妻双方共同意思表示,综合分析是否存在默认或事先授权及交易习惯等因素并加以判断。如借款时夫妻非举债方在场且未表示反对;夫妻非举债方此前曾出具过授权借款的委托书事后未收回;夫妻非举债方对双方长期存在借贷关系是明知的;等等。虽然此种做法有加重债权人举证责任之嫌,但在分居情况下适当强化第三人对夫妻一方超出家事范畴举债的风险意识和审查义务,让其附加以善良家父的合理注意义务,对衡平夫妻利益与交易安全,建构合理的日常家事代理制度,有效处理分居期间债务承担是有益的。

十一、向处于分居状态的夫妻一方偿还借款能否视为民间借贷债务的清偿?②

在民间借贷中存在着这样一种较为常见,但又比较特殊的现象:借款人向夫妻一方借款,其后还款给另一方,并由该方出具收条证明借款已还付。借款系婚姻关系存续期间出借,虽然通常情况下可认定借款属共同债权,但在借款人明知出借一方夫妻处分居状态,且出借一方对款项的还付事实存在合理异议时,收条的效力认定成为解决该类案件的关键。为防止分居夫妻一方与债务人恶意串通来损害另一方的利益,法院不应仅依据收条来判断款项的还付,而应结合庭审查明的情况及其他间接证据,来进一步审查还款事实是否真实存在,即要运用举证责任的分配,依据民事诉讼高度盖然性的证明标准,做出合理判断。该类案件可从

---

① 参见孙科峰:《论夫妻一方以个人名义所负债务的性质》,载《甘肃政法学院学报》2011年第118期。

② 参见浙江省瑞安市人民法院(2012)温瑞陶商初字第307号。胡某某与林某某于2006年11月13日办理结婚登记手续,2011年正月起夫妻二人开始分居,2012年6月8日经法院调解离婚。2010年3月10日,胡某某向陈某汇款115万元,后陈某偿还部分款项,并出具金额为100万元的借条交胡某某收执。嗣后,陈某共偿还借款588 650元。林某某陈述,本案借款结算后本息计140万元于2011年4月17日收到,随即出具收条。陈某则陈述,借款未约定利息,本金100万元是通过网银转账及现金方式陆续清偿,直到2011年4月16日还清,第二日才让林某某出具收条。法院认为,截至2011年6月17日,陈某尚欠借款本金587 899.17元。陈某辩称借款已经偿还完毕,然而林某某与陈某关于还款经过的陈述明显不一致,对于陈某出具的收条的真实性无法认定,且陈某又无其他任何佐证证明借款的还付,故其辩称不予采信。判决陈某偿还胡某某借款本金587 899.17元及利息。

以下方面综合考量：

(1) 债务人是否有其他间接证据证明借款已还付。一般来说，收条具有较强证明力，在普通民间借贷案件中，出借人与收款人一致，若无相反证据推翻，可证明借款已清偿。在分居期间，夫妻一方出具款项，另一方出具收条，出借人与收款人并不一致，借款人还款时，出借人没有在交付现场，所以出借一方对款项是否还付提出异议存在其合理性，收条并不能单独作为借款已经还付的证据，根据《民事诉讼证据规定》第5条的规定，在合同纠纷案件中，对合同是否履行发生争议的，由负有履行义务的当事人承担举证责任，故债务人应举证证明款项的实际还付，例如银行转账凭证、证人证言等间接证据来对收条的证明力予以补强。

(2) 债务人主观是否善意及是否尽了审慎注意义务。《婚姻法解释(一)》第17条规定："夫或妻非因日常生活需要对夫妻共同财产做重要处理决定，夫妻双方应平等协商，取得一致意见。他人有理由相信其为夫妻共同意思表示的，另一方不得以不同意或不知道为由对抗善意第三人。"由于夫妻身份及关系的特殊性，其感情状态或者内部约定一般难以为外界所知，对于不知夫妻处于分居状态的债务人，将借款还于夫妻任意一方，无须另行通知另一方或要求收回借条，该规定保护了善意第三人的交易安全；但若债务人明知夫妻处于分居状态，双方的财产处于相对独立的状态，此时依据一般人的智力水平及社会经验，更应尽审慎注意义务，在还款后，及时通知夫妻中的出借一方，或者要求收回借条；如未尽审慎注意义务，则无法令法官运用逻辑推理、日常生活常理对款项的还付形成内心确信。

(3) 夫妻离婚时该笔借款是否应作为夫妻共同财产予以分割。此类民间借贷案件易牵涉夫妻离婚后财产的分割问题，若借款人能够证明该笔借款已作为夫妻共同财产分割，则印证了借款的还付事实，然而在司法实践中，分居夫妻的出借一方往往对还款毫不知情，离婚时也并未对该笔借款进行分割。依据《婚姻法解释(三)》第18条的规定，离婚后，一方以尚有夫妻共同财产未处理为由向人民法院起诉请求分割的，经审查该财产确属离婚时未涉及的夫妻共同财产，人民法院应当依法予以分割。若债务人所提供的包括收条但不仅仅是收条的证据能充分证明还付事实且尽到审慎注意义务，此时法院应当对收条效力予以确认，判决原被告之间的债权债务关系消灭。夫或妻的出借一方则可依据《婚姻法解释(三)》的规定，提起离婚后财产分割之诉，从而保障自身的权益。

十二、夫妻一方为他人民间借贷提供担保形成的债务应否认定为夫妻共同债务？

现实生活中，夫妻一方为另一方提供担保或为双方共同经营的家庭企业提供担保,属于夫妻共同债务,司法实践中多无疑义。①② 但婚姻关系存续期间夫妻一方为他人借款提供保证担保的情况时有发生,那么,此担保之债是个人债务还是夫妻共同债务? 债权人能否要求另一方共同承担保证责任? 对此问题,审判实践中存在争议,判决亦有不同。

第一种观点认为,《婚姻法解释(二)》第 24 条规定:"债权人就婚姻关系存续期间夫妻一方以个人名义所负债务主张权利的,应当按夫妻共同债务处理。但夫妻一方能够证明债权人与债务人明确约定为个人债务或者能够证明属于婚姻法第十九条第三款规定情形的除外。"因此婚姻关系存续期间,夫妻一方以个人名义所负债务,原则都应推定为夫妻共同债务,只有存在上述但书情形时,才可免除承担连带之责。婚姻关系存续期间夫妻一方为他人借款提供保证担保,即是在婚姻关系存续期间以个人名义所负的债务,除非存在但书情形,否则应认定为夫妻共同债务。③

第二种观点认为,判断是否为夫妻共同债务,要从夫妻有无共同举债的合意

---

① 参见浙江省绍兴市中级人民法院(2011)浙绍商终字第434 号。王某向张某某借款50 万元,并出具借条。王某之妻周某以其所有房屋为王某向张某某的借款 30 万元提供抵押担保,并办理了抵押登记手续。商某某为剩余 20 万元借款提供担保。因王某未按时偿还借款,张某某诉至法院要求王某、周某共同归还借款 50 万元及利息,商某某承担连带清偿责任。一审法院认为,借款发生在王某与周某夫妻关系存续期间,周某对以其所有的房屋为王某借款 30 万元提供抵押担保,且办理抵押登记手续无异议,故可认定周某对王某借款 30 万元是明知且同意的。因张某某除提供周某知晓王某向其借款 30 万元的相应证据外,无其他证据印证周某对余下 20 万元借款也是明知且同意的,故张某某要求周某共同归还余下 20 万元及相应利息的诉讼请求不予支持。商某某作为 20 万元借款保证人,主体适格,意思表示真实,应认定合法有效。遂判决王某归还张某某借款 50 万元及利息,其中 30 万元及利息应由周某共同归还,商某某对借款 20 万元及利息承担连带清偿责任。周某不服上诉,二审法院驳回上诉,维持原判。

② 参见浙江省温岭市人民法院(2008)温民二初字第 3299 号。应某某、冯某某系夫妻关系,与他人共同投资设立小康商场。康顺食品公司与小康商场存在业务往来。康顺食品公司与小康商场、应某某签订协议书一份,协议约定:小康商场尚欠货款 81 060 元,由小康商场每月支付当月发生的货款及老账的 10%,分 10 次支付。为保证小康商场如约履行付款义务,由应某某、冯某某以自己所有房屋提供担保。协议签订后,双方并未办理房屋抵押登记手续。同日,康顺食品公司与小康商场签订代销合同,双方约定由小康商场对康顺食品公司的货物进行代销。合同签订后,康顺食品公司将价值 19 548.67 元货物交给被告小康商场销售。此后,小康商场支付给康顺食品公司货款 8 106 元,尚欠 92 502.67 元。法院认为,本案所涉及的应某某的保证债务,因债权人系应某某、冯某某共同投资的小康商场,按夫妻共同债务处理,故冯某某应承担共同偿还责任。本案中,应某某虽以夫妻共有的房屋为债务提供担保,但双方并未办理抵押登记手续,故抵押权未成立。关于本案债务的保证范围。小康商场的每月付款义务均为当月货款及老账的 10%,该履行义务是一个连续的过程,不能片面地理解为应某某仅对 1 个月的付款义务(即老账的 10% 及当月产生的新账)提供保证责任,应当认定为应某某对全部货款均提供担保。遂判决小康商场支付康顺食品公司货款 92 502.67 元及利息,应某某、冯某某对上述债务承担连带责任。

③ 参见何焕峰:《论婚姻关系存续期间夫妻一方以个人名义所负债务的性质——兼评〈婚姻法司法解释(二)〉第 24 条》,载《辽宁行政学院学报》2009 年第 4 期。

和夫妻有无分享债务带来的利益着手。① 婚姻关系存续期间夫妻一方为他人借款提供保证担保的情况也不例外,如果夫妻对举债有共同的合意,或者夫妻事先或事后均没有共同举债的合意,但该债务发生后,夫妻共同分享了该债务所带来的利益,则同样视为共同债务。否则,在既无夫妻共同举债的合意,也无分享债务带来的利益的情况下,应认定为个人债务。

笔者认为,夫妻一方为他人借款提供担保形成的债务应否认定为夫妻共同债务,应当具体问题具体分析:

(1) 从保证担保的性质来看。保证是基于保证人的信誉而存在,与以财产为担保的物保有着本质的区别。债权人接受保证人的担保,表明对保证人监督或最终履行债务能力的肯定,是对保证人个人信用的肯定。债权人之所以接受夫或妻提供的担保,看中的是其作为保证人的信用度,一方面是债权人相信保证人的个人信用,另一方面是相信保证人有能力进行担保,这完全是债权人与保证人两人之间发生的法律关系,而债权人对保证人的夫或妻的个人信用无从得知,既不了解,也不掌握,更无任何信任可言。况且夫和妻在法律上具有独立人格,能够以其独立的人格从事与婚姻无关的活动,夫妻一方对外担保,两个人的个人信用也不能画等号,不能说认可了夫的信用,也就认可了妻的信用,更不可以说夫和妻的信用存在必然连带关系。② 根据民法和婚姻法原理,夫和妻的财产关系有连带关系,也有相互独立部分,连带部分的连接点就是家庭共同生活。

(2) 从夫妻共同债务的认定标准来看。一是夫妻有无共同举债的合意,即债务形成时是否经过夫妻双方的同意,这里包括事前同意和事后追认;二是夫妻有无分享债务带来的利益,即是否用于夫妻共同生活,这是认定夫妻共同债务的核心要素,也是权利义务相一致的具体表现。如果夫妻对举债有共同的合意,不论该债务所带来的利益是否为夫妻所共享,该债务都应视为共同债务。如果夫妻事先或事后均没有共同举债的合意,但该债务发生后,夫妻共同分享了该债务所带来的利益,则同样视为共同债务。夫妻一方对外保证形成的债务也是一样,重要的是看该担保的债务是否用于家庭生活,如果是为了家庭生活的有偿担保,无须讨论肯定是共同债务,而未用于家庭生活的无偿担保,则不属于共同债务。

(3) 从夫妻共同债务的推定来看。考虑到债权人对夫妻负债的目的难以举证,故我国相关法律规定婚姻关系存续期间的债务推定为夫妻共同债务,但如此推定的前提是为了日常家事。日常家事代理制度扩张了夫妻双方的意思自治能力,便利婚姻家庭生活,保护了善意第三人和交易安全。但如果过分扩大日常家

---

① 参见山东省高级人民法院民一庭:《婚姻家庭案件审判实务研究》,载《山东审判》2008 年第 2 期。
② 参见郑淑梅、赵颖颖:《保证人的配偶应否对担保之债承担责任》,载中国法院网(http://www.chinacourt.org/article/detail/2014/05/id/1299620.shtml)。

事代理的范围,则会危及家庭财产关系的稳定,加重一方的风险承受能力。① 所以夫妻的负债行为应在日常家事代理的合理范围内,否则不能推定为夫妻共同债务。夫妻一方对外提供保证担保时,显然已超出了日常家事的范畴。在无偿保证的情形下,客观上无法实现为夫妻共同生活之目的,故不应推定为夫妻共同债务。即使是有偿保证,若另一方能证明其不知道且不同意该担保,并且该保证债务获得的利益并未用于夫妻共同生活,也不应推定为夫妻共同债务。

十三、夫妻一方作为公司法定代表人,以个人名义向他人借款,应否认定为夫妻共同债务?

司法实践中,作为公司法定代表人的夫妻一方以个人名义借款,如是履行职务行为,应由企业承担偿还责任,此无争议。问题的关键是,如果夫妻一方作为公司法定代表人,为了使企业脱离困境,以个人名义对外借款用于企业,借条上却载明由其承担偿还责任,此种情形下究竟是认定为夫妻债务还是个人债务呢? 对此,审判实践中存在争议。

第一种观点认为,夫妻一方虽身为公司法定代表人,但出具借条时未必表露身份,作为债权人只有交付款项的义务,至于款项交付后的用途,债权人无从审查也无审查的义务,债权人也无须审查夫妻一方是否为履行职务,尤其是在公司已资不抵债无偿还能力或事后已宣告破产的情形下,借条上既然载明借款人为夫妻一方,只需按照合同相对性原则主张权利。根据《婚姻法解释(二)》第 24 条的规定,婚姻关系存续期间,夫妻一方以个人名义所负债务,原则上都应推定为夫妻共同债务,除非有证据证明债权人与债务人明确约定为个人债务,或能够证明夫妻实行分别财产制而债权人对此是明知的。② 此条法律规定对于保护交易安全,促进财产流转具有重要的意义,也符合日常家事代理的基本法理。

第二种观点认为,根据《婚姻法》第 41 条和《离婚财产分割意见》第 17 条的规定,婚姻关系存续期间,夫妻对外所负债务应否属于夫妻共同债务,应视夫妻双方是否有共同举债的合意或夫妻是否分享债务带来的利益;《婚姻法解释(二)》的规定仍应忠实于《婚姻法》第 41 条的规定,即夫妻共同债务的本质特征就是"为夫妻共同生活"。作为公司法定代表人的夫妻一方以个人名义对外借款系用于企业,并非用于夫妻共同生活,在不认定是职务行为的情况下,也应认定为个人债务。③

笔者倾向于第二种观点。

如前所述,确认婚姻关系存续期间的债务是否为夫妻共同债务,有两个标准:一是夫妻是否有共同举债的合意,如果夫妻双方有共同举债的意愿,那么不论夫

---

① 参见马会、周薇:《一方对外担保之债是否属夫妻共同债务》,载《江苏经济报》2012 年 7 月 11 日。
② 参见詹应国:《论夫妻共同债务案件裁判方法的构建——以司法实务为视角》,载《法制与社会》2012 年第 3 期。
③ 参见张艳霞:《章某与陈某民间借贷纠纷上诉案分析研究》,西南政法大学 2011 年硕士论文。

妻双方是否共享了该债务带来的利益,该债务均应视为夫妻共同债务;二是夫妻是否分享了债务带来的利益,如果夫妻事先并无共同举债的合意,但债务发生以后,债务带来的利益却由夫妻二人共同分享的,同样应当视为共同债务。根据相关法律规定,夫妻共同债务的本质特征在于"为夫妻共同生活"。《婚姻法解释(二)》第24条提出了"时间论"的判断标准,将婚姻关系存续期间的债务原则上推定为夫妻共同债务,改变了过去侧重于保护婚姻当事人的理念,有利于保护债权人利益,加强了对交易安全的保护,有利于法院简化程序,及时解决纠纷,但其逐渐暴露出对配偶一方权利保护不利、有失公允的弊端。对于《婚姻法解释(二)》第24条究竟该如何适用的问题,本书将在其他内容中予以详述。

总之,"时间论"应在"用途论"的范围内适用,如果将明显没有用于夫妻共同生活的一方以个人名义所负债务认定为夫妻共同债务,将是对《婚姻法》的公然违反。夫妻一方作为公司法定代表人,以个人名义对外借款用于企业,既非出于夫妻合意,夫妻也未分享债务带来的利益,不应作为夫妻共同债务对待。

十四、个人独资企业财产不足以清偿借款时,投资人的配偶应否承担连带责任?

夫妻关系存续期间,个人独资企业财产不足以清偿债务时,投资人的配偶是否应负连带清偿责任,实践中产生两种不同的观点。

第一种观点认为,投资人的配偶应负连带清偿责任。理由是:(1)《婚姻法解释(二)》中明确规定"一方以个人财产投资取得的收益"属于"其他应当归共同所有的财产"。个人独资公司的设立出资形式虽为个人财产出资,但在夫妻双方未约定财产归各自所有的情况下,个人独资企业取得的收益应认定为夫妻共同财产。根据权利与义务对等、利益与风险共担的原则,享受权利必须履行义务,享有利益必须共担风险,当个人独资企业的生产经营收益用于家庭共同生活时,个人独资企业的投资行为本身也成为了家庭生活的一部分,夫妻双方对于个人独资企业的债务应当共同承担清偿责任。(2)个人独资公司投资人的个人财产与夫妻共同财产往往是混同的,当企业不能完全偿还债务时,投资人以其个人其他财产偿还,由于"个人其他财产"模糊笼统,且不易界定,不利于保护债权人的合法利益。(3)现实生活中,为达到规避交易风险、逃避债务的不法企图,婚姻关系存续期间,夫妻双方在设立个人独资企业时故意在申请设立登记时以一方的个人财产出资,而实质该笔出资为夫妻的共同财产。当发生债务时,如果只是追究出资一方的无限责任,在投资人无财产可供偿还时,债权人的债权得不到有力的保护。

第二种观点认为,没有明确以家庭共有财产出资的,夫妻关系存续期间,对个人独资企业财产不足以清偿债务时,投资人的配偶不承担连带清偿责任。理由是:《中华人民共和国个人独资企业法》(以下简称《个人独资企业法》)第18条规定,个人独资企业投资人在申请企业设立登记时明确以其家庭共有财产作为个人出资的,应当依法以家庭共有财产对企业债务承担无限责任。换言之,除非投资人在设立登记时明确以家庭共有财产作为个人出资,投资人的配偶才负连带清偿责任。① 另据《国家工商行政管理局关于贯彻实施〈个人独资企业登记管理办法〉有关问题的通知》的相关规定,个人独资企业设立申请书载明的事项包括投资人的出资额和出资方式。出资方式是指投资人以个人财产出资,或者以家庭共有财产作为个人出资。以家庭共有财产作为个人出资的,投资人应当在设立(变更)登记申请书上予以注明。因此,不管个人独资企业的经营收入如何使用,即便用于家庭成员共同生活,也与个人独资企业的债务承担没有直接联系。在这种情况下,应先查明该个人独资企业在工商登记机关备案的出资方式,如为个人财产出资,则只能向企业的投资人主张,要求其以个人资产承担无限责任;如登记为以家庭共有财产作为个人出资的,则可以要求其以家庭共有财产来承担债务。

笔者倾向于第二种观点。

从理论上讲,个人独资企业作为法律上的实体应具有相对独立的财产权,法律也尽最大努力从责任承担方式上证明个人独资企业的实体地位。《个人独资企业法》明确规定投资人对个人独资企业的财产不能清偿对外债务的部分负连带责任,也就是说,投资人的责任承接于个人独资企业的责任。《个人独资企业法》第18条同时规定:"个人独资企业投资人在申请企业设立登记时明确以其家庭共有财产作为个人出资的,应当依法以家庭共有财产对企业债务承担无限责任。"可见对于以个人财产出资还是以家庭共有财产出资,法律上是作了区分的,其目的即在于将来在承担企业责任方面有所区别。若投资人在设立登记时非以家庭财产出资,那么投资人仅以个人财产对个人独资企业的债务承担责任,要求投资人的配偶承担责任,则立法区别个人财产出资和家庭共有财产出资,就没有意义了。②

《婚姻法解释(二)》第24条规定:"债权人就婚姻关系存续期间夫妻一方以个人名义所负债务主张权利的,应当按夫妻共同债务处理。但夫妻一方能够证明债权人与债务人明确约定为个人债务,或者能够证明属于婚姻法第十九条第三款规定情形的除外。"投资人在申请企业设立登记时已在申请书上明确系以个人财产出资,而非以家庭财产出资,表明其已与配偶就该部分投资达成协议,而企业登记机关保存的登记档案资料,具有公示效力,债权人对此应该知晓,对于将来仅以投资人个人财产承担责任的风险也是能够预见的,符合《婚姻法解释(二)》第24条规定的但书的情形。在此情形下,即使投资经营收益用于夫妻共同生活,也不宜认定为夫妻共同债务。

---

① 参见李顺林:《独资企业不能偿债时配偶应否承担连带责任》,载《江苏经济报》2012年8月1日。
② 参见甄洪磊、邓志萍:《夫妻关系存续期间,个人独资企业对外债务,在个人独资企业财产不足以清偿时,投资人的配偶是否应负连带清偿责任?》,载江苏法院网(http://www.jsfy.gov.cn/llyj/gdjc/2010/08/09172917128.html)。

因此,婚姻关系存续期间个人独资企业产生的收益归夫妻共同所有,并不意味着在此期间的个人独资企业所负债务也由夫妻共同承担,而是仍然应当由投资一方以其个人财产承担责任。

十五、合伙企业财产不足以清偿借款时,合伙人的配偶应否承担连带责任?

如合伙企业财产不足以清偿借款时,涉及普通合伙人须承担无限连带责任的问题,此时合伙人的配偶应否承担连带责任呢?对此,审判实践中,存在不同的观点。

第一种观点认为,合伙企业财产不足以清偿借款时,普通合伙人应承担无限连带责任,但应以其个人财产为限,因为借款毕竟是合伙企业的行为,用于合伙经营,也由合伙企业受益,合伙企业借款时,合伙人的配偶未参与合伙经营,对于借款不会知晓,借款也未用于夫妻共同生活,不符合认定为夫妻共同债务的标准,因此合伙人的配偶不应承担连带责任。

第二种观点认为,《合伙企业法》规定,合伙企业不能清偿到期债务的,合伙人承担无限连带责任。之所以规定合伙人对合伙企业不能清偿的到期债务承担连带责任,即是为了模糊合伙企业和合伙人财产的界限。合伙企业借款是为了经营,合伙人的配偶虽未参与合伙企业经营,但却通过合伙人利润分配的方式享受了合伙企业的经营收益,按照权利义务相一致的原则,理应与合伙人一起对合伙企业的债务承担连带责任。

笔者认为,确认婚姻关系存续期间的债务是否为夫妻共同债务,有两个标准:一是夫妻是否有共同举债的合意,如果夫妻双方有共同举债的意愿,那么不论夫妻双方是否共享了该债务带来的利益,该债务均应视为夫妻共同债务。二是夫妻是否分享了债务带来的利益,如果夫妻事先并无共同举债的合意,但债务发生以后,债务带来的利益由夫妻二人共同分享的,同样应当视为共同债务。[①] 根据相关法律规定,夫妻共同债务的本质特征在于"为夫妻共同生活"。合伙企业经营期间对外借款,首先是合伙企业债务,这是没有疑义的,问题的关键是,如果合伙企业无法偿还借款时,责任应如何承担。合伙人的配偶不参与合伙经营,对于合伙企业经营期间的借款通常也不会知晓,因此夫妻不会有共同举债的合意;但是,如果合伙人参与合伙企业经营的收益用于了家庭生活,客观上合伙人的配偶分享了债务带来的利益,此种情形下,即符合认定为夫妻共同债务的标准,如果合伙人的配偶不能证明存在《婚姻法解释(二)》第24条规定的但书情形,即应承担连带责任。

这里,要注意与个人独资企业的区别。关键在于《个人独资企业法》对于以个人财产出资还是以家庭共有财产出资作了区分,并且直接与责任范围挂钩,企业

---

① 参见姜云红:《论夫妻共同债务——评析〈最高人民法院关于适用《中华人民共和国婚姻法》若干问题的解释(二)〉第24条之规定》,云南大学2009年硕士论文。

登记机关保存的登记档案资料又具有公示效力,债权人对于将来以投资人个人财产承担责任还是以家庭财产承担责任的风险是能够预见的。而《合伙企业法》对于合伙人出资来源于个人财产还是家庭财产未作区分,也无须在企业登记机关做此公示,因此,合伙企业合伙人配偶与个人独资企业投资人配偶承担责任的情形是有区别的。

十六、夫妻一方为了筹资开办公司、个人独资企业或合伙企业而以个人名义向他人借款,形成的民间借贷债务是个人债务还是夫妻共同债务?

以上论述的均是经营公司、个人独资企业或合伙企业过程中借款用于企业经营的情形。司法实践中,还有一种情形,夫妻一方为了筹资开办公司、个人独资企业或合伙企业,以个人名义借款,此种借款显然不能认定为企业债务,因为借款时企业尚未成立。此时形成的债务究竟是个人债务还是夫妻共同债务呢?

《离婚财产分割意见》第17条规定,一方未经对方同意,独自筹资从事经营活动,其收入确未用于共同生活的,该债务应认定为一方的个人债务,另一方不承担连带偿还责任。同时结合《婚姻法解释(二)》第24条的规定,通常情况下此种债务应认定为夫妻共同债务,除非夫妻另一方可以举证证明存在《婚姻法解释(二)》第24条规定的但书情形,或者自己并未同意经营该企业并且企业经营收益也未用于家庭生活。

十七、因民间借贷形成的夫妻债务应否"内外有别"?

对于区分夫妻债务外部关系和内部关系,审判实践中存在不同观点。

第一种观点认为,同一债务,在债权人与举债夫妻双方的诉讼中,认定为夫妻共同债务,而在夫妻的离婚诉讼中,却认定为个人债务,前后两次对同一债务的性质认定不一,既损害了法律权威,又损害了非举债方的合法权益。

第二种观点认为,夫妻债务内部关系解决的是夫妻之间的债务承担关系,夫妻债务外部关系解决的是夫妻与第三人之间的债务承担关系,此为两种不同的法律关系,二者并不存在矛盾。

笔者倾向于第二种观点。

首先,区分夫妻债务外部关系和内部关系,处理结果并不存在矛盾。再次以合伙为例,比如,甲、乙为某个人合伙的合伙人,甲以合伙组织的名义向银行借款50万元,现银行向法院起诉甲和乙还款;而乙认为甲借款是用于个人生活,并非用于合伙组织经营。在这两起案件中,对于银行起诉甲、乙的借款纠纷中,此50万元要被法院认定为合伙债务,全体合伙人均要承担责任,但这并不影响在甲、乙的合伙纠纷中,在乙举证证明甲实际是私人借款的情况下,此50万元被认定为甲的个人债务,由甲一人偿还。这两个判决并不矛盾。同样,对于夫妻离婚诉讼中与债权人诉讼中就同一笔债务作出不同的认定,也不能认为有矛盾。

其次,所谓判决之间的矛盾,实为判决效力的矛盾。判决的效力,有形式效力和实质效力。形式效力指判决的拘束力、执行力和形式力等;实质效力指判决对谁发生作用的问题。一般而言,当事人作为接受裁判的对象,要受判决效力的约束。既判力只对提出请求相对的当事人有拘束力,不涉及当事人以外的人。

再次,解决的事项不同。离婚诉讼中处理的是夫妻内部之间的争执,债权人起诉的案件中处理的是债权人与夫妻之间的外部争执。不同的纠纷导致诉讼的标的不同,随之产生的是认定案件事实的方法如举证责任的分配、自认事实的确定等不同。而这些不同在独立的个案中,法官的裁判有可能均符合现行法的规定,所以不同的判决结果并不意味着其中有一个判决必然违反法律规定。

最后,对于生效裁判中认定的事实,不宜从既判力的角度来理解,而应从生效裁判的事实证明效力的角度进行分析。凡人民法院生效裁判所确定的事实,具有免除后诉当事人举证责任的效力。在后诉当事人有相反证据足以推翻的情况下,后诉法院可以径行对有关事实进行确认。①

十八、婚姻关系存续期间,夫妻一方以个人名义举债,应首先推定为共同债务还是个人债务?

婚姻关系存续期间夫妻一方以个人名义举债的性质,究竟应首先推定为共同债务还是个人债务？司法实践中有不同的观点。

第一种观点认为,将夫妻一方在婚姻关系存续期间以个人名义所负的债务推定为夫妻共同债务,符合日常家事代理制度的基本原理。该观点可简称为"共同债务观点"。因为夫妻之间的身份关系决定其对外产生外表授权,形成表见代理权对夫妻一方所为之行为后果,他人有理由相信其为夫妻双方共同意思表示,夫妻另一方不得以不同意或不知道为由抗辩。这扩张了夫妻双方意思自治能力,促进经济交往,同时也有利于婚姻家庭生活的便利,减少婚姻生活的成本,维持民事交往的安全性和稳定性,保护善意第三人和交易安全。我国的夫妻共同债务推定规则是我国法律规范长期沿习、演进的产物,具有历史性;夫妻的亲密关系使夫妻之间的关注成本低于债权人付出的成本,推定规则可以避免繁琐的证明活动,符合效率要求。夫妻相互代理的普遍性造就了以一方名义所负债务同时意味着夫妻另一方也承担该债务的一般性和常规性,从而使该推定具有事实方面的正当性基础。②

第二种观点认为,"家"不是民事主体,夫妻个人举债即使用于家庭共同生活,也不能说是"家"与债权人有债的关系。该观点可简称为"个人债务观点"。家庭成员不失其独立性,每个个体仍为私法最基本的行为主体,毕竟个人责任自负是

---

① 参见《"内外有别"是认定夫妻债务性质的关键》,载 http://china.findlaw.cn/info/hy/caichanfenge/fuqizhaiwu/106302_5.html.

② 参见魏小军:《论我国夫妻共同债务推定规则》,载《昆明理工大学学报》2009年第11期。

民法的基本原则,赞成在婚姻关系存续期间夫妻一方以个人名义负债推定为个人债务。① 债是特定当事人之间得请求为一定给付的法律关系,是债权人基于对特定的个人信用的信任而产生的,这种信任可以是对其财力的信任,也可以是对其个人能力的信任。因此,债的形成是债权人与债务人相互选择的结果,是双方信赖的结果,具有相对性。将夫妻一方名义所负的债务推定为共同债务违背了债的相对性。② 更为严重的是,这种推定过于保护债权人的利益,几乎免除了债权人在缔结债务时的一切谨慎注意义务。根据合同相对性原则,合同的效力只及于合同双方,对合同以外的其他人不产生约束力,即便是合同义务人的配偶。债权人除了对自己的签约行为承担责任外,同时还应承担由交易产生的风险。推定为个人债务,则可让债权人在交易中通过让夫妻另一方对所借债务进行确认来规避这种交易风险,这种规避风险的成本远小于夫妻另一方所导致的反驳成本。③

笔者倾向于第一种观点。

以夫妻一方名义所负债务对债权人的效力问题,就其本质而言,是债权人利益的保护与夫妻一方利益保护的选择或平衡问题。就制度层面上,这种利益的保护具有广泛的指引意义,偏废任何一种价值的保护,均可能造成不利的法律后果。过分保护债权人利益,将造成离婚案件中大量的虚假诉讼,损害司法公正的价值,对未举债的配偶一方权利保护不周。在离婚率较高的今天,若再实行这种夫妻债务推定规则,将迫使更多的人放弃婚姻,影响人类这一基本社会组织细胞发挥正常的作用。从实际情况来看,我国绝大多数的夫妻采用婚后所得共同制,多数夫妻共同或者个人参与了实际的经营活动,以改善家庭生活、增进社会财富,商业性质的民间借贷多数仍为了家庭共同利益而负债。若采用推定个人债务,将使得在诉讼实践中一方经营所得为夫妻共同财产,而个人经营所负债务认定为个人债务,这不仅对债权人利益保护不周,对配偶另一方则存在不周全之处。

现代民法以个人为本位,追求个人之独立,其建立于财产独立之基础之上,故个人应对自己的行为负责。从法律技术而言,非经第三人同意不得为其设定义务,夫妻之间除了家庭日常事务双方均有代理权外,其他事务亦应经过配偶的同意,否则该民事行为不能拘束另一方。判断另一方配偶是否同意最好的方式,就是要求其共同签字。另外,除法定财产制外,夫妻之间还存在约定财产制,实行约定财产制,追求自由与财产独立,有利于简化一方以个人名义所负债务性质的认定,不失为一个理性的选择。因此很多学者建议完善夫妻约定财产制及公示制度。

但实践证明,上述期望在强大的婚姻伦理与交易习惯面前都大打折扣。"盖

---

① 参见裴桦:《夫妻共同财产制研究》,法律出版社2009年版,第220—221页。
② 同上书,第223页。
③ 参见柴学勇:《论夫妻共同债务的立法缺陷及完善》,载《法制与社会》2008年第8期。

共同财产制之本质思想,在使夫妻的经济生活与身份生活趋于一致,而表现在内部,并对外一体,即使家庭成为社会单一体,也符合婚姻的伦理机能。"[1]由于长期的夫妻一体主义的影响,我国民众关于婚姻和财产之间关系认识也较为独特。一般民众很难接受感情归感情,财产归财产,恩爱夫妻明算账的观念,夫妻感情财产是一体的,财产问题甚至成为夫妻感情的试金石。这种婚姻伦理渗入了所有人的观念之中,包括债权人和债务人,婚姻的公示使他人亦产生了一定的信赖,使第三人信赖配偶一方当事人从事的活动为夫妻共同的决定,所负债务亦应由夫妻共同偿还。从社会或婚姻习俗而言,多数家庭仍然是男主外女主内的传统家庭生活方式,丈夫对外经营行为及举债行为多被认为是夫妻共同意思表示,第三人信赖作为男性的丈夫为中心的家庭并为之放贷,在熟人社会中,债权人要求负债一方配偶签字已违情谊,甚难普及,甚至会损害婚姻或亲缘关系。而我国目前社会整体观念尚未转变到可以容纳接受约定财产制,约定财产制,特别是分别财产制,将给婚姻当事人带来较大的心理成本,似乎还未结婚就已准备好离婚,当这种心理成本大于约定财产制可能带来的降低风险的好处时,理性人将不会选择约定财产制,事实证明,夫妻实行约定财产制的极少,这主要是基于婚姻生活伦理性的强大惯性。[2]

基于此,笔者倾向于第一种观点,即对于婚姻关系存续期间夫妻一方以个人名义举债的性质应首先推定为共同债务。理由是:

首先,推定为夫妻共同债务符合我国传统的夫妻一体婚姻观念。我国古代,夫妻一体主义统摄在家庭共同体之下及丈夫人格之下,随着妇女权益的增加,逐渐向平权型的夫妻一体主义观念转化。《婚姻法》第17条对该传统在立法上予以肯定,确立了婚后所得共同所有的法定夫妻财产制,即婚姻关系存续期间取得的财产除《婚姻法》第18条规定的个人特有财产除外,原则为夫妻共同财产。夫妻一体主义,使得夫妻之间相互代理成为常态,夫妻一方以个人名义对外举债绝大多数系用于夫妻共同生活,推定为共同债务与实际状况相差不大,减少了诉讼中抗辩,节约了大量的司法资源。

其次,推定为夫妻共同债务与执行制度相协调,降低司法成本。在非推定为夫妻共同债务的情况下,则仅以债务人为被告的民间借贷纠纷判决书,无法执行夫妻共同财产,对所有的民间借贷纠纷案件仅在原告追加被告得到胜诉判决后,或就夫妻共同财产进行分割后,才可以执行,无疑增加了诉讼成本,实践中也较难操作。在推定为夫妻共同债务的情况下,即便被告为一人,判决书支持原告的请求,原告可以申请执行被告夫妻的共同财产。被告配偶仅在债务实际为个人债务的情况下,可提出异议申请,启动执行异议程序。这样将大大减少夫妻共同债务

---

[1] 戴东雄主编:《亲属法论文集》,台北东大图书有限公司1988年版,第104页。
[2] 参见孙科峰:《论夫妻一方以个人名义所负债务的性质》,载《甘肃政法学院学报》2011年第118期。

还是个人债务的审查。

再次,推定为共同债务有利于维持家庭秩序。在正常婚姻期间,债权人不能证明构成表见代理或日常家事代理,债务人基于夫妻一体的观念,未主张该债务系夫妻共同债务,亦未举证,若法院采用推定规则推定为个人债务,在执行阶段仅能执行债务人的个人份额,则多数债务人夫妻共同财产被分割,造成婚姻中夫妻一方有巨额财产,一方名下无任何财产的失衡状态,一旦夫妻感情出现裂痕,这种财产的失衡对于婚姻的存续无疑是一个潜在的风险。以一方名义举债推定为夫妻共同债务,在夫妻关系正常期间,往往会共渡难关,共担责任,巩固感情。夫妻任何一方举债推定为夫妻共同债务,可以让配偶一方尽己之力经营婚姻生活,而不必担心由个人负担债务。

最后,将以一方名义所负债务推定为夫妻共同债务并非我国所独有,域外也有类似规定。如《德国民法典》第1459条规定:"除基于第1460条至第1462条发生的其他债务的效果外,夫的债权人和妻的债权人都可以请求就共同财产受清偿(共同债务)。"《法国民法典》第1413条规定:"对夫妻各方在共同财产制期间所负的债务,无论其发生原因如何,均得请求共同财产为清偿……"①

需要说明的是,《婚姻法解释(二)》第24条规定,债权人就婚姻关系存续期间夫妻一方以个人名义所负债务主张权利的,应当按夫妻共同债务处理。但夫妻一方能够证明债权人与债务人明确约定为个人债务,或者能够证明属于《婚姻法》第19条第3款规定情形的除外。可见,立法即采纳了对于婚姻关系存续期间夫妻一方以个人名义举债的性质应首先推定为共同债务的观点。

十九、婚姻关系存续期间夫妻一方以个人名义举债的性质应如何认定?

《婚姻法解释(二)》第24条更多是从维护交易秩序安全的角度所作的利益衡量,对于夫妻债务的认定标准简便易操作。但实务中该条为一些不诚信的人所利用,夫妻一方与债权人串通损害另一方配偶的利益的情形时有发生。配偶一方非举债关系当事者,欲证明债权人与债务人是否明确约定为个人债务几乎不可能,而且我国夫妻约定财产制缺乏公示制度,第三人知道夫妻进行了共同财产的约定或配偶一方证明第三人知道其夫妻财产约定根本无从着手,无从考证。② 因此,《婚姻法解释(二)》第24条对债权人利益保护较为有利,但对非举债的夫妻一方的利益保护不利。对于《婚姻法解释(二)》第24条在司法实践中究竟该如何理解与适用,存在不同的观点。

---

① 参见孙科峰:《论夫妻一方以个人名义所负债务的性质》,载《甘肃政法学院学报》2011年第118期。

② 参见江苏省高级人民法院民一庭:《婚姻家庭案件审理指南(2012)》。

第一种观点认为,严格执行《婚姻法解释(二)》第24条的规定,只要是夫妻一方在婚姻关系存续期间以个人名义举债,债权人主张权利的,一律按夫妻共同债务处理。只有两种情形例外:其一,夫妻一方能够证明债权人与债务人明确约定为个人债务;其二,夫妻一方能够证明双方约定实行分别财产制且债权人知晓该约定的。① 持这种观点的主要理由是:(1) 我国法定的夫妻财产制度是婚后所得共同制,将婚姻关系存续期间夫妻一方以个人名义所负债务推定为夫妻共同债务,符合夫妻一体的原则,有利于防止夫妻恶意串通,借假离婚转移财产,逃避债务,损害债权人的利益,以维护交易安全,促进财产流转,此也符合日常家事代理的基本法理。② (2) 就举证责任而言,夫妻生活带有隐秘性,要求债权人证明借款的用途和去向,未免苛刻,因此将非夫妻共同债务的举证责任分配给配偶,更为合理。③ (3) 司法实践表明,该司法解释在操作上简单易行,有利于司法效率的提高。因此,法院最明智的做法就是严格遵照《婚姻法解释(二)》第24条的规定。至于如何保护夫妻的个人利益,对利益受损的一方进行救济,可按《婚姻法解释(二)》第25条的规定,夫妻一方在清偿共同债务后可向另一方主张追偿。

第二种观点认为,在债权人向夫妻双方主张权利的情况下,夫妻一方在婚姻关系存续期间以个人名义所负的债务能否认定为夫妻共同债务,需要考虑该债务

---

① 参见北京市第二中级人民法院(2013)二中民终字第14551号。2011年11月22日董某向单某某汇款50万元并出具欠条,因单某某到期未偿还借款,董某诉至法院。一审法院认为,单某某向董某借款发生在单某某、李某某夫妻关系存续期间,根据《婚姻法解释(二)》的规定,债权人就婚姻关系存续期间夫妻一方以个人名义所负债务主张权利的,应当按照夫妻共同债务处理,但夫妻一方能够证明债权人与债务人明确约定为个人债务,或者能够证明属于《婚姻法》第19条第3款规定的情形除外,而《婚姻法》第19条第3款规定,夫妻对婚姻关系存续期间所得的财产约定归各自所有的,夫或妻一方对外所负的债务,第三人知道该约定的,以夫或妻一方所有的财产清偿。现李某某没有证据证明单某某与董某约定借款为个人债务,单某某在庭审中否认存在婚姻关系存续期间所得财产归各自所有的约定,同时通过单某某的陈述及证人刘某某的证言,可以证实犬舍对外从事经营活动,单某某向董某的借款是用于弥补犬舍的经营亏损,虽然李某某辩称犬舍非经营场所,其并未参与经营,但该犬舍的绝大部分经营活动发生在单某某、李某某婚姻存续期间,李某某的辩称明显有悖常理。对于李某某主张董某与单某某恶意串通制造虚假借款事实、单某某的借款系婚前债务、个人债务,证据不足。判决单某某、李某某偿还董某借款50万元及利息。李某某不服上诉,二审法院驳回上诉,维持原判。

② 参见詹应国:《论夫妻共同债务案件裁判方法的构建——以司法实务为视角》,载《法制与社会》2012年第3期。

③ 参见山东省高级人民法院民一庭:《婚姻家庭案件审判实务研究》,载《山东审判》2008年第2期。

是否用于夫妻共同生活。① 持这一观点的理由主要是:《婚姻法》第 41 条规定:"离婚时,原为夫妻共同生活所负的债务,应当共同偿还。"由此可见,夫妻共同债务是指夫妻双方出于共同生活目的所负的债务。这一定义虽然概括了共同债务的特性,但由于其高度的抽象性,导致法律适用的混乱,在现实生活中夫妻双方以其内部约定或法院判决来对抗债权人的现象经常发生,严重损害了债权人的合法权益。②《婚姻法解释(二)》在这种背景下出台,以债务形成的时间阶段作为切入点,对于夫妻一方以个人名义对外举债应当如何认定其性质的问题作了规定。但对这一司法解释的理解,仍应该回归立法,忠实于立法,毕竟司法解释是对法律的解释,应以《婚姻法》第 41 条的内容为基础,认定夫妻共同债务必须考虑到该债务是否用于夫妻共同生活。

笔者认为,婚姻关系存续期间夫妻一方以个人名义所负债务是否认定为夫妻共同债务,本质上是当交易安全的维护与所有权的保护发生冲突时的价值取向问题。现代民法不同于古代民法的一个重要方面,即更注重对交易安全的维护。从这个意义上讲,《婚姻法解释(二)》第 24 条正体现了优先保护交易安全的现代民法理念。该司法解释在节约司法成本、便于法官裁判及有力保护债权人权利方面功不可没。③

就该司法解释是否为越权解释的问题。《婚姻法》第 19 条第 3 款规定:"夫妻对婚姻关系存续期间所得的财产约定归各自所有的,夫或妻一方对外所负的债务,第三人知道该约定的,以夫或妻一方所有的财产清偿。"对于该条款如何理解,立法者的观点"夫或妻一方对外所负的债务",是指夫妻一方以自己的名义与第三人之间产生的债务,至于是为夫妻共同生活所负的债务,还是个人债务,在所不

---

① 参见浙江省温州市瓯海区人民法院(2011)温瓯商初字第 478 号。蒋某、钱某系温州市瓯海民政橡胶有限公司股东,钱某为法定代表人。蒋某、林某因资金周转需要在 2010 年 2 月和 9 月分三次向潘某借款共 460 万元,借款由潘某妻子转账支付至林某账户,后林某偿还借款 120 万元,余欠 340 万元,蒋某、林某出具借款 340 万元的借条。上述借款情况钱某不知情,且借款到期后至起诉之前,潘某没有向钱某主张过权利。另查明,2011 年 10 月 8 日蒋某和钱某协议离婚。潘某诉至法院,要求判令林某、蒋某及钱某共同偿还借款 340 万元及利息。法院认为,从本案事实来看,蒋某、林某共同向潘某借款,款项均汇入林某账户,已偿还的部分借款亦由林某支付,而且潘某明确蒋某、林某向其借款时,钱某不知情,借款到期时潘某也没有向钱某主张过权利;其次本案借款金额达 460 万元,数额巨大,潘某明知钱某不知情,且将款项汇入林某账户,因此不能反映出该借款用于蒋某、钱某家庭共同生活、经营,潘某也没有证据证明该借款系蒋某、钱某共同经营所用。再次,蒋某与钱某之间不构成表见代理关系。根据合同法规定行为人没有代理权或超越代理权订立合同,相对人有理由相信行为人有代理权的,该代理有效。由于蒋某与钱某原系夫妻关系,一般来讲,相对人有理由相信夫妻之间的代理行为,但关键在于本案借款时潘某明知钱某不知情,且到期后也没有向钱某主张权利,说明潘某明知两被告之间不存在代理关系,现钱某不予追认,蒋某的行为只能代表其个人,故两被告之间的表见代理关系不成立。据此,判决蒋某、林某承担还款责任,驳回对钱某的诉讼请求。

② 参见林晓燕:《婚姻关系存续期间夫妻一方以个人名义所负债务的性质》,载《人民司法》2006 年第 9 期。

③ 参见吴晓芳:《婚姻法司法解释三适用中的疑难问题探析》,载《法律适用》2014 年第 1 期。

问,即无论是为了子女教育所负的债务,或个人从事经营所负的债务,还是擅自资助个人亲友所负的债务,都适用本款的规定。"因此,有观点认为,从《婚姻法》本身条文的结构来看,第19条规定在"家庭关系"一章,第41条规定在"离婚"一章,由此可知,《婚姻法解释(二)》第24条是按照《婚姻法》本身的规定精神进行解释的。债务诉讼不当然沿用离婚诉讼的"用途"标准,因为"如果允许债务人通过离婚协议或人民法院的生效判决来移转或改变夫妻双方对外承担的连带清偿责任,债权人的权利就可能因债务人关系的变化而落空和丧失,这种不以自己过失为基础的权利丧失有悖公平和正义之法理"。①

《婚姻法》第19条系从分别财产制的角度制定的,即夫妻实行分别财产制且债权人明知的情况下,夫或妻一方以个人名义所负债务不论是何用途均认定为个人债务,按照分别财产制的原理,当无疑义;但反推之,是否夫妻未实行分别财产制(包括未明确约定为个人债务),即实行共同财产制的情形下,夫妻一方以个人名义所负债务不论是何用途均认定为共同债务呢?值得商榷。仅从《婚姻法》第19条尚无法得出肯定的结论。如不分用途均认定为共同债务,则实践中的赌债、嫖资均有认定为共同债务的可能,这显然不符合法律规定。因此是否为夫妻共同债务始终无法回避债务用途的问题,《婚姻法解释(二)》第24条的规定仅存在两个但书规定,显然不够周延。《婚姻法解释(二)》第24条在适用中确实暴露出一些缺陷:(1)司法解释在生活中逐渐为一些不诚信的人所利用,债务人与债权人串通损害配偶利益的情形时有发生,离婚案件中虚假"白条"满天飞,有的甚至拿出之前法院生效裁判向配偶主张权利,给法官断案带来了难题;(2)就举证责任而言,非举债关系当事者一方,欲证明债权人与债务人是否明确约定为个人债务几乎不可能,而且我国夫妻约定财产制缺乏公示制度,第三人知道夫妻进行了共同财产的约定或配偶一方证明第三人知道其夫妻财产约定根本无从着手,无从考证。②因此,《婚姻法解释(二)》对债权人利益保护较为有利,但对配偶的利益保护不利。(3)司法实践表明,虽然司法解释在操作上简单易行,但由于在除外条件和举证责任分配上过于僵硬,使得推定为夫妻共同债务的情形过于宽泛,这样的判决在社会上形成示范效应和负面影响,尤其在当前离婚率持续走高的情势下,一旦法律无力惩处恶意行为,它就会作为有效方法被竞相仿效,进而造成社会诚信缺失,形成新的社会问题。过分强调保护第三人债权及交易安全,将使夫妻之间的权利义务无限扩张,有损夫妻个体人格独立和财产独立,侵害夫妻另一方的财产权益。

有鉴于此,立法的过程本身就是价值衡量与选择的过程。婚姻关系存续期间夫妻一方以个人名义所负债务是否认定为夫妻共同债务,本质上是当交易安全的

---

① 吴晓芳:《婚姻法司法解释三适用中的疑难问题探析》,载《法律适用》2014年第1期。
② 参见徐开勇:《夫妻债务内部追偿机制建立之构想》,载中国法院网(http://www.chinacourt.org/article/detail/2013/10/id/1104186.shtml)。

维护与所有权的保护发生冲突时的价值取向问题。现代民法不同于古代民法的一个重要方面,即更注重对交易安全的维护。从这个意义上讲,《婚姻法解释(二)》第24条正体现了优先保护交易安全的现代民法理念,这是我国实行婚后所得共同制的应有之义,否则夫妻财产共同,而大量债务却为个人债务,将使债权人债权的实现被架空。①

司法解释作为法律渊源之一,断无不用之理,但这并不影响我们在法律条文失之过窄、不足表达立法真意情况下,扩张法律条文的文义,以求正确阐释法律本意。在认定夫妻共同债务时,必须要兼顾债权人和配偶的利益,不能过度保护一方而忽视另一方的利益。由此,人民法院在对夫妻债务外部关系的认定上应坚持以《婚姻法解释(二)》确立的标准为原则,但同时还必须结合《婚姻法》的立法目的,从《婚姻法》的规定出发进行理解,应该忠实于立法。根据《婚姻法》第41条的规定,夫妻共同债务在本质上应当理解为夫妻关系存续期间,为夫妻共同生活所负的债务,包括夫妻有无共同举债的合意或者夫妻是否分享了债务所带来的利益。由此出发,司法解释有关夫妻一方以个人名义所负债务按夫妻共同债务处理,也应当考虑《婚姻法》的上述规定,如债务人的配偶能够举证证明债务并非用于夫妻共同生活的,在一定条件下应排除配偶对债务承担连带之责。

2014年,江苏省高级人民法院针对婚姻关系存续期间夫妻一方以个人名义所负债务的性质应如何认定的问题,向最高人民法院请示。② 从批复中可以看出,最高人民法院也已经意识到司法解释在适用过程中存在的问题,意图扭转对债权人过度保护的局面,以求债权人与债务人配偶之间的利益平衡,但同时又带来一些新的问题。

根据《婚姻法》第17条第2款的规定:"夫妻对共同所有的财产,有平等的处理权。"《婚姻法解释(一)》第17条规定:"……夫或妻在处理夫妻共同财产上的权利是平等的。因日常生活需要而处理夫妻共同财产的,任何一方均有权决定。夫或妻非因日常生活需要对夫妻共同财产做重要处理决定,夫妻双方应当平等协商,取得一致意见。他人有理由相信其为夫妻双方共同意思表示的,另一方不得以不同意或不知道为由对抗善意第三人。"可见,夫妻之间是有日常家事代理权的,夫妻一方因日常生活需要从事的民事行为,即使另一方没有意思表示,也应视为共同行为,由此产生的债务应为夫妻共同债务。例如,从举债数额上看并未超

---

① 参见于霞:《浅析我国夫妻共同债务法律制度的缺陷及其完善》,载《法制与经济(下旬)》2012年第9期。
② 最高人民法院民事审判第一庭作出的(2014)民一他字第10号批复中指出:在不涉及他人的离婚案件中,由以个人名义举债的配偶一方负责举证证明所借债务用于夫妻共同生活,如证据不足,则其配偶一方不承担偿还责任。在债权人以夫妻一方为被告起诉的债务纠纷案件中,对于案涉债务是否属于夫妻共同债务,应当按照《最高人民法院关于适用〈中华人民共和国婚姻法〉若干问题的解释(二)》第24条规定认定。如果举债人配偶举证证明所借债务并非用于夫妻共同生活,则其不承担偿还责任。

出日常家事的范畴,在债务人配偶举证证明债务确未用于夫妻共同生活的情况下如可免责,是否有违日常家事代理的原理呢?即使超出日常家事代理的范畴,债务人的配偶也举证证明债务确未用于夫妻共同生活,但如符合《婚姻法解释(一)》第17条的规定,债权人有理由相信其为夫妻双方共同意思表示的,债务人配偶是否仍可免责呢?可见,最高人民法院民一庭的批复也有值得商榷的地方。

总之,认定婚姻关系存续期间夫妻一方以个人名义所负债务的性质,不能机械地适用《婚姻法解释(二)》第24条,应综合考虑债务用途,同时也要结合日常家事代理及表见代理的相关规定进行认定。就此争议问题,只有待日后立法的进一步明确。

二十、民间借贷案件中,如何正确掌握"债权人与债务人明确约定为个人债务"和"第三人知道夫妻双方在婚姻关系存续期间实行分别财产制"?

司法实践中,夫妻一方与债权人形成借贷关系的借条上往往只有债务人一个人的签名,形式上具有"个人债务"的外部特征,但是,如何将这种"以个人名义举债"与"个人债务"区别开来,关键要统一证明的标准。夫妻一方与债权人约定的个人债务发生纠纷后,这个债务到底是夫妻一方个人债务或是夫妻共同债务,就成为债权人与债务人配偶争辩的焦点,也构成诉辩双方力争证明的对象。正是这种利益的高度对抗性,决定对于是否明确约定为个人债务要采用严格的证明标准,如书面形式或其他充分证据佐证债权人与债务人曾有此约定,否则不宜认定为个人债务,此对于保护债权人的合法权利,维护财产交易的安定性都具有重要的意义。

根据《婚姻法》第19条第3款的规定,夫妻对婚姻关系存续期间所得的财产约定归各自所有的,夫或妻一方对外所负的债务,第三人知道该约定的,以夫或妻一方所有的财产清偿。据此,只要债权人知道夫妻双方婚后实行分别财产制的,夫妻一方在婚姻关系存续期间所欠债务即为个人债务。"第三人知道夫妻双方在婚姻关系存续期间实行分别财产制"这一事实,可以从以下几个要素把握:(1)夫妻双方是否有分别财产制的事实,如婚姻登记机关的记载、书面约定、经过公证的协议等;(2)与债权人及夫妻双方无利害关系人的证言;(3)债权人与夫妻一方债权文书中的相关记载等。①

二十一、婚姻关系存续期间夫妻一方以个人名义举债,对于债务性质的举证责任应如何分配?

对于婚姻关系存续期间夫妻一方以个人名义举债,对于债务是否用于夫妻共

---

① 参见《一方以个人名义所欠债务的处理原则》,载 http://china.findlaw.cn/info/minshang/zwzq/grzw/grzw/113220_7.html。

同生活的举证责任由债权人承担还是债务人配偶承担,司法实践中存在争议。

第一种观点认为,债权人与举债的夫妻一方存在借款法律关系,按照合同法的规定,债权人只负有按照约定时间、方式、数额给付款项的义务,法律没有规定债权人对款项用途有知晓的义务,只要债务人能按时归还款项,款项用于何处债权人在所不问。夫妻双方是个共同体,夫妻生活具有较强的隐秘性,债权人相对于债务人夫妻而言是"外人",其不太可能了解夫妻间的约定以及借款的用途,由控制证据的夫妻方举证比让债权人举证更为合理。现实生活中,存在不少夫妻恶意串通转移财产损害债权人利益、影响交易安全的情形,如债权人不能证明款项用于夫妻共同生活,就认定借款为个人债务,很可能使收回借款化为泡影,基于此,应将是否用于夫妻共同生活的举证责任分配给债务人配偶,只有在其举证借款未用于夫妻共同生活的情况下,方可免责。

第二种观点认为,根据"谁主张,谁举证"的举证责任分配原则,债权人主张权利,应就自己提出的诉讼请求以及自己权利产生的事实、理由承担举证责任,并且有实际举证的能力。因为债权人在债务发生过程中,债权人相对于债务人而言往往处于优势地位,其掌握了选择、决定是否与债务人发生债权债务关系的主动权,并且可以在债务发生前采取要求债务人提供担保或者要求债务人夫妻双方共同签字认可等一系列措施,以保证债务实现,减轻风险,也有为以后发生纠纷时准备充分证据的能力。① 可见,债权人较债务人配偶距离证明债务性质的证据更近一些,更容易举证。举债时债务人配偶并不在现场,其很难证明债务人和债权人是否明确约定为个人债务,况且从趋利避害的角度,即使之前有此约定,债权人为了保障债权实现也不会承认;至于证明债权人对夫妻实行分别财产制明知,更是难上加难。因此,按照公平原则及有关举证责任的一般法理,应将借款用于夫妻共同生活的举证责任分配给债权人,只有在其举证借款用于夫妻共同生活的情况下,才可要求债务人配偶承担连带责任。②

笔者认为,在夫妻债务承担时,应当区别两重法律关系:一是离婚时夫妻债务在夫妻之间如何承担的内部法律关系;二是债权人向夫妻双方求偿时形成的外部法律关系。

就夫妻之间的内部法律关系而言,双方合意举债或夫妻分享了债务带来的利益,即用于夫妻共同生活的债务应由夫妻共同偿还,这是民法上意思自治及权利义务相一致原则的体现,与离婚诉讼的特点一脉相承,即解决婚姻内部权利义务的分担问题。从举证能力方面来看,离婚诉讼当事人为夫妻双方,对婚姻关系存续期间的家庭收入支出情况一般应当是知悉的,对是否存在举债合意、债务是否

---

① 参见伍蓉玲、阮芳:《离婚案件夫妻共同债务举证责任分配的立法缺陷及实践问题》,载《经济师》2013年第3期。

② 参见廖建胜:《从〈婚姻法司法解释(二)〉第二十四条看我国夫妻共同债务制度的完善》,载《法制与社会》2010年第6期。

用于夫妻共同生活,在举证能力上势均力敌。① 因此,在离婚诉讼中,对此问题的处理应按照诉讼的一般原理,即谁主张谁举证。如果举债人要求对方共同承担债务,必须举证证明该债务是用于夫妻共同生活或基于双方合意所借。即便一方持已生效的债务纠纷法律文书作为证据,也不能当然地作为处理夫妻内部财产纠纷的依据,因为在先的债务案件与离婚案件系处理不同的法律关系,法院应当根据不同的标准分配举证责任,主张债务属于夫妻共同债务的当事人对债务的性质仍应举证,以防止债务人与债权人合谋伪造虚假债务。在债务人提供充分证据证明后,对方否认的,同样应提供反驳证据。

确认夫妻内部债务问题相对容易,当前,审判实践中存在的突出问题在于夫妻债务的外部关系当中。《婚姻法解释(二)》第24条规定:"债权人就婚姻关系存续期间夫妻一方以个人名义所负债务主张权利的,应当按夫妻共同债务处理。但夫妻一方能够证明债权人与债务人明确约定为个人债务,或者能够证明属于婚姻法第十九条第三款规定情形的除外。"该条确立了夫妻债务外部法律关系中应以债务形成时间为共同债务的判断依据。即债权人只要证明该债务形成于夫妻关系存续期间,夫妻双方应当共同对外承担偿还责任。债务人配偶否定责任承担的,需从两个方面进行抗辩:债权人与债务人明确约定为个人债务;债权人知道夫妻为约定财产制情形。由此可见,司法解释将债务性质的证明责任归由债务人配偶承担。该解释更多是从维护交易秩序安全的角度所作的利益衡量,对于夫妻债务的认定简便易操作。但实务中该条为一些不诚信的人所利用,债务人与债权人串通损害配偶的利益的情形时有发生。债务人配偶非举债关系的当事者,欲证明债权人与债务人是否明确约定为个人债务几乎不可能,而且我国夫妻约定财产制缺乏公示制度,第三人知道夫妻进行了共同财产的约定或债务人配偶证明第三人知道其夫妻财产约定根本无从着手。因此,《婚姻法解释(二)》对债权人利益保护较为有利,但对举债人配偶的利益保护不利。《婚姻法解释(三)》(征求意见稿)注意到了实践中的问题,在征求意见的过程中,提出了另一种观点:"离婚时或离婚后,夫妻一方在婚姻关系存续期间以个人名义所负的债务,举债的夫妻一方或债权人能够证明所负债务基于夫妻合意或者用于家庭共同生活、经营的,应当认定为夫妻共同债务。"由此可见,最高人民法院对夫妻共同债务的认定欲重回《婚姻法解释(二)》之前的认定标准,以更好地保护举债人配偶的利益。但这一改变事属重大,虽对债务人配偶有利,但却有违现代民法优先保护交易安全的理念。孰轻孰重,难以取舍,最终出台的《婚姻法解释(三)》中这一条未见其踪影。②

笔者认为,在认定夫妻共同债务时,必须要兼顾债权人和债务人配偶的利益,不能过度保护一方而忽视另一方的利益。由此,在当前形势下,人民法院在对夫

---

① 参见王明:《离婚诉讼中夫妻共同债务的判断标准》,载中国法院网(http://www.chinacourt.org/article/detail/2014/03/id/1232044.shtml)。

② 参见江苏省高级人民法院民一庭:《婚姻家庭案件审理指南(2012)》。

妻债务外部关系的认定上应坚持《婚姻法解释(二)》确立的标准为原则,但同时还必须结合《婚姻法》的立法目的,从《婚姻法》的规定出发进行理解,毕竟,司法解释只是对法律的解释。根据《婚姻法》第41条的规定,离婚时,原为夫妻共同生活所负的债务,应当共同偿还。共同财产不足清偿的,或财产归各自所有的,由双方协议清偿;协议不成时,由人民法院判决。根据这一规定,夫妻共同债务在本质上应当理解为为夫妻共同生活所负的债务,包括夫妻有无共同举债的合意或者夫妻是否分享了债务所带来的利益。由此出发,前述司法解释有关夫妻一方以个人名义负担的债务按夫妻共同债务处理,也应当考虑《婚姻法》的上述规定,即婚姻关系存续期间夫妻一方以个人名义举债,债务人配偶对债务是否用于夫妻共同生活应享有抗辩权,即当债务人配偶举证证明该债务非用于夫妻共同生活的,应当排除债务人配偶对债务承担连带之责。

当然在这里,法官应结合债务人配偶的举证情况,根据已知事实和日常经验法则进行综合分析认定。判断是法官的第一要素,两造之词,扬长避短,是非混淆;明断之基石,首为经验。"法律的生命在于经验而非逻辑",对社会生活的经验也是法官处理好案件的基础。在证据法意义上,经验法则是法官依照日常生活中所形成的不证自明的、反映事物之间内在必然联系的事理作为认定待证事实的根据的有关法则。这种事理表现为法官对一定确实性和合理性作为其客观基础的一种事物的发展常态的主观经验提炼。经验法则的基本功能主要表现为,在认定事实上,决定证据的关联性,决定证据的可采性,发挥证据间的推理作用,体现对证据力价值的评价作用;在适用法律上,经验法则不仅具有选择功能,还具有借助其合理的选择功能,并基于其合理的判断功能,而产生识别、发现具体法律规范的功能。[①] 对婚姻关系存续期间夫妻一方以个人名义举债能否认定为夫妻共同债务,需要借助于当事人的积极举证抗辩和法官的合理判断,在法官和当事人共同努力下的证据评价和心证形成容易为当事人所接受,更能体现程序意义上的公平与正义。

二十二、因民间借贷产生的欠条形成于离婚之后,但债权人或债务人主张该欠条载明的债务发生于婚姻关系存续期间,债务人配偶对此不予认可的,此类纠纷应如何处理?

对于民间借贷案件中债权人提出应由债务人与其配偶共同承担还款责任或债务人主张为夫妻共同债务的主张,人民法院首先要审查债务是否形成于婚姻关系存续期间。该事实应由原告负举证责任,只有提供证据证明债务形成于债务人婚姻关系存续期间,才有确定为夫妻共同债务的可能。法院应结合言辞证据重构

---

① 参见林晓燕:《连振文诉盛业虎、韦岩峰离婚后连带偿还婚姻关系存续期间债务未被支持案》,载最高人民法院中国应用法学研究所编:《人民法院案例选》2006年第1辑(总第55辑),人民法院出版社2006年版。

债务形成的经过,考察证据间的印证程度,查明涉案债务形成的时间、次数、金额、之前借(欠)条去向、是否存在归还部分欠款的事实,据以排除虚假诉讼的可能并判断前债成立的时间是否处于婚姻关系存续期间。如没有充分证据推翻欠条载明的债务形成时间时,应以欠条所证明的事实为准,认定为债务人的个人债务;如有证据证明欠条载明的债务确系形成于婚姻关系存续期间,则需进一步判断是否为夫妻共同债务。

二十三、婚姻关系存续期间夫妻一方以个人名义向他人借款,债权人仅起诉债务人,是否应追加债务人配偶为共同被告?[①]

对于婚姻关系存续期间夫妻一方以个人名义举债,债权人仅起诉债务人,法院应否依职权追加债务人配偶为共同被告的问题,审判实践中存有争议。

第一种观点认为,不应追加债务人配偶为共同被告。理由是:(1)民法属于私法,应充分体现当事人意思自治原则,最大限度地满足当事人处分个人权利的意愿,只要其意思表示不违反法律、公共道德,不侵犯国家、集体和他人利益,就应尊重当事人的意思表示。法院依职权追加当事人与处分原则相悖,即所谓不告不理,诉与不诉是当事人的权利,诉谁不诉谁也是当事人的权利,法院不能依职权干涉。(2)债权债务关系发生于举债当事人之间,合同的效力只及于合同双方,对合同之外的其他人不产生约束力,依职权追加债务人配偶将违反合同相对性原则。(3)追加债务人配偶为被告,将使法律关系人为复杂化,将原本只需审查借贷关系事实,转而需进一步审查是否为夫妻共同债务,既增加了法官工作量,又浪费了司法资源,对债权人利益有过度保护之嫌。[②]

第二种观点认为,应追加债务人配偶为共同被告。理由是:(1)现阶段我国的法律意识、法律知识和社会法律服务水平等还很现实地需要法院一定程度、一定限度、一定范围地适当干预,且实际上,法院的适当干预也有利于纠纷的解决,提高司法效率,故民事诉讼法适当授权法院在一定范围内适当干预的方式是必要的。法院依职权追加必要共同诉讼人并非法院自身意志的体现,而是法院在依法

[①] 参见浙江省台州市中级人民法院(2008)台民二终字第372号。苏某某在与王某某婚姻关系存续期间通过王某某向方某某借款60 000元,并出具借款借据。方某某诉至法院,请求判令苏某某偿还借款60 000元。苏某某在诉讼中要求追加王某某为共同被告。一审法院认为,王某某与苏某某内部的关系与方某某无关,方某某仅向苏某某一方主张权利,予以准许。如本案债务确系王某某与苏某某的共同债务,苏某某有权依照生效的法律文书向王某某追偿。遂判决苏某某偿还借款60 000元及相应利息。苏某某上诉认为,涉案借款系王某某在婚姻关系存续期间经手借来的,用于夫妻共同经营二手车买卖,应为夫妻共同生活所负的债务,王某某应当承担共同偿还的责任。二审法院认为,由于方某某作为债权人,起诉时选择苏某某作为义务承担主体,在一审庭审时又明确表示不追加王某某为共同被告,故一审法院判决由苏某某承担偿还债务的义务并无不当,苏某某可就本案债务另行向王某某主张权利。遂判决驳回上诉,维持原判。

[②] 参见史秀永:《担保人申请追加借款人的配偶为被告应否支持》,载光明网(http://court.gmw.cn/html/article/201305/30/129437.shtml)。

实现法律的意志。(2)夫妻对于共同债务无论在婚姻关系是否解除的情况下都要承担连带责任,诉讼标的的共同性和责任的不可分性决定了追加债务人配偶为共同被告符合必要共同诉讼的特征,尤其当下债权人与债务人恶意串通损害债务人配偶利益的情形多发,将债务人配偶追加进来更便于查明事实,保障债务人配偶的合法权益。(3)追加债务人配偶为共同被告,可以在一个案件中将是否为夫妻共同债务的问题一并作出认定,避免日后债务人又以夫妻共同债务为由向配偶追索,提高了诉讼效率,节约了司法资源。①

笔者倾向于第一种观点。

法律授权法院依职权追加当事人的权力,就是为了防止享有权利的人未得到应得的保护,而共同承担义务的人未受到追究,从而完整地保护各方当事人的合法权益。对于债务人配偶是否列为共同被告的问题,应区别两种情形:第一种情形,根据《婚姻法解释(二)》第24条的规定,对于婚姻关系存续期间夫妻一方以个人名义所负的债务首先推定为夫妻共同债务,因此对于婚姻关系存续期间所负的债务,即使债务人配偶未在借条上签名,债权人也有权将夫妻双方列为共同被告或者申请追加债务人配偶为共同被告,法院应当认为被告主体是适格的。第二种情形,债权人未起诉债务人配偶,此种情形下,笔者不赞成将债务人配偶追加为共同被告的观点。理由是:

首先,必要的共同诉讼具有诉讼标的的共同性、诉讼程序不可分性、裁判结果同一性的特点。诉讼标的是当事人之间发生争执并要求法院作出裁判的民事权利义务关系。就债权人起诉债务人偿还借款而言,诉讼标的是债权人与债务人之间的债权债务关系,而是否为夫妻共同债务,在债权人未起诉债务人配偶的情况下,显然超出了债权人与债务人之间的诉讼标的范围。《婚姻法解释(二)》第25条规定,当事人的离婚协议或者人民法院的判决书、裁定书、调解书已经对夫妻财产分割问题作出处理的,债权人仍有权就夫妻共同债务向男女双方主张权利。一方就共同债务承担连带清偿责任后,基于离婚协议或者人民法院的法律文书向另一方主张追偿的,人民法院应当支持。可见,基于夫妻债务的"内外有别",夫妻共同债务的内部诉讼程序与债权人和债务人之间的外部合同之诉并非不可分,而是可以分离的,而且合同之诉的处理结果并不影响之后是否为夫妻共同债务的判断,即使合同之诉仅判令由债务人个人承担债务,也不影响债务人事后以债务实系夫妻共同债务为由向其配偶追偿,即前判对后判并无既判效力。因此,在债权人未起诉债务人配偶的情况下,追加债务人配偶为被告不符合必要共同诉讼的特征。

其次,不告不理原则是法院审判的基本原则,没有"告",就没有"理",这是民事司法的基本要求。诉权由当事人享有和处分,当事人既可以处分实体权利,又

---

① 参见刘汉江:《浅谈夫妻共同债务认定规则》,载江苏法院网(http://www.jsfy.gov.cn/llyj/xs-lw/2014/02/21140826891.html)。

可以处分诉讼权利。也就是说，是否起诉、诉讼的内容与标的、向谁起诉均是当事人行使处分权的权利，只要这种处分不违背法律、公共道德，均由当事人自行决定，法院无须干涉。债权人依据借条起诉债务人，对于债权人而言，其选择了与债务人之间的基础法律关系，不违反法律规定，法院依职权追加债务人配偶为共同被告，一定程度上改变了债权人的诉求，而且一旦要求债务人配偶承担连带之责，债权人的举证责任显然要重于仅要求债务人承担责任，不仅要举证证明借款事实真实、合法、有效，还要在债务人配偶提出非夫妻共同债务的反驳时，进一步举证证明债务为夫妻共同债务，实则加重了债权人的举证负担，尤其在债务人有足够的经济实力偿还债务，而司法实践中通常在执行阶段又都会追加债务人配偶为被执行人的情况下，追加债务人配偶为共同被告实无必要。

再次，因民间借贷产生的债权债务关系仅发生于举债当事人之间，如果合同双方也认可为个人债务，则对于合同之外的其他人（配偶）即不产生约束力。此时，人民法院再依职权主动追加债务人配偶为被告，不仅违反合同相对性原则，而且也与当事人的真实意思相悖。

最后，追加债务人配偶为共同被告，在审查债权人与债务人之间借贷基础法律关系的基础上，还要进一步审查是否为夫妻共同债务，将原本单纯的借贷法律关系复杂化，增加了案件审理的难度和当事人诉累，实为不经济的选择。如前所述，夫妻债务"内外有别"，之前的合同之诉的判决对于之后的夫妻债务之诉并无既判力，债务人如果认为是夫妻共同债务，只要能举证证明系基于夫妻合意举债或夫妻分享了债务利益，则可以向配偶追偿；同理，债务人配偶也可以举证证明非基于夫妻合意举债或未分享债务利益而免责。因此，无论对于债务人还是债务人配偶，法律都规定了救济的程序，担心债权人和债务人恶意串通损害债务人配偶利益也是没有必要的。①

综上，在债权人未主动将债务人配偶列为共同被告而又未申请追加为共同被告的情况下，法院不宜依职权追加。

二十四、婚姻关系存续期间夫妻一方以个人名义举债，法院仅判决债务人承担还款责任，应否追加债务人配偶为被执行人？

婚姻关系存续期间夫妻一方以个人名义举债，在执行过程中能否追加债务人配偶为被执行人的问题，司法实践中颇有争议。

第一种观点认为，应通过审判程序加以解决。（1）在执行中直接将债务人配偶追加为被执行人，需确定执行依据所涉及债务的性质为共同债务，而对该事实的认定则涉及债务人配偶的实体权利。涉及新的当事人承担实体义务时，最好通过审判程序来确定，使其有机会在言词辩论中声明自己的主张，通过保证当事人

---

① 参见吴瞻泉：《关于离婚诉讼中夫妻共同债务处理与第三人利益保护的思考》，载江苏法院网（http://www.hp.gov.cn/hpqfy/fylt/200906/d906f07c66184463a46b146dbab300d1.shtml）。

充分行使诉权来有效确保其实体权利不被侵害。正因为如此,追加被执行人应当有明确的法律依据,否则属于实质上对被追加主体诉辩权的剥夺。(2) 用执行听证的方式来确认是否属于夫妻共同债务,把执行中的裁决与判决混同,在执行中的裁定中适用实体法的规定是违法的,执行法官不能行使审判职责,否则就是权力滥用。(3) 目前,在执行程序中追加被执行人的法律依据只有《民事诉讼法》第232条和《关于人民法院执行工作若干问题的规定(试行)》第九部分8个条款的规定,无兜底条款,追加债务人配偶为案件被执行人无法律依据;(4) 追加债务人配偶为案件被执行人破坏了法院生效裁判文书的既判力,执行阶段与审判阶段存在的区别在于执行阶段必须依据生效法律文书确定的内容来执行,这就决定了执行对象、执行标的范围,执行法官不能擅自超越法律文书明确的范围执行。

第二种观点认为,可在执行程序中直接追加债务人配偶为被执行人。(1) 由于目前我国诉讼制度尚未足够发达、审判力量薄弱以及历史形成的公民厌讼传统等各种因素的限制,所有的案件都通过重新提起审判程序并作出判决来实现被执行人的追加,会徒增讼累。在当前执行难仍未得到彻底解决的情形下,追加被执行人的配偶一方为被执行人有利于提高执行效率,方便快捷地执行案件。(2) 实体法与程序法并不是法律上明文的界别,而只是理论上的划分,它们都是民事法律范畴。民事裁定不仅解决程序问题,同样也可以解决一些实体问题,故民事裁定所适用的法律并不局限于程序法。(3) 我国婚姻法规定夫妻对共同所有的财产有平等的处分权,夫妻关系存续期间的债务应由夫妻双方共同偿还。根据我国法律规定,婚姻关系存续期间的债务原则上都推定为夫妻共同债务,关系简单,审查容易,适于在执行程序中解决追加责任主体的问题。(4) 追加变更被执行主体,其实质是法院的执行力扩张。既判力的拘束范围一般只限于参加诉讼的当事人,不及于当事人以外的第三人。但是,如果仅仅从第三人立场考虑,完全考虑既判力的相对稳定性,则判决的效力又会明显地削弱,进而使人怀疑公权力解决纠纷制度的效果和能力。在坚持"既判力的相对性原则"的前提下,应当允许有例外,即承认既判力在一定条件下可以向第三人扩张。有了既判力的扩张也就有了执行力的扩张。(5) 追加债务人配偶为案件的被执行人有利于消除某些当事人利用夫妻关系恶意逃避债务的思想,有利于进一步规范社会诚信意识。

笔者倾向于第二种观点。

目前,婚姻关系存续期间夫妻一方以个人名义举债的追加执行主要有三种情形。一是夫妻双方已经离婚,对债务已达成清偿协议或取得法院判决,债权人要求债务人配偶继续共同承担偿还义务,而申请追加被执行人的;二是婚姻关系继续存在,但因执行依据只列夫或妻一方为被告,在债权得不到完全清偿后,债权人申请追加债务人配偶为被执行人的;三是夫妻双方离婚时并未就债务的清偿进行协议或取得法院判决,申请执行人要求债务人配偶共同承担清偿责任。

笔者认为,婚姻关系存续期间夫妻一方以个人名义举债,在执行过程中可以追加债务人配偶为被执行人。主要理由如下：

第一，追加执行有权力基础。民事执行权是执行机构行使国家强制力，强制被执行人履行义务，以实现申请执行人私法上请求权的公权力。从其属性上看，民事执行权是一种以保证人民法院实现其司法职能为基本任务的行政行为，即司法行政行为，是行政权和司法权的综合体。民事执行权的这种双重属性，不但能赋予执行机构可以在民事执行程序中对夫妻共同债务进行认定的权力，而且必须赋予其可以在民事执行程序中对夫妻共同债务予以认定的权力，只有这样才能实现民事执行效率优先价值，维护生效法律文书的权威性，防止司法资源的浪费。故执行机构在民事执行程序中对夫妻共同债务予以认定具有正当的权力基础。在传统观念中，执行权与审判权是截然分开的，执行机构只能有"纯净"的执行权，对当事人实体争议的判断只能是审判机构的"业务"。事实上，社会生活是复杂多变的，在执行工作中会面临很多新情况、新问题。把执行权与审判权完全分开，执行机构不具有一定程度对当事人实体争议进行裁判的权力，不能很好地解决实际生活中面临的诸多法律问题，因而不具有科学性。所以，《最高人民法院关于人民法院执行工作若干问题的规定（试行）》第83条赋予了人民法院执行机构一定程度的裁决权，即执行机构有权根据申请执行人的申请对是否追加被执行主体作出审查和判断，在程序上也是由执行机构对追加被执行主体作出裁定。执行裁决权决定了执行机构在民事执行程序中有权对夫妻共同债务予以认定和判断。

第二，追加执行有法律依据。夫妻共同债务应当以夫妻共同财产清偿，这是民事权利义务关系对等原则在婚姻家庭关系中的体现。《婚姻法》第19条第3款规定："夫妻对婚姻关系存续期间所得的财产约定归各自所有的，夫或妻一方对外所负的债务，第三人知道该约定的，以夫或妻一方所有的财产清偿。"第41条规定："离婚时，原为夫妻共同生活所负的债务，应当共同偿还。共同财产不足清偿的，或财产归各自所有的，由双方协议清偿；协议不成时，由人民法院判决。"《离婚财产分割意见》第17条规定："夫妻为共同生活或为履行抚养、赡养义务等所负债务，应认定为夫妻共同债务，离婚时应当以夫妻共同财产清偿。"《婚姻法解释（二）》第23条规定："债权人就一方婚前所负个人债务向债务人的配偶主张权利的，人民法院不予支持。但债权人能够证明所负债务用于婚后家庭共同生活的除外。"第24条规定："债权人就婚姻关系存续期间夫妻一方以个人名义所负债务主张权利的，应当按夫妻共同债务处理。但夫妻一方能够证明债权人与债务人明确约定为个人债务，或者能够证明属于婚姻法第十九条第三款规定情形的除外。"第25条第1款规定："当事人的离婚协议或者人民法院的判决书、裁定书、调解书已经对夫妻财产分割问题作出处理的，债权人仍有权就夫妻共同债务向男女双方主张权利。"第26条规定："夫或妻一方死亡的，生存一方应当对婚姻关系存续期间的共同债务承担连带清偿责任。"从上述婚姻法相关的立法和司法解释看，显然确立了以下两点：一是婚姻关系存续期间发生的债务，首先推定为共同债务；二是对于夫妻共同债务,无论是在夫妻关系存续期间还是解除婚姻关系之后,夫妻双方均负有清偿责任,即使离婚时夫妻双方就夫妻债务清偿达成了协议或取得了法院判决,也只能对夫妻双方具有约束力,不能对抗债权人。这些规定虽然是针对审判程序中就夫妻共同债务实体责任的承担所作的解释,而不是追加变更当事人的直接依据,但正是这些实体上的处理原则成为了执行依据既判力效力扩张的法理依据,执行法院可以据此实体规定决定追加变更被执行人,并不构成权力滥用。

第三,追加执行为现实执行中所必须。不仅是在已离婚债务人的执行过程中需要追加被执行人,就是在执行婚姻关系尚在存续的债务案件时,也需要追加执行。对属于夫妻共同债务而以夫妻一方为被执行人的案件,在现行司法实践中较为常见。当需要执行夫妻共同财产时,涉及一般动产的执行比较简单,直接采取强制执行措施即可。但在执行不动产及有产权证照的动产、公民个人储蓄、股票交易账户时,就出现了必须追加被执行主体的问题。在执行查封、冻结、扣划上述财产,以及此后的变价、产权过户时,协助执行依据上的被执行人与被执行财产的所有权人保持一致。当产权登记人或储蓄记名人不是执行依据中的被执行人时,就必须通过裁定追加被执行人,以排除执行阻碍。同时,追加执行也有利于对夫妻债务性质的确定。夫妻债务有个人债务与共同债务之分,在执行追加前,许多债务的性质是模糊不清的,直接执行夫妻共同财产,就可能损害夫妻另一方的合法权益。因此,这就需要有一个当事人可以进行申辩、人民法院进行审查的程序。通过追加程序,正可以弥补我国民诉法在这一方面的立法缺失。

第四,追加执行可防止假离婚等恶意转移财产逃避债务,堵塞婚姻法立法漏洞。市场经济造就了一大批商海搏击中的胜利者,同时也产生了许多负债累累的债务人。一些债务人为了逃避债务,常常会以"假离婚"的方式,通过离婚时的财产分割、债务分担、子女抚养等问题的处理,把财产和子女的抚养商定由一方所有和承担,而把主要债务留给另一方。当债权人要求清偿债务时,取得财产的一方则以债务由另一方承担为由提出抗辩,以期逃避债务,对抗执行。由于目前对借离婚逃避债务的假离婚现象尚没有行之有效的杜绝方法,如果对生效离婚案件按照审判监督程序提起再审,既降低司法公信力,又增加当事人讼累。通过在执行过程中追加执行,可以有效避免逃避执行侵害债权人利益的情形发生,从而堵塞婚姻立法对夫妻共同债务分担上的漏洞。

第五,追加执行并不损害债务人配偶利益。执行阶段追加债务人配偶,债务人配偶享有异议的权利,并可依据《婚姻法解释(二)》第24条的规定,举证证明非夫妻共同债务从而免责。与此同时,债务人配偶如认为执行行为已经侵害了其对执行标的的合法权益,还可依据《民事诉讼法》第227条的规定,提出执行异议之诉。根据《婚姻法解释(二)》第25条第2款的规定:"一方就共同债务承担连带清偿责任后,基于离婚协议或者人民法院的法律文书向另一方主张追偿的,人民法院应当支持。"因此即使债务人配偶承担了债务,仍可依据达成的协议或法院判决向债务人追偿,也就是说,债务人配偶的权利是可以得到救济的。

二十五、债权人能否以有独立请求权的第三人的身份参加债务人的离婚诉讼?

司法实践中,债权人为了保全债权,要求以有独立请求权的第三人身份参加债务人的离婚诉讼,对此,存在不同的观点:

第一种观点认为,离婚诉讼涉及身份关系和个人隐私,法律规定经当事人申请,离婚案件可以不公开审理。财产分割和子女抚养问题不能成为独立的诉,只能与主诉离婚一并处理,而离婚只涉及男女双方,不存在第三人参加诉讼的问题。离婚案件将夫妻共同债务的债权人列为第三人,如果债权人多,债务数额很大时,会造成审理复杂化,影响婚姻关系的处理,引起矛盾激化。

第二种观点认为,夫妻共同债务的债权人符合第三人的条件。债权人与离婚案件的原、被告之间都不存在共同的权利义务关系,但对原、被告拥有共同债权。债权人既不能同原告成为共同的原告,也不会同被告成为共同的被告,而是以独立实体权利人的资格出现,可以对原、被告提起诉讼,符合有独立请求权第三人的条件。夫妻共同债务的清偿是以夫妻离婚为前提条件的,且部分诉讼标的是同一的,如果将清偿夫妻共同债务作另案处理,一方面容易形成诉累,导致案件久拖不决,违背"两便"原则和诉讼效率,另一方面容易发生两案处理结果相互矛盾,造成诉讼程序繁杂。

笔者倾向于第一种观点。

债权人能否以有独立请求权的第三人身份参加离婚诉讼,理论上可以继续进行探讨。离婚诉讼因多涉及隐私,法律规定可以不公开审理。如债权人以有独立请求权的第三人身份参加离婚诉讼,不可避免要触及当事人隐私,此为离婚当事人所不愿,而身份关系的解除、子女抚养等问题与债权人保全债权无关,债权人也宁可置身事外,因此债权人作为第三人参加诉讼,既不经济也侵犯了离婚当事人的隐私权。①

离婚之诉虽是复合之诉,但解除婚姻关系的诉请是前提和基础,财产分割和子女抚养等诉讼请求是从属之诉。债权人以有独立请求权的第三人的身份参与到男女双方既涉及身份关系解除,又涉及财产分割、子女抚养的复合诉讼中,会使离婚诉讼人为复杂化,不利于纠纷的解决。《婚姻法解释(二)》第 25 条第 1 款规定:"当事人的离婚协议或者人民法院的判决书、裁定书、调解书已经对夫妻财产分割问题作出处理的,债权人仍有权就夫妻共同债务向男女双方主张权利。"按照该司法解释,即使离婚判决对债务分担比例作出处理,债权人仍然有权向双方或任何一方主张权利,其债权的实现不受影响。因此,债权人不宜以有独立请求权

---

① 参见王学堂:《债权人为什么不可以作为第三人参加离婚诉讼》,载中国法院网(http://blog.chinacourt.org/wp-profile1.php? author=692&p=10792)。

的第三人的身份参加债务人的离婚诉讼。

二十六、婚姻关系存续期间夫妻一方以个人名义对外举债,在债务清偿前,债务人死亡,生存一方承担连带清偿责任后,如何行使追偿权?

夫或妻一方死亡,生存一方对婚姻关系存续期间的共同债务承担连带清偿责任后,能否行使追偿权,追偿的范围如何确定?

第一种观点认为,实际生活中,夫或妻一方死亡,生存的一方与死亡一方的继承人可以完全合二为一,从而生存一方的追偿权因债权和债务同归于一人而终止。

第二种观点认为,夫或妻一方死亡,如果死亡一方的继承人为二人以上时,即可产生生存一方追偿权与继承人继承权的冲突。况且,根据法律规定,夫妻关系是否解除并不影响对原婚姻关系存续期间的夫妻共同债务承担连带责任。如果婚姻关系在夫或妻死亡前已经解除,则生存一方已无继承权,此时如剥夺其追偿权,显然不妥当。

笔者倾向于第二种观点。

第一种观点适用于婚姻关系存续且只存在生存一方一个继承人的情形。现实生活中,死亡一方可能会存在多个继承人,或者婚姻关系在一方死亡前已经解除,此时如生存一方已履行了连带清偿责任,则必然涉及与死亡一方继承人之间的利益分配问题。因此,应赋予生存一方追偿权。具体而言:第一,夫妻对婚姻关系存续期间所得的财产约定归各自所有,但第三人(债权人)不知道该约定的,夫妻一方死亡后另一方履行了连带清偿责任的,另一方可以在夫妻约定财产归各自所有的范围内行使追偿权。第二,夫妻双方在一方死亡前已达成离婚协议,但离婚协议中未提及该笔夫妻共同债务,或未就夫妻共同债务的分担达成协议。夫妻一方在达成离婚协议后死亡,其配偶又实际履行了连带清偿责任后,其配偶应当按照均等份额的原则行使追偿权。第三,夫妻双方在一方死亡前已达成离婚协议,并对夫妻共同债务的分担已形成一致的意思表示的,夫妻一方在达成离婚协议之后死亡,且另一方已实际履行了连带清偿责任的,另一方可以在离婚协议约定的份额和范围内行使追偿权。第四,夫妻双方在一方死亡前已经人民法院判决离婚,但未涉及该笔夫妻共同债务的,债权人在夫妻一方死亡后又主张由另一方承担连带清偿责任的,另一方在履行了连带清偿责任后,可以根据人民法院判决中对共同财产的划分原则和标准行使追偿权。第五,夫妻双方在一方死亡前已经人民法院判决离婚,并对夫妻共同债务的分担已作出明确判决的,债权人在夫妻一方死亡后又主张由另一方承担连带清偿责任的,另一方在履行了连带清偿责任之后,可以根据人民法院判决中确定的份额行使追偿权。[①]

[①] 参见《夫或妻一方死亡后的债务处理》,载新浪网(http://club.eladies.sina.com.cn/thread-3311444-1-1.html)。

在实际生活中,生存一方行使追偿权要受到夫妻财产制度和遗产继承制度的限制和制约。主要表现在:(1) 夫妻双方实现约定财产制的,生存一方在履行了连带清偿责任后,应当在约定财产的范围内行使追偿权。如约定属于一方(死亡)的财产不足以偿还的,应当用死亡一方的其他遗产予以偿还。(2) 夫妻双方实行法定财产制的,应当首先用共同财产清偿。如共同财产不足以清偿,可以用死亡一方的其他遗产清偿,如一方的婚前财产等个人财产。(3) 无论是实行约定财产制还是法定财产制,生存一方求偿权的行使以死亡一方的全部遗产的实际价值为限,超过遗产实际价值的部分,除继承人自愿偿还的以外,生存一方的求偿权将不能实现。①

二十七、父母出资为子女购买房屋,如何判断父母是借贷行为还是赠与行为?

父母出资给子女购房,对于出资的性质,司法实践中存在不同的观点:

第一种观点认为,父母出资为子女购买房屋的行为是一种赠与行为。所谓赠与,根据《合同法》第 185 条的规定,是指"赠与人将自己的财产无偿给予受赠人,受赠人表示接受赠与"的一种合意。《婚姻法解释(三)》第 7 条第 1 款已明确规定:"婚后由一方父母出资为子女购买的不动产,产权登记在出资人子女名下的,可按照婚姻法第十八条第(三)项的规定,视为只对自己子女一方的赠与,该不动产应认定为夫妻一方的个人财产。"赠与人与受赠人之间只要有赠与合意,赠与关系就成立。父母为解决或改善子女居住条件而为子女买房出资,是基于双方之间的血缘亲情,一般并不期待子女支付相应对价。因此,这本质上是以亲情为基础的赠与。

第二种观点认为,父母为子女出资购买房屋是一种借贷行为。在当今房价高涨、离婚率激增的社会背景下,大部分父母对为子女婚后购房出资行为持比较现实的态度,一般不愿在子女离婚时,让另一方以夫妻共同财产为由,分割其出资部分。故应将该出资行为视作借贷关系。这样既符合现实生活,也有利于诉争的解决。且《婚姻法解释(三)》的条文应理解为,只有一方父母全额出资购买的不动产,产权登记在出资人子女名下的,才可认定为夫妻一方的个人财产。

笔者认为,从审判实践来看,上述两种观点都不能涵括现实生活中所有父母为子女出资购买房屋的情形。例如,父母虽为子女出资买房但已通过借条、字据等形式明确与子女约定该出资为借贷并约定了还款日期时,很难将该行为理解为第一种观点所谓的赠与行为。而当父母出资为子女购买房屋时,如有证据证明父母已经明确表示该出资为赠与,此时很难再以借贷关系加以评判。因为,对父母出资为子女购买房屋的行为,首先应尊重父母子女间对出资行为性质的约定,只

---

① 参见康学胜:《丈夫死亡,妻子是否对其债务承担责任》,载陕西法院网(http://sxfy.chinacourt.org/public/detail.php? id = 14863)。

有在没有约定或约定不明时,才可能涉及出资行为性质的认定问题。从《婚姻法解释(三)》第 7 条规定的内容来看,仅从字面语法上简单理解,"婚后由一方父母出资为子女购买"是对后面"不动产"的修饰,是一个定语,它所强调的是不动产,赠与标的物是不动产而非出资,第 7 条并没有"婚后用夫妻共同财产还贷"或"婚后用夫妻共同财产部分出资"的用语。因此适用第 7 条的前提条件是:其一,一方父母全额出资且产权登记在出资人子女名下的;其二,购买不动产的目的是"为子女",而非为父母本身。现实生活中,有的父母可能出于子女单位能够报销相关物业费、暖气费等原因,也有的考虑到将来可能发生的遗产税等问题,将父母自己出资购买的不动产登记在子女名下,实际上并无赠与子女的意思表示。父母挂子女之名购房,用子女的名义登记产权,但实际是父母本身的财产,没有赠与的真实意思。审判实践中应区分"赠与"与"挂名"的实际情况,否则离婚时因挂名登记导致父母与子女之间争夺产权,极有可能损害父母的切身利益。①

具体而言,对于父母出资为子女买房行为的法律性质,可以从以下几个方面考量:一是应首先尊重当事人意思自治。对父母出资行为的认定原则上应以父母的明确意思表示为依据。如果父母与子女之间约定为赠与或者父母明确表示为赠与,即为赠与关系。对于父母出资赠与的意思表示,应发生在出资的当时或在出资后。一旦父母在出资时或出资后作出赠与的意思表示,则赠与关系成立生效。即使父母日后再主张借贷关系也不应得到支持,以防止当子女婚姻有变或父母子女关系恶化,父母违反诚信原则以所谓的借贷关系为由要求返还出资。二是对借贷关系是否成立的举证责任应严格遵循"谁主张,谁举证"的原则。所谓"举证责任"又称为证明责任,是指当事人对自己提出的主张有提供证据证明的责任。具体包含两个方面的含义:其一,行为意义上的举证责任,指当事人对自己提出的主张有提供证据的责任;其二,结果意义上的举证责任,指当待证事实真伪不明时由依法负有证明责任的人承担不利后果的责任。可见,将举证责任分配给当事人中的任何一方都会加大其败诉的风险,因此合理分配举证责任对于当事人至关重要。

具体到父母出资情形中,在出资行为性质处于真伪不明状态时,将出资为借贷这一事实的证明责任分配给父母一方比将出资为赠与的证明责任分配给子女一方更符合上述证明责任分配原则。主要理由如下:首先,按照"谁主张,谁举证"的原则,父母主张是借贷的,应当对自己提出的主张有提供证据证明的责任。其次,赠与为单务法律行为,子女只需被动消极地接受赠与财产,无须作出积极行为;而借贷为双务法律行为,借贷人需承担返还标的物的积极行为义务。相对于证明借贷关系,赠与关系更难以证明。再次,借贷关系中往往都有借据,作为将来

---

① 参见吴晓芳:《婚后一方父母部分出资给子女购房的认定问题》,载《民事法律文件解读》2013 年第 4 辑(总第 100 辑),人民法院出版社 2013 年版,第 99—104 页。

出借人请求返还借款的依据,因此通常出借人都会妥善保管借据;而赠与关系中赠与人是通过赠与方式放弃赠与物的所有权,一般也不存在事后返还赠与物的情形,因此,赠与人没有必要保留证明赠与关系存在的证据,主张借贷关系的父母会比主张赠与关系的子女更接近证据并更容易保留证据。最后,父母子女之间的血缘关系也决定了父母出资为赠与的可能性高于借贷关系。从中国现实国情来看,子女刚参加工作缺乏经济实力,无力独立承担高额的购房费用,绝大多数父母出资的目的是为了解决或改善子女的住房问题,希望子女过得更加幸福,而不是有朝一日要回出资,父母借贷给子女买房的比率要远远低于将出资赠与给子女买房。因此,由主张借贷关系这一低概率事件存在的父母来承担证明责任也与一般人日常生活经验感知相一致。

综上所述,结合《婚姻法解释(三)》第7条仅限于婚后父母为子女全款出资购买不动产的情形,对于不在该条适用范围的父母部分出资情形,则应当按照《婚姻法解释(二)》第22条的规定处理,即将父母出资部分认定为赠与夫妻双方。具体分割夫妻共同财产时,将诉争房屋的性质认定为双方共有,并不代表简单机械地进行对半分割。根据《婚姻法》第39条的规定精神,要根据"财产的具体情况",本着照顾子女和女方权益的原则进行裁决。也就是说,分割夫妻共同财产时,要全面考虑财产的资金来源、双方结婚时间长短、夫妻对家庭所做贡献等因素,避免出现显失公平的情况。对一方父母部分出资为子女购房的,离婚分割时可对出资父母的子女方予以适当多分,至于"多分"的数额如何掌握,应由法官根据案件的具体情况作出公平合理的裁判。①

二十八、婚姻关系存续期间,双方用夫妻共同财产出资购买以一方父母名义参加房改的房屋,产权登记在一方父母名下,离婚时应将该房屋作为夫妻共同财产分割还是将出资作为借款处理?

婚姻关系存续期间,双方用夫妻共同财产出资购买以一方父母名义参加房改的房屋,产权登记在一方父母名下,离婚时应将该房屋作为夫妻共同财产分割还是将出资作为借款处理,司法实践中存在争议。

第一种观点认为,婚姻法所确立的法定财产制是夫妻婚后所得共同制,除夫妻个人特有财产和夫妻另有约定外,夫妻双方或一方在婚姻关系存续期间所得的财产,均归夫妻共同所有。婚姻关系存续期间由夫妻共同财产出资购买的房改房,虽然登记于一方父母名下,但毕竟是夫妻双方合意共同出资购买,应作为夫妻共同财产进行分割。

第二种观点认为,房改房不同于普通房屋,带有福利补助性和政策优惠性。

---

① 参见奚晓明主编,最高人民法院民事审判第一庭编著:《最高人民法院婚姻法司法解释(三)理解与适用》,人民法院出版社2011年版,第126—128页。

以父母名义参加房改的房屋,综合考虑了父母的职务、工龄、工资、级别等多种因素,具有人身色彩。作为产权已登记于一方父母名下且已取得完全产权的房改房,基于国家房改政策规定、房改房特点及不动产物权登记公示公信原则,房屋登记在一方父母名下,就应为父母的财产,离婚时不应作为夫妻共同财产进行分割,在排除赠与的情况下,只可作为夫妻对父母的借款处理。

笔者倾向于第二种观点,认为婚姻关系存续期间,双方用夫妻共同财产出资购买以一方父母名义参加房改的房屋,产权登记在一方父母名下,离婚时应将出资作为借款处理。主要理由是:

首先,房改房是单位根据职工职务、年龄、工资、家庭人口等多种因素综合考虑后在房屋价值计算上给予职工的政策性优惠福利,从某种意义上讲,甚至带有"人身"色彩。作为参加房改的一方父母,其购买的房改房,无论是以市场价、成本价或标准价购买,房屋价格并非房屋价值的直接体现,房屋价格与市场价格相比优惠很多,而这主要是因为一方父母享受了房改政策的优惠,如果因为夫妻出资就认定为夫妻共同财产无疑会损害一方父母的财产权益,与国家房改政策不符。

其次,按照物权公示公信原则,不动产权属证书是权利人享有该不动产物权的证明。既然房产权属登记在一方父母名下,也就证明系一方父母享受房改政策而拥有房屋的产权。

再次,作为参加房改的一方父母,一般在房改前处于公房承租状态,不具有其他住房,而不能一同参加房改的子女,或是因为不具有所住地常住户口,或是未实际居住以上是房,或他处有住房,且国家房改政策规定,职工按成本价或标准价购买公房,每个家庭只能享受一次,购房的数量必须严格按照国家和各级人民政府规定的分配住房的控制标准执行。所以因为夫妻双方出资而将一方父母享受房改政策的住房作为夫妻共同财产分配,会侵犯一方父母的基本居住权,也不符合民法上的公序良俗原则。

最后,《婚姻法》也规定了子女对于父母的赡养扶助义务,父母与子女的关系不能简单地等同于普通合同主体,因为夫妻双方出资而将房改房作为夫妻共同财产进行分配,也与《婚姻法》规定的精神相悖。《婚姻法解释(三)》第 12 条也规定:"婚姻关系存续期间,双方用夫妻共同财产出资购买以一方父母名义参加房改的房屋,产权登记在一方父母名下,离婚时另一方主张按照夫妻共同财产对该房屋进行分割的,人民法院不予支持。购买该房屋时的出资,可以作为债权处理。"[①]

---

① 参见奚晓明主编、最高人民法院民事审判第一庭编著:《最高人民法院婚姻法司法解释(三)理解与适用》,人民法院出版社 2011 年版,第 191—193 页。

二十九、婚姻关系存续期间，夫妻一方出具借条，另一方将共同财产出借给夫妻一方从事个人经营活动或其他个人事务，离婚时给付一方要求依据借条由对方返还，是否属于民间借贷纠纷？

对于夫妻一方能否在婚姻关系存续期间从夫妻共同财产中借款，存在不同的观点。

第一种观点认为，家庭是社会的基本细胞，是伦理道德的基础，是培育善良风俗和民情习惯的沃土。根据我国的传统观念，夫妻之间是不存在债权债务的，把婚姻家庭关系在本质上等同于一般市场交易主体之间的关系，容易产生夫妻关系商业化、夫妻忠诚度下降的负面影响，因此，对夫妻之间的借款行为不宜按照借贷关系处理。

第二种观点认为，作为民事主体，夫妻一方向另一方提出从夫妻共同财产中借款，除作为借款来源的夫妻共同财产属于双方共同共有而与普通自然人之间的借贷不同外，在本质上并无不同，应属于民间借贷行为。而我国关于民间借贷的现行法律、法规并没有对夫妻之间借贷的禁止性规定，故夫妻一方从夫妻共同财产中借款的行为符合法律规定，应适用法律关于自然人之间借款合同的民事法律规定，法院也应在其发生纠纷时提供相应的司法救济。

笔者倾向于第二种观点。

从平等民事主体之间的民事行为角度看，我国现行法律在允许民间借贷的同时并没有夫妻之间借贷的禁止性规定，故作为民事主体，夫妻一方向另一方从夫妻共同财产中借款，除作为借款来源的夫妻共同财产属于双方共同共有而与普通自然人之间的借贷不同外，在本质上并无不同，应属于民间借贷行为，在产生纠纷时应适用自然人之间借款合同的民事法律规定。

从夫妻共同财产的处分角度看，由于婚姻法规定夫妻双方对共同财产有平等的处理权，故夫妻之间的借款行为应当视为夫妻对共同财产的合法处分，并且由于金钱的种类物特征，借款一方从夫妻共同财产中获得的借款即成为其个人所有的财产。夫妻之间通过借贷方式使部分财产转属于一方个人所有，用于其个人经营活动或其他个人事务，既可缓解或避免双方对财产的处分不一致而对夫妻关系产生不利影响，又可使夫妻一方通过选择借贷方式来满足其对个人事业、爱好或其他方面的追求，无疑将进一步松开财产关系对夫妻关系的束缚，对于夫妻之间的和谐、家庭关系的和谐也不无裨益。① 对于夫妻之间婚内借款的处理问题，《婚姻法解释(三)》第16条作出明确规定："夫妻之间订立借款协议，以夫妻共同财产出借给一方从事个人经营活动或用于其他个人事务的，应视为双方约定处分夫妻

---

① 参见奚晓明主编、最高人民法院民事审判第一庭编著：《最高人民法院婚姻法司法解释(三)理解与适用》，人民法院出版社2011年版，第228—230页。

共同财产的行为,离婚时可按照借款协议的约定处理。"因此,笔者赞成以上第二种观点。

三十、婚姻关系存续期间,夫妻一方将其个人财产出借给另一方,能否按照民间借贷关系处理?

《婚姻法解释(三)》第16条对夫妻一方将夫妻共同财产出借给另一方从事个人经营活动或用于其他个人事务的情形的可诉性予以了肯定,而夫妻共同财产相对于夫妻一方个人财产而言,因其归属不可分割,显然属于属性更为复杂的财产。根据当然解释中的举重以明轻原则,对属性更为复杂的夫妻共同财产之争议已然肯定其属于可诉性财产范畴,则夫妻一方个人财产相比较"轻"的争议当然属于可诉性的财产范畴。我国现行法律在允许民间借贷的同时并没有夫妻之间借贷的禁止性规定,故作为民事主体,夫妻一方将其个人财产出借给另一方,除作为借贷双方为夫妻关系的主体身份与普通自然人之间的借贷不同外,在本质上并无不同,应属于民间借贷行为,在产生纠纷时应适用自然人之间借款合同的民事法律规定。

三十一、婚姻关系存续期间,夫妻一方将共同财产出借给另一方从事家庭经营或用于其他家庭事务,能否按照民间借贷关系处理?

《婚姻法解释(三)》第16条明确规定借款用途是用于从事个人经营活动或用于其他个人事务,如果是从事家庭经营,夫妻之间是否存在借贷关系呢?有观点认为,借款已用于夫妻共同经营,故债权和债务同归于夫妻一体,混同后的债权债务关系消灭,借款一方不负偿还义务。[1]但笔者认为,根据《婚姻法》第19条第1款的规定,夫妻可以约定婚姻关系存续期间所得的财产以及婚前财产归各自所有、共同所有或部分各自所有、部分共同所有。虽然从事的是家庭经营,但如果夫妻一方愿意以借条的形式约定为借款,则亦属于夫妻对共同财产的一种处分方式,不违反法律强制性规定,法律不加干涉。

---

[1] 参见浙江省瑞安市人民法院(2012)温瑞塘商初字第94号。原、被告系夫妻关系。原、被告婚姻存续期间,被告因投资"晓静食补养生炖品阁"需要资金,向原告借现金150 000元,后原告起诉偿还借款。法院认为,本案诉争的借款事实发生于原告和被告婚姻存续期间,原、被告均没有证据证明双方曾对婚姻存续期间所得财产的所有形式进行过明确约定,且原告明确表示诉争借款来源于向他人借款所得,借款亦由被告用于晓静食补养生炖品阁之经营。故该借款所得并非原告的个人财产,应属原、被告的夫妻共同财产,原、被告均有权保管、使用、支配;其次,该借款已由被告用于原、被告夫妻关系存续期间的共同经营,故债权和债务同归于原、被告夫妻一体,被告不负有偿还原告借款的义务。对原告的诉讼请求,不予支持。判决驳回原告的诉讼请求。

三十二、婚姻关系存续期间,夫妻一方将其个人财产或共有财产给付另一方从事个人经营活动或用于其他个人事务,又或者从事家庭经营活动或用于其他家庭事务,但未出具借条,离婚时能否按照民间借贷关系处理?

构成民间借贷关系通常要具备两个条件:一是借贷的合意;二是款项交付的事实。之前所述婚内借款的处理,均是建立在借贷事实明确的基础上,即有书面借条、双方自认或有其他证据能够佐证借贷事实的存在。基于夫妻之间特殊的身份关系和财产关系,夫妻有相互扶助的义务,对家庭生活有共同经营管理的权利,对日常家事有相互代理的权利,对于婚姻关系存续期间所得的财产以及婚前财产的权属可以进行约定,对于个人财产或共有财产也有处分的权利,因此夫妻一方将其个人财产或共有财产给付另一方从事个人经营活动或用于其他个人事务,又或者从事家庭经营活动或用于其他家庭事务,基于夫妻关系的特殊性,既可以是夫妻协商一致共同从事家庭经营的结果,也可以是夫妻一方单方赠与的结果。婚内借贷毕竟不是常态,除非有充分证据证明为借贷的意思表示,否则不宜按照民间借贷关系处理。

三十三、夫妻之间婚内借款对第三人的效力如何认定?

目前,以"假离婚"形式逃债较为普遍,夫妻在离婚时通过假借款协议将一方财产全部或部分转移到对方名下,从而逃避共同债务损害债权人的利益。为此,《婚姻法》第19条第2、3款规定,夫妻对婚姻关系存续期间所得的财产以及婚前财产的约定,对双方具有约束力。夫妻对婚姻关系存续期间所得的财产约定归各自所有的,夫或妻一方对外所负的债务,第三人知道该约定的,以夫或妻一方所有的财产清偿。无论是夫妻约定财产制,还是夫妻之间在婚内的借款协议,其产生的效力均包括两个方面:一方面是对内效力,指约定对夫妻之间的效力,借款协议生效后对双方具有约束力,夫妻双方必须严格遵守执行,不得随意变更、撤销。另一方面是对外效力,对夫妻以外的人的效力,即夫妻对财产的处分行为对于第三人的效力,如果夫或妻一方对第三人负有个人债务时,只有当第三人知道该约定时才生效,如果第三人不知道该约定,对第三人不发生效力。夫妻任何一方不得以夫妻有约定拒绝承担另一方以个人名义所负债务,除非债务人配偶能证明作为债权人的第三人知道该约定的。对此,《婚姻法解释(二)》第24条作出明确规定。

三十四、婚姻关系存续期间,夫妻双方签订夫妻忠诚协议,约定一方如违反忠诚义务,则需偿还夫妻忠诚协议中载明的欠款,该夫妻忠诚协议的效力该如何认定?

《婚姻法》第4条规定了夫妻间相互忠实的义务。《婚姻法解释(一)》第3条规定:"当事人仅以婚姻法第四条为依据提起诉讼的,人民法院不予受理;已经受理的,裁定驳回起诉。"司法解释之所以如此规定是基于《婚姻法》第4条规定的夫妻间忠实义务属于一种道德义务,法院无法通过判决的形式要求当事人强制履行道德义务。但是,司法实践中经常出现夫妻一方持双方签订的夫妻忠诚协议,以另一方违反忠诚协议为由要求支付违约金、赔偿金或欠款。有关夫妻忠诚协议的性质及效力问题存在极大的争论。

第一种观点认为,夫妻忠诚协议有效,该观点可简称为"有效说"。主要理由是:(1)婚姻是特定男女当事人之间存在的一种契约,夫妻忠诚协议是婚姻这种契约的违约责任条款,即是两个具有完全民事行为能力的人,在不违反法律和不损害公序良俗的前提下,经双方意思表示真实一致,而为婚姻这种契约增订的违约责任条款。同样基于对婚姻契约性质的认定,夫妻忠诚协议只是把婚姻本身的契约性形式化,变得更加具体和有章可循。(2)婚姻法的基本原则之一就是夫妻应当相互忠实、尊重,因此夫妻双方基于平等的真实意愿签订的忠诚协议,不但没有违反法律规定,而且是将婚姻法宣言性的规定具体化,使其具有可操作性,为法官在尊重当事人意愿的前提下量化赔偿金额提供了依据。(3)夫妻之间订立忠诚协议,本身说明公民的法律意识在增强,这是社会进步的表现。夫妻忠实本来就是法律规定的内容,协议双方等于把法定的义务变成了约定的义务。在没有具体协议约束的情况下,双方承担的是道德义务,而道德成本对于个人来说是隐性的,是不确定的。一旦签订了协议,就将隐性化的道德成本显性化了,当事人很可能就会三思而行。从这个意义上说,忠诚协议对于维系婚姻稳定将起到积极作用。(4)婚姻法是私法,应当贯彻私法自治原则,法不禁止即自由,既然我国《婚姻法》没有明确禁止夫妻就忠诚问题进行约定,协议又出自平等双方的真实意愿,既不损害他人利益,又有利于淳化善良风俗,完全为法、感情所接受。(5)《婚姻法》增加了关于婚姻家庭道德规范法律化的条款[1],这项规定的意义是重大的,是我国第一次将夫妻间的忠诚义务由道德层面上升到法律层面,从此以后,夫妻之间的忠诚就不仅仅是道德范畴的问题了,而是有了法律的规范;在反映法律对婚姻道德提倡的同时,确立了借助国家强制力制裁有过错方的方式。而忠诚协议正是基于《婚姻法》的上述精神,将道德要求上升为法律义务,因此是有效的。综上,只要夫妻忠诚协议签订时,婚姻双方平等自愿约定的内容没有禁止性规定,也不损害他人和社会公共利益,约定的赔偿数额有可行性,法律就应该认可它。[2]

第二种观点认为,夫妻忠诚协议无效,该观点可简称为"无效说"。主要理由是:(1)夫妻之间签订的忠诚协议,应由当事人本着诚信原则自觉履行,法院不能赋予忠诚协议强制执行力。因为忠诚协议要获得法院赋予的强制执行力,必须经过一系列的查证举证程序,法院审理这类案件,必然会面临一个尴尬而危险的举

---

[1] 比如,《婚姻法》第46条规定:"有下列情形之一,导致离婚的,无过错方有权请求损害赔偿:(一)重婚的;(二)有配偶者与他人同居的;(三)实施家庭暴力的;(四)虐待、遗弃家庭成员的。"

[2] 参见余延满:《亲属法原论》,法律出版社2007年版,第12页。

证困境和一系列社会负面影响。更何况,《婚姻法》规定"夫妻应当相互忠实"而非"必须忠实","应当"意在提倡,只有"必须"才是法定义务。婚姻法作为一种法律,调整的社会关系是人们的行为,而无法干预人们的思想情感。因此,对夫妻感情、婚外情这样的道德问题,应当依靠道德的力量来调整,法律不应涉足道德的领域。(2)《婚姻法》第46条规定的四种过错方损害赔偿的情形并不包括婚外情。因此,依据双方签订的忠诚协议判定过错方的赔偿,是扩大了对法律的解释。(3)我国当前的法律不允许通过协议设定人身关系。人身权是法定的,婚姻关系是法律及习俗所特定的,其内容及效力,婚姻当事人不能变更,婚姻的效力不是根据契约产生,所以婚姻不是契约,不能通过合同来调整。夫妻之间的忠实义务亦为法定义务,即使夫妻没有约定,相互之间也负有忠实的义务,但对于法定义务的约定不构成合同。(4)忠诚协议限制了公民的人身自由,法律不能通过合同契约的方式剥夺公民享有的人身自由这一宪法基本权利,故忠诚协议当属无效。(5)侵权损害不能通过契约预定,因为有填补损害的赔偿原则,如果允许当事人对此侵权损害事先约定,就违反了填补损害的原则,也会造成有钱人任意侵犯他人权利的恶果。①

笔者倾向于第一种观点,认为夫妻忠诚协议是有效的,应当受法律保护。理由如下:

首先,夫妻忠诚协议符合民事法律行为生效要件的规定。夫妻忠诚协议在性质上涉及婚姻关系,但是婚姻法对该行为不做调整,因而又不属于婚姻法上的行为;夫妻忠诚协议也不单纯属于财产法上的行为,根据《合同法》第2条的规定:"本法所称合同是平等主体的自然人、法人、其他组织之间设立、变更、终止民事权利义务关系的协议。婚姻、收养、监护等有关身份关系的协议,适用其他法律的规定。"故夫妻忠诚协议也不受合同法调整。按照法律适用的原则,在特别法没有规定的情况下,应适用一般法。婚姻行为与合同行为,一个是身份法上的行为,一个是财产法上的行为,都具有"特殊性",但又都属于民事法律行为。夫妻忠诚协议在性质上为一般民事法律行为,它具备了民事法律行为成立的条件。首先,当事人具有完全民事行为能力;其次,当事人意思表示真实,不存在欺诈、胁迫等情形;最后,夫妻忠诚协议在内容上也没有违法之处。一方面,没有法律明确规定夫妻不可以通过协议约定"忠诚"精神损害赔偿,夫妻忠诚协议没有违反法律的强制性规定;另一方面,夫妻忠诚协议是通过协议的方式要求配偶双方应当互相忠实、互相尊重,其内容不仅不违背社会公德,反而是符合社会主流道德观的,也是社会道德所提倡的,有利于社会公德。

其次,夫妻忠诚协议符合婚姻法的立法宗旨。《婚姻法》第4条规定:"夫妻应

---

① 参见陈凤、周双:《关于"忠诚协议"法律效力的探讨》,载江苏法院网(http://www.jsfy.gov.cn/llyj/gdjc/2014/04/08155456606.html)。

当互相忠实"。第46条规定："有下列情形之一,导致离婚的,无过错方有权请求损害赔偿:(一)重婚的;(二)有配偶者与他人同居的;(三)实施家庭暴力的;(四)虐待、遗弃家庭成员的。"夫妻忠诚协议实际上是对婚姻法中抽象的夫妻忠实义务的具体化,完全符合婚姻法的原则和精神,对缔约双方均有较强的约束力和震慑力,有助于婚姻的稳定和家庭的和睦,所以应该而且能够得到法律的支持。"夫妻忠诚协议认定为有效,因为其符合《婚姻法》的基本精神,是对《婚姻法》总则'夫妻应当相互忠实'规定的具体化。"①

再次,夫妻忠诚协议有效符合私法自治原则。如前所述,婚姻法是私法,应当贯彻法不禁止即可行。对于夫妻之间达成的忠诚协议或者约定,我国《婚姻法》没有明确禁止。因此,夫妻忠诚协议系双方真实意愿的体现,在不损害他人利益又有彰显善良风俗之时,理应获得法律的尊重。

最后,夫妻忠诚协议无效的理由值得商榷。分别析述如下:

(1) 有观点认为,《婚姻法》第4条所规定的忠实义务,是一种道德义务,而不是法律义务,夫妻一方以此道德义务作为对价与另一方进行交换而订立的协议,不能理解为确定具体民事权利义务的协议,故夫妻忠诚协议不产生法律效力。法律是显性的道德,道德是隐藏的法律,法律与道德之间本就无泾渭分明的界限。即使《婚姻法》第4条所规定的夫妻忠实义务并非权利义务规范,而是一种倡导性规范,也不妨碍夫妻双方为赋予忠实义务以法律强制力而自愿以民事协议的形式将此道德义务转化为法律义务,只要此种协议不违背法律、行政法规的禁止性规定,不违背社会公序良俗,法律就应当承认其效力。例如,子女走失,家长通过发布悬赏公告的方式许以重金,与潜在施救者建立法律上的权利义务关系,将此道德问题纳入法律框架内解决。依据意思自治原则,法律当然应承认其效力。

(2) 有观点认为,公民的人身自由不受侵犯,任何强行限制这些基本权利的行为,不论其表现形式如何,均是违背宪法的。夫妻忠诚协议,其实就是通过一纸协议,对夫妻双方一些基本人身权利特别是人身自由给予限制甚至是剥夺,就其本质而言,是违背宪法的。夫妻相互忠实是婚姻道德的最基本要求,以性爱为基础的婚姻,具有排他性和专一性,婚姻的稳定和家庭的和睦,在很大程度上取决于配偶双方是否相互忠实。法律对于已婚人士与配偶之外异性的性自由是持排斥和否定态度的,这一点从《婚姻法》第4条关于夫妻忠实义务的规定和第46条无过错方对过错方的精神损害索赔权的规定中能够得到印证。既然法律并不承认已婚人士与配偶外异性的性自由,又何谈夫妻忠诚协议会损害公民的基本人身自由呢?当夫妻感情因性格不和等原因而破裂时,夫妻忠诚协议并不会发生效力,夫妻可以选择离婚,成就个人的幸福和自由。宪法所规定的公民的人身自由不受侵犯,是指公民的人身自由不受强行限制,任何人不得强行限制或剥夺他人的人

---

① 吴晓芳:《当前婚姻家庭案件的疑难问题探析》,载《人民司法·应用》2010年第1期。

身自由,但并不意味着公民不能对其人身自由进行必要的处分或利用。事实上,公民对自己的身体享有支配权和处分权,可以根据自己的意愿在法律许可的限度内自由处分自己的人身自由。夫妻忠诚协议正是已婚公民对自己的性自由进行自愿限制和约束的体现,这种限制完全是夫妻双方合意的结果,完全符合婚姻法的原则和精神,符合婚姻法关于忠实义务的规定,符合社会公序良俗,只要缔约过程中不存在欺诈、胁迫等情形,该协议就应当受到法律保护。

(3) 有观点认为,夫妻忠诚协议中所约定的赔偿金、违约金、欠款,其本质是违反忠实义务的一方向无过错方支付的侵权损害赔偿金(违反忠实义务一方侵犯了无过错方的配偶权),而通过协议预先确定今后可能发生的侵权行为的损害赔偿数额,是与基本法理相违背的。这是因为,侵权损害赔偿适用填补原则,其数额应当根据损害事实,依照法律规定的标准进行计算,而不能由双方当事人预先约定。夫妻忠诚协议中所约定的补偿金、违约金、欠款,其本质的确是违反忠实义务的一方向无过错方支付的侵权损害赔偿金。侵权损害赔偿应当遵循损害填补原则只是法官在确定侵权赔偿数额时应遵循的规则,而该规则对当事人并无强制力。众所周知,意思自治是民法的基本原则,司法实践中许多侵权行为发生之后双方当事人就具体赔偿数额进行协商,并达成了高于或低于实际损害数额的赔偿协议,法官并不会因其违反损害填补原则而否定其效力。双方当事人通过协议预先约定侵权赔偿数额与侵权行为发生之后协商赔偿数额,除了缔约时间不同之外,并无实质区别,二者均是意思自治原则的体现。根据当事人约定高于法律规定之民法基本原则,法律应当承认该约定的效力。①

综上所述,当事人意思表示一致且不违反法律和损害社会公序良俗的夫妻忠诚协议应当受到法律保护。

三十五、对因同居、不正当两性关系等行为产生的"情侣欠条""青春损失费""分手费"等情感债务转化的借贷,应如何处理?

近年来,审判实践中频频发生因感情纠葛而产生的民间借贷债务纠纷。如男女双方在结束情感关系后,一方向另一方索要"分手费""青春损失费",并为了保证这种情感债务的实现,要求对方出具借据或欠条,如若对方不予支付,则会凭借借据或欠条诉至人民法院要求对方偿付借款。这就是本项所指情感债务转化的借贷纠纷。对于此类纠纷应如何处理,司法实践中存在不同的观点:

第一种观点认为有效,该观点可简称为"有效说"。主张该观点的人主要是从合同的概念和特征出发的。该观点认为,双方当事人都是完全民事行为能力人,完全有能力可以预见协议的内容和签订协议的后果。分手协议同时也是在没有胁迫、重大误解、显示公平等情况下签订的,完全是当事人意思自治的结果,这些

---

① 参见孙书灵、高魁、潘龙峰:《夫妻忠诚协议的效力》,载《人民司法·案例》2009年第22期。

都符合合同的基本构成要件。虽然婚外同居行为是违法的,但是不必然导致同居当事人约定财产补偿的行为也是违法的,只要这种约定没有损害第三人的合法权益。一个民事行为的有效与否,不应该是根据其先前民事行为有效与否作为判断的依据,而应该从该行为本身出发,根据本身行为的各个要件是否符合法律的规定,如果符合则是有效的。特别是在未婚同居的情形下,未婚同居并不违反一夫一妻制,法律对于未婚同居采取的态度是"不保护、不制裁、不干预"。在未婚同居情形下签订的相关财产性补偿协议只要符合自由、自愿原则,法律没有干涉的理由,应该承认其效力。

第二种观点认为无效,该观点可简称为"无效说"。首先,我国《婚姻法》明确规定禁止重婚、禁止有配偶者与他人同居等违反一夫一妻制的行为。未婚同居的行为属于对一夫一妻原则的违背,双方签订的分手协议是在违法的婚外同居关系之下签订的,其是没有合法原因根据的,有损公共秩序或者善良风俗,任何人都不应当通过非法行为获益,根据民事法律行为的价值和法律保护的价值取向,这类协议不应该得到法律的支持和保护。其次,双方签订的分手协议进行财产补偿侵犯到了合法配偶的夫妻共同财产,根据我国《婚姻法》的规定,夫妻财产实行婚后所得共同制,也就是在婚姻关系存续期间,夫妻双方或一方所得的财产,除了法律规定或当事人约定外,均归夫妻共同所有。因此婚外同居一方签订分手协议对同居另一方财产补偿会侵犯到合法配偶的财产。再次,分手协议的签订违反我国的公序良俗。公序良俗原则主要是指公共秩序和善良风俗。公共秩序,是指社会的存在及其发展所必要的一般秩序。[①] 善良风俗,是指社会的存在及其发展所需要的一般道德。公序良俗是反映国家、社会、民族的基本价值观,也是百姓所能接受的一般道德行为标准。婚外同居行为是对现有婚姻和合法配偶的背叛,也是对家庭的不负责态度。婚外同居行为是违反公序良俗的,当然双方签订的分手协议效力也是无效的。即使是在未婚同居的情形下,恋爱是双方在自愿的基础上,因相互吸引、爱慕而形成的一种情感关系,这种情感关系是不能以金钱等物质利益来衡量的。恋爱关系结束后,一方以曾经的情感关系作为赚取利益的筹码,并将情感关系转化为金钱债务关系的行为,是对真挚而美好的情感关系的亵渎,也是违背善良风俗的。

第三种观点认为附条件有效,该观点可简称为"附条件有效说"。该观点认为,婚外同居行为与签订的分手协议是两个独立的行为,婚外同居违反婚姻法禁止性规定,当属无效。但基于婚外同居而签订的分手协议并非必然违反善良风俗,一律认定为无效。在判定婚外同居分手协议效力时,可以采取综合考量当事人的动机和目的、第三者的主观恶意、是否损害配偶利益等因素进行判断。如果是为了继续维持同居关系签订的补偿协议,该协议的目的是为了继续维持这种违

---

① 参见[德]迪特尔·梅迪库斯:《德国民法总论》,邵建东译,法律出版社2000年版,第115页。

法的婚外同居关系,继续破坏我国的一夫一妻制度及婚姻家庭的和谐与稳定,有损社会风化,损害社会公共利益,这种行为明显违背公序良俗原则,因此应认定为无效。如果是为解除同居关系而签订的补偿协议,基于婚外同居行为是违法、不正当的行为,法律不予保护,解除婚外同居关系是改变这种违法、不正当行为所作出的行为,法律上应该是鼓励的。为解除这种不正当的婚外同居关系而约定的财产补偿,以感谢同居期间对方对自己的照顾,或者对另一方生活困难给予的财产性帮助,从行为动机和目的来看,并不违背公序良俗原则,应认定为有效。在认定分手协议效力时,还应该区分第三者是善意还是恶意。现实生活中有很多时候第三者不知道对方已经有配偶而付出真情与之同居,主观是善意的,在此情况下,婚外同居者为了维护合法婚姻选择解除与第三者的同居关系,一定程度上第三者也是受害者,主观上第三者无破坏他人合法婚姻的故意,婚外同居者为解除同居关系而对善意第三者给予财产性补偿,从法律上讲不违背公序良俗原则,应认定此补偿协议有效。相反,如果第三者明知他人有配偶而与之同居的,违反了《婚姻法》"禁止有配偶者与他人同居或明知他人有配偶而与之同居"的强行性规定,此时双方为解除同居关系签订的补偿协议违背社会公德应认定为无效。补偿协议的效力认定还应考虑是否侵害合法配偶的利益。如果补偿一方补偿的财产属于个人财产,由于个人有权利自由处分自己的财产,原则上应认定为有效;如果补偿一方补偿的财产属于夫妻共同财产,夫妻一方未经对方同意而将财产给予他人的行为侵害了配偶的财产权益,应认定为无效。

笔者认为,无论采有效说、无效说、附条件有效说均无法对同居补偿行为进行合理解释。

首先,分手协议不同于一般的协议,它不仅仅是财产性协议,同时也是身份性协议。这决定了分手协议不能像普通协议一样适用于合同法。《合同法》调整的是直接体现经济内容的部分动态财产关系和静态的财产关系,而分手协议明显不仅直接体现经济内容,还具有身份性内容,所以不应该直接适用《合同法》。退一步说,即使分手协议适用《合同法》调整,也不能得出分手协议的效力是有效的结论。近现代合同法学理论的发展,为了追求实质正义,协调个人本位和社会本位的关系,导致了对传统合同法学理论强调的绝对合同自由进行了立法和司法上的规则,也就是对合同自由的限制。合同自由限制的内容包括强制订立某类合同,规定强制性合同条款,当事人不得排除其适用,或规定当事人违法的约定一律无效,在合同法中引入公平、诚实信用等。分手协议的签订有些内容违反了我国法律的强制性规定,即我国《婚姻法》禁止重婚和有配偶者与他人同居,同时也不符合我国普通大众所能接受的一般道德标准,违背了善良风俗,所以签订分手协议不能得出因为受合同法调整就必然有效的判断。

其次,分手协议不是一个普通的协议,其涉及情感、道德等多方面的问题,不可以"一刀切"式地界定其是否有效或者无效。因为在婚外同居中,虽说这是违反了我国《婚姻法》的禁止性规定,但是解除同居关系时约定的财产补偿如果不涉及金钱与性的交换、身份的交换,而仅仅是为了弥补第三者在婚外同居期间由于意外怀孕而造成的身体伤害或者为了弥补由于其日后无法生育而遭受的损失,或者分手时候进行财产补偿是为了在婚外同居期间第三者承担的属于已婚者一方的、而不该由第三者承担的财产债务,或者分手时候进行财产补偿是为安排日后婚外同居出生孩子的抚养教育等这类型的分手协议,并不违反公共秩序和善良风俗,也可为社会大众情感所接受,如果一味地不分青红皂白认定为无效,必然伴随着给付财产的返还,否则构成不当得利,又会导致新的不公平。

再次,无论为"解除同居关系"的补偿,还是"构建同居关系"的补偿或者"同居关系建立后所为财产性补偿",毕竟都为非婚同居关系期间所为,都属紧密联结个人感情的私人事务,道德性评价上并无实质不同。婚外同居固然违反了"禁止重婚和有配偶者与他人同居"的法律禁止性规定,但未婚同居也为法律所不赞同,将情感关系转化为金钱债务同样也有违公序良俗。"善意"第三者虽值得同情,但是感情与同居关系本就主要由当事人自处,自己不谨慎轻易相信他人而构建同居关系,又要求借助法律干预保护"公平",实为借法律之力偏袒自己之轻率,将主要由道德谨慎行为决定变为法律贸然干涉,并不妥当。

最后,最高人民法院《婚姻法解释(三)(征求意见稿)》第 2 条曾规定:"有配偶者与他人同居,为解除同居关系约定了财产性补偿,一方要求支付该补偿或支付补偿后反悔主张返还的,人民法院不予支持;但合法婚姻当事人以侵犯夫妻共同财产权为由起诉主张返还的,人民法院应当受理并根据具体情况作出处理。"这是司法部门第一次将婚外同居分手协议以法律条文形式对其效力进行规定的尝试,但是正式施行的《婚姻法解释(三)》删除了关于"有配偶者与他人同居,为解除同居关系约定财产性补偿"问题的条文。对于为何取消这一条,合理的解释是,因为婚外同居现象比较复杂,在具体实践中难以以司法解释相关的条文来一一对应,不规定不等于不正视,基层法院在审理相关案件的时候,要坚持维护社会主义道德风尚和善良风俗,维护婚姻家庭稳定,保护妇女儿童的合法权益和当事人的合法权益,这是一个基本的原则。征求意见稿的规定,是对婚外同居补偿行为的一种法律介入,表明了法律的态度。这种介入与传统理解的行为效力效果判断不同,体现消极介入、中间干预的特点,既给当事人留下自治空间,又在是否可以强制以及给付效果归属上有了一个明确的法律态度。从征求意见稿的规定来看,实际上采纳了自然债的理论。

自然债的基本法律效果,为法律虽不强制给付履行但在自愿履行后即维护履行效果,给付人不得请求返还,受领人得受领并保有给付。征求意见稿"一方要求支付该补偿或支付补偿后反悔主张返还的,人民法院不予支持"即是此体现。就自然债包含本质上是受一般道德标准或社会观念支持的给付义务来看,婚外同居、未婚同居等所为的补偿给付,往往是一种履行对共同生活者、关系亲密者的伦理义务。道义上的原因使得这种给付在当事人内心形成一种较强的良心压力。男女感情与在此基础上构建的同居、生活、亲密关系,属于私人领域的范畴,法律不得过多干预,也不得借口公共利益、公共道德理由加以干涉。不过多干预和主要让当事人自处,才是合乎人伦和情感道德的。

将同居财产补偿作自然债看待,体现了自然债介于法律和道德的中间状态与其贴近市民生活实际的特色。自然债把义务的判断和决定履行与否直接系诸伦理的作用,强调自我约束,而仅在义务的履行和承诺后才施加法律作用的因素。既充分照顾当事人的自我决断与处分自由,在履行问题上不施加强制,给道德强制及自我约束以发挥作用的空间,同时又在道德原则作用之后,随即发挥法律的保障功能,确定权利归属,定分止争。在一个给付关系中,实现了道德与法律同时发挥作用的特殊结合。征求意见稿对婚外同居补偿给付既不强制也不支持反悔的态度,处于既非有效也非无效的中间状态,这本质上是由自然债的特点、自然债符合衡平观念和民众预期、自然债反映和贴近市民生活并使民法充分体现自治法的独特意义决定的。

因此,对于同居补偿给付可进行如下司法处理:不能纯粹将其作为道德领域、个人领域内的事务,从而对强制给付或者要求返还给付的请求不予受理;不能将给付作为可强制执行的有效给付而支持受给付方强制履行诉请;不能将给付作为无效给付而支持给付方要求返还已为给付的诉请;而应该受理双方的起诉后,基于自然债的制度规定和说理,同居关系所承诺的补偿金,在性质上应属于不可强制执行的债权或债务,一方起诉要求履行或者一方履行后反悔,向法院主张返还的,均不应得到支持。当然,如果这种给付侵害了配偶一方的利益,合法配偶有权主张请求返还。①

三十六、司法实践中,原告持借条或欠条主张与被告存在债权债务关系,并要求被告偿还款项,被告抗辩主张双方并不存在民间借贷关系而是情感债务,此类纠纷应如何处理?

笔者认为,法官应围绕原告主张的基础法律关系进行审理,如原告主张借贷关系,法官应审查是否存在借款合意、有无款项交付等事实,如原告无法举证证明双方存在借贷关系,则应驳回起诉;如原告主张被告履行情感债务,则应按照审理情感债务的思路进行审理,驳回其诉讼请求。

---

① 参见覃远春:《婚外同居补偿的民法自然债定性及规范选择——从婚姻法司法解释三对有关条文的取舍出发》,载《广西社会科学》2012年第2期。

第八章　民间借贷与债担保

一、民间借贷中以应收账款质押作为担保的,其性质如何认定?

学界与实务界对于应收账款质押是否属于物的担保,历来存有争议,主要有三种不同观点:

第一种观点认为,应收账款的实现,依赖于债务人的履行行为,债权人享有的是请求权,而不是支配权。应收账款不是物权法中的物,应收账款质押也不是物的担保。

第二种观点认为,应收账款质押不是人的担保,而应当是金钱担保。

第三种观点认为,应收账款质押不是人的担保,也不是金钱担保,而应当是物的担保。

笔者倾向于第三种观点。

首先,应收账款质押不属于金钱担保。金钱担保是指以一定的金钱为标的物而设定的担保。金钱担保的典型形式为定金,此外,未被立法明确而在实践中通常采用的押金,一般也被视作金钱担保的一种形式。[1] 金钱担保的机理在于通过一定数额之金钱的预先交付及其得丧规则,对债务人产生心理压力,从而促使债务履行,保障债权实现。在金钱担保制度下,金钱是一种特殊的物,同时,金钱的占有移转即为金钱所有权的移转,所以,金钱担保在设定时,债权人应当已经取得对金钱的所有权,不同于担保物权型物的担保。因此,有学者认为,金钱担保是一种特殊的物的担保方式。[2] 但也有学者认为,金钱毕竟是一般等价物,是特殊的种类物,定金担保与物的担保之旨趣有异,押金也与一般的质押担保有别,所以,金钱担保是一种别异于人的担保与物的担保之外的另一种类别的担保方式。[3] 然而,不管采纳哪种观点,金钱担保都需要选择将一定数额的金钱预先交付给权利人。从这个预设前提而言,显然应收账款质押不符合这一要求,因而其不属于金

---

[1] 参见王利明、崔建远:《合同法新论·总则》,中国政法大学出版社1996年版,第506页。
[2] 参见邹海林、常敏:《债权担保的理论与实务》,社会科学文献出版社2005年版,第20页。
[3] 参见徐武生:《担保法理论与实践》,工商出版社1999年版,第13页。

钱担保。

其次,应收账款质押也不属于人的担保。人的担保就是指除债务人之外的第三人以其财产和信用为债务人提供的担保。无论第三人基于何种原因为债务人提供担保,在担保有效成立后,债权人与第三人之间即形成了担保权利义务关系,在债务履行期届满且债务人未履行债务时,该第三人应当承担担保责任。而应收账款质押既可以由债务人提供,也可以由第三人提供,且都是以将来收到的金钱作为担保。因此,应收账款质押不属于人的担保。

再次,应收账款属于物权客体,《物权法》第176条之下的物的担保,是指以债务人或者第三人所有的特定之动产、不动产或其他财产权利担保债务履行而设定的担保,以抵押、质押为其典型。因此,《物权法》第176条所称"物的担保",自应包括应收账款质押在内。至于第一种观点认为,应收账款不是物权法中的物,应收账款质押也不是物的担保,持这一观点的原因就在于将《物权法》第176条所称"物的担保"中的"物"解释为有体物,将应收账款排除在(担保)物权客体之外。然而,在我国物权法之下,作为物权客体的并不局限于有体物,权利在例外情况下也可以作为物权的客体。《物权法》第2条第2款规定:"本法所称物,包括不动产和动产。法律规定权利作为物权客体的,依照其规定。"显然,该条规定明显区分了"物"与"物权客体"这两个不同的概念;物权法上的"物"仅限于有体的不动产和动产;而"物权的客体"并不限于有体物,还包括法律所规定的权利。

最后,从体系解释方法看,我国《物权法》之所以采纳"担保财产""抵押财产""质押财产"的表述,而舍弃"担保物""抵押物""质(押)物"等术语,就是为了避免将担保物权的客体局限于有体物的误解。如此,即可以解释建设用地使用权、应收账款、知识产权等权利作为担保财产亦可设定担保物权的情形。如此看来,将应收账款排除于物权法意义上的物之外,并因此将应收账款质押排除于物的担保之外,有悖于体系解释方法。

二、民间借贷以应收账款作担保的,应收账款是否应当限定在已经发生的范围内?

关于应收账款质押的范围问题,历来存在两种观点。

第一种观点认为,应当限定为现有的、已经发生的应收账款。理由在于,未来应收账款的金额不确定、产生时间不确定,以这种应收账款作担保会面临如何公示、如何监控、如何实现等一系列问题,不宜允许这类应收账款作担保。

第二种观点认为,以应收账款作担保的,既应当包括已经发生的应收账款,也应当包括将来发生的应收账款。

笔者倾向于第二种观点。

首先,债权包括现实债权和将要发生的债权。按照《合同法》第79条的规定,转让的债权不仅包括现实的债权,对于未来发生的债权,立法并没有规定不允许转让。因此,以应收账款作为担保,应当遵循"法不禁止即可行"的态度。

其次,实践中,多数应收账款是不断发生的,对于企业和银行来说,这种不断发生的应收账款恰恰是最有担保价值的,因此应当允许以将来发生的应收账款作担保。

再次,从国外立法例看,允许应收账款作担保已经成为国际主流趋势。国外立法和国际公约对应收账款的规定有一定差别,但共同之处在于,应收账款既包括现有的债权,也包括将来发生的债权。我国《物权法》承认以应收账款设定质押,无疑符合国际银行业公认的规则。

最后,从文义解释上看,"应收账款"字面的含义也应当包括已经发生但尚未实现的债权,以及将来必然会发生的债权,如桥梁、渡口收费。如果仅把"应收账款"理解为已经发生的债权,则难免会挂一漏万,陷入无端缩小语义的境地。

三、民间借贷中以基金份额出质的,质权人是否享有收取收益的权利?

由于基金收益属于基金份额的法定孳息,因此,在基金份额被质押后,根据《物权法》第213条之规定,质权人享有收取基金收益的权利,但质押合同另有约定的除外。因此,在无特别约定的情况下,质权人享有收取基金收益的权利。

在具体操作上,因基金份额质押后,基金交易账户即被冻结,如果基金份额持有人选择的分红方式是转份额,则所转的份额即进入相应的交易账户,此时因交易账户被冻结,因而所转入的基金份额也被冻结起来;如果基金份额持有人选择的分红方式是现金分红,并且质押合同约定分红不属于质押范围的,则基金登记注册机构应当将该现金划转至基金份额持有人的资金账户;如果质押合同约定分红列入质押范围,在这种情况下,基金注册登记机构一般暂时把这部分资金存在基金登记注册机构的清算账户中不作分配,当质权人实现其质权时,这部分现金直接抵偿债务。将现金作为质押标的与质押担保的一般原则有悖,但这种情形实质上是以基金份额受益权作为质押标的的,现金并不直接表现为质押标的。

四、民间借贷中,可否以"收费权"作为应收账款质押范围?

在我国,收费权是否属于应收账款可质押的范围,历来有争议。

第一种观点认为,收费权出质时,其对应的缴费群体是不特定的,也即收费合同并未成立,在合同未成立的情况下无法将其进行质押。

第二种观点认为,收费权融资通过用未来的资产促进企业的发展,可以产生巨大的经济效应。但从安全角度考虑,对于收费权以通过国家设立行政监管制度来保护公共利益的,比如公立医院收费权等,则不宜作为应收账款质押。《物权法》第184条规定,学校、幼儿园、医院等以公益为目的的事业单位、社会团体的教育设施、医疗卫生设施和其他社会公益设施不得抵押,亦是基于同一法律价值取向,可以作为本争议问题的参照。

第三种观点认为,应由账款质押的范围应囊括收费权。

笔者倾向于第三种观点。主要理由如下：

首先，《物权法》第184条之所以规定，学校、幼儿园、医院等以公益为目的的事业单位、社会团体的教育设施、医疗卫生设施和其他社会公益设施不得抵押，是因为设定抵押权的目的仅是为了担保特定债权人的债权实现，若以学校、幼儿园、医院等的社会公益设施设定抵押，将会损害国家、集体和他人的利益，并且有可能扰乱社会经济秩序，破坏社会稳定，故《物权法》作出上述规定。而收费权质押后，即使因债务人不能履行债务，质权人行使了质权的，只不过更换了收费权的主体，对于收费标准、收费项目等不会发生任何影响。因此，以收费权质押并不会对社会公益产生影响。

其次，《物权法》第223条、第228条规定了应收账款质押，但并没有排除收费权。按照私法通行的"法不禁止即可为"的观念，只要法律未明确作出禁止性规定，就意味着立法允许收费权质押。此外，按照《应收账款质押登记办法》第4条第2款的规定，应收账款包括公路、桥梁、隧道、渡口等不动产收费权。

再次，以收费权作为应收账款质押，符合该类型质押的特点。从主体来看，参与收费权应收账款质押活动的，均为商主体，其具体表现为商法人、商合伙或者商自然人，司法实践中，多以公司为存在形式；从客体来看，作为标的物的收费权应收账款，是基于对相对方产生的现在或未来的金钱债务形式的付款请求权，这一请求权具有很强的可变现性；从目的来看，债权的经济价值不再是暂时静止地存在于物权，而是从一个债权向另一个债权不停地移动。[1] 商主体通过设立收费权应收账款作为质押，可以达到融资的目的。从社会功能上来看，与房地产存在潜在泡沫且变现流程复杂相比，收费权应收账款属于较为稳定的、易变现资产，"这在一定程度上提高了借款人清偿债务的积极性，结果是减少了违约、降低了金融风险"。[2] 收费权应收账款在流通中通过不断创造交换价值，也有利于实现社会资源的合理配置，激发市场主体商事活动的积极性，推动整个经济社会的快速发展。

最后，在实践中，公路建设项目法人通过使用收费公路的收费权质押方式向国内银行申请抵押贷款，已经得到了国务院的肯定，并且为该种质押方式提供了最为基本的操作规则。[3] 根据有关文件精神，省级人民政府批准的收费文件作为公路收费权的权力证书，地市级以上交通主管部门作为公路收费权质押的登记部

---

[1] 参见〔德〕拉德布鲁赫：《法学导论》，米健等译，法律出版社1997年版，第64页。
[2] 中国人民银行研究局等：《中国动产担保物权与信贷市场发展》，中信出版社2006年版，第223页。
[3] 参见陈政：《论我国应收账款质押担保方式的立法完善》，载《时代金融》2013年第32期。

门,质权人可以依法律和行政法规许可的方式取得公路收费权并实现质押权。①正是在此基础上,2000 年,最高人民法院的《担保法解释》第 97 条明确规定,公路桥梁、公路隧道或者公路渡口等不动产收益权可以进行质押。

五、民间借贷以应收账款质押的,是否应将通知次债务人作为应收账款质权设立的要件?

司法实践中,有的次债务人以《合同法》第 80 条为依据,主张应收账款质押未被通知,质押合同对其未生效。对此,是否应当将通知次债务人作为应收账款质权生效的要件? 理论界与实务界有不同的观点。

第一种观点认为,《合同法》第 80 条规定,债权人转让权利的,应当通知债务人。未经通知,该转让对债务人不发生效力。因此,对于以应收账款设立质押的,应当通知次债务人,否则,次债务人完全有理由在质押期间直接向出质人履行债务,在此情形下,"在质权人和出质人之间仍然是有效的"只不过是一句空话。② 次债务人一旦向出质人清偿了债务,一般债权质权将因客体的消灭而不复存在,应收账款质押也就失去了其意义。

第二种观点认为,应收账款质押合同的效力,不受是否通知次债务人的影响,只要应收账款质押在信贷征信机构办理出质登记时即设立。

笔者倾向于第二种观点。

首先,我国《合同法》第 80 条规定债权人转让合同债权无须取得债务人的同意,通知债务人即对其生效。对此,我们首先应该看到,《合同法》第 80 条规定通知次债务人为债权转让生效要件本就存在争议。有学者建议,应当区分对待债权让与对债务人的生效要件以及债权让与合同生效要件这两个截然不同的概念。③也就是说,及时通知债务人即对其产生拘束力,可确保应收账款质权的实现,但通知本身不应成为质权设立的条件,更不能误读为质权的生效要件。

其次,应收账款可质押的权利包括收费权,而收费权的对象在设立质权时是不特定的,倘若要在质押合同签订时履行通知义务,显然是不可行的。

再次,如前所述,债权让与通知既非让与合同的有效要件亦非生效要件,无论让与人是否通知债务人,都不会对让与合同的效力产生任何影响。如果将让与通

---

① 1999 年 4 月 26 日《国务院关于收费公路项目贷款担保问题的批复》[国函(1999)28 号]全文如下:"交通部、人民银行:你们《关于收费公路项目贷款担保有关问题的请示》[交财发(1999)48 号]收悉。现批复如下:公路建设项目法人可以用收费公路的收费权质押方式向国内银行申请抵押贷款,以省级人民政府批准的收费文件作为公路收费权的权力证书,地市级以上交通主管部门作为公路收费权质押的登记部门。质权人可以依法律和行政法规许可的方式取得公路收费权,并实现质押权。有关公路收费权质押的具体管理办法由交通部、人民银行联合制订。"

② 参见陈本寒、黄念:《一般债权质押问题之探讨——兼评我国〈物权法〉(草案)相关条款之规定》,载《法学评论》2006 年第 4 期。

③ 参见申建平:《对债权让与通知传统理论的反思》,载《求是学刊》2009 年第 4 期。

知作为债权让与合同的生效要件,不仅有悖于法理,而且严重违背了诚实信用原则,有损于受让人的利益。同理,如果将通知次债务人作为应收账款质押的设立要件或者生效要件,则同样有损质权人的利益。

最后,从商事活动追求效率的原则出发,目前的登记公示平台已经确保各商事主体具有掌握相关信息的渠道,就不应再增设通知次债务人的义务,从而不必要地增加质权设立与生效的时间与物质成本。

综上,笔者认为,不应将通知义务设定为应收账款质权的生效要件。

六、民间借贷就应收账款质权实现的案件中,应收账款债务人是否为适格的被告?

在实现质权的相关诉讼中,应收账款债务人是否可以作为被告,在实务中一直存在争议。一种观点认为,应收账款质权的物权属性决定了只能以出质人为被告;另一种观点则认为,应收账款其实是付款请求权,其存在的债权属性决定了应收账款债务人可与出质人并列为被告,甚至可以单独作为被告参加诉讼。

对于这一问题,《担保法解释》第106条规定:"质权人向出质人、出质债权的债务人行使质权时,出质人、出质债权的债务人拒绝的,质权人可以起诉出质人和出质债权的债务人,也可以单独起诉出质债权的债务人。"该条款能否直接适用于应收账款案件中呢?持否定的观点认为,《担保法解释》制定于2000年,当时并无应收账款质押的法律概念,该司法解释制定时并未考虑此种情形,因此,应收账款质押纠纷不应适用该条款。

笔者认为,《担保法解释》中的第106条规定在权利质押的章节之下,属于权利质押适用的一般条款,而应收账款质押亦属于权利质押的一种。按照《物权法》第178条的规定,担保法与物权法规定不一致的,应当适用物权法的规定,虽然《物权法》规定了应收账款质押,但对于民事诉讼中如何确定此类案件当事人的诉讼主体资格,则不可能作出规定。因此,在《物权法》没有规定的情形下,应收账款质押纠纷可以适用《担保法解释》第106条的规定。

此外,适用《担保法解释》第106条的规定,意味着质权人能够直接起诉应收账款债务人,这一做法不仅有利于对应收账款债务人的权利(如抵销权)提供有效救济,而且可以减少质权实现的形式环节,节省时间成本,有利于债权交换价值的早日实现。总体而言,在民间借贷就应收账款质权实现的案件中,将应收账款债务人作为适格的被告,符合商事活动一般规律,也是对应收账款质权直接收取制度的体现。

七、民间借贷以应收账款作担保的,应收账款质押登记过期,是否意味着质权消灭?

《应收账款质押登记办法》第12条规定,质权人自行确定登记期限,登记期限以年计算,最长不得超过5年。登记期限届满,质押登记失效。对于应收账款质押登记过期,是否意味着质权消灭?理论界与实务界观点不一。

第一种观点认为,因应收账款的质押以出质登记为生效要件,按照《应收账款质押登记办法》的规定,质权人自行确定登记期限,最长不得超过5年,登记期限届满,质押登记失效,质权消灭。

第二种观点认为,登记的担保期间对担保物权的存续不具有约束力。

笔者认为,尽管《担保法解释》第12条明文规定,当事人约定的或者登记部门要求登记的担保期间,对担保物权的存续不具有法律约束力。然而,应当看到,《担保法解释》制定在《物权法》之前,《担保法解释》之所以规定担保期间之于担保物权的存续没有任何意义,主要是基于以下两种原因:

一是理论上的原因。物权法相对于债权法而言,奉行物权法定原则,当事人不能在物权法之外设定物权,也不能以物权法之外的方式消灭物权。《担保法》并没有规定可以因当事人的约定期间或登记时强制登记的期间而消灭,因此,抵押权、质权不因当事人的约定或者登记机关登记的担保期间而消灭。

二是担保实践上的原因。如果承认担保期间可以消灭担保物权,将致使债权得不到有效的担保,由于有登记机关强制性登记的担保期间,债权人、担保人就必须每隔一段时间办理续登,续登又要交纳登记费用,甚至需要重新进行担保物的评估,支付评估费,担保成本显著加大。长此以往将不利于担保市场的发展,也进一步导致债权风险的增加。① 正是基于以上这两个原因,《担保法解释》否定了担保期间在担保物权存续上的任何意义。

笔者认为,《物权法》第202条实际上认可抵押权的存续期限,即抵押权可以因时间的经过而消灭。尽管《物权法》对于质押没有作出相应规定,但从世界各国立法例的规定看,大多都规定了担保物权有存续期间,只不过规定的期间有长有短而已。由于我国立法的疏漏,导致这一问题至今未具明文。

对于应收账款质押的期限,既不宜太长,否则质权人怠于行使权利,将损害出质人和次债务人的利益;也不宜太短,否则对质权人亦不公平。考虑到《应收账款质押登记办法》规定了最长期限5年,笔者认为,这一期间对于双方相对公平,可以作为确定质押存续期间的法律依据。

当然,最终解决这一问题,还需要通过《物权法》的修改。毕竟,按照物权法定原则,只有法律才有权对物权的内容作出相应规定,作为部门规章的《应收账款质押登记办法》,显然远远不具备这一条件。

八、民间借贷以应收账款作担保的,应收账款质权实现过程中,应收账款债务人对出质人享有的到期债权能否向质权人主张抵销?

在应收账款质权实现过程中,应收账款债务人对出质人享有的到期债权能否

---

① 参见李国光、奚晓明、金剑峰等:《〈最高人民法院关于适用〈中华人民共和国担保法〉若干问题的解释〉理解与适用》,吉林人民出版社2000年版,第87—88页。

向质权人主张抵销,理论与实务中存在不同观点。

第一种观点认为,按照《合同法》第83条的规定,债务人接到债权转让通知时,债务人对让与人享有债权,并且债务人的债权先于转让的债权到期或者同时到期的,债务人可以向受让人主张抵销。因此,依照该条规定,如果在应收账款质权实现过程中,应收账款债务人对出质人享有到期债权的,应当允许其向质权人主张抵销。

第二种观点认为,不应当允许抵销。如我国台湾地区相关判例即认为:"应收账款债务人接到设质通知,已经对其发生设质效力,即使债权清偿期届满,非经质权人同意,债务人不应溯及质权设定通知时主张抵销,否则质权人的权益难以保障。"①

第三种观点认为,以确定应收账款质权设立时抵销权是否成立为分界点,界定两种权利的保护优先程度。如法定抵销权成立于应收账款质权设立前,则应允许债务人先向出质人行使抵销权,余额部分债权人才能行使质权。

笔者倾向于第三种观点。主要理由如下:

首先,基于诚实信用的基本原则考虑,应当在应收账款质权和债务人法定抵销权利益之间进行平衡,否则,对于应收账款出质人的债务人而言亦不公平。在债务人对出质人拥有同质到期债权的情况下,将可能随时因出质人其他债权人设立质权而影响其到期债权的实现。② 如此一来,很有可能会破坏企业一般经营中互有往来的交易常态和惯例,一定程度上影响了交易的稳定和效率,增加无谓的交易成本。

其次,如果对于应收账款债务人的债权不加以一定保护,容易导致质权人与出质人相互串通,以设立应收账款质权的方式恶意损害应收账款债务人的债权利益。债权的交换价值本就是商业信用与金融信用的完美结合,但若应收账款质权的设立已经违背诚实信用原则,则必将带来秩序上的混乱。尤其是诚信极其缺乏、虚假诉讼陡增的今天,我们更应该考察相关质权设立的初衷,从而确保法律制度不被利用。

再次,对于法定抵销权成立于应收账款质权设立之后,或者与应收账款质权同时设立的,此时,则不应允许债务人向出质人行使抵销权。从安全与效率价值考虑,商事活动应尽量遵循促进交易、向前发展的原则,在某一债权已设定质权后,即意味着其已丧失可以相互抵销的品质。并且,新建立的质权法律关系意味着新的金融秩序,应优先于应收账款债务人的个人利益得到保护。这种新的法律评价方式会打消质权人选择应收账款质押方式担保债权实现时的顾虑,促进应收账款质押融资渠道的拓展。

---

① 台湾地区"最高法院"1992年台上字第2860号判决。
② 参见袁小梁:《应收账款质权与法定抵销权冲突的司法处理》,载《人民司法·案例》2012年第14期。

最后，在实践中，质权人为了避免应收账款债务人行使抵销权，往往会要求应收账款债务人以承诺书的方式，明确放弃其对抵销权的行使，从而确保自己的债权利益得到最大化保护，这也就是所谓的弃权条款。由于弃权条款是当事人的真实意思，属于意思自治范畴而不涉及《合同法》第52条规定的无效情形，因此，应收账款债务人向质权人作出的书面弃权条款有效。《日本民法典》中亦有类似规定。① 当然，此时不应简单地推定质权人在设质时存在恶意，也即即使质权人在设质时知晓或应当知晓抵销权的存在，也不当然等同于具有恶意。

九、应收账款出质后，出质人转让应收账款的，如何平衡质权人与受让人之间的利益？

虽然《物权法》第228条有规定，应收账款出质后，未经质权人同意不得转让，但经出质人与质权人协商同意的除外。问题是，出质人转让了应收账款债权，且未经出质人与质权人协商同意，如何平衡质权人和受让人的利益？

笔者认为，应当区分受让人是善意或者恶意两种情形。在受让人属于善意的情况下，会对应收账款质权的实现带来不可预估的风险，同时严重影响应收账款融资的现实可能性，进一步加剧当前中小企业融资难的困境。因此，应着力寻求两种利益的平衡。

在受让人属于善意的情况下，有观点认为，应确立应收账款出质后的债务人通知和异议期制度，这样就会大大提高应收账款质权的实现可能。即应收账款出质后，由质权人和出质人共同通知应收账款债务人，并规定一个相对合理的异议期间，债务人如对应收账款存在异议的，应在异议期内提出主张，否则产生失权效力。这样，既可增加应收账款质权实现的现实可能，也能衡平应收账款质权和债务人的法定抵销权、合同解除权等其他权利。② 这种观点无疑具有一定道理，但由于现行法律未作规定，在实务操作上恐怕陷于无法可依的境地。笔者认为，此种情形下可以参照《物权法》第106条有关善意取得的规定处理。

在受让人属于恶意的情况下，应当认定该转让无效。作为出质人，其虽为应收账款所有人，但由于该项债权已被出质，而且质权人已通过登记形式占有，成为债权的担保，因而出质人的权利已经受到限制，不得再对应收账款进行转让，否则即可损及质权人的权利。出质人未经质权人同意转让应收账款，且受让人不具善意的要素，可以认定符合《合同法》第52条第(二)项"恶意串通，损害国家、集体或者第三人利益"的情形，进而认定该转让无效。

---

① 《日本民法典》第486条第1款规定："债务人不保留异议而进行前条承诺时，虽有可对抗让与人的事由，亦不得以之对抗受让人。"这一规定亦是对此观点的认可。

② 参见袁小梁：《应收账款质权与法定抵销权冲突的司法处理》，载《人民司法·案例》2012年第14期。

十、民间借贷的借款人借用过桥资金以新还旧的，同一保证人应否对新的借贷承担保证责任？

利用过桥资金偿还已到期贷款的现象在当前我国经济生活中已十分普遍。审判实践中，有的借款人不能按时偿还民间借贷本息的，经借款人、出借人与过桥资金所有人三方协商达成协议，约定由借款人利用过桥资金偿还旧贷，以此获取出借人新的贷款，再以新的贷款偿还过桥资金及其产生的费用。对于出借人出借的新的贷款（与旧贷数额一致），原保证人又提供了保证。但是，借款人无力偿还新贷的，同一保证人能否以不知借款人曾利用过桥资金偿还旧贷为由，主张其对于新贷不应再承担保证责任，实务中存在不同的观点。

第一种观点认为，借款人利用过桥资金偿还了出借人的借贷本息的，不违反法律的规定，其后果是使得原借贷担保合同关系基于债务履行而归于消灭，保证人的担保责任亦随之消灭。虽然保证人为借款人从出借人处获得新的贷款又提供了担保，但由于保证人事先并不知道借款人与出借人约定利用过桥贷款以贷还贷，事后也未表示同意或认可，根据《担保法》相关规定，保证人不再承担保证责任。

第二种观点认为，虽然在新、旧贷款之间利用了过桥资金，但对于新旧两笔借贷，借贷的主体同一，数额一致，虽然借款人曾利用过桥资金偿还了旧贷，然而，作为连接新贷款和旧贷款的临时性服务资金，不能改变以贷还贷行为的性质，保证人仍然应当承担保证责任。

笔者倾向于第二种观点。

司法实践中是否成立《担保法解释》第 39 条所指的"以新贷偿还旧贷"，一般应掌握三个成立要件：一是新旧贷款债权债务主体一致；二是借款人客观上有以新贷偿还旧贷的行为；三是出借人与借款人之间主观上存在以贷还贷的合意。只有同时符合上述三个要件，才能构成法律意义上的以贷还贷。

第一，审查主体上借贷双方是否同一。对于前后两笔借贷，出借人、借款人均相同，即可构成以贷还贷的主体条件。

第二，审查客观上是否存在以贷还贷行为。客观要件一般通过审查资金流向来认定。借款人为偿还旧贷而向过桥资金所有者短期借款，该款用于偿还旧贷，出借人收到该款项后随即又向借款人发放了新的贷款，借款人则利用新的贷款归还了过桥资金及其产生的费用。三方在短时间内完成借用过桥资金—还贷—再次贷款—归还过桥资金的资金流转过程，各环节时间紧密衔接，其中虽然介入过桥资金，但并未改变借款人以新贷还旧贷的实质。

第三，审查主观上借贷双方是否存在以贷还贷的合意。如果出借人与借款人双方在民间借贷合同中明确载明以贷还贷或借新还旧，则当然可以认定具备以贷还贷的主观要件。但很多案件中，因为各方面原因，民间借贷合同、担保合同中不会明示以贷还贷，这就需要借助其他证据对借贷双方是否具有共同意思表示或联络作出综合分析认定。只要通过证据链条,能够认定借款人、出借人与过桥资金所有人通过订立协议,约定通过过桥资金偿还旧贷,再以新贷偿还过桥资金,且三方亦按约履行,据此可以认定借贷双方存在以贷还贷的合意。

综上,在新旧贷款的流转过程中,虽然介入了过桥资金,但无论从借贷双方的真实意思,还是行为属性,本质上仍然属于以贷还贷,只不过是以贷还贷在新形势下出现的新形式。①《担保法解释》第39条虽然规范的是正规金融机构与借款人之间发生的金融贷款业务背景下保证人的责任,但其法理基础、制度运用同样适用于民间借贷条件下的保证人的担保责任。

十一、民间借贷中,未采用书面形式的保证合同的效力如何认定?

《担保法》第13条规定,保证合同应当采用书面形式。现实生活中,大量民间借贷尤其是自然人之间的借贷往往还伴有第三人保证。有的保证人与出借人签订了保证合同,有的达成了口头协议,还有的通过其他形式表现。对于没有采用书面形式的保证合同如何认定,审判实务中仍然存有争议。有观点认为,不采用书面形式的保证合同是无效的②;也有观点认为担保合同必须采用书面形式,否则不成立。

笔者认为,书面合同应当采用、但未采用书面形式的,并不必然导致无效,因为法律并未作出这样的明确规定;同样,未采用书面形式也并不必然导致合同不成立,理由亦是如此。何况,合同的不同形式之间如果有交叉、混合,还要结合《合同法》第36条、第37条的规定来理解。合同成立与否,最为关键的因素在于是否形成合意。只要保证人与出借人达成了为借款人提供保证的合意,该保证合同即成立并发生法律效力。

十二、第三人向债权人承诺"可考虑代替偿还"的,是否构成保证?

民间借贷纠纷中,第三人承诺"可考虑代替偿还"的,这种承诺的性质究竟是债务加入,还是第三人代为履行,抑或是保证,审判实务中观点不一。

第一种观点认为,第三人该种承诺不具有承担保证的意思表示,应属于第三人代为履行。

第二种观点认为,第三人的承诺应属于债务加入。

第三种观点认为,从第三人承诺的具体内容及真实的意思表示来看,第三人的该种承诺具有担保的意思表示,应属于保证。

笔者认为,《合同法》第65条规定:"当事人约定由第三人向债权人履行债务的,第三人不履行债务或者履行债务不符合约定,债务人应当向债权人承担违约

---

① 参见周凯:《借用过桥资金以新还旧的同一保证人对新贷担责》,载《人民司法·案例》2015年第2期。

② 参见王利明:《合同法研究》,中国人民大学出版社2002年版,第37页。

责任。"《担保法》第6条规定:"本法所称保证,是指保证人和债权人约定,当债务人不履行债务时,保证人按照约定履行债务或者承担责任的行为。"

从上述规定中,可以得出第三人代为清偿与保证行为的区别。第一,第三人代为清偿的是由债权人与债务人约定的,第三人并非合同的当事人;保证是由第三人(保证人)与债权人约定的,是保证合同的当事人。第二,第三人代为清偿是独立的,并不从属于债权人与债务人之间的合同关系;保证合同是从合同,从属于债权人与债务人间的合同关系。第三,第三人代为清偿并不以债务人不履行债务为前提;保证合同则是在债务人不履行债务时,才由保证人承担保证责任。第四,第三人代为清偿中,第三人不履行债务或者履行债务不符合约定的,由债务人向债权人承担责任;保证合同中,债务人不履行债务时,由保证人与债务人共同承担责任,保证人承担保证责任,债务人则承担违约责任。第五,根据《合同法解释(二)》第16条的规定,第三人代为清偿的,可以将其列为无独立请求权的第三人,但不得依职权将其列为该合同诉讼案件的被告或者有独立请求权的第三人;保证中,根据《民诉法解释》第66条的规定,因保证合同纠纷提起的诉讼,债权人向保证人和被保证人一并主张权利的,人民法院应当将保证人和被保证人列为共同被告。保证合同约定为一般保证,债权人仅起诉保证人的,人民法院应当通知被保证人作为共同被告参加诉讼;债权人仅起诉被保证人的,可以只列被保证人为被告。且因保证人是合同的当事人,在其承担保证责任的范围内,可以对其财产强制执行。

区分一个行为是保证还是并存的债务承担,即债务加入,在实践中亦有案例可因循。最高人民法院在〔2005〕民二终字第200号"中国信达资产管理公司石家庄办事处与中国—阿拉伯化肥有限公司、河北省冀州市中意玻璃钢厂借款担保合同纠纷案"①民事判决书中作出了明确:"判断一个行为究竟是保证,还是并存的债务承担,应根据具体情况确定。如承担人承担债务的意思表示中有较为明显的保证含义,可以认定为保证;如果没有,则应当从保护债权人利益的立法目的出发,认定为并存的债务承担。"据此,可以看出,最高人民法院从保护债权人的利益出发,认为保证应有明确的意思表示,若没有明确的意思表示,则不能认定为保证,即保证的意思表示应明示而不得推定。

对于上述三种观点的争议,根据具体案情分析,笔者认为,第三人向债权人承诺"可考虑代替偿还",如果有明确表示或其他证据证明具有保证的意思表示的,应认定为保证。

笔者从以下两则案例中具体分析对保证的认定。最高人民法院审理的"中信国安盟固利电源技术有限公司与青岛澳柯玛新能源技术有限公司、青岛澳柯玛新

---

① "中国信达资产管理公司石家庄办事处与中国—阿拉伯化肥有限公司、河北省冀州市中意玻璃钢厂借款担保合同纠纷案",载《最高人民法院公报》2006年第3期。

能源配套有限公司买卖合同纠纷申请再审案"①中,第三人青岛澳柯玛新能源技术有限公司作为债务人青岛澳柯玛新能源配套有限公司的控股股东,在债务人不履行债务时,出具了载有"在子公司确实无力偿还债务时,可考虑代替偿还"的复函。对该意思表示是否构成保证存在争议。与之相关的是最高人民法院审理的"杭州杭星汽车空调制造有限公司与青岛澳柯玛集团空调器物资配套有限公司、青岛澳柯玛集团空调器厂、青岛澳柯玛股份有限公司、青岛澳柯玛集团总公司定作合同纠纷案"②中,债权人杭州杭星汽车空调制造有限公司主张对债务人青岛澳柯玛集团空调器厂拖欠的货款2 100万余元,向有关部门提交相关报告。青岛澳柯玛集团空调器厂为青岛澳柯玛股份有限公司的全资子公司,在青岛澳柯玛集团总公司法定代表人批准股份公司总经理张某处理的向债权人出具的复函称:"请贵公司相信我公司作为上市公司的信誉,如果电器厂确实无能力全部还欠款,对其不能归还的货款,我公司可以考虑代替其对贵公司承担还款责任。"

上述两则案例中,最高人民法院在判决中均认定了第三人的一般保证人地位。其作出裁判的依据主要是第三人与债务人的财产利益关系及第三人使债权人产生了信赖利益。两则案例中的第三人都具有特殊性,即是上市公司,而债务人则是与其有关联关系的子公司。从第三人作为上市公司的信誉度,以及其与债务人的关系中,作为债权人足以对该第三人作出的"可以考虑代替偿还"产生信赖。第三人的承诺可以使债权人相信,在债务人无力偿还时,其债权还可以通过向作出承诺的第三人进行主张,且从表面上看,该第三人具备成为保证人的主体资格,亦有足够的偿还能力。法院从双方意思表示的真实性及对债权人利益的保护角度,应认定第三人的意思表示属于一般保证,在债务人不履行债务时,应由第三人承担补充责任。

而在另一起民间借贷案件中,针对第三人的行为究竟是代为清偿还是保证,产生了争议。该案中,债务人刘某向债权人王某借款10万元用于其经营使用,但债务人因经营不善负债,且下落不明。在债权人多次催要下,债务人的父亲刘某某向债权人出具了还款承诺书,承诺偿还借款及利息。后因刘某某未能按照约定履行还款义务,债权人将债务人及第三人作为共同被告起诉。审理中,对第三人承诺的性质产生了较大的争议。有观点认为,该第三人承诺既不属于第三人履行,也不属于保证,应属于独立的代为清偿承诺,第三人因该独立行为而与债权人

---

① 参见武建华:《对〈中华人民共和国公司法〉第二十条的理解——中信国安盟固利电源技术有限公司与青岛澳柯玛新能源有限公司、青岛澳柯玛新能源配套有限公司买卖合同纠纷申请再审案》,载苏泽林、景汉朝主编,最高人民法院立案一庭、最高人民法院立案二庭编:《立案工作指导》2011年第4辑(总第31辑),人民法院出版社2012年版,第77页。

② 参见《一般保证人在债务人不履行债务时承担补充责任——杭州杭星汽车空调制造有限公司与青岛澳柯玛集团空调器物资配套有限公司、青岛澳柯玛集团空调器厂、青岛澳柯玛股份有限公司、青岛澳柯玛集团总公司定作合同纠纷案》,载奚晓明主编、最高人民法院民事审判第二庭编:《最高人民法院商事审判指导案例·合同卷》(下),中国法制出版社2011年版,第738页。

发生的单务约束之债,第三人与原债务人形成共同连带关系。① 笔者认为,根据上述案情,第三人作为债务人的父亲,与债权人达成偿还借款及利息的承诺,该承诺与债权人和债务人之间的合同具有同一性。本案中,债权人对第三人不需要基于信赖利益,来为自己的债权实现作保证。而在债务人已下落不明的情况下,该承诺未得到债务人的确认或同意即为有效,符合保证或债务加入的要件。第三人在承诺中未明确表示其有保证的意思表示,且更倾向于是第三人向债权人作出的单方承诺,故笔者认为,承诺行为不属于保证,而属于债务加入,第三人与债务人承担共同连带清偿的责任。当然,对于本案中当事人的行为属于保证或是债务加入,如果认为其为保证的,因其不具有一般保证的要件,也应是连带保证,故两种观点的分歧在最后的责任承担上还是达成了一致的,对该案中的当事人的责任认定清晰才是对当事人权益的最好保护。

十三、安慰函是否构成保证意思表示?

安慰函又称赞助信、安慰信、意愿书,通常是指政府或企业控股母公司为借款方融资而向贷款方出具的表示愿意帮助借款方还款的书面陈述文件。安慰函虽然在广义上为国际融资信用担保文件之一,但其最显著的特征是其条款一般不具有法律拘束力,而只有道义上的约束力,即使明确规定了它的法律效力,也由于其条款弹性过大而不会产生实质性的权利义务。

在特殊情况下,安慰函因具备保证合同的内容而构成保证担保。特殊的安慰函也属于保证合同的一种形式。我国安慰函的用途与作用与其他国家或地区大体相同,但是在实务中,债务人到期不能清偿债务时,债权人与安慰函的出具者对安慰函的意义理解时有冲突,由此引发的纠纷较多。我国实践中对安慰函的实际作用和意义尚未形成共识,未形成交易习惯,使用者和接受者对安慰函的效力、效果的预期相差很远。当然也不排除当事人故意曲解安慰函的作用,试图获得安慰函以外的经济利益。②

实践中,对安慰函真实意思表示的判断可依据如下路径:第一,判断安慰函的背景和用途。由于有关政府或母公司不愿明确提供担保,但为相关融资需要,而向贷款人出具安慰函,为债务人清偿债务提供道义上的支持,使贷款人获得心理上的安全感。从安慰函的产生看,它并不是为了保证,恰恰是为了避免承担因保证带来的法律责任,因此安慰函不是保证合同书。实践中,有的安慰函其措辞极

---

① 参见王义江:《承诺履行的第三人应当承担何种责任》,载中国法院网,访问时间:2014 年 5 月 21 日。

② 参见曹士兵:《中国担保制度与担保方法——根据物权法修订》,中国法制出版社 2008 年版,第 123—125 页。

近似于保证,出具人与保证人并无分别,也不排除构成保证。① 第二,判断安慰函的具体内容。根据出具安慰函的言语措辞和交易习惯进行判断,如果函中有代偿债务人债务、承担保证或担保义务等,可以认定为保证;如无上述明确意思表示,则不能认定其具有担保性质。第三,结合其他相关信息判断,包括函件的名称、出函人的内部文件批示、债权人是否向出函人进行催收等。

最高人民法院在广东国际信托投资公司破产案②中,对安慰函的性质予以了明确阐述:"安慰函从形式上看,非信托公司与特定债权人签订,而是向不特定第三人出具的介绍性函件,内容上并无担保意思表示,未约定当债务人不履行债务时,代为履行或承担还债责任,故安慰函不构成中国法律意义上的保证,不具有保证担保的法律效力,裁定依安慰函申报担保债权不予支持。"

十四、第三人在民间借贷纠纷的调解程序中作出保证,后调解书因违反法定程序被撤销,该保证是否有效?

民间借贷纠纷中,第三人在法院调解过程中向债权人作出了担保还款承诺的,可以认定为保证,但该调解书后因程序问题被撤销的,对于保证的效力如何认定存在争议。

第一种观点认为,调解书被撤销的,主合同应属无效,则保证合同因主合同的无效而无效。

第二种观点认为,调解书被撤销是由于程序违法,其所确认的实体内容并非无效,不应导致保证合同无效。

笔者认为,民事调解书是人民法院审理民事案件过程中,根据自愿和合法原则,在查清事实、分清是非的基础上,通过调解促使当事人达成协议而制作的法律文书。民事调解书对双方当事人的民事法律关系进行了法律确认,双方当事人对此不应再发生争议,当事人不得以同一事实和理由向人民法院再行起诉,在当事人拒不履行调解协议确定的义务时,对于有给付内容的,可以向人民法院申请强制执行。

因此,在民事调解书因程序违法被撤销后,民事调解书确认的内容并非无效,双方当事人对债权债务的内容并不能因民事调解书的被撤销而全部归于无效,还应结合具体的案情及当事人的真实意思表示作出判断。最高人民法院审理的〔2002〕民二终字第45号"西安秦陵蜡像馆有限公司、北京十三陵明皇蜡像宫有限

---

① 参见易新华、刘子平、梁朔梅:《涉外债务安慰函的性质及其效力》,载《人民法院报》2004 年 8 月 13 日。

② 参见"广东国际信托投资公司破产案",载《最高人民法院公报》2003 年第 3 期。

公司与陕西省国际信托投资股份有限公司贷款纠纷上诉案"①中,实际用资人在出借人起诉名义借款人后,向出借人致函对该借款承担连带清偿责任。经法院调解达成协议,由名义借款人偿还出借人借款,实际用资人按其承诺承担连带责任。该调解书后因名义借款人的诉讼代表人所持委托手续"诉讼法定代表人"意思表示不明而被撤销,实际用资人据此主张其担保责任应予免除。本案中,三方达成的民事调解协议因其中一方的意思表示不明确而被撤销,但该意思表示与调解书中所确认的债权债务内容、当事人之间的借款关系及保证关系无关,只是一方当事人所持委托手续不明导致的调解书无效。在此情况下,法院认为,实际用资人在出借人已提起诉讼、当事人在法院主持下进行调解期间作出连带还款责任的承诺,意思表示真实。该承诺并未以法院的生效调解书为前提条件,调解书仅是对当事人调解结果的确认,故该调解书因程序问题被撤销并不导致当事人之间意思表示的无效,更不能认为实际用资人担保还款承诺生效的条件不成就,故判决实际用资人应为名义借款人债务承担连带责任。该判决对当事人的真实意思表示从客观上作出了判断。民事调解书被确认无效是程序上的违法,民事诉讼程序的目的是保护民事实体权益,在可以根据案情作出客观、合理判断的情况下,不能简单地由民事调解书程序违法推导出调解书中的内容和当事人间的合同关系违法。

十五、法定代表人以个人名义担保的,应承担何种担保责任?

在最高人民法院审理的封开县金装河生黄金开采有限公司、聂河生与广东国邦投资公司合同纠纷申请再审一案②中,债务人黄金公司的法定代表人就黄金公司返还出资人投资款出具了保证书,保证黄金公司在还款期限内不按时还款的,愿负保证责任。该法定代表人认为其承诺行为代表的是债务人,其本人不应承担保证责任。

笔者认为,无论从该法定代表人出具的保证书的名称或其语言表述来看,根据《担保法》的规定,都应当认定其所作出的行为性质属于保证。作为债务人的法定代表人,可以代表法人进行民事活动,行使法人职权。但并非法定代表人作出的所有与法人有关系的行为都是法人行为,其个体的独立性和作为完全民事行为能力人的权能决定了其所作出的相关行为也可能是其作为自然人主体而为的。该人认为其出具保证书系以债务人法定代表人名义出具,应由债务人承担责任的主张不能成立。对于其在担保书上注明的还款期限,仅适用于他本人,不影响其

---

① 参见"西安秦陵蜡像馆有限公司、北京十三陵明皇蜡像宫有限公司与陕西省国际信托投资股份有限公司贷款纠纷上诉案",载江必新主编、最高人民法院民事审判第二庭编:《民商审判指导与参考》2003年第1卷(总第3卷),人民法院出版社2003年版,第399页。

② 参见王慧君、秦雯:《论违约金性质及担保责任的认定——封开县金装河生黄金开采有限公司、聂河生与广东国邦投资公司合同纠纷申请再审案的评析》,载苏泽林主编、最高人民法院立案庭编:《立案工作指导》2010年第2辑(总第25辑),人民法院出版社2011年版,第136页。

已承诺的连带责任保证的性质认定。在该种情形下,应认定债务人法定代表人是以其个人名义出具的保证书,应与债务人一起承担。

十六、民间借贷中的独立担保的效力如何认定?

由于独立担保的实质否定担保合同从属性,不适用担保法律中为担保人提供的各种保护措施,因此,独立担保是一种担保责任非常严厉的担保。实践中,对于民间借贷中,借款人或者第三人提供了独立担保,其效力如何认定,存在不同的观点。

第一种观点认为,独立担保在我国国内市场不能运用,因此,该独立担保无效。

第二种观点认为,独立担保在国际商事交易中已经大量运用,《物权法》第172条并没有否定独立担保在国内的适用,因此,只要是双方当事人的真实意思表示,就应当认定有效。

笔者倾向于第一种观点。

独立担保适用于国际间的贸易或融资活动,国际间的贸易或融资活动是当事人自治领域,作为一种独立的、非从属性的担保法律行为,已为大陆法系和英美法系国家接受,在法院判例和学理上都承认了这种独立性的担保,与从属性的担保制度并存,所以,应当承认国际贸易中独立担保的法律效力。在国内,之所以对企业、银行及其他民事主体之间的独立担保采取否定态度,不承认当事人约定的法律效力,目的是防止欺诈和滥用权利,尤其是为了避免严重影响我国担保法律制度体系的基础,否则,将会从根本上动摇我国的担保法律制度。

担保的从属性及附随性是一个价值选择问题,它不是基于担保天然产生的,其随着担保实践而产生发展。① 在国内市场交易中,应当坚持维护担保制度的从属性规则。当民间借贷合同有效的情况下,应当运用民法关于"无效民事行为效力转换"原理,通过"裁判解释转换"的方法,否定担保合同的独立性效力,并将其转换为有效的从属性担保合同。即若当事人约定独立保证时,应当认定独立保证无效,将其转换为有效的从属性连带保证;或约定独立的担保物权,应认定独立物保无效,并将其转换为有效的从属性担保物权。

但笔者还认为,长远看,我国应当逐步承认独立担保的效力。一是独立担保在国际与国内产生不同的效果,这种做法尽管可以理解,但毕竟没有相应的法律依据;二是独立担保是当事人意思自治的结果,一些国际公约对此亦有规定,如2000年1月1日生效的《联合国独立保证与备用信用证公约》体现的法律原则对独立担保合同至关重要,我国也应当在这一法律框架下建立和完善我国的独立担保法律制度;三是无论是国际贸易还是国内贸易,都存在一定的欺诈或滥用权利

---

① 参见陈立虎:《独立担保国际惯例的新规则:URDG758》,载《法治研究》2014年第1期。

的风险,但我们不能因噎废食,而应当通过相应制度构建去预防和化解风险。总之,我国应当修改《物权法》和《担保法》,尽快赋予独立担保应有的地位。

十七、民间借贷中出借人既有物的担保又有第三人保证的,如何行使其债权?

民间借贷中,借款人为获得借款,向出借人既提供了物的担保,又提供了保证。当借款人到期不能偿还借款本金及约定的利息时,出借人如何行使其债权?这在实务中不无争议。代表性的观点有:

第一种观点认为,出借人可以根据民间借贷合同的约定,自由地在保证与物的担保之间作出选择。

第二种观点认为,出借人和借款人对于还款有约定的,按照约定的顺序行使,没有约定或者约定不明的,应当给予出借人行使权利一定程度的限制。

笔者倾向于第二种观点。

民法属于私法,"每一个成年公民都享有私法自治,这是私法的一项主要的原则和基本的原则"。① 出借人与借款人就还款顺序有约定的,自然应当遵从双方的约定,这也是私法自治在债权实现上的体现。债权人设定多重担保,意在加强自身债权实现的保障,没有正当理由就不应该阻碍债权人该目标的实现。多重担保的设立,实际的效果就是使债权人取得多项担保权利,权利意味着自由,作为权利人,债权人当然可以决定行使哪项权利、不行使哪项权利。② 有观点认为,物权与债权并存时,物权具有优先于债权的效力③;物的担保较为确实且易实现债权,所以物权担保要优先于债权担保加以实现。④ 这样的观点值得推敲。物权与债权只有在效力竞存时才有可能发生孰优孰劣的问题,即"在同一标的物之上同时存在物权和债权时,物权优先"。⑤ 而物的担保与人的担保在标的物上并非为同一。另外,担保物权的优先性是担保物权就担保物相对于无物上担保的债权而言的,不是相对于保证债权而言的。对担保物享有优先受偿权旨在保护有物上担保的债权人,在担保物权与同一担保物上设定的债权发生冲突时,有物上担保的债权人可以对抗其他一般债权人而在担保物上行使权利,并非指不同债务人对同一债权人的债务偿还时间与偿还顺序的优先。⑥ 也就是说,当人的担保与物的担保并存时,对于不同债务人(即保证人与物上保证人)不发生偿还时间与偿还顺序上的优

---

① 〔德〕卡尔·拉伦茨:《德国民法通论》(上册),王晓晔译,法律出版社 2003 年版,第 54 页。
② 参见黄喆:《保证与物的担保并存时法律规则之探讨——以〈物权法〉第 176 条的规定为中心》,载《南京大学学报》(哲学·人文科学·社会科学版)2010 年第 3 期。
③ 参见李储华:《同一债权上同时设立抵押与保证如何处理》,载《人民法院报》2002 年 5 月 5 日。
④ 参见郭明瑞:《担保法》,法律出版社 2004 年版,第 59 页。
⑤ 王利明:《物权法论》(修订本),中国政法大学出版社 2003 年版,第 23 页。
⑥ 参见高圣平:《混合共同担保之研究——以我国〈物权法〉第 176 条为分析对象》,载《法律科学》2008 年第 2 期。

先问题。① 由此可见,以物权优于债权作为偿还顺序的观点不足可采。

债权人享有选择权的同时,也存在例外,即当物的担保是由主债务人提供的场合,债权人的选择权应当受到一定的限制。持肯定说的观点认为,债务人是本位上的债务承担者,保证人仅是代替其承担责任,在承担了担保责任后,仍然对债务人享有求偿权,在债务人自己提供物的担保的情况下,首先以该物清偿债务,可以避免日后再行使追偿权。② 此时,要求保证人先承担保证责任,对保证人不公平。③ 持否定说的观点认为,首先,就连带保证而言,保证人与主债务人几乎处于同一地位,此即,保证并不具有补充性,在保证债务清偿问题上,法律无特别惠顾保证人的必要。同一债权既有保证又有债务人提供的物的担保,债务人不履行主债务时,债权人可基于其判断,选择向保证人或物上保证人主张权利,此时法律限制债权人的选择权,强行介入本来便不涉及公益的事项,其制度设计值得检讨。其次,就成本考量而言,债权人如选择向保证人主张权利,保证人承担责任后再向债务人追偿,并不一定会增加社会成本。④

笔者认为,保证方式为一般保证时,从保证人的先诉抗辩权中就可以推导出结论,无须另外设定规则。当保证方式为连带责任保证时,保证人与主债务人并非处于同一地位,这是因为,主债务人才是本位上的债务承担者,保证人仅是代替其承担责任,在承担了担保责任后,仍然对债务人享有求偿权。在债务人自己提供担保物的情况下,首先处理担保物以清偿债务,可以避免日后再行使追偿权。而且,从主债务人处受偿可以终结债的关系,但从保证人处受偿,债的关系并未终局地消灭。正是基于此,我国《物权法》第176条规定,债务人自己提供物的担保的,债权人应当先就该物的担保实现债权。

十八、民间借贷既有保证又有第三人提供物的担保的,承担了责任的担保人,是否有权向其他担保人追偿?

民间借贷的保证人或者物的担保人履行担保债务之后,对于借款人而言,均有求偿权的发生。但在同一笔借款中,既有人的担保又有物的担保时,其中之一的担保人履行偿还所有本金、利息的债务后,是否有权向其他担保人求偿,不无疑问,主要有三种观点:

第一种观点认为,我国《物权法》第176条后段仅规定,"提供担保的第三人承担责任后,有权向债务人追偿",其立法原意是,在当事人没有明确约定承担连带担保责任的情况下,不宜规定保证人与物上保证人之间享有求偿权。主要理由

---

① 参见郑学青:《保证担保与抵押担保并存时的责任承担》,载《法律适用》2003年第1—2期。
② 参见曹士兵:《中国担保诸问题的解决与展望》,中国法制出版社2001年版,第83页。
③ 参见胡康生主编:《中华人民共和国物权法释义》,法律出版社2007年版,第380页。
④ 参见高圣平:《混合共同担保之研究——以我国〈物权法〉第176条为分析对象》,载《法律科学》2008年第2期。

是：如果允许各担保人之间相互追偿，实质是法律强行在各担保人之间设定相互担保，这意味着没有履行担保义务的担保人除了为债务人提供担保外，还必须为其他担保人提供担保，这既违背了担保人的初衷，也不合法理。另外，相互追偿规则可操作性很差，追偿份额的确定困难。[①] 存在多个担保人时，债务人是最终责任人，担保人承担担保责任后，应当直接向债务人追偿，如果可以向其他担保人追偿，意味着其他担保人承担责任后，还要向作为最终责任人的债务人追偿，从程序上讲费时费力，不经济。

第二种观点认为，虽然我国《物权法》第176条只规定提供担保的第三人承担责任后，有权向债务人追偿，但在第三人提供物的担保和人的担保并存的情况下，其中之一的担保人履行了债务的，有权向其他担保人追偿。

第三种观点认为，只有保证人才可以向物上担保人追偿，物上担保人无权向保证人追偿。

笔者倾向于第二种观点，主要理由如下：

首先，如果提供物的担保的第三人与保证人之间未就担保责任作出约定，两者之间的关系与连带共同保证人之间的关系相似，在解释上可以认定其构成连带债务关系。因为尽管物的担保与人的担保存在性质上的差异，但是提供物的担保人与保证人的担保责任属于同一个层次的债务，二者完全可以构成连带关系。[②]

其次，就同一债权同时存在物的担保与人的担保，在平等主义模式下，两者之间逻辑地存在份额关系，亦即物上担保人与保证人对债务履行的担保责任存在比例关系。如果物上担保人和保证人所承担的担保责任超过其应承担责任的范围，此时物上担保人或保证人仅能向主债务人求偿而不能向其他保证人求偿，则有可能在主债务人无力承担的情况下，造成本可以在两者间分担的担保责任完全由一方承担，这与公平原则相悖。

再次，依程序的经济、成本的观念考量此时的制度设计缺乏正当性基础，不能以程序经济为由来维系和保护一个欠缺公平观念的制度设计。此外，这里所说的程序经济完全可以依相关程序设计来解决，如在同一诉讼程序中承担了担保责任的担保人可以以主债务人和其他担保人为共同被告主张求偿权，只不过其求偿权的标的额不同而已。对其他担保人的求偿额是超过其应承担责任的份额，对主债务人的求偿额是其所承担的所有责任。[③] 另外，赋予承担担保责任的担保人求偿权，也有利于鼓励市场主体积极为他人商事活动提供担保的动力，进而达到促进交易，活跃市场经济发展的目的。

最后，依求偿困难否定求偿关系的存在，至为可议。关于物上担保人与保证

[①] 参见胡康生主编：《中华人民共和国物权法释义》，法律出版社2007年版，第381—382页。
[②] 参见程啸：《保证合同研究》，法律出版社2006年版，第606页。
[③] 参见高圣平：《混合共同担保之研究——以我国〈物权法〉第176条为分析对象》，载《法律科学》2008年第2期。

人之间如何分担责任,有的主张二者之间平均分担债务,故只能向他方求偿1/2;有的主张应依主债务人所负的债务以及担保物的价值或者最高限额之比例,定其分担额,而非平均分担。笔者认为,后者主张值得肯定,如果不考虑保证人与物上担保人许诺承担的担保责任的大小而一概以平均分担为原则,则有失公允。譬如,借款人甲向出借人乙借款 200 万元,A 对该债务提供全额保证,B 以其价值 50 万元的房屋为该债款作抵押。A 承担担保责任后,如依平均分担原则,有权向 B 求偿 100 万元,这样 B 所分担的担保责任超过了已许诺承担的担保责任的范围,对 B 极为不公。基于保证人和物上担保人许诺承担担保责任的比例来分担担保责任,各担保人实际承担的担保责任均等于或者小于其许诺承担的担保责任,才能体现公平理论。如上例中,A 承担责任后,其有权向 B 求偿的数额为:$200 \times [50 \div (200+50)] = 40$ 万元。

总之,保证人与物上担保人对担保范围无论是否有约定,二者均应分担责任。在当事人对担保范围没有约定或者约定不明时,依法定补充规则确定担保范围。

十九、民间借贷案件中,已承担保证责任的保证人向其他未履行保证责任的连带保证人追偿的,是否受向借款人追偿的先置程序的限制?

现实生活中,如果出借人、借款人和保证人之间对保证方式没有约定或者约定保证人对债务承担连带责任保证,且出借人与保证人之间未约定保证份额或者约定保证人对全部借款承担保证,出借人仅向部分保证人主张了权利的,该部分保证人承担了保证责任后,如发现超出了自己所应承担的份额,则可以向其他未承担保证责任的保证人追偿。司法实践中,一般会出现以下几种情形:

一是履约保证人仅起诉借款人,未起诉其余未履约保证人的情形。在该种情形下,根据《担保法》第 31 条的规定,借款人作为最终的责任承担主体,自然应该归还保证人按照约定所代偿的全部款项,并支付付偿日之后产生的相应利息。

二是履约保证人未起诉借款人,仅起诉其余未履约保证人要求分担代偿款的情形。根据《担保法》第 12 条、《担保法解释》第 20 条第 2 款的规定,如保证人之间对各自承担的保证份额有约定,则履约保证人可要求其他未履约保证人承担约定的份额;如无约定,则应按保证人的人数平均分担。各保证人承担保证责任后,均可向债务人追偿。

三是履约保证人同时起诉借款人及其余未履约保证人要求归还代偿款的情形。如履约保证人代偿后同时起诉债务人与未履约的保证人,则应当按照《担保法解释》第 20 条的规定,首先确定借款人对保证人代偿的款项承担归还责任;其次确定向借款人不能追偿(不能追偿是指对借款人的存款、现金、有价证券、成品、半成品、原材料、交通工具等可以执行的动产和其他方便执行的财产执行完毕后,债务仍未能得到清偿的状态)的部分,由各连带保证人按其内部约定的比例分担。

没有约定的,平均分担。各保证人承担保证责任后,均可向借款人追偿。[1]

需要注意的是,如果承担了保证责任的保证人未向借款人追偿,而是直接向其他未承担保证责任的保证人追偿,未承担保证责任的保证人不能以此作为拒绝履行属于自己偿还义务的理由。否则,无疑会增加已承担保证责任的保证人的风险,将追偿债权所需要付出的时间和劳力成本全部加诸于已履约的保证人,对履约保证人明显不公。这样也会使保证人互相推诿,怠于履行自己的义务。因此,应当准许已履约的保证人合理选择实现自己利益的途径,有利于保障已履约的保证人的权益,使其受损利益能及时且最大限度地得到弥补,也有利于鼓励保证人讲究诚信,按约承担保证责任。其余未履约保证人承担的亦是自己应分担部分,且承担后可以向借款人追偿,故其利益并不会因此额外受损。

综上,已履约的保证人应当享有向借款人追偿或者要求未履约保证人分担其应承担份额的选择权。

二十、民间借贷的保证人与物上担保人分担的数额如何计算?

至于保证人与物上担保人分担的计算,则因担保物的价值与物的担保债权额的关系不同而有别:

当担保物的价值小于或者等于物的担保债权额时,计算公式为:

保证人分担额 = 代偿金额 × [保证债权额 ÷ (保证债权额 + 担保物的价值)]

物上担保人分担额 = 代偿金额 × [担保物的价值 ÷ (保证债权额 + 担保物的价值)]

当担保物的价值大于物的担保债权额时,计算公式为:

保证人分担额 = 代偿金额 × [保证债权额 ÷ (保证债权额 + 物的担保债权额)]

物上担保人分担额 = 代偿金额 × [物的担保债权额 ÷ (保证债权额 + 物的担保债权额)][2]

此外,《担保法解释》对该问题也作出了原则性规定,其第 38 条第 1 款规定:"同一债权既有保证又有第三人提供物的担保的,债权人可以请求保证人或者物的担保人承担担保责任。当事人对保证担保的范围或者物的担保的范围没有约定或者约定不明的,承担了担保责任的担保人,可以向债务人追偿,也可以要求其他担保人清偿其应当分担的份额。"第 3 款规定:"债权人在主合同履行期届满后怠于行使担保物权,致使担保物的价值减少或者毁损、灭失的,视为债权人放弃部分或者全部物的担保。保证人在债权人放弃权利的范围内减轻或者免除保证责

---

[1] 参见王樱:《向债务人追偿并非已履约保证人向其他保证人追偿的先置程序》,载《人民司法·案例》2014 年第 22 期。

[2] 参见高圣平:《混合共同担保之研究——以我国〈物权法〉第 176 条为分析对象》,载《法律科学》2008 年第 2 期。

任。"笔者认为,就这一问题,《物权法》的规定与《担保法》《担保法解释》都不一致。尽管《物权法》第178条明文规定,担保法与物权法规定不一致的,适用物权法,然而,不可否认的是,《物权法》第176条的规定争议很大,实有缺漏,需要通过立法解释或者司法解释予以明确。

二十一、民间借贷既有保证又有第三人提供物的担保的,出借人放弃了物的担保的,保证人的责任应当如何承担?

司法实务中的问题是,对第三人提供物的担保和人的担保并存时,债权人放弃物的担保的,对于保证人的担保责任是否有影响存在争议。

第一种观点认为,第三人提供物的担保的,债权人放弃物的担保,对其他担保人的担保责任均无影响,仍然要承担责任。

第二种观点认为,如果债权人放弃物的担保,保证人在物上担保人应当分担责任的限度内免除担保责任。

笔者倾向于第二种观点。

虽然债权人可以选择保证人或者物上担保人主张权利,但就内部关系而言,保证人与物上担保人应分担担保责任,一方承担担保责任而另一方免责后,对另一方在其应分担责任的范围内享有求偿权。如债权人放弃物的担保的,保证人在物上担保人应分担责任的限度内免除担保责任,因为保证人只在该限度内才因债权人放弃物的担保的行为而受有损害。如保证人因债权人的放弃行为而可免除超过该限度的担保责任,则其显然受有超额的利益①,构成不当得利。同样的理由,如果债权人放弃的是人的担保,物上担保人在保证人应分担责任的限度内也免除相应的担保责任。

就此而言,债权人放弃担保就可能影响其他担保人的利益,债权人的自由因而应受约束,违背他人意志而可能导致的对他人的不利益,就应当被排除。② 通过规则表现,就是当债权人选择放弃某项担保时,其他担保人就可以在所放弃的担保所对应的责任范围以内免除担保责任。

二十二、出借人向为借款人提供连带责任保证的保证人之一主张权利的,其效力能否及于其他承担连带保证的保证人?

连带共同保证符合连带债务对外连带和对内分担的基本特征,其性质属于连带债务。连带共同保证的各保证人之间构成连带债务关系。民间借贷案件中,当作为债权人的出借人向承担连带责任的若干保证人中的一个或者几个主张权利

---

① 参见高圣平:《混合共同担保之研究——以我国〈物权法〉第176条为分析对象》,载《法律科学》2008年第2期。

② 参见黄喆:《保证与物的担保并存时法律规则之探讨——以〈物权法〉第176条的规定为中心》,载《南京大学学报》(哲学·人文科学·社会科学版)2010年第3期。

的,其效力及于其他保证人。

之所以这样理解,是因为连带共同保证是为同一主债务设定的保证,债权人可要求任一保证人承担保证责任,承担了保证责任的保证人可向债务人及其他连带保证人行使追偿权。连带债务的核心是连带债务人之间的连带性,就多数债务人中的一人发生效力的事项,对于其他债务人也发生同样的效力。[①] 只要在保证期间内,债权人向任一保证人主张保证权利都意味着向其他承担连带保证责任的共同保证人主张了保证权利[②],债权人向其中一个保证人或者一部分保证人主张权利(包括主张保证责任)的效力及于其他连带保证人。[③]

对于这一问题,《最高人民法院关于已承担保证责任的保证人向其他保证人行使追偿权问题的批复》[④]规定,承担了连带责任保证的保证人一人或者数人承担责任后,有权向其他保证人追偿其应承担的份额,并且不受债权人是否在保证期间内向未承担保证责任的保证人主张过保证责任的影响。另外,《诉讼时效规定》第17条第2款规定:"对于连带债务人中的一人发生诉讼时效中断效力的事由,应当认定对其他连带债务人也发生诉讼时效中断的效力。"上述司法解释明确连带债务具有涉他性,对于任一连带债务人所生事项的效力及于其他连带债务人。在连带共同保证中,即使债权人未在保证期间内向部分保证人主张权利,但这些保证人基于保证合同约定而产生的责任并不会免除。

二十三、公司违反《公司法》第16条的规定,为他人民间借贷提供担保的,其效力如何认定?

公司违反了《公司法》第16条的规定,超出了公司章程规定的担保数额或者未经股东(大)会决议即为其股东向他人借款提供担保,该担保的效力如何认定?正如上述理论所争,在司法实践中主要存在四种观点:

第一种观点认为,该担保有效,由于《公司法》第16条属于任意性规定而非强

[①] 参见奚晓明主编、最高人民法院民事审判第二庭编著:《最高人民法院关于民事案件诉讼时效司法解释理解与适用》,人民法院出版社2008年版,第297页;王利明:《合同法研究》(第二卷修订版),中国人民大学出版社2011年版,第45页;王卫国主编:《民法》,中国政法大学出版社2007年版,第348页。

[②] 参见奚晓明主编、最高人民法院民事审判第二庭编著:《最高人民法院关于民事案件诉讼时效司法解释理解与适用》,人民法院出版社2008年版,第299—300页。

[③] 参见奚晓明主编:《解读最高人民法院司法解释之商事卷》,人民法院出版社2011年版,第432页。

[④] 《最高人民法院关于已承担保证责任的保证人向其他保证人行使追偿权问题的批复》(法释〔2002〕37号)全文如下:"云南省高级人民法院:你院云高法〔2002〕160号《关于已经承担了保证责任的保证人向保证期间内未被主张保证责任的其他保证人行使追偿权是否成立的请示》收悉。经研究,答复如下:根据《中华人民共和国担保法》第十二条的规定,承担连带责任保证的保证人一人或者数人承担保证责任后,有权要求其他保证人清偿应当承担的份额,不受债权人是否在保证期间内向未承担保证责任的保证人主张过保证责任的影响。"

制性规定,违反了该条规定提供的担保,亦应认定为有效。

第二种观点认为,该担保有效,由于《公司法》第16条属于管理性强制性规定而非效力性强制性规定,因此违反该规定并不影响担保合同的效力。

第三种观点认为,该担保无效。由于《公司法》第16条属于效力性强制性规定,因此违反该规定的担保合同自然无效。

第四种观点认为,《公司法》第16条并不能直接成为认定公司与第三人之间行为效力的直接裁判依据,还应当结合《合同法》的其他条款确定。

笔者倾向于第四种观点。

《合同法解释(二)》第14条将强制性规定区分为"管理性强制性规定"和"效力性强制性规定",然而,这一规定在审判实践中并未起到制定司法解释时所预期的效果。最主要的问题是,如何将这两类不同性质的强制性规定加以区分。尽管在针对该司法解释相配套的理解与适用一书中提供了肯定性识别和否定性识别的方法论[①],然而具体到某一个强制性规定的法律条文,仍然很难作出正确和恰当的认定,何况这些认定标准本身就很值得怀疑。

正如在本问题中之前所述,就肯定性识别标准而言,如果现行的法律和行政法规都明确了违反强制性规定将导致合同无效,还有什么必要去识别它是效力性强制性规定还是管理性强制性规定？更何况现行法明令违之将导致合同无效的一些强制性规定,在性质上却属于管理性规定。譬如,《最高人民法院关于审理建设工程施工合同纠纷案件适用法律问题的解释》第1条规定,承包人未取得建筑施工企业资质或者超越资质等级签订的建设工程施工合同无效。在这里,建筑法上关于承包人资质的规定应当是市场准入型管理性强制性规定,但司法解释却将之作了无效处理。[②] 再比如,《最高人民法院关于审理城镇房屋租赁合同纠纷案件具体应用法律若干问题的解释》第2条前半段规定,"出租人就未取得建设工程规划许可证或者未按照建设工程规划许可证的规定建设的房屋,与承租人订立的租赁合同无效"。该条后半段又紧接着规定,"但在一审法庭辩论终结前取得建设工程规划许可证或者经主管部门批准建设的,人民法院应当认定有效"。从该条司法解释的规定可以看出,最高人民法院将是否取得建设工程规划许可证作为认定房屋租赁合同效力的前置性条件。然而,对建设工程规划许可证的管理当然属于管理性强制性规定,而司法解释却将违反管理性强制性规定的合同认定为无效。就否定性识别标准而言,司法解释只是在认定某一强制性规定为管理性强制性规定之后作出的表面上符合逻辑的推论——因为按照司法解释设定的前提,强制性的法律规定如果不是管理性强制性规定,就必然是效力性强制性规定。而这种非此即彼的做法恐怕无法应对纷繁复杂的司法实践。由此可见,有关强制性规定的

[①] 参见沈德咏、奚晓明主编,最高人民法院研究室编著:《最高人民法院关于合同法司法解释(二)理解与适用》,人民法院出版社2009年版,第108页。

[②] 参见高圣平:《公司担保相关问题研究》,载《中国法学》2013年第2期。

识别标准对于审判实务仍然不是一个容易的事情。

《公司法》第16条究竟是任意性规范还是强制性规范,或者效力性规范还是管理性规范,并不能直接成为认定公司与第三人之间法律行为效力的裁判依据①,从规范性质的角度分析对外担保或投资的效力,有悖于第16条的立法目的。② 确定合同的效力,应当依据《合同法》第50条以及其他条款来确定。

有关《公司法》第16条的规范性质问题,最高人民法院在一个较新的判例中③作出了回应,在该判决中,最高人民法院认为,《公司法》第16条规定的立法本意在于限制公司主体行为,防止公司的实际控制人或者高级管理人员损害公司、小股东或其他债权人的利益,故其实质是内部控制程序,不能以此约束交易相对人。因此上述规定宜理解为管理性强制性规范,对违反该规范的,原则上不宜认定合同无效。笔者对该案的判决结果不持异议④,但对上述观点并不敢完全赞同。笔者归纳了学界以及最高人民法院上述判决认定《公司法》第16条为管理性规范的理由,主要有四个:第一,《公司法》第16条并未明确规定公司违反上述规定对外提供担保导致担保合同无效;第二,该条款并非效力性强制性规定;第三,《公司法》第16条系公司内部决议程序,该规定不得约束第三人;第四,依据该条款认定担保合同无效,不利于维护合同的稳定和交易安全。笔者认为,这四个理由并不足以认定《公司法》第16条为管理性规范。主要理由如下:

首先,就《公司法》第16条并未明确规定公司违反上述规定对外提供担保导致担保合同无效而言,这种理由不经推敲。我国法律、行政法规中,充斥着大量"不得""应当""必须"等字眼儿,然而,很少有法律明文规定,违反该规定的法律后果是什么。例如,《物权法》第186条规定:"抵押权人在债务履行期届满前,不得与抵押人约定债务人不履行到期债务时抵押财产归债权人所有。"众所周知,该条文是对流质契约禁止的规定,违反该条规定的合同为无效合同。虽然该条文中有"不得"的表述,但是并没有规定,违反该条规定签订的流质契约无效。可见,苛求法律明文规定"违反即无效",只能是一厢情愿的设想;也正是由于这一原因,才会出现无法通过法律条文就能直接区分效力性强制性规定与管理性强制性规定

---

① 参见高圣平:《公司担保相关问题研究》,载《中国法学》2013年第2期。
② 参见钱玉林:《公司法第16条的规范意义》,载《法学研究》2011年第6期。
③ 参见最高人民法院在"申请再审人招商银行股份有限公司大连东港支行与被申请人大连振邦氟涂料股份有限公司、原审被告大连振邦集团有限公司借款合同纠纷"一案中作出的(2012)民提字第156号再审判决。
④ 之所以不持异议,是因为在本案再审期间,当事人提交了新证据,表明作为担保公司的振邦股份公司提供给招行东港支行的股东会决议上的签字和印章,与其为担保行为当时提供给招行东港支行的签字及印章样本一致。而振邦股份公司向招行东港支行提供担保时使用的公司印章真实,亦有其法人代表真实签名。且案涉抵押担保在经过行政机关审查后也已办理了登记。至此,招行东港支行在接受担保人担保行为过程中的审查义务已经完成,其有理由相信作为担保公司法定代表人的周某某本人代表行为的真实性。详细论述可参见最高人民法院(2012)民提字第156号民事判决书。

的现状。为了克服立法上的这一弊端,增强法律条文的可适用性,最高人民法院在制定司法解释时,才会煞费苦心刻意强调哪些无效①,哪些有效。②

其次,就《公司法》第16条并非为效力性强制性规定而言。前述最高人民法院(2012)民提字第156号民事判决中指出:"《公司法》第1条和第16条的规定明确了其立法本意在于限制公司主体行为,防止公司的实际控制人或者高级管理人员损害公司、小股东或其他债权人的利益,故其实质是内部控制程序,不能以此约束交易相对人。故此上述规定宜理解为管理性强制性规范。对违反该规范的,原则上不宜认定合同无效。"笔者认为,强制性规范是指不受当事人意志所左右且无法通过约定予以变更或者排除的规范。对于强制性规范,根据不同的标准会产生不同的分类,管理性强制性规定与效力性强制性规定也仅仅只是其中的一种分类方法,很难说能够把所有命令性规范和禁止性规范全部囊括在内。譬如,有学者就把强制性规范分为完全规范和不完全规范,完全规范主要是指命令规范(令行或禁止的行为要求),不完全规范包括权力分配规范、权限规范、辅助规范与定义规范、法律参照与法律拟制、法律推定等多种类型。③ 还有学者将强制性规范归纳为命令规范、赋权规范和定性规范,并在此基础上指出,对于强制或者禁止为一定行为的命令规范的违反才有制裁问题,对界定私法上形成及处分权利义务界限的赋权规范,并无真正的"违反"问题。法律行为逾越处分界限者,也并非"无效",而是在获得有权者许可前"不生效力"。法律行为违反"命令"和"社会规范"(如公序良俗)而无效,性质上是私法自治"内容"界限的逾越,而"处分权"的僭越则仅是私法自治内部"权限"界限的逾越,两者根本不能同日而语。④ 因此,试图将强制性规定区分为管理性强制性规定与效力性强制性规定,并进而以此为据区分规范属性的标准时,不仅对审判实践并无多大价值,在法解释上也出现了不当适用的混乱。⑤ 这种尝试解决问题的制度设计,却又造成识别标准本身难以区分这一新的问题⑥,不能不说是制度设计时未曾预料的后果。因此,断言《公司法》第16条

---

① 例如,《建设工程合同解释》第1条规定:"建设工程施工合同具有下列情形之一的,应当根据《合同法》第五十二条第(五)项的规定,认定无效:……"
② 例如,《建设工程合同解释》第5条规定:"承包人超越资质等级许可的业务范围签订建设工程施工合同,在建设工程竣工前取得相应资质等级,当事人请求按照无效合同处理的,不予支持。"
③ 参见〔德〕伯恩·魏德士:《法理学》,丁小春、吴越译,法律出版社2003年版,第56—72页。
④ 参见苏永钦:《违反强制或禁止规定的法律行为》,载《私法自治中的经济理性》,中国人民大学出版社2004年版,第42—43页。
⑤ 参见周伦军:《公司对外提供担保的合同效力判断规则》,载《法律适用》2014年第8期。
⑥ 最高人民法院在《合同法解释(二)》实施之后,又颁布了《最高人民法院关于当前形势下审理民商事合同纠纷案件若干问题的指导意见》,其第15条明确指出:"人民法院应当注意根据《合同法解释(二)》第十四条之规定,注意区分效力性强制规定和管理性强制规定。违反效力性强制规定的,人民法院应当认定合同无效;违反管理性强制规定的,人民法院应当根据具体情形认定其效力。"这一规定似乎又可以理解为对"违反管理性规定有效"的处理原则作了一定程度的变通,从而让司法实践更加无所适从。

为管理性强制性规定而非效力性强制性规定,理由未免有些牵强。

再次,就《公司法》第16条的规定系公司内部决议程序因此不得约束第三人而言。《公司法》第16条确有内部控制程序的内核和意涵,然而,这并不是《公司法》第16条的全部主旨和目的。作为法律,一经公布,任何人均不得以不知法律有规定或宣称对法律有不同理解而免予适用该法律。① 《公司法》第16条既然将公司担保的决策机构、权限等定为明文,即具有普遍适用效力,担保权人在与公司签订担保合同时,就应当注意到法律的既有规定。这种法定决策程序既是对公司的限制和要求,也是对担保权人的限制和要求。② 《公司法》第1条开宗明义规定"为了规范公司的组织和行为,保护公司、股东和债权人的合法权益,维护社会经济秩序,促进社会主义市场经济的发展,制定本法"。因此,无论是作为公司股东还是公司的债权人,都应当知道公司的组织和行为是受到法律规范而非任意妄为的。《公司法》第16条的立法理念之一就是将公司对外提供担保时的内部决策程序、决策权限在公司法总则之中晓谕公众,以图发生一体遵循的立法效果,该规定不仅调整公司内部管理事务,而且也规范公司外部交往事务。③ 既然《公司法》第16条明确规定了公司为股东或者实际控制人提供担保必须经股东会或者股东大会决议,那么作为担保权人或者债权人,就应当对此引起注意,任何忽视或者漠不关心该条规定,都不能认定为善意,而对于非善意的相对人,无权获得法律的全方位保护。

最后,就如果依据《公司法》第16条认定担保合同无效则不利于维护合同稳定与交易安全而言。诚然,作为调整商业行为的公司法,更加注意效率,为促进交易的快捷与简便,尽量提供给商主体以更加宽泛的自由行为空间。然而,这种效率的追求并非完全不考虑交易相对人的主观状态,恰恰相反,商法对于交易的主观状态却依然重视。以最讲究流通和效率的票据为例,《票据法》第10条规定:"票据的签发、取得和转让,应当遵循诚实信用的原则,具有真实的交易关系和债权债务关系。"第12条规定:"以欺诈、偷盗或者胁迫等手段取得票据的,或者明知有前列情形,出于恶意取得票据的,不得享有票据权利。持票人因重大过失取得不符合本法规定的票据的,也不得享有票据权利。"公平和效益是相互冲突的两个价值,孰优孰劣,取决于立法政策的价值取向。从上述规定可见,商法同样重视公平,而非视而不见。何况,担保权人形式上审查是否有股东会决议,并不会影响到交易的效率。另外,从风险控制的角度看,如果担保权人在知道被担保的是公司股东,而对公司股东会是否作出决议都疏于查阅,其权利自不应得到法律的惠顾。

综上,笔者认为,与其将问题放在《公司法》第16条的性质争议上,还不如着

---

① 参见曹士兵:《中国担保制度与担保方法——根据物权法修订》,中国法制出版社2008年版,第102页。
② 参见赵旭东主编:《公司法学》,高等教育出版社2006年版,第175页。
③ 参见徐海燕:《公司法定代表人越权签署的担保合同的效力》,载《法学》2007年第9期。

眼于公司法定代表人行使权限的限制,认定公司提供的担保是否有效,因为公司对外担保绝大多数是由法定代表人而为的。就此而言,回到本问题中来,我们似乎更应当看重《合同法》第 50 条,而非仅考虑第 52 条。① 《合同法》第 50 条规定:"法人或者其他组织的法定代表人、负责人超越权限订立的合同,除相对人知道或者应当知道其超越权限的以外,该代表行为有效。"另外,《担保法解释》第 11 条规定:"法人或者其他组织的法定代表人、负责人超越权限订立的担保合同,除相对人知道或者应当知道其超越权限的以外,该代表行为有效。"因此,如果公司违规为股东提供担保的,其法律效果如何确定,关键是要看担保权人是否知道公司违规担保。譬如,公司法定代表人持一份虚假的股东会决议以公司的名义为股东提供担保,担保权人尽了合理审查义务,但并未发现该股东会决议系虚假,此时即应当认定该担保行为有效。可见,公司提供担保尽管有违《公司法》第 16 条的规定,但对于善意的担保权人而言,该担保仍为有效;相反,对于非善意的担保权人,该担保则无效。这与《公司法》第 16 条究竟是管理性规范抑或是效力性规范无涉。

二十四、对于民间借贷引发的债务,公司债务加入行为的效力如何认定?

实践中,有的公司为作为债权人的出借人出具承诺书,加入到债务人也即借款人的还款义务中去,从理论上讲属于债务加入。债务加入在我国《合同法》中未作明确,但作为债务承担的一种方式,在经济交往中还是颇具市场。

如前所述,债务加入相较于保证而言,责任更大,风险更高。这是因为,保证分为一般保证和连带责任保证,就一般保证而言由于保证人享有先诉抗辩权,因此其自身的风险相对较低。更为重要的是,保证人承担了责任后,有权向债务人追偿;而债务加入中除非债务加入的第三人与债务人有追偿权的约定,否则第三人无权向债务人追偿。正基于此,公司加入他人债务时,要比提供担保履行更加严格的程序性条件和实质性要件。由于我国合同法欠缺债务加入的规定,导致《公司法》对于债务加入未具明文。

对于公司为其股东或者实际控制人提供担保,《公司法》第 16 条规定了严格的程序限制,该条后两款规定"公司为公司股东或者实际控制人提供担保的,必须经股东会或者股东大会决议。前款规定的股东或者受前款规定的实际控制人支配的股东,不得参加前款规定事项的表决。该项表决由出席会议的其他股东所持表决权的过半数通过"。尽管现行法律法规对公司债务加入没有作出限制,但由于债务加入责任承担要比担保责任更严,对公司的资产造成的可能性更高,对公司以及公司中小股东、公司债权人利益损害的严重性更大,因此,对公司债务加入要比对公司担保进行更加严格的规制。如果不对公司债务加入行为进行更为严

---

① 参见王林清:《公司诉讼裁判标准与规范》,人民出版社 2012 年版,第 97 页。

厉的规制,则不仅等同于"放纵当事人通过债务加入的形式规避公司法第 16 条的强制性规定,使该条形同虚设"①,更可怕的是,一旦允许公司债务加入,等于不支付对价无偿地从公司任意掠夺资产,将使公司成为名副其实的形骸化的空壳,后果不堪设想。

由此,鉴于公司债务加入将极度严重地影响到公司的财产安全和稳定发展,事关公司、股东以及公司债权人利益的重大行为,笔者认为,公司法应当着重从以下几个环节严格规制公司债务加入:

首先,公司法应当明确规定,凡是公司债务加入应由公司的最高权力机构即股东(大)会作出决议,且不得将此项权力授权董事会。违反该项规定的,应当认定债务加入无效。

其次,公司章程对债务加入的总额或者单项数额有限额规定的,不得超过规定的限额,对于超过部分,除相对人为善意的外,应当认定无效。

再次,公司为公司股东或者实际控制人承担的债务进行债务加入的,该股东或者受实际控制人支配的股东不得参加股东会或股东大会的表决,该项表决由出席会议的其他股东所持表决权的 2/3 以上通过。

最后,公司章程对债务加入行为没有规定的,应当召开股东(大)会临时会议决议。

二十五、公司法定代表人以公司名义为他人的民间借贷提供担保的,其效力如何认定?

越权担保的效力取决于担保权人善意与否,是否知道或者应当知道法定代表人超越了权限。这也成为担保行为效力的核心因素。从另外角度而言,此即关乎如何认定相对人"不知道或者不应当知道公司违规担保"的审查标准。司法实践中对此问题争议频仍,聚讼盈庭。主要集中于以下几种代表性观点:

第一种观点认为,担保权人只要对担保人公司的公章、法定代表人或代理人签名的真伪进行了审查未发现异常,即使担保违反了公司章程的规定,仍然应认定担保协议有效。公司章程属于公司内部治理规范性文件,不具有对世效力。公司章程对法定代表人权限的限制并不具有对抗第三人的效力,要求担保权人审查公司章程既不符合实际,也有违公平,更增加了交易成本,进而降低了担保权人交易的积极性,不利于活跃交易和促进经济发展。

第二种观点认为,应当区分公司形态讨论这一问题。公司形态不同,担保权人的审查标准亦应不同。对于上市公司,由于其公司章程具有较为明显的公示性,担保权人理应知道公司章程中对公司担保的记载;对于非上市公司,公司章程不具有公示效力,其公司章程查询不易,在交易实践中苛求相对人都得去查询显

---

① 潘亚伟、吴玉凤:《公司债务加入行为的效力》,载《人民司法·案例》2013 年第 8 期。

属不当,不能以公司章程上的记载推定担保权人知道公司担保的限制。

第三种观点认为,公司章程并不当然具有约束担保权人的效力。就普通担保而言,公司章程仅对公司、股东、董事、监事、高级管理人员具有约束力,如果担保权人不在此范围内,即不受公司章程中关于公司担保决策机构、担保权限规定等的约束,也不因公司章程中对公司担保事项的记载,就推定担保权人知晓越权担保中的法定代表人超越代表权限;就关联担保而言,因为公司法明确规定关联担保应经股东(大)会决议,任何人对立法均应知晓,如未经股东(大)会决议即对外提供担保,担保权人属于知道或者应当知道法定代表人超越权限,从而该担保行为对公司无效。

第四种观点认为,担保权人对于担保人公司章程负有审慎审查义务。《公司法》第16条将公司担保的决策机构、权限和程序具为明文,即具有普遍的适用效力,担保权人在与公司签订担保合同时,就应当注意到法律的既有规定。未尽审查义务的,不能视为其为善意,因而有可能导致担保行为无效。

笔者倾向于第四种观点。主要理由如下:

首先,从法律规定效应而言。法律不宜保护恶意第三人①,任何人均不得以不知法律有规定或宣称对法律有不同理解而免于适用该法律。②《公司法》第16条对公司担保规定决策程序既是对公司的限制和要求,也是对担保权人的限制和要求,因此,担保权人有审查公司章程的义务。③ 这一义务在性质上属于担保权人为控制交易风险的注意义务的当然内容,公司章程中对公司担保的规定也就构成了担保权人"知道或者应当知道"的内容。

其次,从风险控制角度而言。《公司法》第16条就担保问题作了明确的程序性规定,在这种情况下,否定公司章程对于第三人的效力,显然有失公平。"交易第三方不得以没有审查公司章程的相关内容为由进行抗辩而规避审慎失察所带来的交易损失。"④从风险控制的视角,担保权人理应查阅公司章程,以探知担保人提供适格担保的要求,从而保障借贷资金的安全,如若疏于查阅,其权利自不应得到法律的保护。

再次,从查阅便利程度而言。社会公众有权向公司登记机关申请查阅公司章程已是明文规定。担保权人在交易中接受公司的担保,往往处于主动地位,可以要求公司配合查阅包括公司章程在内的工商登记内容。在金融信贷实践中,商业银行并未亲赴工商登记机关查询担保人的公司章程,而是要求担保人提交相关文

---

① 参见崔建远:《合同法总论》(上卷·第二版),中国人民大学出版社2011年版,第433页。
② 参见曹士兵:《中国担保制度与担保方法——根据物权法修订》,中国法制出版社2008年版,第77页。
③ 参见赵旭东主编:《公司法学》,高等教育出版社2006年版;第175页。
④ 王冠宇:《浅析公司章程的对外法律效力——兼议新公司法第十六条》,载《金融法苑》(2009年总第78辑),中国金融出版社2009年版,第102页。

件,公司章程亦纳入其中。因此,区分上市公司与非上市公司、普通担保与关联担保等不同情形将查阅公司章程义务作区别对待,并无实际意义。

最后,从交易成本衡量而言。与维护交易相对人的成本相比,公司法更加注重公司、股东和债权人利益的维护。加重担保受益者的义务,有助于体现社会公平,也有助于构建平衡的商业关系。① 公司对外担保给公司股东权益带来了巨大的风险,在增加担保权人一定交易成本和公司被掏空、公司股东面临血本无归之间,公司法显然选择了前者。何况担保人的审查仅限于形式审查,交易成本究竟增加多少,并无实证可据。

综上,担保权人怠于查阅公司章程、审查公司担保决策机构的决议时,并不构成担保人公司越权担保时的善意,而属于"相对人知道或者应当知道其超越权限"的情形,担保权人不得主张适用《合同法》第50条表见代表制度,该越权担保行为对公司不生效力。

二十六、公司为他人民间借贷提供担保,担保权人对公司章程、公司担保决定机构决议的审查是形式审查还是实质审查?

任何人均不得以其不知公开的法律规则为由主张抗辩。既然《公司法》第16条规定,公司为他人提供担保,依照公司章程的规定,由董事会或者股东(大)会决议;公司为公司股东或者实际控制人提供担保,由股东(大)会决议,则担保权人应当要求担保人提供相应的文件材料进行审查,以证明公司的担保符合法律规定。问题是,担保权人的审查是形式审查还是实质审查?

目前,学界和实务界在这一问题的认识上基本一致,主张形式审查成为主流观点。形式审查意味着,担保权人尽了审查义务后仍然不可能知道公司无权提供担保的事实。换言之,发生纠纷时,担保权人负有举证责任,证明对担保人提供的各种材料尽了审慎合理的审查义务,达到了"不知道或者不应当知道"公司无权担保的证明标准。

担保权人要证明自己的善意,必须证明自己尽到了如下必要而合理的注意义务:(1) 审查了担保人提供的与担保相关的公司章程、决议情况和财务资料,若担保人为上市公司,根据《公司法》第121条的规定,还应审查担保金额与公司最近一年经审计确认的总资产的关系②;(2) 审查了上述资料以及法定代表人签章、董事或者股东签名、公司印章系真实;(3) 审查了上述资料及内容的合法性;(4) 审查了上述资料与担保的关联性。当然,审查签名、文件材料真伪时同样只需要达到合理注意义务标准。

---

① 参见叶林:《公司法研究》,中国人民大学出版社2008年版,第151页。
② 参见周伦军:《公司对外提供担保的合同效力判断规则》,载《法律适用》2014年第8期。

二十七、为他人民间借贷提供担保的公司的章程并未规定对外担保决策机关的,对外担保的决议应由哪个机构作出?

《公司法》第16条规定公司为他人提供担保,依照公司章程的规定,由董事会或者股东会、股东大会决议。然而,实践中有的公司并未在公司章程中规定对外担保的决策机构是股东(大)会还是董事会,公司为他人的民间借贷提供担保的决策机构应当如何认定,是股东大会还是董事会,理论界与实务界争议很大,主要集中在以下几种观点:

第一种观点认为,公司章程未规定对外担保决策机构的,应由董事会作出是否提供担保的决议。

第二种观点认为,公司章程未规定对外担保决策机构的,应由股东(大)会作出是否提供担保的决议。

第三种观点认为,在此情况下,股东(大)会和董事会作为担保决策机构均可。

第四种观点认为,公司形态不同,担保决策机构亦不同。其中,股份有限公司应由董事会作出公司对外担保决议;有限责任公司应由股东会作出公司对外担保决议。

笔者倾向于第三种观点。主要理由如下:

首先,公司章程未就公司担保问题作出规定的情况下,公司并不丧失对外担保能力和资格。股东会中心主义并不要求公司章程未授予董事会的权力皆由股东(大)会保留,比如公司为自己的债务提供担保,公司章程往往并无规定,可是理论界和实务界一致认为公司董事会完全有权作出该种担保决议。

其次,《公司法》已对公司担保的决策机关限定在股东(大)会与董事会之间,如果某个公司的章程仍然没有规定对外担保的决策机构,至少说明对外担保并非是该公司重要的经营方针和投资计划,而属于具体的经营计划和投资方案。按照《公司法》第46条和第108条的规定,决定公司经营计划和投资方案的权力机构是董事会而不是股东(大)会。因此,由董事会行使决策权与法律规定相吻合。当然,董事会不行使该项权力,股东(大)会亦可行使。

再次,认定公司董事会为公司对外担保决策机关虽然会给公司带来一定额外风险,但是,有弊也有利,对外担保也有可能给公司带来潜在的商机,有利于公司在瞬息万变的市场竞争中寻求到相对稳定的合作伙伴。

最后,公司对外提供担保虽然不具有持续性,但亦是经济生活之常态,一个公司在1年内对外担保次数较多实属正常,并无理由动辄即召开股东(大)会,否则反而降低了公司效率,增加公司运营成本。作为调查商业行为的公司法,其理论是在兼顾公平与安全的情况下,更加注重效率优先,由董事会作出决议,显然更加富有效率。

二十八、公司违规为他人民间借贷作出的担保决议被撤销的，担保合同是否仍然有效？

如上所述，如果担保权人尽了合理的形式审查义务，"不知道或者不应当知道"公司担保违规，或者法定代表人超越权限范围，根据《合同法》第50条的规定，该担保合同有效。问题是，如果公司发现为他人民间借贷提供担保对公司利益有可能造成损害，并作出撤销担保决议的，该担保合同的效力是否受公司决议被撤销的影响？笔者认为，该担保合同的效力不受公司决议是否被撤销的影响。原因如下：

一是从法律规定看。撤销决议属于公司内部行为，内部行为不影响公司与外部第三人法律行为的效力。也就是说，内部行为不得对抗善意第三人。合同属于当事人意思自治的产物，只要不存在法律规定的无效情形即为有效，无论是《合同法》还是《公司法》均未规定公司担保合同效力受公司决议被撤销的影响。

二是从法律价值看。公司违规担保情形下，公司的少数股东与担保权人的利益皆可能面临一定的风险，在选人不当的股东与毫无过错的善意第三人之间，将风险分配给少数股东更符合法律正义。当然，也有人会认为该种认定将影响撤销公司决议之诉的贯彻，然而，任何制度皆有适用的局限，此为法律的基本常识，也正因为如此，法律体系才包含了一系列相关制度而非某个单一制度。

三是从经济价值看。《担保法解释》第7条规定："主合同有效而担保合同无效，债权人无过错的，担保人与债务人对主合同债权人的经济损失，承担连带赔偿责任。"因此，即使认定公司对外担保合同效力因公司违规担保决议被撤销而无效，对公司并无积极的经济价值可言。

二十九、民间借贷中，一人公司能否为其股东或者实际控制人向他人借贷提供担保？

一人公司能否为其股东或者实际控制人向他人借贷提供担保？对此，学术界与实务界观点不一。主要存在两种截然不同的观点：

第一种观点认为，一人公司作为公司的一种法定类型，在法律没有明确禁止的前提下，当然可以为其股东或者实际控制人向他人借贷提供担保。

第二种观点认为，根据《公司法》第16条规定的精神，应当认为一人公司不得为其股东或实际控制人提供担保，如果一人公司为其股东或实际控制人提供了担保，该担保行为对公司不生效力。

笔者倾向于第一种观点。主要理由如下：

首先，一人公司为股东或实际控制人提供担保不适用《公司法》第16条第2款"公司为公司股东或者实际控制人提供担保的，必须经股东会或者股东大会决议"的规定。当公司为具有投资关系的股东或者有实际控制关系的其他主体提供特殊担保时，其决策权只能由公司所有者决策机构——股东会行使。对于不设董事会或者股东会的一人公司而言,《公司法》第 16 条关于担保能力的规定无适用的必要,因为不设董事会或者股东会的一人公司在公司所有权和经营权上并未分离,均由公司所有者即唯一股东行使,而公司为他人担保的决策权属所有者的权利。因此,该规定应适用由多个股东投资构成的公司。

其次,一人公司为股东提供担保与《公司法》第 16 条的立法本意和目的不相抵触。该条规定的特殊担保下股东回避表决,旨在防止大股东滥用股东权利,保护公司和小股东免遭公司提供担保所带来的风险,确保公司更加客观、公正地决定是否为其股东进行担保,而并非禁止或限制该类特殊担保。实践中,一人公司不存在大股东和小股东之分,也不存在利害关系股东和无利害关系股东之分,唯一的股东同意提供担保,不仅体现股东意志,也体现公司意志,同样也体现了债权人的意志。在没有其他利害关系股东存在的情形下,也就谈不上损害其他股东的利益。因此,一人公司的股东可以自行作出由一人公司为自己债务提供担保的决定。至于是否损害公司债权人利益,则属于民法撤销权的行使范畴,不属于《公司法》调整范围。如果股东借公司担保损害资本维持原则,甚至抽逃出资,则可以援引《公司法》关于股东抽逃出资或者股东滥用公司法人独立地位等法律规定,追究股东的法律责任。①

再次,一人有限公司为其股东提供担保符合"法不禁止即自由"的理念。作为《公司法》总则条款的第 16 条有关担保的规定,自然是对所有公司类型都适用,对于排他性适用条款的,立法会作出特别说明,或者根据实际情况推论出当然的结论。譬如,《公司法》在规范一人公司时并未对其担保问题作出特别规定,意味着一人公司为其股东提供担保尽管构成关联交易,但立法并未禁止,也即一人公司也可以为其唯一的股东或者实际控制人提供担保。然而,根据第 3 款的规定,为股东或者实际控制人担保,应当交由股东会表决,且股东必须回避。众所周知,一人公司的股东只有一个,一人公司的组织机构本身就没有股东会②,股东会所有的权力均由一人公司股东行使。所以,第 16 条规定涉及股东会的表决,自然不应适用于一人公司,何况《公司法》分则的特殊规范中亦未对一人公司为其股东提供担保作出相应规定,根据私法中"法无禁止即可行"的理念,以及从适应市场主体的融资需求、尊重交易效率和减少交易成本出发,在公司章程没有禁止性规定的前提下,应当允许一人公司为其股东提供担保。③

最后,一人公司与其他类型的公司一样,具有担保能力和资格,进而在规范公司为其股东或实际控制人提供担保方面,法律没有必要作出相应限制。我们应当注意到,对于一人公司的立法的态度,经历了从严格限制到逐步规范的过程,一人

---

① 参见王林清:《公司诉讼裁判标准与规范》,人民出版社 2012 年版,第 106—107 页。

② 《公司法》第 61 条规定:一人有限责任公司不设股东会。股东作出本法第 37 条第 1 款所列决定时,应当采用书面形式,并由股东签名后置备于公司。

③ 参见姜旭阳:《一人公司为股东担保的效力》,载《人民司法·案例》2010 年第 4 期。

公司的权力能力和行为资格正越来越与其他公司相接近。① 尽管一人公司为股东提供担保有可能使一人公司的债权人利益遭受损害，但通过《公司法》所规定的法人人格否认以及一人公司财产与股东财产相互独立②的规定，同样可以对一人公司债权人提供周全的法律保护。另需一提的是，一人公司的资产并不必然就比其他类型的公司当然要少，一个国有独资公司开办的一人公司，其资产往往远远大于一般的有限责任公司；一人公司的信用也并不必然就比其他类型公司的差，正因为一人公司的特殊性，其股东往往更加注重公司信誉与信用的培养，更加在乎行业与社会评价，其信用反而比一般有限公司要高。此外，任何一个商人在与一人公司进行业务往来时，本来就应当对一人公司的性质有所了解，应当对潜在的商业风险有所认识，应当对一人公司与其他公司类型的区别有所掌握。当一人公司股东的债权人接受了一人公司提供的担保时，也意味着债权人作出了自认为合理的商业判断，司法既不应越俎代庖，也不应因噎废食，而是应对这种商业行为抱有乐享其成的态度。相反，对一人公司为其股东或者实际控制人的债务提供担保设置人为障碍，不仅会有手伸得过长的嫌疑，而且也不利于促进交易，维护经济发展。

因此，从合法性角度分析，一人公司为其股东从事民间借贷而提供的担保，在无法满足《公司法》第 16 条第 2 款、第 3 款的程序性规定时，可由其董事会或者执行董事作出决定，只要相对人是善意的，则对一人公司提供担保的效力可作肯定性评价。

三十、民间借贷中签订了以商品房所有权转移作为民间借贷担保的，其效力如何认定？

当事人之间的法律为民间借贷法律关系，同时为保证民间借贷合同的履行而签订了商品房买卖合同。当作为债务人的借款人不能清偿债务时，需将担保标的物——商品房的所有权转让给作为债权人的出借人，出借人据此享有以商品房优先受偿的权利。对于商品房买卖合同的效力，实践中存在两种不同的观点。

第一种观点认为，让与担保设定的是物权，而我国实行物权法定原则，除物权法规定的物权种类外，当事人不得自主创设物权，因此，让与担保与物权法相悖，旨在设定让与担保物权的商品房买卖合同无效。

第二种观点认为，让与担保的设立是为了避免担保标的物发生交易变动而引

---

① 2005 年修订的《公司法》第 59 条曾规定，一人有限责任公司的注册资本最低限额为人民币 10 万元，并且股东需要一次足额缴纳。而 2013 年修订《公司法》时，不仅删除了一人公司的最低注册资本额，与其他类型公司别无二致，而且在出资额的缴纳上，也废除了一次足额支付的规定。彰显了立法对于一人公司愈加宽松的政策态度，体现了立法转向了对公司资产的依赖，而不是像过去那样一味地迷信公司资本。

② 《公司法》第 63 条规定："一人有限责任公司的股东不能证明公司财产独立于股东自己的财产的，应当对公司债务承担连带责任。"

起具有排他性的物权之间的冲突,从而确保交易安全,这与物权法定原则的立法本意相吻合,而且通过习惯法来缓和物权法定原则带来的法条僵化已成为学界共识。因此,以商品房买卖合同表现出的让与担保不应轻易被否定。

笔者倾向于第二种观点。主要理由如下:

首先,让与担保与物权法定原则并不冲突。从物权法定原则的立法本意来看,贯彻物权法定主义的意义不仅在于表明立法至上主义,更主要的是可以避免因契约自由所产生的交易上动态发展而引起的具有排他性物权之间的冲突,以确保市民社会财产的静态安全和动态安全(交易安全);而让与担保的设立,也是通过赋予担保权人行使买卖合同的债权来保证担保权人对担保物享有排他性权利,避免担保人在担保设立后将担保物出售或在担保物上设置其他权利负担,从而保障担保权人的债权安全,这与物权法定原则的立法本意一致。[①] 随着经济社会的发展,总是不可避免地要产生各种新型物权,因此,物权法定原则也应有所缓和,以避免物权法定原则过于僵化,可能出现限制社会发展的弊端。民法所以采物权法定主义,其目的非在于僵化物权,阻止法律的发展,而旨在以类型之强制限制当事人的意思自治,避免当事人任意创设具有对世效力的新型法律关系,借以维持物权关系的明确与安定,但并不排除于必要时得以补充立法或法官造法之方式,创新和肯定新的担保方式,以适应社会之需要。

其次,从法律构成看,当事人通过契约方式设定让与担保,并非创设一种单独的让与担保物权,而是形成一种受契约自由原则和担保之经济目的双重规范的债权担保关系。合同法具有自由和便捷之品质,让与担保作为私法自治的产物,其生命力恰恰在于适用便捷、成本较低、方式灵活,以合同法等债权规则予以调整和规制,更能激发让与担保等非典型担保之活力。因此,只要不违反法律的效力性强制规定和公序良俗,当事人自可依契约自由原则设定让与担保合同,并且可以通过合同法规则予以规制。在德国、日本等国以及我国台湾地区大陆法系国家和地区,其法院亦主要是通过合同法规则来调整让与担保,依照私法自治原则通过判例加以发展和确认。[②] 相反,如若对让与担保进行物权法上的规制,则不仅难以达到预期的立法目标,而且很有可能扼杀了让与担保的生命力,使其不能发挥其本身的简洁、便利的担保功能。

再次,物权法定原则中的"法"并不仅仅包括成文法,也包括习惯法,通过习惯法对非典型物权的认同来实现非典型物权与物权法定原则的融合,对破除物权法定原则的过度僵化具有积极意义,有利于适应市场交易和社会发展之需。有观点认为,一种习惯法律制度是否得到制定法的接纳,取决于这种习惯法是否已经发

---

① 参见袁士增、马艳华:《后让与担保权人不能直接以物抵债》,载《人民司法·案例》2014年第16期。

② 参见王闯:《关于让与担保的司法态度及实务问题之解决》,载《人民司法·案例》2014年第16期。

展成熟并且开始定型化,是否已经在社会中承担着重要的功能,以及法学理论对这种习惯法上的制度是否有比较统一的解释。① 也有观点认为,对于一种习惯法的承认,似乎不应该采取一步到位的做法,而是应当通过部分承认、整体承认、实定法的制度这样一种步骤完成。② 在笔者看来,随着信用交易的不断发展和完善,担保法律制度在学说和判例中也在不断演绎和孵化出新的方式,让与担保正是在交易实践中磨合、孕育、产生的制度并逐步演变为习惯,进而成为商事交易中的习惯法。在已经承认让与担保的法律效力的国家,迄今为止让与担保仍然是以习惯法的形态存在。物权法定主义之意旨应仅在于限制当事人创设物权,尚无禁止经由习惯法形成新的物权之理。因此,可以通过习惯法来确认让与担保的担保物权效力,以实现其与我国现行法律体系的融合。

最后,物权合同等原因行为的效力,应受合同法的调整;物权的设立、变更、转让和消灭等物权变动的效力,则受物权法的规制;原因行为的效力不受物权变动要件的影响。《物权法》第15条正是确定了原因行为与物权变动的区分原则:"当事人之间订立有关设立、变更、转让和消灭不动产物权的合同,除法律另有规定或者合同另有约定外,自合同成立时生效;未办理物权登记的,不影响合同效力"。据此,该区分原则强调并宣示:合同归合同,变动归变动。值得注意的是,该区分原则的确立,不仅为物权法定主义与契约自由原则之间提供了足够的缓冲和腾挪余地,而且为以让与担保为代表的非典型担保的蓬勃发展提供了充分的空间。③ 根据物权法之区分原则,在当事人通过合同创设新型担保物权时,涉及合同效力的认定,人民法院应依契约自由原则,只要不存在《合同法》第52条规定之情形,便不宜轻易否定让与担保等非典型担保合同的效力,以此促进非典型担保的顺利发展,满足担保实践之需要。

三十一、通过股权转让的形式为民间借贷设定担保的,其效力如何认定?

实践中,经常有以股权转让的形式设定民间借贷担保,这种担保同样构成让与担保。让与担保中,尽管标的物的所有权或者股权等权利依约定转移给了债权人,但当事人之间的关系并不是以移转和取得标的物的所有权或者其他权利为目的,移转权利只是为担保债权的实现的一种方式。因此,担保权人只是一时地取得标的物的所有权,在债务人履行债务后,其应向担保人返还标的物;并且担保权人就其取得的权利,负有不超过担保目的而行使的义务,如其于债务履行期届满

---

① 参见王卫国、王坤:《让与担保在我国物权法中的地位》,载《现代法学》2004年第5期。
② 参见胡绪雨:《让与担保制度的存在与发展——兼议我国物权法是否应当确认让与担保制度》,载《法学杂志》2006年第4期。
③ 参见王闯:《关于让与担保的司法态度及实务问题之解决》,载《人民司法·案例》2014年第16期。

前将标的物出卖,则发生违反义务的责任问题。

由此,通过以股权转让的形式设定民间借贷担保,这种担保方式同样应当认定有效,这与本题所述以转移商品房所有权作为担保并无本质的区别,在理论与实践中都应当得到宽容和承认。应当看到,让与担保物的权利特别是所有权、股权等归属于担保权人,即使债务人破产,债权人亦可以以所有人的身份取回担保物,比起抵押权人、质押权人受清偿顺序的限制,风险要小得多。让与担保实行的换价程序比较灵活,可以由当事人任意设定,十分便捷,而且变卖和估定的价值往往较高,既可以维护设定人的利益,也可以有效保障债权人债权的实现。同时,让与担保制度克服了质权必须移转动产占有的缺陷,使得资金融通与动产用益同时得到满足。

总之,让与担保作为一种满足融资需求的有效手段,在社会交易中频频得以使用[1],无论是以所有权还是以股权转让的形式设定担保,立法与司法均应当予以顺应和引导,从而为资本融资市场源源不断的活水修筑绵延不绝的渠道和堤岸。

三十二、签订民间借贷合同的同时又签订了商品房买卖合同的,应当如何处理?

民间借贷实务中,有的借款人在与出借人签订民间借贷合同的同时,又签订了一份商品房买卖合同,约定如果到期不能偿还本息的,则出借人有权履行商品房买卖合同。就此问题如何处理,实践中争议很大,代表性的观点有三种:

第一种观点认为,借款人在与出借人签订民间借贷合同的同时又签订商品房买卖合同的,构成流质契约,应当认定无效。

第二种观点认为,借款人在与出借人签订民间借贷合同的同时又签订商品房买卖合同的,其实质是以商品房买卖作为民间借贷的担保,构成了让与担保,应当认定有效。借款人到期未还款的,出借人有权履行商品房买卖合同,从而取得所有权。

第三种观点认为,借款人在与出借人签订民间借贷合同的同时又签订商品房买卖合同的,该两份合同均有效。借款人到期未还款的,出借人无权取得商品房所有权,而应当通过对商品房予以拍卖或者折价等清算方式,实行多退少补。

笔者倾向于第三种观点。

实际上,借款人在与出借人签订民间借贷合同的同时,又签订了一份商品房买卖合同,但没有办理商品房过户手续的,构成了后让与担保。

后让与担保,是指债务人或者第三人为担保债权人的债权,与债权人签订不动产买卖合同,约定将不动产买卖合同的标的物作为担保标的物,但权利转让并

---

[1] 参见尤冰宁:《债权人对让与担保的担保物享有优先受偿权——福建渝商投资有限公司诉丁某辉、丁某灿、吴某民间借贷纠纷案》,载陈国猛主编:《民间借贷:司法实践及法理重述》,人民法院出版社2015年版,第100页。

不实际履行,于债务人不能清偿债务时,须将担保标的物的所有权转让给债权人,债权人据此享有的以担保标的物优先受偿的担保物权。① 后让与担保与让与担保虽比较接近,但也有着明显区别。

让与担保与后让与担保的区别主要体现于以下两方面:其一,从担保物权利转移的时间来看,让与担保是在担保设定之初就将担保物的所有权等权利转移于担保权人;而后让与担保则是在债务人未依约履行债务后才转移担保物权利给担保权人,即担保物权利转移的时间有先后之分。其二,从担保权人就担保物所取得的权利状态来看,让与担保权人实际取得了担保物权利,其对担保物所享有的权利处于既得状态,虽然这种权利具有从属性、暂时性和受限制性;而后让与担保权人基于后让与担保取得的仅是期待权而非现实物权,期待后让与担保约定的条件成就时要求担保人转移担保物权利的权利,其对担保物所享有的权利处于期待状态。

对于让与担保与后让与担保的关系,有观点认为,学界对后让与担保的概念尚无统一认识,在此前提下,结合我国法律实践中让与担保制度的发展现状,是否有提出"后让与担保"概念之必要,如何界定后让与担保的性质以及如何准确区分其与让与担保之间的界限,均存有疑问。② 而且,提出该概念的学者亦认为其与让与担保的区别"仅在于一个是先转移所有权,一个是后转移所有权,同样都是担保物权,仅仅是所有权转移有先后之分而已。在其他方面,二者则基本相同"。③ 在笔者看来,让与担保与后让与担保存在的区别主要体现为担保物的所有权等权利转移的时间上,在其他方面④,尤其是权利转移的性质、价值、功能以及归属定位等方面并无本质区别。

借款人在与出借人签订民间借贷合同的同时又签订商品房买卖合同的,该两份合同均有效。借款人到期未还款的,出借人无权取得商品房所有权,而应当通过对商品房予以评估、折价、拍卖、变卖等清算方式,实行多退少补。

三十三、如何看待让与担保与流质契约的区别?

让与担保制度在我国的法律中并没有明文规定。在《物权法》起草过程中,是否将让与担保制度列入《物权法》,争议很大。由全国人大常委会法工委拟定的《物权法(草案)》三次审议稿之前的诸稿中,都规定了让与担保制度。但由于种种

---

① 参见杨立新:《后让与担保:一个正在形成的习惯法担保物权》,载《中国法学》2013年第3期。
② 参见梁曙明、刘牧晗:《借贷关系中签订房屋买卖合同并备案登记属于让与担保》,载《人民司法·案例》2014年第16期。
③ 杨立新:《后让与担保:一个正在形成的习惯法担保物权》,载《中国法学》2013年第3期。
④ 还应当注意的是,在让与担保的语境下,权利人取得了不动产的形式上的所有权,有可能对该不动产进行处分,这种处分是否属于无权处分? 第三人能否基于该处分行为而取得不动产的所有权? 笔者认为,答案应当是肯定的,因为我国《物权法》第106条规定了善意取得制度。作为学术研究,区分"让与担保"和"后让与担保"还是有一定意义的。

原因,正式颁布的《物权法》最终没有规定该项制度。从让与担保的发展史看,其系判例法的产物而非成文法的产物。

流质契约是指当事人在签订抵押合同、质押合同时,或债权清偿期届满前,约定在债务履行期届满抵押权人、质押权人未受清偿时,抵押物、质押物的所有权转移给债权人所有的制度。流质契约是转移抵押物、质押物所有权的预先约定,为法律明确禁止。我国《物权法》第 186 条、第 211 条均规定了流质契约禁止,《担保法》第 40 条、《担保法解释》第 57 条也规定了流质契约禁止的原则。

法律禁止流质契约的目的在于,抵押权、质押权是价值权,未经折价或者变价预先将抵押物、质押物的所有权转移给抵押权人、质押权人所有,违背了抵押权、质押权的价值权属性。从债务人角度看,若债务人为经济困难所迫,以价值较高的抵押物、质押物担保较小的债权,若订立流质契约,则将损害抵押人、质押人的利益;从债权人角度看,若抵押权、质押权设定后,抵押物、质押物价值下降,低于所担保的债权,对债权人而言也是不公平的。因此,禁止设立流质契约可以公平地保护双方利益。[①] 从另外一个角度讲,流质契约也有利于维护民法的公平、等价有偿的原则。

流质契约是当事人事先约定在债务人不履行债务时,担保权人当然取得标的物的所有权,而且不负清算义务。让与担保中,标的物所有权虽然已移转于担保权人,但就担保权人与设定人之间的关系而言,担保权人并非确定地取得标的物的所有权。在债务人不履行债务时,担保权人仍负有清算义务,即担保权人仍应履行变卖标的物或协议估价,以其价金受偿或标的物抵偿债权,亦即在标的物的价金超过担保债权额时,就超过部分负有返还之责;当标的物的价金低于担保债权额时,就不足的部分债务人仍然负有补偿的义务,而并非当然取得标的物的所有权。让与担保中只是暂时让渡所有权,并未免除清算义务,这是让与担保与流质契约的最大不同。

三十四、债权人如何进行清算?

由于担保债权人负有进行清算的法定义务,因此,其核算清算金额必须努力确保标的物评价额的正当性。在当事人对于标的物评价额达成合意的情况下,司法应当尊重当事人的合意,因为作为市场主体,对于标的物的价格要比法官更理性,考虑得更周详,合意价格是当事人自由协商、讨价还价的结果,司法绝不能以金额过高或者过低为由予以阻碍。

在当事人不能达成合意的情况下,清算的方式或者说确定标的物价额的方式有三种:其一,采取拍卖的方式核定标的物价额,该种方法需要支付一定的费用,

---

① 参见李国光等主编:《最高人民法院关于适用〈中华人民共和国担保法〉若干问题的解释理解与适用》,吉林人民出版社 2000 年版,第 216 页。

且拍卖有时并不能真实反映标的物的实际价值;其二,由资产评估机构予以评估,该种方法同样会因支付评估费用而消耗一定的成本,且资产评估机构评估时也主要是参照标的物的市场时价;其三,以该标的物的市场时价作为参考标准,该种方法既可以节约一定的费用,又可以减少人为因素的影响,属于一种较为妥当的方法。

第九章 民间借贷与债转移

一、民间借贷债权让与行为是否受债权让与合同效力的影响？

债权让与行为的性质关系到其构成要件、样态和效力等多面,对债权让与性质的区分对于处理民间借贷纠纷案件也是有所裨益的。民间借贷纠纷中,涉及债权让与的案件往往牵涉交易主体众多,对其性质的区分直接关系到权利义务的归属和各当事人的利益。我国理论界对债权让与的性质存在较大分歧,准物权行为和债权行为之争一直持续。表现在民间借贷中,主要存在两种不同的观点。

第一种观点认为,债权让与行为是事实行为,是有因行为,民间借贷债权转让合同无效的,受让人当然不能取得所转让的债权,债权让与是债权转让合同生效的当然结果。这一观点又称为有因行为说。

第二种观点认为,债权让与行为是相对的无因行为,是准物权行为。民间借贷债权转让合同有效与否,并不影响债权让与的效力,并认为无因性可以由当事人的意思表示予以排除。这一观点又称为相对的无因行为说。

笔者倾向于第一种观点。主要理由如下.

首先,债权让与行为与债权让与合同是两个独立的范畴,债权让与行为是事实行为,债权让与合同是债权让与行为的原因,是民事法律行为。相比较于物权行为制度,我国法律虽然承认物权行为,但并不采纳物权行为的无因性。所谓无因性,是指一个法律事实的有效性不受其基础行为(即导致其发生的原因)的有效性的影响,基础性为不成立、无效或被撤销不影响该法律事实的效力。无因性概念是德国法学家萨维尼最早创立的,其对债权行为和物权行为作了区分,他认为在买卖合同的物权交易中,同时包含了两个法律行为:债权行为和物权行为,后者的效力不受前者的影响。这意味着首先物权行为独立于债权行为而存在,其次物权行为在效力上与债权行为绝缘。债权行为是物权行为的原因,物权行为的成立与生效不受债权行为的影响,即谓之无因。也就是说,在交付标的物之后,债权行为被宣告无效或撤销的物权行为的效力不受影响。① 我国立法上虽已区分债权行为和物权行为，但对于德国法上的物权行为的无因性并未采纳。在物权变动的模式上，我国立法基本采纳的是"债权意思表示+登记或交付"的模式，物权行为并未独立。

其次，从我国现行立法来看，出于保护交易安全和维护市场稳定发展考虑，我国立法并未采纳将债权让与行为定性为物权行为或准物权行为的主张。笔者赞同将债权让与和债权让与合同看做两个形态的观点，即债权让与是债权转让于受让人的变动过程，是一个事实行为；而债权让与合同则是引起该法律事实的原因，是以当事人的意思表示为要素的，并引起了当事人之间权利义务关系的变更。② 但债权让与合同的成立、履行和移转的法律效果发生是一体的，实际上都是通过同一行为表现出来的，故我国法上的债权让与制度是独具特色的，既不同于德国法上的准物权行为，也不同于法国法上的债权行为。

再次，从维护法律体系的完整性和统一性的角度出发，债权让与也不具有无因性。与此相关，笔者认为，我国合同法设立的债权让与制度是在整个合同法的体系之下的，属于合同的变更和转让，立法的本意亦是将债权让与直接视为债权让与合同的结果。如果债权让与合同根本不存在或者合同应当被宣告无效，或者已经被解除，则所发生的转让行为是没有法律效力的，同时，转让人还应当对善意的受让人因此所受到的损失承担赔偿责任。③ 而从法律制度的保护倾向分析，承认无因性的目的就是为了否定出卖人的物权请求权，保障交易安全的实现。但在债权让与中，买卖的客体是债权而非有体物，无论是否承认无因性，都不存在出卖人对受让人主张原物返还的请求权，债权让与人只能以"不当得利"的债权请求权要求受让人返还不当得利。④ 故笔者认为，《物权法》确立了物权行为与债权行为的区分，但未予承认物权行为的无因性，实际上部分采纳了债权形式主义的立法模式。这既有利于明确法律关系，保持立法体系的完整性，又体现了独具我国特色的多种立法模式相结合的立法方法。因此，从立法体系的完整性角度考虑，笔者认为将债权让与行为定性为有因行为更为适宜。

债权让与合同存在无效情形时，债权让与行为不会发生效力，且债权让与合同的无效是自始无效的，是强制性规定，排除当事人意思自治。而当债权让与合同存在可撤销事由时，根据《合同法》的规定，在撤销权人行使撤销权以前或当事人达成合意，权利人不行使撤销权时，撤销权即告消灭，债权让与合同仍然是合法有效的，但撤销权人行使撤销权后，因合同被撤销不发生债权转让的效果。当然，

---

① 参见姚明：《关于债权（合同权利）让与无因性的思考》，载《金陵科技学院学报》（社会科学版）2008年第2期。
② 参见崔建远、韩海光：《债权让与的法律构成论》，载《法学》2003年第7期。
③ 参见吴庆宝主编：《合同纠纷裁判标准规范》，人民法院出版社2009年版，第133页。
④ 参见申建平：《债权让与无因性之探讨》，载《学术交流》2007年第7期。

为防止当事人一方故意欺诈、胁迫或乘人之危,又利用约定无因性阻却撤销权的行使,法律不应当承认当事人之间的下述事先约定:债权让与合同存在撤销原因场合,债权让与仍然具有无因性。① 虽然如此,但笔者认为,上述情形并非否定债权让与行为的有因性,只是在特殊情况下为保护合法权益所作的变通,而总体上,债权让与行为仍然是有因的行为。

最后,从相关制度设计的保护倾向考虑,我国立法选择债权让与是有因行为的模式具有一定的现实意义。在我国经济发展增速过快的环境下,部分市场主体的法律意识薄弱,诚信度低,全社会的征信系统没有完善,以保护交易安全和当事人利益为原则的有因行为理论更适合我国的现实国情,对出让方、受让方和债务人的保护相对平衡。

二、民间借贷的债权是否都可以自由转让?

债权必须具有可让与性是债权让与的构成要件之一。民间借贷案件中,是否所有的民间借贷债权均为可让与性的债权,在审判实践中存在一定争议。

第一种观点认为,合法有效的民间借贷债权都属于可让与的债权。

第二种观点认为,合法有效的民间借贷债权并非都为可转让的,还需结合其他因素和要件加以确定。

笔者倾向于第二种观点。

如上所述,《合同法》第 79 条规定了三种除外情形,分别对债权让与的债权类型加以限制,包括:根据合同性质不得转让的;按照当事人的约定不得转让的;依照法律规定不得转让的。从确立债权让与制度的初衷分析,债权让与的结果是债权人主体的变更,债权内容不变,在一定程度上便利债权的实现。债权让与是鼓励债权流通和自由交易的,对大多数债权类型和让与范围并不作过多限制,以免影响市场交易的正常秩序,避免政府的过多干预。

然而,这并非意味着民间借贷所有债权均可自由转让。笔者认为,下列情形下的民间借贷债权即不得转让。

1. 民间借贷的双方当事人互负债权债务,当事人约定以其相互间的其他交易所发生的债权债务为定期计算,互相抵销而仅付其差额的,由于此种债权债务关系中一方当事人不能将对方排除在计算之外,故从此类民间借贷合同性质上看,不可让与。

2. 根据出借人与借款人的特别约定不得让与的民间借贷合同。根据当事人的意思表示,出借人与借款人在民间借贷合同订立时或在订立后、转让前达成合意,约定不得转让民间借贷债权的,这种约定是有效的,需当事人双方予以遵守。根据合同自由原则,当事人在合同中约定的禁止任何一方转让合同债权的,只要

---

① 参见崔建远、韩海光:《债权让与的法律构成论》,载《法学》2003 年第 7 期。

不违反法律的强制性规定,不损害社会公共利益和他人合法权益的,即应认定有效。

3. 依照法律规定不得转让的。《合同法》没有明确规定何种债权禁止让与,但在其他法律中有关于债权禁止让与的规定。例如,我国《担保法》第61条即规定,最高额抵押的主合同债权不得转让。因此,如果民间借贷有最高额抵押的,则转让民间借贷主债权的行为因违反法律禁止性规定而无效。《担保法》第61条规定禁止转让的不是各个具体的债权,而是基于基础法律关系的考量。之所以禁止最高额抵押基础法律关系转让,其原因包括:一是基础法律关系是各个具体的债权债务关系和抵押法律关系的根本之所在。二是当事人之间之所以能存在最高额抵押,是因为当事人之间存在着连续性交易,也就是说,当事人之间存在着一定的信任。如果允许基础关系转让,那么主体就要变更,这样会在一定程度上损害债务人的利益。① 当然,如果民间借贷最高额抵押期间终止后,民间借贷主债权可以与抵押权一起转让。这是因为,被担保的民间借贷债权已经特定化,此时其与一般抵押除了最高限额不同之外,在其他方面并无本质区别,即可任意转让。

三、具有期待性质利息债权能否转让?

只要该可期待债权不违反法律的强制规定和当事人合意,应具有可转让性。如已发生的利息债权,脱离主权利不影响其性质,具有独立性,可以让与。但就未发生的利息债权,是否可以转让,则存在争议。

第一种观点认为,未发生的利息债权没有独立性,应当否认其可让与性。

第二种观点则认为,对于未具备独立性的从权利也可让与,未发生的利息债权不存在独立性,但将来可以与主债权脱离而独立存在,这与未来债权有一定的相似性,也可以采取对未来债权持开放的态度,承认其可让与性,当事人可以约定在其未来发生时让与他人。②

笔者赞同后一种观点,认为未发生的利息债权也可转让。未发生的利息虽然附随于借款合同,其本身没有独立性,但是,借款本金与利息同属于金钱债权,二者是可分的。只不过这种未发生的利息是否必然发生和实现,存在不确定的因素。对于不确定的债权,从法律原理上讲,并没有禁止转让的必要,这与附条件的合同有一定的相似性。从有利于债权实现的角度考虑,对于尚未发生的、具有期待性质的利息允许其转让,并不会侵害他人合法利益,因而自无不允转让之理。

四、作为自然之债的民间借贷债权可否转让?

自然之债是经由诉讼不能实现的债,债务人的履行或者承诺履行将启动债对

---

① 参见孙鹏:《担保法精要与依据指引》,北京大学出版社2011年版,第214页。
② 参见郑一珺、常东岳:《债权让与若干实务问题探析》,载《法律适用》2012年第1期。

债务人的强制力,债务人一旦自动履行即不得请求返还。自然之债是债的"亚类",用"自然"加"债"来表达有两个含义:一是它不同于一般的作为法定之债的民事债,无论是债因还是效力;二是它不同于非债,不是纯粹的社会、道德或者宗教义务。用"自然之债"将"债"与"自然"连接可以体现出,这一类债的债务人可以拒绝履行,但一旦履行它就是债的履行而非不当得利或者赠与。通说认为,自然之债包括消灭时效完成后的债务、不法原因给付的债务、超过利息限制之利息的债务、基于道德义务之债务、破产程序中未受清偿之债务、婚姻居间报酬之债务以及约定的自然债务。① 自然之债是民法上最不确定和最具争议的概念之一,直到今日,各国的学理及立法、判例对它的认识尚不一致。在我国,自然之债甚至是被立法与判例所忽视的法律问题。

笔者认为,自然之债是可以转让的,因为自然之债是一种债权,债权人具有债权利益。在民间借贷中,超过诉讼时效的债权属于自然之债。尽管这一类债的借款人可以拒绝履行返还借款本金和利息的义务,但是,一旦借款人履行了还款义务,它就是债的履行而非不当得利或者赠与。从这个角度而言,出借人对于自然之债的债权,仍然可以作出转让或者处分。当然,转让给第三人后,该债权在性质上仍然是自然之债,借款人是否对受让人履行还款义务,法律并不作强制性规定。

五、民间借贷有质押或者留置的,质押物、留置物产生的孳息是否应随主债权的让与一并让与?

《物权法》第213条规定:"质权人有权收取质押财产的孳息,但合同另有约定的除外。前款规定的孳息应当先充抵收取孳息的费用。"第235条规定:"留置权人有权收取留置财产的孳息。前款规定的孳息应当先充抵收取孳息的费用。"

通过上述规定可以看出,无论是质押财产还是留置财产,其孳息应当先充抵收取孳息的费用。故已设定质权、留置权并已收取孳息的民间借贷债权,在债权让与时,孳息应当先充抵收取孳息的费用,对于超出充抵费用的孳息,按我国民法理论应将其用于清偿债务,减少债权额。因此,所让与债权的数额还应扣除清偿债务的部分。总之,已生孳息不属于随主债权让与的从权利,不能随民间借贷债权的转让而转让。

六、债权人将无效民间借贷合同的权利转让给第三人的,其效力应当如何认定?

债权人将无效的民间借贷合同的权利转让给第三人的,该转让行为的效力如何认定,这在审判实践中存在争议。

第一种观点认为,债权人将无效的民间借贷合同的权利转让给第三人的,应

---

① 参见李永军:《自然之债源流考评》,载《中国法学》2011年第6期。

认定债权转让无效。

第二种观点认为,对此情形下的合同效力不能一概而论,应按照具体情况分别认定是否有效。

笔者倾向于第二种观点。

理论界通说认为,债权转让的前提是债权人所享有的债权必须是合法有效的,即合同债权的有效存在,是该合同的权利义务能够被让与的基本前提,如果合同债权根本不存在或者合同应被宣告无效,或者已经被解除,在此情况下所发生的转让都是无效的,同时转让人对受让人因此而产生的损失应当承担损害赔偿责任。[1] 但是,在司法实践中却经常出现债权人将其基于无效合同的权利转让给第三人的情况,而对这些情况如果一概简单地确认无效,对相关当事人的权利可能会造成不应有的损害,且与民商事审判的特定思维与基本原则不相符合,不利于社会经济关系的稳定。[2] 因此,不能一概地认定转让合同无效。

转让无效合同是当事人基于无效合同形成的权利转让行为,其中包含了三个法律关系:一是债权人与债务人之间形成的具有无效因素的合同法律关系;二是债权人与受让人之间基于无效合同形成的权利转让合同法律关系;三是权利转让后形成的受让人与债务人之间的合同关系。当受让人与债权人之间就权利转让协商一致,且意思表示真实,符合法律规定的要件和程序,不违背社会公共利益的,则受让人与债权人之间的权利转让合同依法成立,受让人可以向债务人请求其受转让的债权。具体分析如下:

第一,作为债权人的出借人与作为债务人的借款人之间的民间借贷合同已经被人民法院或者仲裁机构裁判确认无效,并且对合同各方的财产返还以及合同无效的损害赔偿等一并作出了裁判,债权人将判决或者仲裁裁决书中确认的属于其享有的财产权利转让给第三人,并依照《合同法》的规定通知了债务人的,该债权转让行为应当认定有效。因为此种情况下,原债权人对债务人享有的权利已经生效裁判确认,是合法的权利,债权人将该权利转让符合《合同法》上关于合同权利转让条件的规定。

第二,债权人与债务人之间的合同虽然未经人民法院或者仲裁机构确认无效,但是各方依据合同无效的法律规定,对各方财产的返还以及合同无效后的损害赔偿已经达成了协议,债权人将协议中属于其享有的权利转让给第三人,并且依法履行了通知债务人的义务的,该权利转让也应当认定有效。因为法律并不禁止当事人就无效合同的处理进行协商补救,所以债权人与债务人对原无效合同的处理达成的协议属于新的合同关系,如果并不违反法律和行政法规的强制性规定,该新的协议应当认定有效,对该新的协议项下权利的转让自然也应当认

---

[1] 参见王利明:《合同法研究》(第二卷),中国人民大学出版社 2003 年版,第 223 页。
[2] 参见刘德权主编:《最高人民法院司法观点集成·民事卷》(第二版),人民法院出版社 2014 年版,第 996—997 页。

定有效。

第三,债权人与债务人之间的合同未经人民法院或者仲裁机构确认无效,债权人将其在该合同中享有的权利转让给第三人,该转让意思表示真实,合同内容、转让程序符合法律规定,且不违反社会公共利益,则应当认定转让合同有效,债务人以其与债权人之间的合同属于无效的抗辩,可以向受让人主张,此原则的依据就是合同相对独立性原则。但是在债务人未就其与原债权人之间的合同无效进行抗辩的情形下,鉴于合同效力属于法院依职权审查的范畴,权利转让应当以债权人对债务人的权利存在为基础,所以人民法院应当通过审理,确定合同的效力以及受让人可以享有权利的具体内容。

第四,经法院审理后,确认债务人就其与原债权人之间的合同属于无效的抗辩理由依法成立的,即原合同关系属无效的,则受让人无权向债务人主张原合同约定的权利,但是基于转让合同有效的处理原则,受让人可以因此取得基于法律关于合同被确认无效后,一方当事人所享有的权利而直接产生的债权,包括财产返还或者损害赔偿的请求权。

第五,人民法院经审理认为,原债权人与债务人之间所签订的合同因违反法律、行政法规的强制性规定或者违反社会公共利益等原因而无效,包括非法债权,并且当事人就该合同被确认无效后不能享有请求返还财产或者赔偿损失的请求权的,如导致双方取得或者约定取得的财产收归国有等情形,则债权人所转让的权利是不存在的权利,债权转让也应当认定无效,受让人对债务人的请求应当予以驳回。

七、民间借贷债权转让的通知能否撤回?

《合同法》对债权转让通知的撤销作了规定,但是对于能否撤回未作明确规定。《合同法》第80条第2款规定:"债权人转让权利的通知不得撤销,但经受让人同意的除外。"债权转让通知的撤销是指债权转让通知到达债务人之后债权人作出相反意思表示;而债权转让通知的撤回是指债权转让通知发出后到达债务人之前,债权人作出相反意思表示。由于债权转让通知的撤回属于意思表示范畴,因而可以参照最相近似的意思表示规则进行调整。《合同法》第27条规定:"承诺可以撤回。撤回承诺的通知应当在承诺通知到达要约人之前或者与承诺通知同时到达要约人。"债权转让通知的撤回,可以参照该条规定进行处理,即债权转让通知可以撤回,撤回债权转让的通知应当在债权转让通知到达债务人之前或者与债权转让通知同时到达债务人。

八、禁止让与民间借贷债权的约定其效力如何认定?

出借人与借款人约定民间借贷合同的债权禁止转让,该约定的效力如何认定,实务中存在争议。

第一种观点认为,出借人与借款人之间达成的禁止转让的约定绝对无效,该约定不仅不能约束当事人,而且不影响债权让与的效力。这一观点又称为绝对无效说。

第二种观点认为,出借人与借款人之间达成的禁止转让的约定绝对有效,该约定不仅约束当事人,且债权让与亦无效。这一观点又称为绝对有效说。

第三种观点认为,出借人与借款人之间达成的禁止转让的约定原则上有效,但不得对抗善意第三人。这一观点又称为相对有效说。

笔者倾向于第三种观点。

合同债权是特定当事人之间创设的权利,建立在当事人相互信赖或特定利益基础之上。当事人享有自由设定合同的权利,当事人对合同转让的约定只要不违反法律的禁止性规定和公序良俗,应当遵从当事人意思自治,符合双方当事人的意愿。第一种观点将禁止让与约定视为绝对无效,该观点旨在保护债权让与的交易安全,促进债权的流通,但不符合我国社会经济的实际情况,有违合同法的基本原则,不符合当事人意思自治。第二种观点认为禁止让与约定绝对有效,该观点虽然对于保护债务人最为有利,但因大多数情形下,原债权人和债务人之间的约定无须公示,从现实考虑,不利于交易安全,对第三人来说可能存在较大的交易风险。我国《合同法》第79条对该约定的效力予以了认可,即按照当事人约定不得转让的债权不得让与。有观点认为,该条规定即为认可了绝对有效说。[①] 笔者对此有所保留。

在一定意义上承认禁止让与约定的有效性,但兼顾善意第三人的利益是我国审判实践中的主流观点和做法。承认禁止让与条款的有效性,是尊重债务人不希望债权转移的意思表示,允许其与债权人进行约定,以采取自我保护的策略;但由于债权无须公示登记,有必要从公平原则考虑,适当保护善意第三人的利益。与此相关的规范性文件亦可印证。在最高人民法院发布的《关于审理涉及金融不良债权转让案件工作座谈会纪要》第3条中规定:"金融资产管理公司在不良债权转让合同中订有禁止转售、禁止向国有银行、各级人民政府、国家机构等追偿、禁止转让给特定第三人等要求受让人放弃部分权利条款的,人民法院应认定该条款有效。"虽然该纪要是针对金融机构不良债权转让作出的,规定的基础是保护国家利益和全社会的经济稳定,但究其内涵还是在符合合同法等法律本意和立法体系基础之内制定的,也可以此说明审判实践中对禁止债权转让条款效力的肯认。理论界对禁止让与约定产生较大争议,主要是基于对债务人所关注的、与其有密切利益关系的实体义务履行的内容是否产生了不合理变更。[②] 如果债务人与债权人对特殊利益关系的债权作出了禁止让与的约定,债权人又与第三人进行债权让与,

---

① 参见郑一珺、常东岳:《债权让与若干实务问题解析》,载《法律适用》2012年第1期。

② 参见奚晓明主编、最高人民法院民事审判第二庭编著:《最高人民法院关于民事案件诉讼时效司法解释理解与适用》,人民法院出版社2008年版,第326页。

在债务人不知情的情况下,很可能损害了债务人的利益。实践中,因为债权合同的类型多,差异化大,特别是对义务的履行方式和对价等具体内容各不相同,因此,债权人与债务人达成禁止让与条款的,应尊重合同订立时双方的意思自治。

当然,在审判实践中,相对有效说的实现也存在着一些困难,如在该说基础上,一般认为应由债务人承担禁止让与约定及受让人存在恶意的举证责任。但债务人很难证明受让人存在恶意。受让人是否善意,纯为第三人的主观心理状态,外人无从知晓更难以判断。诚如史尚宽先生所言:"盖意之善恶为心理事实,其证明甚为困难也。"[1]故在审理民间借贷纠纷案件中,对于出借人转让债权以及受让人受让债权存在恶意承担举证责任,确实是一件较为困难的事。但应当看到,我国法律对于主观过错的规定比比皆是,如《合同法》第52条第(二)项"恶意串通,损害国家、集体或者第三人利益"的规定;《中华人民共和国侵权责任法》(以下简称《侵权责任法》)第6条"行为人因过错侵害他人民事权益,应当承担侵权责任"的规定;等等。都需要相对方就行为人的主观过错承担举证责任。而就存在主观过错的举证,往往需要结合或者依赖于通过对行为人的行为作出推断和评判,只不过这种推断与评判需要由举证义务的人来承担。

现行债权让与缺乏有效的公示方式,债务人无法寻求恰当的方式将禁止让与约定公之于众,因此,对善意的受让人而言,债务人对其不知道禁止让与约定的事实并无可归责性。有观点认为,善意第三人的抗辩以债务人以外的原因作为剥夺债务人权利的理由,对债务人显属不公。[2] 的确,在审判实践中,对交易安全的保护也是要有所限定的,而不能无节制、不加区别地保护。如果保护交易安全的结果是破坏甚至剥夺了债务人的权利,则这种立论的出发点即缺乏正当性。因此,对于交易安全的保护应有节制,必须存在可归责于债务人的事由,这也是在二者利益发生冲突时的最佳平衡点。

九、未经通知债务人的民间借贷债权让与的效力如何认定?

审判实践中,对于民间借贷债权转让中未通知债务人的,民间借贷债权转让的效力问题如何认定,存在争议。

第一种观点认为,让与通知是债权让与合同的法定生效要件,债权人转让债权未通知债务人的,民间借贷让与合同对债务人不生效。

第二种观点认为,转让债权的债权人必须履行通知债务人的义务,否则该民间借贷债权让与对债务人无效,债务人得拒绝向受让人清偿。

笔者认为,通知债务人制度的最初设立目的是为了保护受让人的利益,到了近现代,通知制度亦是对债务人的保护性规定。因为如果法律不规定通知制度,

---

[1] 史尚宽:《债法总论》,中国政法大学出版社2000年版,第724页。
[2] 参见崔聪聪:《债权让与融资的法律障碍及其克服》,载《政法论坛》2011年第1期。

债权让与合同一经成立生效,无须通知就对债务人产生拘束力,那么这就意味着,债权让与合同有效成立时,受让人就可以向债务人主张债权,而债务人在债权让与合同有效成立后只有向受让人清偿才能免除其义务,如果向原债权人为清偿或抵销,则属于不适当履行,无效。他必须对受让人另为清偿,然后请求受偿的出让人返还不当得利。虽然债务人可在事后基于不当得利或侵权行为追究出让人的责任,但是其必须承担出让人无力偿债的风险。另一方面,因债权让与合同的订约当事人只有债权让与人和受让人,债务人并非让与合同的当事人,让与合同又不具有公示性,不经通知债务人根本无从知道债权让与之事实。那么,债务人因不知债权让与的事实而为给付却不发生清偿效果,同时对受让人又要负有债务不履行的责任,这对于债务人显然不公平。债权的自由让与必须建立在不损害第三人尤其是债务人现存利益的前提下进行,不能因债权让与而增加他人的负担或者丧失他人的权利。因此有必要对债务人进行更为直接的保护,这种保护方法就是让与通知。

　　让与通知到达债务人时,债权让与才对债务人产生约束力。在收到有效的转让通知以前,债务人有权根据原合同向原债权人(让与人)清偿以解除其义务;收到通知后,就只能向受让人履行以解除其义务。因此,债务人应根据通知的有无来确定接受履行的权利人,法律也是根据通知的有无及通知到达的时间来确定债务人是否属于适当履行。就此而言,通知起到了保护债务人利益的作用[1],同时,通知也是确定债务人是否适格履行的重要分水岭,也是作为平衡债权让与人、债务人、受让人三方的最佳切入点。

　　我国立法者对债权让与的立法模式选择是有变化的。《民法通则》第91条规定:"合同一方将合同的权利、义务全部或者部分转让给第三人的,应当取得合同另一方的同意,并不得牟利。依照法律规定应当由国家批准的合同,需经原批准机关批准。但是,法律另有规定或者原合同另有约定的除外。"该条规定未区分合同权利转让、合同债务承担与合同权利义务协议概括转让这三种不同情形,而是一概以未经另一方同意导致转让无效作为判断标准。随着我国经济的发展,市场化的增强,以及法律体系的完善,立法者最终对这一不符合法理的规定予以了修正。《合同法》对《民法通则》规定的债权转让的生效要件作了修改,并区分了债权让与、债务转移和债权债务概括转移三种制度。《合同法》第80条第1款规定:"债权人转让权利的,应当通知债务人。未经通知,该转让对债务人不发生效力。"对该条的理解,通说认为:"对让与人与受让人之间的债权让与关系而言,通知并不是债权让与的构成要件,是否通知不应当影响债权的让与,即一旦当事人之间达成债权让与协议,该协议则在当事人之间发生效力,债权已经发生转移,任何一

---

[1] 参见申建平:《债权让与通知论》,载《求是学刊》2005年第4期。

方违反协议,应当负相应的违约责任。"①《合同法》不再将债务人的同意作为债权转让的生效要件,而是将债权转让通知作为对债权让与是否对债务人生效的要件,未经通知,债务人则享有以此对抗受让人的抗辩权。这一规定既保护了债权人与受让人的合同自由权,又维护了债权让与合同的第三人——债务人的利益,并将合同的生效要件和通知制度进行了厘清。

审判实践中,最高人民法院〔2004〕民二终字第212号佛山市顺德区太保投资管理有限公司与广东中鼎集团有限公司债权转让合同纠纷一案,即涉及债权转让未通知债务人的判断和处理。该案中,双方当事人的争议焦点在于中鼎公司签约时是否享有债权等问题。根据案情分析,中鼎公司与东方公司广州办事处签订《债权转让协议》的当日,双方当事人又签订了先决条件约定的《管理服务商及资金账户监管协议》等,中鼎公司依约支付了首期转让价款,以此可以判定双方协议的主要生效条件已满足。虽然中鼎公司与东方公司广州办事处未能及时向债务人和债务人的担保人发出有关标的债权的通知函,但是根据东方公司广州办事处事后发出的《债权转让及质押通知书》看,标的债权质押的前提是东方公司广州办事处提供质押担保,而中鼎公司与东方公司广州办事处在协议中约定的债权质押的通知义务,与债权转让的通知义务具有同等法律意义。向债务人发出债权转让通知并非债权转让协议的生效要件,东方公司广州办事处及时向债务人和担保人发出债权转让通知并不影响其与中鼎公司签订的《债权转让协议》的效力,也不能因此认为中鼎公司未取得本案债权。该案例即是依据《合同法》第80条第1款进行认定的,在债权人转让债权的情况下,虽未通知债务人,但并不影响债权转让协议的生效。在此种情况下,债权让与未对债务人生效,一旦债务人得到通知,债权受让人与债务人即形成了新的债权债务关系。

十、民间借贷债权转让合同应该以什么方式通知债务人?

《合同法》第80条第1款规定:"债权人转让权利的,应当通知债务人。未经通知,该转让对债务人不发生效力。"但该条对"通知"方式并没有明确规定,有的认为,从合同的有效性和避免引起争议的角度来讲,债权人通知应当以书面为宜,并应让债务人出具收到通知的证据。从文义解释来看,结合《合同法》的相关规定,通知的形式应当由当事人自愿选择,不宜通过司法解释进行限制,这是法律赋予当事人的自由权利。以书面形式之外的形式通知的,只要当事人能够予以遵守或者在发生争议时债权人能够提供相关证据证明的,人民法院自应确认其通知的效力。

---

① 王利明:《合同法研究》(第二卷),中国人民大学出版社2003年版,第230页。

十一、民间借贷的出借人以登报等形式通知借款人债权转让的,是否有效?

民间借贷纠纷中,出借人让与债权的,以登报等形式通知借款人的,应如何认定?

第一种观点认为,按照《合同法》的规定,出借人让与债权的必须履行通知义务,在不能明确债务人下落时,登报的形式是一种较为适宜的选择。

第二种观点认为,虽然《合同法》未明确规定债权让与通知的形式,但通知的目的是让债务人获悉,而登报的方式不能明确掌握债务人是否知悉,对债务人来说不一定是公平合理的,故该种形式不适宜。

笔者认为,债权让与通知属于将一定的事实通知受领人以便其知悉的观念通知,即让与人将债权让与的事实向债务人作出告知,可以准用《民法通则》关于意思表示的相关规定。① 对于通知生效的要件和通知的形式,我国《合同法》没有明确规定。根据我国已有立法和学界通说分析,债权让与通知应采送达主义,在让与通知到达债务人或与债务人相关人之处,通知即生效力,债务人对原债权人的抗辩可转移至新债权人。而通知的形式,由于法律没有限制性规定,故书面形式、口头形式均可,只要当事人可以举证证明已为通知即可。但对于债权人以登报公告的形式通知债务人是否可以作为通知的形式存在较大争议。

《最高人民法院关于审理涉及金融资产管理公司收购、管理、处置国有银行不良贷款形成的资产的案件适用法律若干问题的规定》第6条规定:"金融资产管理公司受让国有银行债权后,原债权银行在全国或者省级有影响的报纸上发布债权转让公告或通知的,人民法院可以认定债权人履行了《中华人民共和国合同法》第八十条第一款规定的通知义务。在案件审理中,债务人以原债权银行转让债权未履行通知义务为由进行抗辩的,人民法院可以将原债权银行传唤到庭调查债权转让事实,并责令原债权银行告知债务人债权转让的事实。"

从最高人民法院上述规定分析,在审判实践中,法院对登报公告或通知的形式是予以认可的,但是有一定的限制条件。该规定是针对金融机构作为原债权人作出的,在国有银行不良资产转让过程中,是有其特殊情况的,主要是存在多种类型、人数较多的债务人,在这种特殊情形下,登报公告或通知的形式更符合降低交易成本的意图。另外,上述规定还对发布公告的载体有非常严格的限定,即全国或者省级有影响的报纸上,而在未达到该标准的载体上发布的公告则不能视为履行了通知义务。

除此以外,最高人民法院的相关案例中也涉及了债权让与人以登报的形式公告或通知的效力问题。在最高人民法院审理的何某某诉海科公司等清偿债务纠

---

① 参见魏振瀛主编:《民法》,北京大学出版社、高等教育出版社2000年版,第356页。

纷案①中,何某某作为债权人向债务人及担保人提出诉讼主张,是基于其与债权让与人中国长城资产管理公司济南办事处的债权转让合同,取得债权人地位后,以债权人的身份提起的民事诉讼。就债权转让的效力,债权人与债务人及第三人在一审判决后亦未提出异议。而债务人在二审中主张债权的转让,没有通知债务人及担保人,故债权转让的效力不及于债务人。根据《合同法》第 80 条第 1 款的规定,债权人转让权利的,应当通知债务人。未经通知,该转让对债务人不发生法律效力。但法律法规对通知的具体方式没有规定。而事实上,债权让与人中国长城资产管理公司济南办事处将其债权转让给受让人何某某后,双方共同就债权转让的事实在《山东法制报》上登报通知债务人及担保人。《山东法制报》是在山东省内公开广泛发行的报纸,一审法院认为债权人在该报纸上登报通知债务人及担保人债权转让的事实,不违反法律法规的强制性规定,应认定债权人已将债权转让的事实告知债务人及担保人,并无不妥。且一审中债权转让人、债权受让人、债务人及担保人均未对债权转让的事实及效力提出异议,债务人及担保人只是对债务款项利息的数额有异议,一审法院已作审查处理。债务人在上诉请求中,没有涉及债权转让内容及效力问题的异议,对双方债权债务存在的事实是认可的。债务人通过参加本案的诉讼活动,已明知债权转让的事实,且知道履行债务的对象。本案中的债权转让并没有致使债务人错误履行债务、双重履行债务或加重债务人履行债务的负担,也没有损害债务人的利益。双方债权债务关系明确,债务人及担保人应承担相应的法律责任。债务人仅以债权人在报纸上登载债权转让通知不当为由,否认债权转让对其发生法律效力,理由不充分。

该案对出让人以登报的形式向债务人履行债权让与通知义务的行为予以了认定,当然也是有一定条件限制的。该案中的债权让与行为是符合该制度的目的和原则的,不违反法律法规的强制性规定,并未损害债务人及担保人的利益,且债务人通过参加本案的诉讼活动,可以明确得知债权让与事实及受让人的,并且未表示对债权让与事实的异议,应属于学理上无异议承诺的表示。该种意思表示使得债务人本可对抗让与人的一切抗辩被切断,不得以之对抗债权的受让人。② 故从有利于债权流转和保障交易安全、降低交易成本的角度考虑,法院对登报通知的形式予以了认可。

笔者认为,在《合同法》未明确规定债权让与通知形式的情况下,债权人以书面形式通知债务人,并由债务人签字认可的方式是最无争议的。但既然法律没有明确规定,当事人如果采用书面形式以外的,如口头通知、登报公告的形式,可以达到通知债务人的目的,亦不损害各方利益的,人民法院可以确认该种形式的通知的效力。

---

① 参见《最高人民法院公报》2004 年第 4 期。
② 参见韩海光、崔建远:《论债权让与和对抗要件》,载《政治与法律》2003 年第 6 期。

十二、民间借贷债权让与公告是否具有公示效力？

我国《合同法》及相关规定未规定债权让与对抗第三人的效力，也未要求以通知等方式进行公示，债权让与自首次让与受让人时即生效力。在审判实践中，对债权转让公告的性质存有争议。根据最高人民法院审理的"广西壮族自治区丝绸进出口公司与横县桂华茧丝绸有限责任公司、广西安和投资置业有限公司、南宁大步广告有限公司、中国信达资产管理公司南宁办事处债权转让合同纠纷案"[①]的裁判意见，最高人民法院最终认定了债权让与公告并非合同，债权转让公告的发布并未使出让人和受让人之间设立有别于债权转让合同的新的权利义务关系。债权转让公告亦不同于物权登记，不产生类似于物权登记的公示效力。当债权转让公告与债权转让合同不一致时，尤其是债权出让人并未申明放弃或变更债权转让合同中的相关条款的，应当以债权转让合同的约定为准。该案对债权让与公告的效力在实务中作出了明确界定，债权让与公告与通知的性质相同，都属于观念通知，并非可以产生民事权利义务变更的民事法律行为，其效力不能逾越债权让与合同。

十三、由民间借贷债权的受让人向借款人作出的让与通知是否有效？

债权让与通知作出的主体既是理论界争论的问题，也是实务界争议比较激烈的问题。对于民间借贷债权的受让人向债务人作出的让与通知是否有效，也有不同观点：

第一种观点认为，根据《合同法》第80条第1款的规定，债权让与通知只能由债权让与人即原债权人向债务人作出。因此，民间借贷债权的受让人向债务人作出让与通知的，对债务人不发生法律效力。

第二种观点认为，随着债权流转应用得越来越广泛，限定债权让与通知作出的主体对于债权流转有所限制，而且很多国家都尝试了将受让人作为作出通知主体之一，该种制度是合理的，也具有可操作性。债权转让中无论是债权人通知还是受让人通知，都可以构成有效的债权让与通知。在受让人通知债务人时，只要其出示了已经取得债权的证据，该让与对债务人就构成有效的债权让与。

笔者倾向于第二种观点。

在民商事活动中，转让人与受让人之间达成让与协议，债权人将债权不论以有偿或无偿的方式部分或全部让与给受让人，都是促进债权实现的方式。各国立

---

① 参见于松波：《债权转让公告并非合同，亦不同于物权登记，不产生类似于物权登记的公示效力——广西壮族自治区丝绸进出口公司与横县桂华茧丝绸有限责任公司、广西安和投资置业有限公司、南宁大步广告有限公司、中国信达资产管理公司南宁办事处债权转让合同纠纷案》，载江必新主编、最高人民法院审判监督庭编：《审判监督指导》2010年第2辑（总第32辑），人民法院出版社2010年版，第95—96页。

法例所采纳的不同制度也是对债的关系的各方主体兼顾保护的利益平衡。但利益平衡不是绝对的,总是有所侧重的。为了达到维护市场稳定,保障交易安全性的目的,各国对债权让与通知作出主体进行了制度设计。无论在国内还是国外,有关争议一直延续。尤其是在国内,由于我国《合同法》第80条第1款规定,债权人转让权利的,应当通知债务人。未经通知,该转让对债务人不发生效力。有观点认为,通知必须由债权的让与人所为,在让与人死亡等情况发生时,让与人的法定继承人可以通知,并且在对受让人的关系上负有为通知的义务。① 持该种观点者还认为,应从文义解释严格限定债权让与通知的作出主体为单一主体,即债权让与人,且认为由债权人或债务人通知是不一样的。如规定由受让人通知债务人,则有可能出现捏造债权转让事实,欺诈债务人,致使债务人向欺诈者履行义务的情形,而债务人又不能因此免除对债权人应尽的清偿义务,债务人必然会受到损失。因此,由受让人履行通知义务,对债务人而言,会因此带来极大的风险。② 故而认为,由债权让与人作出通知更为安全。

理论界与实务界越来越多的观点更加偏向于将债权让与通知作出的主体确定为债权让与人和受让人。持该观点的学者认为,如果绝对不允许受让人进行通知,会带来诸多的不便,且《合同法》第80条第1款存在法律漏洞,"对我国《合同法》第八十条第一款构成的法律漏洞,可以通过目的性扩张予以填补,允许受让人也作为让与通知的主体,从而有利于灵活地解决实际中的问题"。③

上述两种观点与各国立法例的选择一样,是从不同角度对待债权让与制度。债权让与制度在平衡各方利益时的确有不同侧重和取舍,以保护市场整体安全、促进经济发展、提升债权实现能力为大前提,保护债权受让人的债权顺利实现,保护债务人正常履行义务、降低履行风险。而我国的合同立法在该问题上的态度也是有所变化的。在"合同法试拟稿"中,曾规定让与人和受让人都可以进行债权让与通知。但在其后的"征求意见稿"和"合同法草案"中,立法者对此作了修改,并最终体现为《合同法》第80条第1款的规定。④ 立法者观点的改变和制度设计的利益保护侧重密不可分。但《合同法》实施至今已有十几年,经济发展状况也不可同日而语,在审判实践中,实务界的观点也在发生着变化。

例如,在某法院审结的一则债务清偿纠纷中,原告徐某与第三人刘某存在钢铁购销业务关系,第三人刘某欠原告徐某钢铁货款100万元,原告徐某多次向第三人刘某索要该货款,但第三人刘某一直以暂时无钱偿还推脱。第三人刘某与被告

---

① 参见韩海光、崔建远:《论债让与和对抗要件》,载《政治与法律》2003年第6期。
② 参见戴建庭:《债权让与制度比较研究——兼论对我国合同法中债权让与制度的完善》,载《河北法学》2004年第8期。
③ 崔建远主编:《合同法》,法律出版社2003年版,第176页。
④ 参见方新军:《合同法第80条的解释论问题——债权让与通知的主体、方式及法律效力》,载《苏州大学学报》2013年第4期。

王某存在合作承兑汇票关系,被告王某欠第三人刘某承兑汇票款项43万元整。2012年5月1日,第三人刘某与原告徐某达成债权转让协议,第三人刘某将其对被告王某的43万元债权转让给原告徐某。2013年2月28日,原告徐某以顺丰快递的形式将债权转让协议邮寄给被告王某,被告王某认可收到债权转让协议,但辩称其未收到第三人刘某的债权转让通知,该债权转让协议对其不发生法律效力。① 审理中,对债权让与通知作出的主体是否可以为受让人产生了争议,最终合议庭采纳了受让人为债权让与通知的效力。采纳该观点的理由有三:一是我国《合同法》第80条并没有明确规定债权转让的主体必须是债权人,由受让人通知并不违反法律的规定;二是债权让与与债务转移不同,债权让与无须经过债务人的同意,通知只是为了保证债务人的知情权,告知其债权已经转移的事实,由谁通知只是形式,对债务人并没有实质性利益的损害;三是债权让与是否有效的重要前提是要有合法、有效的债权转让协议,在受让人通知债务人时,受让人须向债务人出示其已经取得债权的依据。

笔者认为,上述三点论证是具有合理性的。

首先,法律解释要遵从立法的原意和初衷。对《合同法》第80条第1款的规定可以作目的性扩张解释。该款主要表述应以债权让与通知作为对债务人生效的要件,且并未明确规定债权受让人不得为作出通知的主体,从债权让与制度的设立是为实现债权流转的目的来看,将债权受让人作为通知作出主体未尝不可。

其次,从受让人的地位分析。债权受让人在债权让与关系中的地位至关重要,原债权人在让与债权后,即退出债权人的角色,即使法律规定其应为通知义务,但因通知义务并非债权让与的生效要件,原债权人的权利主体地位已不存在,故此,债权受让人的利益应得到法律最大限度的维护,况且,债务人在债权债务关系中也是为了实现债权人的债权。所以,允许受让人通知亦能体现民法的公平原则。

再次,债权受让人相较于出让人,为了实现自己的债权,可能更乐于及时作出通知。尤其是如果有债权人尚未履行通知义务即死亡的情况出现时,受让人出于对自己权利的维护,对通知义务的履行可能相较于出让人的继承人更为积极。

最后,债务人受欺诈的风险是可由制度控制的。在上述案例中,审判人员是在对债权让与事实充分认定后,才作出由债权受让人向债务人通知是有效的结论的,而真实、合法、有效的债权转让协议是其认定的主要依据。

在债权受让人为作出通知义务的主体时,可以以书面形式或其他形式的债权让与证书等材料证明债权让与的真实性。故在审判实践中,如果可以充分证明债权让与的真实性的,且债务人对债权债务的存在不否认的情况下,认定债权受让人向债务人作出让与通知的行为是不违反法律规定的。

---

① 参见薄新娜、许磊:《受让人的通知行为可构成有效的债权让与》,载中国法院网。

十四、民间借贷债务人对债权让与的接受和承认是否可作为让与通知的替代形式?

学界普遍认为,债权让与通知属于观念通知,是不需要承诺却需要受领的观念通知。因此,一般国家和地区的民法包括我国合同法对此都没有特别的规定。不管是口头的、书面的通知还是其他形式的通知,只要该通知到达受通知人就发生法律效力。但通知方式的随意性对债务人来说并非十分有利。例如,债权人以口头方式通知债务人债权已让与给受让人的事实,事后因某种原因,原债权人与受让人又解除了让与关系,而债权人和受让人又未及时通知债务人,在这个过程中,债务人向原受让人作出债务履行,原受让人又不诚实地接受了履行。如果原债权人要求债务人对其履行债务,债务人虽可以已受通知向受让人履行债务为由进行抗辩,但作为原债权人完全可能否认让与通知之事实,从而使债务人处于抗辩不利的地位,导致再次履行。尽管债务人在再次履行债务后,可以以返还不当得利为由起诉原受让人,以此获得法律的救济,但不可避免地使债务人陷入讼累,并遭受其他损失,包括物质上的和精神上的损失。[①] 因此,为了保障债务人的合法权益,债权让与以书面通知为必要,当然,如果通过电子数据等形式通知,且能证明债务人确已收到通知的,亦未不可。

十五、民间借贷债权的多重让与中,应由哪一方受让人取得债权?

我国《合同法》未对债权多重让与的优先规则明确规定,导致实践中对民间借贷债权人将其债权多重让与,究竟由哪一方取得债权的问题产生了争议。

第一种观点认为,在未有明确规定的情形下,根据《合同法》第 80 条第 1 款推定,民间借贷债权人多重让与债权的情况下,应以先通知债务人的债权让与优先于后通知或未通知债务人的债权让与。

第二种观点认为,《合同法》第 80 条第 1 款是针对债务人的抗辩权而言的,不涉及债权多重让与中的第三人,债权让与合同生效即达成债权让与。因此,应以民间借贷债权让与合同的生效先后作为判断受让人的优先顺序。

笔者认为,在债权多重让与情况下,应以先通知的债权让与优先于后通知或未通知的债权让与[②],还是以债权让与合同的生效先后判断受让人的优先顺序[③],取决于规制债权多重让与的立法价值取向。债权多重让与在不同国家有不同的立法模式,都有其合理性。依据合同成立确定优先规则的,不论是否通知债务人,先受让人都确定地取得债权,这有利于保障先受让人的利益。依据通知先后确立

---

① 参见戴建庭:《债权让与制度比较研究——兼论对我国合同法中债权让与制度的完善》,载《河北法学》2004 年第 8 期。
② 参见申建平:《债权双重让与优先论》,载《比较法研究》2007 年第 3 期。
③ 参见郑一珺、常东岳:《债权让与若干实务问题探析》,载《法律适用》2012 年第 1 期。

优先规则的,则侧重于保护积极督促债权让与人履行通知义务或积极履行通知义务的一方。① 从公平原则而言,债权让与的先受让人应该受到保护,但同时也不能忽略多重让与中善意第三人的利益。从我国《合同法》第 80 条第 1 款的文义上解读,该款规定针对的是债务人,赋予债务人得以对抗债权让与的抗辩权。

笔者认为,上述两种立法模式的争议可以在实践中相互结合,由先受让人合法取得债权,后受让人可以主张向原债权人赔偿的方式较为适宜。我国《合同法》第 80 条第 1 款规定:"债权人转让权利的,应当通知债务人。未经通知,该转让对债务人不发生效力。"第 82 条规定:"债务人接到债权转让通知后,债务人对让与人的抗辩,可以向受让人主张。"从文义上解读,上述规定针对的是债务人,赋予债务人得以对抗债权让与的抗辩权,但并未提及多重让与中的第三人,而类推适用对债务人的规定需要有条件限制。债权多重让与的情况下,对于先受让人来说,其与债权让与人的债权让与合同生效之时,债权让与即生效,无论是否通知债务人,都不影响债权让与的效力,先受让人可以取得债权。而多重让与的后受让人在先受让人取得债权后,可以以违约请求权请求原债权人赔偿损失。

对于债务人来说,在多重让与的情况下,债务人应向先让与通知中的受让人履行。当然,为避免现实中产生纠纷,重视履行通知义务至关重要,先受让人及时督促债权出让人履行通知义务或自己积极履行通知义务是最为有效的。

审判实践中,确有债权让与人在让与债权后,又向第三人让与债权,且与第三人串通,造成该第三人是先受让人的假象。此种情形下,一般都是尚未对债务人为债权让与通知之时,先受让人负担的举证责任较难实现。此时,不能因为先受让人举证责任困难而对依据债权让与合同成立先后确定受让人的优先顺序产生怀疑,应当坚持这一顺序。毕竟,举证责任困难并不是颠倒或者混乱债权受让顺序的法定依据和理由。应当注意的是,如果后受让人是善意取得债权,则应当参照《物权法》第 106 条的规定,由后受让人善意取得该债权。先受让人应当向债权让与人提起违约之诉,要求其赔偿损失。

十六、民间借贷债权已经让与,但债务人未得到通知的情况下向原债权人清偿的,其效力如何认定?

在民间借贷债权让与通知未到达债务人时,债务人向原债权人清偿的,其效力如何认定,在审判实践中存在不同的观点。

第一种观点认为,在没有通知债务人的情况下,债务人向原债权人清偿的,应属有效。

第二种观点认为,即使没有通知,但有证据能够证明,债务人可以从其他渠道知悉债权让与事实的,其对原债权人的清偿应属无效。

---

① 前文已述及,作出债权让与通知义务的主体可以扩张至债权受让人。

笔者倾向于第一种观点。

债权多重让与中,通过债权受让的优先规则可以确定债权受让人取得债权的问题,即债权的最终归属。但债务人履行债务的对象与此既相关又有不同。在债权让与中,债务人是债权让与的第三人,根据《合同法》的规定,债权让与无须得到债务人的同意即生效力。但债务人是债权实现的关键,债务人如果出现履行障碍,会直接影响债权人的利益,故在债权让与制度中不能忽略对债务人利益的保护。

债权多重让与中,出于保护债务人利益的考虑,债务人向原债权人清偿并不必然无效。尤其在通知制度下,《合同法》第80条第1款的规定阐明了未通知债务人的,债权让与对债务人不发生效力的规则。根据这一规定,债务人虽然对于债权让与是否发生债权转移没有选择权,但因其未得到通知,对债务人来说,此时,他的债权人依然是原债权人,即使债权已经让与至新的债权人,但新的债权人的债权实现存在障碍。而《合同法》第82条规定,债务人接到债权转让通知后,债务人对让与人的抗辩,可以向受让人主张。债务人在得到通知后,其向原债权人主张的抗辩随债权的让与移转至新债权人。

实践中,债务人在未收到债权让与通知之前,可能已经从其他途径获悉债权让与的事实,此时债务人选择对原债权人清偿的,效力应如何认定?此时的债权在事实上已经发生移转,原债权人出让债权后,已并非债权的真正归属方。在此情形下,债务人尚未收到债权让与通知,但其从其他途径可以获知债权已让与的事实的,此时债务人选择向原债权人清偿,即发生争议。持清偿有效说的观点认为,只要没有让与通知,无论债务人是否知悉债权让与的事实,都可以通过向债权出让人即原债权人的清偿消灭债务,且原债权人免除债务人债务的行为也有效。[①]持清偿无效说的观点认为,如果在让与通知前,债务人已经知道了债务让与的事实的,其向债权出让人的清偿应属无效。[②]

笔者认为,根据《合同法》第80条第1款的规定,债权人转让权利的,应当通知债务人。未经通知,该转让对债务人不发生效力。对于一般债务人来说,其在得到债权让与通知前,如果不知道债权已经让与的事实,而向原债权人履行债务的行为自应属于有效,这也与通知制度的设立本意是相符的。但是,如果债务人在未收到通知的情况下,已从其他途径得知债权让与的事实的,因债务人与原债权人的债权债务关系是建立在信任基础上的,债务人可能对新债权人无从了解,从而产生不安,此时,债务人选择在债权让与通知到达前,向原债权人清偿,亦应属于有效。另外,有一种观点认为,债务人存在恶意的情况下,其选择在债权让与通知到达前,向原债权人清偿只是为了阻碍债权流转的,此时的清偿行为应认定

---

① 参见陈自强:《民法讲义Ⅱ契约之内容与消灭》,法律出版社2004年版,第264页。
② 参见李永峰、李昊:《债权让与中的优先规则与债务人保护》,载《法学研究》2007年第1期。

为无效。可见,无效说针对的是恶意的债务人,善意债务人的利益不会受到影响,善意债务人与出让人之间消灭债务的行为仍能对抗受让人。① 笔者不太赞同这一观点。主要理由是:

首先,无论债务人向原债权人清偿,还是向新债权人清偿,债务人都要按约全部履行约定的义务,并不会因向不同的主体履行而导致其义务的相应减少或者豁免。在这一前提下,探讨债务人存在主观恶意是不成立的。另外,如果因为债权让与导致债务人履行债务增加了费用,对于该笔费用,或者由原债权人承担,或者由新债权人承担,但都不应由债务人自己承担。在此情形下,债务人亦很难存在主观恶意,也不会刻意阻碍债权的流转。

其次,债权一旦让与,无论是债权让与人还是受让人,都应当及时通知债务人。债权让与人与受让人未及时通知,可以认为是对自己权利的漠视。如果债务人是从其他途径得知债权让与的事实的,这种途径或者渠道得知的事实是否为真,尚属疑问,让债务人负责查清道听途说的事实真伪,进而确定接受履行义务的主体,这种做法无疑对债务人是不公平的,人为地加重了债务人的经济负担。一方面,债权让与人与受让人漠视自己的权利,不尽职尽责履行通知义务;另一方面又要苛求债务人探明究竟,弄清楚谁是真正的债权人,这种思维模式与其良好的愿望只能是南辕北辙。

再次,根据《合同法》第80条第1款的规定,债权人转让债权未通知债务人的,该转让对债务人不发生效力。由此而见,通知是对债务人发生效力的必备要件,债务人从其他途径得知债权让与的事实,既不能代替也不能免除让与人与受让人的通知义务。如果债务人从其他途径得知债权已经让与的,随即向受让人履行了债务,殊知履行债务后,让与人又与受让人私下串通,否认债权让与的事实,并称债务人从其他途径得到的消息是虚假的。如此一来,债务人势必又要向原债权人履行义务。这将造成债务人处于严重不公平的境地。

最后,无论是立法研究还是学术探讨,所主张的观点和立论都不能脱离我国的具体国情。在诚信体系普遍缺失的情况下,债务人能够自觉、及时、全面地履行债务已经很不容易了,再苛求其对道听途说的债权让与消息予以证实,从而向新的债权人清偿债务,无异于缘木求鱼。在目前阶段,严格执行《合同法》第80条规定的通知义务,不通知对债务人不发生效力的立场更能实现债权让与中各方利益的平衡,也与我国国情相符合,更值得我们坚持和守护。

十七、债务人明知债权转让有瑕疵导致债权转让未成立或未生效,仍按通知清偿的,效力如何认定?

民间借贷的债务人明知债权转让有瑕疵导致债权转让未成立或未生效,但仍

---

① 参见李永峰、李昊:《债权让与中的优先规则与债务人保护》,载《法学研究》2007年第1期。

按通知向受让人清偿债务的,其效力如何认定,实务中不无争议。

第一种观点认为,无论债务人是否明知债权转让有瑕疵导致债权转让未成立或未生效,只要债务人得到符合法律规定的通知,并按照通知清偿债务的,即属有效。

第二种观点认为,债务人明知债权转让有瑕疵导致债权转让未成立或未生效,仍按通知清偿的,应认定债务人属恶意,其清偿行为应属无效。

笔者认为,对于该问题之争的实质,其实就是表见让与是否要求债务人是善意的。我国《合同法》没有明确规定表见让与制度,但在《合同法建议稿草案》中有所述及。表见让与制度虽然与表见代理制度同出一源,但两者在构成要件上还是有所区别的。在表见让与中,通知作为构成要件之一,自无异议。债权让与中的通知属于观念通知,一经到达债务人,即生效力,无须债务人同意。而债务人完全可以出于对债权人通知的信赖,向债权让与受让人进行清偿。可见,在债权让与中,通知制度对债务人保护的重要性。正因为债务人是债权让与中的第三人,对第三人的保护更能体现法律制度的完善,故笔者认为,债务人是否为善意不应当然地成为表见让与的构成要件。一般情况下,适用表见让与制度无须满足债务人善意且无过失的条件,一方面,让与通知是由让与人或者受让人亲历亲为,债务人只是被动地成为被告知的对象,认定债务人在通知中存在恶意或者其他过错本身就于理不通,而且也可以为审判实践中当事人举证减少了困难和负担。另一方面,债务人的主要义务是履行合同以清偿合同上的债务。因债权转让有瑕疵导致债权转让未成立或未生效本来就与债务人无关,债务人没有对债权让与作出法律评价的义务和责任。如果由于让与人或受让人的过错导致债权让与无效,却让债务人承担无效的后果,这种观念失去了公平的意义。债务人履行了义务后,即完成了消灭债务的责任,至于哪一方才是合法的受让债务人履行的主体,应当在债权让与人与受让人之间解决,与债务人无涉。

十八、民间借贷债权让与能否适用善意取得?

债权让与是以移转债权为目的的,其一经生效就会直接引起债权的变动,因此,债权让与是将债权当做一种财产而处分,此点与物权变动相同,故债权让与也是一种处分行为。

对于处分行为而言,处分人拥有处分权是债权让与的一个有效要件,若债权让与的让与人连处分权都没有,则只能构成无权处分。然而,债权让与的无权处分是否适用善意取得制度呢? 或者说,第三人是否可以根据善意取得制度从无权处分人处取得债权呢?

对于这一问题,学界存在争议。笔者认为,由于善意取得制度是建立在公示制度基础之上,是为了保护信赖占有的善意第三人,保护交易的安全而产生。而债权让与一般来说没有公示形式,也就根本谈不上对信赖占有的善意第三人的保护。① 但是,债权证券化、有体化已经成为商品经济中越来越普遍的现象,债权完全可以通过存折、存单、凭证、文书、证券等形式表现出来,而这些证券化、有体化的债权也可以为受让人实际占用或支配,则这些债权就可以适用善意取得制度。

十九、已被生效裁判确定或强制执行的民间借贷债权能否转让?

实务中,关于已被生效裁判确定或强制执行的民间借贷债权能否转让,存在较大争议:

第一种观点认为,该债权转让有效,应按当事人的合意转让。

第二种观点认为,该种行为属于"买卖判决书"的行为,应认定该债权让与行为无效。

笔者认为,关于已被出让债权的其他债权人向法院申请扣押或者被生效裁判确定或强制执行的债权能否转让的问题,即是确定债权能否转让的问题。所谓确定债权,又称法定债权,是指经人民法院或仲裁机关裁判文书以及经公证机关依法公证(赋予强制执行力)的债权文书所确认的债权。这一问题涉及民事实体法和民事程序法交叉领域,是实务中争议较大、较为疑难的问题。

第一种观点之所以认为确定债权可以转让,主要是基于两点考量:一是根据《合同法》的规定,债权人与受让人之间达成转让债权的合意,并通知债务人的,即发生债权转让的法律效力。债权转让是当事人的真实意思表示,其后果仅仅是变更了合同当事人,原合同的权利义务内容未发生变更,且已为生效判决所拘束。此外,法律也没有关于法院判定的债权不得转让的禁止性规定。二是根据《最高人民法院关于人民法院执行工作若干问题的规定(试行)》第18条第(2)项的规定,申请执行人可以是生效法律文书确定的权利人,也可以是其继承人或权利承受人。故认为,申请执行人并不必然是生效裁判文书所确定的权利人。

第二种观点则认为,民事判决书是司法机关适用法律作出的权威结论,是公权对私权纠纷的一种确认,体现了国家司法权力的尊严。非经法定程序,由审判机关变更或撤销,任何公民或法人不得擅自改变。判决书是国家审判机关实施审判权的集中体现,具有最高的法律权威性。如果只是一般债权债务纠纷,并未进入诉讼程序,那么根据处分原则的规定债权人完全可以将自己的债权转让给他人,但经过法院判决且进入执行程序后,表明债权人已经借助公力救济手段来维护自己的合法权益,此时其私力救济手段就要受到限制。虽然判决书涉及的标的是当事人可以自行处理的私权性质的债权,但由于公权力已介入并作出了确认,债权就不能再任意转让,否则受让人就不能成为适格的主体,其无权向债务人主张债权,也不能请求法院强制执行。如果允许当事人自由买卖法院判决书确定的

---

① 参见王利明:《物权法论》,中国政法大学出版社1998年版,第310页。

债权,则各类民事判决书、裁定书、调解书都可以进入市场流通,也可以低价转让,甚至能够公开进行竞价拍卖。如出现上述情况,将会产生一系列负面影响。最严重的后果就是在很大程度上损害了法律的严肃性、强制性,损害了司法尊严和司法权威,降低了全社会对法律的信仰。因此,买卖法院判决书所确定的债权,表面上符合民法私权自治原则,不违反法律禁止性规定,也未损害第三人的合法权益,但却间接违背了社会公共利益,违反了公序良俗,依照法律规定应当确认为无效民事行为。[1] 另外,持第二种观点的人还认为,债权通常是因为存在争议或不能得到积极履行才会进入司法程序,此时权利人可能被迫接受并不合理的对价而转让债权,或者受让人可能出于某种不正当目的而受让债权,如果在转让过程中介入某种腐败因素,权利人转让债权时将处于不利的地位。确认债权转让将面临债权人变更、既往程序行为的承继、新债权人提出新的利益主张等可测或不可测的问题,可能阻碍程序进程。

从债权实现的风险角度看,确定债权毕竟是经过法定程序确认了的债权,其债权实现的风险系数较小。实务中,确定债权的转让经常发生,而且当事人往往都采取与一般债权转让相同的形式。随着民事诉讼法律制度的发展和审判实践中对债法相关制度的深入理解和探讨,实务界持确定债权可让与观点的人越来越多,确定债权的转让是以确定债权为其对象的合同行为,应当尊重当事人的意思自治。法定债权是法律对债权人权利的有效确认,债权人当然有权根据自己的意志和利益对其加以处分,既然未经生效法律文书确认的合法有效的一般债权可以转让,那么经生效法律文书确认的债权,就权利的法律属性而言当然更可以转让。应当看到,债权已经成为资本流动、资产增值及财产取得的重要途径。确定债权的转让,顺应了债权由静态保障向动态流转进而实现价值最大化的法律思潮。更何况现代法对于司法程序滥用(如帮讼行为)的态度趋于缓和、宽容,在正常的情形下,只要当事人具有正当利益目的,确定的债权转让不应受到质疑。[2] 对此,上海市高级人民法院2006年作出的《关于审理涉及债权转让纠纷案件若干问题的解答》较为具有操作性,其第8条规定:"权利人享有人民法院生效裁判文书确定的债权,并将该债权予以转让,只要该债权不属于合同法第七十九条规定的情形,应当认可该债权转让的效力。经相关人民法院审查后,债权受让人可依生效裁判文书向债务人主张债权。"这一做法无疑值得肯定与借鉴。

二十、债权受让人因受让香港特别行政区法院生效裁判文书确定的债权,要求对内地债务人提起诉讼,人民法院应如何处理?

上海市高级人民法院曾作出《关于审理涉及债权转让纠纷案件若干问题的解答》,其中对债权受让人因受让香港特别行政区法院生效裁判文书确定的债权,要

---

[1] 参见孟源:《该生效判决所确认的债权能否转让》,载中国法院网。
[2] 参见周庆海、薛忠勋、喻赤:《确定债券转让之于执行实务探析》,载中国法院网。

求对内地债务人提起诉讼的问题作出了规定："鉴于最高法院尚未就内地法院与香港特别行政区法院之间民商事案件的司法裁决相互认可程序作出安排，因此，目前香港特别行政区法院作出的民商事裁决，在内地尚不能被认可并得到执行。债权受让人受让香港法院生效裁判文书中确定的债权，继而请求债务人按照香港法院裁决确认的债权履行债务的，法院依法不予支持。"

2008年，最高人民法院公布了法释〔2008〕9号《关于内地与香港特别行政区法院相互认可和执行当事人协议管辖的民商事案件判决的安排》，其第1条规定："内地人民法院和香港特别行政区法院在具有书面管辖协议的民商事案件中作出的须支付款项的具有执行力的终审判决，当事人可以根据本安排向内地人民法院或者香港特别行政区法院申请认可和执行。"笔者认为，债权受让人在合法受让了香港法院的生效裁判文书后，即发生了债权让与，鉴于其已获得合法的债权，作为债权人，其当然可以根据法释〔2008〕9号司法解释的规定，向内地债务人主张该债权效力，实现合法有效的债权。

二十一、正在诉讼程序进行中的民间借贷债权能否转让？

处于诉讼中的债权是符合债权转让条件的，目前无论实体法还是程序法中均没有禁止的规定。从法理上讲，诉讼程序中的债权在法律上是可转让的。但是，对于债权纠纷的处置要受限于诉讼程序的制约，如果原告在诉讼过程中任意转让债权，导致原告不明确或不稳定的，就要考虑诉讼程序的稳定性、经济性和高效性了。故笔者认为，诉讼程序中的债权让与和确定的债权让与有所不同，在允许转让的前提下，还要兼顾诉讼的严肃性。

当然，对于非民间借贷的其他金融资产纠纷，在诉讼程序中转让债权是有依据的，即《最高人民法院关于金融资产管理公司收购、处置银行不良资产有关问题的补充通知》第3条规定："金融资产管理公司转让、处置已经涉及诉讼、执行或者破产等程序的不良债权时，人民法院应当根据债权转让协议和转让人或者受让人的申请，裁定变更诉讼或者执行主体。"因该规定仅适用于审理涉及金融资产管理公司收购、管理、处置国有银行不良贷款形成的资产的有关案件，故与民间借贷纠纷中相关问题的处理原则应有所区别。

对于民间借贷债权的转让，可以适用《民诉法解释》第249条的规定。该条第1款规定："在诉讼中，争议的民事权利义务转移的，不影响当事人的诉讼主体资格和诉讼地位。人民法院作出的发生法律效力的判决、裁定对受让人具有拘束力。"该规定是民事诉讼当事人恒定原则的具体贯彻。当事人恒定，指在民事诉讼过程中，当事人将诉讼标的转移于第三人时，转让人的诉讼当事人资格并不因此而丧失，诉讼仍在原当事人之间进行。该规则排斥受让人接替转让人承担诉讼，但它不禁止受让人以诉讼第三人资格参加诉讼，尽管受让人不是本诉当事人，但判决效力及于该受让人。① 因此,民间借贷债权人在诉讼过程中转让其债权给受让人的,原债权人的诉讼主体地位并未发生改变,仍然是本诉的当事人。但这又如何保障受让人的诉讼权利呢?《民诉法解释》第249条第2款为此专门作了规定:"受让人申请以无独立请求权的第三人身份参加诉讼的,人民法院可予准许。受让人申请替代当事人承担诉讼的,人民法院可以根据案件的具体情况决定是否准许;不予准许的,可以追加其为无独立请求权的第三人。"

分析上述规定可以看出,民间借贷债权人在诉讼过程中转让其债权给受让人的,受让人在受让争议的民事权利义务后,对正在诉讼的案件具有法律上的利害关系,具有无独立请求权的第三人身份。根据《民事诉讼法》的有关规定,可以向法院申请参加诉讼。如受让人申请参加诉讼,其诉讼地位为第三人。对受让人申请替代债权让与人承担诉讼的,根据诉讼承继原则②,受让人可以主动或被申请参加诉讼,但应有一定的限制性规定。从国外的规定看,对受让人替代当事人承担诉讼都规定了条件。如《日本民事诉讼法》规定,在言词辩论终结后,第三人才继受当事人的实体权利义务或诉讼标的物的,该继受人不参加诉讼,但是当事人所获判决的效力可直接及于该继受人。也就是说,在言词辩论终结后,诉讼标的的权利义务已经确定,当事人即为恒定,判决效力扩张于继受人,既判力即执行力及于继受人。从德国民事诉讼法关于当事人恒定原则的例外规定看,权利义务受让人取代原诉讼当事人而成为当事人应当经对方当事人的同意。

借鉴国外的立法规定,结合我国审判实践,人民法院在决定是否准许受让人申请替代当事人承担诉讼时,可考虑对方当事人的意愿、诉讼所处的进程及是否有损于国家利益、集体利益、第三人利益等情况。笔者认为,一般情况下,受让人主张替代债权转让人的,人民法院应当准许,因为这符合诉讼承继原则。诉讼承继原则更多地是考虑受让人的利益,承认权利义务的受让人诉讼主体地位,使权利义务受让人的程序利益得到保障。这样也符合诉讼经济原则,有利于节约司法资源。③人民法院准许受让人替代转让人的诉讼地位后,转让人则退出诉讼,其诉讼地位由受让人替代。转让人之前在诉讼中所进行的一切活动,包括承认、变更、放弃诉讼请求在内的所有诉讼活动,均对受让人产生拘束力。当然,如果人民法院对受让人申请替代转让人的请求不予准许的,人民法院可以追加受让人为无独立请求

---

① 参见王强义:《论民事诉讼中的当事人恒定和诉讼承当》,载《中国法学》1990年第5期。

② 诉讼承继,又称为"诉讼继受""诉讼承当"等,分为一般诉讼承继和特定诉讼承继。一般诉讼承继是在诉讼进行中,因发生了法定事由,一方当事人将其诉讼权利转让给案外人,由该案外人续行原当事人已经开始的诉讼。特定诉讼承继是指在民事诉讼进行中,当事人将诉讼标的转移于第三人时,转让人的诉讼当事人资格因此而丧失,为受让人所替代,前者完全脱离诉讼,不再享有任何诉讼权利和义务,但其所为的诉讼行为对后者发生效力,视为后者本人所为。参见王强义:《论民事诉讼中的当事人恒定和诉讼承当》,载《中国法学》1990年第5期。

③ 参见沈德咏主编,最高人民法院修改后民事诉讼法贯彻实施工作领导小组编著:《最高人民法院民事诉讼法司法解释理解与适用》(上),人民法院出版社2015年版,第639页。

权的第三人参加本案诉讼。

二十二、因民间借贷债权让与产生的费用，应由哪方当事人负担？

尽管债权的转让在一般情况下不会损害债务人的利益，但是在某些情况下，也可能因债权的转让使债务人承受过多的负担，或者给债务人造成其他不应有的损失。因此，在实践中可能会因债权转让而导致债务人履行费用的增加而形成纠纷。

一般认为，因债权转让增加的履行费用，原则上在债权全部转让时，由受让人承担；在债权部分转让时，由受让人与原债权人共同承担。这是因为，如果是债权的全部转让，原债权人已经完全退出债的关系，而由受让人替代了原债权人的地位。按照合同的相对性原则，债务人只能请求与其有合同关系的另一方当事人履行合同和承担合同责任，而不能向与其没有合同关系的人要求承担合同上的责任。所以，在债权全部转让后，债务人已经与受让人形成新的合同关系，原则上不宜再请求原债权人承担履行费用的损失，而只能请求新的受让人承担损失。但是在债权部分转让的情况下，由于原债权人尚未退出原债权债务关系，债务人则可以请求原债权人和受让人一起承担其履行费用的损失。① 需要注意的是，如果原债权人与受让人达成了由哪一方承担履行费用的损失的协议，该协议只是在原债权人与受让人之间发生效力，在债务人不认可的情况下，对于债务人不发生效力，债务人仍然可以按照上述方式追索履行费用的损失。

二十三、生效法律文书在进入执行程序前合法转让的，受让人是否可以申请执行？

债权让与发生在债权出让人取得生效法律文书后，进入强制执行程序前的，债权受让人是否可以基于受让的具有法律效力的裁判文书直接申请执行，在实务中有争议。笔者认为，根据《最高人民法院关于人民法院执行工作若干问题的规定（试行）》第18条的规定，申请执行人是生效法律文书确定的权利人或其继承人、权利承受人的，符合申请法院执行的条件。同时，根据该规定第20条的规定，在继承人或权利承受人申请执行的情况下，应当提交继承或承受权利的证明文件。2015年《民诉法解释》第463条规定："当事人申请人民法院执行的生效法律文书应当具备下列条件：（一）权利义务主体明确；（二）给付内容明确。"《最高人民法院关于人民法院执行工作若干问题的规定（试行）》明确规定了"权利承受人"可以作为申请执行的主体，而《民诉法解释》对此未作否定，只是将可以申请人民法院执行的条件作了更为科学合理的表述。

笔者认为，将可申请法院执行的主体范围扩大，符合民事诉讼法公平合理保

---

① 参见吴庆宝主编：《合同纠纷裁判标准规范》，人民法院出版社2009年版，第137页。

障权利人权利的理念。故由生效法律文书确定的权利人在进入执行程序前合法转让债权的,债权受让人即权利承受人,可以作为申请执行人直接申请执行,无须执行法院作出变更申请执行人的裁定。

二十四、受让人向民间借贷的债务人作出的债权让与通知,是否可以适用表见让与?

表见让与一般适用于债权让与人对债务人进行通知的情形。然而,针对实务中受让人向民间借贷债务人进行通知的情况,能否适用表见让与,则存在较大争议。

第一种观点认为,表见让与只能适用于债权出让人向债务人作出通知的情形,因表见让与中的债权让与处于不确定状态,不适于由债权受让人进行通知的情形。

第二种观点认为,只要受让人提供充足的证据证明债权让与的事实,即使由受让人进行通知,也可以成立表见让与。

实务中,债权受让人如能充分证明债权让与的真实性的,且债务人对债权债务的存在不否认的情况下,认定债权受让人向债务人作出让与通知的行为是不违反法律规定的。正是基于这一结论,实务中才发生了债权受让人向债务人未通知的,是否可以适用表见让与的争论。

鉴于我国大陆相关立法没有关于表见让与的相关规定,可以参考其他国家或地区的立法例对这一问题进行分析。《德国民法典》第409条第1款规定,债权人已将债权让与通知债务人的,即使尚未让与或者让与尚未生效,债权人仍须对债务人承受其已通知让与的效力。债权人已为让与证书中指名的新债权人制作让与证书,新债权人也已向债务人出示该证书的,视为与让与通知有相同效力。我国台湾地区"民法"第297条第2款也规定,受让人将让与人所立之让与字据提示于债务人者,与通知有同一之效力。但由于该规定没有在规定表见让与的第298条第1款中,因此在适用上又产生了一些争议。"与通知有同一效力之一点,究竟与让与人之通知有同一之效力乎？抑与受让人之通知有同一效力乎？学者见解不一。该项字据之提示,可解为让与人及受让人之共同通知,亦能发生表见让与之效力。"[1]可见,在上述立法例中,都将受让人向债务人出示由出让人制作的让与证书或者让与字据,视为与债权让与人作出的通知具有同等效力,应当适用表见让与。但前提都是通知或证书都是由债权出让人制作后交由受让人,由受让人向债务人出示的,即受让人可以提供充分且可靠的证明。

理论界也有观点认为,由于债权让与并未发生或生效,受让人一般谈不上提供充分的证据。即使有关证据"充分"表明债权已经让与,允许适用表见让与虽然

---

[1] 郑玉波:《民法债编总论》,台北三民书局股份有限公司1985年版,第475页。

有利于保护债务人的权益,但却会使原债权人承担很大的风险。① 对此,笔者不敢苟同。

笔者认为,在受让人进行通知可以适用表见让与的情形下,是以债权出让人制作的通知交由受让人履行通知义务的,债权出让人自应明知该通知的内容以及交由受让人履行通知义务的行为,在此情况下,理应尊重债权让与制度保护债务人利益的原则,由出让人负担更多的谨慎注意义务,以承担自己所为行为的后果,并密切关注债权实现过程中是否有障碍出现。故在一般情形下,只要债权受让人可以提供充足的证据证明债权让与的事实的,由受让人对债务人进行通知应成立表见让与。

二十五、具有期待权性质的民间借贷债权是否可以让与?

根据对将来债权的分类,将来债权是否具有可让与性的争议主要集中在没有基础法律关系的将来债权是否可以让与。

第一种观点认为,在将来债权的法律基础关系尚不明确的情形下,债权让与完全不具有确定性,为保护受让人的利益,不应允许该类将来债权的让与。

第二种观点认为,应广泛地承认债权的可让与性,即使被转让的债权没有发生,只要当事人之间可以达成合意,即应承认此类债权的可让与性。

笔者认为,我国民事法律没有将来债权是否可以转让的明确规定,但在实务中,存在大量这种法律行为,如借款人以将来的工资作为担保进行借款等。对于存在基础法律关系的将来债权,在不违反《合同法》第79条规定以及其他法律关于禁止债权让与规定的情形下,其基础法律关系是客观存在的而且内容明确,将来转移债权和实现债权的可能性较大,允许这类将来债权的转让是无可非议的。对于不存在基础法律关系或基础法律关系不明的将来债权,由于其债权的不确定性强,对当事人来说是存在较大风险的。但从债权让与制度的目的考虑,笔者认为,只要该类将来债权的让与不违反法律的强制性规定,不违反公序良俗,即使无基础法律关系存在,即使存在较大的不确定性和风险,只要当事人之间达成合意,债权将来有可能发生的,应当尊重当事人的处分权,不应随意禁止。而且,《担保法解释》第97条从侧面承认了其效力,即"以公路桥梁、公路隧道或者公路渡口等不动产收益权出质的,按照担保法第七十五条第(四)项的规定处理"。从该规定可以看出,我国允许不动产未来收益让与,即属于未来债权的让与。

民间借贷纠纷中,应允许最广泛的将来债权的让与,原因如下:第一,债权的财产权属性决定了未来债权可以转让,在市场经济社会,最广泛地保障债权的流转可以实现财产价值的最大化以及资源的合理配置。第二,对债务人的利益没有损害,对于债务人而言,未来债权的让与内容与原债务是同一的,义务范围没有变

---

① 参见李永锋、李昊:《债权让与中的优先规则与债务人保护》,载《法学研究》2007年第1期。

化,只是履行义务的对象发生了变化,在对其进行了通知的情况下,债务人只需按照通知向新债权人履行即可。第三,没有违反法律强制性规定,根据"法无明令禁止不为违法"的原则,未来债权的让与并不属于法律强制禁止的行为,故民间借贷中的未来债权让与是有效的。

二十六、未来民间借贷债权的让与中存在多重债权让与的情形时,债权应归属于哪一个受让人?

以未来民间借贷债权作为让与标的物的场合,让与合同(I)成立并生效之时,作为标的物的债权同样并未移转给受让人(I),债权人和受让人(II)签订让与合同(II),非属无权处分,于是,让与合同(I)和让与合同(II)均为有效。但由于只有一个标的物,结果是一份让与合同得以实现,该合同的受让人取得债权;另一份让与合同成为不能履行,由违约责任制度解决问题,该合同的受让人有权请求让与人支付违约金或者赔偿损失。由于债权让与无须有形的履行行为,若未来债权变为现存债权的时间点,早于两份让与合同约定的债权移转时间点,则两份让与合同中哪份合同约定的债权移转的时间点早,债权就由该合同中的受让人取得;若未来债权变为现存债权的时间点,晚于两份让与合同约定的债权移转的时间点,或在两份让与合同约定的债权移转的时间点之间,则债权归属于哪个受让人,取决于让与人的意思表示。如果让与人明确表示了该债权归属于哪个受让人,则依其意思表示。该意思表示最好是让与人直接向受让人表示,通知债务人向哪个受让人清偿亦可。如果债务人只收到了一份让与通知,其中所指受让人正是实际拥有债权的受让人,那么,债务人有义务向该受让人清偿;若向另一位受让人履行则构成非债清偿,债务人的债务并不因此而消灭,非债权拥有者的受让人承担不当得利返还的义务。如果债务人只收到了一份让与通知,其中所指受让人并未实际取得债权,按照表见让与的规则处理。①

二十七、部分让与民间借贷债权时,受让人是否可以主张债务人先对让与人保留的部分债权进行抵销?

审判实践中,对于债务人在债权部分让与中,主张行使抵销权的,受让人是否可以主张债务人先对让与人保留的部分债权进行抵销,存在分歧。

第一种观点认为,从保护受让人实现受让债权的角度,应先抵销未保留部分的债权或按让与债权与保留债权的比例抵销。

第二种观点认为,善意受让人在债务人向其主张抵销权之前,得知受让债权负有抵销权的,有权行使撤销权。

第三种观点认为,因为抵销权是形成权,属于单方法律行为,只需意思表示到

---

① 参见崔建远:《债权让与续论》,载《中国法学》2008 年第 3 期。

达即发生效力,并不以当事人的同意为必要,故受让人不得主张债务人应先对保留债权进行抵销。

笔者认为,《合同法》第99条是关于法定抵销的规定,在法律规定的构成要件具备时,以当事人一方的意思表示即可发生抵销的效力。法定抵销的要件为:第一,必须是双方当事人互负债务、互享债权。第二,双方互负的债务,必须与其给付种类相同。当事人互负债务,标的物种类、质量不相同的,经双方协商一致,也可以抵销,但是此为合意抵销,不是法定抵销。第三,必须是自动债权已届清偿期。第四,必须是非依债的性质不能抵销。在债权让与中,无论是全部让与抑或部分让与,从性质上说,都只是合同一方权利主体的变更,即受让人取得原始债权人的全部或部分合同权利,一般并不会给债务人的利益带来风险或负担,债的内容也没有改变;而从交易角度说,只要转让债权的通知到达债务人,债权转让即对债务人生效,无须债务人的同意,亦即债务人没有异议权可言,在此过程中,无疑应当注意保护债务人的利益。而《合同法》第79条所作的限定性规定,"债权人可以将合同的权利全部或者部分转让给第三人,但有下列情形之一的除外:(一)根据合同性质不得转让;(二)按照当事人约定不得转让;(三)依照法律规定不得转让",即是对债权让与中债务人利益的保护。

笔者认为,那种认为善意受让人在债务人向其主张抵销权之前,得知受让债权负有抵销权的,有权行使撤销权[①]的观点,值得商榷。在债权部分让与中,受让人主张债务人先对让与人保留的部分债权进行抵销的不应得到支持。抵销权属于形成权,是一种单方法律行为,即权利人的单方意思表示即可发生法律效力。在债权部分让与中,债务人享有抵销权的,只需通知到达受让人即可,受让人既不能否认债务人的抵销权,也不能对让与人保留的债权主张权利。但在该种情形下,享有抵销权的债务人应有选择出让人保留的债权进行抵销或受让人受让的债权进行抵销的选择权,既可以达到保护债务人的目的,又有利于维护抵销权制度的意义。

如果债务人不仅对让与人而且对受让人也享有债权时,受让人已对债务人进行了抵销的意思表示,那么,债务人是否还可以就其对让与人之债权向受让人主张抵销?日本判例及一部分学者否认债务人在此情况下对受让人的抵销权。但我国台湾地区学者史尚宽先生则主张,除债务人对于受让人之抵销已为承诺外,债务人仍得以其对于让与人之债权向受让人行使抵销权,否则,让与人无资力时,债务人的利益会遭受损害。[②] 笔者认为,这一主张更为合理。因为债权让与中债务人对受让人的抵销权是法定的,无论在什么情况下,只要符合抵销权的构成要件,债务人就可以行使。受让人以其受让债权对债务人为抵销,只是使债务人对

---

① 参见崔聪聪:《债权让与融资的法律障碍及其克服》,载《政法论坛》2011年第1期。
② 参见史尚宽:《债法总论》,中国政法大学出版社2001年版,第732页。

受让人的债权消灭或减少,并不会影响债务人对让与人的债权,债务人更不会因此而丧失此项债权。为何仅仅因为受让人对其行使抵销权就剥夺了债务人自己本应享有的权利?在此情况下,否认债务人的抵销权是毫无法律根据的,也有悖于保护债务人利益的原则。因此,债务人仍得以其对于让与人之债权向受让人行使抵销权。综上,抵销是债权让与中保护债务人利益的一项重要制度。为确保受让人的利益不因债务人抵销权的行使而遭受损害,法律对债务人抵销权的成立要件作了两方面的限制,但让与人破产时债务人行使抵销权则无须满足主动债权的清偿期应先于或与让与债权同时到期这一要件。在部分让与的情况下,如果受让人主张债务人应先对让与人保留的部分债权进行抵销,司法实践应不予支持。如果债务人不仅对让与人,对受让人也享有债权时,受让人对债务人进行的抵销并不影响债务人对让与人的债权,即债务人仍可以其对让与人之债权向受让人主张抵销。[①] 这种规则的设计能够较好地平衡债权让与人、债务人与受让人三方的利益,既有利于促进交易,增加财富,又利于增强债权让与安全性的功能。

二十八、民间借贷债务人对让与人的抗辩权随债权让与转移至受让人后,受让人遭受损害的,如何救济?

在债权让与中,债务人对债权让与人的抗辩随着债权的转让转移至受让人,但在实践中,会有一些情况下对受让人产生不利或损害,是否应对债务人的抗辩权进行一定的限制成为争议焦点。

第一种观点认为,根据《合同法》的规定,债权让与后,债务人的抗辩权转移至受让人,由此产生的不利或损害应在债权让与人与受让人之间解决,不应限制债务人的抗辩权。

第二种观点认为,凡权利必有限制,为防止债权受让人因债务人的抗辩受到不利或损害,应对债务人的抗辩权进行必要的限制。

笔者认为,债务人得以对受让人行使抗辩权是基于债权转让是债权主体的变更,并非债的内容的变更,在债的同一性原则下,债权让与生效后,债权即转移至受让人,原债权人退出所转让的债权债务关系,债务人对原债权人的抗辩应随债权的让与转移至受让人,债务人可以对抗原债权人的事由,自然可以对抗新债权人。这一制度,是为保护债务人利益所设。

但是,债务人对于让与人的抗辩,并非总能够对抗受让人。如在原债权人与债务人之间订有不主张抗辩权与抵销权行使的协议。原债权人可能出于实现债权流转的目的,与债务人达成,在债权让与后,债务人不得对受让人主张抗辩权和抵销权的协议。实践中,对该类协议的效力存有争议。笔者认为,该种协议应视为债务人对自身权利的抛弃,该协议生效后,债权让与发生的,债务人向受让人行

---

① 参见申建平:《论债权让与中债务人之抵销权》,载《法学》2007年第5期。

使抗辩权或抵销权的,应视为违反协议约定。另外,对于债务人提出抗辩权的时间亦可以有所限制,尤其在债权被多次让与的情形下,债务人应在接到让与通知时的合理期限内提出抗辩为宜,否则可能有碍于受让人债权的实现。实务中,为避免受让人实现债权遇到障碍或受到损害,可以采取一些必要且谨慎的举措限制债务人的抗辩权和抵销权。

另外,受让人在债权让与中也应尽到注意义务。如在受让人与债权让与人订立债权让与合同时,可以约定由债权让与人承担债权的瑕疵担保责任,以此确定救济途径;又如,受让人在受让债权后才发现债权存在瑕疵,受到损害的,在债务人行使抗辩权或抵销权前,善意受让人有提出撤销债权出让人与其达成的债权让与合同,或在债务人行使抵销权以后,善意受让人向债权人主张因债务人的抵销行为所受到损失的求偿权。债权让与中,对债务人抗辩权和抵销权的限制应该是合理且有限的,受让人应该尽到合理的注意义务,如在与让与人签订债权让与合同时,可以明确询问债权是否存在抵销的可能或存在瑕疵,以此降低债权实现的风险和对风险的预知。

二十九、民间借贷债权让与通知是否构成诉讼时效中断的事由?

对于债权让与通知是否必然起到中断诉讼时效的作用,实务中主要有三种观点:

第一种观点认为,应依据《诉讼时效规定》第19条第1款的规定,确定债权让与通知中断诉讼时效的作用。该观点又称为肯定说。

第二种观点认为,债权让与通知为观念通知,不包含向债务人主张权利的意思表示,不应引发诉讼时效中断的效果。该观点又称为否定说。

第三种观点认为,应根据具体问题具体分析债权让与通知是否可以起到中断诉讼时效的作用,但原则上不能引发诉讼时效中断的效力。该观点又称为折中说。

笔者认为,以《民法通则》关于诉讼时效的相关规定为依据,有观点认为,2001年《最高人民法院关于审理涉及金融资产管理公司收购、管理、处置国有银行不良贷款形成的资产的案件适用法律若干问题的规定》以及2002年《最高人民法院对〈关于贯彻执行最高人民法院"十二条"司法解释有关问题的函〉的答复》中关于债权让与通知可以起到中断诉讼时效的效力的规定,与债权让与中通知制度的观念通知不符,认为既然将债权让与通知作为观念通知,让与人或受让人将债权让与这种事实告知债务人,无论通知的主体内心是如何想的,意欲发生何种法律效果,都改变不了法律预定的结果,债权让与对于债务人具有拘束力,债务人向受让人履行才发生债的清偿,债务人的债务才归于消灭。显然,债权让与通知本身不包括债权人请求债务人履行义务、提起诉讼和债务人同意履行义务的内容。而债权人请求债务人履行义务、提起诉讼和债务人同意履行义务,恰恰是《民法通则》

第 140 条规定的诉讼时效中断的事由。所以,债权让与通知本身不应引发诉讼时效中断的效果。但该观点也认为,2001 年《最高人民法院关于审理涉及金融资产管理公司收购、管理、处置国有银行不良贷款形成的资产的案件适用法律若干问题的规定》中的"原债权银行在全国或者省级有影响的报纸上发布的债权转让公告或通知中,有催收债务内容的,该公告或通知可以作为诉讼时效中断证据"可以表明其含有债权人向债务人主张债权的意思表示,应当引起诉讼时效的中断。对"债务人在债权转让协议、债权转让通知上签章或者签收债务催收通知的,诉讼时效中断",该观点则认为,应该明确债务人签收的通知中是否含有债权人明确地向债务人主张权利的意思表示。①

对债权让与通知是否可以起到中断诉讼时效的效力最为明确的规定就是 2008 年《诉讼时效规定》第 19 条第 1 款。由该规定可以看出,债权人通知债务人债权转让,意味着其不放弃债权,明确和维持债权的存在,而且在司法实务中,债权转让通知多含有主张权利的意思表示。因此,一般而言,债权人向债务人发出债权转让通知的,符合诉讼时效中断制度明确和维持权利存在的要件,应产生诉讼时效中断的效力。② 对此,笔者表示同意,并且认为,债权让与通知是否可以起到中断诉讼时效的效力必须以制度设计的价值倾向作为基础进行研究。主要理由如下:

首先,诉讼时效制度的设立在于督促权利人及时行使权利,以维护权利关系的稳定,并保护债务人。故在权利人积极行使权利时,应阻却诉讼时效的继续,即发生诉讼时效的中断。债权让与通知虽然为观念通知,但实务中,通知内容一般都包含债权让与的事实、指明债权受让人的详细情况以及向债务人主张权利等意思表示。如果是由债权让与人向债务人作出通知,在通知到达债务人时,债权让与行为其实已经生效,债权已经移转至受让人,虽然让与人此时已不是真正的债权人,但作出通知是其完成债权让与应为的义务,应认为该通知具有向债务人主张权利的意思表示,属于《民法通则》第 140 条规定的"当事人一方提出要求",即可以起到中断诉讼时效的效力。

其次,如果债权让与通知是由受让人向债务人作出的,由于在通知前,受让人已成为真正的债权人,由其发出通知当然应当起到中断诉讼时效的效力。在债权受让人作出通知的情形下,可能发生债务人对其真实性有怀疑的情况。此时,债务人可以采取提存或者拒绝履行的意思表示,债权受让人则应提供充分证据证明债权让与的真实性,一旦债权让与被证明真实有效,则债权受让人所为的通知即起到中断诉讼时效的效力。如果不能从债权转让的通知中推断出权利人向债务人主张权利的,但债务人在通知上签字或者盖章的,则可以认定债务人承认债务,

---

① 参见崔建远:《债权让与续论》,载《中国法学》2008 年第 3 期。
② 参见奚晓明主编,最高人民法院民事审判第二庭编著:《最高人民法院关于民事案件诉讼时效司法解释理解与适用》,人民法院出版社 2008 年版,第 334 页。

构成诉讼时效中断事由中的当事人一方同意履行义务,诉讼时效应中断。如果债权让与通知中确实不含有向债务人主张权利的意思表示的,则不能起到中断诉讼时效的效力。

再次,导致诉讼时效中断的事由并不局限于权利人及时行使权利的行为,还应该包括其他能够结束权利义务不确定状态的行为。就债权让与通知而言,通过债权让与通知,虽然让与人只是向债务人表明欲移转债权的意思,并没有请求债务人履行债务,但是这已经表明债权让与人并没有放弃对债务人的债权,亦即债权人和债务人之间因为让与人怠于行使债权导致的权利义务关系不确定的状态重新得以明确。① 因此,债权让与通知能够产生中断诉讼时效的后果,诉讼时效应当重新起算。

最后,需要注意的是,债权让与通知到达债务人可以起到诉讼时效中断的效果是有一定前提的,即原债务诉讼时效期间应是已起算、未届满状态,且在债权让与通知到达或应到达时才发生诉讼时效中断的效力。对此,北京市高级人民法院的相关意见颇值借鉴。《北京市高级人民法院关于印发〈北京市高级人民法院审理民商事案件若干问题的解答之五(试行)〉的通知》第21条规定:"债权转让未通知债务人,该债权的诉讼时效不发生中断的法律后果。债权转让已通知债务人,'通知'内容包括向债务人主张权利的意思表示,或'通知'上写明要求债务人向债权受让人偿还债务内容的,或债权让与人、债权受让人同时在'通知'上签字盖章,应该认定债权转让通知债务人的同时,债权人向债务人主张了权利,诉讼时效发生中断的法律后果。"

三十、民间借贷债权已转让给受让人,但保证合同未更改,在保证人知情的情况下,受让人向债务人主张债权未予实现的,保证债务的诉讼时效是否中断?

对于这一问题,应当区别情况而作判断:

(1) 在该债权转让的事实没有通知债务人的情况下,债务人享有抗辩权,可以主张该债权转让对自己不发生效力,拒绝向受让人履行债务。保证人有权援用债务人的这种抗辩,拒绝承担保证责任。

(2) 在该债权转让已经通知债务人的情况下,债务人无权拒绝向受让人履行债务,保证人无法援用债务人拒绝向受让人履行的抗辩,但在保证期间届满之后,债权人才请求债务人履行债务的,保证人有权以保证期间届满为由拒绝承担保证责任。

(3) 在连带责任保证且保证期间尚未届满之时,债权人在债权让与通知中含有债务催收的内容,按照《民法通则》第140条前段的规定,主债务的诉讼时效中

---

① 参见李艳斐:《债权让与通知若干法律问题之我见》,载《法制与社会》2010年第26期。

断,但依据《担保法》第26条第2款的规定反面推论,保证债务的诉讼时效期间不受影响。只有债权人在此期间请求保证人承担保证责任,保证人才有义务实际承担保证责任。债权人在保证期间内未请求保证人承担保证责任,按照《担保法》第26条第2款的规定,保证人免负保证责任。

（4）在一般保证且保证期间之内,债权人仅仅将债权让与通知了债务人,即使其中含有催收债务的内容,只要债权人没有提起诉讼或者申请仲裁,请求债务人履行债务,按照《担保法》第25条第2款前段的规定,保证人免负保证责任；如果债权人已经提起了诉讼或者仲裁,请求债务人履行债务,依据《担保法》第25条第2款后段的规定,保证期间适用诉讼时效的规定。按照《担保法解释》第34条的规定,保证债务的诉讼时效开始计算,可是依据第36条第1款前段的规定,保证债务的诉讼时效随着主债务诉讼时效的中断而中断,出现了抵触,需要协调。第36条第1款的规定存在着"未开始,却中断"的逻辑问题,而第34条的规定则无此瑕疵。

三十一、原民间借贷债权诉讼时效届满,债务人在接到债权让与通知时没有提出诉讼时效抗辩的,是否表示债务人放弃诉讼时效抗辩？

《合同法》第82条规定:"债务人接到债权转让通知后,债务人对让与人的抗辩,可以向受让人主张。"有观点认为,债权转让不得对非让与行为当事人的债务人产生不利后果。债务人有权以已经经过的诉讼时效期间来对抗新债权人。[1] 笔者认为,债权转让是对债权主体的变更,债的内容没有变更,债务人对原债权人享有的抗辩可以对抗新债权人。如果原债权诉讼时效届满,债务人在接到债权让与通知时没有提出诉讼时效抗辩的,不能认为其放弃诉讼时效抗辩。当然,除非能够认定债务人明确表示放弃诉讼时效抗辩的,否则,债务人对原债权人的诉讼时效抗辩可以对抗新的债权人。另外,在通知到达债务人时,诉讼时效即告中断,债权让与前后的诉讼时效是不能连续计算的。

三十二、在法庭调查或辩论中,对民间借贷债务人口头通知债权让与的,可否视为通知到达债务人,对债务人产生了效力？

《合同法》第80条第1款规定:债权人转让权利的,应当通知债务人。未经通知,该转让对债务人不发生效力。但该款未规定债权让与作出的时间。对于向债务人作出通知,不应无限期拖延,尤其在债权让与已经生效的情况下,新债权人对自己的债权能否顺利实现是有心理预期的,及时对债务人作出债权让与通知,是对新债权人的利益保障。笔者认为,在诉讼前未对债务人进行债权让与通知的,如果债权纠纷是由债权受让人提起诉讼的,则因在诉讼前未履行对债务人的通

---

[1] 参见〔德〕迪特尔·梅迪库斯:《德国民法总论》,邵建东译,法律出版社2001年版,第101页。

知,导致债权让与对债务人不生效,即债权受让人虽然受让了债权,但由于未对债务人产生效力,受让人与债务人之间合法的债权债务关系尚未建立,债权受让人是没有诉权的,但如果债权出让人也参加诉讼,并在诉讼中向债务人告知了债权让与的事实,应认定债权让与通知到达债务人,债权让与对债务人生效,债权受让人成为适格的原告。如果债权让与人在诉讼过程中转让债权的,法庭可以根据原债权人和债权受让人的申请,变更原告。在这种情况下,债务人自然知晓了债权让与的事实,法庭上对债务人的口头通知即可以产生通知的效力。

三十三、民间借贷债权受让人未重新办理抵押权登记的,能否享有抵押权?

2001年《最高人民法院关于审理涉及金融资产管理公司收购、管理、处置国有银行不良贷款形成的资产的案件适用法律若干问题的规定》第9条规定:"金融资产管理公司受让有抵押担保的债权后,可以依法取得对债权的抵押权,原抵押权登记继续有效。"但该规定明确"仅适用于审理涉及金融资产管理公司收购、管理、处置国有银行不良贷款形成的资产的有关案件"。在审判实践中,如果债权受让人并非金融资产管理公司,而是一般债权人,其所受让的财产也并非是国有银行的不良贷款,即民间借贷纠纷中,第三人受让的财产是已登记的有抵押的债权的,该受让人是否需要进行重新登记,才能取得优先受偿权?

第一种观点认为,抵押权已经进行抵押登记,债权让与的,受让人应进行重新登记,以对抗善意第三人。

第二种观点认为,债权受让人受让有抵押担保的债权的,在抵押权已经登记的情形下,不需要重新办理抵押登记为享有优先受偿权的要件。

笔者倾向于第二种观点。

抵押权是为担保债权人的债权得以实现建立的制度,属于债权的从权利,一般随主债权的转移而转移。笔者认为,在民间借贷纠纷中的债权转让中,解决上述问题的思路应该先从抵押权登记的效力进行分析。根据2001年《最高人民法院关于审理涉及金融资产管理公司收购、管理、处置国有银行不良贷款形成的资产的案件适用法律若干问题的规定》的规定,金融资产管理公司受让国有银行不良贷款的,原抵押登记继续有效。

最高人民法院在"浙江金华科技园开发有限公司与浙江省发展资产经营有限公司债权转让合同纠纷案"作出的裁定中指出,关于金融机构不良资产转让是否必须变更不动产抵押登记,受让人方能取得不动产抵押权的问题,本案所涉的不动产抵押办理了抵押登记,抵押权已依法成立,根据《最高人民法院关于审理涉及金融资产管理公司收购、管理、处置国有银行不良贷款形成的资产的案件适用法律若干问题的规定》第9条的规定,资产经营公司受让有抵押担保的债权后,不因未办理抵押变更登记而不能行使抵押权,即债权受让人依法取得了抵押权。该裁定的债权受让主体是资产经营公司,即使其受让的不是国有银行的不良债权,仍可以适用《最高人民法院关于审理涉及金融资产管理公司收购、管理、处置国有银行不良贷款形成的资产的案件适用法律若干问题的规定》。另外,实践中,金融资产管理公司在受让了国有债权后,又将该债权转让给了自然人的,在该自然人未进行抵押权重新登记的情况下,法院认定了其对抵押物的优先受偿权。① 在一些地方民间借贷纠纷的审理中,也认定了债权人将该债权转让给某个人后,该个人未重新办理抵押权登记的,不影响该个人对抵押物享有优先受偿权。

笔者认为,上述处理问题的思路是正确的,主要理由如下:

首先,在债权转让中,有抵押的债权被转让的,其债权内容并未改变,只是权利主体的变更,且对于抵押来说,实现债权人的债权是其根本目的,该种形式的债权转让在债权流转中直接实现了原债权人的债权,新债权人受让的债权因有已登记的抵押权,对实现其权利也具有一定的保障;对于抵押人来说,无论抵押人是债务人还是第三人,其权利并未因债权转让而受到损失。对此,2003 年《最高人民法院关于甘肃省高级人民法院就在诉讼时效期间债权人依法将主债权转让给第三人保证人是否继续承担保证责任等问题请示的答复》中规定:"在诉讼时效期间,凡符合《中华人民共和国合同法》第八十一条和《中华人民共和国担保法》第二十二条规定的,债权人将主债权转让给第三人,保证债权作为从权利一并转移,保证人在原保证担保的范围内继续承担保证责任。"该条规定是对一般债权人受让保证债权的,保证人保证范围不变的规定。保证人的保证范围不因债权人的更换产生变化。对于抵押人来说,该原理亦可类推,即对于保证人或抵押人,债权让与并不增加其义务,不影响其合法权益。

其次,按照《物权法》第 192 条的规定:"抵押权不得与债权分离而单独转让或者作为其他债权的担保。债权转让的,担保该债权的抵押权一并转让,但法律另有规定或者当事人另有约定的除外。"从该条规定可知,作为民间借贷的主债权转让的,担保该债权的抵押权一并转让。这种转让属于法定转让,意味着受让人当然享有抵押权。

再次,抵押权登记的本来为债权人,由于发生债权转让,受让人取得了主债权,并同时受让了抵押权,因此,受让人为真正抵押权人。尽管抵押权登记仍然为原来的债权人,但受让人为实质抵押权人。抵押权登记只是确认抵押权所有人的直接证据,如果有其他证据证明登记的人并非是真正抵押权人的,该登记仍然不能作为确定真正权利人的法定依据。并且,如果要求受让人重新变更登记,那么,在该抵押物上还有其他抵押权存在的情况下,受让人的抵押权本来按照顺序优先于在其后的抵押权人,如再重新办理抵押登记,则按照轮候办理的规定,受让人的

---

① 参见"荣成市宁津渔业钢丝绳厂与周永伟金融借款纠纷、抵押合同纠纷上诉案"(山东省高级人民法院〔2014〕鲁商终字第 18 号),载中国裁判文书网。

抵押权反而在顺位上劣于本来在其后的抵押权人,造成了对受让人的极度不公平。

最后,有观点认为,在受让人没有进行重新登记的情形下,在程序上会增加很多负担。因权利登记人与实际权利人不符,在抵押权实现中,不能直接依据《民诉法解释》的规定,由实际权利人直接申请适用实现担保物权的程序,而需要借由权利登记人才能实现其权利。故虽然债权受让人不因未对受让的抵押权登记而失去优先受偿的权利,但在交易过程中,会增加其交易成本,如果债权受让人可以对受让的抵押权进行重新登记,对其顺利实现抵押权是有利的。笔者认为,上述观点有失偏颇。根据《民事诉讼法》第196条的规定,能够有权申请实现担保物权的,不仅抵押登记的人可以申请,而且,"其他有权请求实现担保物权的人"同样可以申请实现担保物权。主债权人的受让人当然隶属于"其他有权请求实现担保物权的人"的范畴之列,因而其当然有权向法院申请实现担保物权。

总之,笔者认为,民间借贷中,出借人转让已登记的有抵押的债权的,受让人无须经过重新登记,即可根据《民事诉讼法》中实现担保物权的特别程序的规定,实现抵押权。

三十四、出借人凭借一张借款人书写的、有第三人姓名的欠条主张借款人已将债务转移给第三人,并要求第三人履行偿债义务的,应当如何处理?

在民间借贷纠纷中,出借人凭借一张由借款人书写的、有第三人姓名的欠条主张已将债务转移给第三人,要求第三人履行偿债义务的,是否有效,实务中存在争议。

第一种观点认为,债务人向出借人出具的欠条上有其对债务的承认和明确的第三人,具有将债务转移的意思表示,应支持出借人的诉讼请求。

第二种观点认为,借款人书写的欠条没有体现出借款人与第三人就债务转移达成一致的情形,因此,仅凭借款人书写的欠条不能证实债务发生转移,应驳回出借人的诉讼请求。

笔者认为,根据《合同法》第84条的规定:"债务人将合同的义务全部或者部分转移给第三人的,应当经债权人同意。"成立债务转移的要件如上所述,债务转移一般有三种订立方式:第一,债务人与债务受让人订立债务承担协议;第二,债权人与债务受让人订立债务承担协议;第三,债权人、债务人和债务承担人共同签订债务承担协议。

作为成立债务承担的要件,债务承担协议必须有债务承担人的真实意思表示,无论是免责的债务承担抑或并存的债务承担,债务承担人必须与债权人,或债务人和债权人与债务人达成合意。故笔者认为,出借人仅凭借一张由借款人书写的、有第三人姓名的欠条主张已将债务转移给第三人,要求第三人履行偿债义务的,在没有有效证据证明的情况下,不能认定第三人对债务承担有明确的意思表示,出借人的诉讼请求不能得到支持。

三十五、民间借贷债务人以债权人配偶知悉债务转移给第三人为由,对债权人提出的清偿债务的诉讼请求进行抗辩,是否应予采纳?

债务转移是在不改变债的同一性的基础上,债务人主体的变更。债务转移分为免责的债务转移和并存的债务转移。一般认为,免责的债务转移必须经债权人同意。债权人与债务人签订的债权债务合同建立在一定人身关系基础上,债务人将债务全部转移给第三人的,如果债权人对第三人的情况不清楚,将会对其实现债权产生障碍,故在此情形下,必须得到债权人的同意,债务转移才能生效。而债权人的配偶虽然和债权人具有极其亲密的关系,但其并非合同的当事人一方,根据合同相对性的原理,笔者认为,债权债务合同仅仅及于缔约的双方当事人,债务人将债务转移给第三人的,应得到债权人本人的同意,不能以其配偶知悉来对抗债权人的诉求。

三十六、债务人被工商行政管理部门吊销了营业执照,是否还具有签订债务转移合同的主体资格?

债务人被工商行政管理部门吊销营业执照后,其是否还具有签订债务转移合同的主体资格,实务界有不同观点。

第一种观点认为,债务人被工商行政管理部门吊销营业执照的,因其主体资格被消灭,不能再以其名义签订债务转移合同。

第二种观点认为,债务人被工商行政管理部门吊销营业执照的,其法律后果是债务人不得再在其营业执照所列范围内从事经营活动,但并未剥夺其签订债务转移合同的主体资格。

笔者认为,债务人被吊销营业执照的,属于经营资格不存在,一般是因违反有关强制性规定被有关部门依法吊销营业资格。《最高人民法院关于企业法人营业执照被吊销后,其民事诉讼地位如何确定的复函》规定,吊销企业法人营业执照,是工商行政管理机关依据国家工商行政法规对违法的企业法人作出的一种行政处罚。企业法人被吊销营业执照后,应当依法进行清算,清算程序结束并办理工商注销登记后,该企业法人才归于消灭。因此,企业法人被吊销营业执照后至被注销登记前,该企业法人仍应视为存续,可以自己的名义进行诉讼活动。如果该企业法人组成人员下落不明,无法通知参加诉讼,债权人以被吊销营业执照企业的开办单位为被告起诉的,人民法院也应予以准许。该开办单位对被吊销营业执照的企业法人,如果不存在投资不足或者转移资产逃避债务情形的,仅应作为企业清算人参加诉讼,承担清算责任。根据该复函,企业法人在被吊销营业执照后,法人资格仍然存续,但是经营活动被加以限制,成为只能从事特定范围内活动的限制行为能力人。该复函未明确规定债务人是否具有签订债务转移合同的资格。

笔者认为,如果债务人已被吊销营业执照尚未注销的,与第三人签订债务转移合同,得到债权人同意的,由于新债务人的加入不仅不消灭原借款人的债务人资格,对债权内容没有产生实质上的不良影响,而且还能增加债权人实现债权的保障,在《合同法》等法律法规对此也没有强制性规定的情况下,债务人应具有签订债务转移合同的主体资格,不应认定为超越清算范围的活动。

三十七、出借人与借款人约定由第三人代为履行偿还借款的义务,第三人不履行还款义务的,其法律后果如何确定?

出借人与借款人约定由不构成债务承担的第三人履行还款义务,第三人不履行还款义务的法律后果如何确定?对此,实务中分歧较大,意见较难统一。

第一种观点认为,第三人不需要承担任何责任,只能由借款人向出借人承担违约责任。

第二种观点认为,第三人不履行还款义务的,应当向出借人承担继续履行义务,并承担相应的违约责任。

笔者倾向于第一种观点。

第三人代为履行是我国《合同法》第65条确立的制度,它不同于债务承担。第三人代为履行,是指第三人与债务人订立协议约定第三人代债务人承担义务。债务承担分为两类,免责的债务承担实际是有效合同的主体的完全变更,第三人取代了原债务人的地位而成为合同的当事人,受该合同约束,原债务人因此与原债无涉;并存的债务承担是合同主体的不完全变更,第三人加入债务的履行,与债务人成为合同的共同一方当事人,都受合同的约束。但无论是免责的债务承担,还是并存的债务承担,第三人均成为合同的主体。而在第三人清偿中,第三人并未因代为履行而成为合同的当事人,他仅是合同辅助履行人[①],不受合同的约束。这是第三人清偿与债务承担的最大区别。

在民间借贷案件中,如果出借人与借款人约定由第三人清偿,即由第三人代为借款人履行还款义务,第三人不履行还款义务的,借款人而不是第三人应当向出借人承担违约责任。《合同法》第65条对此作了明确规定。

这一规定的法理基础在于:如上所述,在第三人清偿的情形,第三人并非因此代替借款人成为合同债务人。换言之,在第三人清偿的情形,第三人与合同债权人也就是出借人之间不发生任何法律关系。因此,出借人不得基于他与借款人的合同关系向第三人主张任何权利。另一方面,出借人与借款人的合同关系仍然存在,因此,在第三人清偿的情形下其不履行债务或者履行债务不符合约定时,借款人应当向出借人承担违约责任,且出借人也只能请求借款人而不能请求第三人承担违约责任。

[①] 参见谭萍:《债务承担与第三人履行之比较》,载《山西财经大学学报》2001年4月第23卷(增刊)。

在最高人民法院审理的"宁夏金泰实业有限公司与宁夏基荣实业发展有限公司联营合同纠纷上诉案"[①]中,对第三人履行和债务加入的区别进行了辨析。双方当事人签订《合资经营合同》的有关条款中,写有"债务转让"的字样,但因为未给原债权人设定义务,债务主体和债权债务关系并未变更,仍然属于第三人代为履行债务的情形。第三人代为履行债务并没有实质变更原合同债权债务关系的主体,当第三人代为履行债务没有实际发生或者没有全面履行时,债权人只能向原债务人主张,而不能向第三人主张;而债务转让是新债务人就转让的债务取代原合同债务人成为原合同债权债务关系当中的债务主体,原债务人脱离原合同关系。两者最本质的区别即在于有无变更原合同的债权债务关系主体。该案中,第三人曾以债务人的名义向债权人偿还了债务人所欠债务中的一部分,恰恰说明了第三人只是代债务人履行了部分还款的行为,不能说明第三人成为债务人;且如果债权人追偿该笔债务的,只能向债务人追偿,不能向第三人追偿。而第三人与债务人签订、实际履行合同的过程可以反映出双方的根本目的不是在于债务转移承担,只是将其作为一种投资方式。故在判决中,法院从当事人的行为及其真实意思表示方面进行了详细分析,认定第三人的委托付款或还款行为并不构成债务转移。

三十八、出借人与借款人约定由不构成债务承担的第三人履行还款义务,第三人不履行还款义务的,如何确定第三人的诉讼地位?

不构成债务承担的第三人履行债务属于第三人清偿。该协议是由出借人和借款人协商而成,第三人不参与协商,第三人自然不是该协议的当事人,也不是合同主体,因此该协议对第三人不产生效力。第三人履行债务是被动的,第三人不履行协议时,不需要向出借人承担责任,在诉讼中第三人只能以无独立请求权的第三人参与诉讼。

第三人清偿与第三人债务加入不仅在实体上有本质区别,而且在民事诉讼程序中的地位也有质的区别。债务加入中的第三人作为债权人和债务人协议中的一方主体,其是主动加入到原债权债务关系中,如其不履行协议,需要和债务人共同承担相应的责任,在诉讼中,其应该作为被告参与诉讼。

三十九、委托付款是否构成债务转移?

《合同法》第 65 条规定:"当事人约定由第三人向债权人履行债务的,第三人不履行债务或者履行债务不符合约定,债务人应当向债权人承担违约责任。"同时,第 84 条规定:"债务人将合同的义务全部或者部分转移给第三人的,应当经债权人同意。"根据上述两条规定,可以看出债务转移与第三人代为履行的区别包

---

① 参见"宁夏金泰实业有限公司与宁夏基荣实业发展有限公司联营合同纠纷上诉案",载奚晓明主编、最高人民法院民事审判第二庭编:《民商事审判指导》2006 年第 1 辑(总第 9 辑),人民法院出版社 2006 年版,第 279—292 页。

括:第一,债务转移中的第三人是具有债务人地位的,是合同的当事人;而在代为履行中,第三人仅是依照合同当事人的约定,代为向债权人履行债务的。第二,债务转移需债权人同意才能达成;而代为履行对第三人不具有约束力。第三,债务转移中,第三人需承担债务人的义务及违约责任等;代为履行中,第三人并不对债权人承担违约责任。笔者认为,对于委托付款条款的判断应按照当事人的真实意思表示来判断,如果委托付款双方仅是对债务的履行方式进行约定,未明示第三人取得债务人地位的,并不构成债务转移,而仅是由第三人代为履行行为。

四十、民间借贷中,第三人构成债务加入的,是否必须以出借人、借款人和第三人的共同合意为要件?

实践中,对于合法的民间借贷关系中,出借人和借款人以外的第三人以代为借款人清偿到期债务为目的,通过明确的意思表示加入到该借贷关系中。这种行为是否必须以出借人、借款人和第三人的共同合意为前提,实践中存在不同观点:

第一种观点认为,只有出借人、借款人和第三人的共同合意时,才能成立债务加入,否则欠缺任何一方的意思表示,都不构成债务加入。

第二种观点认为,出借人、借款人和第三人的共同合意时,可以成立债务加入,借款人与第三人形成合意或者出借人与第三人形成合意时,也可以成立债务加入。

第三种观点认为,不仅出借人、借款人和第三人的共同合意时可以成立债务加入,借款人与第三人形成合意或者出借人与第三人形成合意时,也可以成立债务加入,甚至第三人单方承诺的,同样可以成立债务加入。

笔者倾向于第三种观点。实际上,这一问题可以归结为债务加入需要三方协议、双方协议还是第三人单方承诺。现逐一分析。

(一)关于三方协议

三方协议是指由债权人、债务人、第三人三方通过协商达成合意的债务加入形式。然而,三方协议的表现形式并非仅仅债权人、债务人、第三人三方通过共同协商达成合意,实践中,还有另外一种情况,即债务人与债权人分别与第三人就债务加入达成合意,此时也构成三方协议。问题是,在此情况下,如果债务人与第三人达成的协议,与债权人与第三人达成的协议,二者内容不一致的,如何处理?如借款人甲欠出借人乙10万元本金及利息1万元,第三人丙与甲达成一致,代替其向乙偿还10万元本金,而与乙协议则是偿还10万元本金及利息1万元。此时,尽管丙承诺甲仅代替其偿还10万元本金部分,但由于其也已经与乙达成全部偿还债务的意思表示,为了保护债权人乙的利益,且考虑到债务加入的理论基础就在于实现债权,因此,丙应当向乙偿还全部本金及利息。但是,如果丙与乙协议仅偿还10万元本金,而与甲协议约定承诺偿还10万元本金及1万元利息,此时,乙可向丙主张10万元本金部分,但由于丙与乙协议中并未涉及额外1万元利息部分,即未就该部分债务加入达成合意,所以,额外的1万元利息部分乙仍应向甲主张,而不得向丙主张。①

总之,三方协议是实践中最常见和基本的形式,这种方式的特点是形式规范,权利义务关系明确,充分体现了当事人之间的意思自治原则,债权人、债务人及第三人均明知该行为之法律后果。因此,无论是实务界还是理论界,均认可三方协议是债务加入的常规形式。

(二) 双方协议

双方协议包含债权人与第三人的协议及债务人与第三人的协议两种情形。

1. 债权人与第三人协议

该协议为债务人创设新的利益,对债务人有利,从利益的角度来衡量,无须经过债务人同意,即成立债务加入。但是有疑问的是,如第三人的债务加入行为和债务人的意思表示相悖,该债务加入是否有效?债法系以意思自治为其基本原则,在契约法领域尤其如此。正可谓"个人是自己利益最佳的维护者"②,这种意思表示当然也包括在债务清偿方面。因此,从这一点来看,债权人与第三人之间协议似乎并不必然构成债务加入契约。然而,债之目的在于其得到清偿而归于消灭,而第三人以债务人的身份加入债的关系无疑有利于该目的的实现,且在一般情况下不会对债务人产生负面影响。因此,在债务人无正当理由拒绝第三人代为清偿的情况下,债权人与第三人之间的协议构成债务加入之契约。

第三人与债权人签订债务加入的书面合同是最普遍、最典型形式,此外,第三人还可以与债权人通过达成口头协议的方式形成债务加入。比如,民间借贷案件中,借款人甲欠出借人乙10万元,第三人丙向乙开出10万元转账支票,口头约定替甲还10万元。后乙将支票承兑时,由于账号资金不足被拒付,此时丙是否构成债务加入,乙是否可以凭此起诉甲、丙共同承担合同债务?一种观点认为,这属于合同法规定的代为履行;另一种观点认为,代为履行是合同当事人即债权人与债务人约定第三人履行合同义务,而合同相对性决定合同主体不得约定第三人义务,所以,第三人不代为履行时,债务主体仍为债务人。但本案例情况是,丙已经就偿还债务人10万元出具偿还的承诺,并出票,债权人乙接受丙的履行并收取票据,可见当事人之间合意已经达成,而且该协议显然是承诺到达丙处时债的加入的合同即告成立,丙已经成为新加入的债务人。所以,丙当然要负履行义务。③ 笔者同意后一种观点。《合同法》第10条第1款规定:"当事人订立合同,有书面形式、口头形式和其他形式。"法律上明确了合同形式可以多样化,因为合同的本质实际上是一种双方当事人共同意志关系,也就是一种合意关系,尽管出借人乙并没有与丙达成口头协议,也没有签订书面协议,但通过乙和丙的具体行为或特定

---

① 参见崔增平:《浅析合同法债务加入》,载《法制与社会》2011年第6期。
② 王泽鉴:《债法原理》(第一册),中国政法大学出版社2002年版,第74页。
③ 参见崔增平:《浅析合同法债务加入》,载《法制与社会》2011年第6期。

情形,能够推定双方有关债务加入的合同成立。

2. 债务人和第三人之间的协议

学界有观点认为,债务人和第三人之间的协议并不会构成债务加入,双方的合意仅指第三人与债权人的合意。因为第三人即使与原债务人有加入债务为内容的协议,但由于债务履行的相对一方是债权人,只有与债权人达成合意方可成立债务的加入,否则,债权人并不具备向第三人主张合同权利的合同主体地位。笔者认为,债务人和第三人之间达成协议的,只要债权人没有明示或者默示表示反对,此种形式同样构成债务加入。理由是:这种方式将使债权人取得对第三人债权的效果,使债权人获得更多的债权履行的保证,而债务人仍在原债的关系中,对债权人也不可能造成损害。另外,当事人对于自己作出的承诺,不得任意反悔。因此,债务人和第三人之间的协议同样可以构成债务加入。

(三) 第三人单方承诺

第三人单方承诺一般指第三人未与债权人或债务人达成债务加入的契约,单方向债权人或债务人表示愿意加入债务人的债务中。相当于第三人为自己设定义务,从表面形式上看对于债权人和债务人均不无裨益,但在理论上是否构成债务加入契约存在争议。有学者认为,第三方单方承诺只相当于第三人的要约,需要经过债权人或者债务人的承诺才形成债务加入的契约;有学者则认为,单方承诺是双方协议的简化形式,因其对债务人和债权人均有利且有利于债的清偿,在实践中也大量存在,为避免纠纷及法律关系的处理复杂化,应当认为债务加入的一种形式。笔者认为,第三方单方承诺作为一种单务合同,并没有改变原债权债务关系,且有利于促成债权实现,符合债务加入的特征,属于债务加入的一种形式。第三人的单方承诺在表现形式上可能是单方出具的承诺书或者是承诺函,但由于此种形式往往体现了第三人对于原合同债务人及债权人的要约以后的承诺,所以,其特点与地位应与双方合意相同。当然,如第三人代为履行后,可能使第三人和债务人之间又形成了其他的法律关系,但这并不妨碍第三人单方承诺构成债务的加入。

四十一、民间借贷案件中,第三人构成债务加入是否必须以书面形式作为合意的载体?

与法律规定的缺乏相反,司法实务中,债务加入的案例层出不穷,因为社会生活的丰富性,债务加入和其他具有保障债权实现的制度往往难以区分。就债务加入契约的表现形式而言,存在以下两种截然不同的观点。

第一种观点认为,债务加入契约是第三人加入债务的意思表示的外在表现,是债务加入构成的必要要件,因此其必须以书面形式为之。

第二种观点认为,债务加入契约可以是书面形式、口头形式,也可以是其他形式。

笔者倾向于第二种观点。

在民法理论上,合同分为要式合同和不要式合同。要式合同,是指必须依据法律规定的方式而订立的合同。对于一些重要的交易,《合同法》要求当事人采取特定的方式订立合同。① 不要式合同,是指对其成立法律没有要求采取特定方式的合同,至于不要式合同究竟采取什么形式,取决于当事人的自由意志。合同形式是当事人合意的外在表现形式,是合同内容的载体。正基于此,我国《合同法》第10条第1款规定:"当事人订立合同,有书面形式、口头形式和其他形式。"这就在法律上明确了合同的形式可以多样化。

债务加入同样如此。尽管债务加入契约是第三人加入债务的意思表示的外在表现,是债务加入构成的必要要件,但债务加入契约为不要式契约。② 以其他形式的合同体现的也是行为人的意思。其他形式,也称为默示形式、事实契约、事实合同,法官审判的一种推定形式③,体现的是合同主体的意思,而并非与合同主体意思无关。谢怀栻先生认为,通过一定事实而成立合同关系的情形,看来似乎与当事人的意思表示无关,但究其实际,在这些事实(行为)的背后,莫不仍存在着当事人的意思表示。④ 默示就是指意思表示的行为人以其行为表达其内心的效果意思。审判实践中对默示的认定比明示相对困难,这是因为默示的隐蔽性与不确定性,需要通过其行为或法律的规定、交易的经验习惯等外部环境来判断其意思表示,但并不能因为默示的不确定性就否定了适用推定。因此,只要能以其他形式推定出行为人有债务加入的意思,且债权人同意,同样构成债务加入,而不见得非以书面作为唯一表现形式。

四十二、民间借贷中,第三人符合债务加入但未约定责任类型的,第三人的责任如何确定?

对于债务加入中的第三人应该对出借人承担何种责任,由于并没有事先约定责任类型,因此,实践中存在不同观点。

第一种观点认为,第三人与借款人承担共同责任。该观点认为,连带之债基于约定或者法定而产生,在债务加入之契约中如没有明确约定为债务人和第三人承担连带责任情况的,第三人和债务人应承担共同责任。

第二种观点认为,第三人与债务人承担连带责任。该观点认为,因第三人与

---

① 比如《合同法》第197条规定的法人借款合同、第238条规定的融资租赁合同、第270条规定的建设工程合同、第330条规定的技术开发合同、第342条规定的技术转让合同,这些都要求以书面形式订立。除《合同法》规定的以外,《担保法》规定保证合同必须采用书面形式,《城市房地产管理法》规定土地使用权出让合同也应当采用书面形式。

② 参见史尚宽:《债法总论》,中国政法大学出版社2000年版,第750页。

③ 王利明教授认为,所谓其他形式,主要指推定形式。参见王利明:《合同法研究》,中国人民大学出版社2002年版,第480页。

④ 参见王家福、谢怀栻等:《合同法原理》,法律出版社2000年版,第29页。

债务人所承担的责任是相同的、不分先后的,其虽无法律规定,但从类比中可知,其性质与连带责任最为相近,因此,第三人应当承担连带责任。

第三种观点认为,第三人不承担责任。该观点认为,债务加入中,第三人承担的只是一种道德上的义务,因其和债权人之间本就不存在债的关系,该道德义务不受法律的约束。因此,第三人不负民事责任。

第四种观点认为,第三人与债务人承担不真正连带责任。该观点认为,连带责任是基于法律规定或者当事人的约定产生的。目前我国法律对债务加入的责任未规定,因而不能定性为连带责任。因此,第三人与债务人应承担不真正连带责任。

笔者倾向于第二种观点。主要理由如下:

首先,债务加入最重要的制度功能是担保债权的实现,而这种担保功能的实现是以第三人承担责任为基础的。需要明确的是,第三人承担责任的范围应以第三人签订协议时所约定的范围为限,且需与原债务具有同样的内容,不能超过原债务的限度。债务加入中第三人取得和原债务人同样的法律地位,因此也应该在其加入债务的范围内承担债务人的义务,第三人不承担责任的观点禁不住推敲。

其次,不真正连带责任说与债务加入的性质并不相符。虽然在债务加入的情形下,表面上是数个基于不同原因成立的债务,其中一债务人履行的,则全部债务归于消灭,但债务加入并非数个债务的集合,债务承担人只是加入原债权债务关系,必须保持债的同一性。而且,在不真正连带责任下,某一债务被撤销或无效的,并不影响其他债务的存在;而在债务加入中,如果债务人的债务被撤销或认定无效,则债务人与债务承担人均无须承担债务。在不真正连带债务情形下,除非基于一方债务人的清偿、代物清偿、提存、抵销等少数几项事由导致债务客观上消灭,其他情形下一方债务人所生事项对其他债务人没有影响,承担人并非当然可以行使原债务人对债权人的抗辩,是否能够行使,主要取决于承担人与债权人的约定。① 故债务加入中债务承担人与原债务人不宜认定为不真正连带责任。

再次,共同责任包括连带责任、按份责任、不真正连带责任和补充责任,作为债务加入的第三人承担何种共同责任,应当予以明确,仅仅认为第三人与债务人(借款人)对债权人(出借人)承担共同责任容易引起误解。在最高人民法院审理的"中实投资有限责任公司、杭州欣融金属材料有限公司与北京隆瑞投资发展有限公司、北京京华都房地产开发有限公司、嘉成企业发展有限公司股权转让纠纷申请再审案"中,将责任形式表述为"共同向债权人偿还债务"。笔者认为,此种表述较为中立,没有突破法律规定,避开了对责任形式认定的争议,但同时也未从根

---

① 参见杜军:《并存债务承担的认定及各债务人的责任承担依据——中实投资有限责任公司、杭州欣融金属材料有限公司与北京隆瑞投资发展有限公司、北京京华都房地产开发有限公司、嘉成企业发展有限公司股权转让纠纷申请再审案》,载奚晓明主编、最高人民法院民事审判第二庭编:《商事审判指导》2010年第2辑(总第22辑),人民法院出版社2010年版,第96—97页。

本上回答责任的形式。

最后,债务加入制度是为扩大债权人实现权利的担保范围。现代市场经济条件下,共同连带债务人制度,亦可以用于担保目的。借款合同的担保人,不以保证人名义与债权人订立保证合同,而是作为债务人与借款人成为共同连带债务人,以规避保证人的抗辩权。该第三人实际履行,原债务人免责;第三人不履行,债务人不免责。[①] 虽然我国立法尚未明确债务加入的责任形式,但司法实践中对此无法回避。债务加入后,出借人可以同时或单独向借款人和第三人任何一方主张权利,因此,第三人与债务人所承担的是相同的、不分先后的责任,其性质与连带责任最为相近。按照法律类比适用规则,第三人和借款人向出借人承担的应当是一种连带清偿责任。

当然,第三人承担责任后,是否有权在其承担责任的范围内向借款人追偿是另外一个问题,将在下一问题中展开。

四十三、债务加入中第三人未按约定履行其义务的,是否应该向债权人承担违约责任?

对此问题,有观点认为,因为第三人承担责任的限度以第三人签订协议时的约定为限,因此即使其不按照约定履行义务,债权人也只能要求其履行约定的债务,第三人不承担违约责任,该违约责任应由原债务人承担。另一种观点认为,第三人作为合同的一方,理应按照约定全面履行义务,如其违约,按照《合同法》的规定,当然要承担相应的违约责任。

笔者赞同后一种观点,认为债务加入的第三人应当依约及时、全面、完整地履行约定的义务,如其违反了约定,按照《合同法》的规定,自然要承担相应的违约责任。这是因为,按照诚实信用原则,第三人当然需要为自己的不诚信行为承担责任。当然,第三人只是对自己的违约行为承担违约责任,对于债务人的违约责任如没有特别约定,第三人不应承担。

四十四、民间借贷案件中,第三人构成债务加入并向出借人履行债务的,是否有权向借款人行使追偿权?

在民间借贷案件中,有的第三人构成债务加入并已向出借人履行债务的,是否有权向借款人行使追偿权?对此,审判实践中观点不一。

第一种观点认为,第三人向债权人履行了义务,应取得债权人的法律地位,其自然可以代替债权人的地位向债务人求偿。[②] 另外,从公平原则和提高第三人履行债务的积极性角度而言,第三人应当具有对借款人的追偿权。

第二种观点认为,如果第三人与债务人有关于追偿的约定,那么第三人有权

---

① 参见梁慧星:《审理合同纠纷案件的若干问题》,载《法律适用》2012 年第 12 期。
② 参见宋晓明、张勇健、张雪楳:《民商事审判若干疑难问题》,载《人民法院报》2006 年 8 月 9 日。

向债务人追偿。但是,如果第三人与债务人之间不存在协议,那么,第三人履行义务完全是其自愿行为,未经债务人同意,债务人不负有向其支付的义务,第三人不能向债务人追偿。

第三种观点认为,应当区分情况讨论,对于三方协议或者债务人与第三人的双方协议中对追偿权没有特别约定的,第三人向债权人履行相应债务后,其有权在其清偿的范围内向债务人追偿;在债权人和第三人签订协议以及第三人单方承诺的情形下,第三人履行债务后对于债务人不享有追偿权。

第四种观点认为,第三人为债务人偿付义务后,债务人在没有法律依据的情况下获得了利益,符合民法通则中不当得利的要求,第三人可以不当得利为由要求债务人偿还。

笔者倾向于第二种观点。

这一问题的核心在于,追偿权的法理基础在于第三人向债权人履行债务后,对于债务人,第三人是否取得债权人的地位。

在三方协议或者债务人与第三人的双方协议中,如果债务人和第三人对追偿权有约定的,第三人向债权人履行相应债务后,实际上是以自己的财产代债务人履行了债务,其有权在其清偿的范围内按约定向原债务人追偿。在不违反法律和行政法规的前提下,有约定的按约定,没有约定的按法定。当事人的约定要优先于法律的规定。① 因第三人在履行债务过程中单方面增加了自身义务的同时,也使得原债务人获得了相应利益,且原债务人对第三人享有追偿权不持异议,因此,第三人取代了原债权人的法律地位,其当然能向原债务人进行追偿。

在债权人和第三人未签订协议及第三人单方承诺的情形下,第三人履行债务后是否享有追偿权在理论界与实务界历来存在争议。有观点认为,如果债务加入没有得到债务人的同意,第三人对债权人履行了义务的,则有可能构成无因管理或不当得利,第三人可依据《民法通则》的相关规定,要求债务人等价偿还。债务加入使债务承担人与原债务人并存于同一债权关系之中,债务承担人向债权人履行义务后,债权人对原债务人的债权并没有因此而消灭,但债权人不能再向原债务人主张履行债务,否则即构成不当得利,在此情形下,应该由第三人取得债权人的债权及债权人地位,与债务人形成新的债权债务关系,第三人亦能依此主张债务人偿还债务。这是因为,债务加入制度设计的目的在于最大限度地保证债权人债权的安全和实现,不能因法律对债务加入中债务承担人对债务人是否有追偿权没有规定或当事人没有约定,就否认该权利的存在,无论是依据无因管理、不当得利,还是依据代位求偿制度,债务承担人在承担了对债权人还款义务的范围内,都有向原债务人追偿的权利。

笔者认为,在债权人和第三人未签订协议以及第三人单方承诺的情形下,第

---

① 参见王利明:《民法》,中国人民大学出版社2000年版,第12页。

三人代替债务人履行债务并未经过债务人的同意,应当视为是第三人的一种自愿行为。依据罗马法中"任何人不得为他人缔约"的法律原则,或英美法中"如未经他人正式的或默示的同意,任何人不得自居于该他人的债权人的地位"[①]的裁判原则,在此情况下,第三人并不必然取得债权人的地位,不能向债务人进行追偿。

四十五、民间借贷债务加入中,债务承担人能否以债务人对抗债权人的事由主张抗辩权?

笔者认为,债务加入和债务转移作为债务承担的两种形式,存在共同的特征,即债的同一性。最高人民法院在"中国工商银行内蒙古自治区通辽分行与通辽市科尔沁区工商农村信用合作社借款合同纠纷上诉案"的判决中明确,由于债务承担系第三人承担原债务人的债务,而非设定新债务,债的同一性并不丧失,故原债务人的抗辩权自然移转于债务承担人,债务承担人可以主张原债务人的抗辩权。在民间借贷纠纷中,该原理同样适用。

四十六、民间借贷案件中既有第三人加入又有其他担保人的,担保人履行了还款义务之后是否有权向第三人追偿?

在债务加入中,第三人和原债务人具有相同的地位,而在保证合同中,保证人履行义务后有权向债务人进行追偿,因此保证人似乎也有权向第三人进行追偿。但笔者认为,保证人并不能向第三人追偿。理由是:从担保形成时间看,担保一般形成于第三人债务加入之前,对于之后的债务加入,其并不构成保证。从担保的对象看,担保人是为特定的原债务人担保,第三人的加入也并没有改变原债务人和担保人之间的关系。从诉讼程序看,如果允许担保人向第三人追偿,第三人清偿后还需要向债务人追偿,也导致了诉讼程序的繁琐,增加当事人的诉累。

因此,担保人在履行义务后不能成为第三人的债权人,亦不具有向第三人追偿的权利。

四十七、民间借贷中,第三人向出借人表明,如借款人不按期还款则由其承担偿还借款本金和利息的责任,此种承诺属于债务加入还是保证?

实务中,有些民间借贷案件的第三人仅向出借人表明,如借款人不按期还款的则由其承担偿还借款本金和利息的责任。这种承诺是债务加入还是保证,审判实践中存在很大争议。

第一种观点认为,如果第三人承担债务的意思表示中有较为明显的保证含义(譬如明确载明对债务人享有追偿权),则可以认定为保证;如果没有明显的保证含义,则应认定为债务加入。

---

① 〔美〕阿瑟·库恩:《英美法原理》,陈朝璧译注,法律出版社2002年版,第219页。

第二种观点认为,在无法确认属于债务加入还是保证时,应当由第三人嗣后作出补充确认,依其确认的形态为准,毕竟,只有第三人自己才更清楚当时的真实想法。

笔者倾向于第一种观点。

债务加入和保证都具有担保债权实现的功能,但是第三人承担了相应责任后,是否享有对借款人的追偿权,关涉到其自身重大利益,因此,理论上的区分债务加入和保证对实践的价值很大。

对于债务加入和保证的区别,一般应采用主观或客观判断的方式。我国台湾地区学者黄立先生认为:"如果当事人之约定无法明确认定系并存之债务承担或系保证时,应研究参与之人系希望为自己债务负责或作为保证人为他人债务担保。"①史尚宽先生认为:"实际上果为保证契约抑为并存的债务承担,应斟酌具体的情事,尤其契约之目的定之。具偏为原债务人之利益而为承担行为者,可认为保证,承担人有直接及实际之利益而为之者,可认为并存的债务承担。"②该两种判断方式从理论上来说都具有可取性,最高人民法院(2005)民二终字第200号民事判决书中指出:"保证系从合同,保证人是从债务人,是为他人债务负责;并存的债务承担系独立的合同,承担人是主债务人之一,是为自己的债务负责。判断一个行为究竟是保证,还是并存的债务承担,应根据具体情况确定。如承担人承担债务的意思表示中有较为明显的保证含义,可以认定为保证;如果没有,则应当从保护债权人利益的立法目的出发,认定为并存的债务承担。"该表述较为明确,在实践中具有可操作性。

另外,如果三方协议中对第三人冠以"保证人"的名号,在没有相反证据予以推翻的情况下(譬如明确约定第三人没有追偿权),导致难以认定第三人行为属于债务加入还是担保性质的,笔者倾向认为,应当根据当事人的约定,认定其为保证人。与之相关的是2004年《最高人民法院关于人民法院应当如何认定保证人在保证期间届满后又在催款通知书上签字问题的批复》中的规定:"保证期间届满债权人未依法向保证人主张保证责任的,保证责任消灭。保证责任消灭后,债权人书面通知保证人要求承担保证责任或者清偿债务,保证人在催款通知书上签字的,人民法院不得认定保证人继续承担保证责任。但是,该催款通知书内容符合合同法和担保法有关担保合同成立的规定,并经保证人签字认可,能够认定成立新的保证合同的,人民法院应当认定保证人按照新保证合同承担责任。"最高人民法院虽然否定了保证责任因保证期间届满消灭后,保证人在债权人发出的催款通知书上的签字可以延长、中断或中止保证期间的效力,但是该批复对在此情形下成立新的保证合同作出了明确规定。这样,既保护了债权人的利益,又维护了担

---

① 黄立:《民法债编总论》,中国政法大学出版社2002年版,第626页。
② 史尚宽:《债法各论》,中国政法大学出版社2000年版,第886页。

保法体系内保证期间为不变期间制度的一致性。

四十八、民间借贷债权人以构成债务承担为由诉请对方承担债务的，是否表明债权人对债务承担作出了同意的意思表示？

互负债务的当事人订立债务转让合同的，债权人以构成债务承担为由，诉请对方承担债务的，实务中对该行为效力如何认定存在争议。

第一种观点认为，《合同法》第84条对债权人的同意作了规定，但没有规定具体的形式和作出同意表示的时间，应该从其最真实的意思表示上作出判断，只要其在合理期限内作出表示即可。

第二种观点认为，《合同法》虽然未对债权人同意作出明确规定，但一般应在诉讼前作出，且以书面形式或有确切证据证明的口头形式为宜。

笔者倾向于第一种观点。

笔者认为，在《合同法》对债权人同意方式及时间未作明确规定的情形下，债权人的同意方式应尊重当事人意思自治，既可以是明示的，即明确表示同意债务转移，一般采用书面形式或口头形式，也可以通过行为或者表现根据交易习惯判断债权人有同意的意思。该行为一般为积极的作为，缄默或者消极的不作为不能视为默示。故在当事人互负债务时，达成债务转移协议的，该协议对当事人已经生效，而对于协议外的第三人，即债权人是否生效，取决于其意思表示。在其未对此提出异议，并申请参加相关诉讼的情况下，还提出以该协议主张权利的，可以认定其对债务转移表示同意，并取得了债权人的地位。

四十九、民间借贷债务人将非合同之债转移给第三人的，是否有效？

我国法律上明确规定的债务承担制度仅限于合同义务的转让。《民法通则》第91条规定："合同一方将合同的权利、义务全部或者部分转让给第三人的，应当取得合同另一方的同意，并不得牟利。依照法律规定应当由国家批准的合同，需经原批准机关批准。但是，法律另有规定或者原合同另有约定的除外。"《合同法》第84条至第87条对合同义务转让作了具体的规定。《民法通则》和《合同法》以上规定尚不构成完整意义上的债务承担制度中的非合同之债的债务承担。

非合同之债，是指因侵权行为、不当得利、无因管理之债而产生的债务承担。法律未就此类债务承担作出规定，审判实务中有两种不同意见。第一种意见认为，承担人无须履行义务。理由是：法律无明文规定，法院不承认债务承担合同的效力，债务承担合同无效，承担人不是合同当事人，无须履行义务，应判决债务人履行义务。第二种意见认为，由于该债务承担合同并未违反法律禁止性规定，应类推适用《民法通则》和《合同法》有关合同义务转让的规定。[①]

---

① 参见李显先：《债务承担理论与审判实务》，载《人民司法》2002年第3期。

笔者认为,在不违反公序良俗原则的前提下,应依照法无明文规定即可为的思路,对非合同之债是否有效作出判断。对于私权利,应充分尊重当事人的意思自治,允许当事人在法律允许的最大限度内自由行使权利,故受法律保护的非合同之债的转让可以类推适用合同之债的转让的相关规定。

五十、第三人向债权人承诺由其承担债务人债务的,债权人未明确表示反对,对此应当认定为债务转移还是债务加入?

民间借贷纠纷中,第三人向债权人表示由其承担债务的行为,属于债务转移还是债务加入,即属于免责的债务承担还是并存的债务承担,司法实务中历来存在争议。

第一种观点认为,在目前法律没有明确规定的情形下,判断一个行为的性质时应将其向法律已有规定最为接近的行为进行推断。因此,第三人与债权人未明确约定免除债务人义务的,除协议中的文字和履行行为可以推断出不免除债务人义务的,视为免责的债务承担。

第二种观点认为,由于权利的放弃必须明示,因此,第三人与债权人未明确约定免除债务人义务的,除协议中的文字和履行行为可以推断出免除债务人义务的,视为并存的债务承担。

笔者倾向于第二种观点。

民间借贷实践中,经常出现第三人承诺或与债权人协议偿还债务的情形,这种情形的性质目前法律没有明确规定,因此,审判实践中引进了学理上的"债务加入"概念对其性质进行界定。

免责债务承担,即债务转移,一般有两种形式:一是债权人和第三人订立债务承担协议,协议生效,由第三人承担的债务对于原债务人来说即已免除;二是债务人与第三人订立协议,约定债务承担的,需取得债权人的同意,协议生效后,债务人的地位即由第三人取代。在免责的债务承担中,原债务人在债务承担成立后,即退出了原有的债权债务关系,由第三人作为合同的当事人。在并存的债务承担中,即债务加入的情形下,在债权人与原债务人、第三人的责任承担方式上则有所不同。并存的债务承担中,原债务人并没有脱离原债务关系,而第三人又加入到原债务关系中,与债务人共同承担债务。实践中一般是第三人与债权人、债务人达成三方协议或者第三人与债权人达成双方协议或者由第三人向债权人单方承诺,由第三人偿还债务人所负债务。

从理论界与实践部门总结的关于债务加入的特征,主要包括以下几个方面:

(1) 原债务具有可转让性。如果法律规定或者当事人约定不得转让或者具有特定人身性质不能转让的债务,当事人不能协议转让,第三人也无法加入。

(2) 原债的关系必须有效成立。此要件来源于原债务具有可转让性的要件。可转让的前提是转让人所享有的债权或者债务必须是合法有效的。一方面,合同债务的有效存在,是该合同中的权利义务能够被让与的基本前提,如果合同债权根本不存在或者合同应当被宣告无效,或者已经被解除,则所发生的转让行为都是没有法律效力的。同时转让人还应当对善意的受让人因此所受到的损失承担赔偿责任。另一方面,债权人必须享有债权,否则债权人转让他人的债权将构成无权处分。但是,原债务如存在可撤销或者解除的原因,在撤销或者解除前,仍可以成立债务加入。

(3) 第三人与原债务人分属不同的主体。债务加入系因第三人以担保债的履行为目的加入原有的合同关系,第三人愿以加入债务的方式,共同向债权人负担债务。司法实践中,作为不同主体的第三人与原债务人,往往存在某种密切的关系。

(4) 债务加入无须经过原债务人的同意。因为债务加入的行为并没有给债务人增添负担,所以不必经过原债务人的同意,但这种加入行为必须由债权人表示接受。

(5) 第三人因加入合同关系而成为主债务人之一。依连带债务的规定,债权人可以径行向第三人请求履行全部债务。

(6) 第三人所承担的债务应当与原债务具有同一内容,不得超过原债务的限度。第三人负担债务的范围以原债务的范围为准。承担后发生的利息及违约金、所受损害赔偿等应一并承担。

(7) 债务人不因第三人的行为而免除其责任。

(8) 第三人应当对债权人就债务与债务人承担连带清偿责任。①

债务转移与债务加入最为本质的区别即在于债务承担成立后,原债务人是否免责的问题,换句话说,认定债务人是否对由第三人承担的债务免责,即可以判断出是债务转移还是债务加入。

对此,笔者认为,权利的放弃必须明示。因此,第三人与债权人未明确约定免除债务人义务的,除协议中的文字和履行行为可以推断出免除债务人义务的外,应当视为并存的债务承担。这也是对债权人利益充分保护的制度选择。一般情况下,成立债务加入的条件包括:有有效存在的债务;债务加入不成立新的债权债务关系;应有债务承担人明确的意思表示;无须债权人或债务人的同意。加入债务人违约或者债务人违约的,债权人可以两者为共同被告或者以两者分别为被告提起违约之诉。目前,我国司法实务界的一般裁判思路也与此一致:在债权人同时起诉债务人与债务加入人的情形下,一般判决债务人与债务加入人共同承担清偿债务的责任;在债权人只起诉债务加入人的情形下,则只判决债务加入人承担

---

① 参见刘德权主编:《最高人民法院司法观点集成·民事卷》(第二版),人民法院出版社 2014 年版,第 1023 页。

债务清偿责任。① 最高人民法院更在相关判决中明确了债务加入的认定标准：合同外的第三人向合同中的债权人承诺承担债务人义务的，若无充分证据证明债权人同意债务转移给该第三人或者债务人退出合同关系，就不宜轻易认定构成债务转移，一般应认定为债务加入。债权人即便未明确表示同意，但只要未以言词或行为明确表示反对，就仍应当认定为债务加入成立。②

五十一、民间借贷债务人死亡后，第三人向债权人出具借条，写明债务人生前的债务由第三人承担的，在第三人不履行或不适当履行债务时，债权人是否有权向债务人的继承人追偿？

债权人与第三人签订的协议，约定由第三人偿还债务人的债务的，在债务人的继承人未明确表示退出债权债务关系的情形下，应认为属于并存的债务承担，即第三人债务加入。原债务人的继承人不能脱离原债权债务关系，而是与第三人并存于债权债务关系之中。在第三人不履行或不适当履行时，债权人既可以选择向第三人追偿，也可以选择向原债务人的继承人追偿，抑或向二者共同提出赔偿。

---

① 参见张雪楳：《债务承担的认定及责任承担——泰阳证券有限责任公司与海南洋蒲华洋科技发展有限公司等单位资产管理委托合同上诉案》，载奚晓明主编，最高人民法院民事审判第二庭编：《民商事审判指导》2006年第2辑（总第10辑），人民法院出版社2007年版，第270页。

② 参见"广东达宝物业管理有限公司与广东中岱企业集团有限公司、广东中岱电讯产业有限公司、广州市中珊实业有限公司转让合同纠纷案"，载《最高人民法院公报》2012年第5期。

第十章　民间借贷虚假诉讼

一、民间借贷虚假诉讼的类型如何界定?

司法实践中,针对民间借贷虚假诉讼的类型研究与分析,就虚假诉讼的主体是双方通谋还是单方谋利,出现了两种不同的观点。这一问题对于我们认识和掌握民间借贷中的虚假诉讼的特点和性质有所裨益。主要不同在于:

第一种观点认为,民间借贷中的虚假诉讼主要是通过双方当事人恶意串通、虚构法律关系或者捏造法律事实,导致法院作出错误裁判,从而损害他人合法权益的行为;也有的虚假诉讼是当事人与法官串通造成的。因此,总体而言,民间借贷中的虚假诉讼是两个以上的诉讼主体的共同行为。

第二种观点认为,民间借贷中的虚假诉讼,既有双方通谋的情形,也有单方谋利的情形。

笔者倾向于第二种观点。

结合司法实践中虚假诉讼的通常外在表现形式,一般而言,民间借贷虚假诉讼具有以下显著特征:

一是当事人关系的特殊性。在民间借贷案件中采用虚假诉讼的手段,无一例外都具有违法性,往往都需要承担一定的风险,而基于趋利避害的天然动机,如无特殊关系,一般人是不会参与配合虚假诉讼的。[1] 因此,只有特殊关系的人才有可能为当事人承担一定的法律风险,如双方为自然人的,一般存在亲属、朋友关系;双方为法人或者其他组织的,一般具有投资关系、归属关系或者其他关联关系。正是由于双方当事人关系密切、特殊,才极易达成默契,以便顺利骗取法院的裁判,从而侵害他人的合法权益,同时也有利于做好虚假诉讼的保密工作。

二是案件事实的模糊性。虚假诉讼多发生于财产纠纷案件如民间借贷案件、离婚案件、以资不抵债的企业为被告的财产纠纷案件以及拆迁安置案件中。[2] 尤其是在民间借贷案件中,双方当事人往往对案件的基本事实如资金来源、款项用

---

[1] 参见朱健:《论虚假诉讼及其法律规制》,载《法律适用》2012 年第 6 期。
[2] 参见刘烁玲:《论虚假诉讼及其治理》,载《江西社会科学》2010 年第 2 期。

途、交付时间、支付方式等内容闪烁其词，尤其在支付方式上，当事人一般都会声称是现金交款。有的民间借贷案件中，当事人提供的证据往往不能形成逻辑顺畅的证据链，不能完全证明整个案件事实，从而给法院正确认定案件事实带来困难。

三是庭审过程的妥协性。按照民事诉讼的基本架构，原告和被告处于相互对立的两极，由于当事人双方与案件结果均有自身的利害关系，因此可以推定，他们有着更为强烈的动力通过全面调查来收集对他们最为有利的案件证据。[①] 然而，在虚假的民间借贷诉讼中，为了避免露出破绽，有的当事人即使参加诉讼，也不会进行实质性对抗，仅对还款期限、利息、违约金等非关键环节进行辩解，当事人双方陈述事实时含糊其辞，很少发生冲突[②]假戏真做地辩论一番，甚至前后矛盾，且多为自认，一般不否认原告诉称的基本事实；有些案件的当事人到庭率极低，大多委托诉讼代理人单独参加诉讼，给法院查清案件事实设置障碍，甚至有的当事人还为对方提供便利，如代请律师、代交诉讼费、代交保全费等，以便加快诉讼进程，早日骗取法院裁判文书，具有极强的妥协性。

四是调解结案的偏好性。民间借贷虚假诉讼中，当事人对调解意向和欲望表现出极强的偏好，由于双方并不真正具有实质性的争议，所以案件大多都能以调解方式结案，且履行较为容易。通过调解结案，一方面力图尽可能规避法官对案件事实的审查，另一方面能够尽快达到诉讼的目的。

民法属于私法，民事法律对待民事关系遵循当事人意思自治的原则和权利自主处分的原则。当事人利用民法的意思自治原则与权利自主处分原则，假借合法的诉讼形式提起虚假诉讼的，司法实践中大致有两种类型：

第一种是双方通谋型。即原、被告恶意串通、虚构法律关系或者捏造法律事实，导致法院作出错误裁判，从而损害他人合法利益的行为。如在离婚案件中，一方当事人与案外人通谋，以达到通过转移财产最终获取他人财产或者减少自己财产的损失。比如，在甲、乙离婚纠纷中，甲为了多分夫妻共同财产与丙通谋，虚构甲、丙之间存在民间借贷事实，并伪造了相关借条等证据材料。丙随后向法院提起诉讼，要求甲承担还款义务，最后法院判决或者调解支持了丙的诉求。这样，通过甲、丙之间的虚假诉讼，减少了甲、乙夫妻共同财产的可分份额，使乙只能获取少量份额，从而使甲最终受益，损害了乙的合法利益。[③] 这种通谋型的虚假诉讼需要当事人之间的高度默契。另外，一方当事人与法官恶意串通，利用虚假证据错误裁判侵害另一方利益的，也可以称为广义上的虚假诉讼。

[①] 参见〔美〕史蒂文·苏本、玛格瑞特·伍:《美国民事诉讼的真谛》，蔡彦敏、徐卉译，法律出版社2002年版，第29页。

[②] 近年来，在司法机关注意到虚假诉讼现象后，一些虚假诉讼的当事人在法庭审理中开始注意技巧，进行抗辩，为了达到逼真的效果，有些当事人或者代理人甚至在法庭上不惜"唇枪舌剑"，争得"面红耳赤"，有些甚至还"大打出手"，场面甚为"激烈壮观"。

[③] 参见徐国平、赵晓好:《民间借贷虚假诉讼的鉴别与应对》，载《法制与社会》2013年第23期。

第二种是单方谋利型。即一方当事人通过虚构事实、隐瞒真相、伪造证据等手段,使法院作出错误裁判,侵害另一方当事人的合法权益。在这种类型中,只有一方当事人构成虚假诉讼,另一方当事人或者其他诉讼主体并不知情或者并未参与到谋划虚假诉讼的过程中去。这种虚假诉讼的发起往往存在一定的请求权基础,但是其虚假之处在于真实的债权与所诉称的请求并不一致。比如,原、被告存在真实的借贷关系,但被告已经履行了部分债务,原告利用被告不能举证或者举证不能的现实,仍就最初全部债权主张权利,从而侵害被告一方的利益。

此外,随着经济的发展,实践中的民间借贷虚假诉讼还出现了新的类型:

一是由传统的直接债权债务关系转向间接债权债务关系。虚假诉讼的一方从传统的债权人身份向连带债务人身份过渡。例如在名为民间借贷、实为赌债的案件中,赌债主以第三人担保的方式虚构合法债权,先由名义债权人直接起诉担保人(赌债主),担保人取得担保求偿权后再向债务人追偿。此类赌债主作为连带债务人追偿债权的行为较之传统的债权人直接起诉债务人的行为,更具隐蔽性。

二是跨地域获取生效的法律文书。为避免引起法院的注意,当事人通过两个以上法院分别获取债权法律文书与执行法律文书。例如,当事人"借力"担保关系,利用两个法院分别获取债权民事调解书和执行调解书,并向后一法院申请执行。由于跨地域文书审核的现实牵制,这就增加了法院审核诉讼真伪的难度。[①]

总之,虚假诉讼不仅直接侵害了他人的合法权益,而且动摇了司法权威,严重削弱了司法公信力,法院在防范民间借贷虚假诉讼方面必须要大有作为。

二、民间借贷案件审理中对于当事人的自认,应当如何处理?

在审理民间借贷案件中,对于当事人自认的事实,人民法院应当如何处理,实务中对此观点不一,争议很大。

第一种观点认为,对于民间借贷案件当事人的自认应当审慎认定。为查明案件事实,当事人的诉讼自认,法官可以依职权从借贷事实发生的时间、地点、用途、支付方式以及出借人和借款人的经济实力、本息偿还情况等方面严格审查借款的真实性。

第二种观点认为,《民事诉讼证据规定》明确规定了当事人自认,人民法院不需要查明。如果在审理民间借贷案件中,对于当事人的自认都要依职权审查,在"案多人少"的今天恐怕很难做到。即使因当事人的自认导致了错误判决,只要法官主观上没有恶意,则应当由虚假诉讼参与者对合法权益遭受损失的人承担赔偿责任。

笔者倾向于第一种观点。

自认,是指在民事诉讼过程中,一方当事人对另一方当事人所主张的案件事

---

① 参见薛玮:《当前民间借贷虚假诉讼案件的认定与防范》,载《法制与社会》2010年第15期。

实,承认为真实。①《民事诉讼证据规定》对自认制度作了明确规定,其第8条第1款规定:"诉讼过程中,一方当事人对另一方当事人陈述的案件事实明确表示承认的,另一方当事人无需举证。但涉及身份关系的案件除外。"自认制度的价值在于,通过当事人对对方主张的承认,免除对方当事人的相关证明责任,从而提高诉讼效率。自认制度的核心集中体现于当事人自认对法院的约束力,即法院在适用法律时,必须以当事人自认事实为基础,即使以法官的自由心证得出该事实可能为伪时,法院也不能否认该自认的事实。② 法律之所以赋予自认如此效力,是基于这样的推定:在民事诉讼中当事人双方处于相互对立的两极,当事人通常都是陈述对自己有利的事实,因此这种陈述的真实性便大打折扣,但如果当事人在民事诉讼中作出了对自己不利的事实陈述,那么这种陈述就具有较强的真实性。当事人自认对法院的拘束效力使得其制度理念与实体正义的实现可能发生冲突,正是利用这一冲突,一些动机不良的当事人通过作出虚假自认的方式,形成某种侵害第三人合法权益的案件事实,以规避法院对案件事实的认定,从而通过取得确定判决的方式达到侵占案外第三人利益的目的。

由于缺少一个机制和程序对虚假诉讼进行有效地审查,常常使得法官在面对此类案件时无所适从。尽管《民事诉讼证据规定》中存在着对自认效力的限定条款,其第13条明确规定:"对双方当事人无争议但涉及国家利益、社会公共利益或者他人合法权益的事实,人民法院可以责令当事人提供有关证据。"但由于"国家利益、公共利益和他人合法权益"的定义较为模糊,且法院进一步调查有可能与审判效率相冲突。因此,司法实践中这一条款很少得到适用,相应地导致法院主动发现虚假诉讼的几率进一步降低。

实践中,法官可能会明显觉察到虚假诉讼者的种种反常举动和现象,有的甚至能够在心里形成内心确信。但由于司法权在民事诉讼领域的被动性和虚假诉讼双方当事人的合谋性,按照一般审查程序,法官往往难以在短时间内查实虚假诉讼案件的真相。在全国各级法院普遍面临"案多人少"的情况下,法官往往不希望案件因过分拖延而遭致批评,无奈之下只好对虚假诉讼案一判了之。③ 这种状况的出现不能归责于法官的能力,关键原因是缺少一个能使法官的能力得以施展和发挥的机制与程序。因此,打击虚假诉讼,当务之急应当建立虚假诉讼案件的审查程序,在诉讼中赋予法院更强的审查权。

笔者认为,审判实践中,对于一些虽经当事人自认或者双方当事人无争议的事实,但通过法官的内心确信或者让人产生合理怀疑,有可能涉及虚假诉讼的,对

---

① 参见江伟主编:《民事诉讼法》,中国人民大学出版社2007年版,第233页。
② 参见张卫平:《诉讼构架与程式——民事诉讼的法理分析》,清华大学出版社2000年版,第414页。
③ 参见魏新璋、张军斌、李燕山:《对"虚假诉讼"有关问题的调查与思考:以浙江法院防范和查处虚假诉讼的实践为例》,载《法律适用》2009年第1期。

于此类证据并不能仅因为当事人的认可而免除继续审查判断真伪的程序,相反,法官对于此类自认的事实仍然应当责令当事人提供相应证据,仍然负有对该不争事实的审核查证义务,直至排除合理怀疑。

就民间借贷案件的审理而言,只要存在民间借贷虚假诉讼四个特征中的一个或者几个,并让法官产生存在虚假诉讼的合理怀疑或内心确信时,对于当事人自认的事实,法院或者视情况要求当事人补强证据,或者依职权调取证据。就此而言,《民事诉讼证据规定》第13条有关对自认效力予以限定条款应当强化适用。遗憾的是,《民诉法解释》对此却未作出回应,有待于以后出台专门的司法解释作出进一步规范。

对于民间借贷案件中有关事实的自认,在双方当事人无明显对抗,且有虚假诉讼迹象,可能涉及第三人利益时,法官应当严格审查,依职权核实自认的事实:

(1) 当事人自认缔结口头民间借贷合同的,应当审查合同订立的时间、地点、约定的内容、履行的过程、经办人情况等细节。

(2) 当事人自认收到对方大额资金的,若款项系通过银行转账方式支付的,应当审查银行往来凭证;若款项系现金方式支付的,应当审查给付金额、时间、地点、次数、在场人员,以及出借人资金来源等细节,必要时还可审查出借人的经济状况,家庭经济收入、家庭其他成员收入,企业的经营状况等。

(3) 当事人自认收到对方大额资金的,必要时可以通知当事人本人、企业法定代表人或者具体经办人到庭接受询问,询问应当采用隔离方式,由法官逐一询问相关的细节。

总之,对于双方当事人无争议但可能有损第三方合法权益的事实,法院应当主动依职权调查收集证据,在查明真相的基础上作出裁判,而不能简单地以对方当事人自认就定案和结案。需要强调的是,对于当事人自认的事实,在让人产生合理怀疑时法官负有继续审查的义务,但就其性质而言却有别于能动司法。能动司法的意义更多在于它的政治意义和政策主张[①],本题所探讨的问题和价值取向与能动司法有所不同,二者不可相提并论。

[①] 由于历史发展、文化传统和政治体制的不同,各个国家司法能动的作用方向和领域各有侧重,大致分为三种情况。一是以美国为代表的英美法系国家,能动司法更多强调司法机关在国家公共政策的形成以及参与社会治理和国家政治体系中的功能和作用。如美国的司法能动主义强调法官造法,通过判例确定规则和完善法律规范,甚至通过行使违宪审查,确保良法之治。二是以法国、德国为代表的大陆法系,能动司法强调司法机关在司法程序中的能动性,强化法官在司法过程中发挥主导作用,主动引导司法程序,程序不能完全由当事人支配和主导。三是中国法院主张的能动司法,强调人民法院要积极主动地为大局服务,为人民司法。这三种情况都是能动司法发挥作用的可能空间和领域。参见江必新:《能动司法:依据、空间和限度》,载《光明日报》2010年2月4日。在最高法院的倡导下,能动司法不仅成为我国司法实务界大力践行的工作准则,而且激活了理论界丰富的话语资源。在笔者看来,我国的能动司法与西方司法审查语境下的能动司法在本质上是有区别的。

三、如何审查当事人的自认？

为了更好地说明这一问题，现以《最高人民法院公报》2014年第12期刊登的赵某诉项某某、何某某民间借贷纠纷案为例。

案例10-1

原告：赵某

被告：项某某、何某某

原告赵某因与被告项某某、何某某发生民间借贷纠纷，向上海市长宁区人民法院提起诉讼称，原告与被告项某某系朋友关系，2007年7月20日，项某某以装修房屋为由向其借款人民币20万元，双方约定以年利率5%计息，期限为两年。当日，原告从家中保险柜中取出现金20万元，步行至项某某经营的干洗店内向其交付借款，项某某当场出具借条。2009年7月23日，项某某在原告的催讨下支付利息2万元，并请求延长借款期限两年。2011年7月27日，原告再次向项某某催讨借款，但其仍未能还款。原告认为，因本案借款系项某某向其所借，借条和催款通知单亦由项某某签名确认，故其仅起诉项某某。至于被告何某某是否应当承担共同还款责任，其不予表态。请求法院判令项某某归还借款20万元，并以20万元为本金，支付自2009年7月23日起至判决生效之日止按照年利率5%计算的利息。被告项某某辩称：对原告赵某诉称的事实均无异议，但其目前无力归还借款。至于涉案借款的用途，其中10万借款用于装修两被告名下房屋，另外10万元于2007年8月2日用于提前偿还购买该房屋时的银行贷款。因此，涉案借款是夫妻共同债务，应由两被告共同偿还。

被告何某某辩称：首先，原告赵某主张的借款事实不存在。两被告在2007年期间自有资金非常充裕，无举债之必要。原告提供的借条是项某某事后伪造的，何某某原已申请对该借条的实际形成时间进行鉴定，但因不具备鉴定条件而无法进行。且原告当时并不具备出借20万元的经济能力，其也未提供任何借款交付证据。其次，何某某对原告主张的借款始终不知情。两被告于2009年6月18日签订协议书，约定对外债务任何一方不确认则不成立。故该笔借款即使存在，也应当是项某某的个人债务。最后，两被告于2005年9月20日结婚，2010年7月开始分居。何某某曾分别于2010年8月25日、2011年5月12日向法院提起离婚诉讼。在这两次诉讼中，项某某均未提及本案借款。目前，两被告的第三次离婚诉讼已在审理中。然而，除本案系争债务以外，另有两位债权人突然诉至法院要求归还借款。显然，本案是原告和项某某恶意串通，企图转移财产的虚假诉讼，应追究两人的法律责任。

上海市长宁区人民法院经审理查明：原告赵某与被告项某某系朋友关系，两被告系夫妻关系，于2005年9月20日登记结婚。项某某向原告出具落款日期为

2007年7月20日的《借条》一张,载明:"今我项某某向赵某借人民币200 000元正(贰拾万元正),于2009年7月20日前归还,利息按5%计算",落款处由项某某以借款人身份签名。后原告书写一份《催款通知单》,载明:"今项某某向赵某借款(贰拾万元正),于2009年7月20日前归还,但已超过期限,至今没还,特此向项某某催讨借款。"落款日期为2009年7月23日。项某某在该份《催款通知单》上加注:"我知道,因经营不善无钱归还,恳求延长两年,利息照旧。"此后,原告再次书写一份《催款通知单》,载明:"今项某某借赵某贰拾万元正,经多次催款至今没还,特此向项某某再次催讨借款及利息。"落款日期为2011年7月27日。项某某则在该份《催款通知单》上加注"因经营不善无钱归还,恳求延长两年,利息照旧",并签署其姓名。另查明,2007年7月19日,被告项某某名下账号为1001××××××××××3366的中国工商银行账户内余额为167 545.34元。2007年8月2日,项某某自上述银行账户内支取10万元。当日,项某某向中国建设银行偿还个人购房贷款10万元。再查明,2009年6月18日,两被告签署《协议书》一份,确认双方生意经营、房产状况、房屋贷款等事宜,未涉及本案系争借款。双方同时约定"其他债务事宜,双方任何一方不确认则不成立"。2010年7月,两被告开始分居。2010年9月28日、2011年6月1日,何某某分别起诉至上海市长宁区人民法院,要求与项某某离婚。上述两案诉讼过程中,项某某均未提及本案系争借款,后该两次离婚诉讼均经调解不予离婚。2012年8月31日,何某某第三次起诉要求与项某某离婚。

本案的争议焦点为:原告赵某与被告项某某之间的借贷关系是否成立并生效以及在此前提之下被告何某某是否负有还款义务。

上海市长宁区人民法院一审认为:根据民事诉讼证据规则,在合同纠纷案件中,主张合同关系成立并生效的一方当事人对合同订立和生效的事实承担举证责任。同时,根据《合同法》的规定,自然人之间的借款合同,自贷款人提供借款时生效。故原告赵某主张其与被告项某某之间存在有效的借款合同关系,其应就双方之间存在借款的合意以及涉案借款已实际交付的事实承担举证责任。现原告提供《借条》意以证明其与项某某之间存在借款的合意。关于借款交付,其主张因其无使用银行卡的习惯,故家中常年放置大量现金,20万元系以现金形式一次性交付给项某某。对于原告的上述主张,被告项某某均表示认可,并称其收到借款后同样以现金形式存放,并于2007年8月2日以其中的10万元提前归还房屋贷款。被告何某某则明确否认涉案借款的真实性。

本案中,首先,原告赵某在本案中虽表示向被告项某某主张还款,但项某某辩称涉案借款用于两被告夫妻共同生活,应由两被告共同偿还。事实上,经法院调查,在两被告的第三次离婚诉讼中,项某某也始终将本案借款作为夫妻共同债务要求何某某承担相应的还款责任。基于本案处理结果与何某某有法律上的利害关系法院依法将其追加为第三人参加诉讼。后因项某某的上述抗辩，原告申请追加何某某为被告。在此过程中，原告及项某某一再反对何某某参加本案诉讼，不仅缺乏法律依据，亦有违常理。何某某作为本案被告以及利害关系人，当然有权就系争借款陈述意见并提出抗辩主张。

其次，基于两被告目前的婚姻状况以及利益冲突，被告项某某对系争借款的认可，显然亦不能当然地产生两被告自认债务的法律效果。并且，项某某称其于2007年8月2日用涉案借款中的10万元提前归还房贷。然而，经法院依职权调查，项某某银行交易记录却显示当天有10万元存款从其名下银行账户支取，与其归还的银行贷款在时间、金额上具有对应性。此外，项某某银行账户在同期存有十余万元存款，其购房银行贷款也享有利率的七折优惠，再以5%的年利率向他人借款用以冲抵该银行贷款，缺乏必要性和合理性。本案于2013年3月7日开庭时，项某某经法院合法传唤明确表示拒绝到庭。上述事实和行为足以对项某某相关陈述的真实性产生怀疑。故基于以上原因，原告赵某仍需就其与项某某之间借贷关系成立并生效的事实，承担相应的举证义务。

最后，原告赵某自述其名下有多套房产，且从事经营活动，故其具有相应的现金出借能力。但其亦表示向被告项某某出借20万元时，其本人因购房负担着巨额银行贷款。为此，法院给予原告合理的举证期限，要求其提供相应的证据证明其资产状况和现金出借能力，并释明逾期举证的法律后果。嗣后，原告明确表示拒绝提供相应的证据。法院认为，原告明确表示放弃继续举证权利，而其提供的现有证据并未能证明涉案借款的交付事实以及原告本人的资金出借能力，其陈述的借款过程亦不符合常理，故应承担举证不能的法律后果。对于原告的诉讼请求，法院依法不予支持。至于项某某个人对涉案借款的认可，因其与原告之间对此并无争议，其可自行向原告清偿，法院对此不予处理。

上海市长宁区人民法院判决驳回原告赵某的全部诉讼请求。案件受理费人民币4300元，由原告赵某负担。

一审判决后，双方均未提起上诉，该判决已经发生法律效力。

由于借款人配偶未参加诉讼且出借人及借款人均未明确表示放弃该配偶可能承担的债务份额的，为了查明案件事实，审理该案的法院依法追加了与案件审理结果具有利害关系的借款人配偶作为第三人参加诉讼，以形成实质性的对抗。这种做法值得称道。

出借人仅提供借据佐证借贷关系的，应深入调查相关事实以判断借贷合意的真实性，如举债的必要性、款项用途的合理性等。出借人无法提供证据证明借款交付事实的，应综合考虑出借人的经济状况、资金来源、交付方式、在场见证人等因素判断当事人陈述的可信度。对于大额借款仅有借据而无任何交付凭证、当事人陈述有重大疑点或矛盾之处的，应依据证据规则认定"出借人"未完成举证义务,判决驳回其诉讼请求。

本案确立了这样一个规则,夫妻一方具有和第三人恶意串通、通过虚假诉讼虚构婚内债务嫌疑的,该夫妻一方单方自认债务,并不必然免除"出借人"对借贷关系成立并生效的事实应承担的举证责任。

四、民间借贷案件有虚假诉讼嫌疑的,如何正确运用法院调解制度?

民间借贷案件审理中,对于在没有查清事实、分清责任的情况下,当事人即达成调解协议,人民法院应否审查相关事实,实务中争议极大,存在两种截然不同的观点。

第一种观点认为,尊重当事人意思自治已经成为司法界的共识,调解本身就包括对某些界限不清的事实、责任含糊不究,互谅互让,以达到既解决纠纷又不伤和气的目的。所以,在没有查清事实、分清责任的情况下,当事人即达成调解协议,是其行使处分权的体现,法院没有必要依职权禁止。

第二种观点认为,正是由于在没有查清事实、分清责任的情况下法院即主持双方当事人达成了调解协议,因此,民事调解才容易被虚假诉讼者利用,通过诉讼调解的形式掩盖其非法目的。因此,即使双方当事人达成了调解协议,如果该调解协议有可能侵害国家、集体或者第三人利益的可能时,人民法院应当查清相关案件事实。

笔者倾向于第二种观点。

尊重当事人的合意是调解的本质特征,只要当事人自愿达成的调解协议没有违反法律的禁止性规定,其正当性一般不容置疑,无须强令每一个案件当事人都要经过举证、质证、辩论等一系列程序,否则,调解也就失去了意义。

但是,我们不能因为调解的局限而放任虚假诉讼的泛滥。① 我国民事审判模式正在由传统的职权主义模式向当事人主义模式转变。在当事人主义模式下,原则上尽量减少法院依职权调查的范围,以充分体现当事人举证中心主义。但是,这种诉讼模式在强调当事人举证责任和当事人有处分权的同时,不能过于弱化法官的职权,尤其是涉及虚假诉讼时,《民事诉讼法》应当赋予法院适当的调查权。

虚假诉讼与调解的关联性在于,通过调解方式结案是虚假诉讼的一个显著特征。② 有学者指出:"由于各地法院均要求提高民事案件调解率,广大法官也热衷于调解,相当比例的民事案件也通过调解解决,一批恶意诉讼案件也被调解了结,

---

① 参见钟蔚莉、胡昌明、王煜珏:《关于审判监督程序中发现的虚假诉讼的调研报告》,载《法律适用》2008 年第 6 期。

② 参见李浩:《虚假诉讼中恶意调解问题研究》,载《江海学刊》2012 年第 1 期。

调解已经成为恶意诉讼的重灾区。"①那些恶意调解②的当事人正是利用了法官希望调解结案的心理,表现出了愿意接受调解的积极姿态,并很快在法官的主持下达成调解协议。

为了防范民间借贷案件中的虚假诉讼,笔者认为,双方当事人同意或者要求法院主持调解的,法院也有必要加强对基础事实的审查,因为调解必须建立在事实清楚的基础之上。即使当事人一方或者双方均提出调解,甚至达成了初步的调解方案,人民法院也应当先审查和核实借款的时间、地点、用途、支付方式、款项来源、款项流向等基本内容。对于诉讼自认情形下达成的和解协议,法官首先应当审核借贷事实的真实性,并应注意审查协议内容是否违反法律、行政法规的禁止性规定,是否损害社会公共利益和他人合法权益,财产处分是否属于当事人处分权的范畴等。正是因为法官在调解过程中审查意识的普遍缺乏,不注意依职权对当事人之间的和解、调解是否侵害他人合法权益予以审查,使一些当事人通过和解、调解的合法形式掩盖非法目的。同时,和解、调解的隐蔽性与合意性使其公开性不足,和解、调解的过程与结果不易为外部所知,关联案件之间缺乏信息交换渠道,更易造成对案外第三方利益的侵害。③ 正是基于这一考虑,《民诉法解释》第144条规定:"人民法院审理民事案件,发现当事人之间恶意串通,企图通过和解、调解方式侵害他人合法权益的,应当依照民事诉讼法第一百一十二条的规定处理。"

由此看来,在民事调解的原则上,还应当增设"不违反国家、集体、他人利益和公共利益"的原则。如果调解虽然符合当事人的自愿,调解内容在形式上也合法,但有虚假诉讼的合理怀疑,人民法院应当充分运用《民事诉讼证据规定》第13条规定的内容,责令当事人提供有关证据,或者人民法院依职权调查相关事实,防止一些别有用心的当事人利用调解制造虚假诉讼,企图从中获取非法利益。

---

① 李莉等:《规制恶意诉讼,净化司法空间——西安法院"恶意诉讼的识别与治理"研讨会综述》,载《人民法院报》2010年6月23日。

② 当前,学界在归纳虚假诉讼的类型时,提出了"恶意调解"这一概念,并认为"恶意调解是指民事纠纷的当事人怀有不正当目的,参与调解活动,利用调解来为自己谋取非法利益,损害对方当事人利益或诉讼外的第三人利益"。参见李浩:《虚假诉讼中恶意调解问题研究》,载《江海学刊》2012年第1期。笔者对"恶意调解"这一提法不太赞同,认为没有抓住这一类型的本质。众所周知,调解虽然是建立在当事人自愿基础之上,但是在法院的主持下进行的。法院是调解的主持者、参与者和对调解内容合法与否的审查者与决策者。"恶意调解"这种说法容易把"恶意"与法院联系起来,让人误以为是法院恶意主持调解。因此,为严谨起见,笔者主张将"恶意调解"改称为"恶意诉讼调解",并将其定义为,是指诉讼当事人双方相互串通,通过虚假民事法律关系或法律事实,利用合法调解程序,促使法院出具错误调解书的一种虚假诉讼活动。

③ 参见沈德咏主编、最高人民法院修改后民事诉讼法贯彻实施工作领导小组编著:《最高人民法院民事诉讼法司法解释理解与适用》(上),人民法院出版社2015年版,第434页。

五、民间借贷案件和解、调解中如何发现、识别、认定虚假诉讼？

《民事诉讼法》第122条规定的是对妨害民事诉讼行为的强制措施。然而，在民间借贷案件和解、调解中，如何发现、识别、认定虚假诉讼？可以从以下几个方面进行：

首先，要在调解中加强程序审查。要注意审查当事人身份情况；注意审查原告起诉的事实、理由是否明显不合常理；加强对委托权限的审查及对当事人地址及联系方式的审核。

其次，要在调解中加强实体审查。特别是对无争议的民间借贷案件的审查；对双方当事人身份及利害关系的审核；达成和解、调解协议的，要注意和解、调解协议是否是当事人真实意思表示及其合法性的审核。

再次，要充分运用信息平台实现防控资源共享。有条件的法院可在内网信息平台上建立"当事人核查"功能，可以核查当事人在其他法院是否有相关案件，使法官能够迅速审查当事人和解、调解协议的合法性，防止当事人借和解、调解恶意侵害第三方合法利益。这可以避免因信息沟通不及时等情况给虚假诉讼的行为人造成可乘之机，也可以在一定范围内遏制恶意诉讼案件的发生。

最后，要加强对和解、调解中恶意行为的追责与惩罚力度。对认定为恶意诉讼的案件，可视情节对行为人进行训诫、责令具结悔过、拘留或处以一定数额的罚款，对情节严重者要依照刑法追究刑事责任。可以考虑加强法院与公安、检察院的协调配合，与公安、检察院就查处、移送等达成统一规定。对于当事人恶意制造虚假诉讼的行为，要加强与征信部门的沟通，定期将当事人不良信息输入征信系统。和解、调解不仅是一个结果，更是一个过程，在整个过程中不仅要关注当事人是否有诚意、能否达成调解协议，更要关注对证据材料的认真审核，以及认真记录调解笔录和细心制作调解书，让调解过程更多地留下明晰的印记。这样不仅是对当事人负责，也是对调解人员自身负责，因为日后一旦出现问题，这些工作都可以起到让事实再现、让过程重复的作用，对于纠纷的良好解决无疑是大有裨益的。[①]

六、民间借贷诉讼中如何建立诉讼真实承诺制度？

民间借贷案件中，对于款项交付等事实真伪不明，通过其他方法又难以查清，如果在这种情况下简单地根据举证责任分配规则进行裁判，驳回当事人的诉讼请求，有时会引起裁判是否公正、法官是否尽到职责的质疑。此时，能否将当事人的陈述作为一种特殊情形，赋予其独立的证据效力，在实践中存在争议。

第一种观点认为，当事人的陈述尽管是我国民事诉讼法中规定的证据的一

---

① 参见沈德咏主编，最高人民法院修改后民事诉讼法贯彻实施工作领导小组编著：《最高人民法院民事诉讼法司法解释理解与适用》（上），人民法院出版社2015年版，第434页。

种,但需要结合其他证据才能作为认定案件事实的依据。当民间借贷案件中的款项交付事实无法查明的,可以根据《民事诉讼证据规定》第73条有关高度盖然性证明标准的规定认定案件事实,而不能单纯地依赖于当事人的陈述。

第二种观点认为,在证据已经穷尽而待证事实仍处于真伪不明的情况下,可以让当事人作出保证,承诺其所述全部为真,并根据当事人的陈述作为最终定案的重要参考依据。

笔者倾向于第二种观点。

实际上,上述第二种观点已为《民诉法解释》第110条详细规定。其适用的前提是,即使根据《民事诉讼证据规定》第73条高度盖然性证明标准仍然无法作出判断时,才可以采取当事人签署保证书的方式陈述事实,并将其陈述的事实作为定案依据。

虚假陈述是当事人制造虚假诉讼的重要手段,遏制虚假诉讼必先规制虚假陈述。虚假陈述并不是我国民事诉讼的特有现象,在其他民事诉讼实行辩论主义的国家也一样存在这种现象。但是,"辩论主义并不是给予当事人在诉讼中背着自己的良心有意地作虚伪陈述的自由,解决纠纷就如同交易关系一样,应以信义诚实的原则进行交涉"。① 因此,以德国为代表的大陆法系国家纷纷对滥用辩论主义的行为进行规制,科以当事人真实和完整的陈述义务。依照《德国民事诉讼法》第138条第1款的规定,当事人应就事实状况为完全而真实的陈述。② 据此,真实义务包括两个方面:一是完全陈述义务,凡是主张法律关系存在的当事人对构成法律要件事实应负完全责任,所以当事人应对此项事实作完全陈述;二是真实陈述义务,该义务禁止当事人故意作不真实的陈述,或者故意对对方当事人所作的真实陈述作无端争执。在当前虚假诉讼较为严重的背景下,在立法中确立当事人的真实义务是非常必要的。③《民诉法解释》第110条顺势规定了当事人真实义务或者诉讼真实承诺制度,无疑符合民事诉讼法的基本原则。

我国《民事诉讼法》第13条第1款规定,"民事诉讼应当遵循诚实信用原则"。这是我国第一次在民事诉讼中明文规定作为帝王条款的诚实信用原则。之所以将诚实信用原则在民事诉讼中明文化、法定化,主要是为了回应社会的强烈诉求,面对民事诉讼实践中恶意诉讼、虚假诉讼等非诚信行为愈演愈烈的态势,人们期望能够在民事诉讼立法中有效抑制这种态势,制止和防止非诚信诉讼行为的发生。④ 因为诚实信用原则不容许当事人利用法院为工具而诈欺谋利⑤,通过赋予当

---

① 〔日〕兼子一、竹下守夫:《日本民事诉讼法》,白绿铉译,法律出版社1995年版,第72页。
② 参见谢怀栻译:《德意志联邦共和国民事诉讼法》,中国法制出版社2001年版,第36页。
③ 参见朱健:《论虚假诉讼及其法律规制》,载《法律适用》2012年第6期。
④ 参见张卫平:《新民事诉讼法专题讲座》,中国法制出版社2012年版,第2页。
⑤ 参见李文革、郎艳辉:《虚假诉讼事实的发现难题及其应对》,载《武汉理工大学学报》(社会科学版)2014年第6期。

事人真实义务和建立真实承诺制度,无疑有助于减少当事人妄图以较小代价获得巨大利益的不理性冲动,对他们形成心理上的约束和压力,使他们惮于法律的威严而不致轻举妄动。

当然,如果负有举证证明责任的当事人拒绝到庭,或者到庭后拒绝接受询问,或者拒绝签署保证书以对其陈述作出真实的保证,在待证事实欠缺其他证据证明的前提下,由负有举证证明责任的当事人承担不利的法律后果,当然是举证责任的应有之义,对此自不待言。

七、经审查认定构成虚假诉讼的,人民法院应当判决驳回原告的诉讼请求,还是裁定驳回原告的起诉?

在民间借贷案件的审理中,经审查认定当事人系虚假诉讼的,在如何作出裁判问题上,审判实践中的做法并不统一,存在争议。

第一种观点认为,当事人的诉讼系虚假诉讼,因而其诉讼请求不能得到法律的支持,因此,应当判决"驳回原告的诉讼请求"。

第二种观点认为,既然当事人的诉讼是虚假的,说明这个"诉"的本身也是虚假的。对于虚假的诉讼,不符合《民事诉讼法》第119条规定的起诉条件,人民法院应当裁定"驳回原告的起诉"。

笔者试图从以下几个方面展开来阐释这一问题。

(一)大陆法系二元复式审理结构概述

从罗马法到德国普通法时期的民事诉讼,诉讼程序的构造被称为单层阶段诉讼,其以罗马法以来传统的两阶段构造为前提,作为本案审理和判决的先行程序,即法院应对一定事项(如裁判权、当事人能力等)予以审理,相应的,诉讼被截然分为两个阶段:第一阶段为诉讼要件的审理;第二阶段为本案的审理。后来的日本民事诉讼法废弃了诉讼的二阶段构造,采用了复式平行诉讼,诉讼要件与本案审理在同一程序内同时并行。① 由此,在大陆法系,民事诉讼程序中应当审理并且判决的对象包括两个方面,即该诉是否具备诉讼要件以及该诉所要求的内容是否妥当。"对案件本身裁判"而判定原告的诉全部或者部分有无理由的是本案判决;对因诉不合法而驳回的裁判属于诉讼判决。② 实际上,无论是"诉讼判决"还是"本案判决"的用语,都是日本学者从德语中翻译而来,我国台湾地区学者沿用此用语,但也有学者认为,如果称为"程序判决"和"实体判决",可能更为透彻,且容

---

① 参见〔日〕高桥宏志:《重点讲义民事诉讼法》,张卫平、许可译,法律出版社2007年版,第2—3页。

② 参见〔德〕罗森贝克、施瓦布、戈特瓦尔德:《德国民事诉讼法》,李大雪译,中国法制出版社2007年版,第380页。

易了解。①

于是,诉讼要件成为大陆法系民事诉讼中的一个重要概念,是法院作出本案判决(实体判决)所需的要件,法院应当在确认诉讼要件存在的基础之上,作出本案判决,当发现欠缺诉讼要件时,法院无须进入或继续本案审理,而以驳回诉之判决终结审理。如《日本民事诉讼法》第140条规定:"对于起诉不合法且不能补正其缺陷时,法院可以不经口头辩论以判决驳回诉讼。"

(二) 我国民事诉讼法规定的不足

我国《民事诉讼法》并没有诉讼要件的概念,使用的是起诉条件的概念。根据《民事诉讼法》第119条、第120条、第121条以及第124条的规定,起诉条件包括实质条件和形式条件。实质条件又包括积极条件和消极条件。积极条件就是第119条规定的四项条件:原告是与本案有直接利害关系的公民、法人和其他组织;有明确的被告;有具体的诉讼请求和事实、理由;属于人民法院受理民事诉讼的范围和受诉人民法院管辖。消极条件规定在第124条中:其一,不属于"一事不再理";其二,不属于在法律规定的"禁诉期"内起诉;其三,没有仲裁合意;其四,不属于应当再审的案件;其五,属于受理法院管辖的;其六,不属于行政受案范围的。形式要件主要是第120条和第121条关于起诉状形式和内容的规定。对比我国的起诉条件和大陆法系的诉讼要件,可以看出,我国民事诉讼法中,实际上是将诉讼要件纳入了起诉条件之中。

在不符合起诉条件或者不具备诉讼要件的情况下,以何种方式解决当事人的请求问题,我国民事诉讼法的做法显然不同于德、日等大陆法系国家。在德、日等国家,诉讼要件不具备,则以判决驳回诉(诉讼判决);而在我国,按照《民诉法解释》第208条第3款的规定,"立案后发现不符合起诉条件或者属于民事诉讼法第一百二十四条规定的情形的,裁定驳回起诉"。

起诉是指公民、法人或者其他组织,认为自己所享有的或者依法由自己支配、管理的民事权益受到侵害,或者与他人发生民事权益争议,以自己的名义请求法院通过审判给予司法保护的诉讼行为。② 按照《民事诉讼法》第119条的规定,起诉的条件之一是要"有具体的诉讼请求和事实、理由"。所谓"具体的诉讼请求",是指原告必须明确其起诉所要解决的问题,也就是向人民法院提出保护自己民事权益的具体内容。一般有以下几种类型:一是请求人民法院确认某种法律关系或者法律事实,比如请求确认双方的收养关系,请求确认某公民失踪或者死亡;二是请求对方当事人履行给付义务,比如请求对方赔偿损失,请求对方偿还借款本金和利息,请求对方履行合同约定的义务;三是请求变更或者消灭一定的民事法律关系,比如请求离婚,请求变更或者撤销合同。所谓"事实",是指原告与被告之间

---

① 参见陈荣宗、林庆苗主编:《民事诉讼法》(修订四版),台北三民书局股份有限公司2006年版,第315页、第322—323页。

② 参见江伟主编:《民事诉讼法》(第二版),高等教育出版社2004年版,第261页。

发生争议的民事法律关系产生、变更、消灭的事实以及争议的事实。所谓"理由",是指原告用来证明前述事实并最终证明自己实体权利主张的证据材料,其次指有关的法律规定。①

法院的裁判是对当事人的主张和请求作出的,因此,当事人在什么条件下才能向人民法院提起诉讼,当诉讼被有效提起后需要满足什么条件法院才能对该诉讼作出权威性的判断,对法院的裁判方式和裁判结果有着决定性的影响。按照大陆法系民事诉讼理论,因起诉开始的诉讼是以法院对诉讼上的请求作出判决为目标的发展过程。诉讼案件的处理程序首先是诉是否成立的审查程序,判断依据为起诉要件;其次是诉是否适法的审查程序,判断依据为诉讼要件;最后是诉有无理由的实体审理程序,判断依据是实体法规定的当事人主张的实体请求权要件。如果诉讼不成立,该诉讼就不能系属于法院,依我国《民事诉讼法》的规定,法院就应当不予受理;如果系属于法院的诉讼,但因缺乏诉讼要件而不适法,法院就会作出驳回诉讼的裁判;如果系属于法院的诉讼合法,但缺乏实体法上的依据,法院就会判决驳回原告的诉讼请求,反之,法院就会判决支持或者部分支持原告的诉讼请求。在大陆法系,对于诉讼是否适法、是否有作出本案判决的必要性的诉讼审理和对实体请求是否有理由的实体审理,在诉讼过程中是相交汇的二元诉讼构造,而我国民事诉讼则更强调对案件的实体审理。于是,对于实体裁判合法性、必要性的因素,就必须放在起诉阶段予以解决。我国民事诉讼法规定的起诉条件就成为大陆法系起诉要件与诉讼要件的融合,结果造成我国民事诉讼的"起诉难""申诉难""执行难",并成为长期困扰我国民事诉讼的"中国问题"。2007年《民事诉讼法》修改主要针对"申诉难""执行难",集中对再审制度和执行制度作了较大修改,2012年的《民事诉讼法》修正又对再审和执行制度作了相应完善,然而,对于"起诉难"问题的解决,在2012年《民事诉讼法》修正时,并未得到立法机关的重视和回应,对于起诉制度,除了条文顺序的调整和起诉状内容的细化之外,在起诉的实质要件上并无新的突破。② 2015年2月4日最高人民法院颁布的《民事诉讼法解释》对当事人诉权的保护作出了最为详细的规定,包括正式确立了立案登记制、明确了重复起诉的内涵、对撤诉有了进一步的明确以及限制等,为当事人行使诉权提供了有力保障。

(三) 民间借贷虚假诉讼的实践不同处理路径

具体到民间借贷案件的虚假诉讼,最为明显的是恶意诉讼的滥用。在原、被告恶意串通情形下向人民法院提起诉讼,一定会首先考虑当事人能力、诉讼能力、民事诉讼受案范围、法院管辖等问题,而且大多数民间借贷虚假诉讼案件都有律师的参与,有极个别案件的当事人还会与法官串通,在形式上完全符合《民事诉讼

---

① 参见江伟:《民事诉讼法学原理》,中国人民大学出版社2004年版,第261页。
② 参见李文革:《虚假诉讼的裁判方式:新修订的〈民事诉讼法〉第112条评析——以域外经验为借鉴》,载《政治与法律》2013年第10期。

法》第119条关于起诉的条件,让法院受理案件应当不成问题。问题的关键在于,法院受理案件后,发现当事人之间的诉讼没有对抗性,无争议,原因就在于双方并无真实的借贷关系,当事人之间原本无纠纷,只是为了骗取法院的裁判而恶意串通,虚构民事法律关系,以实现其非法目的。此种情形下应当如何裁判呢?我国审判实践中的做法并不统一。

例1 郑××与浙江长进机电有限公司民间借贷纠纷案。① 原告郑××起诉请求判令被告偿还向其借款的本金1000万元及利息。法院二审认为,原、被告之间虚构债权债务,金额特别巨大,被告又不提供企业账务账册,有涉重大虚假诉讼之嫌,可能涉嫌犯罪。依照《民事诉讼法》第140条第1款第(三)项②、《最高人民法院关于在审理经济纠纷案件中涉及经济犯罪嫌疑若干问题的规定》第11条之规定,裁定驳回原告郑××的起诉。

例2 翁××与徐××民间借贷纠纷案。③ 法院再审认为,原审原告翁××与原审被告徐××串通,虚构了原审被告向原审原告购买打火机欠原审原告货款1 634 926元的事实,伪造虚假欠款凭证,进行虚假诉讼,损害他人利益,应驳回起诉。依照《民事诉讼法》第186条第1款、第108条第(一)项、第(三)项④的规定,裁定驳回原审原告翁××的起诉。

例3 吴×翠与吴×光、徐××民间借贷纠纷案。⑤ 法院审理查明,原告提供的借款凭证属于原告吴×翠与被告吴×光伪造,案件属于虚假诉讼,原、被告不存在经济纠纷。依照《民事诉讼法》第140条第(十一)项⑥的规定,裁定驳回原告吴×翠的起诉。

例4 赵××与李××民间借贷纠纷案。⑦ 法院再审认为,原审诉讼是在李××的要求下实施的虚假诉讼行为,根据《民事诉讼法》第179条第1款第(三)项⑧

---

① 参见:浙江省玉环县人民法院(2011)台玉商初字第640号;浙江省台州市中级人民法院(2011)浙台商终字第315号。
② 2007年《民事诉讼法》第140条第1款第(三)项针对的是2012年《民事诉讼法》第154条第1款第(三)项,驳回起诉应当用裁定。
③ 参见:浙江省临海市人民法院(2009)台临商再字第1号。
④ 2007年《民事诉讼法》第108条第(一)项、第(三)项分别针对的是2012年《民事诉讼法》第119条第(一)项和第(三)项的规定,即原告是与本案有直接利害关系的公民、法人和其他组织;有明确的被告;有具体的诉讼请求和事实、理由。
⑤ 参见:浙江省青田县人民法院(2009)丽青商初字第122号。
⑥ 2007年《民事诉讼法》第140条第(十一)项针对的是2012年《民事诉讼法》第154条第1款第(十一)项的规定,即其他需要裁定解决的事项。
⑦ 参见:河南省郑州市中原区人民法院(2009)中民一再初字第1号。
⑧ 2007年《民事诉讼法》第179条第1款第(三)项针对的是2012年《民事诉讼法》第200条第(三)项的规定,即原判决、裁定认定事实的主要证据是伪造的,人民法院应当再审。

之规定,判决撤销原审判决,驳回原审原告赵××的诉讼请求。

以上案例都是经过审理查明属于虚假诉讼事实后作出的裁判。例1、2、3的裁判方式是相同的,都是以裁定的方式驳回原告的起诉,但依据各不相同。例1援引的原《民事诉讼法》第140条(现《民事诉讼法》第154条)关于裁定适用范围的规定,该条第1款第(三)项规定,驳回起诉应当用裁定。而驳回起诉的主要法律依据为《最高人民法院关于在审理经济纠纷案件中涉及经济犯罪嫌疑若干问题的规定》第11条,该条规定:"人民法院作为经济纠纷受理的案件,经审理认为不属经济纠纷而有经济犯罪嫌疑的,应当裁定驳回起诉,将有关材料移送公安机关或检察机关。"显然该规定认为,此类案件不属于人民法院受理民事诉讼的范围,依原《民事诉讼法》第108条(现《民事诉讼法》第119条)的规定,应当驳回起诉,但本案中法院并未援引此项规定。例2是通过再审驳回原告的起诉,依据的是原《民事诉讼法》关于起诉条件中"原告与本案有直接利害关系"以及"有具体的诉讼请求和事实、理由"的规定。例3则简单地引用原《民事诉讼法》关于裁定适用范围中兜底条款"其他需要裁定解决的事项"作出驳回起诉的裁定,与例1、2不同的是,审理法院并未以起诉不符合法定条件为由驳回起诉,但是否因为原告的起诉不合法而驳回起诉,在裁定书的理由中又没有明确的说明。例4是针对检察院抗诉提起再审后作出的驳回诉讼请求的判决,依据的是原《民事诉讼法》关于再审事由中"原判决、裁定认定事实的主要证据是伪造的"之规定,以原告的诉讼请求无证据为理由,判决驳回原告的诉讼请求。

我国《民事诉讼法》中法院的裁判包括三种形式:判决、裁定和决定。判决针对的是案件的实体问题作出的判断;裁定针对的主要是诉讼中的程序问题;决定针对的是诉讼中的某些特殊事项。人民法院受理案件后,发现当事人的起诉不符合起诉条件的,裁定驳回起诉;符合起诉条件,但经过审理,原告的诉讼请求在实体法上无依据的,判决驳回诉讼请求,二者都是对原告提起诉讼的否定性法律评价。前述民间借贷虚假诉讼的案例,因为原告的诉讼既是程序上的违法行为,且对被告的请求权并不存在,争议的事实也不存在,其实体请求显然也就没有法律依据,所以导致审判实践中在适用法律的时候很不统一。问题是,对于此类纠纷,人民法院应当作出裁定驳回起诉,还是判决驳回诉讼请求?

(四) 对于本问题的几点思考

要从根本上解决这一问题,有赖于我国《民事诉讼法》中的起诉受理制度,实现起诉条件的"低阶化",将起诉要件与诉讼要件相剥离,实行诉讼审理与实体审理并行的"二元复式"审理结构。也就是说,修改我国《民事诉讼法》第119条关于起诉条件的规定,将本属于诉讼要件的内容从起诉条件中剥离出来,降低起诉条件的门槛。而且,党的十八届四中全会作出的《中共中央关于全面推进依法治国若干重大问题的决定》也明确提出:"改革法院案件受理制度,变立案审查制为立案登记制,对人民法院依法应该受理的案件,做到有案必立、有诉必理,保障当事人诉权。"这一思路正好与上述决定的方针政策相吻合。具体思路是：

（1）对于起诉要件，可以规定为：① 向人民法院递交起诉状；② 起诉状中载明《民事诉讼法》第121条规定的内容；③ 有具体的诉讼请求；④ 有指向明确的当事人和法院；⑤ 有与诉讼请求相关的事实和理由；⑥ 按规定预交诉讼费。不符合上述条件的，人民法院不予受理。

（2）对于诉讼要件，要明确诉讼要件的内容及诉讼要件缺乏的效果，完善诉讼要件处理程序。大陆法系诉讼要件主要包括三类：涉及当事人的诉讼要件，如当事人能力、当事人适格；涉及法院的诉讼要件，如审判权、管辖权；涉及诉讼标的的诉讼要件，如重复起诉。结合大陆法系诉讼要件类型的规定，对我国起诉制度进行改革，可以将现行《民事诉讼法》第119条规定的起诉条件中的"原告与本案有直接利害关系""属于人民法院受理民事诉讼的范围和受诉人民法院管辖"，以及第124条规定的消极条件中的重复起诉、仲裁协议等，规定为诉讼要件，不由法院立案庭在起诉受理程序中审查，而是由审判业务庭在审理程序中进行审理。对于诉讼不属于合法诉讼的处理，法院作出的判决为诉讼判决，此外，法院还可以对诉讼要件进行职权调查。① 经审理，对于诉讼属于合法诉讼的，人民法院再进一步作出实体审理，并作出实体判决。

目前尚未对《民事诉讼法》作出相应修改的情况下，回到本问题中来，在现行法律框架下，对于虚假诉讼究竟是驳回诉讼请求，还是裁定驳回起诉？笔者认为，虚假诉讼的表现形式有很多，既包括采取隐瞒事实真相、伪造证据、虚构法律关系的行为，也包括诉讼欺诈行为、与当事人或者法官恶意串通②等方式。因此，实践中既有双方当事人恶意通谋的虚假诉讼，也有一方当事人谋利型，即单独的一方当事人通过虚构事实或隐瞒真相等手段，使法院作出错误裁判，以侵害另一方当事人的合法权益。不同的虚假诉讼，其判决结果需要结合"诉"的真实性来区别对待。因此，不能搞"一刀切"，而应当具体问题具体分析。

（1）建立在事实关系或者法律关系完全是虚构的、不存在的基础之上的虚假诉讼。此类诉讼可以双方当事人恶意串通的虚假诉讼为代表。恶意串通的虚假诉讼中的"合同之诉""债之诉""侵权之诉"等，其针对的"合同""债""侵权"等法律关系都是双方当事人虚构的，双方当事人通过捏造案件事实的方式向法院提起民事诉讼，"诉"本身的虚假性是恶意串通型虚假诉讼的实体内容要素和客观特征。对于此种类型的虚假诉讼，由于原告的民事权益并未受到侵害，与被告之间也无争议，"诉"是虚构假设的，因此，此类"诉"不能构成民事诉讼程序中真正意

---

① 参见李文革：《虚假诉讼的裁判方式：新修订的〈民事诉讼法〉第112条评析——以域外经验为借鉴》，载《政治与法律》2013年第10期。

② 有时法院或者其他裁判机构工作人员也可能成为虚假诉讼的主体，比如，河北某地法院的工作人员被曝光利用诉讼帮助他人在京购车事件就属此例。参见《河北法院人员被指制造假诉讼助人在京购车》，载《新京报》2011年12月19日。

上的"诉";建立在虚构基础之上的海市蜃楼般的"诉讼请求",也不能构成民事诉讼程序中真正意义上的"诉讼请求"。如果人民法院判决"驳回原告的诉讼请求",虽然可以避免其再次进行诉讼,但并没有从源头解决问题。从性质上讲,此类虚假诉讼又属于滥用诉权的权利滥用行为,对于当事人之间本不存在法律关系,且基于其不正当的目的,法院实无对原告的请求作出判决的必要性和实效性,即无诉的利益。对于此类虚假诉讼的规制,应当有针对性地对原告的诉权作出回应。诉权具有双重含义,即程序意义上的诉权和实体意义上的诉权。驳回起诉是对当事人程序意义上的诉权的否定,消灭的是原告的起诉权;驳回诉讼请求是对当事人实体意义上的诉权的否定,消灭的是原告的胜诉权。民事诉讼程序不能被虚假诉讼当事人恶意利用,法院作出的回应理应是否定当事人向人民法院提起诉讼的权利,而不需要对实体问题进行审理和判决。[①] 因此,建立在事实关系或者法律关系完全是虚构的、不存在的基础之上的虚假诉讼,人民法院应当裁定驳回原告的起诉。

需要注意的是,在国外,不具备诉讼要件的情形下,法院是不需要对案件作出处理的,与我国不同的是,其裁判方式不是像我国规定的裁定驳回起诉,而是以判决驳回诉。《民事诉讼法》第112条有关"驳回其请求"的规定,虽然在于强调对虚假诉讼的规制,体现了立法者对法秩序维护的一种价值选择,但这与第119条规定在协调上会存在问题,在理论上有悖于诉讼法理。

(2)建立在法律关系完全真实或者部分真实基础之上的虚假诉讼,只是由于当事人一方或者双方伪造证据,虚构事实意图侵害他人利益的,此类诉讼可以侵害另一方当事人利益为特点。比如离婚案件中,一方当事人出具了借款凭证,要求作为夫妻共同债务认定。经审查该借款纯粹是该当事人与他人合谋,意图使配偶承担相应债务,从而达到获得更多财产的目的;再比如,民间借贷中出借人收回借款后,既未给借款人出具收条,也未将借条返还给借款人,而是持借条向法院提起诉讼要求借款人偿还借款的本金与利息。上述列举的两种情形中,原告所赖以起诉的法律关系都是真实的,只是在诉讼过程中采取了伪造证据、虚构事实的手段,尽管此类诉讼亦应归类于虚假诉讼之列,但基于原告提起诉讼的法律关系是真实的,因此,此类"诉"也是真实的。基于合法的"诉"产生的"诉讼请求"当然也是真实的,只不过这个"诉讼请求"因为没有法律依据而成为无本之木、无源之水,属于不合法的"诉讼请求",因而不能得到法院的支持。因此,对于这些建构在真实法律关系或者真实事实关系基础之上的虚假诉讼,人民法院应当判决驳回原告的诉讼请求。

[①] 参见李文革:《虚假诉讼的裁判方式:新修订的〈民事诉讼法〉第112条评析——以域外经验为借鉴》,载《政治与法律》2013年第10期。

八、确属虚假诉讼的民间借贷案件的原告申请撤诉的,人民法院如何处理?

审判实务中,人民法院审理民间借贷案件时发现系虚假诉讼,原告申请撤诉的,人民法院应当如何处理,存在两种观点。

第一种观点认为,撤诉是原告享有的诉讼权利。既然人民法院已经受理了民间借贷案件,说明原告的诉讼符合《民事诉讼法》第119条规定的起诉条件。原告撤诉的,人民法院自无不允的理由,因此,人民法院可以准许原告撤诉。

第二种观点认为,虚假诉讼不同于一般的诉讼,它不仅侵害了他人的合法权益,而且也妨碍了司法机关正常审判秩序。实践中原告撤诉的情形,往往是由于原告担心恶意串通的事情败露,或者原告发现胜诉无望。即使原告自愿撤诉的,人民法院也不允许,而应对虚假诉讼依法作出处理。

笔者倾向于第二种观点。

虚假民事诉讼造成的社会危害是多方面的:一是损害国家利益或他人的合法权益。二是浪费国家司法资源,扰乱诉讼程序,人为加剧当前民事案件数量日益增长与审判力量不足的矛盾。三是严重危害国家和司法公信力,损害法院的审判权威。将法庭作为违法活动的"舞台",将司法权变为违法犯罪活动的"工具"。许多地方的法院在审理民间借贷纠纷案件中,不断发现涉嫌虚假民事诉讼案件,且涉案标的额少则几百万元,多则上千万元。虚假诉讼是一种妨碍司法的违法行为,它侵害的不是一般的司法程序,而是整个司法赖以存在的基础——司法权威和司法公正。

笔者认为,撤诉是原告行使处分权的体现,但是,该权利的行使以不损害其他合法利益为限。我国的民事撤诉程序体现着很强的法院职权干预,原告有权向法院提出撤诉申请,但人民法院有权决定是否准许,原告撤诉能否成功,取决于法院依职权审查的结果。法院审查的内容是撤诉的形式要件和实质要件。形式要件包括申请撤诉的主体是否适格、是否具有诉讼行为能力、申请的方式等。实质要件包括原告的撤诉行为是否违反法律规定,双方当事人是否串通通过撤诉规避法律,或者损害国家、集体或者其他公民的合法权益。只有形式要件与实质要件均符合规定的情形下,人民法院才准许原告撤诉。

正是由于虚假诉讼侵害了他人合法权益,而且浪费了宝贵的司法资源,还极大损害了司法的公信力和权威性。法院审判权能在良好的司法秩序下才能正常发挥作用,而虚假诉讼行为恰好破坏了这一秩序,因而《民事诉讼法》第111—113条规定了应当对其采取的强制措施。原告撤诉的行为无疑是对责任的逃避,法院如果允许撤诉也等同于对严重妨害民事诉讼的行为听之任之,视而不见,显然与法院本身所肩负的弘扬正义、惩恶扬善的功能背道而驰。

因此,人民法院审理民间借贷案件,发现系虚假诉讼,原告申请撤诉的,不予准许,经审理认为民间借贷虚假诉讼完全是建立在事实关系或者法律关系完全虚构、不存在基础之上,则应裁定驳回原告起诉;如果民间借贷虚假诉讼建构在真实或者部分真实的法律关系或者事实关系基础之上,则应判决驳回原告的诉讼请求。并且,人民法院必须按照《民事诉讼法》第112条的规定,对虚假诉讼制造者、参与者予以罚款、拘留;构成刑事犯罪的,依法追究刑事责任。

九、对于参与制造虚假诉讼案件的律师,在诉讼过程中应当如何处理?

律师作为法律职业者,与其他司法工作人员一样,应当遵守基本的法律道德和法律职业操守,《中华人民共和国律师法》(以下简称《律师法》)对此有明文规定。律师拥有专业的法律知识,他们运用专业技术为当事人进行诉讼代理。一旦律师参与策划或者亲自办理虚假诉讼,对于虚假诉讼的识别与防范治理的难度必然巨增,危害无穷。

实务中,有的律师被当事人提供的伪造证据材料、恶意串通所蒙蔽,在不知情的情况下参与了虚假诉讼;有的律师在代理案件过程中,通过与当事人会谈、搜集证据,已经发现该案系虚假诉讼,但受利益驱动仍然违规进行诉讼代理;也有个别律师是在巨额利益的诱惑下,或在当事人的怂恿蛊惑下,直接导演操纵、出谋划策、参与制造虚假诉讼,甚至不惜铤而走险亲自上阵进行虚假诉讼代理活动。尽管这属于极个别现象,但仍然严重影响人民群众对律师行业的客观评价,损害了整个律师行业的外部形象。因此,对于操控、制造、教唆、帮助或者参与虚假诉讼的律师,应当从以下几个方面进行处理:首先,人民法院应当向律师行业协会发出司法建议,对参与虚假诉讼的律师进行重点关注,加强对其行为的监管,防止出现其他虚假诉讼的风险;其次,人民法院还应当向司法行政部门发出司法建议,依照《律师法》有关规定予以惩戒,从严处理;再次,人民法院还要按照《民事诉讼法》第112条的规定,予以罚款、拘留;最后,构成犯罪的,依法移交公安、检察机关追究刑事责任。

因此,律师应当恪守职业约束与执业纪律,坚决制止自己的当事人进行虚假诉讼的企图和尝试,同时不断提高虚假诉讼识别能力和应对能力,指导帮助当事人采取必要措施,理性诉讼,阻止并终结虚假诉讼,维护好当事人的合法权益。

十、民间借贷案件构成虚假诉讼的,如何追究刑事责任?

虽然《民事诉讼法》第111条、第112条、第113条均规定,可以对"妨害民事诉讼的行为"追究刑事责任,但是在实践中,往往因为很难找到恰当的罪名对虚假诉讼主体的虚假诉讼行为定罪量刑,也就只好通过罚款、拘留制裁,因而对虚假诉讼的惩治措施严重不足,这也是导致虚假诉讼泛滥成灾的重要原因。对于虚假诉讼定罪问题,学界与实务界主要有以下几种观点。

第一种观点认为,虚假诉讼行为是典型的三角诈骗[①],应当认定为诈骗罪。这一观点比较有说服力,在学界有较大的认同度。

第二种观点认为,虚假诉讼是敲诈勒索的一种特殊方式[②],将其认定为敲诈勒索罪更为适当。

第三种观点认为,虚假诉讼不构成犯罪,因为现有刑法规定中没有完全适格的法律条文和犯罪构成,根据罪刑法定原则应当作无罪处理。[③]

第四种观点认为,适用帮助毁灭、伪造证据罪和拒不执行判决、裁判罪统一法律适用。[④]

第五种观点认为,虚假诉讼必然都要伪造证据,因此可以考虑定为伪证罪以及辩护人、诉讼代理人毁灭证据、伪造证据、妨害作证罪。[⑤]

第六种观点认为,虚假诉讼主要是故意妨害国家机关对社会的管理活动,破坏社会秩序,因此构成妨害司法罪。[⑥]

第七种观点认为,应当单独设立恶意诉讼罪,以回应新的民事诉讼法的最新发展,也符合我国的国情和现实需要。[⑦]

笔者认为,上述几种观点都有以偏概全之嫌。我国刑法并未对虚假诉讼作出明确的定性,这一行为究竟是有罪还是无罪,是此罪还是彼罪,尚未有定论。2010年8月9日,浙江省高级人民法院和浙江省人民检察院召开新闻发布会,公开发布《关于办理虚假诉讼刑事案件具体适用法律的指导意见》,对于虚假诉讼的定性和处理作了规定。这种先行先试、敢为人先的做法,无疑值得大加肯定与褒扬,尤其是在我国法制建设亟待加强的今天,粗放型立法的弊端日益凸现,法律滞后于现实生活愈发明显。为了解决实务的迫切需要,实务部门往往不得已"被走在"时代的前列。美中不足的是,该意见因其效力较低而不具有普遍的说服力。

虚假诉讼行为引发的社会危害性不容小觑。一方面,社会中大量存在的虚假诉讼破坏了本已形成的公正法制环境,严重损害了法律的公信力与权威,让当事

---

① 参见张明楷:《论三角诈骗》,载《法学研究》2004年第1期。
② 参见王作富:《恶意诉讼侵财更符合敲诈勒索罪特征》,载《检察日报》2003年2月10日,第3版。
③ 参见潘晓甫、王克先:《伪造民事证据是否构成犯罪》,载《检察日报》2002年10月10日,第3版。
④ 参见卢建平、任江海:《虚假诉讼的定罪问题探究——以2012年〈民事诉讼法〉修正案为视角》,载《政治与法律》2012年第11期。
⑤ 参见朱健:《论虚假诉讼及其法律规制》,载《法律适用》2012年第6期。司法实践中也有以妨害作证罪被判处刑罚的案例,如浙江省玉环县人民法院审理周宗长巨额债务案件时,发现他与案外人串通提起虚假诉讼。查明事实后,法院将案件移送公安机关侦查,周宗长最终以妨害作证罪被判处有期徒刑1年零6个月。参见薛玮:《当前民间借贷虚假诉讼案件的认定与防范》,载《法制与社会》2010年第15期。
⑥ 参见薛玮:《当前民间借贷虚假诉讼案件的认定与防范》,载《法制与社会》2010年第15期。
⑦ 参见刘远、景年红:《诉讼欺诈罪立法构想》,载《云南大学学报》2004年第2期。

人和人民群众对国家司法机关的公正性和权威性产生质疑,干扰了司法活动的秩序性;另一方面,侵犯了他人的合法权益,使无辜公民遭受损害。因此,通过刑法规范与制裁这一行为,在学界与实务界已经形成广泛共识。

首先,诈骗罪侵害的是简单客体,即公私财产所有权,而虚假诉讼虽以侵害他人财产利益为主要目的,但其除侵害公私财产所有权外,还侵害了审判机关正常的审判活动。诈骗罪的主体只能是自然人,而虚假诉讼除自然人外,也可以是单位。另外,最高人民检察院的批复也否认构成诈骗罪。① 敲诈勒索罪与诈骗罪在很大程度上相似,与虚假诉讼同样存在质的区别,因此不宜认定为敲诈勒索罪。

其次,我国现行《刑法》仅对刑事诉讼领域的伪证行为进行了定罪量刑,对民事诉讼领域的妨害司法行为未作明文规定,"伪证罪"仅适用于刑事诉讼领域;"妨害凭证罪"和"帮助毁灭、伪造证据罪"不能对当事人在民事诉讼中伪造证据的行为科以刑罚。另外,《刑法》只对阻止证人作证或者指使他人作伪证,以及帮助当事人毁灭、伪造证据等情形作了规定,而对于民事诉讼中当事人自己伪造证据的情形没用规定,只能予以罚款和拘留。

再次,虚假诉讼应否列入妨害司法罪的范畴,目前已对诉讼欺诈作出规定的意大利、新加坡这两个国家,均将诉讼欺诈定性为妨害司法罪。② 然而,虚假诉讼侵害的是复杂客体,除了审判机关正常的审判秩序之外,侵害他人财产权益是我国当前虚假诉讼高发的最重要原因。因此,妨害司法罪并不完全适用于虚假诉讼。

最后,当事人在虚假诉讼中的行为如果构成其他犯罪的,按照其所对应的犯罪定罪量刑。比如,在虚假诉讼活动中严重扰乱社会管理秩序的,可以依照妨害司法罪定罪量刑;为了虚假诉讼而伪造了公司印章,构成犯罪的,应当依照《刑法》第280条第2款的规定,以伪造公司、企业、事业单位、人民团体印章罪追究刑事责任。如果行为人没有构成犯罪,则不应追究刑事责任,而只能按照《民事诉讼法》的规定予以罚款、拘留。

笔者认为,从长远看,我国应当根据自己的立法传统和现实需要,增补立法空白,增设恶意诉讼罪,以有力遏抑日益猖獗的虚假诉讼行为。当前虚假诉讼

---

① 2002年10月24日,最高人民检察院法律政策研究室作出的《关于通过伪造证据骗取法院民事裁判占有他人财物的行为如何适用法律问题的答复》中指出:"以非法占有为目的,通过伪造证据骗取法院民事裁判占有他人财物的行为所侵害的主要是人民法院正常的审判活动,可以由人民法院依照民事诉讼法的有关规定作出处理,不宜以诈骗罪追究行为人的刑事责任。如果行为人伪造证据时,实施了伪造公司、企业、事业单位、人民团体印章的行为,构成犯罪的,应当依照刑法第二百八十条第二款的规定,以伪造公司、企业、事业单位、人民团体印章罪追究刑事责任;如果行为人有指使他人作伪证行为,构成犯罪的应当依照刑法第三百零七条第一款的规定,以妨害作证罪追究刑事责任。"依据此答复,诈骗罪不是虚假诉讼的适当罪名,在现有刑事立法和政策条件下,解决虚假诉讼的定罪问题,恐怕绕不过这个答复。

② 参见毕慧:《论民事虚假诉讼的法律规制》,载《浙江学刊》2010年第3期。

已非属于个别社会现象,尤其是在民间借贷、离婚诉讼以及司法认定驰名商标等案件类型中,虚假诉讼呈现出肆无忌惮地扩张延伸趋势。许多虚假诉讼参与者往往抱有赌徒的心理,成功了荣华富贵一生享用不尽,失败了赔钱了事,这种非正常的心态会让他们采用更加极端更具社会危害性的手段变本加厉。私法领域的主体具有自私的一面,这种自私性在共同秩序规则下才会被认可。但是人性中自我的成分可能演化为自私贪婪,成为道德沦丧的集中表现。[①] 因此,对于此类行为上升到刑法的高度规制,根据其犯罪情节与严重程度再处以相应的刑罚,有助于降低此类行为的发展态势,减少社会危害,还诉讼秩序和社会秩序应有的安宁。

十一、民间借贷纠纷被确定为虚假诉讼的,虚假诉讼行为人应否承担民事责任?

民间借贷案件中,经法院查证,确定行为人实施了虚假诉讼。对于受害人能否获得民事救济,存在两种不同的观点。

第一种观点认为,因行为人制造或者参与虚假诉讼,而使相对人或者案外人遭受了经济损失,这是一种侵权行为,行为人应当对自己的侵权承担相应的法律后果,这种法律后果包括民法上的侵权损害赔偿。

第二种观点认为,由于我国立法并未规定虚假诉讼系侵权,因此,对该损失的救济没有法律依据。但行为人毕竟实施了违法行为,应当依据民事诉讼法中有关妨害诉讼的强制措施的规定,予以罚款、拘留,构成犯罪的,追究其刑事责任。

笔者倾向于第一种观点。

虚假诉讼毕竟造成了他人损失,"有损失就有救济"。《民法通则》第106条第2款规定:"公民、法人由于过错侵害国家的、集体的财产,侵害他人财产、人身的,应当承担民事责任。没有过错,但法律规定应当承担民事责任的,应当承担民事责任。"虽然此条规定只对财产、人身权利进行保护,但《民法通则意见》第142条对此规定又作了补充[②],将当事人可以寻求救济的范围扩展至"合法权益受到侵害"。根据以上法律规定,虚假诉讼案件中只要合法权益人利益受损,就有理由向法院请求获得救济。由此可见,在我国,要求虚假诉讼行为人承担侵权法上的实体责任是有据可循的。

从侵权责任法的角度而言,虚假诉讼符合侵权的构成要件,应当认定构成侵权。

---

① 参见王福林、刘可风:《经济伦理学》,中国财经出版社2001年版,第156页。
② 《民法通则意见》第142条规定:"为维护国家、集体或者他人合法权益而使自己受到损害,在侵害人无力赔偿或者没有侵害人的情况下,如果受害人提出请求的,人民法院可以根据受益人受益的多少及其经济状况,责令受益人给予适当补偿。"

(一) 虚假诉讼的当事人在主观上具有过错

行为人进行虚假诉讼,有的是为了离婚、分家析产或者继承时获得更多的财产性利益;有的是为了在法院另案执行中逃避债务;有的是企业为了通过诉讼使持有的商标获得驰名商标的司法认定;有的是为了侵吞国有资产;有的是为了规避法律达到非法目的。从其主观目的分析,行为人均为了获取一定的非法利益。从其主观状态分析,虚假诉讼当事人在主观上具有过错,且绝大多数情况下为直接故意。问题是,主观状态为过失的,是否构成虚假诉讼行为的侵权?

一般而言,侵权责任法与刑法不同,故意和过失的区分不具有十分重要的意义,尤其是在损害赔偿领域,就财产损失赔偿而言,其采取完全赔偿原则,造成多少损失就给予多少赔偿,而不应当根据过错程度来确定赔偿范围。然而,我国《侵权责任法》非常重视对故意和过失的区分,其第6条[1]明确采纳了过错的概念,并在相关条款中将其分为故意和过失两种[2],同时在有关具体条文中将过失区分为一般过失和重大过失。[3] 在我国侵权责任法中,过错的类型不仅决定了责任的成立与否,而且在很大程度上确定了责任的范围以及责任的减轻或免除问题。在混合过错和共同过错等侵权行为中,过错的类型对于明确行为人的责任和范围都是不无意义的。

由此,笔者认为,虚假诉讼中,无论行为人的主观状态是故意还是过失,只要客观上实施了虚假诉讼行为,给他人造成了损失,都应当承担侵权责任,只不过根据其过错程度,可以相应减轻或免除其民事责任。

(二) 虚假诉讼行为造成了他人损害的事实

例1 吕某是一名从某国有企业退休后到一家民营企业工作的普通工人,他以民间借贷纠纷为由向浙江省永康市人民法院起诉其外甥朱某,出具的借条显示,吕某曾先后3次借给朱某人民币277万元。法院调查后发现,原来是朱某与妻子关系不好,为了在离婚时多分财产,朱某就让吕某告自己。调查显示,欠债的情节和借条均是伪造的,连诉讼费也是朱某提供给吕某的。

例2 浙江省玉环县周某某、叶某某夫妇在城关中心小学对面的安置小区有

---

[1] 《侵权责任法》第6条规定:"行为人因过错侵害他人民事权益,应当承担侵权责任。根据法律规定推定行为人有过错,行为人不能证明自己没有过错的,应当承担侵权责任。"

[2] 《侵权责任法》第73条规定:"从事高空、高压、地下挖掘活动或者使用高速轨道运输工具造成他人损害的,经营者应当承担侵权责任,但能够证明损害是因受害人故意或者不可抗力造成的,不承担责任。被侵权人对损害的发生有过失的,可以减轻经营者的责任。"

[3] 《侵权责任法》第72条规定:"占有或者使用易燃、易爆、剧毒、放射性等高度危险物造成他人损害的,占有人或者使用人应当承担侵权责任,但能够证明损害是因受害人故意或者不可抗力造成的,不承担责任。被侵权人对损害的发生有重大过失的,可以减轻占有人或者使用人的责任。"第78条规定:"饲养的动物造成他人损害的,动物饲养人或者管理人应当承担侵权责任,但能够证明损害是因被侵权人故意或者重大过失造成的,可以不承担或者减轻责任。"

两间房子,由于周某某赌博欠了不少债务,房子将被法院拍卖。夫妇俩指使亲戚朋友作为债权人把自己告上法院。结果涉及周某某的案件有47起,起诉金额达到431.84万元,涉及叶某某的案件有4起,金额为57.4万元,以两人为共同被告的案件有2起,起诉金额44万元,上述金额共计533万余元。法院经过调查,查明周某某、叶某某夫妇虚假诉讼案件23起,占其系列民间借贷、买卖合同纠纷53起案件的43%,虚构金额达到230万元。①

虚假诉讼行为侵害的往往是案件相对人或者案外人的合法权益,司法实践中更多地表现为财产性利益。上述两个案件即是试图通过虚假诉讼行为侵害他人的财产性利益,只不过在表现形式上有的是直接损害,有的是间接损害。例1中朱某与吕某利用虚假诉讼直接侵害的是朱某妻子的合法权益;例2中周某某、叶某某夫妇制造虚假诉讼案件的直接目的是为了自己的房产不被法院执行,但间接造成了其他债权人的正常债权无法得到执行。

任何一项法律制度的设立都有其解决某个或某项法律问题的目的,民事诉讼制度亦不例外。民事诉讼的目的是国家设立民事诉讼制度所期望达到的目标或结果。上述两个案例中都存在着虚构借贷关系的行为,都是利用民事诉讼这一制度去实现侵害他人合法权益的目的。因此,上述民间借贷虚假诉讼行为不仅本身与民事诉讼制度设立的目的相悖,而且导致对他人利益的侵害,因而构成了侵害行为。

需要注意的是,从侵权法的理论而言,损害的概念包括三种情况:一是狭义上的损害,也就是财产损失,如我国《侵权责任法》第15条关于责任形式的规定,其中所指的"赔偿损失",就是指此种损害引发的后果是赔偿财产损失;二是广义上的损害,我国《侵权责任法》第26条至第31条所规定的损害,就是从广义上理解的,既包括财产损失,也包括精神损害;三是最广义的损害,它是指行为为人的行为对受害人造成了不利后果,此种不利后果既包括行为人实际给受害人造成的现实损害,也包括有可能给受害人造成的危险,即未来可能发生的损害②,既包括对各种权利和利益的侵害所造成的后果,也包括对各种权利和利益的行使而形成的损害。例如,在他人房屋附近从事土方挖掘活动,危及他人的房屋安全。应当指出,我国侵权责任法中凡是规定损害概念的,如果没有特殊的含义,都是从上述第二种即广义上理解的损害。损害是指因一定的行为或事件使某人受法律保护的权利和利益遭受不利益的影响。我国侵权责任法采取的是广义上的损害,既包括受害人的财产损害,也包括受害人的精神损害。

采纳广义的损害概念的必要性在于:若损害的概念不包括精神损害,对这部

---

① 参见叶家红:《虚假诉讼侵权损害赔偿制度研究》,载《法制与社会》2010年第33期。
② 参见全国人大常委会法制工作委员会民法室编:《〈中华人民共和国侵权责任法〉条文说明、立法理由及相关规定》,北京大学出版社2010年版,第22页。

分损害就不产生损害赔偿的责任后果,则必将限制损害赔偿责任的适用范围。对精神损害不予补救,既不利于保护受害人的利益,也不利于对加害人实施制裁,且与《民法通则》的规定不相符合。区分损害和损失两个概念的意义在于:一方面,对于损失来说,应当按照完全赔偿的原则,采取全面赔偿的办法,且应当根据《侵权责任法》第19条规定的按照市场价格等方法计算,但是,财产损失以外的损害,就无法按照市场价格计算,尤其是精神损害,往往是靠主观认定,而无法客观地认定;另一方面,在赔偿标准上,精神损害无法按照市场标准处理,而应当按照精神损害标准来确定。

(三) 虚假诉讼行为与受害人的损失之间存在因果关系

法律上的因果关系是指损害结果和造成损害的原因之间的关联性,它是各种法律责任中确定责任归属的基础。从哲学角度来看,任何事物或现象都是由其他事物或现象引起的,同时,它自己也必然引起另一些事物或现象。事物或现象之间的引起与被引起的关系,就是因果关系。[1] 因果关系是侵权责任的构成要件,无论是在过错责任中,还是在严格责任中,因果关系都是责任认定的不可或缺的因素。

在侵权损害赔偿领域,引起损害发生的原因并不完全是单一的行为或事件,而常常呈现出各种因素彼此相互联系、相互影响和相互渗透的状态。究竟如何确定因果关系,学者对此众说纷纭、观点各异,有条件说、原因说等。从比较法的角度来看,有影响力的因果关系认定理论主要有两种学说,即相当因果关系说[2]和规范目的说。[3] 我国《侵权责任法》没有就因果关系的判断规则作出特别规定,这是因为实践中因果关系的判断非常复杂,难以通过简单的条文作出规定,如果作出

---

[1] 参见吴倬:《马克思主义哲学导论》,当代中国出版社2002年版,第137页。

[2] 相当因果关系说又称为"充分原因说",是由德国学者冯·克里斯在19世纪末提出来的。他认为,被告必须对以他的不法行为为充分原因的损害负责赔偿,但是对超过这一范围的损害不负责任。那么,什么是充分原因呢? 冯·克里斯认为,只有那些对结果的发生提供了可能性的才能被称为原因。也就是说,在造成损害发生的数个条件中,如果某个条件有效增加了损害的客观可能性,可视为损害的充分原因。参见陈聪富:《侵权行为法上的因果关系》,载《台大法学论丛》2000年第29卷第2期。

[3] 规范目的说是德国学者拉贝尔在20世纪40年代所创立,并由其学生凯莫尔教授发展,现已成为德国的主流学说。拉贝尔认为,只有当损害发生在法规保护的范围之内时,损害才能得到救济。规范目的说实际上是为了补充相当因果关系说的不足而提出的,相当因果关系说以可能性为判断标准,并由法官根据一般的社会经验加以判断,但是,法规决定法律义务,因违反义务造成他人损害,其是否应当承担赔偿责任,理所当然应与法规规定本身具有关联性。规范目的说认为,应当广泛承认因果关系乃是责任构成要件,在确定事实上的因果关系之后,再依法规之目的判断因果关系是否存在。在确定行为人对行为引发的损害是否应负责任时,应当依法规的目的加以判断。如果依据法规的目的不应当承担责任,即使具有相当因果关系,也不应当予以赔偿。相关论述可参见王泽鉴:《侵权行为法》(第一册),中国政法大学出版社2001年版,第221页;曾世雄:《损害赔偿原理》,中国政法大学出版社2001年版,第112—113页;[德]梅迪库斯:《德国债法总论》,杜景林、卢谌译,法律出版社2004年版,第445页;姚志明:《侵权行为法研究》(一),2002年自版,第223、227页。

的规定不够详尽和充分,反而束缚法官在个案中判断的权力。因此,立法机关最终将其交由法官根据实际情况来判断。① 但是,各种因果关系理论都应当服务于归责的需要,任何一种理论都应当为司法实践提供清楚明确的指导。我国有学者提出,应当按照两分法的思路考察因果关系。"第一步:被告的行为或者应由其负责的事件是否在事实上属于造成损害发生的原因? 第二步:造成损害发生的原因是否应负法律责任的原因?"②笔者认为,此种观点是相当因果关系说与规范目的说的糅合,对于指导我们在实践中认定因果关系提供了简洁明了的思路。

就虚假诉讼而言,从事实层面上考察,虚假诉讼行为正是导致他人合法利益损害的充足原因,如果没有虚假诉讼,则他人的损失不可能发生。无论是从时间还是从空间考虑,虚假诉讼行为与他人合法利益的损失之间距离最近,因而最有可能成为损害发生的直接原因或主要原因。从法律层面考察,他人的合法利益尤其是财产性利益显然是法律保护的范围,因而,对于虚假诉讼行为与损害后果之间构成因果关系也符合法律上的价值判断。

总之,包括民间借贷在内的虚假诉讼,符合我国侵权责任法规定的构成要件,造成他人财产性损失的,虚假诉讼行为人应当承担相应的民事责任。

十二、民间借贷虚假诉讼中,受害人可否主张精神损害赔偿?

精神损害赔偿是指受害人就其精神损害所获得的金钱赔偿。我国《侵权责任法》第 22 条规定:"侵害他人人身权益,造成他人严重精神损害的,被侵权人可以请求精神损害赔偿。"精神损害赔偿在立法上的确立,可以有助于实现其两大功能:一是补偿功能,即受害人获得了金钱之后,可以感受到生活的安慰,从而补偿曾经遭受的痛苦。③ 二是制裁功能,即在精神损害赔偿中,法官可以根据加害人的过错、经济状况等因素确定赔偿数额,从而实现侵权法的制裁性。

从法制史的角度观察,精神损害赔偿的适用范围发生过变迁。《十二铜表法》中,起初只能够在侵害身体的情况下才能发生精神损害赔偿的诉求,后来罗马的法官通过一般条款的方式,将精神损害赔偿扩大到有意识或者故意侵害他人人格的案件中。④ 在近代各国民法典编纂过程中,精神损害赔偿制度大多都被认可,但是,总体上其适用受到限制。

我国也采取了限制精神损害赔偿适用的立场。这主要是基于以下考虑:其一,精神损害具有一定程度的不确定性,如果过分扩大其适用范围,可能给赔偿义

---

① 参见全国人大常委会法制工作委员会民法室编:《〈中华人民共和国侵权责任法〉条文说明、立法理由及相关规定》,北京大学出版社 2010 年版,第 23 页。
② 江平主编:《民法学》,中国政法大学出版社 2001 年版,第 759 页。
③ 参见〔德〕迪特尔·施瓦布:《民法导论》,郑冲译,法律出版社 2006 年版,第 259 页。
④ 参见〔德〕布吕格迈耶尔:《中国侵权责任法学者建议稿及其立法理由》,朱岩译,北京大学出版社 2009 年版,第 152 页。

务人带来过重的负担,从而不当地限制了社会一般行为自由。其二,精神损害赔偿范围过宽,可能引发人们对感情商业化的担忧。① 其三,在适用精神损害赔偿时,法官的自由裁量权过大,如果不限制其适用,可能导致滥用自由裁量权。

就虚假诉讼而言,如果这一违法行为严重侵害了他人的人格利益,则受害人可以请求精神损害赔偿,至于如何界定是否"严重",应当从容忍限度的理论出发,即超出了社会一般人的容忍限度,就认为是"严重"的。追究虚假诉讼的侵权责任应当依据侵权法而不能依据合同。② 从实践看,民间借贷虚假诉讼一般只能造成他人财产权益的损害,很少造成他人人格利益的损失,侵害财产权益原则上不能获得精神损害赔偿,这是我国立法和学说的一贯立场。因而,以民间借贷虚假诉讼为由主张精神损害赔偿的,人民法院不予支持。

十三、民间借贷虚假诉讼可否适用惩罚性赔偿?

民间借贷虚假诉讼中的受害人,能否向虚假诉讼行为人提起惩罚性赔偿诉求,学界和实务界争议很大。

第一种观点认为,惩罚性损害赔偿制度以其特有的惩罚及阻吓功能在制止侵权行为发生,推动经济发展中发挥重要作用。面对民间借贷纠纷中的大量虚假诉讼,补偿性损害赔偿制度作用极其有限。只有采用惩罚性赔偿,才能让虚假诉讼当事人付出较高的违法成本,才能更加有效地遏制虚假诉讼的发生。

第二种观点认为,我国《侵权责任法》虽然规定了惩罚性赔偿制度,但这一制度的适用范围只能限定在产品责任案件,对于民间借贷虚假诉讼则不能适用惩罚性赔偿。

笔者认为,从现有规定看,我国《侵权责任法》规定,惩罚性赔偿仅适用于问题最突出、最迫切的产品责任案件,对于其他案件则不能适用,各级法院必须遵守,而不得扩大其适用范围。③ 从长远发展看,对于民间借贷虚假诉讼,应当完全允许适用惩罚性损害赔偿制度,而且也必须适用这一制度。

首先,对民间借贷虚假诉讼采用惩罚性赔偿,有利于强化这一制度的惩罚功能。惩罚性赔偿制度并不是一项基于逻辑推论而产生的法律制度,而是基于社会对不法行为的惩罚和控制需要自发产生的一种制度。④ 面对民间借贷纠纷中出现的大量虚假诉讼,并已形成社会普遍性,通过判决虚假诉讼行为人承担超过受害

---

① 参见〔德〕迪特尔·施瓦布:《民法导论》,郑冲译,法律出版社2006年版,第257页。
② 在理论上,违约能否适用精神损害赔偿,在学界存有争议。我国《合同法》第122条采取的是违约责任不救济精神损害的立场,这就意味着,受害人要求精神损害赔偿,必须依据侵权法的规定。参见王利明、周友军、高圣平:《中国侵权责任法教程》,人民法院出版社2010年版,第344—346页。
③ 参见奚晓明主编,最高人民法院侵权责任法研究小组编著:《〈中华人民共和国侵权责任法〉条文理解与适用》,人民法院出版社2010年版,第342页。
④ 参见金福海:《惩罚性赔偿制度研究》,法律出版社2008年版,第26页。

人实际损失数额的赔偿,对其欺诈、恶意串通等侵权行为形成威慑,从而实现惩罚性赔偿制度的遏制与制裁作用,有助于缓解现代社会中大规模侵权行为的负面影响,有利于促进社会资源的优化配置,提升整个社会经济效率,形成稳定有序的民间借贷交易秩序。

其次,对民间借贷虚假诉讼采用惩罚性赔偿,有利于制裁主观恶意较大的违法犯罪行为。侵权责任以过错责任作为一般原则,在侵权领域适用惩罚性损害赔偿,主要针对具有较为严重过错的行为予以制裁,完全符合过错责任的本质要求。民间借贷虚假诉讼案件中,行为人为了达到侵害他人财产权益的目的,往往不择手段,恶意串通,伪造证据,甚至串通法官制造假案。此类行为主观过错严重,行为具有不法性和道德谴责性,并导致严重损害后果。尤其在当前,由于我国刑法立法的粗糙,对虚假诉讼打击不力,补偿性赔偿制度在保护公民合法权益方面显得力不从心。通过惩罚性赔偿制度的引入,对于打击这种严重侵害他人财产权益的行为无疑会发挥积极作用。

再次,对民间借贷虚假诉讼采用惩罚性赔偿,有利于充分补偿受害人所受到的损失。传统民法理论认为,损害赔偿的功能在于弥补受害人的损害,"损害-补救"过程是一个受损害的权利的恢复过程。"损害赔偿之最高指导原则在于赔偿被害人所受之损害,俾于赔偿之结果,有如损害事故未曾发生者然。"[1]赔偿制度的宗旨并不在于惩罚行为人,实际上,惩罚性赔偿制度的产生和发展并没有否认传统的补偿性赔偿制度的合理性,只是在一般损害赔偿制度之外发展了一种例外的赔偿制度。[2] 就民间借贷虚假诉讼而言,行为人的不法行为虽然给受害人造成的财产损失本身是用金钱能够计算的,然而,受害人其他潜在的、隐形的损失,则难以用金钱计算。尤其是民间借贷案件中的案外人,要想从行为人处获得赔偿,往往需要漫长的诉讼程序才能实现,而诉讼活动常常会引起巨大的成本和费用,特别是当事人投入的时间和精力,难以通过损害填补机制予以补偿。即使案外人最终胜诉,也会得不偿失。惩罚性赔偿可以在一定程度上对当事人诉讼中的"损失"进行补偿,否则,很难给受害人提供充分的补救。并且,通过惩罚性赔偿也可以鼓励受害人为获得赔偿金而提起诉讼,揭露不法行为并对不法行为予以遏制。

最后,对民间借贷虚假诉讼采用惩罚性赔偿,有利于实现社会公共利益。民事诉讼活动的启动虽然是从原告自己的利益出发,但它在客观上却往往具有维护法律权威和社会秩序的客观效果。特别是当惩罚性赔偿制度背后隐藏着一个公共利益目标时,当事人的诉讼活动亦同时实现着社会正义。[3] 通过惩罚性赔偿诉讼,客观上能够起到维护公共利益的作用,因此,对于惩罚性赔偿诉讼完全有必要

---

[1] 曾世雄:《损害赔偿法原理》,1996年自版,第17页。
[2] 参见王利明:《惩罚性赔偿研究》,载《中国社会科学》2000年第4期。
[3] 参见闫卫军:《论我国侵权责任法引入惩罚性赔偿制度必要性》,载《理论与现代化》2013年第6期。

予以鼓励和支持。

当然,惩罚性赔偿不能作为谋取不当利益的手段,更不能具有普遍的社会财富分配的功能。惩罚性赔偿不同于行政制裁方式,它毕竟属于民事责任而不是行政责任的范畴。惩罚性赔偿制度只是给予受害人一种得到补偿的权利,而没有给予其处罚他人的权利。受害人是否应当获得赔偿以及获得多大范围的赔偿,都应当由法院最终作出决定。在确定惩罚性赔偿数额时,应当考虑到我国国情。赔偿数额太高,行为人支付不起,也会遭遇"执行难",从而使判决成为一纸空文;赔偿数额太低,又不能起到惩罚的作用。从目前的实际看,最好是由各省高级人民法院结合本地实际制定一个较为合理的数额区间,在这一区间内结合行为人的过错程度、造成后果的严重程度、社会影响等因素予以确定。

十四、民间借贷纠纷构成虚假诉讼的,能够提起第三人撤销之诉的案外人范围如何确定?

民间借贷纠纷构成虚假诉讼,侵害了第三人合法权益的,有权依照《民事诉讼法》第 56 条的规定提起第三人撤销之诉。然而,哪些第三人有权提起诉讼,在实务中不无争议。

第一种观点认为,只要是未能参加诉讼的第三人认为生效的裁判文书侵害其合法权益的,都可以提起第三人撤销之诉。

第二种观点认为,因不可归责于本人的事由未能参加诉讼的第三人,认为生效的裁判文书侵害其合法权益的,可以提起第三人撤销之诉。

第三种观点认为,因不可归责于本人的事由未能参加诉讼的第三人,有证据证明生效的裁判文书部分或者全部内容错误,并侵害其合法权益的,应当自知道或者应当知道其民事权益受到损害之日起 6 个月内,提起第三人撤销之诉。

笔者倾向于第三种观点。

从《民事诉讼法》第 56 条的规定看,诉讼程序中的第三人与提起撤销之诉的第三人在概念上完全相同,既包括有独立请求权的第三人,也包括无独立请求权的第三人。但从第三人参加诉讼和第三人提起撤销之诉的立法目的看,两者有根本区别。

从立法目的看,第三人参加诉讼制度是为了一次性解决纠纷、提高诉讼效率和保证裁判之间的一致性;第三人撤销之诉制度是为了保护因客观原因未参加前诉程序而受生效裁判损害的第三人的程序权利和实体权利。因此,第三人参加诉讼情形,只要符合《民事诉讼法》第 56 条第 1 款、第 2 款规定的条件,均可以作为第三人参加诉讼,在其范围上不宜作限制。第三人撤销之诉情形,因针对生效裁判提起撤销之请求,在其范围上应予严格限制。譬如,第三人未参加前诉不能归责于本人的事由,是指第三人未参加诉讼不是由于其自身过错造成,而是由其他客观事由造成的。对此,该第三人应当承担举证责任。如果因为其本人的过错未参加诉讼的,视行使处分权的结果,依法不能提起撤销之诉。

从程序功能看,第三人参加诉讼是一种事先的权利保护程序,而第三人撤销之诉是一种事后的救济程序。第三人参加诉讼的条件相对宽松,只要与案件有法律上的利害关系,即可以参加诉讼,以此为第三人提供予以救济的机会。第三人撤销之诉的条件非常严格,除与案件有利害关系外,还必须具备生效裁判内容错误且损害其民事权益的实体性要件,这就要求生效的判决、裁定、调解书的内容与第三人民事权益损害之间要有因果关系。这一起诉条件,实质上是指第三人与生效裁判内容要有法律上的利害关系。

另外,第三人提起撤销之诉并不是在任何时间内均可以提起,而只能自第三人知道或者应当知道其民事权益受到侵害之日起 6 个月内提起。这 6 个月是不变期间,不适用延长、中止、中断的规定。

因此,能够提起第三人撤销之诉的当事人,也就是属于第三人撤销之诉的合格原告,应当具备以下要件:(1)因不能归责于本人的事由未参加诉讼①;(2)自知道或者应当知道其民事权益受到损害之日起 6 个月内提起;(3)有证据证明发生法律效力的判决、裁定、调解书部分或者全部内容错误;(4)生效的判决、裁定、调解书的错误内容损害第三人的民事权益。还需要注意的是,第三人撤销之诉只能向作出生效判决、裁定、调解书的法院提起,而不适用民事案件地域管辖、级别管辖的规定。

十五、民间借贷案件中遗漏的必要共同诉讼的当事人,能否提起第三人撤销之诉?

《民事诉讼法》第 132 条规定:"必须共同进行诉讼的当事人没有参加诉讼的,人民法院应当通知其参加诉讼。"该条明确提出了必须共同参加诉讼的当事人的概念。从实践中看,典型的必要共同诉讼,也即必须参加诉讼的当事人有:遗产分割前各继承人为一方的诉讼;第三人撤销合同诉讼;第三人主张合同无效的诉讼;第三人主张婚姻无效诉讼等。

有观点认为,第三人提起撤销之诉的撤销事由包括原诉遗漏了必要共同诉讼当事人,损害其利益的情形。② 然而,可以提起撤销之诉的第三人,不应包括必要共同诉讼当事人。理由是:第一,必要共同诉讼当事人的诉讼地位,只能是当事人,而不可能是第三人,即使其未参加诉讼,符合广义的案外人的概念,但也不符合《民事诉讼法》第 56 条前两款规定的第三人范畴。第二,《民事诉讼法》第 200

---

① 何谓"因不可归责于本人事由未参加诉讼",按照《民诉法解释》第 295 条的规定:"……是指没有被列为生效判决、裁定、调解书当事人,且无过错或者无明显过错的情形。包括:(一)不知道诉讼而未参加的;(二)申请参加未获准许的;(三)知道诉讼,但因客观原因无法参加的;(四)因其他不能归责于本人的事由未参加诉讼的。"

② 参见王胜明主编:《中华人民共和国民事诉讼法释义》,法律出版社 2012 年版,第 122 页。

条第(八)项规定,应当参加诉讼的当事人因不能归责于本人或者其诉讼代理人的事由未参加诉讼的,可以作为当事人申请再审的理由。此处应当参加诉讼的当事人,指的是《民事诉讼法》第132条规定的必须参加诉讼的当事人,其意与必要共同诉讼当事人相同。

对遗漏的必要共同诉讼当事人的权利保护,有两种程序:一是在执行过程中,遗漏的必要共同诉讼当事人提出执行标的异议后被驳回的,可以按照《民事诉讼法》第227条的规定,向作出原判决、裁定、调解书的人民法院申请再审。二是执行程序之外,遗漏的必要共同诉讼当事人可以根据《民事诉讼法》第200条的规定申请再审。

十六、第三人请求撤销民间借贷调解书的,人民法院如何处理?

近年来,当事人之间恶意串通损害第三人合法权益的案件有上升趋势,这在民间借贷纠纷中表现得尤为突出。调解书的内容具有安排当事人之间民事权利义务的内容,一旦错误,有可能损害第三人的合法权益。因此,《民事诉讼法》将调解书作为第三人撤销之诉的对象。这与我国台湾地区规定的第三人仅可以对判决提起撤销之诉不同。

调解书是当事人自行处分民事权利义务的结果,其基础是当事人之间的调解协议。调解书因损害第三人合法权益而被撤销具有合理性,但因损害第三人合法权益即在第三人撤销之诉中判决改变调解书的内容显然不妥:一是调解书内容是当事人协议内容,有违调解之当事人处分和自愿原则。二是调解协议往往是当事人之间对整体民事权利义务的一种安排,从保护第三人利益角度予以撤销足矣,再对原诉当事人之间的民事权利义务安排进行处理,不利于原诉当事人之间纠纷的解决。因此,对于调解书提起的第三人撤销之诉,原则上以撤销调解书为合理。

第三人撤销之诉请求成立时,撤销整个调解书自无疑问。但是,如果第三人仅请求撤销调解书部分内容的,人民法院能否判决撤销调解书的部分内容,则应当根据具体情况来处理。如果调解书的内容各部分是不可分的,则不能只撤销调解书的部分内容,应当撤销调解书的全部内容;如果调解书的内容是可分的,撤销部分后不影响其他部分继续有效的,人民法院可以撤销调解书的部分内容。

十七、民间借贷案件因案外人执行异议申请而被裁定中止执行,申请执行人提起执行异议之诉的,案外人对执行标的享有实体利益的举证责任如何承担?

民间借贷纠纷中,出借人甲借给乙人民币100万元,因乙对本金利息分文未还而被甲起诉到法院。法院遂判决乙偿还甲本息110万元。判决生效后,同样因乙未主动履行判决确定的义务而被法院强制执行,查封了乙名下的房产一套。丙提出异议,认为该房产虽然登记在乙名下,但丙才是该房产的实际所有人,并提供材料证明其主张。法院经审查相关证据材料后,作出裁定中止执行。作为申请执行人的甲遂向法院提起执行异议之诉。但就案外人丙是否对执行标的享有足以排除强制执行的民事权益的举证责任应由谁承担,存在着分歧。

第一种观点认为,申请执行人甲提起了执行异议之诉,按照"谁主张、谁举证"的原则,应当由申请执行人甲就案外人丙对房屋不享有实体权益,或者虽然享有实体权益但不足以排除强制执行的事实承担举证责任。

第二种观点认为,无论是案外人执行异议之诉还是申请人执行异议之诉,均是由案外人主张对执行标的享有实体权益引起的。因此,无论是案外人执行异议之诉还是申请人执行异议之诉,均应当由案外人丙对执行标的实体权益承担举证责任。

笔者倾向于第二种观点。

执行异议之诉是为了保护案外人和申请执行人的利益而设立的制度,尽管执行异议之诉有其特殊性,但毕竟属于诉的一种。在执行异议之诉中,案外人应当就其对执行标的享有足以排除强制执行的民事权益承担举证证明责任。回到争议的问题中,尽管甲提起了执行异议之诉,但就举证责任方面仍然应当由丙承担。主要理由是:

首先,执行异议之诉是因案外人或者申请执行人不服执行异议裁定而提起,审理对象是案外人对执行标的是否享有足以排除人民法院强制执行的权利。此时,应当由对执行标的主张权利的案外人对其主张承担举证证明责任,这符合"谁主张、谁举证"的举证证明责任分配原则。申请执行人之所以提起执行异议之诉,是因为案外人在执行过程中对执行标的提出书面异议,执行异议和执行异议之诉实际上都是由案外人提出中止执行的主张而引起的。案外人在申请执行人执行异议之诉中的举证证明责任可以视为其在执行异议中举证证明责任的延伸。① 丙主张自己是被执行的房屋真正所有人,当然应当由丙对房屋享有所有权承担举证责任。

其次,人民法院在执行程序中对执行标的采取的查封、扣押、冻结等执行措施的依据,成为判断权属的一般标准或者常态,如不动产登记、动产占有、银行账户名称等。人民法院对执行标的采取强制措施一般意味着从执行标的的权利外观看,被执行人享有权利。比如,法院之所以查封了乙的房产,是由于该房产登记在乙的名下。按照我国《物权法》第9条第1款的规定,不动产物权的设立、变更、转让和消灭,经依法登记,发生效力。由于物权登记的公信效力是物权公示制度的法律效果,因而不动产物权登记具有权利推定效力,凡是经合法登记的不动产物权的权利人在法律上推定为真正的权利人。正因为房屋登记在乙的名下,当然应当认定乙就是房屋的真正所有权人,法院查封该房产并无任何不当。案外人丙主

---

① 参见沈德咏主编、最高人民法院修改后民事诉讼法贯彻实施工作领导小组编著:《最高人民法院民事诉讼法司法解释理解与适用》,人民法院出版社2015年版,第836页。

张其是房屋的真正所有权人,并要求阻止法院的执行,理应由丙对该房屋享有权益承担举证责任。

再次,执行异议之诉的诉讼标的是案外人是否有权请求排除对执行标的采取的强制执行措施,而这一诉讼标的的基础是案外人与被执行人之间谁对执行标的享有实体权利,二者的权利是否相互排斥,谁的权利具有优先性。但申请执行人并不掌握案外人和被执行人之间对该执行标的的权属关系的证据。从与证据的接近程度看,相对于申请执行人甲而言,案外人丙距离对房屋享有权利的相关证据更近,举证更易,由丙举证,亦符合公平和效率原则。

最后,当事人原则上对消极事实不承担举证证明责任,当然这只是一个原则,也有例外(如本书有关不当得利部分中的论述)。无论是案外人执行异议之诉,还是申请执行人执行异议之诉,申请执行人主张应当继续执行,均以否定案外人对执行标的的权利主张为前提。也就是说,甲认为丙对该房屋不享有实体权益,而就案外人丙对房屋主张权利不成立这一消极事实,不应由甲来承担举证证明责任。即使甲举出相关证据,目的也是对抗丙的权利主张,性质应为抗辩。

这里需要注意的是,在执行异议之诉中,利益和主张相对的双方首先是案外人和申请执行人。被执行人对案件事实的承认可以作为认定案件事实的证据,但并不能据此当然免除案外人的举证证明责任。因此,只要从执行标的的权利外观判断,被执行人乙对执行标的的房屋享有实体权益,该房屋就可以作为执行对象,即使被执行人乙对案外人丙的权利主张表示承认,亦不能免除丙的举证证明责任。这里还要特别注意防止被执行人与案外人恶意串通、逃避执行,妨害申请执行人权利实现的情况发生。

十八、民间借贷案件执行中,案外人或者申请执行人提起执行异议之诉的,审判实务中应当注意哪些问题?

2007年全国人大常委会修改《民事诉讼法》时,确立了执行异议之诉;2012年修改的《民事诉讼法》保留了执行异议之诉的相关内容,只是对条文序号作了修改;2015年最高人民法院颁布的《民诉法解释》对执行异议之诉作了更为详尽明确的规定。限于篇幅,本书将执行异议之诉在审判实务中应当注意的事项大致概括在同一个问题项下,以便于读者简明掌握。

1. 关于执行异议之诉的管辖法院

按照《民诉法解释》第304条之规定,执行异议之诉管辖法院为执行法院。实际上这是对执行异议之诉确立的专属管辖。尽管有学者认为,完全由执行法院专属管辖,可能产生对具体权利保护不周的弊端,且如果案外人的异议针对不动产,从有利于查明不动产状况,妥善处理争议,方便诉讼考虑,应当由不动产所在地法院管辖。① 应当看到,执行异议之诉由执行法院专属管辖是大陆法系国家和地区的通例。另外,由执行法院管辖,有利于沟通信息,提高效率,防止案外人与被执行人恶意串通逃避执行。如果执行异议之诉不由执行法院专属管辖,则会割裂本诉与已进行的执行的关系,容易造成审判和执行的混乱。

2. 关于案外人提起执行异议之诉的条件

案外人执行异议之诉制度的建立虽然有利于保护案外人的诉讼权利和实体利益,但也为被执行人与案外人恶意串通,利用案外人执行异议之诉阻挠执行提供了可能。如果不明确案外人执行异议之诉的起诉条件,案外人只要提起诉讼就予受理,可能导致人民法院的执行行为难以为继,申请执行人的权益不能及时实现。按照《民诉法解释》第305条的规定,案外人提起执行异议之诉,应当具备以下条件:

(1) 符合《民事诉讼法》第119条规定的起诉的条件。由于执行异议之诉是一个诉,因此,该诉被提起的首要条件是符合民事诉讼法关于起诉条件的规定。

(2) 案外人的执行异议申请已经被人民法院裁定驳回。之所以这样规定,目的在于减少案外人诉累②,节约司法资源,将执行机构的异议审查程序前置,可以过滤掉一大批不必进入诉讼程序的争议,有利于提高执行效率。

(3) 有明确地排除对执行标的执行的诉讼请求,且诉讼请求与原判决、裁定无关。作为案外人提起的执行异议之诉,不仅要有诉讼请求,而且诉讼请求必须明确排除对执行标的的执行。当然,案外人还可以就执行标的所享有的权利提起确认之诉,但不能在执行异议之诉中单独就执行标的提起确权之诉。另外,案外人所提出的诉讼请求必须与原判决、裁定无关,如果执行标的与执行依据所确认的标的相同,如原判决判令被执行人向申请执行人交付特定物,此时执行标的错误实质上不是执行行为本身存在错误,而是执行依据错误,仅仅排除执行行为并不足以保护案外人对该标的所享有的实体权益。在这种情况下,案外人应当提起申请再审之诉,请求撤销原判决、裁定。

(4) 案外人应当自执行异议裁定送达之日起15日内提起执行异议之诉。案外人对执行标的提出的书面异议被裁定驳回后,如果不服,应当尽快提起执行异议之诉,否则会影响执行效率,妨害申请执行人及时实现权利。

3. 关于申请执行人提起执行异议之诉的条件

为救济案外人对执行标的所享有的实体权益,民事诉讼法赋予案外人提起执

---

① 参见董少谋:《执行程序中案外人之救济途径》,载《中国法学》2009年第5期。
② 也有学者认为,应当借鉴我国台湾地区的做法,将前置程序予以简化,案外人异议首先向执行机构提出,但执行机构不作任何审查,只负责征求申请执行人的意见,申请执行人同意撤销对异议标的强制执行的,执行法院尊重其意愿撤销执行;反之,如果申请执行人不同意撤销执行的,则案外人可以提起诉讼。参见葛奕超:《案外人执行异议之诉的研究——存在的问题与完善构想》,载《社会与法治》2012年第12期。

行异议之诉。如果人民法院经审查作出中止对执行标的执行的裁定,又与原判决、裁定无关,则申请执行人无法申请再审,其关于执行特定标的物的请求就会落空。为救济申请执行人在执行依据项下的请求权,申请执行人也有权提起执行异议之诉。申请人提起执行异议之诉的条件与案外人提起执行异议之诉的条件类似,《民诉法解释》第306条作出了规定:(1)符合《民事诉讼法》第109条规定的起诉的条件;(2)依案外人的执行异议申请,人民法院裁定中止执行;(3)有明确的对执行标的继续执行的诉讼请求,且诉讼请求与原判决、裁定无关;(4)自执行异议裁定送达之日起15日内提起执行异议之诉。具体理由不再赘述。

4. 关于对保全和先予执行裁定不服的救济

《民诉法解释》第171条规定:"当事人对保全或者先予执行裁定不服的,可以自收到裁定书之日起五日内向作出裁定的人民法院申请复议。人民法院应当在收到复议申请后十日内审查。裁定正确的,驳回当事人的申请;裁定不当的,变更或者撤销原裁定。"因此,无论是诉前财产保全、诉讼财产保全,还是先予执行措施,当事人对保全和先予执行裁定不服的,只能申请复议,不能提起执行异议和执行异议之诉。

5. 关于执行异议之诉当事人的确定

(1)就案外人提起执行异议之诉的,案外人为原告,申请执行人为被告。被执行人反对案外人异议的,被执行人为共同被告;被执行人不反对案外人异议的,可以列被执行人为第三人。这里需要注意的是,如果被执行人对案外人的异议既未明确反对或者不支持,又未表示认同的,一般应当视其为不反对,可列为第三人。(2)就申请执行人提起执行异议之诉的,申请执行人为原告,案外人为被告。被执行人反对申请执行人主张的,以案外人和被执行人为共同被告;被执行人不反对申请执行人主张的,可以列被执行人为第三人。这里需要注意的是,如果申请执行人对中止执行裁定未提起执行异议之诉,被执行人能否提起执行异议之诉?答案是否定的。因为无论案外人对执行标的的异议是否被驳回,只要没有进入执行异议之诉,就与被执行人的利益没有直接关系,如果被执行人认为应当继续执行,其可以主动履行,但无权请求人民法院对该执行标的强制执行;如果被执行人认为有债权消灭等阻却执行的实体理由,应当终结执行的,可以对执行行为提出执行异议,但该执行异议是基于债权已经实现、被抵销等阻却的实体理由,而不是因为人民法院强制执行的执行标的错误。因此,申请执行人未对中止执行裁定提起异议之诉,而被执行人主张案外人异议不成立提起执行异议之诉的,人民法院不予受理,告知被执行人可以对其与案外人就执行标的存在的争议另行起诉。

6. 关于执行异议的审理

人民法院审理执行异议之诉案件,按照《民诉法解释》第310条的规定,应当适用普通程序审理。这就决定了既不能适用简易程序审理,也不能因为民间借贷数额较小而以小额诉讼案件审理。另外,由于这一规定为强制性规定,因此,案外人、申请执行人和被执行人不能约定排除普通程序的适用,而约定适用简易程序。

对于案外人提起的执行异议之诉,案外人就执行标的享有足以排除强制执行的民事权益的,判决不得执行该执行标的;案外人就执行标的不享有足以排除强制执行的民事权益的,判决驳回案外人的诉讼请求。如果案外人同时提出确认其权利的诉讼请求的,人民法院可以在判决中一并作出裁判。对于申请执行人提起的执行异议之诉,案外人就执行标的不享有足以排除强制执行的民事权益的,判决准许执行该执行标的;案外人就执行标的享有足以排除强制执行的民事权益的,判决驳回申请执行人的诉讼请求。

需要注意的是,案外人执行异议之诉审理期间,按照《民诉法解释》第315条第1款的规定,人民法院不得对执行标的进行处分。但是,不得处分并不意味着不能采取查封、扣押、冻结等非处分性执行措施。如果申请执行人提供相应担保请求法院继续执行的,人民法院可以准许继续执行。

被执行人与案外人恶意串通,通过执行异议、执行异议之诉妨害执行的,人民法院要根据《民事诉讼法》第113条的规定,根据情节轻重予以罚款、拘留;构成犯罪的,依法追究刑事责任。申请执行人因此受到损害的,《民诉法解释》第315条第2款规定,可以另行提起诉讼,要求被执行人、案外人赔偿。[①] 有关这一问题,可参照本章"虚假诉讼的民事责任"部分的论述。

[①] 参见沈德咏主编、最高人民法院修改后民事诉讼法贯彻实施工作领导小组编著:《最高人民法院民事诉讼法司法解释理解与适用》,人民法院出版社2015年版,第812—846页。

第十一章　民间借贷涉刑认定

一、民间借贷与非法吸收公众存款罪的界限如何划定？

民间借贷与非法吸收公众存款罪或者变相吸收公众存款的区别是什么？对此，学界与实务界存在不同的认识，主要有两种观点。

第一种观点认为，民间借贷与非法吸收公众存款罪的区别主要在于是否对"不特定的人"吸收资金。

第二种观点认为，民间借贷与非法吸收公众存款罪的区别主要在于对款项的用途以及对金融秩序的影响。

笔者倾向于第二种观点。

我国《刑法》中虽然规定了非法吸收公众存款罪，但是一直到1997年《刑法》公布之后，法律也没有作出明确的规定，这使得将民事法律关系和刑事法律关系交织在一起的行为在定罪与非罪之间认定模糊。直至最高人民法院出台相关司法解释及司法解释性文件，才对本罪的构成要件进行了限定。本罪的主观方面在于只要行为人主观上具有向多数人吸收存款的故意即可。而在司法实践中，争议较大的则是构成非法吸收公众存款罪的特征是行为人"向社会公开宣传"以及"不特定对象"如何认定的问题。

对于"向社会公开宣传"，根据最高人民法院、最高人民检察院、公安部2014年发布的《关于办理非法集资刑事案件适用法律若干问题的意见》（以下简称2014年《意见》）第2条的规定，"向社会公开宣传"，包括以各种途径向社会公众传播吸收资金的信息，以及明知吸收资金的信息向社会公众扩散而予以放任等情形。随着媒体形式的多样化发展，行为人的宣传手段也更加多样，途径和渠道可能相对改变，实践中认定"向社会公开宣传"的难度也随之增大。该条规定明确了认定"向社会公开宣传"并不以行为人所使用的方式方法为限制，而应以其主观目的作为判断的标准。

对于"不特定对象"，其核心是对象的"不特定"，即资金募集对象是可变的，不是封闭僵化、一成不变的，可以随着行为人公开宣传的方式、社交圈的大小、投资收益的多少而变化。从行为人主观态度来说，只要能募集资金，无论从谁那里募集资金都符合其主观意愿，即可以认定其募集的对象是"不特定对象"。① 而《最高人民法院关于审理非法集资刑事案件具体应用法律若干问题的解释》第1条第2款规定，关于未向社会公开宣传，在亲友或者单位内部针对特定对象吸收资金的，不属于非法吸收或者变相吸收公众存款的规定，也从一定程度上明确了"特定人"判断标准，可以由此排除特定人范围，确定"不特定对象"。但在审判实践中，出现了在向特定人吸收存款过程中，该特定人又向其他人吸收资金的行为，应如何认定，又产生了一定争议。对此，应根据2014年《意见》第3条的规定，在向亲友或者单位内部人员吸收资金过程中，明知亲友或者单位内部人员向不特定对象吸收资金而予以放任或以吸收资金为目的，将社会人员吸收为单位内部人员，并向其吸收资金的，不属于"针对特定对象吸收资金"的行为，应当认定为向社会公众吸收资金。这也是对"不特定的人"的范围作了进一步的明确。需要注意的是，在认定非法吸收某一单位内部成员存款的行为能否构成本罪，还应通过考察被吸收的单位成员的数量、吸收方法以及是否面对不特定对象吸收存款等因素加以合理判断。

目前存在的非法吸收公众存款的行为主要存在于一些类似银行性质的非金融机构组织中，如一些地下钱庄、地下投资公司等，但也有一些合法组织从事非法活动，如某些基金会、投资公司等。其实，民间借贷与非法吸收公众存款的最本质区别是筹集资金的用途以及对金融秩序的影响。民间借贷所收集的资金主要是用于生产经营，即将资金投入到生产资料的扩大再生产环节，而不是直接作为资本重新获利，也就是钱—物—钱的过程，对社会金融秩序不会有负面影响。而非法吸收公众存款是将筹集的资金作为生产资料直接获得利润，也就是钱—钱的过程，但能够用吸收的资金进行资本和货币经营应是金融业区别于其他行业之所在，故非法吸收公众存款对社会金融秩序造成了一定的破坏性影响，这也是该行为被法律所禁止的原因。

二、非法集资的外在表现和内在特征有哪些？

非法集资，是指法人、其他组织或者个人未经有权机关批准，向社会公众募集资金的行为。非法集资活动涉及内容广，属于涉众型犯罪。2008年全球金融危机以来，受国家宏观调控的政策影响，银行银根紧缩，企业资金紧张，资金供需矛盾

---

① 参见李华：《非法集资刑事案件罪与非罪的认定》，载《理论界》2014年第1期。

异常突出,导致非法集资犯罪猖獗。① 2014 年以来,非法集资形势更加严峻,主要呈现出案件爆发式增长、发案区域向中西部扩散甚至个别地区案件集中爆发、部分行业风险集中暴露的特点。② 非法集资手段层出不穷,表现形式复杂多样。

非法集资活动主要有以下四个方面的特征:一是非法性,即未经有权机关的依法批准,或者借用合法经营的形式吸收资金。根据集资的类型不同,集资活动分别需经银监会或央行、外汇管理局、证监会、保监会等机关的批准,非法集资则未经上述任何有权机关批准。当前,非法集资的主体不仅表现为自然人,而且许多典当行、拍卖、融资租赁公司也参与到了非法集资活动中。③ 二是公开性,即向社会公众即社会不特定对象吸收、筹集资金。所谓社会不特定对象,是指对吸收筹集资金的对象没有限制,行为人欢迎任何自然人和单位去存款。三是利诱性,即承诺在一定期限内给出资人货币、实物、股权等其他形式还本付息。四是社会性,即通过媒体、推介会、传单、手机短信等途径向社会公开宣传,筹集资金往往公开进行,如公开张贴告示、通知等招揽存款,发动亲友到处游说,广泛动员他人存款。

"非法集资"这个词尽管在学界被广泛应用,甚至在行政法规、司法解释中作为一个专有名词使用④,但是,我国《刑法》中并没有"非法集资罪"这一罪名。根据《最高人民法院关于审理非法集资刑事案件具体应用法律若干问题的解释》的

---

① 据报道,2014 年,全国公安机关立案非法集资案件 8700 余起,涉案金额逾千亿元,全国案均涉案金额超过千万元,为近年来最高。2014 年,全国非法集资跨省案件 133 起,同比上升 133.33%;参与集资人数逾千人的案件 145 起,同比增长 314.28%;涉案金额超亿元的 364 起,同比增长 271.42%。随着国家对金融市场管控政策的不断调整以及互联网金融的快速发展,非法集资的犯罪手段和形势发生了很大变化,以投资理财、P2P 网络借贷等名义进行非法集资成为重灾区。2014 年,全国新发投资理财案件 1267 起,同比上升 616%,涉案金额 547.93 亿元,同比上升 451%。2014 年,P2P 网络借贷平台涉嫌非法集资发案数、涉案金额、参与集资人数分别是 2013 年的 11 倍、16 倍和 39 倍。载 http://www.gov.cn/xinwen/2015-04/28/content_2854498.htm,访问时间:2015 年 4 月 30 日。

② 参见《积极应对当前非法集资严峻形势 全面深入推进防范打击非法集资工作》,载 http://www.china.com.cn/fangtan/zhuanti/2015-04/28/content_35441121.htm,访问时间:2015 年 4 月 30 日。

③ 为了进一步加强对典当、拍卖、融资租赁等行业的监督管理,切实守住不发生系统性、区域性风险的底线,商务部于 2015 年 1 月开展行业风险排查,并于 2015 年 1 月 13 日发布了《商务部办公厅关于开展典当、拍卖、融资租赁等行业非法集资风险排查的通知》(商办流通函〔2015〕21 号),重点排查典当、拍卖、融资租赁企业非法集资,吸收或变相吸收公众存款等违法违规行为;重点排查典当、拍卖、融资租赁企业可能发生非法集资的风险点,包括企业的股东、高级管理人员和员工假借企业名义或由企业提供担保,参与非法集资活动的行为。

④ 以"非法集资"命名的行政法规包括:1996 年 8 月 5 日发布的《国务院办公厅关于立即停止利用发行会员证进行非法集资等活动的通知》;2007 年 1 月 8 日发布的《国务院关于同意建立处置非法集资部际联席会议的批复》;2007 年 7 月 25 日发布的《国务院关于依法惩处非法集资有关问题的通知》。以"非法集资"命名的司法解释包括:2010 年 12 月 13 日发布的《最高人民法院关于审理非法集资刑事案件具体应用法律若干问题的解释》;2011 年 8 月 18 日发布的《最高人民法院关于非法集资刑事案件性质认定问题的通知》;2014 年 3 月 25 日发布的《最高人民法院、最高人民检察院、公安部关于办理非法集资刑事案件适用法律若干问题的意见》;等等。

规定,涉及非法集资活动的罪名一共有7个,分别是"非法吸收公众存款罪"(《刑法》第176条)、"集资诈骗罪"(《刑法》第192条)、"欺诈发行股票、公司、企业债券罪"(《刑法》第160条)、"擅自发行股票、公司、企业债券罪"(《刑法》第179条)、"组织、领导传销活动罪"(《刑法》第224条之一)、"非法经营罪"(《刑法》第225条)、"擅自设立金融机构罪"(《刑法》第174条第1款)。司法解释之所以将以上7个罪名放入"非法集资"名下,显然是因为这些罪名都具有某些共同的特点。① 尽管这7个罪名独立成罪,各自有其差异性,但却与民间借贷有着千丝万缕的联系。

民间借贷与上述7个罪名的本质区别当然是合法行为与犯罪行为的区别,这是不言自明的,也并非本书所关注的。除此之外,民间借贷与非法集资之间的界限恰恰是本节研究的重点。

三、如何区分合法的民间借贷和非法吸收公众存款的行为?

在司法实践中,对于非法吸收公众存款罪争议最大的是如何将本罪行为与合法的民间借贷相区别。引发该问题争议的是1999年《最高人民法院关于如何确认公民与企业之间借贷行为效力问题的批复》(以下简称《批复》)中的规定,该《批复》中指出,"公民与非金融企业之间的借贷属于民间借贷,只要双方当事人意思表示真实即可有效"。而非法吸收公众存款和变相吸收公众存款的行为从本质上看,即向社会不特定对象筹集资金并承诺在一定期间还本付息,这当然也属于一种"借贷",而且该《批复》对于民间借贷行为并未限定范围,那么如何理解《批复》的规定对合法民间借贷与非法吸收公众存款进行区分呢? 笔者认为,《刑法》是规定犯罪及其刑事责任的法律规范,即《刑法》规定的是犯罪行为,而其他法律规定的都是一般违法行为。非法吸收公众存款罪,尽管也表现为一定民间借贷的特征,但因为其借贷的范围具有不特定的公众性且扰乱了国家金融秩序,具有民间借贷不会造成的严重社会危害性,这是两者的根本区别。如果民间借贷的对象范围满足前文所讲的两个条件即"非法性"和"广延性",即未经有权机关批准和向社会不特定对象吸收资金,且借款利率高于法定利率,扰乱了国家金融秩序,则就超出了民间借贷的范畴,演化为非法吸收公众存款。而对于像"只向少数个人或者特定对象如仅限于本单位人员等吸收存款"的行为当然不属于非法吸收公众存款,因为这种"民间借贷"不可能对国家金融秩序造成破坏。所以,《批复》中所讲的"民间借贷"只能是针对社会中少数个人或者特定对象之间的"借贷"行为,而对于"向社会不特定对象"吸收存款的行为当然不属于"民间借贷"。② 唯有如此,才能将非法吸收公众存款与合法的民间借贷区别开来。

---

① 参见李华:《非法集资刑事案件罪与非罪的认定》,载《理论界》2014年第1期。
② 参见最高人民法院刑事审判第一、二、三、四、五庭主办:《刑事审判参考》2008年第3集(总第62集),法律出版社2008年版,第7—16页。

四、网贷线下债权转让是否属于非法集资?

互联网借贷是指依托于网络平台完成的个人之间、个人与企业之间、企业之间的借贷过程,是小微经济主体通过网络渠道向其他资金需求者提供小额贷款的金融模式,本质上属于民间借贷。① 借款者通过平台发布借款信息,贷款者根据信息选择借款人,并以竞标的方式出借资金。整个过程在线完成,平台不负责交易的成交和借贷资金的管理,也不承担借款人的直接交易,这也是欧美发达国家互联网借贷平台最常见的模式。然而,随着互联网借贷业务在我国的发展,这种纯线上业务模式越来越少,越来越多的平台采取线上与线下相结合的模式,即通过网络平台进行宣传与营销,吸引客户到公司洽谈业务,或者对资金超过一定数额的贷款进行实地考察。在与我国实际情况结合的过程中,线下业务还出现了债权转让模式,实现了进一步创新。

网贷线下债权转让的模式之下,平台吸收的资金有时不能与债权恰好匹配,可能形成先融资、再放贷的情形,但根据目前的法律规定,具有融资资格的主体必须经过监管部门批准,网贷平台不在法律允许之列,但却有向社会公众吸收资金的特点,有演变为非法集资的嫌疑。② 原央行副行长、全国人大财经委副主任委员吴晓灵曾公开表示这种模式恰恰是最高人民法院对于非法集资司法解释的定义。③

有学者认为,判定该业务是否为非法集资,关键在于债权形成是否先于资金获取:若公司先通过网络平台从投资人处获取资金,再用资金进行放贷并转让债权,则属于非法集资;若资金的获取是基于已形成的债权债务关系,债权转让也得到参与双方的认可,则是合法的债权转让。④ 但由于开展此项业务的 P2P 平台运作不透明、信息披露有限,监管也处于缺失状态,很难判定债权形成与资金获取孰先孰后,使得关于网贷债权转让有非法集资可能的质疑一直存在。

判定该业务是否为非法集资,可以从开展该业务的平台公开的信息来进行分析。如果投资人购买的是已经生成的债权,则不属于非法集资,但应该引起监管层的重视,加强相关信息的披露和监管力度。由于互联网借贷平台债权转让业务的操作和资金运作不是公开透明的,相关信息外界难以获得,平台对外公布的数据也缺乏可信度,其真正的运营状况和蕴藏的风险难以估算。为了保证业务的持

---

① 参见肖怀洋:《P2P 网贷变异为理财产品 商业银行试水撼动行业神经》,载《证券日报》2013 年 1 月 25 日。
② 参见陈丽琴:《P2P 线下交易模式的法律性质分析》,载《商业时代》2013 年第 16 期。
③ 参见李建军、赵冰洁:《互联网借贷债权转让的合法性、风险与监管对策》,载《宏观经济研究》2014 年第 8 期。
④ 参见陈宇:《国内 P2P 公司变异成影子银行 阿里规模放贷需防系统风险》,载《东方早报》2013 年 6 月 24 日。

续发展,预防风险,应该完善信息披露制度,加强监管层和社会对平台的知晓度和可控度,以引导其规范发展。

五、利用经济互助会非法集资的行为如何定性?

审判实践中,行为人利用"经济互助会"名义,以高额"尾息"为诱饵,采取"会书"承诺的方法非法集资,放出会款后,尚欠会民会款数额巨大,无法归还的,属于非法集资行为还是集资诈骗行为,应结合案件具体情形判断。在最高人民法院复核的"高远非法吸收公众存款案"中即对该类行为的判断作出了明确指引。首先,对行为人的主观目的进行判断。行为人如果是以非法占有为目的,则应认定为集资诈骗行为;如果是以非法营利为目的,则属于非法吸收公众存款行为。其次,对行为人在非法集资过程中是否使用诈骗方法进行判断。如果行为人未使用诈骗方法吸收公众存款的,可以认定其不是集资诈骗行为。再次,应从行为人犯罪行为的事实进行判断,不能唯结果论。最后,应结合法律法规规定的具体情形加以判断。[1] 国务院《非法金融机构和非法金融业务活动取缔办法》第4条第2款后段规定:"变相吸收公众存款,是指未经中国人民银行批准,不以吸收公众存款的名义,向社会不特定对象吸收资金,但承诺履行的义务与吸收公众存款性质相同的活动。"而以"经济互助会"的形式非法集资行为应属于典型的"变相吸收公众存款"的方式。

六、变相吸收公众存款与非法吸收公众存款的行为有何区别?

变相吸收公众存款的行为与非法吸收公众存款的行为在非法性特征和对象特征以及承诺的义务等方面均是相同的,所不同的是非法吸收公众存款是以直接的名义吸收存款,表现在其出具存款凭证,并承诺在一定期限内还本付息;而变相吸收公众存款则不以直接吸收存款的名义出现,而以成立资金互助会或以投资、集资入股等名义,但承诺履行的义务与吸收公众存款的性质相同。这里的承诺的义务与吸收公众存款的性质相同,即都是承诺在一定期限内还本付息,从而达到吸收公众存款的目的。实践中,行为人以变相方式吸收存款的具体手段层出不穷、花样繁多。如有的单位未经批准成立资金互助组织吸收公众资金;有些企业以投资、集资等名义吸收公众资金,但并不按规定分配利润、派发股息,而是以一定利息支付;有的以代为饲养宠物,代为种植花木果树、营业房分零出售、代为出租等为名,许以高额回报以吸收资金;有的则以商品销售的方式吸收资金,以承诺返租、回购、转让等方式给予回报。这些行为以合法形式掩盖非法集资目的,犯罪分子往往与受害者签订合同,伪装成正常的生产经营活动,其实质仍然是变相抬

---

[1] 参见"高远非法吸收公众存款案",载最高人民法院刑事审判第一庭编:《刑事审判参考》2000年第3辑(总第8辑),法律出版社2000年版,第1—7页。

高国家所规定的存款利率,情节严重者,必定扰乱整个社会的金融秩序,一旦行为人不能兑现承诺,必将引发社会群体性事件,影响社会稳定。

七、民间借贷与集资诈骗罪的界限如何划定?

对于民间借贷与集资诈骗行为的区别,存在争议:

第一种观点认为,两种行为的区别在于行为人的主观目的是否有非法占有的意图。

第二种观点认为,两种行为的区别在于利息数额是否畸高。

笔者倾向于第一种观点。

民间借贷是我国市场经济体制的重要组成部分,在融资领域有着突出重要的作用,建立和完善民间借贷领域的法律规范,能够促进民间资本的流通,发挥更加重要的作用。允许民间资本进入金融领域,使其规范化、公开化,鼓励其发展,更要加强监管。而集资诈骗行为属于触犯刑法的行为,两种行为从表面上看有相似之处。民间借贷是民事主体间达成的借贷合意;集资诈骗行为则也有当事人之间的借款意思表示和财产转移的事实,且两种行为都是不通过国家认可的金融机构而自行进行的资金借贷活动,但集资诈骗行为人的真正意图则与民间借贷行为不同。

笔者认为,民间借贷与集资诈骗罪的最主要区别是是否以非法占有为目的。

首先,民间借贷行为人没有对出借人的标的物具有非法占有的目的,行为人一般是为了弥补生产、生活等方面出现的暂时性资金短缺,并在约定的时间内偿还本息。虽然可能出现借款人由于各种原因偿还不上借款而逃避债务的情况,这往往是因为遇到了不以其意志为转移的客观困难,但并不属于非法占有。而集资诈骗的行为人具有非法占有的目的,在以欺骗手段骗取出资人的款项后,意图永久性地占有出资人的款项[①],不予返还。审判实践中,对非法占有的认定应采取严格主义原则,不能任意扩大解释。

其次,民间借贷是借款人为了弥补生产、生活等方面出现的暂时性资金短缺,向出借人约定在一定时间内偿还本息。而集资诈骗人则以向出资人表示虚假事项或向出资人传递不真实信息的欺骗行为,使出资人陷入认识错误,而将其财产交由行为人。

另外,从客观表现看,集资诈骗承诺的利息往往数额较大,一般情况下,集资诈骗行为人向投资者承诺的利息要高出银行同期存款利率的几倍、十几倍甚至几十倍以上。虽然利率高低并不是集资诈骗与民间借贷纠纷本质区别的界限,但可以作为参考依据。对于集资者承诺明显无法兑现的虚高利率吸引投资,并最终导

[①] 参见张晶:《谈谈民间借贷案件中注意的几点事项》,载《商业文化》2012年第4期。

致投资者血本无归的案件，一般可以认定构成集资诈骗罪。①

八、集资诈骗罪和非法吸收公众存款罪的主要区别是什么？

非法吸收公众存款罪和集资诈骗罪都以非法集资为外在表现形式，在司法实践中容易混淆，二者的根本区别在于：

1. 犯罪的目的不同

前者的犯罪目的是非法占有所募集的资金；而后者的目的则是企图通过吸收公众存款的方式，进行赢利，在主观上并不具有非法占有公众存款的目的。这是两罪最本质的区别。

2. 犯罪的客观方面不同

犯罪行为的客观表现虽有非法集资的共同外在表现形式，但具体实施方法也有根本不同。前者的行为人必须使用诈骗的方法；而后者则不以行为人是否使用了诈骗方法作为构成犯罪的要件之一，尤其是在吸收存款或募集资金的目的行为上并不遮掩赢利的意图。

3. 侵犯的客体不同

前者侵犯的是复杂客体，不仅侵犯了国家的金融秩序，而且侵犯了出资人的财产所有权；后者侵犯的是单一客体，即国家的金融管理秩序，当然在有些情况下，非法吸收公众存款的行为人由于经营不善造成亏损，无法兑现其在吸收公众存款时的承诺，甚至给投资人、存款人造成了重大经济损失，但是这种损失与行为人的目的就是侵犯公私财物的所有权是不同的。②

4. 筹集资金的用途不同

学界通说认为一般有三种资金用途：一是筹集的资金全部用于公司生产领域；二是筹集的资金全部用于个人的账户支配；三是筹集的资金一部分用于生产领域、一部分用于个人的账户支配。这三种不同的筹集资金的用途影响着定罪的不同倾向。如果筹集资金全部用于生产领域，则定罪倾向于非法吸收公众存款罪；如果筹集的资金全部用于个人账户支配，定罪则倾向于集资诈骗罪；如果筹集资金一部分用于生产经营、一部分用于个人账户支配，那么就应确认用于生产领域与用于个人账户支配的资金份额比例，并结合行为人的主观意图上是否具有"非法占有"的目的来综合考量。如果用于生产经营的份额较大，则倾向于考虑非法吸收公众存款罪；如果用于个人账户支配的份额较大，则倾向于集资诈骗罪。如果用于生产经营和个人账户支配的份额相同，则仍要优先考虑其主观上是否具

---

① 参见高憬宏、杨万明主编：《基层人民法院法官培训教材》（实务卷·刑事审判篇），人民法院出版社2005年版，第192—193页。

② 参见刘德权主编：《最高人民法院司法观点集成》（第二卷·刑事卷①），人民法院出版社2014年版，第637页。

有"非法占有"的犯罪目的。①

九、民间借贷与高利转贷罪的界限如何划定？

高利贷与高利转贷罪的区别是民事责任和刑事责任的区别，除出借人是否从金融机构信贷资金中获得资金外，其他行为特征如何认定，尤其是对"高利"的认定，在审判实践中存在较大的争议。

第一种观点认为，以高出金融机构贷款利率的较大比例转贷给他人的行为，一般不宜将略高于法定利率转贷他人的行为认定为犯罪。②

第二种观点认为，应以超过银行同类贷款利率的4倍为标准，转贷行为如果没有超过该标准，则应是民间高利贷，并非犯罪行为。③

第三种观点认为，只要将银行信贷资金以高于银行贷款利率转贷他人即应认定为犯罪。④

笔者倾向于第一种观点。

根据《刑法》第175条第1款的规定，高利转贷罪是以转贷牟利为目的，套取金融机构信贷资金高利转贷他人，违法所得数额较大的行为。行为人的主观目的在于获得数额较大的转贷收入，其资金来源于金融机构的信贷资金，并且实施了套取信贷资金转贷于他人的行为。而民间借贷中的高利贷也是以营利为目的，出借人与借款人达成较高还款利息的行为。对于那些略高于法定最高利率转贷给他人的行为，一般不宜认定为犯罪。故对于上述第二种观点，笔者并不完全认同。

资金来源是高利贷与高利转贷罪区分的一个因素，根据《刑法》关于高利转贷罪的规定，其资金来源于金融机构的信贷资金，而民间高利借贷的资金来源则较多，除了自有资金及通过吸收其他自然人、非金融机构的资金以外，金融机构信贷资金亦有可能成为民间高利借贷资金的来源。故对于上述第三种观点，笔者并不完全认同。

《刑法》之所以要规定高利转贷罪，是以规制破坏正常的金融监管秩序行为为目的的，高利转贷行为可能造成信贷资金流失等风险，对国家金融制度造成一定的威胁，与一般民间高利借贷的影响范围有所不同。故笔者认为，区别高利转贷罪和民间高利借贷行为的关键在于行为人对金融机构信贷资金取得的主观目的以及对转贷行为获利的数额。对于行为人从金融机构获取信贷资金属于正当目的的，然后又将信贷资金高利转贷他人，且获利数额较小的，应认为属于民间借贷行为。这样可以将审判实践中的一些变相高利转贷行为也纳入到刑法规制之中，

---

① 参见丁丛：《集资诈骗罪与非法吸收公众存款罪区别的司法认定》，载《经营管理者》2014年第34期。

② 参见张明楷：《刑法学》（第四版），法律出版社2011年版，第684页。

③ 参见黄京平：《破坏市场经济秩序罪研究》，中国人民大学出版社1999年版，第373页。

④ 参见周道鸾、张军主编：《刑法罪名精释》（第四版），人民法院出版社2013年版，第323页。

如行为人在取得金融机构信贷资金后,以合资合作等名义进行无风险投资的行为;行为人表面上以正常生产经营为目的获得信贷资金后,又将自有资金以高利借贷给他人等行为都是以转贷牟利为目的的,在其所得违法数额达到一定程度时应认定为犯罪。另外,对于违法所得数额"较大"的认定,不宜以银行同期贷款利率的4倍为标准,而宜以2010年发布的《最高人民检察院、公安部关于公安机关管辖的刑事案件立案追诉标准的规定(二)》相关规定为准。

十、民间借贷与非法经营罪的界限如何划定?

审判实践中,民间借贷纠纷中涉及的高利贷和非法放贷等行为是否应认定为非法经营罪,存在争议。

第一种观点认为,高利贷及非法放贷等行为属于严重扰乱市场秩序的行为,对我国金融制度的健康发展造成影响,对属于高利贷和非法放贷等行为,应认定为非法经营罪。

第二种观点认为,尽管高利贷和非法放贷行为违反了相关规定,但这两种行为还是属于民间借贷行为,即属于民法规制的范畴,在立法、司法部门未予明确规定的情况下,不应认定为非法经营罪。

笔者倾向于第二种观点。对于民间借贷行为,尤其高利贷和非法放贷行为是否应当认定为非法经营罪,如果能够认定又如何划定界限?对此,笔者认为,不宜任意扩大非法经营罪在民间借贷行为中的适用。

审判实践中,对《刑法》第225条第(四)项的"口袋"条款适用相当广泛,据有关统计,北京法院在1999年至2010年5月共有199个判决适用了该"口袋"条款认定了非法经营罪,上海法院在认定非法经营罪的判决中,适用该第(四)项的比例也达到了40%。① 根据《刑法》第225条的规定,非法经营罪的前提是是否违反了国家规定。《刑法》第96条规定:"本法所称违反国家规定,是指违反全国人民代表大会及其常务委员会制定的法律和决定,国务院制定的行政法规、规定的行政措施、发布的决定和命令。"由此可以看出,非法经营罪中的"其他严重扰乱市场秩序的非法经营行为"应该是违反了《刑法》第96条限定范围的规定,而其他如违反了国务院组成部门制定的规章等则不应认定为构成本罪。

无论是法律还是司法解释,均没有规定民间借贷以及高利贷、非法放贷行为应适用非法经营罪。民间借贷中的高利贷和非法放贷行为违反的应是国务院颁布的《非法金融机构和非法金融业务活动取缔办法》第4条的规定。该条规定的非法金融业务活动包括:"(一)非法吸收公众存款或者变相吸收公众存款;(二)未经依法批准,以任何名义向社会不特定对象进行的非法集资;(三)非法发放贷款、办理结算、票据贴现、资金拆借、信托投资、金融租赁、融资担保、外汇买

---

① 参见李松奎:《非法经营罪"口袋化"趋势的遏制》,载中国法学教育网。

卖;(四)中国人民银行认定的其他非法金融业务活动。"第(一)项对应的是《刑法》规定的非法吸收公众存款罪;第(二)项对应的是集资诈骗罪;第(三)项中的"外汇买卖""办理结算""票据贴现"都有明确的法律规定将其列为非法经营罪的具体情形。但对于"非法发放贷款"等行为,至今没有明确的入刑规定。在罪刑法定原则下,审判中不宜主动将该行为纳入刑法规制之中。

此外,笔者认为,民间借贷行为中未超过容忍限度范围的高利贷和非法放贷等行为并未达到严重扰乱金融制度的程度,而且在一定程度上弥补了现有金融制度的不足,帮助中小企业解决资金融通的困难。尤其是十八大以来,国家对民间借贷行为的态度持鼓励、支持、引导和监督的立场,鼓励民间资本作为金融制度的补充,推进多层次资本市场体系等政策,都释放出了支持民间借贷发展的信号。在当前民间借贷高利贷行为普遍存在的环境中,如果扩大非法经营罪的适用,将会严重限制民间资本的发展,给经济带来巨大影响。笔者认为,对于民间借贷相关行为,在民法和行政法领域可以进行调整的情形下,尽量在民法和行政法范围内进行规制,这种做法更益于严格的刑法规制,因为刑法具有谦抑性,能通过其他途径解决的尽量不动用刑罚这一最严厉的制度措施,同时也能给予其合理的生存空间,规范和科学引导以及加强制度构建才能符合保证经济平稳发展、社会稳定的要义。

十一、高利贷、非法放贷与合法的民间借贷行为有哪些区别?

民间借贷中的高利贷、非法放贷与合法的民间借贷行为有一定区别。民法对合法的民间借贷行为予以保护,而对高利贷和非法放贷行为不予保护。合法的民间借贷是出借人和借款人之间因生产、生活需要的一种资金调剂行为,即以个人合法收入的自有资金出借给借款人,并获取一定利息回报,且不将此作为经常性牟利手段的行为。高利贷是指出借人以高于银行同期、同档借款利率的4倍获取高额利息回报的行为,一般情况下,这种高利息尚未超出法律和社会的容忍限度。对于非法放贷,根据《非法金融机构和非法金融业务活动取缔办法》第4条的规定,是指未经中国人民银行批准,擅自向不特定的对象出借资金,以此牟取高额非法收入的行为。三种行为在性质上、基本特征上、资金来源和利息确定上以及后果上均有不同。

就性质而言,民间借贷是一种投资渠道和资金调剂行为,具有合法性;高利贷和非法放贷则可能对正常的金融秩序造成干扰,是一种非法行为。

就基本特征而言,民间借贷规模小、次数少、时间短,出借人一般不以此作为经常性的牟利手段;而高利贷和非法放贷则具有资金规模大、经常性放贷、持续一定时间,并以此作为牟取高额利息回报的主要业务特征。

就资金来源和利息确定而言,民间借贷的资金主要来自合法的自有资金,利息由借贷双方协商确定;而高利贷和非法放贷的资金也有可能来自合法的自有资金,但其利息有可能由出借人单方决定。

就后果而言,民间借贷中对超过银行同期贷款利率4倍的利息不予保护,当事人丧失胜诉权;而高利贷和非法放贷行为不仅不能得到保护,还有可能受到行政管理机关作出的没收非法所得并处罚款的行政处罚后果。①

十二、与高利贷或非法放贷有关的犯罪行为包括哪些?

需要注意的是,纯粹的民间发放高利贷行为不应成立犯罪,但不表明与高利贷或非法放贷有关的所有行为都不受刑法制裁。最高人民法院2011年发布的《关于依法妥善审理民间借贷纠纷案件促进经济发展维护社会稳定的通知》第3条规定:"依法惩治与民间借贷相关的刑事犯罪。人民法院在审理与民间借贷相关的非法集资等经济犯罪案件时,要依照《最高人民法院关于在审理经济纠纷案件中涉及经济犯罪嫌疑若干问题的规定》的有关规定,根据具体情况分别处理。对于非法集资等经济犯罪案件,要依法及时审判,切实维护金融秩序。对于与民间借贷相关的黑社会性质的组织犯罪及其他暴力性犯罪,要依法从严惩处,切实维护人民群众人身财产安全。要严格贯彻宽严相济的刑事政策,注意区分性质不同的违法犯罪行为,真正做到罚当其罪。"

实践中,有些民间借贷的行为人为了筹集发放资金而擅自设立金融机构,非法吸收公众存款或者套取金融机构信贷资金,可能成立擅自设立金融机构罪、非法吸收公众存款罪、集资诈骗罪或高利转贷罪;有些行为人暴力收债并造成借款人死亡或受伤害等严重后果的,可能涉及故意杀人罪、故意伤害罪及相关侵犯财产型犯罪;有些行为人是金融机构的工作人员,其将金融机构资金高利放贷的,可能构成吸收资金不入账罪;还有的行为人是公司企业工作人员,具有挪用、侵占公司资金的职务便利的,其挪用、侵占资金用于高利放贷谋取利益的,可能构成挪用资金罪、挪用公款罪、职务侵占罪等②;另外,还有的民间借贷行为人具有开设赌场,组织、领导、参加黑社会组织犯罪的,都应给予相应的刑事处罚。

十三、涉及民刑交叉的民间借贷案件,在诉讼过程中是否必须"先刑后民"?

人民法院在审理民间借贷案件中,发现当事人的行为涉嫌犯罪(涉嫌非法集资的除外,将在下一个问题中详述),或者发现与公安机关、人民检察院、人民法院正在侦查、起诉、审理的刑事案件属于同一事实,对于民间借贷案件应当如何处理,审判实践中存在三种不同的观点。

---

① 参见费晔、潘庸鲁:《关于非法发放贷款以非法经营罪论处之商榷》,载《浙江金融》2012年第2期。

② 参见樊蓉、袁雪娣:《民间高利放贷行为能否成立非法经营罪》,载《法制与社会》2012年第8期。

第一种观点认为,人民法院发现当事人的行为涉嫌犯罪,或者发现民间借贷案件本身有犯罪嫌疑,人民法院应当裁定驳回起诉,将案件移送给公安、检察机关。

第二种观点认为,人民法院发现当事人的行为涉嫌犯罪,或者发现民间借贷案件本身有犯罪嫌疑,人民法院应当裁定中止诉讼,将案件涉嫌犯罪的线索、材料移送给公安、检察机关,并等待刑事案件的处理结果。

第三种观点认为,人民法院发现当事人的行为涉嫌犯罪,或者发现民间借贷案件本身有犯罪嫌疑,人民法院应当继续审理民事案件,将涉嫌犯罪的线索、材料移送给公安、检察机关。如果民事案件的审理必须以刑事案件的处理结果为依据的,则应当裁定中止诉讼,等待刑事案件的处理结果之后再恢复民事案件的审理。

笔者倾向于第三种观点。

从古代的"刑民合一"到近代的"刑民分立",刑法与民法作为两大基本实体法,在伴随着社会发展的法治进步过程中,各自从不同侧面对社会生活发挥着广泛而深远的调节功能。

刑法(应当)打击一切具有严重社会危害性的犯罪行为,因为这类行为危害国家利益和社会公共利益。刑法规范的基本模式是禁止,保护的对象是整个国家与社会。正因为如此,刑事法律关系才被视为是犯罪人与国家之间的法律关系。从而,刑法所保护的法益——国家利益与社会公共利益——必然是宏大而抽象的。例如,诈骗行为之所以被规定为犯罪,因为这不仅仅侵犯了他人的财产权,更是破坏了财产秩序与交易秩序——一种更细化的社会公共秩序。

与此不同,民法以个人与个人之间的平等和自决(私法自治)为基础,调整的是个人与个人之间的关系。① 民法规范的基本模式是授权,通过保护权利与救济损害,保障民事主体的私法自治地位——个人在合法的范围内具有根据自己的意志,通过法律行为构筑起法律关系的可能性。② 在法不禁止的范围内,个人享有充分的行动自由,不过不得妨碍他人同样的自由。因而对合同条款效力的判断,不仅要考虑合同当事人的利益,还要考虑与合同存在利害关系的第三人的利益。③ 但是,为避免不当干预进而损害私法自治下的行动自由,在对双方的合同损害第三方(国家、集体和个人)的利益而加以干预时,这里的"利益"应当是具体的利益,而非宏观、抽象的利益。④ 例如,买卖双方串通,故意签订低价合同(黑白合同)以图逃税,损害了国家的税收利益;招投标双方串通投标,侵害了其他竞争主体的缔

---

① 参见〔德〕卡尔·拉伦茨:《德国民法通论》(上册),王晓晔等译,法律出版社2003年版,第3页。
② 参见〔德〕迪特尔·梅迪库斯:《德国民法总论》,邵建东译,法律出版社2000年版,第8页。
③ See Charles A. Sullivan, "The Puzzling Persistence of Unenforceable Contract Terms," *Ohio State Law Journal*.
④ 参见王林清、刘高:《民刑交叉中合同效力的认定及诉讼程序的构建——以最高人民法院相关司法解释为视角的展开》,载《法学家》2015年第2期。

约机会;等等。

此外,刑事关系和民事关系之间还存在着一个灰色地带,通过"道德话语"或者"治疗话语"对"法律话语"下的事实进行重构,甚至有法律深入不毛之地而有"完美的犯罪"。① 对于这个灰色地带的统驭,建立起以民法为主、刑法为辅的框架原则,可能更有助于市民社会的秩序维护和市民权益的巩固。

刑民交叉可分为法律事实竞合型与法律事实牵连型。所谓竞合型刑民交叉,是指同一法律行为或者事实分别引起刑事责任和民事责任。例如,因杀人行为同时引起刑事责任和侵权责任。所谓牵连型刑民交叉,是指不同的法律行为分别引起刑事责任和民事责任,但彼此之间存在牵连。例如,甲公司向乙借款,乙借出款项后,甲公司法定代表人将其挪作己用,构成挪用资金罪。有学者认为,对于法律事实竞合型,应以"先刑后民"为原则,以"先民后刑""刑民并行"为例外;对于法律事实牵连型,则应以"刑民并行"为原则,以"先刑后民""先民后刑"为例外。② 然而,笔者并不赞同这一观点。

笔者认为,同一法律行为既违反了民事法律规范,又违反了刑事法律规范可能构成犯罪时,应当坚持当事人民事诉权予以保护的原则,民事案件继续审理,将涉嫌犯罪的线索、材料复印后③,移送至公安、检察机关。在审理民间借贷案件中,如果发现被告人的借贷行为可能涉嫌合同诈骗犯罪,人民法院应当继续审理民间借贷案件,但应当将被告人涉嫌犯罪的线索、材料移送给公安、检察机关。如果民间借贷的审理必须以刑事案件的审理结果为依据,则应当中止民间借贷案件的诉讼,等待刑事诉讼审理结果。

十四、因赌债引发的民间借贷纠纷案件是否应当先移送公安机关侦查?

"先刑后民"一般是指当某一行为同时构成民事不法与刑事犯罪时,刑事法律关系在处理的位序上优先于民事法律关系。审判实务中一直存在将"先刑后民"作为处理民刑交叉案件之原则或者惯例的观点。最高人民法院在《关于在审理经济纠纷案件中涉及经济犯罪嫌疑若干问题的规定》第1条中就处理民刑交叉案件的一般原则作出规定:"同一公民、法人或者其他经济组织因不同的法律事实,分别涉及经济纠纷和经济犯罪嫌疑的,经济纠纷案件和经济犯罪嫌疑案件应当分开

---

① Brian C. Kah, "The Perfect Crime," MVS Legal Studies Research Paper NO. 02-14,参见 http://ssrn.com/abstract=691642,访问时间:2014年7月25日。
② 参见毛立新:《刑民交叉案件的概念、类型及处理原则》,载《北京人民警察学院学报》2010年第5期。
③ 笔者之所以主张应当将涉嫌犯罪的线索、材料复印后移送给公安、检察机关,这是因为,涉嫌犯罪的线索、材料往往也是民事诉讼的证据,在民事案件的审理过程中仍可能作为民事证据采用。因此,可以将涉嫌犯罪的线索、材料复印,把复印件移送给公安、检察机关,而不是将原件移送。当事人提起民事诉讼在先,作为民事诉讼证据的涉嫌犯罪的线索、材料是当事人提供的,自然应当留存在民事卷宗内。公安、检察机关认为需要对涉嫌犯罪的线索、材料的真伪进行鉴定的,可以向法院申请借阅。

审理。"《民事诉讼法》第150条第(五)项将"本案必须以另一案的审理结果为依据,而另一案尚未审理的"规定为中止审理的情形之一。最高人民法院1997年颁布的《关于审理存单纠纷案件的若干规定》第3条第2款规定:"人民法院在受理存单纠纷案件后,如发现犯罪线索,应将犯罪线索及时书面告知公安或检察机关。如案件当事人因伪造、变造、虚开存单或涉嫌诈骗,有关国家机关已立案侦查,存单纠纷案件确须待刑事案件结案后才能审理的,人民法院应当中止审理。对于追究有关当事人的刑事责任不影响对存单纠纷案件审理的,人民法院应对存单纠纷案件有关当事人是否承担民事责任以及承担民事责任的大小依法及时进行认定和处理。"可见,"先刑后民"只是一种特殊的适用法律的规则,而并非原则或者惯例。[①]

综上可知,在司法实践中,"民刑并行""边刑边民"或者"分开审理"应当成为处理民刑交叉案件的一般原则,"先刑后民"只能作为例外,而且以"必须影响民事案件的审理"作为适用"先刑后民"的前提条件。

有观点认为,有赌债嫌疑的应中止审理民事案件并主动移送公安机关侦查,以严厉打击赌博违法犯罪,严防"赌博给付"合法化。[②] 实践中,赌博人立下借(欠)条的内容多为借款、贷款等合法债务,甚至有的以房地产作抵押。若法院囿于一般证据规则,判决被告(借款人或者欠款人)败诉,则无意中使非法利益得到了法律的保护,从而损害了司法的尊严。笔者认为,赌债不同于非法集资。当被告主张欠据是因赌债形成的,并对民间借贷的效力提出异议时,人民法院应当认真审查相关证据,严格把握相关法律规定。如果查明确系赌债,则应当否认民间借贷合同的效力,驳回当事人的诉讼请求,而不必非得把案件移送公安机关。

十五、借款人涉嫌犯罪或者生效判决认定其有罪,出借人能否仅起诉保证人请求其承担民事责任?

实务中,如果借款人涉嫌犯罪或者生效判决认定其有罪,出借人能否仅起诉保证人,要求其承担保证?对此问题,存在不同的观点。

第一种观点认为,如果借款人涉嫌犯罪,则民间借贷案件应当中止审理,待刑事案件审理完结后再恢复审理;如果生效的刑事案件判决借款人有罪,且已经过追赃程序,则民间借贷案件不应当再受理出借人起诉担保人案件。

第二种观点认为,如果借款人涉嫌犯罪,民间借贷案件应当继续审理,但借款人涉嫌非法集资的除外;即使生效刑事判决认定借款人有罪,人民法院仍然可以受理出借人起诉担保人案件,并根据案件的实际情况确定担保人是否应当承担民事责任。

第三种观点认为,如果借款人涉嫌犯罪,包括涉嫌非法集资犯罪在内,出借人

[①] 张雅辉、徐红红:《审理涉贷款诈骗罪民刑交叉案件不必"先刑后民"》,载《人民司法·案例》2014年第24期。

[②] 参见敖玉芳:《赌债适用法律问题研究》,载《贵州社会主义学院学报》2010年第4期。

起诉担保人承担保证责任的案件，人民法院都应当继续审理；即使生效刑事判决认定借款人有罪，人民法院仍然应当受理出借人起诉担保人案件，并根据案件的实际情况确定担保人是否应当承担民事责任。

笔者倾向于第三种观点。

在民间借贷案件诉讼中，人民法院发现多个相互牵连的法律行为中有一个或者多个涉嫌刑事犯罪，则应当将涉嫌犯罪的法律行为的证据复印后移送主管的司法机关，民间借贷案件继续进行。同时，人民法院还应当充分听取当事人的意见，尊重当事人的诉权选择权，既要充分保障当事人的民事救济权利，也要保障司法机关正常履行打击犯罪的职能。对于侦查机关就民事案件以涉嫌犯罪为由来函主动要求移送的，人民法院不应无条件地立即移送，而是应当审查来函是否附上涉嫌犯罪的基本证据副本，对于未附涉嫌犯罪的基本证据副本的，人民法院继续审理民事案件，并函告来函机关；对于已附涉嫌犯罪的基本证据副本的，人民法院应当将涉嫌犯罪的法律行为的证据复印后移送主管的司法机关，同时审查民事案件是否必须以刑事案件的处理结果为依据，如果不以刑事案件的处理结果为依据，则民事案件继续审理。

就作为例外的"先刑后民"及"先民后刑"而言，我国《民事诉讼法》第150条规定："有下列情形之一的，中止诉讼：……（五）本案必须以另一案的审理结果为依据，而另一案尚未审结的……"这是处理刑民程序冲突时的重要法律依据。尽管《刑事诉讼法》中没有类似规定，但笔者认为，只有在一案需以另一案的审理结果为依据或者另一案的审理对本案审理结果将产生重要影响时，才可"先刑后民"或"先民后刑"。

民事诉讼的审理需以另一刑事案件的审理结果为依据，则应当"先刑后民"。典型案例如"帕尔玛案"①，继承人是否有杀害被继承人的行为，是判断继承人是否丧失继承权的依据，因此应"先刑后民"。再如，甲、乙互殴，甲将乙打死，甲自己也被打成重伤。甲投保了人身保险，于是向保险公司索赔，保险公司以犯罪行为为由拒赔，甲辩称系正当防卫。此时，在刑事程序已经启动的情况下，民事程序应当中止，待刑事程序结束后认定究竟是否为正当防卫再行恢复。但总体而言，这类案件在司法实践中并不多见。

与此相反，刑事诉讼的审理需以另一民事案件的审理结果为依据，则应当"先

---

① 帕尔玛是个乖巧、帅气的美国小伙子，深得祖父宠爱。他的祖父是个鳏居的富翁，特别重男轻女，早早立下遗嘱，死后全部财产由帕尔玛继承，两个女儿分毫没有。帕尔玛无忧无虑，就等着祖父去世后以唯一继承人身份继承祖父的财产，岂料他的祖父精神健旺，看上了一个少妇并且开始谈婚论嫁。帕尔玛担心祖父改变主意修改遗嘱，气急败坏之下，将祖父毒死。警察将帕尔玛带走，但他仍认为自己拥有继承老人遗产的权利。当事人围绕着在被告杀害被继承人之后是否仍享有继承权展开了激烈的争论。最后，法院以"任何人都不得因自己的过错行为而获得利益"这条古老的自然法原则判决被告败诉。参见〔美〕德沃金：《法律帝国》，李常青译，中国大百科全书出版社1996年版，第14页。

民后刑"。典型案例如知识产权案件,行为人因涉嫌侵犯商业秘密而被启动了刑事诉讼程序,处理此类案件的前提是对商业秘密的权属、侵权是否存在等重要问题作出认定。由于商业秘密权利是否存在的事实,应当适用"高度盖然性"的民事诉讼证明标准。因为侵犯商业秘密罪侵害的对象是他人的商业秘密权,而商业秘密权是一种私权,该权利依私权产生,并依民事诉讼程序认定,即使在刑事诉讼中,也不可能改变商业秘密的私权性质和认定标准。因此,在涉及侵犯商业秘密的民刑交叉案件的情况下,理想状态应当是先由民事诉讼对涉案商业秘密这一私权进行认定,然后再进行刑事诉讼为妥,此时刑事诉讼应当中止审理,等待民事案件关于商业秘密认定的审理结果。① 当然,这类案件在司法实践中也不多见。司法实践中,还存在着刑事案件需以民事案件关于动产、不动产权属确认的审理结果为依据的情形;另外,对财产权属的认定(股权、企业性质等)将直接影响到贪污罪、挪用公款罪、侵占罪、职务侵占罪以及挪用资金罪等罪名的确定问题。

同样的理由,如果借款人涉嫌犯罪(包括非法集资)或者生效判决认定其有罪,出借人当然有权起诉保证人。作为从合同的保证人,是否需要承担民事责任,需要通过民事实体审理来确定。担保人以借款人或者出借人的借贷行为涉嫌犯罪或者已经生效的判决认定构成犯罪为由,主张不承担民事责任的,按照《民间借贷规定》第13条第2款的规定,人民法院应当依据民间借贷合同与担保合同的效力、当事人的过错程度,依法确定担保人的民事责任。

对于承担一般保证的保证人,借款人涉嫌犯罪(包括非法集资)或者生效判决认定其有罪,出借人同样有权起诉保证人。尽管一般保证人享有先诉抗辩权,然而,这种抗辩权行使的前提是出借人起诉保证人,且人民法院已经受理了该案。至于提供一般保证的保证人应否承担保证责任,同样也需要法院作出实体审理后确定,但这并不影响人民法院受理此类案件。

十六、民间借贷案件涉及非法集资嫌疑的,如何处理民间借贷案件?

人民法院审理民间借贷案件中,发现当事人的行为涉嫌非法集资嫌疑的,应当如何处理民间借贷案件,司法实践中存在不同的观点。

第一种观点认为,人民法院应当裁定驳回民事案件的起诉,并将涉嫌非法集资的线索、材料移送给公安、检察机关。

第二种观点认为,人民法院应当裁定中止民间借贷案件的审理,将涉嫌犯罪的线索、材料移送给公安、检察机关。

第三种观点认为,人民法院应当将涉嫌犯罪的线索、材料移送给公安、检察机关。对于民间借贷案件不需要中止审理的,则应当继续审理民间借贷纠纷案件。

笔者倾向于第一种观点。

---

① 参见王林清、刘高:《民刑交叉中合同效力的认定及诉讼程序的构建——以最高人民法院相关司法解释为视角的展开》,载《法学家》2015年第2期。

从各地审理的案件情况看,合法的民间借贷与集资诈骗、非法吸收公众存款等经济犯罪之间的界限多有交织,经常出现刑事与民事交叉的情形。如何划定合法与非法之间的合理界限,需要进一步探索,尤其要关注国家金融体制、改革过程中相关金融政策调整对划分标准的影响。在刑民交叉的程序处理上,对于尚未形成群体性、大面积纠纷事件的个别案件,要慎用驳回起诉和中止审理。在民间借贷行为涉及合同诈骗等刑事犯罪时,实践中一些法院采取的办法是先刑事后民事。当然,"先刑后民"在保证认定案件事实统一,及时惩罚犯罪,维护正常的社会经济秩序等方面有其优势和合理性;但我们也要认识到,刑事诉讼与民事诉讼在诉讼目的、诉讼原则、责任构成要件、归责原则等方面存在本质差异,当事人承担责任的性质也不同,"先刑后民"并非审理刑民交叉案件的基本原则。实践中,应区别不同情形适用,不要绝对化、扩大化,以最大限度地保护当事人的民事诉权和实体权益。

有观点认为,在刑事案件中处理民事纠纷并不一定就会造成当事人权益的损害,毕竟刑事程序中存在刑事附带民事诉讼程序。就刑事附带民事程序和单纯民事诉讼程序之间的关系问题,尽管最高人民法院对刑事附带民事程序有专门的司法解释,但笔者认为,刑事附带民事本质上是两个程序的结合,刑事程序体现的是公权力对于犯罪行为的惩戒,并通过个案对社会起到教育和引导作用。所附带的民事程序,是对犯罪行为或者从民事角度说是侵权行为对于受害人民事权利伤害的救济,这两个程序有着本质的不同。在一个诉讼程序中把它们结合在一起,虽有一定的优势和便利,但绝不能因为有刑事附带民事而妨碍了我们全面、彻底地对受害人权利进行救济。在处理个案时要准确把握什么时候可以中止诉讼,什么时候可以先启动民事程序,允许当事人通过民事程序进行救济。① 要在具体案件中分析、辨别不同当事人之间的法律关系性质,区分正常的借贷行为与利用借贷资金从事违法犯罪行为,妥善处理民间借贷纠纷中的涉嫌刑事犯罪问题,避免因僵化理解和执行"先刑后民"规则,损害合同当事人的合法权益。②

然而,前述 2014 年《意见》第 7 条明确规定:"对于公安机关、人民检察院、人民法院正在侦查、起诉、审理的非法集资刑事案件,有关单位或者个人就同一事实向人民法院提起民事诉讼或者申请执行涉案财物的,人民法院应当不予受理,并将有关材料移送公安机关或者检察机关。人民法院在审理民事案件或者执行过程中,发现有非法集资犯罪嫌疑的,应当裁定驳回起诉或者中止执行,并及时将有

---

① 参见张勇健:《在全国高级法院民一庭庭长座谈会上的总结讲话》,载奚晓明主编、杜万华副主编、最高人民法院民事审判第一庭编:《民事审判指导与参考》2013 年第 1 辑(总第 54 辑),人民法院出版社 2013 年版,第 33—34 页。

② 参见杜万华:《大力开展民事审判工作,为完善社会主义法治秩序,维护司法公正,推进依法治国而努力奋斗》,载奚晓明主编、杜万华副主编、最高人民法院民事审判第一庭编:《民事审判指导与参考》2013 年第 1 辑(总第 54 辑),人民法院出版社 2013 年版,第 24 页。

关材料移送公安机关或者检察机关。公安机关、人民检察院、人民法院在侦查、起诉、审理非法集资刑事案件中,发现与人民法院正在审理的民事案件属同一事实,或者被申请执行的财物属于涉案财物的,应当及时通报相关人民法院。人民法院经审查认为确属涉嫌犯罪的,依照前款规定处理。"2014年《意见》使得处理民刑交叉案件又回到了"先刑后民"的立场,无疑是一次理论与实践的倒退。

当然,笔者并不否认上述规定也是有它的良苦用心。对于涉嫌非法集资的群体性、大面积借贷行为,往往已经涉嫌刑事犯罪,由于涉及地方稳定,矛盾复杂,需要调集不同部门的力量统筹解决。2014年《意见》并非是处理涉嫌非法集资案件的最新规定,1998年国务院《非法金融业务活动和非法金融机构取缔办法》以及2007年国务院《关于同意建立处置非法集资部际联席会议制度的批复》均规定了公安侦查机关在涉嫌非法集资案件性质认定方面的职责。[①] 诚然,此类犯罪受害人众多,在处理上稍有不慎则容易引发秩序混乱,影响社会稳定。如果坚持"民刑并行",往往会造成先起诉的案件当事人获得赔偿,后起诉或者按照刑事追赃程序的受害人因程序拖延反而得不到赔偿的状况出现,不利于矛盾纠纷的整体解决。通过公安机关的统一侦查,在刑事诉讼中实行统一追缴、统一按比例退赃、退赔,能够较容易获得社会公众的认知度,不至于因分配不公而引起民怨。从这一角度讲,2014年《意见》有其深刻的社会背景。正因为如此,2015年最高人民法院出台的《民间借贷规定》重申了2014年《意见》的内容,其第5条第1款规定:"人民法院立案后,发现民间借贷行为本身涉嫌非法集资犯罪的,应当裁定驳回起诉,并将涉嫌非法集资犯罪的线索、材料移送公安或者检察机关。"既然司法解释已经作出了明文规定,各级司法机关都应当不折不扣地执行。

司法实务中会遇到这样一种现象,人民法院审理民间借贷案件中,经审查认为当事人的行为涉嫌非法集资嫌疑的,将涉嫌非法集资犯罪的线索、材料移送给公安、检察机关,然而公安、检察机关不予受理、推诿或者以各种理由拒不接收的,人民法院应当严格按照2014年《意见》和《民间借贷规定》的要求,坚持移送,必要时向其上一级机关发出司法建议,或者报上一级法院协调。

笔者还认为,从长远看,2014年《意见》和《民间借贷规定》确立的涉及非法集资案件处理原则——"先刑后民",毕竟违背了上述刑民体系自洽的理论,侵犯了当事人合法的民事诉讼权利,尽管其出发点无可厚非,但在文明社会的今天已越来越背离法治的思维,因而其最终效果和作用必然是片面的、应景的,因而注定难以长久,待在未来我国法制建设达到一定的高度和深度之后的适当时间,应当被废除。但在废除之前,《民间借贷规定》和2014年《意见》仍然应当作为处理涉嫌非法集资案件的司法解释以及政策性文件予以适用。

[①] 自1998年以来,公安机关在侦查、追缴涉非法集资类案件,以及在政府、人民银行等组织协调下开展清退、安抚工作方面积累了丰富经验,所以此类案件宜全案移送。参见刘振、李道丽:《民间借贷纠纷案件的审理难点及破解》,载《人民司法·应用》2011年第23期。

十七、人民法院就民间借贷纠纷在先作出的民事判决，在认定事实方面与之后作出的刑事判决不一致的，是否必然引起审判监督程序？

同一笔民间借贷纠纷的民事判决生效后，当事人被生效的刑事判决认定为构成犯罪，且刑事判决认定民间借贷的事实与在先生效的民事判决认定的事实不一致。当事人以此为由申请再审，或者检察机关以此为由提出抗诉。此时，如何处理生效刑事判决和生效民事判决在认定事实方面的关系，能否直接以生效刑事判决认定事实为准，启动民事案件的审判监督程序？对上述问题，存在两种不同的观点。

第一种观点认为，根据《民事诉讼法》第200条第（一）项之规定[1]，生效的刑事判决认定民间借贷的事实与民事判决不一致，刑事判决作出在后，且刑事判决的效力高于民事判决的效力，因而刑事判决中认定的事实已达到足以推翻生效民事判决中认定的案件基本事实，或能够证明生效民事判决认定事实的主要证据系伪造的程度，故应启动审判监督程序，对民事案件进行再审。

第二种观点认为，民刑交叉的关联案件中，由于民、刑案件事实认定的标准不同，刑事判决中认定的犯罪事实和民事判决中认定的案件事实不存在可比性，无法比较或判断二者谁"更接近客观事实"，因此，刑事判决中认定的犯罪事实并不一定能达到足以推翻原审民事判决中认定的案件基本事实，或证明认定事实的主要证据系伪造的程度。另外，不区分生效民事判决、刑事判决作出的先后顺序，不分析民事案件和刑事案件的关联程度，一概认为生效刑事判决之效力当然高于生效民事判决之效力的看法是不严谨的。

笔者倾向于第二种观点。

笔者认为，民事判决与刑事判决在认定案件事实方面存在一定的差异：

首先，民刑案件使用的概念体系不同。刑事判决书中，较少运用民商事法律的概念体系进行事实认定（如不会出现"占有""善意取得"等民法概念），也没有对权属认定的明确表述（如贿赂罪中对实际未过户但已存在权钱交易的房屋，不会认定其实际所有人）；而民事判决中必须以民法的概念阐述相关事实。

其次，民刑案件认定事实的证明标准不同。刑事案件采用"排除合理怀疑"的证明标准，在侵犯知识产权的刑事案件中，司法解释则明确了非法经营数额计算标准[2]，不同的数额将对量刑产生重大影响，需要严格限制法官的酌定行为；民事

---

[1] 《民事诉讼法》第200条规定："当事人的申请符合下列情形之一的，人民法院应当再审：（一）有新的证据，足以推翻原判决、裁定的……"

[2] 《最高人民法院、最高人民检察院关于办理侵犯知识产权刑事案件具体应用法律若干问题的解释》第12条规定：本解释所称"非法经营数额"，是指行为人在实施侵犯知识产权行为过程中，制造、储存、运输、销售侵权产品的价值。已销售的侵权产品的价值，按照实际销售的价格计算。制造、储存、运输和未销售的侵权产品的价值，按照标价或者已经查清的侵权产品的实际销售平均价格计算。侵权产品没有标价或者无法查清其实际销售价格的，按照被侵权产品的市场中间价格计算。多次实施侵犯知识产权行为，未经行政处理或者刑事处罚的，非法经营数额、违法所得数额或者销售金额累计计算。本解释第3条所规定的"件"，是指标有完整商标图样的一份标识。

案件则采用"优势证据"的证明标准,比如,在商标侵权案件中,若现有证据不足以证明侵权获利或直接损失的具体数额时,法官通常根据案件具体情节、侵权的恶劣程度来酌定数额。

再次,民刑案件认定事实时遵循的思维路径不同。例如,知识产权犯罪案件中,被告人侵权造成被害人损失的,刑事案件中仅需被害人一方委托或由公安机关委托鉴定即可;而在知识产权侵权案件中,则需当事人双方共同选择鉴定机构。①

最后,民刑案件认定事实的规范指向不同。从审判实践看,刑事案件更多强调直接损失,对被告人非法占有的资金,一般以出借总数扣除归还数额计算,对于利息部分通常被认定为违法犯罪所得;在民间借贷纠纷中,民事判决一般将已归还部分未超出同期银行贷款利率4倍以内的利息不计入本金,对于未还款的数额,则有可能不仅包括本金,还包括利息,甚至有些案件还包括违约金或者支出的必要费用,就同样的事实,民事判决认定的未归还部分往往大于刑事判决认定的数额,受害人从自身利益出发,更倾向于认定民间借贷合同有效。

应该承认,刑事与民事裁判在事实认定方面存在的上述不同,尤其是刑事程序能动用的侦查手段以及更加严格的证明标准,使得刑事诉讼中所展示的法律事实更接近客观事实。但必须看到,事实认定差异的背后是刑事诉讼和民事诉讼所追求的制度价值有别所致:刑事程序动用丰富的侦查手段,是出于揭露事实、打击犯罪、保障人权的需要,因而实行严格的证明标准,防止在证据存疑的情况下出现冤假错案②;民事诉讼采取的证明标准,则是建立在对私法关系中个人能力的充分尊重和信赖的基础上,并对公权力对私权利的干预保持谨慎的态度。

不同程序制度价值的差异和由此导致的程序推进过程中呈现结果的不同,决定了虽然在一些情况下,刑事程序中公权力所查明的事实可以成为民事程序中当事人的证据,但不能想当然地认为,刑事程序中的事实一概影响民事程序对证据证明力的判断。当在刑事程序中认定的事实不能影响对民事法律关系的判断时,这种更接近客观事实的"法律事实",仅能在刑事领域中发挥作用,不能延伸至民事领域。

十八、刑事案件已判决责令退赔,民事案件能否再判决赔偿损失,或者民事案件已经判决赔偿损失,刑事案件能否再判决责令退赔?

目前,刑事判决已判决责令退赔,民间借贷纠纷案件能否再判决,或者民间借贷纠纷案件已经判决偿还本金利息,刑事判决能否判决责令退赔本金,关于这一

---

① 参见廖钰、张璐:《人民法院民刑交叉案件处理机制之探索——以统一法秩序的司法立场为视角》,载《法律适用》2015 年第 1 期。

② 参见王林清、刘高:《民刑交叉中合同效力的认定及诉讼程序的构建——以最高人民法院相关司法解释为视角的展开》,载《法学家》2015 年第 2 期。

问题,司法实践中争议很大,主要有两种观点。

第一种观点认为,刑事判决已就被告人应当退还被害人的财产作出处理,就同一事实的赔偿或者返还问题,民事判决不应再次判决被告人承担责任,反之亦然,否则会产生重复处理问题,并因"一事二理"引起执行方面的争议。

第二种观点认为,我国《刑法》第64条规定了责令退赔;《民事诉讼法》第224条第1款又规定,发生法律效力的民事判决、裁定,以及刑事判决、裁定中的财产部分,由第一审人民法院或者与第一审人民法院同级的被执行的财产所在地人民法院执行;《民事诉讼法》第236条第1款规定,发生法律效力的民事判决、裁定,当事人必须履行,一方拒绝履行的,对方当事人可以向人民法院申请执行,也可以由审判员移送执行员执行。然而,刑事判决被害人并不是作为判决当事人的身份参加诉讼,因此,当刑事案件中作出责令退赔的判决时,被害人无法以当事人的身份向法院申请强制执行,而一般都由审判员移送执行,会产生申请执行难和执行落实难的问题。因此,即使刑事判决已作出责令退赔的判决,受害人依然可以向被告人提起民事诉讼,要求赔偿或者返还财产。

笔者倾向于第一种观点。

就刑事判决责令退赔与民事判决借款人承担还款责任是否可以并行的问题,笔者认为,当事人以民事案件起诉并经判决后,经公安机关立案侦查,法院作出刑事判决,则刑事案件对民事判决已处理的部分,不应再作出责令退赔。若刑事案件判决在先,刑事判决已处理的部分,当事人不得在民事诉讼中对同一主体再行主张权利,否则就会产生重复处理问题,并由此引起重复执行等执行争议。

对于司法实践中存在的刑事判决执行难问题,有观点认为,可以通过修改《民事诉讼法》第236条的规定,规定在刑事判决中判决责令退赔给被害人的,被害人可以向人民法院申请强制执行的条款予以解决。① 笔者赞同这一观点,但仍然认为,要从根本上解决这一问题,应当修改《刑法》第64条,废除责令退赔。对于被害人的财产损失,可以选择提起刑事附带民事诉讼程序,或者另行提起民事诉讼程序解决。

需要讨论的是,被告人已向受害人退还部分赃款赃物的,退还的部分赃款赃物应当折抵本金还是利息?这在民事案件中容易引起争议。按照《合同法解释(二)》第21条的规定,债务人给付不足以清偿全部债务时,并且当事人没有约定的,人民法院应当按照下列顺序抵充:"(一)实现债权的有关费用;(二)利息;(三)主债务。"如按照上述规定,则退赔的部分应当先充抵实现债权的费用及利息,剩余部分才充抵本金。然而,笔者认为,由于刑事退赔程序明确了退赔的是本金,因此,对于退赔程序中的退赔款项,应当先充抵本金,而不是先充抵利息。这

---

① 参见厦门市中级人民法院课题组:《民间借贷司法应对实证调研》,载陈国猛主编:《民间借贷:司法实践及法理重述》,人民法院出版社2015年版,第290—291页。

是与一般民事案件不同的地方,只能作为特殊规定看待。

十九、未经刑事追赃程序是否影响民间借贷案件的受理和审理?

根据我国相关法律规定,刑事附带民事诉讼仅适用于自然人因人身权利受到侵害而遭受物质损失或财物被犯罪分子毁坏而遭受物质损失的情形,并不能适用合同诈骗等犯罪。刑事追赃并非是一种诉讼程序,而且追赃仅限于本金而不保护利息,实践中能够通过追赃追回来的财产很少,仅通过追赃不能最大限度地保护受害人的合法权益。

对于涉及合同诈骗等犯罪的民间借贷案件,即使未经追赃,也不能排除民事诉讼的救济手段,民间借贷案件应该受理。对于已经受理的民间借贷案件,受害人就所受损失的全额提起民事诉讼时,被告人已被追究刑事责任,并已经向受害人退还赃款赃物的,如民事案件尚未审结,已退还部分可以从民事判决确定的给付金额中予以扣除;如刑事案件尚未审结,同样不影响民事案件的赔偿数额的确定,可以在判决中予以说明,将来在执行阶段解决已退赔数额的扣除问题。

二十、构成集资诈骗罪、贷款诈骗罪的民间借贷合同的效力如何认定?

涉诈骗类犯罪行为与民事合同交叉时,有关民事合同效力的认定,理论界与实务界大致有如下几种观点。

第一种观点认为,涉合同诈骗罪成立,相关民商事合同当然无效。刑事上构成诈骗罪,行为人的行为即构成损害国家利益的欺诈行为,且属于以合法形式掩盖非法目的,故根据《合同法》第 52 条的规定,应认定合同无效。[①]

第二种观点认为,合同诈骗罪成立,合同并不因一方当事人缔约时的诈骗行为构成犯罪而当然无效,而属于可撤销合同。[②]

第三种观点认为,应区别情况认定合同的效力:一是以合同相对人或其工作人员是否参与犯罪为标准进行划分,合同相对人或其工作人员参与犯罪活动构成犯罪的,对该单位与合同相对人之间签订的合同认定为无效;合同相对人或其工作人员没有参与犯罪的,对该单位与合同相对人之间签订的合同不因行为人构成刑事犯罪而认定为无效。二是以权利人是否先向公安机关报案为标准进行划分,权利人先行向公安机关报案,则认定相对方涉嫌诈骗罪,在刑事追赃不足以弥补损失后另行提起民事诉讼的,不能认定基于诈骗行为签订的民事合同有效;若权利人未报案而是直接提起民事诉讼,若其不行使撤销权,可认定基于诈骗行为而

---

① 参见王小莉:《民刑并存情形下合同效力的认定——从两则仲裁案件说起》,载《仲裁研究》2011 年第 2 期。

② 参见叶名怡:《涉诈骗合同的民法规制》,载《中国法学》2012 年第 1 期。

签订的合同有效。①

笔者认为,涉合同的诈骗犯罪存在着有所牵连但截然不同的两个行为——诈骗行为与合同行为。诈骗行为是合同一方当事人所实施的以签订合同为手段、以骗取财物为目的的行为;合同行为则是双方当事人意思表示一致的情况下(尽管合同一方因被欺诈而作出了不真实意思表示)共同实施的行为。易言之,诈骗行为是单方行为,合同行为是双方行为。刑法的聚焦点是诈骗行为,所评价的是该行为是否严重到触犯刑律需施以刑罚处罚的程度;民法的着眼点则在于合同行为,所评价的是该行为是否是当事人真实意思表示一致的结果,是否应赋予该行为以私法上的效力。如果按照缔约手段与缔约结果的划分,刑法关注缔约的结果,但最终落脚点在于缔约的手段是否构成犯罪;民法关注缔约的手段,但最终落脚点则在于缔约的结果是否具有效力。

由于评价视角、评价对象的不同,对于刑民交叉案件,刑法和民法得出有所不同的结论是自然的。而对于法律评价(或适用)而言,评价(或适用)对象的差异性,也就自然否定了评价结果之间冲突的可能,即使这两个结果是完全相悖的。② 道德谴责论认为,刑法与民法最大的区别在于道德上的谴责,这种道德上的谴责与刑事有罪宣告相伴随,但并不伴随不利的民事裁判。刑事上的制裁给不法行为者烙上了道德上的污名,再多的赔偿也不能纠正。③ 缔约一方的诈骗行为侵害国家利益,并不意味着缔约双方的合同行为也损害国家利益。合同行为是否侵害国家利益,评价的对象是合同本身(标的和内容等)。④ 正因如此,笔者认为,诈骗行为构成犯罪与合同行为有效(或可撤销)并不存在逻辑矛盾,因为两者根本就不是针对同一对象而作出的。那么,针对不同对象而得出的不同评价,就不存在逻辑上的矛盾。

笔者认为,当事人一方的诈骗行为,从民法视角观察,无非属于性质更加严重的欺诈。当欺诈行为的程度与结果超过了刑法容忍的限度,就陷入了刑罚的调整范畴,但这并不影响民法视野下该行为仍然被认定为欺诈。认定欺诈类合同为可变更、可撤销合同,更具理论与实践意义。简言之,一是有利于保护权利人的权益,权利人既可以选择合同有效并且继续履行合同,也可以选择变更或者撤销合同。二是有利于追究行为人的违约责任,如果认定合同无效,则违约责任也就失去了逻辑前提。三是有利于体现私法领域意思自治的基本原则,毕竟签订合同时

---

① 参见何帆:《刑民交叉案件的司法处理方式——以合同纠纷和合同诈骗为例》,载 http://www.cqlsw.net/apply/xingshi/20090805210633_2.html,访问时间:2014 年 5 月 16 日。

② 参见姚辉:《关于民间借贷若干法律问题的思考》,载《政治与法律》2013 年第 12 期。

③ See Sharon Finegan, "The False Claims Act and Corporate Criminal Liability: Qui Tam Actions, Corporate Integrity Agreements and the Overlap of Criminal and Civil Law," *Social Science Electronic Publishing*, 2007.

④ 参见叶名怡:《涉诈骗合同的民法规制》,载《中国法学》2012 年第 1 期。

双方当事人是自愿的。不过,实务中债权人选择行使撤销权的毕竟极少,绝大多数希望借款合同认定有效,毕竟,可撤销合同的法律后果与有效合同的违约后果,对债权人的保护程度不可同日而语。

由此,对于涉嫌诈骗犯罪的民间借贷,进一步引申到与犯罪行为有关的其他民事合同,其效力并不当然受犯罪与否的影响。存在犯罪行为,民事合同仍有可能有效;不存在犯罪行为,民事合同也有可能因为恶意串通损害他人利益而无效。从这个意义上讲,《民间借贷规定》第13条采用了"民间借贷合同并不当然无效"的表述倒也恰如其分,符合上述法理理论及司法实践的需要。在认定民间借贷合同效力上,《民间借贷规定》中有关"应当根据合同法第五十二条、本规定第十四条之规定,认定民间借贷合同的效力"的内容就有了力排众议的扛鼎之作之感。无效民事合同的认定,应当以《合同法》第52条作为依据,不符合第52条情形的合同,当然不属于无效合同的范畴。因此,《民间借贷规定》中"借款人或出借人的借贷行为涉嫌犯罪,或者已经生效的判决认定构成犯罪,当事人提起民事诉讼的,民间借贷合同并不当然无效"的规定,就其理论深度而言无疑具有一定的创新。尤其是在我国"涉犯罪的合同当然无效"的观点泛化流行的情况下,上述司法解释作出这样的规定确有必要,至少对于打破合同当然无效论有一定之功,促使人们从民法的视角看待合同的效力,以民法的思维判断合同的效力,而非简单粗暴地以刑法思维定向取代,以单方的犯罪行为代替双方的合同行为。

另需提及的是,2014年7月,《最高人民法院关于审理民刑交叉案件若干问题的规定(征求意见稿)》(以下简称《民刑交叉案件征求意见稿》)第26条规定:"行为人通过签订合同手段实施诈骗,被人民法院生效的刑事判决定罪处罚后,对行为人与合同相对人签订的合同的效力应当区分以下情形予以认定:(一)合同相对人与行为人恶意串通的,或者合同相对人明知合同违法仍签订合同的,或者存在《中华人民共和国合同法》第五十二条规定的其他情形的,应当依法认定该合同无效;(二)合同相对人因行为人的欺诈行为,在违背真实意思的情况下签订合同,不存在《中华人民共和国合同法》第五十二条规定的情形的,合同相对人可以根据《中华人民共和国合同法》第五十四条的规定向人民法院提起变更或撤销之诉。"

笔者认为,《民刑交叉案件征求意见稿》第26条虽然区分不同情形作出了相应规定,但该规定的第一种情形并没有太多的实质意义。这是因为,如果合同相对人与行为人恶意串通损害他人利益的,按照《合同法》第52条之规定自然属于无效;如果还存在《合同法》第52条规定的其他情形,自然也应当认定合同无效,根本不需要司法解释再对已有的立法内容作重复性描述。该规定的第二种情形,合同相对人因行为人的欺诈行为,在违背真实意思的情况下签订合同,合同相对人可以根据《合同法》第54条的规定向人民法院提起变更或撤销之诉。笔者认为,虽然第26条规定的第二种情形仍然难逃重复性叙述立法之嫌,但深究起来,却有一定的实践意义。

二十一、如何正确理解"以合法形式掩盖非法目的"中的"目的"？

有观点认为，涉合同类诈骗行为应当毫无疑问地被定性为以签订合同的合法形式掩盖诈骗的非法目的，当然是绝对无效的情形，没有任何有效可能性探讨的余地。① 笔者认为，此种观点不仅具有一定的代表性，同时还具有很大的迷惑性。要分析这种似是而非的观点，首先必须弄清楚何为"以合法形式掩盖非法目的"。

我国《民法通则》和《合同法》均规定了"以合法形式掩盖非法目的"的民事法律行为无效。通说认为，所谓以合法形式掩盖非法目的，是指当事人实施的行为在形式上是合法的，但在缔约目的和内容上是非法的。② 这种行为又称为隐匿行为，当事人故意表现的形式或故意实施的行为并不是其要达到的目的，也不是其真实的意思，而只是希望通过这种形式和行为掩盖和达到其他非法目的。

以合法形式掩盖非法目的的行为具有如下特点：一是行为就其外表来看是合法的；二是作为一种表象的合同行为，其被掩盖的是一种非法的隐匿性为③；三是当事人明知或者应当知道其隐匿行为与外表行为不一致，具有主观规避法律的故意。还有论者指出，以合法形式掩盖非法目的的行为本质上为脱法行为，行为人故意采取法律具体文义规定所未禁止的迂回和异常的行为方式，使行为表面上不违反法律的强行性规定，实际上使其行为避开了对其不利的法律适用。④ 在民间借贷司法实践和具体实例上，名为联营实为借贷，或者名为买卖实为借贷是被列举最多的典型。无论是联营合同还是买卖合同，表面上看都是合法的，但它们均掩盖了借贷行为违反了企业间不得相互拆借资金的规定。

综合学者论述以及相关实例，对于认定"以合法形式掩盖非法目的"，笔者得出一条十分重要但却经常被学界忽略的结论，即，"以合法形式掩盖非法目的"中的"目的"，应当是合同双方的共同目的，而非单独一方的目的。绝大多数情况下，这一共同目的应当是双方通谋的结果，至少也是双方共同明知或理应知道的，这点理应成为"以合法形式掩盖非法目的"的一个重要特征。"以合法形式掩盖非法目的"中的"目的"之所以应是合同双方的共同目的，其原因在于合同是双方行为，是双方意思表示一致的结果。双方外在表现的合同行为之下掩藏着的是另一合同目的，并且正是这一目的行为才是双方真正意欲实施的。但因为这一目的本身非法，所以双方才"曲线救国"式地订立了形式上合法的合同，使得被掩盖的行为披上了合法外衣，具有形式合法的外观。概言之，以合法形式掩盖非法目的的合

---

① 参见王小莉：《民刑并存情形下合同效力的认定——从两则仲裁案件说起》，载《仲裁研究》2011年第2期。
② 参见崔建远主编：《合同法》（第五版），法律出版社2010年版，第103—104页。
③ 参见王利明：《合同法研究》（第一卷），中国人民大学出版社2002年版，第650—651页。
④ 参见唐英：《浅析以合法目的掩盖非法目的的民事行为》，载《行政与法》2012年第10期。

同,其本质是以形式合法掩盖实质非法的合同。以赠与合同为例,在受赠人不知情的前提下,赠与人为逃避法院强制执行而成立的赠与合同,虽然赠与人的动机非法,但并不符合"以合法形式掩盖非法目的",因为这种赠与并不是发生在赠与人与受赠人通谋或合意的情况下(如果赠与人与受赠人通谋,则可以双方恶意串通损害第三人利益为由主张该赠与行为无效)。相反,该赠与行为是有效的,因为受赠人并不知情,其既不符合恶意串通,也不符合以合法形式掩盖非法目的。① 当然,由于该赠与合同损害了债权人的利益,债权人可以依据《合同法》第74条之规定行使撤销权。但在撤销前,该赠与行为不得以合同目的非法为由被认定为无效。

总之,以签订民间借贷合同的形式实施诈骗,如果仅仅是签订民间借贷合同一方的目的,而不是双方的共同目的,就不属于"以合法形式掩盖非法目的"的构成要件,在效力认定上也得不出合同无效的结论。那种想当然地认为实施诈骗而签订的合同自然无效的观点,正是没有弄清楚这一点。推而广之,集资诈骗、强迫交易、敲诈勒索等行为构成犯罪,与此相关的民事合同"并不当然无效",同样属于可撤销合同。

二十二、行为人构成非法吸收公众存款罪,与出借人签订的民间借贷合同的效力如何认定?

在民间借贷纠纷中,一方行为构成非法吸收公众存款罪,由于这一类犯罪被界定为违反市场准入制度类犯罪行为,而此类犯罪行为又与民商事合同交叉,由此,犯罪嫌疑人与众多被吸收存款的公众主体单独签订的一个个借贷合同的效力如何认定,非法吸收公众存款罪的成立,是否意味着相应的借款合同当然无效?实践中也是争议较多的。

第一种观点认为,当事人的行为已经构成犯罪,则合同只是犯罪人用于牟取非法利益的手段的外观,犯罪人的犯罪行为属于以合法形式掩盖非法目的,损害了当事人的合法利益,已破坏社会主义市场经济秩序。根据《合同法》第52条第(三)项的规定,以合法形式掩盖非法目的,合同无效。为了维护社会经济秩序,在此情况下,不论受害当事人是否要求认定合同无效,有关机关都应当主动予以干预。因此,已经刑事判决认定犯罪的,相关的民事案件中的民间借贷合同及担保

---

① 虽然《合同法》第52条将"以合法形式掩盖非法目的"与"恶意串通,损害国家、集体或者第三人利益"均作为合同无效的情形,然而,有时也可将某一行为均归类于这两种情形之中。比如,在受赠人知情的前提下,赠与人为逃避法院强制执行而与受赠人成立的赠与合同,既可以认定为"以合法形式掩盖非法目的",也可以认定为"恶意串通,损害国家、集体或者第三人利益"。但也有的行为只能归类于其中之一,而不能同时归于二者。比如,双方以咨询费、介绍费或服务费等名义签订合同,实际上却是一方向另一方行贿,另一方表明接受,这是典型的"以合法形式掩盖非法目的",但不能认定"恶意串通,损害国家、集体或者第三人利益",因为有的行贿、受贿行为可能只是侵害了国家公务人员职务上的廉洁性,并不一定构成对国家、集体或者第三人利益的侵害。

合同均应依法认定为无效。

第二种观点认为,由于债权人并未与刑事犯罪人串通,对其犯罪的主观目的也不知情,双方也未就犯罪行为达成合意,故不存在为掩盖非法目的而以合法形式订立合同。另外,犯罪人通过欺诈手段与债权人订立民间借贷合同,损害的是债权人的利益而非国家利益,符合《合同法》第54条规定的可变更、可撤销合同。民法上的欺诈与刑法上的犯罪常常发生规范竞合,若债权人未向法院要求变更或撤销,该合同仍然为有效合同。

笔者倾向于第二种观点。

就非法吸收公众存款罪而言,要开展吸收公众存款的市场活动,首先必须获得国家主管机关(主要指银监会)的批准。《刑法》第176条是从禁止的角度加以规定的,从法律规范的角度,该条规范的完整表达是:任何主体要吸收公众存款,需经国家主管机关批准;未经批准非法吸收或者变相吸收公众存款的,以非法吸收公众存款罪定罪处罚,其他非法经营类的刑法规范亦与此相似。笔者认为,行为人构成非法吸收公众存款罪或者非法经营罪,但其与社会公众之间签订的民间借贷合同不应认定为无效。具体理由分析如下:

首先,结合最高人民法院有关指导意见①,可以清楚地看出,公法规范所规制的是当事人的市场准入资格,而非该种类型的合同。因此,这一类规范在民法上属于管理性强制规定,而非效力性强制规定。一方当事人的行为违反市场准入制度构成犯罪的,只是合同一方违反了管理性强制性规定,双方之间签订的民间借贷合同本身仍然是有效的。

其次,之所以当事人的行为违反市场准入制度构成犯罪,而与此相关的民间借贷合同仍然有效,还因为该行为是由一方缔约主体单独实施,而非双方主体共同实施的。刑法所评价的正是该当事人单独实施的非法经营行为(犯罪行为),而民法评价的则是双方当事人之间具体的合同行为。

再次,非法经营类犯罪的构成是多个非法经营行为叠加的结果。② 就非法吸收公众存款罪而言,该罪的构成同样也是由若干个民事借款行为的叠加从而导致发生由量变到质变。具体到每一笔借贷业务,均是在当事人自愿情形下发生的,并没有损害国家、集体、公共利益或者第三人利益,也没有"以合法形式掩盖非法目的",因而都是合法有效的。申言之,作为微观构成的单个民间借贷合同放在

---

① 最高人民法院于2009年发布的《关于当前形势下审理民商事合同纠纷案件若干问题的指导意见》(法发〔2009〕40号)第16条规定:"人民法院应当综合法律法规的意旨,权衡相互冲突的权益,诸如权益的种类、交易安全以及其所规制的对象等,综合认定强制性规定的类型。如果强制性规范规制的是合同行为本身即只要该合同行为发生即绝对地损害国家利益或者社会公共利益的,人民法院应当认定合同无效。如果强制性规定规制的是当事人的'市场准入'资格而非某种类型的合同行为,或者规制的是某种合同的履行行为而非某类合同行为,人民法院对于此类合同效力的认定,应当慎重把握,必要时应当征求相关立法部门的意见或者请示上级人民法院。"

② 擅自设立金融机构罪除外。

《合同法》第 52 条视域下审查,由于没有违反该条文中任何一项无效情形的规定,因而都是有效的;而将所有借贷合同聚合形成一个整体,因其达到了刑罚规范或制裁的程度,作为宏观的、整体的吸收公众存款行为构成了犯罪,二者并行不悖。

最后,作为合同相对方的债权人在行为人非法吸收公众存款中一般并无过错,其利益更应受到保护;相反,如果认定双方之间的借贷合同无效,无过错方的利益恰恰有可能会受到损害。以非法吸收公众存款为例,合同中往往约定了较高的利息,如果认定合同无效,犯罪人只归还本金和占用资金期间的利息损失,却免除了归还事先约定的较高利息的合同义务,其反而获得了额外利益。这对于保护无过错的合同相对方而言,是极其不利的,也不符合民法的公平理念。① 可喜的是,司法实践中已有相关判例②予以佐证,从而在实践上迈出了坚实的一步。

二十三、民事判决认定民间借贷合同有效是否影响刑事案件对犯罪事实的认定?

民事判决确认民间借贷合同有效、担保合同有效,是否影响刑事犯罪的定性,认定构成犯罪是否会产生民事判决与刑事判决的冲突?对此,审判实践中存在两种观点。

第一种观点认为,根据《合同法》第 52 条、第 54 条的规定,受欺诈一方的合同是否有效,可以基于当事人意愿由当事人作出选择,即是可变而非一定的;基于当事人意愿作出的合同有效的认定,并不排斥欺诈的成立。这表明,在欺诈手段存在的前提下,合同同样具有有效性,受欺诈不必然导致合同无效。出借人受欺诈签订民间借贷合同,但事后以明示的方式(如提起民事诉讼)追认合同效力,相关当事人不免除合同项下的义务。受欺诈一方债权人虽已申请人民法院认定其与债务人的民间借贷合同有效,人民法院作出的民事判决亦依法予以支持,但合同中所体现的欺诈手段仍可作为诈骗的手段认定。因此,民事判决认定合同有效并不影响诈骗等犯罪事实的认定。

第二种观点认为,民法上的欺诈与刑法上的诈骗常常发生竞合,也就是说,构成诈骗的犯罪行为同时构成民事上的欺诈,但构成民事欺诈却不一定构成犯罪。许多民事欺诈只是故意陈述虚伪事实和隐瞒真实情况,使他人陷入错误并从事民事行为,而没有触犯刑律,没有构成犯罪。犯罪嫌疑人虽向债权人隐瞒严重资不抵债的事实,但根据《合同法》第 52 条、第 54 条的规定,除损害国家利益的欺诈合同外,该合同有效,由受欺诈的一方通过向法院或仲裁机构变更或者撤销合同确认合同的效力。受欺诈一方若主张该合同有效,不向法院申请撤销,应予准许。

---

① 参见王林清、刘高:《民刑交叉中合同效力的认定及诉讼程序的构建——以最高人民法院相关司法解释为视角的展开》,载《法学家》2015 年第 2 期。

② 参见"吴国军诉陈晓富、王克祥及德清县中建房地产开发有限公司民间借贷、担保合同纠纷案",载《最高人民法院公报》2011 年第 11 期。

债权人已通过民事诉讼的途径处理双方的经济纠纷,说明债权人确认合同真实、合法、有效,则已经生效民事判决处理的这部分债权不应再列入刑事犯罪的犯罪事实,否则会产生刑民冲突的问题。

笔者倾向于第一种观点。

1994年9月6日,《最高人民法院关于诈骗犯罪的被害人起诉要求诈骗过程中的收取担保费用的保证人代偿"借款"应如何处理的请示的函》指出:"借款人携款外逃,未被认定为诈骗犯罪,人民法院不宜以借款人借款系欺诈行为为由认定借款合同无效,也不能据此认定作为该合同的保证合同无效。债权人可依法请求保证人履行合同。"

前已述及,司法实践中,在刑事案件未立案侦查之前,债权人均会寻求民事救济,根据《合同法》第52条、第54条的规定,借款人诈骗是一种严重的欺诈行为,借款人诈骗订立的民间借贷合同属于受欺诈方有权主张变更或者撤销的合同,在受欺诈方未主张变更或者撤销之前,民间借贷合同依法是有效合同,这也意味着,在欺诈手段存在的前提下,合同同样具有有效性,受欺诈不必然导致合同无效。

在刑事案件未立案侦查之前,当事人未提出撤销合同时,人民法院在民事审判中难以认定当事人的行为构成犯罪。因此,在刑事案件未立案侦查之前,对债权人寻求民事救济,民事判决对合同效力的认定,不影响犯罪事实的成立。[1] 进一步而言,即使刑事案件已经立案侦查,但尚未作出刑事判决,民事判决对合同效力的认定,亦不影响犯罪事实的成立。

---

[1] 参见厦门市中级人民法院课题组:《民间借贷司法应对实证调研》,载陈国猛主编:《民间借贷:司法实践及法理重述》,人民法院出版社2015年版,第290页。

第二部分

民间借贷纠纷规则适用

第十二章 民间借贷认定相关纠纷的裁判规则适用

> **规则 1** 【企业间借款】企业间借款合同不应一概否定其效力,判断是否有效,要审查是否违反包括《商业银行法》在内的相关金融法律法规,核心在于审查该行为的性质是否属于《商业银行法》所明确禁止的从事商业银行业务的行为。

[规则解读]

企业间借款合同不应一概否定其效力,判断是否有效,要审查是否违反包括《商业银行法》在内的相关金融法规,核心在于审查该行为的性质是否属于《商业银行法》所明确禁止的从事商业银行业务的行为,即该行为是否具有经常性、营利性,对国家金融监管秩序和经济健康发展是否存在危害性。

[案件审理要览]

一、基本案情①

原告沭阳县国有资产投资经营有限公司(以下简称沭阳国投公司)与被告宿迁长江热电有限公司(以下简称长江热电公司)借款合同纠纷一案,向江苏省宿迁市中级人民法院提起诉讼。

原告沭阳县国投公司诉称:被告在沭阳投资长江热电项目,建设资金出现困难,为促进其尽快建成投产,2009年3月30日,原、被告签订借款协议,约定原告借给被告5 000万元,专用于被告在建的长江热电项目的固定资产投入和购买机器设备,不能挪作他用,借款利息为6%,借款期限为1年,被告将企业所有的房产和机器设备抵押给原告。借款协议生效后,双方先后在工商行政管理局和房地产管理处对抵押的动产和不动产办理了抵押登记。原告先后向被告交付借款4 500万元,但被告收到借款后,没有按照约定专款专用,大量挪作他用,致使长江热电项目长期处于停工状态,侵犯了原告的合法权益,故诉至法院,请求判令:(1)解除原、被告于2009年3月30日签订的《借款协议书》;(2)被告返还原告借款

---

① 参见宿迁市中级人民法院(2010)宿中商初字第0004号。

4 500 万元及其利息(自借款之日起至还清之日止,按年息6%计算);(3)被告在不能清偿债务时,原告对被告提供的抵押物折价、拍卖或变卖后的价款享有优先受偿权;(4)本案诉讼费由被告负担。

被告长江热电公司未作答辩。

宿迁市中级人民法院经审理查明:原告为依法设立的有限公司,注册资本为90 400万元,经营范围为:基础设施投资建设、基础产业项目的投资建设及支柱产业、高技术产业项目的投资开发;县政府授权范围内的国有资产投资、经营、管理、转让及实物租赁。

2009年4月,被告因公司经营项目推进的需要,与原告就借款达成一致意见,并自愿将其机器设备和在建的厂房等建筑物抵押给原告。2009年4月2日,双方就作为抵押物的工程设备在宿迁市沭阳工商行政管理局办理了动产抵押登记;同年4月9日,双方又就作为抵押物的在建工程在沭阳县房地产管理处办理了在建工程抵押预告登记。2009年4月10日,原、被告签订《借款协议》一份,载明"为促进宿迁长江热电有限公司尽快建成投产,经甲(原告)乙(被告)双方协商,甲方同意借给乙方部分资金,由乙方用于其在开发区在建长江热电有限公司的固定资产的投入。现签订如下借款协议:第一条 借款用途:甲方借给乙方的资金,由乙方用于其在开发区在建的长江热电的土建工程的投入及购买机器设备等,不得挪作他用……第二条 借款金额及支付时间:金额人民币(大写)伍仟万元整。支付时间:本协议签订后,4月10日前先行安排借款贰仟万元,用于支付设备定金及土建工程复工、管网建设等;4月30日……第三条 借款利率及还款方式:按年息6%单利计算并按年支付(期间如银行贷款利率调整,则作相应调整)。第四条 借款期限:借款期限一年,到期日为2010年4月22日。借款到期前,乙方一次性还本付息。第五条 还款担保:乙方为保证所借的款项如数偿还,同意将其在沭阳经济开发区内注册登记的宿迁长江热电有限公司的所有企业房产以及所有的机器设备等财产全部抵押给甲方。乙方在其向甲方借款之后,凡因项目建设、生产经营以及其他各种原因而形成的债务,由乙方负责偿还,与乙方抵押给甲方的抵押物等财产无关。乙方在本协议规定期限内不能按时归还所借款项的本金和利息,甲方有权直接处理抵押物,乙方不得干预。第六条 违约责任:乙方如在规定期限内不能偿还所欠款项,承担借款金额10%的违约责任。第七条 其他……"协议签订后,原告先后10次向被告交付借款4 500万元。但被告开发的热电项目在建设中因故中断,原告认为被告未能将所借款项用于约定用途,违反了合同约定,遂诉至法院,请求:(1)解除原、被告于2009年3月30日签订的《借款协议书》;(2)被告返还原告借款4 500万元及其利息(自借款之日起至还清之日止,按年息6%计算);(3)被告在不能清偿债务时,原告对被告提供的抵押物折价、拍卖或变卖后的价款享有优先受偿权。

二、审理要览

针对该案企业间借款合同的效力,存在不同的观点:

第一种观点认为,企业之间签订的借款合同一律无效;

第二种观点认为,企业间借款合同不应一概否定其效力,判断是否有效,要审查是否违反包括《商业银行法》在内的相关金融法规,核心在于审查该行为的性质是否属于《商业银行法》所明确禁止的从事商业银行业务的行为。

[规则适用]

对此,笔者赞同第二种观点。

根据《商业银行法》的规定,设立商业银行,应当经国务院银行业监督管理机构审查批准,其经营范围由商业银行章程规定,报国务院银行业监督管理机构批准。未经国务院银行业监督管理机构批准,任何单位和个人不得从事吸收公众存款、发放短期、中期和长期贷款、同业拆借等商业银行业务。本案中,原告系经批准设立的有限公司,经营范围为:基础设施投资建设、基础产业项目的投资建设及支柱产业、高技术产业项目的投资开发等。从其设立主体及经营范围分析,原告企业的性质为一般有限责任公司,并非依法设立的金融机构,故不得从事吸收公众存款、发放短期、中期和长期贷款、同业拆借等商业银行业务。

判断企业之间签订的借款合同是否违反包括《商业银行法》在内的相关金融法规,核心在于审查该行为的性质是否属于《商业银行法》所明确禁止的从事商业银行业务的行为。具体到本案,原告借款给被告的行为性质是否属于《商业银行法》所称的发放贷款行为或同业拆借行为成为关键。对此,法院认为,无论是非法发放贷款或非法从事同业拆借行为,均具备以下基本特征:行为的经常性、行为的营利性、行为对国家金融监管秩序和经济健康发展的危害性。

根据查明的事实:(1)本案中,原告并非以从事借款为业,之前没有从事类似借款给其他企业的行为,只是偶尔出借款项给本案被告。(2)从原告提供的资金来源看,该资金为原告自有资金,并非来自金融机构的贷款。(3)从原告借款目的分析,原告借款约定利率为年息6%,与银行基准利率相近,甚至低于一般商业银行贷款利率。结合当事人陈述以及合同约定的内容可以认定,原告借款的目的是为了对经济开发区实施配套建设,开发和推进热电项目,对被告资金不足予以支持和援助,促进被告项目的推进速度,故并非以获取高额利息收益为目的,不具有营利性。(4)从该借款行为的后果分析,这样的短期借款行为具有短期、灵活、快速、便捷、利率低等特点,不但有利于解决企业资金不足的问题,同时可以减少企业因资金不足向社会进行非法集资或进行高额贷款等风险。由于其作为解决燃眉之急的临时手段,系补充性的资金解决方法,故不会对金融监督管理秩序形成冲击和危害。综合衡量,其对促进经济社会发展有益。

综上分析,双方之间的借款合同应认定有效。原告先后向被告交付借款4 500万元,履行了合同义务;但被告在收到借款后,未能积极推进项目的投资建设,长期停止项目建设的行为也表明不再履行合同义务,而且被告在本次诉讼中没有提供证据证明其履行了合同第1条约定的"专款专用"义务,因此应认定被告构成违约,原告有权要求解除合同,被告应当归还原告的借款本金4500万元并根据借款的时间承担约定的利息。由于双方在借款合同中约定被告提供其在建房地产和所有设备作为借款的担保,并已依法办理了抵押登记,因此在被告不履行债务时,原告有权就担保物折价或者以拍卖、变卖该财产的价款优先受偿。故宿迁市中级人民法院依照《合同法》第60条、第108条、第203条、第205条及《担保法》第53条之规定,判决:

(1) 解除原告沭阳县国有资产投资经营有限公司与被告宿迁长江热电有限公司于2009年4月10日签订的《借款协议》。

(2) 被告宿迁长江热电有限公司于本判决生效后10日内归还原告沭阳县国有资产投资经营有限公司借款4500万元及其约定利息(其中1000万元自2009年4月2日起、300万元自同年4月3日起、700万元自同年4月13日起、300万元自同年5月8日起、500万元自同年6月2日起、300万元自同年6月29日起、150万元自同年7月27日、500万元自同年8月24日起、500万元自同年9月11日起、250万元自同年9月23日起,均按照年利率6%计算至还清借款之日止)。

(3) 如被告宿迁长江热电有限公司未履行上述第二项规定的给付义务,原告沭阳县国有资产投资经营有限公司有权就被告宿迁长江热电有限公司所有的位于沭阳县经济开发区的不动产(以沭阳县房沭城预字第28081号不动产抵押登记书及其附件的记载为准)和动产(以宿迁市沭阳工商行政管理局苏N4-0-2009-0121号动产抵押登记书及其附件记载为准)折价,或拍卖、变卖该财产,以所得价款在4500万元及其利息金额范围内优先受偿。

> **规则2** 【住房商贷】个人住房商业贷款合同审理中,应区别情况,对部分违约情形并不严重的借款合同案件,向当事人释明法律,多判决继续履行合同,让个人住房借款合同能得到最大可能的实际履行。

[规则解读]

银行等金融机构利用合同签订中占据的强势地位,制定苛刻的格式条款,对个人住房贷款客户的轻微违约行为动辄采取解除合同这样激烈的手段,不利于维护金融领域的稳定。此类案件的审理,应区别情况,对部分违约情形并不严重的借款合同案件,向当事人释明法律,多判决继续履行合同,让个人住房借款合同能得到最大可能的实际履行。

[案件审理要览]

一、基本案情

个人住房商业贷款合同履行中,经常发生下列情形:一旦借款人按月分期摊还住房贷款的过程中存在拖欠的情形,银行等金融机构往往在短时间内按照合同约定即宣布贷款提前到期,要求借款人将剩余本金和拖欠的利息、罚息、复息全部予以偿还——此类案件中,借款人一般只是拖欠了几个月的分期贷款额,金额一般都只在1万元左右,但金融机构的诉求除了要求剩余本金(一般在30万元至100万不等)全部归还外,还有为实现债权支出的律师代理费,并要求被告承担诉讼费。律师的代理费用依照司法局规定的正常收费一般也要在1万元以上,有时多达6万元至7万元,再加上法院的诉讼费一般也要3 000元至1万元左右,作为被告的借款人的诉累过于沉重。

在此案件审理中,借款人在法院组织调解中也往往承认违约,愿意及时支付拖欠的贷款和罚息,但认为主债务以外的费用过高,难以承受。而部分银行调解的余地比较小,往往坚持要借款人承担律师费等相关费用,导致调解的难度较大。

二、审理要览

各地法院在审理此类案件中,观点也有所分歧。一种观点认为,借款合同中权利义务明确,违约方承担败诉责任毫无争议,银行要求借款人承担相应的实现债权的费用,合同中明文规定且明确告知借款人,违约方当然应当承担此类费用,律师收费也符合国家规定,并不加重违约方的责任,其在签订合同中就应当了解,因此,全面支持原告诉请并无不当。另一种观点则认为,银行在此类案件中一律坚持解除合同,短期内要求借款人归还大额本金,或虽同意调解但要求违约方承担比实际拖欠贷款金额高出数倍的费用,其合同权利的行使有过于扩张之嫌疑,应适当限制银行如此行使合同权利。

[规则适用]

笔者同意第二种观点,理由如下:

1. 从整个合同订立的过程看,此类合同采取格式条款形式,银行和个人借款者对合同条款的理解存在着明显的差距,一方是利用一切对己有利的法律和专业知识,精心制作了一个最大限度保证出借方权益,压缩、减少甚至取消借款人合同权利的格式合同。在现有金融环境下,借款人抵押贷款其实是几乎没有选择的,不在这个银行贷,就在另外一个银行贷,而且条款基本是相同的。这样的合同,存在很多不符合商业道德甚至对社会中相对弱者的欺诈和胁迫的内容,违背借款人的真实意思。这样的合同,在人民法院这个社会正义的最后一道关口,应该进行主动调整,平衡双方本就倾斜的合同地位和权利义务。

2. 从合同法的价值取向分析,不主张轻易解除合同。合同法理论认为,合同的解除是在合同成立后基于一方或双方的意志使合同归于消失,它通常是合同不能正常履行时,当事人不得已采取的一种做法。合同解除关涉合同制度的严肃性,因此,法律对解除合同应采取慎重态度,对法定解除权的行使应作严格的限制,尽量让已经生效的合同履行下去,实现订立初期双方意图达到的财产收益目的。尤其是个人住房贷款,在履行过程中,由于个人经济状况出现临时性的困难,导致短期无法按期还款,此类情况并不少见,应当允许借款人申请适当的宽限期限。而借款合同本身也应当给予一定的缓冲期限,不能一出现违约情形,就采用解除合同全部权利义务的方式。合同中应当明确何种情形下才能解除合同,不达到一定的严重程度,只能追究相应的违约责任,从经济赔偿的角度制裁合同的违约方,而不能直接解除合同。大量解除此类房贷合同,银行的风险确实是降低了,但不利于社会的稳定和谐。

3. 从审判实践看,判决继续履行借款合同更有利于在法律的框架内最大限度地合理解决纠纷。合同法理论中对违约行为有构成根本性违约的违约行为和一般性违约的违约行为之分。原来这一理论应用在国际货物买卖中,现在逐渐运用于一般合同。司法实践中,判断违约后果是否实质上剥夺了未违约人的期待利益,必须结合具体案件的具体情况,进行具体分析,很难找到一种划一的、固定的标准。国际贸易法委员会秘书处对《联合国国际货物销售合同公约(草案)》所作的评注中指出:"损害是否重大,应根据每一事件的具体情况来确定,例如合同的金额,违反合同造成的金额损失,或者违反合同对受害人其他活动的影响程度。"这一评注对于理解根本违约是有意义的,但却过于简单和抽象,很难作为当事人或法院判定是否构成根本违约的标准。在上述个人住房金融借款案件的审判中,我们应当在以下两个方面把握借款人的行为是否构成了理论上所说的根本性违约,从而使银行能采取解除合同的手段:(1)看违约部分的金额与整个合同之间的比例。如果借款人少交欠付的贷款已经占全部借款合同金额的相当大部分,一般认为构成根本违约。比如连续拖欠超过一定的月份,金额达到合同金额的10%以上等;反之,不能认为已经构成根本性违约。(2)考虑违约的后果及损害能否得到及时的修补。一般情况下,应当允许借款人及时全部支付拖欠的贷款和利息、罚息、复息等费用。某些情况下,即使违约行为是严重的,但如果这种违约是可以修补的,它并不能被认为构成根本违约。因此,是否构成根本性违约,法院可以根据实际情况来认定,不宜一概判令解除合同。

综上,笔者认为,银行等金融机构利用合同签订中占据的强势地位,制定苛刻的格式条款,对个人住房贷款客户的轻微违约行为动辄采取解除合同这样激烈的手段,不利于维护金融领域的稳定。此类案件的审理,应区别情况,对部分违约情形并不严重的借款合同案件,向当事人释明法律,多判决继续履行合同,让个人住房借款合同能得到最大可能的实际履行。

规则3 【授信贷款】客户依授信协议约定向银行申请发放贷款的,银行亦应按协议约定进行审查。银行怠于依授信协议约定订立贷款合同的,客户有权请求赔偿因此造成的损失。

[规则解读]

授信额度合同是指银行与客户之间就未来一定期限内客户特定业务开展的融资事宜达成的协议。根据该协议,客户在额度使用期限内可要求银行贷予一定限额资金或信用授予,而客户则需承担获取授信额度的相应对价。就银行方而言,其可通过授信审查控制风险,而对客户方而言,则可通过获得授信,取得在将来一定期限内便捷融资的可能。客户依授信协议约定向银行申请发放贷款的,银行亦应按协议约定进行审查。银行怠于依授信协议约定订立贷款合同的,客户有权请求赔偿因此造成的损失。

[案件审理要览]

一、基本案情①

2010年8月,上海信博实业有限公司(以下简称信博公司)与招商银行股份有限公司小企业信贷中心(以下简称招行小企业信贷中心)签订授信协议一份,协议约定:招行小企业信贷中心同意向信博公司提供170万元循环授信额度供其使用,授信期间从2010年8月至2011年7月;信博公司使用授信额度必须逐笔申请,由银行逐笔审批同意,具体事项由具体业务合同约定;信博公司提供房地产作为抵押;其有权要求银行按协议规定的条件提供授信额度内贷款或其他授信,有权按协议约定使用授信额度;银行应按协议及各具体合同规定的条件在授信额度内向信博公司发放贷款或提供其他授信等。授信协议签订后,信博公司与招行小企业信贷中心办理了相应的抵押登记手续。2010年9月,信博公司向招行小企业信贷中心提出申请,要求拨发170万元流动资金贷款,但招行小企业信贷中心未予发放。故信博公司诉至法院,要求招行小企业信贷中心赔偿未按约发放贷款而给信博公司造成的损失20万元。

二、审理要览

江苏省苏州市工业园区人民法院经审理认为,信博公司与招行小企业信贷中心协商签订的授信协议成立有效。协议签订后,招行小企业信贷中心就信博公司授信期限内提出的贷款申请,负有依据约定审查,并在对方不违反授信协议各项约定的情况下与之订立贷款合同的义务。信博公司提出贷款申请后,银行无正当理由拒绝与之订立贷款合同,存在违背诚信缔约原则之行为,应承担相应法律责任。但鉴于信博公司起诉所主张的损失无法证明与招行小企业信贷中心行为相关联并属于相应责任范围,故对其诉请要求赔偿违约金的请求,法院不予支持。据此,法院判决驳回原告信博公司的诉讼请求。

[规则适用]

近年来,基于授信额度合同所具有的吸引和保持优质客户以及能简化客户在将来实际使用银行资金或信用时的审批手续的优势,银行将此类合同大量应用于对中小企业的融资事宜中。但该类合同非合同法明确规定的合同种类,亦非银行业务合同中的传统形式,故对其性质、效力的审查,应以协议的订立背景与目的、所约定的双方权利义务的范围等综合予以考量。

---

① 参见江苏省苏州市工业园区人民法院(2011)园商初字第0018号。

授信协议订立范围与目的。 授信额度合同是指银行与客户之间就未来一定期限内客户特定业务开展的融资事宜达成的协议。根据该协议，客户在额度使用期限内可要求银行贷予一定限额资金或信用授予，而客户则需承担获取授信额度的相应对价。就银行方而言，其可通过授信审查控制风险，而对客户方而言，则可通过获得授信，取得在将来一定期限内便捷融资的可能。

授信协议与贷款合同的区别与联系。 授信出于风险控制，有明确的指向为银行"授予"客户，重在基本框架确定与贷款资格审查；贷款为双务合同，应当具备贷款金额、款项用途、利率等必备要件，贷款为授信可能后果，授信非贷款必要前提。即使授信协议约定了明确的授信额度、授信期间，设立了抵押担保，形式上与贷款合同类似，内容亦与贷款合同各项要件重合，但欠缺贷款金额、利率、用途等必备要素的同时，更缺少"客户提出贷款申请经银行审批通过"这一贷款合意形成环节，不能以授信合意取代贷款合意，更不应将贷款合同等同于授信合同。

结合本案，双方约定"乙方使用授信额度必须逐笔申请，由甲方逐笔审批同意，每次贷款或其他授信的金额、期限、具体用途等可由双方另签具体业务合同（含借据）、协议，或由乙方向甲方提交并经甲方接受的相关业务申请书予以约定"，双方实质上约定将来以另签具体合同（借据）或经银行接受的业务申请书为贷款合同形式要件，并以银行审查通过为将来合同成立前提，即诉争"授信协议"兼具预约订立本合同（贷款合同）的意思表示和构成本合同要约的要求，应独立于贷款合同，成为贷款合同的预约。

预约合同的契约审查。 预约合同使当事人负有将来按预约合同规定的条件订立主合同的义务，而不负履行将来要订立的合同的义务。具体到本案，银行负有在授信期间内，申请人不违反授信协议约定，且授信人资信、贷款风险较之授信时无重大变化的前提下，与申请人订立贷款合同的义务，而不负有依据客户申请直接发放贷款的义务。但预约合同本身也具备契约特征，故仍应以合同标准予以审查。如银行无正当理由拒绝订立贷款合同的，相应法律后果应由银行方承担。

具体责任的承担方式。 当事人基于预约而产生的权利是对将来订立本约的一种期待权，预约债权人有理由相信预约债务人将来会受此约束，并基于这种信赖而行事。如果预约债务人违反义务，则必将使预约债权人蒙受不利益。但损害赔偿的范围应是信赖利益，即预约债权人只能请求赔偿因此而遭受的损失，而不能按照预定的本约内容，请求赔偿其可预期的利益。故在银行方怠于依照授信合同约定订立贷款合同时，申请人可主张由此支出的订立费用、履行的准备费用等。而本案中，原告信博公司主张的损失是因银行拒绝放贷行为，导致其无法向中远公司支付货款，从而未能及时向元强公司供货而发生违约金损失20万元。但原告未就该项损失进行举证，且该损失本身亦不属于原、被告间签订授信协议时一方能够预见的因违约可能造成对方损失的范围，故原告主张的违约金损失与本案诉争缺乏关联。

> 规则4 【亲属借贷】在亲属间民间借贷案件的审理中,应当从案件的特点出发,充分运用日常生活经验,使认证结果尽可能与人们的日常生活经验不相违背。

[规则解读]

经验法则,是指人们从生活经验中归纳获得的关于事物因果关系或属性状态的法则或知识。处理亲属间借贷案件要充分运用经验法则对证据进行认证,从而认定法律事实,最终对案件作出裁判。

[案件审理要览]

一、基本案情

徐某与赵某系母子关系,赵某与石某是夫妻关系。2007年,赵某与石某开始租房同居。2009年6月5日,徐某汇款10万元给石某。2009年12月3日,赵某与石某登记结婚。2011年6月石某起诉离婚,后撤诉,双方现已分居。2012年2月,徐某起诉要求石某偿还借款10万元并承担本案诉讼费用。在庭审中徐某声称借款时不知道石某与赵某的恋人关系,赵某介绍石某时说石某是其同事,石某家里盖房子需要用钱,徐某同情石某才把未到期的存折提前支取了,在银行外把钱给了石某。赵某和石某结婚至今她都不知道。赵某一审作证时陈述:石某第一次要借钱时徐某说没有名分不能借,后来同情她才借的;二审庭审的时候又换了另一种说法。石某辩称:10万元系徐某给自己和徐某之子赵某结婚的费用,该笔钱是彩礼性质,且已用于准备婚礼的花费上,双方不存在民间借贷关系。再者,当初家里盖房子,父母出了30万元,根本不需要借钱。另外,徐某也从来没有向其要过所谓的10万元借款。二审中徐某申请赵某的同事出庭作证,证明石某曾对同事说从徐某处借钱用于家里盖房。

二、审理要览

一审法院认为徐某没有提供充分证据证明与石某之间存在民间借贷关系,判决驳回了徐某的诉讼请求。后徐某上诉,二审法院经审理维持了一审判决。

[规则适用]

关于本案的处理有两种意见:

第一种意见:徐某提供了转账凭据和证人证言,应认定徐某与石某之间存在民间借贷关系,石某认为徐某转给其的10万元是与赵某结婚的费用,是彩礼性质,对此应承担举证责任。案件中,根据石某提供的保险合同、保险单、保险单发票显示,石某购买的保险中被保险人包括赵某且发生在2010年,无法证明购买保险的花费是用于与赵某结婚;至于石某所主张的房租,由于租房的时间从2007年6月至2012年6月,其与赵某2009年12月结婚,不能将这些租金都认定为结婚的花费;石某所主张的用于结婚的装修房屋花费,也没有其他证据加以佐证。石某的抗辩不能成立,应承担败诉的风险。

第二种意见:《民事诉讼证据规定》第 2 条规定,当事人对自己提出的诉讼请求所依据的事实或者反驳对方诉讼请求所依据的事实负有责任提供证据加以证明。没有证据或者证据不足以证明当事人的事实主张的,由负有举证责任的当事人承担不利后果。徐某主张该笔款项是借款,应对此承担举证责任。首先,徐某在一审、二审审理过程中对于借款形成过程、催要过程的表述存在前后矛盾、不符合常理之处,证人赵某证言在一审及二审中也存在前后不一致的情况。其次,本案的案情特殊,徐某与赵某系母子关系。2007 年,赵某与石某开始租房同居。2009 年 6 月,徐某汇款 10 万元给石某。2009 年 12 月,赵某与石某登记结婚。现赵某与石某感情破裂,正在离婚过程中。徐某现以民间借贷为由起诉石某,但是双方之间并无书面借据,徐某亦未提交催要证据。石某提交了租房、装修、购买家具、家电等票据。综合考虑案件情况,现有证据无法证明徐某与石某之间存在借贷关系,故徐某以民间借贷为由起诉石某,证据不足。

笔者认为,应当综合运用举证责任分配与经验法则从而认定案件事实。

近年来,发生在亲属间的民间借贷案件呈上升之势,该类案件存在如下主要特点:

1. 亲人反目、事实查清难。由于当事人之间存在某种亲属关系,并且借钱的时候关系是比较融洽的,证明借贷关系成立的证据较少留存。关系破裂诉到法院后,双方陈述的事实差别很大,在没有直接证据的情况下,客观事实很难查清。

2. 证人证言可信度不高、证明力较小。该类案件中出庭作证的证人往往与双方都熟悉,不愿意出庭作证,所表达的内容也较为模糊,对案件事实的查清帮助不大;有的证人有明显的倾向性。考虑到证人与当事人之间的利害关系,证人证言采信率不高。

3. 对立情绪大、案结事了难。这类案件的当事人双方在诉讼中对立情绪较大,双方矛盾激化,甚至视同水火,案件的调解难度很大。判决后,败诉方也很难服判,申诉信访率很高。

由于该类借贷案件发生在亲属(存在较为亲密关系的,如情人、恋人关系也在讨论之中)之间,直接证据往往较为单一,主要是借条、欠条或者银行转账凭条,此外就是当事人之间的陈述。虽偶有证人出庭,对查清案件事实作用也不大。因此,此类案件法律事实的认定往往要凭借法官的心证,要使法律事实最大限度地接近客观事实,经验法则、生活常识在案件处理中发挥着重大的作用。

《民事诉讼证据规定》第 63 条赋予法官运用经验法则认定证据的权力。所谓经验法则,是指人们从生活经验中归纳获得的关于事物因果关系或属性状态的法则或知识。构成日常经验法则的要素包括:其一,所依的生活经验必须是日常生活中反复发生的常态现象;其二,这种生活经验必须为社会常人所能体察和感受;其三,这种经验法则所依据的生活经验是人们在长期生产、生活以及科学实验中所形成的一种理性认识,是不证自明的。证据法上的经验法则是法官依照日常生活中所形成的,以反映事物之间内在必然联系的事理作为认定待证事实的根据的有关规则。它是法官结合日常生活中亲身经历所领悟的或者借助相关信息资料而取得的知识,对有关事物的因果关系或者一般形态进行归纳,得出对案件事实判断起作用的理性认识。

在审判实践中,日常生活经验对于认定事实和适用法律方面发挥着重要的作用,主要表现在以下几个方面:决定诉讼证据与案件的待证事实之间的客观联系;决定证据的可采性;发挥证据间的推理作用,减轻当事人的举证责任;有利于法官正确地理解和适用法律;有利于正确认定事实,公正作出裁判。笔者认为,处理亲属间借贷案件要充分运用经验法则对证据进行认证,从而认定法律事实,最终对案件作出裁判。具体来讲可分为两种情形:一是亲属间借贷有借条或者是欠条的情况,应首先审查借条或者欠条的真实性,如若真实,可认定借条的证据效力,这时应由主张借款关系不存在或者存在其他法律关系的人承担举证责任。二是借条或欠条不存在的情况下,应把主要的举证责任分配给主张借款关系存在的一方,由其对自己的主张提供证据,对借款的形成、借款的过程、借款的用途等进行严格的审查,在审查时要充分考虑到双方的亲属关系,运用生活常识和经验法则,判断当事人陈述的真伪。

就本案来讲,徐某和石某之间不存在借条这一直接证据,徐某应对借贷关系成立承担举证责任。案件审理中,徐某陈述的事实很多不符合常理。一是其子赵某与石某同居多年,她根本不知道两人的同居关系,赵某也没有对她提起过,到现在也不知道二人已经结婚。根据日常经验法则,除非母子关系破裂,否则作为母亲不可能对儿子的终身大事不闻不问,不可能对儿子的行踪漠不关心。作为儿子结婚都没有告诉母亲,也是很难想象的。二是一审、二审中徐某对借款的形成过程、催要过程的表述存在前后矛盾,只对钱款的支付过程记得较为清楚。三是徐某主张借钱给石某用于石某家建房,但当时石某家刚刚获得了大笔拆迁补偿款。四是赵某一审陈述当初石某向其母亲借钱时,其母亲说没名分不能借,二审又说是他母亲同情石某才借的,赵某的陈述前后矛盾,其没有作出合理解释。五是2009年6月徐某支付款项,同年12月石某与赵某领了结婚证,现在石某与赵某已分居,徐某在此种情况下起诉石某借款不还,存在疑点。

现实生活中,常有长辈赠与子女金钱资助其购房购车或成婚之用,而当子女婚姻关系有变化时,长辈改变说法称赠与关系为借贷关系的现象大量存在。本案中,徐某向石某转款发生在其子与石某结婚前半年,而双方分居后,徐某起诉要求石某归还借款。徐某主张该笔款是借款,但其缺乏证明借贷关系存在的直接证据如借条、欠条等,并且其在一审、二审审理过程中对于借款形成过程、催要过程的陈述不仅前后矛盾,亦存在诸多不合常理之处;证人赵某证言也存在前后不一致的情况。法院经审理认为,徐某以民间借贷纠纷为由起诉石某,证据不足,最终驳回了徐某的诉讼请求。

总之，法官在亲属间民间借贷案件的审理中，应当从案件的特点出发，充分运用日常生活经验，使认证结果尽可能与人们的日常生活经验不相违背。

> **规则5** 【婚内借款】夫妻一方具有和第三人恶意串通、通过虚假诉讼虚构婚内债务嫌疑的，该夫妻一方单方自认债务，并不必然免除"出借人"对借贷关系成立并生效的事实应承担的举证责任。

[规则解读]

1. 夫妻一方具有和第三人恶意串通、通过虚假诉讼虚构婚内债务嫌疑的，该夫妻一方单方自认债务，并不必然免除"出借人"对借贷关系成立并生效的事实应承担的举证责任。

2. 借款人配偶未参加诉讼且出借人及借款人均未明确表示放弃该配偶可能承担的债务份额的，为查明案件事实，应依法追加与案件审理结果具有利害关系的借款人配偶作为第三人参加诉讼，以形成实质性的对抗。

3. 出借人仅提供借据佐证借贷关系的，应深入调查辅助性事实以判断借贷合意的真实性，如举债的必要性、款项用途的合理性等。出借人无法提供证据证明借款交付事实的，应综合考虑出借人的经济状况、资金来源、交付方式、在场见证人等因素判断当事人陈述的可信度。对于大额借款仅有借据而无任何交付凭证、当事人陈述有重大疑点或矛盾之处的，应依据证据规则认定"出借人"未完成举证义务，判决驳回其诉讼请求。

[案件审理要览]

一、基本案情

原告赵某因与被告项某某、何某某发生民间借贷纠纷，向上海市长宁区人民法院提起诉讼。

原告赵某诉称：原告与被告项某某系朋友关系。2007年7月20日，项某某以装修房屋为由向其借款人民币20万元，双方约定以年利率5%计息，期限为两年。当日，原告从家中保险柜中取出现金20万元，步行至项某某经营的干洗店内向其交付借款，项某某当场出具借条。2009年7月23日，项某某在原告的催讨下支付利息2万元，并请求延长借款期限两年。2011年7月27日，原告再次向项某某催讨借款，但其仍未能还款。原告认为，因本案借款系项某某向其所借，借条和催款通知单亦由项某某签名确认，故其仅起诉项某某；至于被告何某某是否应当承担共同还款责任，其不予表态。请求法院判令项某某归还借款20万元，并以20万元为本金，支付自2009年7月23日起至判决生效之日止按照年利率5%计算的利息。

被告项某某辩称：对原告赵某诉称的事实均无异议，但其目前无力归还借款。至于涉案借款的用途，其中10万借款用于装修两被告名下房屋，另外10万元于

2007年8月2日用于提前偿还购买该房屋时的银行贷款。因此,涉案借款是夫妻共同债务,应由两被告共同偿还。

被告何某某辩称:首先,原告赵某主张的借款事实不存在。两被告在2007年期间自有资金非常充裕,无举债之必要。原告提供的借条是项某某事后伪造的,何某某原已申请对该借条的实际形成时间进行鉴定,但因不具备鉴定条件而无法进行;且原告当时并不具备出借20万元的经济能力,其也未提供任何借款交付证据。其次,何某某对原告主张的借款始终不知情。两被告于2009年6月18日签订协议书,约定对外债务任何一方不确认则不成立,故该笔借款即使存在,也应当是项某某的个人债务。再次,两被告于2005年9月20日结婚,2010年7月开始分居。何某某曾分别于2010年8月25日、2011年5月12日向法院提起离婚诉讼,在这两次诉讼中,项某某均未提及本案借款。然而,除本案系争债务以外,另有两位债权人突然诉至法院要求归还借款。显然,本案是原告和项某某通过恶意串通,企图转移财产的虚假诉讼,应追究两人的法律责任。

上海市长宁区人民法院经审理查明:

原告赵某与被告项某某系朋友关系,两被告系夫妻关系,于2005年9月20日登记结婚。项某某向原告出具落款日期为2007年7月20日的《借条》一张,载明:"今我项某某向赵某借人民币200 000元正(贰拾万元正),于2009年7月20日前归还,利息按5%计算。"落款处由项某某以借款人身份签名。后原告书写一份《催款通知单》,载明:"今项某某向赵某借款贰拾万元正,于2009年7月20日前归还,但已超过期限,至今没还,特此向项某某催讨借款。"落款日期为2009年7月23日。项某某在该份《催款通知单》上加注:"我知道,因经营不善无钱归还,恳求延长两年,利息照旧。"此后,原告再次书写一份《催款通知单》,载明:"今项某某借赵某贰拾万元正,经多次催款至今没还,特此向项某某再次催讨借款及利息。"落款日期为2011年7月27日。项某某则在该份《催款通知单》上加注:"因经营不善无钱归还,恳求延长两年,利息照旧。"并签署其姓名。

另查明,2007年7月19日,被告项某某名下中国工商银行账户内余额为167 545.34元。2007年8月2日,项某某自上述银行账户内支取10万元。当日,项某某向中国建设银行偿还个人购房贷款10万元。

再查明,2009年6月18日,两被告签署《协议书》一份,确认双方生意经营、房产状况、房屋贷款等事宜,未涉及本案系争借款。双方同时约定"其他债务事宜,双方任何一方不确认则不成立"。2010年7月,两被告开始分居。2010年9月28日、2011年6月1日,何某某分别起诉至上海市长宁区人民法院,要求与项某某离婚。上述两案诉讼过程中,项某某均未提及本案系争借款,后该两次离婚诉讼均经调解不予离婚。2012年8月31日,何某某第三次起诉要求与项某某离婚,目前该案正在审理中。

上述事实,有原告赵某提供的、落款日期为2007年7月20日的借条、2009年

7月23日的《催款通知单》、2011年7月27日的《催款通知单》,被告项某某提供的中国建设银行《个人贷款还款凭证》,被告何某某提供的2009年6月18日两被告《协议书》、2010年10月13日法院调解笔录、2011年6月1日法院调解笔录,上海市长宁区人民法院依职权调取的被告项某某名下中国工商银行账户交易明细以及双方当事人的当庭陈述在案佐证,足以认定。

二、审理要览

上海市长宁区人民法院一审依照《合同法》第196条、第210条,《民事诉讼法》第144条,最高人民法院《民事诉讼证据规定》第2条、第5条之规定,判决驳回原告赵某的全部诉讼请求。

一审判决后,双方均未提起上诉,该判决已经发生法律效力。

[规则适用]

本案的争议焦点为:原告赵某与被告项某某之间的借贷关系是否成立并生效,以及在此前提下被告何某某是否负有还款义务。

根据民事诉讼证据规则,在合同纠纷案件中,主张合同关系成立并生效的一方当事人对合同订立和生效的事实承担举证责任。同时,根据《合同法》的规定,自然人之间的借款合同,自贷款人提供借款时生效。故原告赵某主张其与被告项某某之间存在有效的借款合同关系,其应就双方之间存在借款的合意以及涉案借款已实际交付的事实承担举证责任。现原告提供《借条》意在证明其与项某某之间存在借款的合意。关于借款交付,其主张因其无使用银行卡的习惯,故家中常年放置大量现金,20万元系以现金形式一次性交付给项某某。对于原告的上述主张,被告项某某均表示认可,并称其收到借款后同样以现金形式存放,并于2007年8月2日以其中的10万元提前归还房屋贷款。被告何某某则明确否认涉案借款的真实性。

首先,原告赵某在本案中虽表示向被告项某某主张还款,但项某某辩称涉案借款用于两被告夫妻共同生活,应由两被告共同偿还。事实上,经法院调查,在两被告的第三次离婚诉讼中,项某某也始终将本案借款作为夫妻共同债务要求何某某承担相应的还款责任。基于本案处理结果与何某某有法律上的利害关系,法院依法将其追加为第三人参加诉讼。后因项某某的上述抗辩,原告申请追加何某某为被告。在此过程中,原告及项某某一再反对何某某参加本案诉讼,不仅缺乏法律依据,亦有违常理。何某某作为本案被告以及利害关系人,当然有权就系争借款陈述意见并提出抗辩主张。

其次,基于两被告目前的婚姻状况以及利益冲突,被告项某某对系争借款的认可,显然亦不能当然地产生两被告自认债务的法律效果。并且,项某某称其于2007年8月2日用涉案借款中的10万元提前归还房贷。然而,经法院依职权调查,项某某银行交易记录却显示当天有10万元存款从其名下银行账户支取,与其归还的银行贷款在时间、金额上具有对应性。此外,项某某银行账户在同期存有十余万元存款,其购房银行贷款也享有利率的七折优惠,再以5%的年利率向他人借款用以冲抵该银行贷款,缺乏必要性和合理性。本案于2013年3月7日开庭时,项某某经法院合法传唤明确表示拒绝到庭。上述事实和行为足以对项某某相关陈述的真实性产生怀疑。故基于以上原因,原告赵某仍需就其与项某某之间借贷关系成立并生效的事实,承担相应的举证义务。

最后,原告赵某自述其名下有多套房产,且从事经营活动,故其具有相应的现金出借能力。但其亦表示向被告项某某出借20万元时,其本人因购房负担着巨额银行贷款。为此,法院给予原告合理的举证期限,要求其提供相应的证据证明其资产状况和现金出借能力,并释明逾期举证的法律后果。嗣后,原告明确表示拒绝提供相应的证据。法院认为,原告明确表示放弃继续举证权利,而其提供的现有证据并未能证明涉案借款的交付事实以及原告本人的资金出借能力,其陈述的借款过程亦不符合常理,故应承担举证不能的法律后果。对于原告的诉讼请求,法院依法不予支持。至于项某某个人对涉案借款的认可,因其与原告之间对此并无争议,其可自行向原告清偿,法院对此不予处理。

规则6 【转账借贷】通过第三人转账方式出借大额款项可认定为借贷。

[规则解读]

民间借贷中,出借人通过第三人转账方式出借大额款项的,若第三人的款项交付凭证与债务人出具的借据可以相互印证,则应认定出借人与债务人之间存在借贷合意和借贷关系已实际发生。

[案件审理要览]

一、基本案情①

福建省泉州市泉港区人民法院经审理查明:2012年11月1日,在陈某某的担保和刘某某的见证下,朱某某与陈某某签订借款协议书一份,约定:"一、出借方朱某某借款给陈某某捌拾万元人民币,月利息按2%计算,即借款方每月利息付给出借方朱某某壹万陆仟元整。出借时限壹年整(从2012年11月1日至2013年10月31日止)。二、借款方以本人在厦门舫阳酒店的股权作为自身还款条件。三、担保方陈某某自愿为借款方陈某某履行还款担保连带责任。"2012年12月1日、31日,2013年1月30日、3月4日、4月3日,陈某某各汇款人民币16 000元给朱某某。

另查明,朱某某于2012年3月4日和9月4日各借款40万元给刘某某。刘某某出具借条交朱某某收执,并按月支付朱某某利息至2012年10月。2012年10月22日,刘某某与陈某某、林某三人就成立公司承包经营厦门舫阳酒店事宜签订

---

① 参见泉州市中级人民法院(2014)泉民终字第1574号。

公司合作协议书,三方约定:公司注册资本为500万元,其中刘某某占70%股份、陈某某占20%股份、林某占10%股份;三方确认天鸣鑫公司前期对舫阳酒店投资形成的资产价值人民币700万元,该资产归刘某某所有,由刘某某从各方于当月24日前应到位的投资款项中直接收回;天鸣鑫公司此前承包舫阳酒店期间的债权债务(注:欠舫阳公司的履约保证金90万元)由刘某某负责在当月31日前清零;该项目后期拟投资1500万元等内容。当日,刘某某汇款90万元给陈某某,陈某某又将该90万元转汇给舫阳公司。2012年11月19日,陈某某向舫阳公司缴纳资金流动款10万元。舫阳酒店系舫阳公司的分支机构,陈某某在舫阳酒店没有股权。

朱某某向福建省泉州市泉港区人民法院起诉称:本案借款80万元原系借给刘某某,后经刘某某介绍另借给陈某某,并由刘某某直接将应还的借款支付给陈某某,其提供借款协议书和银行落地交易审批单、对账单、刘某某出具的原借条等证据对其主张加以证明。请求判令:解除其与陈某某签订的借款协议书;陈某某偿还借款80万元及利息;陈某某对陈某某的上述债务承担连带清偿责任。

陈某某辩称:刘某某汇给其的90万元系刘某某委托其代天鸣鑫公司支付给舫阳公司的追加履约保证金,并非是朱某某指示刘某某交付给其的借款,且该款项交付的时间、金额与借款协议书所约定的内容均不吻合,朱某某未实际履行支付出借款的义务,双方借贷关系未实际发生。请求法院驳回朱某某的诉讼请求,反诉要求朱某某返还其所支付的利息8万元。

刘某某述称:其欲偿还朱某某80万元借款,陈某某因合作资金筹集不到位通过其介绍向朱某某借款,朱某某就叫其将80万元直接汇给陈某某,由陈某某出具借据(本案的借款协议书)给朱某某收执。要是陈某某抗辩成立的话,其没有必要通过陈某某之手将钱汇给舫阳公司,可由天鸣鑫公司或其直接汇给舫阳公司。其在汇款给陈某某的交易审批单上附注"还款"二字,就是表示所汇款项90万元中的80万元为偿还朱某某的借款(另外10万元系其个人一并汇给陈某某用于对方应急),亦即该80万元系朱某某所有,其是代替朱某某向陈某某交付借款。

二、审理要览

福建省泉州市泉港区人民法院认为,陈某某向朱某某借款80万元的事实清楚,证据充分,合法有效,依法应予认定。虽然朱某某与陈某某约定所借款项于2013年10月31日到期,但从陈某某的反诉可看出其已明确表示不履行合同约定的还款义务,根据《合同法》第94条第(二)项的规定,朱某某诉求解除双方之间的合同及要求陈某某偿还借款80万元及利息,有事实根据和法律依据,予以支持。根据最高人民法院《担保法解释》第10条的规定,朱某某要求陈某某对诉争借款所欠本息承担连带保证责任的诉讼请求,符合法律规定,予以支持。

泉港区人民法院遂判决:解除原告朱某某与被告陈某某于2012年11月1日所签订的借款协议书;被告陈某某应于本判决生效之日起10日内偿还原告朱某某借款80万元及利息(自2013年4月1日起至判决确定还款之日止,按月利率

2%计算);被告陈某某对上述款项承担连带保证责任;被告陈某某在承担保证责任后,有权向被告陈某某追偿;驳回反诉原告陈某某的反诉请求。

一审宣判后,被告陈某某不服,提起上诉。

泉州市中级人民法院经审理认为,陈某某关于刘某某系通过其账户来对外支付履约保证金的抗辩,系其对借款用途的辩解,并不影响借款的认定。对本案涉及的陈某某与刘某某的合作经营合同关系,因属于其他的法律关系,陈某某可以另案主张权利。

泉州市中级人民法院判决驳回上诉,维持原判。

[规则适用]

1. 借据、款项交付凭证的证明力

借据是证明双方存在借贷合意和借贷关系实际发生的直接证据,具有较强的证明力。实践中,对金额较小的现金交付,债务人提出抗辩的,只要出借人可以作出合理解释的,法院通常凭借据推定债权人已经履行了出借款项的义务。但对于大额的现金交付,《浙江省高级人民法院关于审理民间借贷纠纷案件若干问题的指导意见》第17条规定,法院应根据"出借人的支付能力、当地或者当事人之间的交易方式、交易习惯以及借贷双方的亲疏关系等诸因素,结合当事人本人的陈述和庭审言辞辩论情况以及提供的其他间接证据,依据民事诉讼高度盖然性的证明标准,运用逻辑推理、日常生活常理等,综合审查判断借贷事实是否真实发生。"对于非现金交付,债权人还要提供款项交付凭证加以证明。

款项交付凭证仅能证实当事人双方银行转账、资金往来的情况,其本身并不能证明所往来款项的性质属于借款、还款还是相关业务。债权人仅提供款项交付凭证,未提供借贷合意凭证,债务人提出双方不存在借贷关系或者其他关系抗辩的,债权人应当就双方存在借贷合意提供进一步证据。

2. 借款人的抗辩事由

借款人的抗辩事由通常包括以下几个方面:一是借据是伪造的;二是借据是受欺诈、胁迫签订的;三是出借人未实际交付借据载明的借款等。对于第一种情况,法院可以通过引导当事人对借据的真伪进行鉴定以判断真假;对于第二种情况,借款人应当承担相应的举证责任以证明其主张;对于第三种情况,可按照前述对借据、款项交付凭证证明力的认定进行处理;对于借据和款项交付凭证当事人均有提供的,还应查明二者是否可以相互印证。

3. 借据和款项交付凭证是否可以相互印证

对借据和款项交付凭证相互印证的,即可以此判断出借人与借款人之间存在借贷合意及借贷关系已实际发生。对借据和款项交付凭证载明内容不相吻合的,法院应根据出借人的陈述和借款人的抗辩事由,依据民事诉讼高度盖然性的证明标准,运用逻辑推理、日常生活常理等,综合审查判断借贷事实是否真实发生。具体可按照《浙江省高级人民法院关于审理民间借贷纠纷案件若干问题的指导意见》第 15 条第 2 款的规定进行操作,即"对能够查明双方存在借贷关系的,按照民间借贷纠纷审理;查明债务属其他法律关系引起的,法院应向当事人释明,由债权人变更诉讼请求和理由后,按其他法律关系审理,债权人坚持不予变更的,判决驳回诉讼请求。判决驳回诉讼请求后,债权人可按其他法律关系另行起诉"。查明双方不存在借贷关系也不存在其他法律关系的,判决驳回诉讼请求。

本案中,若单从借据-借款协议书和第三人款项交付凭证-交易审批单各自所记载金额、时间等内容的外在"表象"看,二者是不大吻合的,主要表现在:借款协议书所记载的金额与交易审批单记载的金额不相吻合;借款协议书的出具时间在交易审批单所记载的时间之后。但现象是事物的外部联系,本质才是事物的内在特质,根据《浙江省高级人民法院关于审理民间借贷纠纷案件若干问题的指导意见》第 17 条的规定进行操作,我们可以通过借款协议书、交易审批单外在"表象"清楚地看到二者在内在"本质"上的关联与吻合,理由如下:

(1) 出借人朱某某有支付能力。

(2) 朱某某的陈述符合"当事人之间的交易方式、交易习惯以及借贷双方的亲疏关系"。朱某某与刘某某系朋友关系,陈某某与刘某某系朋友加合伙人关系,在刘某某与陈某某、林某谈妥合作事宜后,刘某某欲偿还朱某某借款80万元,陈某某因筹集不到资金通过刘某某介绍向朱某某借款,此时朱某某、刘某某和陈某某三方之间的关系因刘某某与陈某某之间无债权债务关系,故不是债权转让或债务转移合同关系,而是纯粹的民间借贷关系。三方间还贷、借贷的正常流程是:刘某某还款80万元给朱某某,朱某某将该80万元出借给陈某某,陈某某出具借据给朱某某收执。因借贷双方与刘某某均为朋友关系,相互间较为信任,故三方将上述流程简化为:"朱某某叫刘某某将应还的80万元作为出借款直接支付给陈某某、由陈某某出具借据给朱某某收执"的这一行为,是符合民间借贷中当事人通常只看重借据是否写明借款金额、利息、期限等借贷基本要素及借据有无出具的结果而忽视款项交付的过程是否在借据中写明的交易习惯的。另外,民间借贷合同属实践性合同,刘某某作为见证人在借款协议书签名的行为,若仅表示作为借贷双方借贷合意的见证,而不代表作为借贷关系实际发生的见证,则其该行为应该说显失借贷见证的本义。

(3) 运用逻辑推理和日常生活常理判断,陈某某的抗辩不合常理。首先,从刘某某角度分析。其向朱某某借款80万元要按月利率2%支付利息,而天鸣鑫公司欠舫阳公司履约保证金90万元的性质为押金,该款项不用支付利息。在面对不同债务的清偿问题上,从经济学角度分析,在同等条件下,常人出于效益的考虑首先会选择将需要支付利息的债务还清以减少利息损失,其次才是偿还不用支付利息的债务;何况前者系刘某某个人债务,后者系天鸣鑫公司债务,刘某某只是公司的法定代表人而已,且在刘某某与陈某某、林某谈妥合作事宜后两日内,林某和陈某某均有资金要投入可抵公司债务。陈某某的抗辩显然与款项交付人刘某某的经济利益相矛盾。其次,从款项性质上分析。在无相反证据排斥的情况下,90万元款项的性质,在从刘某某银行账户转账给陈某某银行账户之前应以所有权人刘某某所述为准:即其中的80万元为朱某某所有、另外的10万元为刘某某所有;转账之后该款项在陈某某名下为其占有,理应推定为陈某某所有,款项的所有权发生转移。陈某某将收到的90万元汇给舫阳公司,事后又向舫阳公司缴纳资金流动款10万元,这说明陈某某是代表自己在履行其与刘某某、林某所约定的向舫阳公司承包酒店的出资义务,其关于上述100万元款项中的90万元系受刘某某委托而向舫阳公司缴纳的说法,没有相应证据证明,不能成立。最后,从借据的出具和陈某某支付利息行为的角度分析。陈某某在借款协议书中对借贷行为表述为"出借方朱某某借款给陈某某捌拾万元人民币",应该说"借款给"与"借到"等类似表述与通常的"借款"表述还是有所区别的,相对于后者,前者对于出借方有实际交付借款的行为是一种较为明确的肯定性表述。另外,利息16 000元/月并非小额支出,若如陈某某所述在出具借据后未收到分文借款,其还会按月支付共计5个月的利息8万元吗? 这明显有悖常理。

综上可见,刘某某的陈述和其他间接证据可以佐证交易审批单与借款协议书所载内容相吻合,二者可以相互印证。在此情况下,借款协议书的证明力以及朱某某已实际履行了向陈某某支付出借款义务的事实应予认定。概括地说,陈某某是在朱某某先通过刘某某履行支付出借款的义务后才向朱某某出具了借款协议书对双方借贷关系的实际发生进行确认。因此,本案借款协议书的性质为借款收据,其可直接证明借贷关系的实际发生。

4. 本案审理的启示

在审理过程中,泉港区人民法院还向林某、舫阳公司等进行调查,通过了解案外的合作经营合同关系与本案的联系及影响以进一步查清本案事实。经查,刘某某、陈某某、林某三人的合作项目仅仅经营不到6个月便歇业,陈某某的80万元借款投资打了水漂。从中不难发现,陈某某抗辩本案借贷未实际发生的主要原因在于其投资不利,但若本案不存在借贷双方未将款项的交付过程在借据中载明清楚这一瑕疵和诱因,陈某某也不会"黑白颠倒"地提出如此抗辩。本案提醒:(1) 借据虽说具有较强的证明力,但是,当借款人对此提出合理的抗辩理由时,法院不能仅凭此判案,还应当进一步审查贷款人的资信情况,并根据证据规则综合作出判断。(2) 出借人在放贷时,除应叫债务人出具借据外,还应注意借据是否将款项交付的过程和事实记载清楚,以避免日后不必要的争执和麻烦。

规则7 【免责借贷】为免除罪责，犯罪嫌疑人亲属向被害人出具借条不能形成民间借贷关系。

[规则解读]

为免除罪责，犯罪嫌疑人亲属向被害人出具借条，其目的并非要发生民事法律后果，而是想通过建立民事法律关系来改变一方本应承担的刑事法律后果，不属于合法的民间借贷关系，不受法律保护。

[案件审理要览]

一、基本案情

张某因诈骗李某61 500元被公安机关逮捕。张某的父亲为了儿子不被追究刑事责任，于2008年7月21日向李某出具欠条一张，载明：今借到李某现金61 500元整，先后还1万元整、2万元整，还欠31 500元整。张某最终还是被追究刑事责任，因此，李某虽多次催要余款，张父一直未还。李某遂向法院起诉，要求张父偿还欠款31 500元。

二、审理要览

本案的争议焦点是：被告为使儿子免除罪责，将诈骗款项给被害人出具借条的行为是否形成民间借贷关系？

[规则适用]

笔者认为，张某诈骗原告钱款，被告为免除儿子罪责而给原告出具借条，双方之间并无真实的借款行为，不能形成借贷关系。理由如下：

其一，被告的行为不符合民间借贷法律特征。民间借贷是指公民之间、公民与法人之间以及公民与其他组织之间依照约定进行货币或其他有价证券的借贷。民间借贷是一种民事法律行为。首先，民事法律行为是民事主体实施的以发生民事法律后果为目的的行为。本案中，被告向原告出具借条的目的是为使儿子不被追究刑事责任，其目的并非要发生民事法律后果，即想通过建立民事法律关系来改变一方本应承担的刑事法律后果。其次，民事法律行为是以意思表示为构成要素的行为。本案中，被告真实的意思表示是使儿子不承担刑事责任，而非给原告61 500元，后由于其儿子被追究了刑事责任，被告出具欠条的初衷消失，再支付余款，就不再是被告的真实意思表示。最后，民事法律关系应是合法行为。当犯罪嫌疑人触犯刑法，是否被追究刑事责任是由司法机关决定的，而非被害人和犯罪嫌疑人家属所能决定，原告接受被告借条，并承诺不追究张某的刑事责任，显然不符合法律规定，不属于合法的民间借贷关系，不受法律保护。

其二，借贷双方间是否形成民间借贷关系，以出借人将货币或其他有价证券交付给借款人为成立要件，并且要求标的物必须是属于出借人个人所有或拥有支配权的财产。本案中，原告没有将属于自己钱款借予被告的实际交付行为，虽然被告向原告出具有借条，但无借款之实。据此，也可得知，被告为免除儿子的罪责,给原告出具借条的行为,不属于民间借贷。

其三,原告主张的债务转移不成立。债务转移,是指合同债务人与第三人之间达成协议,并经债权人同意,将其义务全部或部分转移给第三人的法律行为。我国《合同法》第84条规定:"债务人将合同的义务全部或者部分转移给第三人的,应当经债权人同意。"本案中,借贷合同是被告与原告订立的,张某与原告之间是刑事法律关系,并不存在"债务转移"所要求的债权人、债务人与第三人,不符合债务转移的规定,因此,原告的诉讼请求不应被支持。

规则8 【项目借贷】在项目部经理对外借款行为中,其授权表征往往表现于其持有并在借条中盖有项目经理部的公章,或其持有盖有公司公章的空白合同书等。若行为人具有上述授权表征,利益归属在所不问,均应认定为职务行为。

[规则解读]

在区分职务行为、个人行为时,利益归属或授权表征的标准择一即可。如果民事行为的利益归属于单位,且行为人与单位之间具有特殊的身份关系,不论行为人或单位对此持何种抗辩观点,一般应认定为职务行为。如果民事行为的利益归属于个人,且行为人与单位之间不具有特殊的身份关系,则不宜认定为职务行为,而是个人行为。在项目部经理对外借款行为中,其授权表征往往表现于其持有并在借条中盖有项目经理部的公章,或其持有盖有公司公章的空白合同书等。若行为人具有上述授权表征,利益归属在所不问,均应认定为职务行为。

[案件审理要览]

一、基本案情①

被告山西太行公司和重庆远鹏物业发展有限公司共同出资成立了重庆华美地产发展有限公司(以下简称华美公司),华美公司是御景天成项目的开发单位和施工单位。2005年7月18日,华美公司将其承建的御景天成项目主体工程发包给山西太行公司,该公司随即成立了山西太行公司御景天成项目部。王某、周某、陈某某等人以重庆第八建筑公司之名分包了御景天成项目2号车库和6号主楼,成立了山西太行公司御景天成项目四部,王某为项目部经理。山西太行公司御景天成项目部给王某颁发了项目四部的印章和工作证。2005年7月18日,王某以御景天成项目四部为甲方、陈某华为乙方签订了劳务合同,约定陈某华承包御景天成项目2号车库和6号楼土建工程。合同第9条约定工程保证金:乙方向甲方交纳50万元工程质量保证金,双方签约1日内乙方支付给甲方50万元。当日,王某在中国银行洋河分理处以自己名字开户,陈某华将50万元现金汇入了该账户。

2005年7月18日,王某、陈某某、周某给陈某华出具借条一张,借条载明:今

---

① 参见重庆市第一中级人民法院(2008)渝一中民再终字第84号。

借到陈某华现金 100 万元(￥1 000 000.00),用于御景天成项目费用。借款人王某、陈某某、周某承诺 9 个月一次性偿还借款,还款期限为 2006 年 4 月 18 日之前。如果到期不偿还,王某、陈某某、周某承诺向陈某华每日按 3‰支付利息、违约金和损失费用;如果到期不能偿还,王某、陈某某、周某承诺承担连带责任,用个人收入、家庭财产、项目资金担保偿还。借款人:王某、陈某某、周某。应陈某华的要求,在借条空白处加盖了山西太行建设开发有限公司御景天成项目四部的印章。

由于陈某华不具备资质,双方于 2005 年 8 月初协商解除劳务合同。

2006 年 5 月 16 日,陈某华向山西太行公司御景天成项目四部及王某等人递交了催款通知书,御景天成项目四部的会计徐某某签收了该催款通知。借款期满后,王某等人以借款系其私人行为,借款金额是 50 万元且未到偿还期限为由拒绝还款。为此,陈某华以山西太行公司御景天成项目部、王某、周某、陈某某为被告,起诉至重庆市渝北区人民法院。法院向原告陈某华释明项目部不能作为民事主体参加诉讼,原告遂申请追加山西太行公司为本案被告。请求判令:由山西太行公司立即偿还借款 100 万元,按每日 3‰承担逾期利息、违约金和损失费;由王某、周某、陈某某承担连带责任。

二、审理要览

重庆市渝北区人民法院经审理认为:本案借款行为虽然系被告王某、周某、陈某某所为,但借款用于工程建设是不争的事实。借条上盖有山西太行公司御景天成项目四部的印章,该印章系山西太行公司御景天成项目部因工作需要发给王某等人使用,山西太行公司御景天成项目部应当对授予印章的行为承担责任。因此,山西太行公司御景天成项目部与被告王某、周某、陈某某应当共同偿还借款。由于项目部不具有独立对外承担民事责任的能力,其民事行为的法律后果由所属法人承担,山西太行公司御景天成项目部所属法人系山西太行公司,故山西太行公司和被告王某、周某、陈某某均是本案义务的承担者。另有关借款金额问题,虽然原告出具的借条是 100 万元,但被告出示的反驳证据和证人证言形成了完整的证据锁链,即原告只向被告支付了 50 万元现金的事实。而原告既不提供借款来源的证据,又拒绝接受法院对该资金来源的审查,故原、被告之间的借款额确定为 50 万元更符合法律事实和客观事实。遂判决由被告山西太行公司和被告王某、陈某某、周某偿还原告陈某华借款 50 万元。

判决后,陈某华不服一审判决,向重庆市第一中级人民法院提起上诉。

重庆市第一中级人民法院经审理认为:上诉人陈某华于 2005 年 7 月 18 日借款给被上诉人王某、周某、陈某某及山西太行公司 100 万元,用于山西太行公司御景天成项目的建设。王某、周某、陈某某及山西太行公司向陈某华出具了借条,并盖有山西太行公司御景天成项目四部印章,以及王某、周某、陈某某的签名。双方当事人对借条无异议。陈某华借款 100 万元给王某、周某、陈某某及山西太行公司的事实成立。原审法院判决认定事实错误,依法予以纠正。遂判决由被上诉人山西太行公司,被上诉人王某、陈某某、周某偿还上诉人陈某华借款100万元。

宣判后,山西太行公司、王某、周某、陈某某不服判决,向检察机关申诉。检察机关据此提起抗诉,认为二审认定事实不清、适用法律错误,判决结果不当。

重庆市第一中级人民法院经重新审理认为,本案争议的焦点是借款主体和实际借款金额。

1. 关于借款主体问题。王某等人与陈某华洽谈借款事宜时具有特定的身份,王某系山西太行公司御景天成项目四部负责人,并持有山西太行公司的工作证和山西太行公司御景天成项目四部印章,周某、陈某某也在该项目四部参与该项目工作,且明确借款用于该项目建设,其对外行为应为履行职务的行为,陈某华要求在借条上加盖项目部印章,正是基于对总承包人山西太行公司作为法人资格和信誉的信赖。因此,王某等人的借款行为系代表山西太行公司项目部的职务行为,其个人不是借款关系的主体。因御景天成项目部及项目四部不具有独立承担民事责任的能力,依法应由该部所属法人山西太行公司对该部的行为承担责任,该借款关系的借款主体为山西太行公司。但王某、周某、陈某某在借条中表示愿承担担保责任,依法应承担连带清偿责任。

2. 关于实际借款金额问题。现陈某华举示了100万元的借条,证明借款给山西太行公司的事实,各方当事人对该借条本身的真实性并无异议。王某等人只承认收到其中50万元,另50万元是借款或投资利润的辩解,提供了证人证明。根据证据效力的一般规则,书证的效力大于证人证言的效力,王某等人的证人为其员工,该证词不足以推翻借条载明的借款金额。陈某华争议的50万元是以现金方式给付的,从陈某华系从事建筑工程承包的职业来看,其拥有50万元现金并以现金支付的可能性是存在的。因此,从证据的证明力和出借人的经济能力角度审查,二审确认陈某华与山西太行公司之间发生了100万元借款的事实清楚,证据充分。遂判决:由山西太行公司偿还陈某华借款100万元;王某、陈某某、周某对山西太行公司的上述义务承担连带责任。

[规则适用]

本案系借款合同纠纷,案情并不复杂,争议的焦点主要是两个问题:一是借款主体问题;二是借款金额问题。

1. 关于借款主体问题,涉及项目部经理王某等人借款行为的性质认定问题

本案中,从表面看,借条上既有王某、陈某某、周某的个人签名,又加盖了山西太行公司御景天成项目四部的印章,且借条中明确约定借款用于御景天成项目,可见,该借条本身存在矛盾,既包含了可以认定王某等人行为系个人行为的因素即有王某等人的签名,又包含了可以认定系其职务行为的因素即加盖了项目部的印章,且明确借款用于项目建设,那么究竟王某等人的行为性质是什么?

笔者认为,应透过现象看本质。王某系山西太行公司御景天成项目四部负责人,与山西太行公司具有特殊的身份关系。王某等人借款时持有山西太行公司颁

发的工作证,对外彰显的身份是山西太行公司员工,且借条中明确借款用于御景天成项目,并盖有山西太行公司御景天成项目四部的印章,因而相对人有理由认为该民事行为的利益归属于山西太行公司,而非王某等个人。陈某华正是基于对山西太行公司的市场信赖,而与王某等人发生民事法律关系,故王某等人的借款行为属于职务代理行为,其代表的是山西太行公司,本案借款关系的主体应为山西太行公司,由此产生的法律后果亦应由山西太行公司承担。

司法实践中,以项目部名义对外发生法律关系的现象较为普遍,行为性质究竟是职务行为还是行为人的个人行为,在判断时常常使人感到困惑。笔者认为,在判断行为人的行为是否属于职务行为时,可以考虑以下三个方面的因素。第一,确定行为人与其对外代表的单位之间是否具有特殊的身份关系。如行为人在从事民事行为时,与其对外代表的单位之间不具有特殊的身份关系,即便其以该单位的名义从事民事活动,也不宜认定其行为为职务行为,只能认定是其个人行为。若行为人在从事民事行为时,与其对外代表的单位之间具有特殊的身份关系,其行为就具备了属于职务行为的前提条件。第二,行为人从事的民事行为在企业法人授权范围之内。若行为人从事的民事行为超出企业法人授权范围,或者在授权终止后仍从事原授权范围的民事行为时,其行为则不是职务行为。第三,利益归属或授权表征考量标准。笔者认为,在区分职务行为、个人行为时,利益归属或授权表征的标准择一即可。所谓利益归属,是指行为人设立、变更、终止民事权利义务关系时,所产生的行为人期待的利益,是归属于个人还是单位。如果民事行为的利益归属于单位,且行为人与单位之间具有特殊的身份关系,不论行为人或单位对此持何种抗辩观点,一般应认定为职务行为。如果民事行为的利益归属于个人,且行为人与单位之间不具有特殊的身份关系,则不宜认定为职务行为,而是个人行为。所谓授权表征,是指行为人从事民事行为时,具有获得单位授权的表象。在项目部经理对外借款行为中,其授权表征往往表现于其持有并在借条中盖有项目经理部的公章,或其持有盖有公司公章的空白合同书等。若行为人具有上述授权表征,利益归属在所不问,均应认定为职务行为。

2. 借款金额问题,涉及借款合同纠纷有关举证责任的分配问题

借贷纠纷案件的证明责任,可见于《民事诉讼法》、最高人民法院《民事诉讼证据规定》。《民事诉讼法》第64条规定当事人对自己提出的主张,有责任提供证据。《民事诉讼证据规定》第5条规定在合同纠纷案件中,主张合同关系成立并生效的一方当事人对合同订立和生效事实承担举证责任;主张合同关系变更、解除、终止、撤销的一方当事人对引起合同关系变动的事实承担举证责任。对合同是否履行发生争议的,由负有履行义务的当事人承担举证责任。

根据上述规定,借贷案件中证明责任大致分配如下。一是债权人作为权利人在主张其权利时,需对借贷合同成立和生效的事实承担举证责任。合同成立的事实是双方对借贷达成协议;合同生效的事实,根据《合同法》第211条的规定,是债

权人提供借款给债务人。二是债务人的证明责任:其一,债务人主张合同关系变更、解除、终止、撤销的,应对借贷合同发生变动的事实承担举证责任;其二,债务人主张合同已履行的,对合同履行之事实承担举证责任。

本案中,借款合同关系是建立在借条基础上。从法律上讲,借条是指借用单位或个人的钱财、物品时,作为将来偿还的凭证,借用人写给对方的一种字据。借条反映了一个借款合同的存在,借条的主要作用是证明借款合同出借人对出借义务的履行,着重确认的是借款人的还款义务。一审法院以原告既不提供借款来源的证据,又拒绝接受法院对该资金来源的审查为由,否认了原告举示借条的真实性。这种认识是否妥当,关键在于提供借款来源的证据是否属于原告应负的举证责任。笔者认为,就借款合同纠纷而言,最直观且最客观的证据就是借条,借款合同关系应以借条为准来判断借款金额。一般情况下,借条足以证明借款关系的存在,无须提供资金来源的证明。除非借条记载的内容明显违背常理,才应先由原告提供其他证据对借据的证明力进行补强,其举证责任方告完成。

就本案而言,原告陈某华举示了 2005 年 7 月 18 日由王某、陈某某、周某给陈某华出具的借条,以证明借款金额为 100 万元的事实。被告对原告的资信能力并未提出质疑,且从陈某华从事建筑工程承包的职业来看,其有 100 万元的资产并不违背常理,故原告的举证责任已完成,无须进一步证明资金来源。在此情况下,被告王某等人抗辩借款金额实际支付只有 50 万元,应由其举证证明。虽然其提供了中国银行活期存折一份以及证人证言,但笔者认为,银行存折系王某私人存折,与本案无关联性,不应采纳。至于证人证言,因证人系王某的员工,故其证人证言的证明力较弱。因此,上述两份证据不足以推翻借条载明的借款金额,在双方对借条本身的真实性无异议的情况下,本案借款合同关系应以借条为准来判断借款金额。

规则 9 【村民借贷】村委会内部管理行为的规定不能对抗合同第三人。

[规则解读]

《中华人民共和国村民委员会组织法》(以下简称《村民委员会组织法》)关于村民小组的经营管理等事项的办理需召开村民小组会议的规定,约束的是农村集体组织的内部管理行为,在不损害国家及社会公共利益的情况下,村委会不能以未经 2/3 村民同意抗辩合同无效。

[案件审理要览]

一、基本案情①

1998 年 5 月 1 日,原沛县安国乡张双楼村民委员会陈庄村民小组为修建本村

---

① 参见江苏省徐州市中级人民法院(2013)徐民终字第 293 号。

民小组的下水道,经该村民小组组长朱某某向原告张某某借款 15 500 元,并出具借款单一份,同时约定"本借款计息,以年息 30% 计息。本借款计息自借款之日起,到归还本利息还清止"。2002 年,沛县安国乡张双楼村民委员会变更为沛县安国镇双楼村民委员会。2009 年 6 月 26 日、2010 年 3 月 2 日、2010 年 11 月 12 日经沛县安国镇双楼村 7 个村民小组的联队会计梅某某分别偿还 5 500 元、500 元、5 000 元,但未说明偿还的是本金还是利息。

原沛县安国乡张双楼村民委员会陈庄村民小组向原告张某某借款时,未经该村民小组会议讨论决定。

原告认为,原沛县安国乡张双楼村民委员会陈庄村民小组是被告的下属单位,其行为产生的法律后果应由被告承担,故请求法院判令被告偿还借款本金 15 500 元、利息 54 100 元。

被告则以借款合同未经 2/3 村民同意抗辩借款合同无效,请求驳回原告的起诉。

二、审理要览

江苏省沛县人民法院审理后认为,关于借款合同的效力及被告的责任范围问题,《合同法》第 52 条第(五)项规定:违反法律、行政法规的强制性规定的合同无效;《村民委员会组织法》第 28 条规定:"召开村民小组会议,应当有本村民小组十八周岁以上的村民三分之二以上,或者本村民小组三分之二以上的户的代表参加,所作决定应当经到会人员的过半数同意……属于村民小组的集体所有的土地、企业和其他财产的经营管理以及公益事项的办理,由村民小组会议依照有关法律的规定讨论决定,所作决定及实施情况应当及时向本村民小组的村民公布。"被告村民小组向原告张某某借款时未按《村民委员会组织法》规定的程序办理,故原告张某某与被告签订的借款合同属无效合同。原告的损失根据相关规定,按中国人民银行公布的一年期基准贷款利率分段予以计算。故判决被告沛县安国镇双楼村民委员会返还原告张某某借款本金 15 500 元,并赔偿原告张某某利息损失(1998 年 5 月 1 日至本判决确定的给付之日的损失,按中国人民银行公布的一年期基准贷款利率分段予以计算,计算后扣减被告已给付的 11 000 元)。

张某某不服上述民事判决,向江苏省徐州市中级人民法院提起上诉。

徐州市中级人民法院二审后认为,关于合同效力问题,《村民委员会组织法》第 28 条关于村民小组会议等的规定,约束的是农村集体组织的内部管理行为,不能对抗第三人,故原判决据此认定借款合同无效不妥,应予纠正。关于借款利率问题,对张某某借款利率未超出中国人民银行规定的同期同类贷款基准利率 4 倍的,按约定履行,超出中国人民银行规定的同期同类贷款基准利率 4 倍的,按中国人民银行规定的同期同类贷款基准利率 4 倍计算利息。徐州市中级人民法院于 2013 年 7 月 23 日判决撤销原判并判决沛县安国镇双楼村民委员会于本判决生效之日起 10 日内偿还张某某借款 15 500 元及利息。

[规则适用]

从合同的相对效力原理出发,对无效合同应当作非常严格的限制。既然合同一般不会具有涉他性,不会直接影响第三人的利益,就不能轻易认定为无效,除非合同双方当事人恶意串通严重损害国家利益、社会利益。最高人民法院《合同法解释(二)》第14条规定:"合同法第五十二条第(五)项规定的'强制性规定',是指效力性强制性规定。"因此,只有违反法律、行政法规的效力性强制性规定才会必然导致合同无效。但何为效力性强制性规定,在司法实践中怎样识别效力性强制性规定和管理性强制性规范,我国法律、行政法规及司法解释并未加以明确。

《最高人民法院关于当前形势下审理民商事合同纠纷案件若干问题的指导意见》第15条规定:"正确理解、识别和适用合同法第五十二条第(五)项中的'违反法律、行政法规的强制性规定',关系到民商事合同的效力维护以及市场交易的安全和稳定。人民法院应当注意根据合同法解释(二)第十四条之规定,注意区分效力性强制规定和管理性强制规定。违反效力性强制规定的,人民法院应当认定合同无效;违反管理性强制规定的,人民法院应当根据具体情形认定其效力。"

实践中,区分强制性规范与效力性规范应从以下几个方面进行分析:首先,看法律、行政法规有无明确规定,法律、行政法规明确规定违反某一强制性规定将导致合同无效或不成立的,该规定属于效力性强制性规定。其次,看强制性规定的立法目的和违反该规定的后果,若某强制性规定立法目的是保护国家利益与社会公共利益,违反该规定将损害国家利益或社会公共利益,则该规定属于效力性规定;若某强制性规定虽然也有保护国家利益与社会公共利益的目的,但违反该规定并不必然损害国家利益或社会公共利益,而只是损害当事人的利益,则该规定就属于管理性规定。最后,看强制性规定所禁止的对象;若某强制性规定所禁止的对象是合同行为本身,即只要这些合同行为对应的交易发生,就会损害国家利益或者社会公共利益,则该规定属于效力性规定。

规则10 【典当与借贷】典当法律关系是质(抵)押法律关系和借贷法律关系有机结合的复合法律关系。只有组成典当法律关系的质(抵)押法律关系与借贷法律关系同时成立时,典当法律关系才能成立。

[规则解读]

典当法律行为是典当行与当户之间交付当物、当金,支付当金利息、典当综合费用,赎回当物,以及处理绝当物品的合法民事行为。典当法律关系中的质(抵)押法律关系和借贷法律关系均具有相对独立性。仅有借款没有质(抵)押,不构成典当法律关系,反之亦然。

[案件审理要览]

一、基本案情

2008年4月1日,三凌公司与怡华典当行签订《土地典当合同》约定:三凌公司以其享有某市向荣桥街1号、面积1 428.04平方米土地使用权作为当物典当给怡华典当行,借款120万元;典当期限为2008年4月1日至2009年3月30日止,经双方同意可以续当;典当期内按2.3%的月利率支付当金利息,按2.7%的月费率支付当金综合费,在每月1日前向怡华典当行支付当月当金利息和综合费。三凌公司将该宗地块的《土地使用权证》交予怡华典当行,双方一直未办理该宗土地的抵押权登记。此后,三凌公司陆续向怡华典当行申请借款。怡华典当行在2008年4月28日至2009年9月28日期间,又向三凌公司陆续支付了1 206万元。三凌公司分别出具了收款数据并分别签订了《补充协议》,仍沿用《土地典当合同》的内容,仅借款金额不同。后因还款问题发生纠纷,怡华典当行提起诉讼,请求判令三凌公司归还当金1 326万元,支付约定当金利息及典当综合费1 006.434万元。

二、审理要览

对于本案双方当事人之间是否构成典当法律关系,有两种观点:

第一种观点认为,本案交易构成典当法律关系,应当按照典当法律关系保障当事人的合同利益。理由是:第一,怡华典当行具有经营房地产抵押典当业务的主体资格;第二,双方签订的《土地典当合同》及后续签订的《补充协议》是双方当事人的真实意思表示,不违反法律、行政法规的效力性规定,典当意思表示明确,合法有效;第三,三凌公司已将《土地使用权证》交给了怡华典当行;第四,怡华典当行共计出借了1 326万元,当金已经支付完毕。

第二种观点认为,现行典当法律关系是借贷法律关系和质(抵)押法律关系合成的法律关系。本案双方当事人之间仅发生了借贷法律关系,未发生质(抵)押法律关系,其交易行为不符合现行典当法律行为的基本特征,不构成典当法律关系,本案应当适用调整借贷法律关系的法律。

[规则适用]

笔者同意第二种观点。

1. 典当法律关系的界定

目前,我国法律、行政法规尚没有对典当法律关系作出具体界定,仅有现行行政规章规范典当行为关系,即2005年商务部与公安部共同颁布的《典当管理办法》和2012年12月5日商务部制定的《典当行业监管规定》。

《典当管理办法》第3条规定,典当是指当户将其动产、财产权利作为当物质押或者将其房地产作为当物抵押给典当行,交付一定比例费用,取得当金,并在约定期限内支付当金利息、偿还当金、赎回当物的行为。第40条规定,典当期限或续当期限届满后,当户应当在5日内赎当或者续当。逾期不赎当也不续当的,为绝当。第41条规定,典当行在当期内不得出租、质押、抵押和使用当物。因此,现行典当法律关系是典当行与当户之间的权利义务关系。其法律关系的内容是当户享有取得当金、赎回当物的权利,负有交付当物(包括办理质、抵押登记)的义务;典当行享有收取当金利息和典当综合费用、保管当物,以及按《典当管理办法》

规定处理绝当物品的权利,负有支付当金的义务。由此可知,典当法律行为是典当行与当户之间交付当物、当金,支付当金利息、典当综合费用,赎回当物,以及处理绝当物品的合法民事行为。

2. 典当法律行为的重要特征

(1) 典当法律行为是双方实践行为。典当法律关系要求当户提交当物,《典当管理办法》第41条规定:"典当行在当期内不得出租、质押、抵押和使用当物。质押当物在典当期内或者续当期内发生遗失或者损毁的,典当行应当按照估价金额进行赔偿。遇有不可抗力导致质押当物损毁的,典当行不承担赔偿责任。"故当户提交当物是建立典当法律关系的前提条件,典当行对当物具有保管义务,典当具有保管属性。在民法理论中,对保管法律行为属于实践法律行为的认识是一致的。另一方面,典当行接收当物即负有支付当金的义务。当票是典当行已经完成当金交付的凭证,证明交付的是当金而不是借款。因此,典当法律关系形成的过程表明典当行为集保管、质(抵)押、借贷法律行为要素,故要物行为是典当法律行为的充分必要条件。前述案件双方当事人在整个交易过程中,均未办理所称当物的土地使用权抵押登记手续,缺乏当物交付行为。当户将《土地使用权证》交典当行的行为不能代替典当法律行为规范的房地产典当以"办理抵押登记"为当物交付的行为。

(2) 典当法律行为是要式行为。典当法律行为是当户提交当物,典当行发放当金的法律行为。根据《典当管理办法》第30条"当票是典当行与当户之间的借贷契约,是典当行向当户支付当金的付款凭证。典当行和当户就当票以外事项进行约定的,应当补充订立书面合同,但约定的内容不得违反有关法律、法规和本办法的规定"之规定,当票是典当法律关系成立的标志。故典当法律行为是要式法律行为。对于以房地产为当物的典当,根据《典当管理办法》第42条"典当行经营房地产抵押典当业务,应当和当户依法到有关部门先行办理抵押登记,再办理抵押典当手续"的规定,依法办理登记手续是其典当法律行为交付当物的必要形式。前述案件当事人在若干次交易期间没有任何一次出具当票,连首次的120万元也未开具当票。因此,其交易的履行行为不符合典当法律行为的特征。

3. 典当法律关系的独立特征

(1) 典当法律关系是质(抵)押法律关系和借贷法律关系有机结合的复合法律关系。只有组成典当法律关系的质(抵)押法律关系与借贷法律关系同时成立时,典当法律关系才能成立。《典当管理办法》对于房地产、车辆等典当,规定应当办理质(抵)押登记手续后再发放当金。根据《担保法》的相关规定,质(抵)押登记办理后其质(抵)押法律关系即告生效,因此,典当法律关系中的质(抵)押法律关系和借贷法律关系均具有相对独立性。仅有借款没有质(抵)押,不构成典当法律关系,反之亦然。由于法律对质(抵)押法律关系、借贷法律关系的调整规范已经相当成熟,因此,在典当法律关系不构成的情况下,当事人的合法权益仍然能够依法得到救济。

（2）典当法律关系中的绝当突破了流质禁止原则。担保法、物权法规定抵押权人在债务履行期届满前，不得与抵押人约定债务人不履行到期债务时抵押财产归债权人所有；质权人在债务履行期届满前不得与出质人约定债务人不履行到期债务时质押财产归债权人所有。而《典当管理办法》第43条规定典当行在处理绝当物品时，对"绝当物估价金额不足3万元的，典当行可以自行变卖或者折价处理，损溢自负"。从担保的角度讲，该规定即为流质。因此，典当法律关系在一定程度上存在流质许可，其法律关系的性质与担保法律关系存在质的区别。

（3）典当法律关系不存在违约属性。典当法律关系交易的是典当，是一个完整单一的概念。交付当物与交付当金是典当法律关系主体互为的要物内容，并且典当行、当户均同意在适当的条件下可以将质（抵）押借贷关系转化为以物换币，即绝当的交易形式。因此，绝当是典当交易的内容，而不是违约责任的承担，不存在追究当户违约责任的意思表示。

（4）典当法律关系的绝当存在权利落空风险。在特殊情形下，典当行即使控制了当物，也可能存在权益受损的风险。例如，《合同法》规定的建筑施工合同施工方的债权优于担保物权；《税收征收管理法》规定的欠税在先的债权优先于担保物权；《企业破产法》规定的企业职工劳动债权优先；等等。正因为如此，《典当管理办法》准许典当行同时享有当金利息和较高的典当综合费用。计取标准是按当金百分比以月计算，其合计远远超过借贷法律关系中法律保护的借贷利率。

综上所述，以房地产作为当物进行典当交易，办理房地产抵押登记是其典当法律关系成立的必要条件。典当法律关系未成立，当事人不具有典当法律关系的权利和义务。忽视典当民事法律行为的基本特征，极易助长当事人规避法律、行政法规以及国家对特种经营行业的部门管理规章，扰乱金融秩序，甚至远离公平、正义的基本准则。

规则11　【借贷与不法委托】名为借贷实为不法委托的，借贷行为无效，但基础法律关系并不因此无效，此项行为的效力应根据自身效力状态予以评判。

[规则解读]

法律行为的基本要义在于表意人得依其意思表示而发生一定私法上之效果，其核心的生效要件为行为人内心效果意思与表示行为一致。而由于社会生活的复杂性，行为人为通谋的虚伪表示行为，也可能存在其他正当理由的可能性，如转让技术合同因不愿透露商业秘密而签订借贷合同，且在表意人与相对人之间已形成内心效果意思合意，故对于隐匿于虚伪表示行为之下的隐藏行为，不宜一概认定为以合法形式掩盖非法目的而判定无效，应结合隐藏行为自身效力状态是否符合法律规定来予以评价。

[案件审理要览]

一、基本案情

2007年高考结束后,被告陈某某向原告谢某某自荐其有能力为谢某某之女办理到中国人民武装警察部队学院上学事宜,并于同年8月9日出具给原告谢某某承诺书一份,表明原告谢某某只需出资30万元就可办妥所有手续,如若不符则将全额返还。8月9日,原告谢某某应被告陈某某的要求将20万元费用打入其指定的账户,同时将5万元现金交给被告陈某某本人。陈某某于当日出具借条一份,借条载明被告陈某某因资金困难于2007年8月9日向原告谢某某借款25万元,承诺于同年9月30日归还。后因被告陈某某在9月30日前未能为原告谢某某之女办妥入学手续,在原告谢某某催促下,被告陈某某返还8万元,余款17万元一直未还。谢某某持借条向法院诉请判决陈某某归还17万元借款并支付利息损失。

二、审理要览

法院经审理认为,原告谢某某主张的借款法律关系与法院根据案件事实作出的认定不一致。本案原告谢某某利用高额金钱委托被告陈某某通过非正当途径为其女办理入学手续,虽在形式上双方当事人达成了借款协议,但其实质显然违反了社会公共利益及公平、公正、公开原则,应属无效。被告陈某某所得原告25万元款项,尚有17万元不予返还,显属无理,应承担返还财产之民事责任。被告陈某某辩称原告谢某某的款项实际发生在原告与案外人付某某之间,但未提供证据予以证明,故不予采信。因原告与被告对于合同无效均存在过错责任,故原告要求被告支付逾期还款利息损失的诉讼请求,于法无据,不予支持。法院判决被告陈某某应返还给原告谢某某17万元。

[规则适用]

本案若从原告谢某某提供的证据及陈述的事实上分析,仅为一起简单的民间借贷纠纷。但通过庭审调查发现,被告陈某某是因受原告谢某某委托为谢某某之女办理入学手续,收到谢某某给付的款项后出具的借条。解决本案的关键在于,当债权人因其他法律关系持借条诉求归还借款时,法院应如何处理。

我国现行法律对当事人因其他法律关系出具借条如何处理未作明确规定,仅《合同法》第52条第(三)项"以合法形式掩盖非法目的",合同无效的规定可予以参照适用。关于当事人因其他法律关系出具借条的处理存在较大争议,主要有两种观点:

第一种观点认为,当事人的借贷行为并非当事人的真实意思表示,应属无效行为,而基础法律关系未完成意思表示行为,亦不发生法律效力。

第二种观点认为,借贷行为无效,但基础法律关系并不因此无效,此项行为的效力应根据自身效力状态予以评判。

目前,占主导的是第二种观点,笔者亦赞成此观点。

首先,我国法律对民事法律行为定性为公民或者法人设立、变更、终止民事权利和民事义务的合法行为，其实质要件包括行为人具有相应的民事行为能力、意思表示真实和不违反法律或者社会公共利益，但并未对民事法律行为的类型化向纵深进行定性。理论上，"二层的民事法律行为论"认为，民事法律行为以"表示行为"及与此相对应的"内心效果意思"二层构造，作为民事法律行为成立有效的前提，法律行为的基本要义在于表意人得依其意思表示而发生一定私法上之效果，其核心的生效要件为行为人内心效果意思与表示行为一致。而由于社会生活的复杂性，行为人为通谋的虚伪表示行为，也可能存在其他正当理由的可能性，如转让技术合同因不愿透露商业秘密而签订借贷合同，且在表意人与相对人之间已形成内心效果意思合意，故对于隐匿于虚伪表示行为之下的隐藏行为，不宜一概认定为以合法形式掩盖非法目的而判定无效，应结合隐藏行为自身效力状态是否符合法律规定来予以评价。

其次，浙江省高级人民法院出台的《关于审理民间借贷纠纷案件若干问题的指导意见》第2条规定，当事人因买卖、承揽、股权转让等其他法律关系引起的债务，经结算后，债务人以书面借据形式对债务予以确认，债权人据此提起诉讼，而债务人或担保人对基础法律关系的效力和履行事实提出抗辩，并有证据证明纠纷确因其他法律关系引起的，原则上按照基础法律关系审理，但借据仍可以作为基础合同履行的重要证据。此也为法院在处理债权人因其他法律关系持借条诉求归还借款的问题上指明了思路。

本案中，分析原告谢某某与被告陈某某的整个行为，可分为两个阶段：一是二者形成原告委托被告为其女办理入学的内心效果意思合意；二是被告出具借条形成形式合法的借贷关系。根据我国现行法律以及参考《关于审理民间借贷纠纷案件若干问题的指导意见》第2条的规定，同时结合"二层的民事法律行为论"，本案处理的焦点为原告委托被告为其女办理入学此行为的法律效力评价。

法律体现一定社会价值倾向，即法律必须以为社会接受、认可和尊重为前提和基础，法律行为的效力评价即承载价值评判之重任。设计无效法律行为，是由法律认可的价值判断所决定，无效法律行为欠缺的要件，已关系到私法自治合理性的根本性违背和关乎公共利益及公序良俗的损害。本案中，原告谢某某与被告陈某某成立委托关系的动机乃欲利用高额金钱通过非正当途径为原告之女办理入学手续，其内容不仅违反了社会成员所应遵循的公共秩序，而且也扰乱了正常的大学招录制度，更损害了不特定第三人入学、受教育的权利。故依据《合同法》第52条第（四）项关于"损害社会公共利益"的，合同无效及第58条关于"合同无效后，因该合同取得的财产，应当予以返还"之规定，判决被告返还原告17万元。至于原告诉求的利息损失，因原告与被告对于合同无效均存在过错，故对原告要求支付利息损失的诉讼请求不予支持。

综上所述，法院支持原告要求返还17万元，驳回要求支付利息损失的判决既合乎法理，亦符合现行法律规定。

规则12 【合伙与借贷】区分合伙与民间借贷纠纷最关键之处是双方签订协议之后,合同当事人的权利与义务不同。对合伙行为,一般应有明确的合伙协议,对双方的投资比例、合伙事务执行、盈余分配要有明确约定。

[规则解读]

区分合伙与民间借贷纠纷最关键之处是双方签订协议之后,合同当事人的权利与义务不同。对合伙行为,一般应有明确的合伙协议,对双方的投资比例、合伙事务执行、盈余分配要有明确约定。而借款合同中贷款人与借款人的权利义务关系为贷款人按照约定将货币借给借款人支配,借款人到期偿还借款并支付利息作为使用借款的对价,贷款人只收取固定收益并不直接参与借款人的经营与管理,对其经营损失亦不承担任何责任。

[案件审理要览]

一、基本案情

2010年初,某券商老总李某声称可利用内幕消息帮助王某股票翻番,并撮合王某与富商魏某签订协议,约定王某以500万元作为保证金筹得魏某的2 000万元,共同汇入魏某提供的其亲戚的股票账户内,专用于王某买卖股票,期限为3个月,自魏某将2 000万元汇入该股票账户时,即视为实际交付;魏某收取6%即120万元作为收益;王某应确保股票账户市值不低于2 120万元,否则魏某可以强行平仓;王某收取高于账户2 120万元以上的部分并独自买卖股票,魏某对股票账户享有监督知情权。

协议签订后,王某和魏某均依约向指定股票账户汇款,账户密码由双方共同掌握,王某根据李某提供的内幕信息买卖股票。2010年2月5日,该股票账户内资金额跌至1 858.896万元,在王某未予补充保证金时魏某将账户密码修改,并自行操作股票。魏某主张截至2010年6月8日,股票账户剩余金额为1 583.12565万元,故起诉要求王某归还借款416.87435万元并支付相应利息。

二、审理要览

2013年7月28日,一审法院认定魏某与王某之间实为民间借贷关系,判决王某偿还魏某借款本金141.104万元及相应利息。

一审宣判后,王某以双方借款关系不生效为由向北京市第三中级人民法院提出上诉。2013年11月19日,北京市第三中级人民法院判决驳回上诉,维持原判。

[规则适用]

本案争议焦点为:(1)双方之间法律关系的定性是委托理财、个人合伙炒股,还是民间借贷关系;(2)若借贷关系成立,双方借贷合同是否生效。围绕上述两个争议焦点,分别存在以下三种不同意见:

第一种意见认为,魏某将其资金连同提供的股票账户委托给王某管理并由王某从事股票交易以获取收益,双方成立金融类委托理财合同关系。但因王某不具备理财资质,双方所签协议属于超出国家特许经营而订立的合同,故应归于无效;协议中保证本息固定回报的内容属于保底条款,也不应予以保护。本案应按双方的过错程度和公平原则分别承担责任。

第二种意见认为,王某与魏某共同投入资金炒股,魏某提供股票账户,王某负责操作股票,账户密码双方均知晓。魏某享有强行平仓的权利,但在平仓条件成就时其没有平仓而是修改密码后自行买卖,即魏某也参与了股票操作及对资金的管理和风险控制。因此双方存在共同投入、共同经营、分取收益、分担风险的情况,可以认定为个人合伙炒股。另外,自然人之间的借贷系实践性合同,借款交付才能生效;而且该合同目的也决定着借款人要取得借款的所有权。假设双方借贷关系成立,由于魏某将2000万元直接汇入他人股票账户内,并未交付至王某账户下,王某不能行使对借款完全的使用权和处分权,因此该借款合同并未生效。

第三种意见认为,依据协议,王某筹得魏某的2000万元,不论股票盈亏魏某仅向王某收取6%的固定利息,因此,应认定双方为民间借贷关系。另外,由于本案借款用途特定为买卖股票,为实现魏某对出借款的监督知情权,接收借款的股票账户由魏某提供,并持有该股票账户密码,王某对此也认可,因此,魏某按照协议约定将2000万元汇入股票账户应视为其已完成借款交付行为,双方借款合同生效。

笔者认为,实践中应当把握特征,正确认定民间借贷合同的成立与生效。

1. 王某与魏某之间协议所确定的权利义务关系符合民间借贷法律特征

《民法通则》第30条规定:"个人合伙是指两个以上公民按照协议,各自提供资金、实物、技术等,合伙经营、共同劳动。"第31条规定:"合伙人应当对出资数额、盈余分配、债务承担、入伙、退伙、合伙终止等事项,订立书面协议。"由此可见,在具体判定是否构成个人合伙时,应注意掌握以下条件:(1)个人合伙一般应基于合伙合同产生,合伙人之间应就合伙的成立及合伙的有关事项、合伙人退伙、合伙组织的解散、债务的承担等,依法订立协议;(2)合伙人一般应共同出资、共同经营、共同劳动;(3)合伙人应共担风险、共负盈亏。其中最关键的在于是否存在共同出资、盈余共享、风险共担的情况。根据《合同法》第196条的规定,借款合同是借款人向贷款人借款,贷款人到期向借款人返还借款并支付利息的合同。因此,借款合同中贷款人与借款人的权利义务关系为:贷款人按照约定将货币借给借款人支配,借款人到期偿还借款并支付利息作为使用借款的对价,贷款人只收取固定收益并不直接参与借款人的经营与管理,对其经营损失亦不承担任何责任。本案中,王某向魏某筹款2000万元汇入指定股票账户,由王某独自操作账户买卖股票,虽然魏某也知晓账户密码并在特定条件下享有强制平仓的权利,但其在约定的借款期限内及强制平仓条件未成就时并不参与选股、买卖操作及股票盈利分配,而是仅仅收取6%的固定利息作为其收益,因此不符合个人合伙的基本特征。另外,由于委托理财合同中,受托人是按照委托人的委托从事理财事务,管理委托人的资金,受托人从事理财事务产生的法律后果应归属于委托人,受托人仅收取理财报酬而对约定范围内产生的亏损并不承担责任。本案中,王某利用魏某提供的资金独自操作股票,在约定期限内发生的亏损由王某自己承担,王某独自享有股票的盈利,双方也不符合委托理财法律关系。魏某根据协议约定,将2 000万元汇入指定的股票账户内并由王某操作股票,同时约定了该款项的使用期限和利息,到期由王某向魏某还本付息,魏某不分享股票盈利也不承担亏损,故双方属于对借款用途有特殊约定的民间借贷关系。

2. 魏某依约将借款汇入指定的股票账户应视为借款已经交付,借款合同生效

根据《合同法》第210条的规定,自然人之间的借款合同,自贷款人提供借款时生效。由此可见,不同于金融性借款合同的诺成性,自然人之间的借款合同为实践性合同,仅仅有双方当事人的借款合意不能生效,必须要有实际交付借款的行为,因此款项的实际交付系此类借款合同的生效要件。实践中因借款用途等因素的不同,一般存在以下两种借款交付形式:一是出借人将款项通过现金或汇款等方式直接交由借款人占有使用;二是出借人或受托付款人按照指示将款项实际交付借款人指定或认可的接收人。但无论哪一种交付形式,只要符合缔约各方的真实意思表示,一旦交付均能达到借款合同生效的法律后果。本案中,魏某与王某约定借款用途为买卖股票,双方在协议中明确约定了借款的接收账户,即魏某提供的他人股票账户,故魏某将2 000万元借款汇入王某认可的特定账户时,应视为魏某已完成了借款的交付行为,双方的借款合同生效。

3. 基于双方对借款用途的特殊约定,王某对该借款的使用权、处分权也应作特别解释

从法律上看,作为借款合同的标的物是金钱(货币),而货币是一种特殊的动产,其特殊性表现在:货币是一种特殊的种类物,货币的占有与所有是同一的,简称为"所有和占有一致原则"。这一规则具体体现为:第一,货币占有的取得就被视为货币所有权的取得,货币占有的丧失即视为货币所有权的丧失。第二,货币一旦交付,将会发生所有权的转移。因此,以货币作为借贷合同的标的,出借人向借款人交付货币,则发生货币所有权的转移,货币所有权转移以后,一般不能再在该货币上设定其他权利如质押等。第三,货币在发生占有转移后,货币的所有人只能请求对方返还一定数额的钱款,而不能根据物权请求权要求占有人返还原物或返还对原物的占有,也不能要求恢复原状。通常而言,借款人的目的在于获得借款(货币)的所有权以供自己支配,在出借人向借款人交付借款后,借款人即应获得该借款的所有权,可以对该借款行使完全的占有使用权及处分权而不受限制。本案中,魏某将借款2 000万元汇入其提供的他人股票账户内,按照约定,魏某完成了将借款交付王某的行为,虽然王某认可此种交付方式,但王某在借款交付后不是通过自己拥有完全支配权的账户,而是需要通过他人的股票账户来行使对借款的占有使用,由于这种占有并非一种完全的占有,并不能实现对借款(货

币)占有即所有的状态,有违货币的"所有与占有一致"原则。因此,能否由此反推出,魏某这种交付借款的方式因不能实现王某对借款的完全支配权,双方的借款合同并未生效。对此笔者认为,货币的"所有和占有一致"原则只是一般规则,不完全适用于各种复杂的交易关系,尤其是一些特殊的商事关系。通常而言,借款关系中,借款人可以行使对借款完全的所有权即占有、使用、收益、处分权,但在特定的借款用途条件下,也要受到一定的限制,此时借款人对借款的占有使用权、处分权应作特别解释。本案中,王某与魏某之间为特定用途条件的借贷关系,魏某将借款汇入指定股票账户内,避免了该资金被挪作他用并由王某专用于股票买卖,符合双方对借款用途的特殊约定,保障了资金的安全;由于双方约定该借款专用于股票买卖,因此王某对该借款的使用、处分权在借款期限内体现在利用该借款实现股票的买进与卖出的自主性,而并非一般意义上对使用权、处分权的理解;另外双方共同持有账户密码也符合有关魏某对账户的监督知情权的约定,并未影响到王某在借款期限内对借款的使用权。

综上,王某与魏某之间借贷关系成立并生效,对魏某更改股票账户密码自行操作股票前减少的本金及相应利息,王某应予偿还。

规则 13 【借款转投资】名为借款但参与公司经营管理的应认定为投资。

[规则解读]

自然人以借款的形式向筹备成立的公司注入资金,但有证据证明相关资金已转化为投资款,且自然人以股东身份实际参与了公司经营管理的,应依法认定相关行为系自然人的投资行为。自然人以民间借贷为由主张收回相关资金的,人民法院应不予支持。

[案件审理要览]

一、基本案情[①]

2011年6月2日,原告宋某某(丙方)与被告李某某(甲方)及案外人张某某(乙方)签订了项目投资合作协议书,约定由三方共同投资注册成立济南中医康复医院。协议书第2条约定:"项目运作第一年,乙方和丙方以对甲方借款的形式存在项目运作之中,甲方单独承担共同投资的风险;乙方和丙方不参与项目的具体经营、运作和管理,甲方应按照借款年利率20%支付给乙方和丙方利息。"在济南中医康复医院实际经营过程中,原告实际共出资88.8万元,张某某实际共出资346.32万元。2012年10月9日,原告宋某某与张某某签订债权转让协议,张某某把对李某某享有的346.22万元债权依法转让给原告。原告宋某某诉称,按照项目投资合作协议的约定,上述出资"以对甲方借款的形式存在项目运作之中",实际

---

① 参见山东省高级人民法院(2013)鲁民一终字第344号。

上是原告及张某某对被告李某某的借款。按照我国法律的相关规定,借款应当偿还。原告宋某某为此诉至法院,请求被告李某某、李某彬偿还原告借款共计435.12万元及支付借款利息。

两被告辩称,原告宋某某及案外人张某某对济南中医康复医院的出资,名为借款,实为投资,故原告以民间借贷为由起诉被告,无事实和法律依据,请求法院依法驳回原告的诉讼请求。

二、审理要览

山东省济南市中级人民法院经审理认为,民间借贷与投资是两种不同的法律关系,会产生不同的法律后果,两者在性质、来源、运用及目的等方面有着本质区别。本案中,原告宋某某向被告李某某及济南中医康复医院交付相关资金的行为,虽名为借款,但实为投资。理由如下。第一,项目投资合作协议的约定自相矛盾。(1)本案各方当事人在签订的项目投资合作协议中约定了出资数额和分别占出资总额的比例后,又在第2条"利润分享和亏损负担"中约定:"项目运作第一年,乙方和丙方以对甲方借款的形式存在项目运作之中,甲方单独承担共同投资的风险;乙方和丙方不参与项目的具体经营、运作和管理,甲方应按照借款年利率20%支付给乙方和丙方利息。"可以说,第2条的约定与协议关于出资的约定内容是矛盾的。(2)按照该第2条的约定,在项目正式开始(济南中医康复医院正式开业之日)的第13—14个月原告宋某某才决定是否债转股,原告宋某某是否债转股尚处于未定状态,但在协议第5条"其他权利和义务"部分则有"在项目成立并进入运行后,任一共同投资人不得从共同投资中抽回出资额"的内容。显然,以上第2条和第5条约定不一致。第二,医院章程及验资报告对原告和张某某的股东身份予以确认。除了项目投资合作协议约定外,在康复医院章程和验资报告中,载明的股东为李某某、张某某、宋某某三人,也可见三人为投资合作关系。第三,事实上,宋某某、张某某二人在济南中医康复医院筹建过程中及建院初期,均以股东身份实际参与了医院的筹建、运营和管理,是医院的管理者之一。这些可以通过股东会决议及宋某某取走账目、决定以车抵债等一系列事实予以证明。

济南市中级人民法院遂依照《合同法》第196条、《公司法》第3条、《民事诉讼法》第64条之规定,判决驳回原告宋某某的诉讼请求。

宣判后,原告宋某某不服一审判决,向山东省高级人民法院提起上诉称:(1)一审程序违法,上诉人起诉主张的是借款纠纷,一审法院认定双方之间属于出资纠纷,但未进行释明,导致上诉人的权利受到损害。(2)投资总额与注册资本是两个不同的概念,上诉人投资合计435.12万元,除去98万元注册资本的投资以外,其余337.12万元的投资属于对股东的负债,济南中医康复医院负有偿还责任。一审认定事实不清,程序违法,适用法律错误,请求撤销一审判决,依法改判或发回重审。

山东省高级人民法院经审理认为,借款与投资是两个完全不同的法律概念。

本案中,各方当事人所签订的项目投资合作协议名称为"项目投资合作",但在第1条约定了出资数额和分别占出资总额的比例后,又在第2条约定"项目运作第一年,乙方和丙方以对甲方借款的形式存在项目运作之中,甲方单独承担共同投资的风险",两者显然是矛盾的。同时,第2条还约定"乙方和丙方有权利决定在项目正式开始(济南中医康复医院正式开业之日)的第13—14个月是否债转股",这与第5条"在项目成立并进入运行后,任一共同投资人不得从共同投资中抽回出资额"的约定相矛盾。事实上,根据相关证据,可以证明上诉人以股东身份参与了济南中医康复医院的经营管理。另外,各方当事人均认可康复医院系按章程成立,所有款项均已投资医院的实际经营。综上,上诉人主张其与被上诉人系民间借贷关系,与事实不符。原审法院对上诉人所主张的民间借贷纠纷未予支持,本院认为并无不当。上诉人对其与被上诉人以及原审第三人的投资纠纷,可另行解决。

山东省高级人民法院依照《民事诉讼法》第169条第1款、第170条第1款第(一)项、第175条之规定,判决驳回上诉,维持原判。

[规则适用]

借贷与投资是两种不同的法律关系,会产生不同的法律后果,因此准确区分借贷与投资,对于保护自然人的合法权益具有重要意义。本案争议的焦点是对原告宋某某向被告李某某及济南中医康复医院交付相关资金行为的性质认定,即该行为应当认定为民间借贷还是投资。

1. 民间借贷的认定标准

在司法实践中,自然人之间或自然人与非金融机构之间的借贷被称为民间借贷,有别于商业贷款。民间借贷不仅是一种经济现象,同时又是一种法律现象。对于民间借贷,应从以下几个方面加以把握:第一,民间借贷是一种民事法律行为,借贷双方通过签订书面借贷协议或达成口头协议形成特定债权债务关系,从而产生相应的权利和义务。第二,民间借贷是出借人和借款人的合约行为,借贷双方是否形成借贷关系以及借贷数额、借贷标的、借贷期限等取决于借贷双方的书面或口头协议,只要协议内容合法,都是允许的,受法律保护。第三,民间借贷关系成立的前提是借贷物的实际支付,即要求出借人将货币或其他有价证券交付给借款人。第四,民间借贷的标的物必须是属于出借人个人所有或拥有支配权的财产,不属于出借人或出借人没有支配权的财产形成的借贷关系无效,不受法律保护。第五,民间借贷可由借款双方约定,可有偿亦可无偿,约定有偿的,必须在事先的书面或口头协议中约定,出借人才能要求借款人在归还本金时支付利息。

2. 投资行为的认定标准

投资是指一定的经济主体为了获取预期不确定的收益或社会效益而将现期的一定资财(有形或无形)转化为资本的过程。对于投资行为,应从以下几个方面加以把握:第一,投资是一定主体的经济行为,投资主体即投资者必须是具有资金或资财来源和投资决策权的投资活动主体,可以是自然人、法人或国家。第二,投资目的是保证投资回流,实现增值,以获取收益或社会效益。实现投资的增值性回流,是投资的预期目的,就投资自身而言,实现投资的经济效益,是投资行为的出发点,如果不能带来经济效益,投资便缺乏生命力。第三,投资所获取的效益是未来时期的预期效益,而且是不确知的,故投资具有风险性。第四,投资必须花费一定的资财或智力成果,其来源包括投资者自己所有、收入以及通过各种途径的融资或借贷、借款等。

3. 民间借贷与投资行为的区分标准

投资与民间借贷虽都是一定经济主体的经济行为,但其在性质、来源、运用及目的等方面又有着本质的区别,具体表现在:第一,民间借贷是一种债,投资虽也有协议,但不是债,而仅仅是对自己所有物权利的处分;借贷可担保、可转移,而投资一般不可担保,但可转让。第二,民间借贷是一般所有物的所有权发生了转移;而投资仅是占用权发生了一定的变化,但仍享有不完全的支配权、使用权和处分权。第三,投资的目的是获取一定的收益或效益;民间借贷的目的则可能是多种的,且没有约定利息的民间借贷是无偿的。第四,投资所可能获取的效益是未来的、不确定的;民间借贷如果是有偿的,则应该是确定的。第五,投资的来源可以是自有,如自身的收益等,也可以是借贷资金;民间借贷一般是有支配权的财物。第六,投资形成的形态有多种,一般为真实资本或金融资本;民间借贷则为所有物的所有权的转移,对出借者来说是所有物的暂时消灭。第七,投资收回的是效益,而投资本身一般是不能收回的(联营除外),抽逃出资在法律上是不允许的,严重的可构成犯罪;民间借贷则是可以而且是应该收回的。投资承担有亏损的风险,而民间借贷则可通过担保、债务转移等来降低风险。

4. 参照适用本案例时应注意的问题

本案例主要探讨了民间借贷与投资的区分标准,具体分析了本案所涉及的名为借款、实为投资的情形。但司法实践中还存在名为投资、实为借贷的情形,主要表现为:第一,虽名为投资,但所有物的所有权发生了转移,不能行使对该物的使用权如管理、经营权,有的甚至连知情权也没有,则无论是否取得收益,应视为借贷。第二,虽名为投资,但投资协议中或实际上并未参与经营或管理,而且对收益有明确的约定,则实为借贷。第三,虽名为投资,在自己的账目处理上只有所有物所有权的转移,被投资方却没有资本金形成的,则应为借贷。第四,投资协议中规定了投资收回的期限,而且还有担保的,则应视为借贷。第五,投资者一般享有对投资项目的收益、表决和知情权等权利,而借贷一般不享有此权利。总之,对投资项目的实际经营管理权或参与经营管理权的判别是解决真假投资与借贷的关键。司法实践中,要正确理解投资与借贷的含义,科学甄别真假投资与借贷,依法维护公民个人的合法权益和企业的发展。

> **规则 14** 【名为投资实为借贷】名为投资实为借贷，债务人应当在借款到期后返还借款并支付利息。

[规则解读]

投资协议虽名为投资协议，但在协议中却约定了保底条款，不符合投资具有风险性的本质特征，实际上形成了民间借贷关系而非真正的投资合作行为，债务人在借款到期后未按约定清偿相关债务，应承担相应的违约责任。

[案件审理要览]

一、基本案情

2010年1月5日，原告胡乙（乙方）与被告李某、胡甲（甲方）签订投资协议，约定："乙方以现金方式向甲方某建材公司投资20万元，投资年限为1年，期满后乙方可随时从甲方撤回所投资金。乙方不参与甲方经营管理，不承担甲方的亏损及债务。甲方须保证乙方按出资额分享20%的红利，利润在2010年1月5日至2011年1月4日期间一次性支付。"被告胡甲于同日向原告出具收条，内容为："今收到胡乙入股资金贰拾万元整，收款人胡甲。"二被告于同年1月25日依法成立了某建材公司，其经营范围为采石制沙、精石灰、建筑石材制造销售等。投资期届满后，原告请求被告给付相关款项，但被告以资金困难为由拒绝支付，原告遂起诉至法院。

二、审理要览

关于本案的性质认定，有两种意见：

第一种意见认为，双方当事人在投资协议中关于投资本金及给付红利的相关约定属于保底条款。从私法领域的意思自治原则出发，该保底条款系双方真实意思表示，且该约定不违反法律、行政法规的强制性规定，故二被告应当按照投资协议的约定，向原告给付投资款及相应的投资红利。

第二种意见认为，根据双方签订的协议，原告向二被告投入本金20万元，不论盈亏均向二被告收取20%的固定利息，因此，应当认定双方为民间借贷关系，二被告应当在借款到期后向原告返还借款并支付利息。

[规则适用]

笔者同意第二种意见。

笔者认为，如何理解"投资"一词是对本案进行准确定性的关键所在。"投资"一词并非严谨的法律用语，需要根据案件的具体情况确定其实际的法律性质。

首先，原告的投资行为不能视为对建材公司的入股。根据《公司法》第32条、第33条的规定，股东出资后，公司应当向其签发出资证明书，并置备股东名册，记载于股东名册的股东，方可行使股东权利。本案中，二被告依法成立了某建材公司，双方在投资协议中虽约定"乙方以现金向甲方某建材公司投资20万元"的内容,但原告并未载入某建材公司的股东名册,可见,原告的投资并不具有意图成为该建材公司股东的目的,其投资款项不能视为入股资金。

其次,原告的投资不能视为与二被告的个人合伙。根据《民法通则》第30条、第31条的规定,个人合伙最为突出的法律特征为共同出资、共同经营、共担风险。本案中,双方当事人在协议中约定了"乙方不参与甲方经营管理,不承担甲方的亏损及债务"及"甲方须保证乙方按出资额分享20%红利,利润一次性支付"等内容,该条款属于保证本息固定回报的保底条款,即无论盈亏,保底条款中的义务人均保证投资人投入的财产不受损失的同时,还另外支付权利人约定的利息。根据《民法通则》第4条"民事活动应当遵循自愿、公平、等价有偿、诚实信用的原则"的规定,该条款所确定的双方的权利义务是不对等的,也损害了个人合伙的债权人的利益,也不利于规范相应的市场风险,因保底条款的约定损害了第三人的利益,故个人合伙中的保底条款不能遵循当事人意思自治原则。原告虽向二被告经营的建材公司投入20万元,但原告并不参与二被告的经营管理,亦不承担相应的经营风险,而是收取每年20%的固定利息作为其收益,因此,双方不符合个人合伙的基本法律特征。

最后,双方签订的投资协议符合借款合同的法律特征。根据《合同法》第196条的规定,借款合同是借款人向贷款人借款,到期返还借款并支付利息的合同。本案中,双方当事人的权利义务为:原告向二被告提供贷款,二被告在到期后返还并依约定利率支付利息;原告只收取固定利息而不参加二被告的经营管理;原告对二被告的经营损失不承担风险。可见,原告向二被告给付20万元并约定相关利率、期限,符合借款合同的要求,双方签订的投资协议实质应为借款合同。

综上所述,本案中的投资协议虽名为投资协议,但在协议中却约定了保底条款,不符合投资具有风险性的本质特征,且原告亦未列入二被告所经营公司的股东名册,故原告与二被告之间实际上形成了民间借贷关系而非真正的投资合作行为,二被告在借款到期后未按约定清偿相关债务,应承担相应的违约责任。

规则15　【假购房真借贷】以房屋买卖合同形式进行的民间借贷行为,应根据双方当事人提供的证据,查清真相,准确认定事实,按照当事人的真实意思表示确定双方之间法律关系的实质。

[规则解读]

判断合同的性质不应仅根据合同名称,应以合同的内容,即合同的权利义务条款作为依据。银根收紧政策背景下,出现了大量以房屋买卖合同形式进行的民间借贷行为,针对此类案件,应根据双方当事人提供的证据,查清真相,准确认定事实,按照当事人的真实意思表示确定双方之间法律关系的实质。

[案件审理要览]

一、基本案情①

2009年2月24日,蔡某作为买受人与开封市瑞信房地产开发公司(以下简称瑞信公司)签订了两份《商品房买卖合同》,合同约定:"……第三条:所购房屋为A区之A17、A18、A19、A20、A21号,F区之02号房,用途为商业;第四条:该商品房总价款600万元。"同一天,蔡某向瑞信公司交纳了600万元购房款,双方还签订《商品房买卖合同补充条款》一份,约定:蔡某同意瑞信公司于2010年4月24日前,按原价回购上述房屋,并配合解除《商品房买卖合同》;瑞信公司承诺每月24日前,将按月息2.2%向蔡某支付利息。合同签订后,瑞信公司自2009年2月24日起至2011年7月24日,每月向蔡某支付13.2万元的利息。后因经济变故,未依约定支付利息,同时涉案房屋被瑞信公司抵押给第三人。

2011年10月12日,蔡某诉至法院,请求判令解除双方合同,瑞信公司按照房屋评估价赔偿其损失。

二、审理要览

开封市中级人民法院经审理认为,瑞信公司和蔡某签订的商品房买卖合同合法有效,双方之间已经建立了房屋买卖合同关系。瑞信公司在未告知买受人蔡某的情况下,将涉案房屋抵押给第三人,该行为明显构成违约,鉴于目前涉案房屋的价值明显超过合同约定的价款,据此,瑞信公司应按照房屋目前市场价值予以赔偿。法院判决解除双方合同,瑞信公司赔偿蔡某损失1445.5万元。

瑞信公司不服,提起上诉。河南省高级人民法院在二审审理期间,依照法律程序向蔡某释明本案应为借贷法律关系而非房屋买卖法律关系。释明后,蔡某变更其诉讼请求为判令瑞信公司偿还本金600万元,并支付拖欠的利息,赔偿其相应损失。

河南省高级人民法院终审判决瑞信公司应向蔡某返还本金,并从2011年7月25日起至借款还清之日止按照中国人民银行同期同类贷款利率的4倍支付利息。

[规则适用]

1. 本案合同性质的认定。对双方签订的《商品房买卖合同补充条款》中出现的"回购"一词的准确理解是认定本案合同性质的关键。回购,从字面解释是购回卖出之物。中国人民银行制定的《银行间债券回购业务暂行规定》第3条规定:"回购是指债券持有人(卖方)在卖出债券给债券购买人(买方)时,买卖双方约定在将来某一日期以约定的价格,由卖方向买方买回相等数量的同品种债券的交易行为。"回购在法律上的特征是标的物在一定条件下所有权的回归。而回购协议作为短期抵押资金融资方式,也一直受到市场的青睐。不过目前回购概念仅用于债券金融市场,由于债券是权益载体,依《物权法》的规定,交付即产生所有权,这

---

① 参见河南省高级人民法院(2012)豫法民三终字第26号。

使得债券作为融资手段成为可能。但是,如果把回购概念用于房地产买卖的范畴中就会产生新的问题。房地产在财产表现形式上属于不动产,房产交易作为独特的商品交易,其自由度和交易程序受到国家强制性限制。依《物权法》的规定,房产回购即为房地产的二次转让,应当按照规定缴纳税费即办理必要的房产登记手续,这增加了不必要的交易成本,故从严格意义上说,房产回购不是一种规范的融资手段。

从本案《商品房买卖合同》与同日签订的《商品房买卖合同补充条款》的条款看,"商品房买卖合同"是《城市房地产管理法》中有规定的合同,而"回购"在现行的法律法规中尚无名称,故本案争议合同是由一个有名合同和一个无名合同组成的混合合同。对混合合同的处理,根据混合合同是各自独立而混合,还是一"主合同"吸收另一"从合同"而混合,法律适用有所不同:前者分别适用不同的法律;后者一般应根据"主合同"的性质来适用法律。

同时,判断合同的性质不应仅根据合同名称,应以合同的内容,即合同的权利义务条款作为依据。本案中,《商品房买卖合同补充条款》约定的蔡某向瑞信公司支付600万元款项并按月收取利息,瑞信公司到期返还本金等,均符合借款合同之特征。根据《商品房买卖合同补充条款》的约定,《商品房买卖合同》的履行条件为"瑞信公司到期不按时退还房款",故买卖房屋并非双方真实的合同目的,而是瑞信公司以其所售商品房为600万元借款提供的抵押担保,双方以商品房买卖合同的形式代替借款担保合同。故本案合同的性质应认定为名为商品房买卖合同,实为借款合同。

另外,虽然本案中蔡某与瑞信公司明确约定瑞信公司如果不按时返还借款,蔡某有权以商品房买卖合同的形式取得房屋所有权,但该合同条款因为违反《担保法》第40条"订立抵押合同时,抵押权人和抵押人在合同中不得约定在债务履行期届满抵押权人未受清偿时,抵押物的所有权转移为债权人所有"的规定而无效。

2. 关于出借人损失的确定。如上,该案因双方当事人的法律关系为借贷关系而非房屋买卖关系,蔡某主张以合同条款作为确定其损失的依据,不能得到支持。

至于蔡某主张的瑞信公司偿还本金,并从2011年7月25日起至还款之日止以600万元为基数按合同约定的逾期利率日千分之一计付利息的请求,鉴于《商品房买卖合同补充条款》对逾期利息的计算是以本金600万元还是以月息13.2万元为基数约定不明,且瑞信公司的违约行为给蔡某造成了损失,蔡某主张以本金600万元为基数计算逾期利息亦属合理。《最高人民法院关于审理民间借贷案件的若干意见》第6条规定:"民间借贷的利率可以适当高于银行的利率,各地人民法院可根据本地区的实际情况具体掌握,但最高不得超过银行同类贷款利率的四倍(包含利率本数)。超出此限度的,超出部分的利息不予保护。"因双方约定的逾期利率已超过了银行同类贷款利率的4倍,对超过部分法院不予保护。故瑞信公司应向蔡某返还本金,并从 2011 年 7 月 25 日起至借款还清之日止按照中国人民银行同期同类贷款利率的 4 倍支付利息。

规则16 【名为借贷实为买房】名为借贷实为经济适用房买卖的效力应认定为无效。

[规则解读]

双方签订的名为借贷实为经济适用房买卖协议,因规避国家经济适用房管理制度,破坏经济适用房管理秩序,进而损害了国家和社会公共利益,应当认定为无效。

[案件审理要览]

一、基本案情

2008 年 6 月 25 日,吴某以 40 万元购买余某所有的房屋一套。因该房屋属于经济适用房,无法直接办理过户手续,经咨询中介机构,双方商定以借款抵押担保并通过诉讼的方法达到将涉案房屋过户到吴某名下的目的,且约定抵押期限为 5 年。在余某向吴某出具了借条、协议等相关凭证后,吴某将房款全部支付给余某。余某收到全部转让价款后,将该处房屋的钥匙交给了吴某入住。后因余某不愿办理产权过户手续,吴某以余某为被告起诉至法院,要求其继续履行房屋买卖协议,并协助其办理产权过户手续。

二、审理要览

第一种观点认为,双方签订的协议表明余某因借吴某资金无力偿还把涉案房屋抵押给吴某,并没有买卖房屋的意思表示,因此,双方签订的是借款协议且真实有效。

第二种观点认为,双方签订的实为经济适用房买卖协议。因规避国家经济适用房管理制度,破坏经济适用房管理秩序,进而损害了国家和社会公共利益,应当认定无效。

[规则适用]

笔者同意第二种意见。

民事活动中,经常发生合同名称与合同内容不一致从而引起合同性质争议的情形,本案即为一例。司法实践中,确定合同性质的通常方法是既要考察合同名称,又要考察合同所涉及的民事法律关系、合同订立过程、合同内容、签订合同的目的以及合同的履行情况等因素。

1. 双方当事人所签协议的性质实为经济适用房买卖协议

第一,从合同的签订过程看。双方当事人在签订协议前互不相识,通过房地产专业中介公司的介绍,并在该中介公司职员帮助、见证下签订了协议,这与通常的民间借贷的中介特征明显不符。

第二，从合同履行情况看。在合同履行中，双方从未办理房屋抵押手续，与通常的民间借贷中用房屋抵押的处置方式不符；并且余某于当日即将涉案房屋的钥匙、产权证原件、土地证原件、购房发票、住宅质量保证书原件及住宅使用说明书原件等资料全部交付给了吴某，吴某亦一直入住涉案房屋。

第三，从合同内容看。协议的内容中有借款数额、抵押物及抵押期限，却没有借款期限，与通常的民间借贷的约定条款不符。协议中约定抵押期限为5年，双方当事人及中介公司均承认知道有关经济适用房5年内不得交易的管理规定，而且吴某的陈述、证人证言均承认签订协议就是为了规避经济适用房5年内不得直接上市交易的相关管理规定。因此，该协议的性质实为经济适用房买卖协议。

2. 该经济适用房买卖协议应当认定为无效

第一，本案所涉经济适用房买卖协议违反经济适用房管理制度，系双方当事人与中介公司所明知的。经济适用住房，是指政府提供政策优惠，无偿划拨建设用地，减免相关开发建设规费，严格限定销售价格，用于解决城市低收入家庭的住房困难，具有社会保障性质的住房。为了加强和规范经济适用房的管理，国家和省、市政府都制定了严格的管理规定，其中明确规定经济适用房5年之内不得直接上市交易，如果5年内因各种原因需要直接上市交易的，政府要优先回购，回购的房屋仍然用于低收入家庭的住房保障。为了规避这些规定，双方当事人在中介公司的"帮助"下，采取了名为借款协议、实为房屋买卖的方式，且约定了办理过户手续的时间为5年之后。

第二，当事人因拆迁而获得经济适用房安置资格，并选择经济适用房安置的，仍应遵守经济适用房的管理规定。拆迁人在对余某被拆迁房屋进行评估后，余某选择与政府严格限定价格的经济适用房进行等价交换，这种选择较之选择市场价格的商品房或者货币安置，其可以获得比一般商品房更多的住房面积；而该等价交换的经济适用房价格与实际价值不同，不包括土地使用费、减免的规费等，亦即其取得的经济适用房的所有权是存在一定限制的。因此，余某对经济适用房的处置应当遵守相关制度和规定。如果其违反规定买卖，则不仅破坏政府对经济适用房的管理秩序，对于其他选择一般商品房安置或者货币安置的被拆迁人而言，也是极为不公平的。

第三，违反经济适用房管理规定买卖经济适用房损害了公共利益。如前文所述，经济适用房是国家划拨土地并提供一系列优惠政策、具有社会保障性质的住房，因此国家和省、市政府都制定了严格的管理规定，目的就是保证经济适用房能够真正用于解决城市低收入家庭的住房困难和移建项目的拆迁安置，真正发挥社会保障功能，也是维护国家利益、公共利益的必然之义。因家庭困难而享有购买经济适用房资格的人，与因某些特定原因、经政府批准而取得购买经济适用房资格的人，在购买、使用、出售经济适用房时，均应遵守经济适用房的管理规定。然而，在社会实践中，当事人往往采取规避方式来故意违反管理规定，严重破坏了经济适用房的管理秩序,进而损害了国家利益和公共利益。因此,本案双方当事人签订的经济适用房买卖协议属于《合同法》第52条第(四)项规定的合同无效的法定情形,应当认定为无效。

综上,原告吴某基于合同有效而诉请被告余某协助其办理涉案房屋过户手续,因涉案协议无效,其请求不应得到支持。

第十三章　民间借贷举证相关纠纷的裁判规则适用

> **规则1**　【瑕疵证据】在无其他补强证据印证时,瑕疵证据不应采信。

[规则解读]
　　欠条被人为故意损坏,虽然经过粘贴后其内容完整,但其载体已受到严重损坏,作为证据该欠条表现形式存在严重瑕疵,属于有瑕疵的书证,在无其他补强证据印证时,瑕疵证据不应采信。

[案件审理要览]
　　一、基本案情①
　　胡某某于2008年1月30日向郭某某出具了13 000元的欠条,到期后未偿还该欠款,胡某某愿意增加2 000元欠款作为利息;胡某某于2009年2月28日将原出具的13 000元欠条收回撕毁扔在垃圾箱里,又向郭某某出具了15 000的欠条。到期后郭某某诉请胡某某支付欠款28 000元。郭某某称撕毁的13 000元欠条系与其夫吵闹时撕坏后粘贴。胡某某称撕毁的13 000元欠条是因新出具15 000元欠条后撕毁原13 000元欠条。
　　二、审理要览
　　重庆市彭水苗族土家族自治县人民法院经审理后认为,胡某某对2009年2月28日向原告出具的15 000元欠条承认,应当予以偿还。经对2008年1月30日胡某某向郭某某出具的13 000元欠条的审查,该欠条现实的破损状态,产生破损的原因是人为故意损坏,属于有瑕疵的书证。虽然郭某某陈述该欠条系自己与丈夫吵闹时被撕坏,后自己将该欠条进行了粘贴,但郭某某的该陈述事实未得到相关证据的充分证明,郭某某应对此部分请求承担举证不力的不利后果。据此判决胡某某偿还郭某某欠款15 000元,驳回郭某某的其他诉讼请求。
　　一审宣判后,双方均未上诉,一审判决已生效。

---

① 参见重庆市彭水苗族土家族自治县人民法院(2010)彭法民初字第32号。

[规则适用]

1. 民事诉讼上的瑕疵证据的含义

瑕疵二字合在一起，喻指过失或缺点。用于修饰证据，意指该证据因不合于证据法的规定而存在一定缺陷，也可称之为一种"问题"证据。

瑕疵证据并不是一个法律专业术语，但在诉讼活动中不时被加以使用，对其理解上不可避免地存在见仁见智的问题。在刑事诉讼和行政诉讼非法证据排除规则的研究中，已有学者使用过"瑕疵证据"这一概念，但多数与通常使用的"非法证据"没有明显界限，或是在"非法证据"同一意义上使用这个概念。[①] 作为民事诉讼上的瑕疵证据，在实践中也存在不同理解、争议。

2. 瑕疵证据的资格瑕疵与证明力瑕疵

资格瑕疵证据，指一份证据材料因不完全具备合格证据应具有的属性，因此是一种不适格的证据，如用不合法手段取得的证据。证明力瑕疵证据，是指证据材料对当事人的诉讼主张不具有相应的证明力。资格瑕疵证据归属于判断某一证据材料应否被采纳为证据的问题。资格瑕疵证据有可能反映了事物的真相，具有完全的证明力，如被告经刑讯逼供作了如实供述，但因其是不适格的证据而常被排斥在案外。本案中的13 000元被撕毁又被粘贴的欠条不属于一种资格瑕疵的证据，在形式存在上具有一定的瑕疵，但基本符合证据的"三性"要件，所以办案法官把此瑕疵证据作为证据使用，在证据的证明力环节上再对此证据加以判断。

证明力瑕疵证据归属于判断该证据对待证事实是否具有证明价值的问题。证明力瑕疵证据虽具备了证据"三性"，但因证明力不足，仍是一种瑕疵证据。本案中的13 000元被撕毁又被粘贴的欠条在证明力上存在瑕疵，由于此欠条是撕毁后又粘贴的且无其他证据佐证，因此郭某某诉称撕毁的13 000元欠条系与其夫吵闹时撕坏后粘贴的事实不具有民法上的高度盖然性，胡某某诉称撕毁的13 000元欠条是因新出具15 000元欠条后撕毁原13 000元欠条的事实也不具有民法上的高度盖然性，双方当事人的说法处于一种真伪不明的处境，即此证据的证明力不足，所以瑕疵证据是一种证明力瑕疵证据。

作此类划分的意义在于前者的瑕疵特征浮于表象，客观性较大，较易判断；后者的瑕疵特征更加隐蔽，需作深入的分析论证，包含着法官的主观认识因素。

[①] 如申夫、石英在《刑事诉讼中"瑕疵证据"的法律效力》一文中所称"瑕疵证据"是指侦查、检察、审判人员违反法律规定的权限、程序或用其他非正当的方法收集的证据。参见《法学评论》1998年第5期。金诚在《论我国行政诉讼非法证据排除规则的构建》一文中也提出了"瑕疵证据"的概念，特指行政机关出于"微小过失"，而致取证方式或手段欠缺必要的形式或程序，或者不符合规定形式或程序的证据。赵旭明、许任刚、张本勇在《刑事诉讼中瑕疵证据的可采性》一文中提出的"瑕疵证据"是相对严密证据（即合法证据）而言的，严密证据是指证据的内容、形式、收集或提供的主体以及程序、方法和手段方面符合法律规定的证据资料，其中任何一方面不符合法律规定的要件即应被视为瑕疵证据。参见《人民法院报》2001年7月25日。

3. 真实性瑕疵证据之可采性

证据的真实性又称为客观性,是证据必须具备的属性之一,指一切证据都必须是客观存在的真实情况,是不以人们主观意志为转移的客观事实。证据真实性包含着外在真实与内在真实两方面。外在真实是指证据不是经伪造得来,如赝品、假印鉴不具有外在真实性;内在真实是指证据自身包含的内容与客观情况一致,如某书证载明的内容与事实相符。当事人提供的证据材料,既可能是外在真实与内在真实的统一体,也可能是外在真实而内在不真实或内在真实而外在不真实。依照证据法理论,一份证据材料首先外在上应具备真实性,才具有可采的基础,内在真实但外在不真实的证据材料显然不具有可采性。本案中的13 000元被撕毁又被粘贴的欠条作为证据具有外在的真实性,应属于一种外在真实而可能内在不真实的瑕疵证据,所以此瑕疵证据具有可采性。

4. 瑕疵证据的可采性与证明力

证据的可采性是英美法系国家的概念,与之对应的是大陆法系国家或地区证明能力的概念,是指某项证据材料可以提交法庭进行法庭调查所应当具备的资格,又称"证据资格""证据的适格性"。证据的证明力是指特定证据所具有的对待证事实的证明作用,也就是特定证据对于证明待证事实的价值。① 对于两者的关系,有学者这样表述:"证据必须先有证据能力,即须先为适格之证据、获可受容许之证据,而后始生证据力之问题,因此学者有谓证据能力系自形式方面观察其资格,证据力系自实质方面观察其价值。"② 由此可见,前者回答证据的资格"准入"问题,后者回答证据的效力问题,前者是后者的基础,两者既有联系又有区别,并不是同一个概念。被撕毁又被粘贴的欠条在形式方面观察其资格,具有证据能力,从实质方面观察其证明价值则存在很大瑕疵。此证据的待证事实的内在真实性不能证明,即证据的待证事实处于真伪不明的状态,对此证据不应采信。

实践中瑕疵证据的可采性与证明力常被混为一谈,特别是在证据有瑕疵的情形下尤为突出。瑕疵证据的缺陷易使人产生种种合理怀疑,如不加科学认证,则会使本具有证据资格的证据材料不被采纳,本具有证明力的证据材料不被采信,是采纳还是采信表意不清,从而对事实的认定出现偏差,影响实体处理。

5. 对瑕疵证据进行认定的过程中应有的态度

我们对待任何事物都要一分为二地认识,因为任何事物既包含着肯定的方面,也有否定的方面,对瑕疵证据的认识也如此。一份证据材料,既可能包含真实、合法的成分,也可能包含虚假、不合法的成分,虽有瑕疵,但具体问题要具体分析,而不是全盘否定。本案中的13 000元被撕毁又被粘贴的欠条需要具体分析,不能简单地不予采纳,要运用辩证全面的思维方法,区分证据资格与证据证明能

---

① 参见吴宏耀、魏晓娜:《诉讼证明原理》,法律出版社2002年版,第118、122页。
② 刁荣华主编:《比较刑事证据法各论》,台北汉林出版社1984年版,第5页。

力,逐步分析解决,不能以证据表现形式存在严重瑕疵直接排除可采性,不予采纳。

虽然我国还没有像英美国家那样形成完整的证据规则体系,但也并非全无依据可循,我国的几部诉讼法及最高人民法院的司法解释均作了一系列刚性或弹性的规定,学理上也颇多探讨。笔者认为,须以科学审慎的态度对待每一份证据材料,须科学分析每一个疑点问题,在合理怀疑、盖然性的基础上消除种种因素对诉讼结果的影响,才能最大限度地接近客观真实,合法、合理认定瑕疵证据。

> **规则2** 【证据链】证据链是否牢固从而被认可取决于证据链中的证据必须适格,所形成的证据链能够证明案件的证明对象,且证据链之中的证据必须能够相互印证,排除合理怀疑。

[规则解读]

法院在认定证据链是否成立生效,一般要符合以下三个条件:一是有适格的证据;二是证据能够证明案件的证明对象;三是证据之间能够相互印证,对案件事实排除了合理怀疑。这也就意味着只有同时符合这三个条件才能形成牢固的证据链,从而被认可。

[案件审理要览]

一、基本案情

2010年1月,刘某以生意资金周转为由向汪某借款10万元,并约定月利率两分,每月15日支付利息,本金在2011年1月1日归还。但是,刘某在支付了两个月的利息之后就消失不见。2011年3月,汪某为实现债权将刘某诉至法院,2011年6月法院依法作出判决,但刘某一直未依法履行。2012年2月,汪某申请法院强制执行。在执行过程中,汪某提供一张刘某2009年3月10日借给温某20万元的借条复印件,并声称是刘某提供的,但原件,刘某不愿提供。法院执行法官去找刘某了解情况,但是刘某说复印件是在车上找到的,想叫汪某替他去找温某要钱,至于原件,刘某说找不到了,无法提供,对于是否借过温某钱,刘某表示记不清了。但是,执行法官查询刘某、温某的银行账户及交易明细,发现刘某在2009年3月4日和3月5日,确实打过5万元、15万元给温某,但刘某辩称那是他们生意上的资金往来,是支付给温某的货款,不是借给温某的钱。

二、审理要览

本案中,汪某提供的关于刘某借给温某20万元的借条复印件是否具有法律效力?能否凭借该复印件明确刘某对温某享有债权?对此,有以下三种观点:

第一种观点认为,根据《民事诉讼证据规定》第69条第(四)项的规定,无法与原件、原物核对的复印件、复制品,不能单独作为认定案件事实的依据,而本案中汪某提供的关于刘某借给温某20万元的借条复印件符合该项规定,不具备单独证明案件事实的效力,所以该复印件不具备法律效力,不能证明刘某对温某享有债权。

第二种观点认为,虽然汪某提供的复印件无法与原件核对,但是该复印件是刘某主动提供的,刘某还主动叫汪某替他去向温某要钱,对于该事实,刘某也表示认可。与此同时,法院工作人员查明刘某在2009年3月4日和3月5日给温某汇款合计20万元,该笔银行交易明细可作为佐证证明汪某提供的借条复印件内容。鉴于从保护债权人债权的角度,为防止债务人逃避债务,对属于自己的债权怠于履行,甚至是隐瞒债权的情况出现,结合上述所说的证据,可形成一条明显的证据链证明刘某借款20万元给温某的事实,因此应当认定汪某提供的复印件具有法律效力,应当认定刘某借钱给温某的事实,明确刘某对温某享有债权。

第三种观点认为,汪某提供的借条复印件法律效力待定,刘某对温某的债权无法确定。

[规则适用]

笔者同意第三种观点。理由如下:

证据链是一个法律术语,指一系列客观事实与物件所形成的证明链条,常出现在刑事案件中。公安刑侦人员在破案过程中需要广泛收集证据,当所收集的证人证言和痕迹物证有秩序的衔接组合出犯罪嫌疑人作案的主要环节,能够完整地证明其犯罪过程,方可判定其有作案嫌疑并对其采取必要的刑事侦查措施。而法院在审判时必须根据公安机关提供的证据链对犯罪嫌疑人进行有罪或无罪的认定。法院在认定证据链是否成立生效时,一般要符合以下三个条件:一是有适格的证据;二是证据能够证明案件的证明对象;三是证据之间能够相互印证,对案件事实排除了合理怀疑。这也就意味着只有同时符合这三个条件才能形成牢固的证据链,从而被认可。下面将从这三个方面分析本案证据链是否牢固:

第一,证据链中的证据必须适格。所谓适格就是要求证据必须具有可采性。可采性要求证据必须满足:(1)证据必须与案件事实具有关联性。证据必须同案件事实存在某种联系,并因此对证明案情具有实际意义。(2)证据没有法律所禁止的情形,包括法律所禁止的证据形式和取证方式。本案中,汪某提供复印件是为了证明刘某借钱给温某的案件事实,而复印件内容能够直接证明该借款事实,而作为证据的复印件是刘某提供给汪某的,再由汪某提供给法院工作人员的,属合法取证,对于该证据的提供过程,刘某也表示认可,由此可知证据链中的证据适格。

第二,所形成的证据链能够证明案件的证明对象。证明对象作为证明的最初环节,指的是证明活动中需要用证据加以证明的案件事实。本案中需要证明的案件事实就是刘某借20万元给温某,而证据链则要证明该案件事实。根据案情可知,借条复印件是刘某主动提供的,刘某还主动叫汪某替他去向温某要钱,对于该事实,刘某也表示认可。与此同时,法院工作人员查明刘某在2009年3月4日和3

月 5 日给温某汇款合计 20 万元,该笔银行交易明细可作为佐证证明汪某提供的借条复印件内容,梳理这些证据可形成一条较为完整的证据链证明刘某借给温某 20 万元的案件事实,但刘某辩称该 20 万元是他们生意上的资金往来,是支付给温某的货款,不是借给温某的钱,而事实上也存在这种可能性,属于合理的怀疑,证据链证明的刘某支付给温某的 20 万元的确有可能是货款,这意味着该证据链证明案件事实存在一定的瑕疵,需要进一步核实。

第三,证据链之中的证据必须能够相互印证,排除合理怀疑。证据相互印证就是在运用证据查明案件事实的过程中,为了判断证据的真伪以及证明力的大小,将某一证据与案件其他证据进行比对、检验,考察证据之间的协调性、一致性,进而证明案件事实的活动。无论是起诉方提供的起诉证据还是辩护方提供的辩护证据,法官在采纳某一证据以及根据全案证据认定案件事实时,必须注重证据之间的相互印证,证据必须得到与其含有相同信息的其他证据的印证性支持,全案证据之间不能有矛盾,应一致性地证明案件事实。本案中,该借条复印件是由刘某主动提供的,刘某还主动叫汪某替他去向温某要钱,对于该事实,刘某也表示认可。与此同时,法院工作人员查明刘某在 2009 年 3 月 4 日和 3 月 5 日给温某汇款合计 20 万元,该笔银行交易明细可作为佐证证明汪某提供的借条复印件内容。但刘某辩称该 20 万元是他们生意上的资金往来,是支付给温某的货款,不是借给温某的钱,而这种可能性也确实可能存在,属于合理的怀疑。但是鉴于言词证据,因为其证明力较低以及具有反复性的特点,更需要有其他证据予以印证,所以需要法院工作人员第一时间就 20 万元的银行交易明细向温某核实,并制定书面的调查笔录。经过核实,如果温某证实该笔款项属于借款,则更加确定刘某借 20 万元给温某的案件事实,可形成一条完整的证据链证明刘某对温某享有债权;如果温某予以否定,则还需法院工作人员对汪某提供的借条复印件进行进一步的调查取证,同时就温某与刘某的生意往来,20 万元是否属于货款进行调查,经过调查,总能查清该借条复印件的真实性,明确刘某是否对温某享有债权。

综上所述,如若温某对该笔债务也予以认可,则可直接认定该证据链成立,证明刘某对温某享有债权;如若温某否定,则需法院进一步调查,需其他证据形成证据链证明借条复印件的真实性,同时需要排除其他所有的合理怀疑,方可确定刘某借 20 万元给温某的案件事实,从而确定刘某对温某享有债权。由此可知,汪某提供的借条复印件法律效力待定,刘某对温某的债权无法确定。

规则 3　【付款证明力】借款合同并非出借方已履行放贷付款义务的排他性依据,出借方对于借款合同是否履行仍应负举证责任。

[规则解读]

借款合同并非出借方已履行放贷付款义务的排他性依据,出借方对于借款合同是否履行仍应负举证责任。

[案件审理要览]

一、基本案情①

黄某某因经营农副产品加工冷冻,需向漳浦县农村信用合作联社(以下简称漳浦信用社)贷款人民币48万元。2006年12月24日黄某某、保证人张某某出具抵押承诺书,同月26日被告黄某某出具抵押具结书,两份文书均承诺将被告黄某某、张某某所有的100.8亩鲍鱼场海域使用权作为抵押物抵押给漳浦信用社下设机构泰怡园分社,用于申请贷款人民币48万元的抵押担保。同月28日,泰怡园分社与黄某某、张某某就该海域使用权抵押签订了《抵押借款合同》一份,约定了抵押权人和抵押人的权利义务,但事后未经主管部门办理抵押登记。同日,泰怡园分社与被告黄某某、保证人张某某、蔡某某各签订一份《保证借款合同》,两份合同均约定:漳浦信用社作为贷款人同意向被告黄某某提供贷款用于农副产品加工冷冻,借款金额为人民币48万元,借款利率为月息8.6625‰。借款期限自2006年12月28日至2008年11月15日;保证人张某某、蔡某某均对借款人的债务承担连带保证责任等。

后漳浦信用社以黄某某未按约定偿还借款本金,仅偿还部分利息,张某某、蔡某某亦未履行担保责任为由,诉至福建省漳浦县人民法院,要求三被告偿还借款本金及部分利息。

而被告黄某某则诉称原告根本未向自己履行贷款义务,自己也根本未支付过借款利息。

二、审理要览

漳浦县人民法院认为,原告要求被告张某某、蔡某某承担连带清偿责任的主张,有事实与法律依据,予以支持。据此,遂判决:被告黄某某于本判决生效后15日内归还原告漳浦信用社借款人民币48万元,并按合同约定支付利息至款还清之日止,其中2009年9月20日之前的利息为187 873.34元;原告漳浦信用社有权要求拍卖、变卖被告黄某某所有的址在漳浦县杜浔镇后姚村100.8亩鲍鱼场海域使用权;被告张某某、蔡某某对被告黄某某提供的抵押物价值范围外的上述第一、二项剩余债务承担连带清偿责任;被告张某某、蔡某某对被告黄某某的上述债务承担连带清偿责任后,有权直接向被告黄某某追偿;驳回原告的其他诉讼请求。

一审宣判后,黄某某不服,向漳州市中级人民法院提起上诉。

漳州市中级人民法院二审判决:撤销漳浦县人民法院民事判决;驳回被上诉人漳浦信用社的诉讼请求。

[规则适用]

本案争议的焦点问题是原告作为贷款人是否履行了向借款人支付讼争合同

---

① 参见漳州市中级人民法院(2011)漳民终字第608号。

项下贷款本金48万元的义务。

从漳浦信用社提供的证据材料看,黄某某曾于2006年12月28日与漳浦信用社签订一份《保证借款合同》,还于当日在漳浦信用社提供的存款账户贷款48万元的借款借据中签名盖章,但黄某某对该存款账户的开户情况及贷款48万元的发放情况提出异议,主张其从未开过此存款账户,也从未收到48万元的贷款,因此漳浦信用社作为金融机构理应对贷款的发放情况等进一步举证。虽然漳浦信用社提供了该存款账户的具体"存款明细账",欲证明其已将48万元贷款发放至黄某某的存款账户中,但该"存款明细账"仅记载两笔账目,即2006年12月28日活期存入48万元和同日支取48万元两笔,因漳浦信用社作为金融机构,对其客户完全有能力直接进行划账,在客户黄某某对账户持有异议的情况下,漳浦信用社应举证证明贷款48万元的"同日支取"非其单方划账,且漳浦信用社也完全有能力进行举证,但却未能提供相应的证据加以佐证,在法院要求其提供该讼争贷款是如何支取的证据的期限内,仍拒不提供相应的证据,因此,根据最高人民法院《民事诉讼证据规定》第75条的规定,应推定黄某某的主张成立,即应认定漳浦信用社并未向借款人黄某某履行48万元的贷款发放义务。漳浦信用社认为黄某某于2007年3月30日在"贷后情况检查表"和2008年11月19日在"催收贷款通知书回执"上的签名,足以说明黄某某已收到并使用了该贷款48万元。由于漳浦信用社在二审中明确承认"贷后情况检查表"和"催收贷款通知书回执"中,除"黄某某"三字系黄某某所签外,其他内容均为漳浦信用社信贷员所填写。黄某某主张"贷后情况检查表"和"催收贷款通知书回执"上的签名并非在落款时间所签,而是签订《保证借款合同》时在空白材料上所签的。因此,根据《民事诉讼证据规定》第7条的规定,依照公平、诚实信用原则,漳浦信用社应举证证明黄某某的签名于前述时间所签,但其未能提供相关证据加以佐证,因此,依照《民事诉讼证据规定》第2条的规定,漳浦信用社应承担举证不利的法律后果,即漳浦信用社要求黄某某承担讼争合同项下48万元贷款的还款义务,依据不足。

漳州市中级人民法院另查明,上诉人黄某某从未偿还过讼争合同项下48万元贷款的利息。

漳州市中级人民法院认为,由于被上诉人漳浦信用社未履行48万元贷款的发放义务,因此被上诉人漳浦信用社提出的诉讼请求依据不足,其主张不予支持。原审判决明显错误,依法应予纠正。上诉人黄某某的上诉理由成立,其上诉请求可以支持。

故漳州市中级人民法院依法判决撤销漳浦县人民法院民事判决;驳回被上诉人漳浦信用社的诉讼请求。

> **规则4 【借条证明力】**审理民间借贷案件时,应区分传统民间借贷与民间资本借贷案件,审慎认定不同案件类型中的借条和其他证据的证明力。

[规则解读]

审理民间借贷案件时,应具体案件具体分析,审慎认定借条和其他证据的证明力。传统民间借贷案件,出借人提供借条的,一般可视为其已完成了举证责任,可以认定交付借款事实存在。借款人没有相反证据可以推翻的情况下,可以认定借款事实存在,被告应当还款。而民间资本借贷案件中借条要结合其他证据审慎认证。当事人主张是现金交付,除了借条没有其他相关证据的,则需要进一步审查出借人的经济实力、借款人的偿付能力、债权债务人之间的关系、交易习惯、相关证人证言以及借贷行为发生前后双方的业务往来、交往联系等因素,运用逻辑推理、生活常识等,准确掌握案件事实,判断借贷事实是否真实发生。

[案件审理要览]

一、基本案情

原告杜某诉称,2004年4月至2008年,被告杨某因购房等原因,多次向杜某借款,共计620万元,未约定具体的还款日期,现请求法院判决杨某一次性还清全部借款。杨某答辩称:2004年,其与杜某之间系热恋中的情侣,恋爱关系已得到双方家长的认可和支持,已到谈婚论嫁的程度。为讨杜某欢心,其经常以出具欠条的形式化解双方矛盾,但未实际借款。

二、审理要览

一审法院认为,杨某认可向杜某出具的字条、借条的真实性,虽然其否认杜某实际支付了借款,但根据证人证言,杜某平时有使用大额现金进行交易的习惯。同时,杨某多次向杜某出具欠条及借条,并承诺还款,因此双方借贷事实成立。杨某不能证实其与杜某曾有恋爱关系,出具欠条化解双方矛盾的辩解,不予采信,因此杜某有权向杨某主张债权。杨某不服,提起上诉。

二审法院认为,杜某提供的证人证言与双方的陈述有诸多矛盾、有违常理之处,杜某对于借款方式和借款过程的描述也前后矛盾。当时的620万元相当于现在的3 000多万元,双方及其父母均为普通工人,除工资外没有任何其他财产来源,杜某没有这样大额款项的出借能力。二审法院综合考虑上述因素,认为杜某并没有提供证据证明自己已实际交付借款,双方的借贷关系不成立。

[规则适用]

民间借贷案件当事人之间由于借贷关系发生前存在某种信赖关系,往往不签订书面借款合同,借款人只给出借人打一张借条作为双方借贷关系成立的凭证。但一旦双方之间产生矛盾,彼此关系恶化,借款人很可能矢口否认,出借人起诉到法院时也往往只有一张借条作为直接证据。在这种情况下,如何对借条进行证据认定,对案件的处理就具有决定性的作用。目前,对于借条在民间借贷案件中的证据效力主要有以下观点：

出借人观点：借条是书证，在必要时也可以成为物证，根据最高人民法院《民事诉讼证据规定》第70条的规定，它的效力优于其他的证据；况且根据一般生活常识，如果双方不存在事实上的借贷关系，借款人也不会随便给借条持有人出具借条，在借款人没有相反的证据足以推翻借条效力的前提下，借条持有人胜诉。

借款人观点：民间借贷是实践性合同，要证明借贷关系的成立，不能仅凭一张借条就加以认定，原告还要证明其确已支付了借款。因为，现实中存在很多借款人已经还款但没有要回借条的情况，也存在被人强迫打借条等特殊情况，单凭一张借条不能证明借贷关系的成立，原告没有完成举证责任。

某学者观点：民间借贷案件的借贷事实发生非常复杂，情况各不相同，在审理中，要将具体案件具体分析。尤其是原、被告双方和证人的证言存在诸多相互矛盾的时候，要进一步调查借款人的出借能力及贷款人的还款能力、借贷的起因及用途、出借人交付的时间和地点以及交付的形式，综合考量债权债务人之间的关系、交易习惯以及证人证言的可信度等因素予以认定。民间借贷是实践性合同，原告应当就履行了"提供借款"义务承担举证责任，被告否认借款事实或主张已经将债务偿还的，应对相应事实承担举证责任。

对此，笔者认为，要将借条和其他证据结合起来审慎认定。

根据《合同法》第210条的规定："自然人之间的借款合同，自贷款人提供借款时生效。"民间借贷合同的性质是实践性合同，即借贷合同的生效应当以出借人给付钱款为条件，出借人应当就履行了"提供借款"义务承担举证责任。再据《民事诉讼证据规定》第2条的规定："当事人对自己提出的诉讼请求所依据的事实或者反驳对方诉讼请求所依据的事实负有责任提供证据加以证明。没有证据或者证据不足以证明当事人的事实主张的，由负有举证责任的当事人承担不利后果。"

本案中，杜某所持有的借条的形式虽然是真实的，但由于杨某否认借款事实的存在，借条仅是合同成立的依据，合同生效与否还需杜某继续举证，也就是说，杜某应当就其已经向杨某实际给付了钱款举证。案件审理过程中，杜某申请证人出庭作证，但其提供的证人证言与双方的陈述有诸多矛盾、有违常理之处，并且杜某对于借款方式和借款过程的描述也前后矛盾。二审中，杨某提交了新证据，证明在2004年左右，杨某和杜某之间确实存在恋爱关系。承办法官鉴于该案标的额巨大，案件的事实复杂，于是进一步询问了杜某和杨某2004年前后的收入情况，通过询问查实杜某和杨某及其双方父母均为普通工人，工资收入不高并且除工资外没有任何其他财产来源，当时的620万元相当于现在的3 000多万，杜某没有这样大额款项的出借能力。二审法院综合考虑上述因素，认为杜某并没有提供证据证明自己已实际交付借款，双方的借贷关系不成立。

当前，民间借贷呈现出疯狂态势，引起了各界人士的关注。具体来讲，笔者认为有如下几个方面的原因。一是追求资本逐利的心理效应。往往随着股市大跌、楼市不振,越来越多的资金从楼市、股市中撤出,随着借货利率高涨,民间借贷渐渐成了居民新的"投资渠道"。二是从众效应的负面影响。据相关媒体报道,民间资本借贷月息回报普遍在2分以上,最高的甚至达5分,即年利率60%,最先进入该行的放贷人获得了巨额收益,进而吸引更多的资金蜂拥而入,甚至有些银行、上市公司、生产型企业也投身其中。三是房地产、矿业等行业资金需求量大。在信贷紧缩、楼市调控背景下,不少规模较小的房地产企业资金链趋紧;另外,这几年矿产行业高速发展,也急需大量资金的注入。这两个行业的一冷一热也使民间资本借贷空间迅速扩大。四是小企业融资困难。近几年全球经济不景气,出口急速减少,小企业生存环境不乐观,但由于金融政策等原因能从银行贷到款的小企业寥寥无几,更多的小企业希望通过民间借贷完成融资。

相对于传统民间借贷而言,民间借贷的形式发生了巨大变化。笔者通过比对民间借贷案件在主体、用途、法律关系复杂性等方面的不同,认为民间借贷大致可分为两种,一种为传统民间借贷,另一种为民间资本借贷。传统民间借贷的当事人之间往往具有特殊的人身关系,一般多发生在熟人、亲友之间,建立在血脉之情、朋友情谊、熟人信任、老乡之间的情感基础上;而民间资本借贷关系中往往会有担保人,甚至担保公司等也参与其中。传统民间借贷在用途上往往具有救急的功能,比如购房、升学、治病等;民间资本借贷具有极大的资本性质,当事人都以盈利为目的,借贷人借贷用于投资,出借人往往以获得高额利息为目的。传统民间借贷法律关系较为简单,往往都是民法中的债权债务关系,当事人往往只涉及出借人和借贷人;而民间资本借贷法律关系较为复杂,不仅有债权债务关系、商事担保关系,还涉及国家的金融政策法规等。传统的民间借贷由于具有应急的功能,往往涉及的金额不高;而民间资本借贷由于具有投资的功能,数额至少上万元,甚至几十万元、上百万元。

正是由于民间借贷的形式发生的巨大变化,其中蕴含的风险也快速增长。据相关媒体报道,以贷款为主业的担保公司的钱不是自己的,基本都是从民间借款来的,一个担保公司老板跑路后,成百上千个普通家庭的借款就会血本无归。民间资金热衷高利贷反映出当前贷款结构不合理,中小企业融资困难等问题。一旦经济环境发生变化,房价价格下跌,民间高利贷极有可能爆发巨大风险,引发一系列纠纷,影响社会的稳定。

在这种经济形势下,民间借贷法律关系越来越复杂,案件事实的认定困难重重,为有效应对民间借贷疯狂背后所带来的案件压力,笔者认为最重要的就是根据民间借贷是实践性合同的特点,慎重认定借条的证据效力,谨慎认定借贷关系的成立,具体情况可分为以下两种:

1. 传统民间借贷中借条具有显著的证据效力。传统民间借贷案件,数额较小,当事人之间身份较为亲密,出借人具有支付能力,如果当事人主张是现金交付,除了借条又没有其他证据的,按照民间传统借贷的交易习惯和具有的救急功能,出借人提供借条的,一般可视为其已完成了举证责任,可以认定交付借款事实存在。借款人没有相反证据可以推翻的情况下,可以认定借款事实存在,被告应当还款。

2. 民间资本借贷案件中借条要结合其他证据审慎认证。民间资本借贷数额较大,当事人借贷的目的都具有盈利性,风险意识理应较强。当事人主张是现金交付,除了借条没有其他相关证据的,则需要进一步审查出借人的经济实力、借款人的偿付能力、债权债务人之间的关系、交易习惯、相关证人证言以及借贷行为发生前后双方的业务往来、交往联系等因素,运用逻辑推理、生活常识等,准确掌握案件事实,判断借贷事实是否真实发生。必要时传唤出借人、借款人本人到庭,陈述款项、现金交付的原因、时间、地点、支付方式、钱款用途等具体事实和经过,并接受对方当事人和法庭的询问。在认定交易习惯时,要充分考虑行业特点、社会风俗习惯、借贷的目的和当事人间的习惯性做法等因素。

> **规则5** 【借据证明力】在借据未收回情况下,除非有确凿的相反证据足以推翻借据所记载的内容,否则仅凭转账凭条,一般不能轻易否定借据的证明力。

[规则解读]

借款借据是证明双方存在借贷合意和借贷关系实际发生的直接证据,具有较强的证明力,在借据未收回情况下,除非有确凿的相反证据足以推翻借据所记载的内容,否则仅凭转账凭条,一般不能轻易否定借据的证明力。

[案件审理要览]

一、基本案情[①]

2011年1月21日,王某某、唐某某以宁波市镇海区蛟川街道镇骆路271号27幢×××室的房产做抵押,向朱某某借款人民币15万元,借款期限2011年1月21日至2011年2月21日,按银行同期贷款基准利率的4倍计算利息,利息、本金到期后一次性归还。借款合同签订后,三人对合同进行了公证。借款到期后,王某某、唐某某以暂时没钱为由要求延长借款期限,此后音讯全无。2011年3月20日,唐某某通过银行转账的方式将15万元汇入了朱某某丈夫王某的名下,但并未要回借条并办理抵押注销手续。

2011年5月16日,朱某某诉至镇海区人民法院,请求判令王某某、唐某某偿还借款15万元,并支付利息。

另外,王某某、唐某某的儿子曾多次向朱某某丈夫王某借款未还。

二、审理要览

宁波市镇海区人民法院经审理认为,本案中,如果唐某某汇入朱某某丈夫王

[①] 参见宁波市中级人民法院(2012)浙甬商终字第457号。

某账户中的 15 万元是归还其向朱某某的借款,王某某、唐某某理应及时要回借条并办理抵押注销手续。因朱某某继续持有相关债权凭证,且王某某、唐某某的儿子与朱某某丈夫王某之间又存在借贷关系。因此,唐某某于 2011 年 3 月 20 日汇入朱某某丈夫王某账户中的 15 万元难以认定为归还讼争借款。

镇海区人民法院判决王某某、唐某某共同返还朱某某借款人民币 15 万元,并支付自 2011 年 2 月 22 日起至法院判决确定的履行日止以本金 15 万元为基数按中国人民银行同期贷款基准利率的 4 倍计算的利息。

宣判后,王某某、唐某某不服一审判决,向宁波市中级人民法院提起上诉。

二审中,因借贷各方均认可预扣利息 6 000 元,实际交付借款 14.4 万元,宁波市中级人民法院认定本案借款本金应为 14.4 万元,故对原判依法予以纠正。

2013 年 1 月 8 日,宁波市中级人民法院判决撤销原判决,上诉人王某某、唐某某共同返还被上诉人朱某某借款 14.4 万元,并支付自 2011 年 2 月 22 日起至法院判决确定的履行日止以本金 14.4 万元为基数按中国人民银行同期贷款基准利率的 4 倍计算的利息。

[规则适用]

本案中,事实已经处于真伪不明状态,达到适用证明责任进行判决的条件,并涉及证明标准的问题。

(1) 证明标准一般分为两种,即盖然性占优势证明标准和高度盖然性证明标准。

与盖然性占优势证明标准相比,高度盖然性证明标准所要求的盖然性程度较高,按此标准,盖然性的程度虽然不必达到或接近确然,但也不能仅凭微弱的证据优势对事实作出认定。《民事诉讼证据规定》第 73 条规定:"双方当事人对同一事实分别举出相反的证据,但都没有足够的依据否定对方证据的,人民法院应当结合案件情况,判断一方提供证据的证明力是否明显大于另一方提供证据的证明力,并对证明力较大的证据予以确认。"这条规定首次以司法解释的形式明确了我国民事诉讼采用"高度盖然性"的证明标准,而不是盖然性占优势的标准,其要求审判人员对需证明事实的认定不仅要达到简单优势,而且要达到明显优势的程度。

(2) 在民间借贷案件中,借款借据是证明双方存在借贷合意和借贷关系实际发生的直接证据,具有较强的证明力;在借据未收回情况下要证明已归还借款,应当有确凿的相反证据足以推翻借据所记载的内容。

本案中,法官就是以"高度盖然性"的证明标准来认定双方当事人提供的证据。庭审中,王某某、唐某某提供了 2011 年 3 月 20 日转账凭条,以证明其已经归还了本案中的借款 15 万元。但朱某某表示,该笔款项系唐某某替其儿子归还所欠王某的 15 万元,并非归还本案中的债务;而且唐某某在 2011 年 3 月 20 日汇款之后与朱某某见过面,如果该笔汇款确系归还本案中的债务,按照常理,王某某、唐某某应当将相应的借据要回,但其既未将本案中的相关借据收回,亦未去房产部门办理相应的撤销抵押手续。对此唐某某辩称,其还款后与原告朱某某去过房产部门,但由于王某某有事未到场,所以没能办成撤销抵押手续,该理由过于牵强。两人还称2011年3月20日归还了本案中的借款,而且庭审中被告代理人也表示,还款后唐某某与朱某某见过面,但自2011年3月20日至朱某某起诉之日即2011年5月16日,已有将近两个月的时间,在这段时间内王某某、唐某某迟迟未办理相关撤销抵押的手续,亦未将借据收回或让原告出具收据,这与常理不符。虽然朱某某与王某为夫妻关系,但王某与王某某、唐某某的儿子亦发生过借贷关系,而且王某某、唐某某的代理人在庭审中也表示,两被告常出面帮其儿子还债,当时两被告向朱某某借这15万元也是为了替其儿子还债。鉴于上述情况及根据债的相对性原则,王某某、唐某某理应向朱某某本人履行还款义务,如果其2011年3月20日汇入王某名下的该笔款项确实是归还本案中的该笔款项,那么其应当提供其他相应证据予以证明,或者在还款之后经朱某某确认。

综上,原告朱某某提供的证据已经达到高度盖然性标准,而王某某、唐某某仅凭转账凭条,不足以对抗朱某某提供的证据,故被告王某某、唐某某应承担举证不能之不利后果。

> **规则6** 【证明责任】对基于其他法律关系所产生的债权债务,经双方当事人合意转化为借款的,借款实际交付的证明责任不应由债权人承担,而应由债务人对于旧债务的不存在承担证明责任。

[规则解读]

在我国司法实践中,对基于其他法律关系所产生的债权债务,经双方当事人合意转化为借款的,借款实际交付的证明责任是否可以免除。借款实际交付的证明责任不应由债权人承担,而应由债务人对于旧债务的不存在承担证明责任。

[案件审理要览]

一、基本案情[①]

刘某某因受伤委托原告唐某代理诉讼,在此期间,被告刘某某因经济困难向原告唐某借款8000元,被告刘某某另欠原告唐某代理费2000元。2009年6月27日,被告刘某某将代理费欠款2000元转为借款并向原告唐某出具借条,借条载明内容如下:"今借到唐某现金10000元,借款人刘某某。"后唐某多次找被告催收未果,遂向重庆市荣昌县人民法院起诉,请求判令被告归还原告借款1万元,诉讼费由被告承担。

刘某某辩称,向原告借款是事实,但借款不是1万元而是7000元,另3000元

[①] 参见重庆市荣昌县人民法院(2012)荣法民初字第00505号。

是欠原告的代理费。

二、审理要览

荣昌县人民法院经审理认为:(1)被告刘某某因受伤委托原告唐某代理诉讼,在此期间,被告刘某某因经济困难向原告唐某借款8 000元,被告刘某某另欠原告唐某代理费2 000元。2009年6月27日,被告刘某某将代理费欠款2 000元转为借款并向原告唐某出具借条,借条载明内容如下:"今借到唐某现金10 000元,借款人刘某某。"被告刘某某向原告唐某借款1万元并出具借条,事实清楚,证据充分。被告刘某某借款后应当及时归还借款,原告唐某要求被告刘某某偿还借款,符合法律规定,予以支持。(2)现被告刘某某以原告唐某未代理好诉讼为由拒付其中2 000元。被告刘某某已以借条的方式将欠款2 000元转为借款,系双方的真实意思表示,故对被告刘某某的抗辩理由,不予支持。

荣昌县人民法院依照《民法通则》第84条、第108条之规定,判决如下:限本判决生效之日起10日内,被告刘某某偿还原告唐某借款1万元;如果未按本判决指定的期间履行给付金钱义务,应当依照《民事诉讼法》第253条之规定,加倍支付迟延履行期间的债务利息。

[规则适用]

在我国司法实践中,对基于其他法律关系所产生的债权债务,经双方当事人合意转化为借款的,借款实际交付的证明责任是否可以免除,是一个值得探析的问题。

证明责任又称举证责任,是指民事诉讼当事人依照法律规定或法院的指定,对自己诉讼主张的事实提供证据并加以证明的责任。证明责任包括两方面含义(学者亦称为客观证明责任和主观证明责任):一方面是指由谁负责举证证明案件事实,亦即举证责任的承担,又称行为意义上的举证责任。我国《民事诉讼法》规定,原告在起诉时必须说明证据和证据来源,证人姓名和住址,此即行为意义上举证责任的规定。另一方面是指不能证明自己的主张时应承担什么样的后果,亦即结果意义上的证明责任。这种责任是指在其主张不能得到证明时,由提出主张的当事人承担不利的诉讼后果,表现为当事人的实体权利主张不能得到法院的确认和保护,并同时要因败诉而承担诉讼费用。最高人民法院《民事诉讼证据规定》第2条规定,"没有证据或者证据不足以证明当事人的事实主张的,由负有举证责任的当事人承担不利后果",此即结果意义上的证明责任。

客观证明责任的理论依据是法律要件分类说。法律要件分类说主张,凡主张法律关系存在的当事人,应就法律关系发生所须具备的要件负担证明责任;主张法律关系变更或消灭的当事人,应就法律关系变更或消灭所须具备的要件负担举证责任。法律要件分类说中最具影响力者为规范说理论,由德国学者罗森伯格所提出,举证责任分配理论建立在纯粹的实体法规结构的分析之上,主张从法律规范相互之间的关系中去发现分配的原则。它按照法条的措辞、构造以及适用顺序将法律规定分为权利形成规范、权利妨碍规范、权利消灭规范、权利受制规范,并以法律规定的分类为依据,以法律规定的原则性与例外性关系及基本规定和相反规定的关系为标准分配举证责任。

本案中,被告刘某某因受伤委托原告唐某代理诉讼,在此期间,被告刘某某因经济困难向原告唐某借款8 000元,被告刘某某另欠原告唐某代理费2 000元。之后刘某某主动将欠款2 000元转为借款并向原告唐某出具借条。2 000元借款的证明责任,依据法律要件分类说应由原告举证,原告应举示证据证明其曾经实际交付过被告借款或是双方有过借款合意以及借款时间与借款额度。但是在这一过程前又有一个新的法律关系,即原告为被告从事过诉讼代理业务,据此产生了2 000元的诉讼代理费用,并且被告没有支付过这2 000元,后经双方当事人合意转化为借款。法律要件分类说导致原告可能对旧的债权证据已经销毁,债权人此时举证十分困难。此时如果由被告来举证,对旧债务的不存在承担证明责任就显得更加公平,也更有利于民间借贷的运作和经济秩序的稳定发展。

> **规则7 【证明责任】名为借条实为其他法律关系产生的债权债务,如果当事人提出异议,需对基础法律关系进行审理;对于基础法律关系是否存在,应由提出抗辩的当事人承担证明责任。**

[规则解读]

出借人依据借据提起诉讼,如果借款人对借据没有异议的,可以不审查基础法律关系;如果借款人对借据的效力、金额等提出抗辩,并有证据证明存在买卖、承揽、居间等基础法律关系的,应当对基础法律关系进行审理。而基础法律关系的存在应当由提出抗辩的当事人进行举证。

[案件审理要览]

一、基本案情①

何某某、吕某某之妻周某某、案外人叶某某合伙经营加油站,经营过程中,吕某某向何某某借款2万元。2011年7月18日,三名合伙人签订退伙协议,协议约定由何某某向周某某支付退伙款18.1万元。2010年7月18日,何某某通过银行向吕某某转款11万元,同时将吕某某的借款2万元予以抵销,故吕某某向原告出具收到原告13万元退伙款的收条一张。吕某某收款后,吕某某之妻周某某只认可收到11万元的退伙费,并诉至重庆市荣昌县人民法院,请求何某某支付退伙款7.1万元及相应利息,荣昌县人民法院经审理判令何某某向周某某支付退伙款7.1万元及相应利息。判决生效后,何某某已履行上述判决内容。后何某某诉至荣昌县人民法院,请求判决被告吕某某向原告支付借款2万元及相应损失。但吕

---

① 参见重庆市第五中级人民法院(2013)渝五中法民终字第544号。

某某不认可此项债务。

二、审理要览

荣昌县人民法院经审理认为,当事人对自己提出的主张,有责任提供证据予以证明,否则将承担不利性法律后果。原告举示的证据能够证实被告于2010年7月18日收到原告给付被告之妻周某某的退伙款13万元,因周某某不予认可其中的2万元,而判决由原告向周某某支付退伙余款7.1万元。被告收取原告2万元差额行为的性质被法院确认为无权代理后,如果被告没有收取此笔款项的法律依据则应当将该2万元退还给原告。原告提出,被告曾多次向原告借款使原告享有对被告2万元的债权,结合被告书写的收到退伙款13万元收条的证据、被告对2010年7月18日收到原告金额为11万元的陈述、周某某只认可其中11万元的事实和法院查明的其他事实,可以认定原告对被告享有2万元的债权。现被告不认可债务,故被告应当承担举证责任,其负有责任证明原告对其不享有债权。被告仅辩称其在相信原告的承诺付款13万元、而原告只兑现了11万元的情况下,书写了收款13万元的理由,被告虽提出了抗辩主张,但其抗辩主张未提供证据证明,应当承担举证不能的法律后果。

荣昌县人民法院判决由被告吕某某于判决生效后10日内向原告何某某偿还借款2万元及从2012年11月12日起按中国人民银行1年期同期人民币贷款基准利率计算利息。

宣判后,吕某某以自己从未向何某某借过款,也未用退伙款抵销债务,何某某一审未能出示借款依据及抵款依据,一审法院依据13万元的收条认定吕某某向何某某借款2万元错误为由,提起上诉。

重庆市第五中级人民法院审理后认为,吕某某在未经周某某授权的情况下用何某某欠周某某的退伙款抵销了其欠何某某的债务2万元,该行为属无权代理。另依据何某某支付11万元退伙款而吕某某出示的13万元的收条,在吕某某没有举示相反证据的情况下,可以确认在何某某与吕某某之间存在2万元的债权债务关系。原审法院判决吕某某向何某某支付借款2万元,并无不当。判决驳回上诉,维持原判。

[规则适用]

本案争议的焦点是原、被告之间民间借贷关系是否成立。

1. 民间借贷关系的认定

合同法规定的借款合同包括金融机构之间及其与自然人、法人和其他组织之间的借款合同和自然人之间的借款合同。案发时有效的《最高人民法院关于人民法院审理借贷案件的若干意见》第1条指出:"公民之间的借贷纠纷,公民与法人之间的借贷纠纷以及公民与其他组织之间的借贷纠纷,应作为借贷案件受理。"由此并根据该《意见》第6条的规定,民间借贷既包括自然人之间的借款关系,也包括非金融企业与自然人之间的借款关系,但不包含不属于法院管辖的非法集资关系。按合同法的规定,自然人之间的借款关系属借款合同的一种,"案由规定"只是遵从民间习惯和司法实践,将自然人之间及其非金融机构的法人、其他组织之间的借贷纠纷称为民间借贷纠纷。

2. 民间借贷纠纷中基础法律关系的证明责任

出借人依据借据提起诉讼,如果借款人对借据没有异议的,可以不审查基础法律关系;如果借款人对借据的效力、金额等提出抗辩,并有证据证明存在买卖、承揽、居间等基础法律关系的,应当对基础法律关系进行审理。而基础法律关系的存在应当由提出抗辩的当事人进行举证。

规则8 【借款履行】现金借款的履行问题,不能仅凭借款人向贷款人出具的收据就认定贷款人已经履行了贷款义务。如果借款人的抗辩事由足以引起法官的合理怀疑,法院还应进一步审查借款事实,在无法查明的情况下应根据证据规则进行认定。

[规则解读]

一般而言,借款人向贷款人出具的收据应当是借款已经实际履行的有力证据。法院在认定民间借贷纠纷中借款事实是否履行时,只要贷款人提供了借款人出具的收据,就可以推定贷款人已经履行了贷款义务。如果借款人没有其他的足以引起法官合理怀疑的抗辩理由及证据,法官可以不对借款事实作进一步审查。当然,收据中载明的事实仅仅是一种法律上的推定,是法律上的真实,这种真实可能与客观真实不一致,也可能不是当事人的真实意思表示,故如有相反证据足以推翻时,则应以其他证据确定的事实为准。

[案件审理要览]

一、基本案情

2004年12月30日,周某某与康发公司、张某某签订借款合同,约定康发公司向周某某借款1 640万元以及张某某对该借款的担保责任、利率、还款期限、违约责任等内容。借款合同签订后,周某某用现金或转账支票的方式先后共借给康发公司共计1 640万元。康发公司收到借款后,向周某某分别出具了借条。后康发公司未按借款合同约定归还借款。

2006年11月23日,周某某与康发公司、张某某签订借款及还款协议。约定:(1)康发公司收到周某某借款1 640万元。该借款到期后,康发公司未履行还款义务。(2)本协议签订后,周某某再借给康发公司现金1 500万元,康发公司出具书面收据,张某某在该收据上签章,以证实周某某出借行为的真实性。(3)还款期限、利率、违约责任等内容。在借款及还款协议签订次日,康发公司向周某某出具了内容为康发公司借周某某现金1 500万元整的收据一张。张某某在该收据上署名。借款到期后,康发公司仅向周某某支付利息270万元,其余款项一直未付。

周某某于 2009 年 5 月 18 日向重庆市第五中级人民法院提起诉讼,请求判令康发公司偿还周某某借款本金 3 140 万元,支付至实际还款日止的利息以及其他诉讼主张。

康发公司辩称:康发公司未收到 1 500 万元现金借款,借款收据是在周某某胁迫之下出具的,不应采信等答辩意见。

二、审理要览

重庆市第五中级人民法院经审理认为,借款合同、借款及还款协议应属有效合同。借款合同签订后,周某某已按约支付康发公司借款 1 640 万元。此后其与康发公司、张某某签订借款及还款协议,又约定周某某在 3 日内再借给康发公司现金 1 500 万元。在签约次日,康发公司即向周某某出具了内容为收到周某某现金 1 500 万元的收据,张某某也在该收据上签署了姓名。康发公司、张某某辩称该借款收据是在周某某胁迫之下出具的,但未提供任何证据予以证明,对该辩称理由不予支持,故应认定周某某共计支付给康发公司借款 3 140 万元。判决康发公司于本判决生效之日起 15 日内返还周某某欠款 3 140 万元及利息等。

宣判后,康发公司不服一审判决,提起上诉。

重庆市高级人民法院经审理认为,关于 1 500 万元现金借款是否履行的问题,因康发公司向周某某出具了收到周某某现金 1 500 万元的收据,并且周某某提供了其具备支付 1 500 万元现金的资信证据且对现金划款作出了合理解释,康发公司虽然辩称该借款收据是在周某某胁迫之下出具的,1 500 万元系其支付给周某某的高息,但是其未提供任何证据予以证明,故应认定周某某已经向康发公司实际履行了贷款义务。判决驳回上诉,维持原判。

[规则适用]

本案的争议焦点是 1 500 万元现金借款是否实际履行的问题。对此,法院应当考虑以下几点:收据的证明力、借款人的抗辩事由、证据规则的运用。

1. 收据的证明力

货币是特殊动产、种类物、代替物,一旦交付借款人,除非进入借款人专户或交其封存,否则无法同借款人的自有货币区别开来。因此,贷款人是否已经向借款人履行了金钱交付义务必须要有证据。对于金融机构发放的贷款,一般是通过银行划账,故较容易提供证据;但是对于民间借贷往往是交付现金,而对于现金是否交付的主要证据就是收据,即借款人在收到贷款人的款项时向其出具的凭据。一般而言,借款人向贷款人出具的收据应当是借款已经实际履行的有力证据,法院在认定民间借贷纠纷中借款事实是否履行时,只要贷款人提供了借款人出具的收据,就可以推定贷款人已经履行了贷款义务;如果借款人没有其他的足以引起法官合理怀疑的抗辩理由及证据,法官可以不对借款事实作进一步审查。当然,收据中载明的事实仅仅是一种法律上的推定,是法律上的真实,这种真实可能与客观真实不一致,也可能不是当事人的真实意思表示,故如有相反证据足以推翻时,则应以其他证据确定的事实为准。

2. 借款人的抗辩事由

借款人的抗辩事由通常包括以下几个方面:收据是伪造的,收据是受欺诈、胁迫签订的,收据中载明的内容是虚假的等。如果借款人抗辩收据是伪造的,其就应当举示相应证据,如果仅仅是抗辩而无证据时,法院对其抗辩事由可能不予支持;当然,法院可以向其释明,其可以对收据的真伪申请鉴定。如果其抗辩收据是受欺诈、胁迫签订的,非其真实意思表示,应当无效或可以撤销时,其也应提供相应的证据,并且在其未提起反诉时,法院应当向其释明,可以提起反诉,请求撤销受欺诈、胁迫签订的收据。如果其辩称收据中载明的内容是虚假的,其也应当举示相应证据。

本案中,借款人虽然抗辩收据是受胁迫签订的,但是除其陈述外并未提供任何其他证据,故法院依法认定系其真实意思表示。其抗辩称收据中载明的收到借款本金是虚假的,主要理由是1 500万元现金支付不符合常规,其实质是对借款高息的确认。虽然其未提供任何证据,但是该抗辩理由足以引起法官的合理怀疑,主要是对于多数人而言,1 500万元现金支付在现实生活中是无法想象的。因此,法官应当进一步查证借款是否实际履行。一审中,虽然当事人对此提出了抗辩,但是法院未作审查,这明显不妥。借款能否实际履行的前提是贷款人具有履行能力,故对贷款人资信的审查是必须的。二审中,法院向周某某释明,其还应就1 500万元现金借款的履行情况进一步举示证据,即举示1 500万元的划款依据。周某某举示了2005—2006年重庆大江摩托车发动机制造有限公司、重庆大江动力设备制造有限公司的现金明细账,其中载明两公司的现金流量约2 000万元。周某某支付给康发公司的1 500万元现金就是其从上述两公司提取的。因上述公司系周某某家族的公司,其内部无划款凭证。根据上述证据,法院可以确信贷款人具有相应的履行借款合同的资信能力。但是,资信能力仅能说明其能够一次性拿出巨额现金,但是该巨额现金是否交付以及究竟是借款本金还是高息仍无法确定,只能通过证据规则加以解决。

3. 证据规则的运用

关于1 500万元是否履行的问题,周某某未能提供划款依据,法院能否驳回其诉讼请求呢? 显然不能,法院只能根据证据规则作出认定。本案中,关于1 500万元是否履行的问题,周某某提供的证据包括资信证据、收款证据、当事人陈述,康发公司提供的证据只有其陈述,从证据优势角度看,周某某的证据具有明显优势。虽然康发公司的陈述足以引起法官的合理怀疑,法官必须对借款事实作进一步查明,但是,当贷款人在提供了资信证据并对不能提供划款依据作出合理说明时,法院不能否定其权利。故二审法院认为,康发公司出具了收到周某某现金1 500万元的收据,并且周某某提供了其具备支付1 500万元现金的资信证据且对现金划款作出了合理解释,康发公司虽然辩称该借款收据是在周某某胁迫之下出具的,

1 500 万元系其支付给周某某的高息,但是其未提供任何证据予以证明,故认定周某某已经向康发公司实际履行了贷款义务。

4. 民事审判的功能局限

本案中,收据中载明的收到的现金的性质究竟是借款本金还是高息,从法官的内心确信来看,其系高息的可能性较大,因为此种情况在现实生活中比比皆是。但是,在当事人双方均用合法形式来掩盖其非法目的时,法院对此是无能为力的,因为从证据角度看,该款项应当是借款本金。如果民间借贷当事人之间的划款必须要有划款依据或者要求一定金额以上的借款必须通过银行转账,则此种问题便可迎刃而解。为了抑制民间的高利贷行为,必须对民间借贷立法,以规范此类行为,维护正常的金融秩序。

一般而言,借款人向贷款人出具的收据应当是借款已经实际履行的有力证据,但是,当借款人对此提出合理的抗辩理由时,法院不能仅凭此判案,还应当进一步审查贷款人的资信情况,并根据证据规则综合作出判断。

> **规则9** 【优势证据】民间借贷纠纷原告持撕毁重贴借条起诉的认定,依据最高人民法院《民事诉讼证据规定》第73条的规定,双方当事人对同一事实分别举出相反的证据,但都没有足够的依据否定对方证据的,人民法院应当结合案件情况,判断一方提供证据的证明力是否明显大于另一方提供证据的证明力,并对证明力较大的证据予以确认。

[规则解读]

在民间借贷纠纷中,通常情况下出借人(一般为原告)诉称其与借款人存在借贷关系,要求借款人返还借款及利息,依照法律规定,出借人应对借款事实承担举证责任。当事人对民间借贷合同是否履行发生争议的,由负有还款义务的借款人(一般为被告)对其还款事实承担举证责任。

在认定案件事实的过程中,法院需要对原、被告双方提交证据的效力大小进行认定。最高人民法院《民事诉讼证据规定》第77条、第73条规定,因证据的证明力无法判断导致争议事实难已认定的,人民法院应当依据举证责任分配规则进行裁判。

[案件审理要览]

一、基本案情[①]

原告诉称:2009年1月21日,被告通过其叔父林某某,向原告借款5万元,被告立下借条一张,约定1年归还,本金加利息共54 000元。现借款期届满,原告要求被告归还借款及利息共计54 000元。另外,2009年8月中旬,被告与其叔父林

---

① 参见广东省汕头市中级人民法院(2011)汕中法民二终字第62号。

某某发生纠纷,将向原告出具的借条撕成几片,幸好林某某及时收回借条碎片,才保住借款证据。请求判令:被告归还原告借款 5 万元及利息 4 000 元;本案诉讼费用由被告承担。

被告辩称:(1) 林某某为原告的表见代理人、本案的第三人,有权代表原告收取借款。原告在其民事起诉状中,确认了本案借款还款的整个过程都是通过其代理人林某某办理的,原、被告没有直接交接借款现金。2010 年初的某天,原告夫妻在市场上与被告的谈话中,已承认了被告已付还借款这一事实。另外,借条一直在林某某手里。因此,被告有理由相信林某某是原告的表见代理人,有权代表原告向被告收取借款。至于林某某在收取还款金额后是否将该款交还原告,则与被告无关。(2) 被告已将本案的借款本息交付原告的代理人林某某偿还原告。2009 年 8 月 17 日,被告将现金 54 000 元交给原告的代理人林某某,已向原告还清了借款本息。林某某收到还款后,在借条上注明了"已还清"字样并签名证明,后将借条交还被告。被告收到借条后,将借条撕碎扔进垃圾桶,而不是原告所称的被告与其叔父林某某发生纠纷,将借条撕成几片。对此,林某某于 2009 年 12 月 25 日与被告的交谈中,也承认本案的借款本息已经通过其向原告还清的事实,且当时林某会在场。(3) 原告向法院提交的所谓借条,是林某某暗地里将已撕碎扔掉的借条碎片收集起来,然后交给原告粘贴而成的,并已涂掉借条上的"已还清"的字样。综上,被告已将本案借款本息 54 000 元通过林某某付还原告,请求依法驳回原告的诉讼请求。

广东省汕头市龙湖区人民法院经审理查明,2009 年 1 月 21 日,被告通过林某某介绍、经手,向原告借款 5 万元,借款期限为 1 年,利息 4 000 元。被告同时向原告出具借条,借条载明:"兹向燕某某借人民币伍万元正,一年归还,本金加息共伍万肆仟元正。借款人:林某 2009.1.21 证明人:林某某。"原告提交的上述借条,有被撕掉重贴的痕迹。该借条右下方"证明人"上方有涂改笔迹,经辨认,被涂改字迹为"担保人"。原告及证人林某某均陈述,林某某原为上述借款担保人,后经原告同意,借条上"担保人某某"改为"证明人某某"。2010 年 1 月 27 日,原告以被告没有还款为由诉至本院,请求判准其上述诉讼请求。

诉讼期间,原告称:2009 年 8 月中旬,被告打电话给其叔父林某某,要求其向原告借款的期限由原来 1 年延长至 1 年半,原告同意后将借条交给林某某。林某某持借条到被告开设的布店进行修改,被告遂将借条撕掉,另写一份与借条内容不符的欠条,林某某对此不同意,不得已只能将被告已撕掉扔在店内废纸筐的借条碎片捡起来重贴,再将重贴好的借条交还原告。原告没有委托林某某将上述借款转为林某某与被告之间的借款。

被告辩称,2009 年 8 月 17 日,在布店其已将现金 54 000 元交付原告代理人林某某偿还原告,在还款时,林某某在借条上写"已还清"字样并签名证明,后将借条交给被告,被告将借条撕掉丢进废纸筐。庭审间,被告在法庭上指认借条中被涂改字体即为林某某所写"已还清"字体。

另查明，被告提交的 DVD 录像片、录音片属复制品，被告没有提交上述视听资料的原始载体。

二、审理要览

广东省汕头市龙湖区人民法院经审理认为，在通常情况下，民间借贷交易习惯为出借人收到借款人付还的借款时，需将借条交还借款人，借款人收回或撕掉借条。

当事人对民间借贷合同是否变更及履行发生争议的，应根据最高人民法院《民事诉讼证据规定》第 5 条的规定，由负有履行还款义务的当事人承担举证责任。被告作为民间借贷合同的借贷方，应按约定履行还款的义务，故被告对还款负有举证责任。

被告虽然举证其秘密录制与原告及林某某谈话录音、录像片的视听资料，以证明其已通过林某某偿还原告的借款，但原告及证人林某某对该视听资料部分内容有异议，认为被告提交的视听资料属复制品，录音、录像内容不完整，不排除被告对录音、录像内容进行了有意删改。原告及证人林某某要求被告提交该视听资料的原始载体予以核对，法院也要求被告提交，但被告没有提交且无正当理由。根据最高人民法院《民事诉讼证据规定》第 69 条第 1 款第（三）项、第（四）项之规定，上述视听资料不能作为单独认定被告已通过林某某付还原告借款的证据。

被告虽然以借条被其撕掉为由抗辩已付还原告的借款，但被告提出 2009 年 8 月 17 日在布店其已将现金 54 000 元交给原告代理人林某某付还原告并撕掉借条的抗辩，与在场证人林某会、林某某、李某某、纪某某的证言不符，且其在庭审时指认被其撕掉重贴的借条涂改部分即是林某某书写"已还清"字体部分，也与事实不符。经辨认，借条被涂改字体为"担保人"而非被告所说"已还清"字体，故被告提出已通过林某某付还原告借款证据不足，无法认定借条经被告撕掉该借款已付还原告的事实。

被告提供的录像资料复制件从显示时间来看，由多个片断拼接组成，且加大功率前播放内容对被告有利，加大功率后播放内容对被告不利，内容不一致。被告持有该录像资料的原始载体，无正当理由拒不提交。根据最高人民法院《民事诉讼证据规定》第 75 条关于"有证据证明一方当事人持有证据无正当理由拒不提供，如果对方当事人主张该证据的内容不利于证据持有人，可以推定该主张成立"的规定，可采信原告及证人林某某对加大功率播放后林某某所说"你当时撕掉块物，你作呢想，爱作呢解决？你改的时候含这块数目字一起改下去……"的解释及主张，即原告及证人林某某提出办理延长借条还款期限时，被告故意撕掉借条后拒不另写延长还款期限的借条交还原告，可推定被告关于借款已付还的主张不能成立。

本案借条虽然存在撕掉重贴瑕疵，但原告陈述与在场证人林某某、李某某、纪某某、林某会的证言及视听资料部分内容基本吻合,且借条碎片是在被告知悉情况下被林某某当场拿走的,综合全案证据,根据日常生活经验判断,可以认定原告举证被告向其借款本息54 000元尚未付还的证据证明力大于被告举证证据的证明力,根据最高人民法院《民事诉讼证据规定》第73条的规定,应当认定被告尚未偿还原告借款本息54 000元。

债务应当清偿。被告出具给原告的借条,系其真实意思表示,借条约定被告向原告借款5万元及利息4 000元,不违反法律规定,应认定有效。被告没有在约定期限内还款,已构成违约,应承担相应的民事责任。原告请求被告偿还借款本息54 000元,符合法律规定,应予支持。

综上,依照《民法通则》第108条,最高人民法院《关于人民法院审理借贷案件的若干意见》第6条、《民事诉讼证据规定》第5条、第69条第1款第(三)项及第(四)项、第73条的规定,判决被告应于本判决发生法律效力之日起10日内付还原告借款5万元及利息4 000元。债务人未在上述限定期限内履行金钱给付义务的,应当按照《民事诉讼法》第229条的规定加倍支付迟延履行期间的债务利息。

宣判后,被告不服一审判决,提起上诉。

广东省汕头市中级人民法院经审理,判决驳回上诉,维持原判。

[规则适用]

1. 当事人是否构成表见代理

本案被告辩称证人林某某是原告的表见代理人,被告已通过林某某付还原告借款。原告与林某某是否构成表见代理?

根据最高人民法院《民事诉讼证据规定》第5条第3款的规定,对代理权发生争议的,由主张有代理权一方当事人承担举证责任。主张林某某有提前收取借款代理权的被告,应承担举证责任。由于被告仅提供了该视听资料的复制品,而原告及证人林某某对该视听资料部分内容有异议,认为被告提交的视听资料属复制品,录音、录像内容不完整,不排除被告对录音、录像内容进行了有意删改。原告及证人林某某要求被告提交该视听资料的原始载体予以核对,法院也要求被告提交,被告没有提交且无正当理由,根据最高人民法院《民事诉讼证据规定》第69条第1款第(三)项、第(四)项的规定,该视听资料不足以认定被告已通过林某某付还原告借款的事实。

在没有证据直接证明原告已授权林某某收取还未到期借款的情况下,如果被告仅凭林某某持有原告的借条就可作为其相信林某某是原告表见代理人的理由,并将该借款擅自支付给林某某,既违背了被告作为借款方应审查他人代为收取原告借款的审慎义务,也有悖于常理。

因此,被告提出林某某为原告表见代理人,已通过林某某提前付还原告借款的主张,理由及证据不足,法院不予采纳。

2. 民间借贷纠纷中原告持撕毁重贴借条起诉应如何认定

在民间借贷纠纷中,通常情况下出借人(一般为原告)诉称其与借款人存在借贷关系,要求借款人返还借款及利息,依照法律规定,出借人应对借款事实承担举证责任。当事人对民间借贷合同是否履行发生争议的,由负有还款义务的借款人(一般为被告)对其还款事实承担举证责任。

在认定案件事实的过程中,法院需要对原、被告双方提交证据的效力大小进行认定。最高人民法院《民事诉讼证据规定》第77条、第73条规定,因证据的证明力无法判断导致争议事实难已认定的,人民法院应当依据举证责任分配规则进行裁判。

本案中,一方面,原告提交的借条虽然是撕掉后重新粘贴的,但粘贴后借条仍基本完整,法律并没有规定被撕掉后重新粘贴而成的单据不能作为主张权利的依据。而且,原告提交的借条及其在诉讼期间的陈述与在场证人林某某、李某某、纪某某的证言基本吻合,与法院依被告申请调查的证人林某会的证言及被告提交的视听资料部分内容也基本吻合。同时,在庭审期间,被告对原告提供的借条真实性也没有异议,法院依法予以确认。另一方面,原告提交的借条是以其文字记载的思想内容来证明民事案件真实情况的证据,而且又是原件,属于书证和原始证据。而被告提交其秘密录制的与原告及林某某谈话的录音、录像片是利用其反映出来的声音、形象来证明案件的证据,而且又是复制品,属于视听资料和传来证据,被告未能提供原件核对。根据最高人民法院《民事诉讼证据规定》第77条第(三)项的规定,原始证据的证明力一般大于传来证据。

虽然原告提交的借条存在撕掉重贴瑕疵,但综合全案证据,根据日常生活经验判断,原告举证被告向其借本息54 000元尚未付还的盖然性,大于被告举证已付还原告借款本息的盖然性。根据最高人民法院《民事诉讼证据规定》第73条的规定,可以认定原告举证被告向其借款本息54 000元尚未付还的证据证明力大于被告举证证据的证明力。因此对原告的主张,依法应予支持。

3. 民间借贷纠纷当事人应注意的问题

近年来,民间借贷纠纷日益增多。在此类纠纷中,借条借据往往是法院据以认定事实最直接最有力的证据。但由于当事人法律意识的淡薄,对借条借据的重要性认识不够,容易造成难以取证的困境。因此,作为民间借贷的当事人,在借款的时候,出借人应要求借款人及时出具借条借据,并且在借条借据上注明借款金额、还款期限及利息等基本情况;同时,在偿还借款本息的过程中,借款人应要求出借人及时出具收据,或者将还款情况在借条借据上注明并由出借人签名,防止日后产生不必要的纠纷。另外,要提高对借条借据重要性的认识,既要妥善保管借条借据,防止借条借据灭失或损毁,也不能随意将借条借据交由他人,防止借条借据被当事人撕毁导致举证困难。

规则10 【签章鉴定】借据签章真实性原则上由原告申请鉴定。

[规则解读]

借据签章真实性原则上由原告申请鉴定,原告有其他证据佐证时由被告申请鉴定。具体而言,在原告仅依据借据起诉而无其他证据佐证的情况下,如果被告对借据上的签章的真实性提出异议,则由原告申请鉴定,否则法院可认定原告的主张不能成立。如果原告不仅提供了借据,而且提供了其他证据予以佐证,使得借据的真实性已经具备一定可信度的情形下,被告质疑借据真实性的,则由被告申请鉴定。

[案件审理要览]

一、基本案情

民间借贷案件中,对于原告所提交的借款合同、借据、欠条等书证,否认借贷关系的被告往往会对这些书证上签章的真实性提出异议。由于签名、印章是否确实为被告所签署,涉及高度专业的判断,一般只能通过司法鉴定来辨别签章的真伪。这就涉及一个问题,应该由主张签章真实的原告方提出鉴定申请,还是由否认签章真实的被告方提出鉴定申请?

二、审理要览

对此,目前尚无法律或司法解释专门针对此问题加以规定,司法实践中一般有以下几种做法:

第一种做法是原则上由原告申请鉴定,原告有其他证据佐证时由被告申请鉴定。具体而言,在原告仅依据借据起诉而无其他证据佐证的情况下,如果被告对借据上的签章的真实性提出异议,则由原告申请鉴定,否则法院可认定原告的主张不能成立。如果原告不仅提供了借据,而且提供了其他证据予以佐证,使得借据的真实性已经具备一定可信度的情形下,被告质疑借据真实性的,则由被告申请鉴定。

第二种做法是被告有反驳证据时由原告申请鉴定。与第一种做法不同,在原告仅凭借据起诉且无其他证据佐证时,并非当然地由原告申请鉴定,而是要求被告提供证据证明借据的真实性存在疑点,方由原告申请鉴定。

第三种做法是一律由被告申请鉴定,即不区分具体情形,而是笼统地规定对借据签章真实性提出异议的当事人申请鉴定。

[规则适用]

以上做法中,第一种情形被告的证明负担最轻,其次是第二种情形,被告的证明负担最重的是第三种情形。这反映了实务界对借据等书证的真实性证明方式的困惑。

造成这种局面的原因何在?显然这并不能归咎于立法或者司法解释对于借贷案件中证明责任分配的规定。其实借贷案件中证明责任的规定很明确,《民事诉讼证据规定》第5条第1款以及《民事诉讼法解释》第91条都规定了主张合同关系成立并生效(法律关系存在)的当事人应对合同订立和生效的事实(产生该法律关系的基本事实)承担举证证明责任。由于借贷案件中原告是主张借贷关系存在的一方,因此理所当然应对借贷关系成立的基本事实承担证明责任。这一点,理应不会存在任何疑义。

原告提交的借款合同、借据、欠条等书证,自然是为了证明借贷关系的成立,对于这些书证上签章的真实性进行鉴定,也是为了证明借贷关系的成立。《民事诉讼证据规定》第25条第2款规定:"对需要鉴定的事项负有举证责任的当事人,在人民法院指定的期限内无正当理由不提出鉴定申请或者不预交鉴定费用或者拒不提供相关材料,致使对案件争议的事实无法通过鉴定结论予以认定的,应当对该事实承担举证不能的法律后果。"如此说来,原告应是对需要鉴定的事项承担证明责任的当事人,应当由原告提出鉴定申请。为何司法实践中会出现要求提出异议的被告一方申请鉴定或者仅在被告有证据证明借据有疑点才需由原告申请鉴定的做法呢?

笔者认为可能与《民事诉讼证据规定》第70条的规定有关,该条规定,一方当事人提出书证原件,对方当事人提出异议但没有足以反驳的相反证据的,人民法院应当确认其证明力。据此规定,有观点认为,只要被告没有反驳的证据,就应确认书证签章的证明力,故这种情况下应由异议方提出鉴定申请。笔者认为,这种理解有失偏颇。书证的证明力分为形式证明力与实质证明力两个层次。形式证明力涉及书证的真伪问题,即书证中所表达的意思或者思想是否确实是名义上制作该文书的人所为,有没有被伪造;如果一项书证确实是书证名义制作者的真实意思作成,该书证就具有形式上的证明力。而实质上的证明力,是指该书证的内容是否具有证明待证事实真伪的作用。书证要具有实质上的证明力,必须先具有形式上的证明力。《民事诉讼证据规定》第70条所规定的"书证原件",应是指已经被确定具有形式证明力(即并未伪造)的书证;后半句的"人民法院应当确认其证明力",应是指确认其实质上的证明力。而本书所讨论的书证签章真实性鉴定问题,恰恰是要确定书证本身的真伪、书证是否具有形式证明力的问题,即《民事诉讼证据规定》第70条所规定的"当事人提供书证原件"的前提尚未具备。因此不应适用该条规定,在被告对书证签章提出异议且没有证据反驳的情况下,一律将申请鉴定的举证负担加诸于被告。

虽然原告对借贷关系的成立承担证明责任,并不意味着在任何情形下,只要被告对书证签章真实性提出异议,都应当由原告提出鉴定申请。笔者认为,上述第一种情形中规定借据及其他材料具备一定的可信性时应由被告申请鉴定是合理的。这并非是举证责任的倒置,而是在借据有其他证据佐证的情形下(如原告已经证明款项的交付),借据本身的真实性已经获得了一定可信度,可以认为原告的举证已经达到证明标准,法官已获得借贷关系成立的心证。被告在没有反驳证据的情况下,单纯对借据等书证签章的真实性提出异议,不足以动摇法官业已形成的心证,不足以让借贷关系是否成立陷于"真伪不明"(案件事实真伪不明是负有证明责任当事人承担不利诉讼后果的前提)。故在此种情形下,如果被告对书证签章真实性有异议的,应当由被告提出鉴定申请,否则法官会根据其心证认定书证签章为真实。

综上所述,笔者认为,上述第一种做法是合理的,第二种、第三种做法不当地加重了被告的证明负担。

> **规则11 【债权交付凭证】原告提供的债权交付凭证,只能证明实际交付了款项的事实,但无法证明双方存在借贷关系。被告否认双方存在借贷关系,原告应就双方存在借贷关系进一步提供证据证明。**

[规则解读]

对出借人仅提供款项交付凭证,未提供借贷合意凭证,起诉要求对方承担还款责任的情形,应视为出借人尚未完成对双方存在借贷合同关系事实的举证,应由其继续举证证明双方存在借款法律关系,否则,应承担举证不能的后果。

[案件审理要览]

一、基本案情

原告章某系源道公司的法定代表人。2011年6月25日,栖凤公司与源道公司签订合同,约定栖凤公司聘请源道公司作为上市融资的业务顾问。2011年7月6日,章某以转账形式从其个人账户向被告栖凤公司账户汇款100万元。2011年7月7日,被告汇付账号为××××××的收款人647 925.4元。2011年12月27日被告将剩余352 074.6元汇至源道公司。

原告持汇款凭证请求判令栖凤公司归还借款本金100万元。被告否认双方存在民间借贷关系,称本案款项属于章某担任法定代表人的源道公司用于委托栖凤公司代为支付上市融资费用。

二、审理要览

司法实践中存在大量该类型的案件,原告仅持款项交付凭证作为出借款项的证据,起诉要求对方承担还款责任。而被告否认双方存在借贷关系,抗辩汇款是原告偿还以前的借款或是双方其他法律关系的往来。对此类案件的处理意见并不一致。

第一种意见认为,原告提供的债权交付凭证,证明了其履行了出借义务,且债权交付凭证所指的资金流向与原告主张的借贷关系相对应吻合。依据民事高度盖然性的证明标准,原告已经完成其举证责任,被告否认双方存在借贷关系,应提供证据证明。

第二种意见认为,原告提供的债权交付凭证,只能证明实际交付了款项的事实,但无法证明双方存在借贷关系。被告否认双方存在借贷关系,原告应就双方存在借贷关系进一步提供证据证明。

[规则适用]

如何分配举证责任及认定证明标准,是审理该类型案件的关键。笔者赞同第二种意见。

虽然法律法规对该问题没有作出明确规定,但在地方高级人民法院出台的规范民间借贷行为的司法文件中,均有涉及。例如,《浙江省高级人民法院关于审理民间借贷纠纷案件若干问题的指导意见》第15条规定,债权人仅提供款项交付凭证,未提供借贷合意凭证,债务人提出双方不存在借贷关系或者其他关系抗辩的,债权人应当就双方存在借贷合意提供进一步证据。《北京市高级人民法院关于审理民间借贷案件若干问题的会议纪要》第7条规定,原告仅依据金融机构划款凭证提起诉讼,被告否认双方存在民间借贷关系的,原告应当就双方存在借贷关系承担证明责任。上述意见一致认为,出借人仅提供转账凭证主张双方存在借贷关系的,对出借人设立了严格的举证责任,被告只需否认双方存在借贷关系及对诉争款项提出相对合理的解释即视为完成举证责任。在被告否认双方存在借贷关系的情况下,视出借人尚未完成其证明责任。此时,举证责任完全分配给出借人,由出借人进一步举证证明双方存在借贷合意,否则应承担举证不能的后果。

该类案件中,出借人主张双方存在借贷合同关系,对其主张,有责任提供证据。出借人应就当事人之间存在借贷合同关系以及实际出借资金承担举证责任。出借人仅提供款项交付凭证主张双方存在借贷关系,其所提供的汇款凭证,应视为仅对实际出借资金完成了举证责任。如果被告否认存在借贷关系,对款项作出合理解释或提供了初步的证据证明,此时,应视为出借人尚未完成对双方存在借贷合同关系事实的举证,出借人仍应对双方存在借贷合意进一步提供证据予以证明,而不应由被告承担借款关系不存在的证明责任。一方当事人仅证明款项支付而未证明借款法律关系成立的情况下,要求另一方当事人证明借款关系不存在,属于举证责任分配不当。因为出借人主张的是借贷关系,其起诉的请求权基础是民间借贷法律关系,而非其他法律关系。如遵从第一种意见,本案被告抗辩该100万元的汇款系源道公司委托被告支付上市融资的费用,在原告尚未完成双方存在借贷关系的举证责任的情况下,法官将举证责任分配给被告,由其证明双方"不存在借贷关系",本案的争议焦点将由原、被告是否存在民间借贷关系转化为被告与第三人源道公司是否存在委托付款关系,从而使法院须追加案外人作为第三人参加诉讼,加大案件审理的难度,属举证责任分配不当。因此,本案中,法官将存在借贷关系的举证责任分配给原告,并认定因原告不能证明双方存在借贷关系而驳回其诉讼请求,符合"谁主张、谁举证"的举证责任分配规则。

笔者认为,司法实践中,可以借鉴该案例的审理思路,对出借人仅提供款项交付凭证,未提供借贷合意凭证,起诉要求对方承担还款责任的情形,应视为出借人尚未完成对双方存在借贷合同关系事实的举证,应由其继续举证证明双方存在借款法律关系,否则应承担举证不能的后果。

规则 12　【举证分配】案件事实真伪不明时应依法分配举证责任。

[规则解读]

当案件事实处于真伪不明时,法官不得因此而拒绝裁判,此时,举证责任如何分配直接决定了案件的判决结果。

[案件审理要览]

一、基本案情

何甲、何乙和卢某由黄某供应乳胶,并于 2006 年 12 月 11 日向黄某出具欠条一张,确认欠黄某货款 63 590 元。此后,黄某又向何甲、何乙和卢某供应了价值 4 900 元的乳胶,两笔货款共计 68 490 元。

何甲、何乙和卢某对欠条真实性及其后收取黄某价值 4 900 元乳胶的事实均予确认,但辩称欠条是在 2006 年 12 月 11 日上午出具,当天下午三人即清偿了 30 890 元,并提交了由黄某出具的收据一份。该收据载明黄某已收取货款 30 890 元,出具时间与欠条形成时间为同一天。黄某对收据的真实性没有异议,但称该笔款项系其与何甲、何乙和卢某另外一笔货物交易的货款,当天上午,其收取了该笔货款并出具了收据。当天下午,双方经结算,何甲、何乙和卢某在清偿 30 890 元货款后仍欠 63 590 元。何甲、何乙和卢某出具的欠条即属对该欠款金额的确认。

二、审理要览

一审判决何甲、何乙和卢某应向黄某清偿欠条上载明的欠款金额 63 590 元及其新收的货物价款 4 900 元,合计 68 490 元。何甲、何乙和卢某不服该判决,提起上诉。

二审法院经审理认为,何甲、何乙和卢某辩称其已部分清偿欠条所载欠款金额,则应承担相应的举证责任。因其不能举证证明,故应承担举证不能的不利后果。遂判决驳回上诉,维持原判。

[规则适用]

收据载明的还款金额是否应在欠条记载的欠款金额中予以扣减,是本案的争议焦点。

第一种观点认为,本案收据上载明的还款金额应在欠条上载明的欠款金额中予以扣减。理由为:黄某持有的欠条虽能证明其与何甲、何乙和卢某之间存在 63 590 元货款的债权债务关系,但何甲、何乙和卢某持有的由黄某出具的收据,也同样能够证明其已向黄某清偿了 30 890 元货款的法律事实。黄某主张其已收取的 30 890 元货款不包含在欠条上载明的欠款金额内,则应由其承担相应举证责任。而在本案中,黄某对此不能举证加以证明,故可认定收据上载明的还款金额

30 890 元即是为清偿欠条上载明的欠款金额而为的部分给付。

第二种观点认为,本案收据上载明的还款金额不应在欠条上载明的欠款金额中予以扣减。理由为:如果收据上载明的还款金额是部分清偿欠条上载明的欠款金额,依生活常理及习惯,何甲、何乙和卢某则会要求黄某在收据或欠条上注明其已偿付部分欠款的事实。但本案所涉收据或欠条上均缺乏该种记载,由此可推定黄某已收取的货款并非清偿欠条上载明的欠款。故法院应对黄某的诉讼请求予以支持。

第三种观点认为,黄某出具的欠条证明了其与何甲、何乙和卢某间存在 63 590 元的债权债务关系。何甲、何乙和卢某提出抗辩,称已清偿此债务中的部分货款,则应对该辩解举证证明。三人称欠条签署于上午,收据形成于下午,即主张收据形成于欠条之后,但却不能对此予以证实,也不能举证证明收据所载的还款金额是用于部分清偿欠条上载明的债务金额,故其抗辩主张不足采信,法院对黄某的诉讼请求应予以支持。

笔者认为,案件事实真伪不明时应依法分配举证责任。

本案关键在于何甲、乙和卢某所偿还的 30 890 元货款是否为清偿黄某所主张的欠条上载明的 63 590 元欠款金额而为的部分给付。在当事人双方均不能提供其他证据对各自主张加以佐证的情形下,法官只能依据收据与欠条在形成时间上的先后关系作出判定。

若出具收据的时间在出具欠条的时间之后,则可认定何甲、何乙和卢某已向黄某部分清偿了欠条上载明的货款债务金额;反之,若出具欠条的时间发生在出具收据的时间之后,则即可认定何甲、何乙和卢某对黄某仍负有 68 490 元的货款债务。

然而,本案的特殊性在于,收据与欠条的形成时间为同一日,即便借助现有司法鉴定技术,也不能准确鉴定出收据与欠条在时间上的先后顺序。在无其他证据佐证的情况下,两证据孰先孰后遂处于无法辨别之状态,案件事实亦随之真伪难辨。

当案件事实处于真伪不明时,法官不得因此而拒绝裁判,此时,举证责任如何分配直接决定了案件的判决结果。联系本案,厘清收据与欠条在形成时间上先后关系的举证责任应由黄某承担还是应由何甲、何乙和卢某承担,则成为裁决本案争议之关键。

根据"谁主张,谁举证"的民事诉讼原则及《民事诉讼证据规定》第 5 条中"在合同纠纷案件中,主张合同关系成立并生效的一方当事人对合同订立和生效的事实承担举证责任"之规定,黄某作为主张货款债权的一方,应承担证明本案买卖关系成立及货款具体金额的举证责任。

由于黄某作为证据提交的欠条的真实性已经由何甲、何乙和卢某确认,故该证据能够证明双方当事人之间存有 63 590 元货款之债权债务关系。因此,相对于黄某的诉讼主张而言,黄某已完成了本案的举证责任。

何甲、何乙和卢某在承认欠条真实性的同时,提出了积极的抗辩主张,辩称三人已部分清偿了欠条载明的债务金额,意在表明欠条上载明的 63 590 元货款债务已因其部分清偿(30 890 元)而发生了欠款金额的变更。这实质上等于在诉讼过程中提出了新的事实主张。

依据《民事诉讼证据规定》第 5 条中"主张合同关系变更、解除、终止、撤销的一方当事人对引起合同关系变动的事实承担举证责任"之规定,何甲、何乙和卢某应对其所主张的本案债权债务金额已发生变更的法律事实提供证据加以证明,即何甲、何乙和卢某应承担本案债权债务之法律关系已发生内容变更的举证责任。

为此,何甲、何乙和卢某须举证证明以下事实的存在:第一,黄某已收取过 30 890 元货款;第二,该款项是为部分清偿欠条上载明的 63 590 元欠款金额而为的部分给付。

第一项事实主张已因黄某本人对收据的确认而得以证明。问题的关键是,在没有其他证据加以佐证的情况下,何甲、何乙和卢某若要证明第二项事实主张,在逻辑上,就应当举证证明本案收据出具的时间发生在本案欠条出具的时间之后。只有这样,其所提交的收据才能在本案中被认定为有效的反证,其抗辩主张才能部分吞并黄某的诉讼主张。

然在,何甲、何乙和卢某作为证据提供的收据只能证明黄某收取过其交付的 30 890 元款项,却不能够证明该款项偿付的时间发生在欠条形成的时间之后,即不能够证明其所偿还的 30 890 元是为抵充黄某所主张的欠条上载明的欠款金额而为的部分给付,那么,其抗辩主张则不能部分吞并黄某的诉讼主张。是故,何甲、何乙和卢某依法应向黄某清偿欠条上载明的欠款金额 63 590 元及其新收的货物价款 4 900 元,合共 68 490 元。

第一种观点错误地将黄某的举证范围扩大,从而违反了举证责任的分配规则。本案中,黄某诉请法院判决何甲、何乙和卢某支付货款 63 590 元。对此,黄某提供了欠款为 63 590 元的欠条予以证明。在诉讼法理论上,可将黄某持有的欠条证据归属于本证范畴。相对于其诉讼请求而言,黄某已然完成了自己的举证责任。当何甲、何乙和卢某依据其持有的收据主张其已清偿 30 890 元货款债务的抗辩,而在黄某对该笔还款有合理解释(黄某称该笔还款系双方另外的交易货款)却不能提供证据予以证明的情形下,黄某并不额外负有证明双方之间除前述的 63 590 元货款债权债务关系外,尚另存在 30 890 元货款的债权债务关系的举证责任。此时,在何甲、何乙和卢某并未对其已偿还的 30 890 元货款属抵充欠条所载欠款金额的抗辩主张完成举证责任的情形下,法院不可将此 30 890 元还款非属清偿欠条债务的举证责任转移给黄某,让黄某承担举证不能的不利后果。

第二种观点笼统地以"如果收据上载明的还款金额是部分清偿欠条上载明的欠款金额,何甲、何乙和卢某则会要求黄某在收据或欠条上注明其已偿付过部分欠款的事实;反之,则有违生活常理及习惯"为裁判理由,表明其裁判逻辑只是依据生活常理及习惯而为判断,而不是依据法理、法律规定进行分析推理,且所谓的生活常理和习惯又不具有事实上的说服力。这必然导致裁判结论虽然正确,但判决理由明显不充分。因为,一方面,在债务部分清偿情形下,债务人要求债权人在收据或欠条上载明已清偿的欠款金额,虽有助于债权债务金额的清晰明确,但此种厘清债权债务的方式尚不足以被认定为生活必遵之常理,也无证据证明其为交易必行之习惯。另一方面,何甲、何乙和卢某辩称欠条是在上午出具,收据是在当天下午出具,也并非与交易常理不合而全无可信性。故该观点说理论证苍白。

第三种观点则依据法理、法律规定进行分析推理,主张把证明收据所载收款金额是用于清偿欠条所载欠款金额的举证责任分配给债务人何甲、何乙和卢某承担,符合"谁主张,谁举证"的民事诉讼原则及《民事诉讼证据规定》中的举证责任分配之规则,具有较强的说服力。

规则13 【欠条】在无直接证据证明的情况下,应依据出具欠条时该债权是否处于应予清结状态,进而推定出具欠条当时双方对该债权是否已予以确认、变更或消灭。由此,也决定了举证责任的分配。

[规则解读]

对欠条本身所载明的债权债务,双方并无异议,而对欠条未载明,一方嗣后主张的债权——该债权与欠条所载明的债权债务基于同一基础合同关系,在无直接证据证明的情况下,应依据在出具欠条时该债权是否处于应予清结状态,从而推定出具欠条当时双方对该债权是否已经予以确认、变更或消灭。如果是处于应予清结状态,应认定在出具欠条时已对该债权予以了结,一方嗣后再行主张的,不应获得支持,反之亦然。由此,也决定了举证责任的分配,即一方如果否定此种推断而主张债权在或否,应承担相应的举证责任。

[案件审理要览]

一、基本案情①

2010年11月11日,被告北京财满柒天酒店管理有限公司(以下简称财满柒天酒店)与原告曹某某签订塑钢窗采购及安装工程合同,约定原告为被告加工制作海螺牌塑钢窗,总金额40 600元;开工日期2010年11月11日,竣工日期2010年12月3日;工程地点为北京市朝阳区黄杉木店路188号×号楼;合同签订当日预付合同款30%,工程竣工验收合格后的5日内付至97%,1年保修期满后5日内付清余款,本合同价格为包死价,不再做变更;质量要求为所有材料及施工要求符合国家相关标准;确保塑材全部采用海螺牌原装正品;确保塑材全部有足1MM厚

---

① 参见北京市朝阳区人民法院(2012)朝民初字第3264号。

的钢衬;窗户应按实际墙体尺寸施工,上下方向或左右方向总误差不超过2CM;财满柒天酒店有权随机破坏性抽查10根塑钢,若发现超过两根与合同要求不符,则有权选择按合同价款下浮10%结算;曹某某提供1年免费保修服务,人为损坏不属于保修范围;曹某某提供样品,财满柒天酒店按样品验收。

合同签订后,原告开始制作塑钢窗并进行安装,被告对塑钢窗进行验收。双方确认验收多次,但一直未形成书面验收文件。被告提出塑钢窗存在钢衬厚度不足1MM,防撞垫不合格,平开窗上、下四连杆啃框,四周胶条断头,推拉窗关闭时往回倒一下,外窗框与原框架柱边有缝,打发泡,打胶等相关问题,要求整改。原告认可塑钢窗有缝隙的问题,且已经整改,对其他问题则不予认可。2011年1月,双方因验收及结算事宜发生纠纷而报警。警察出警后,双方自行协商,被告向原告出具欠条一张。双方确认当时只打一张欠条,留在原告处。庭审中,原告表示未保存该欠条。关于欠条内容,原告提出欠条载明:财满柒天酒店欠曹某某23 142元,3日内付清。被告确认原告所述的欠条内容,但提出欠条上还有其他内容,原告对此不予认可。被告出具欠条后即向原告支付了欠条上所载的23 142元。被告提出因塑钢窗验收不合格,双方同意按价款下浮10%结算,同时因原告不予整改,被告提出由己方自行整改并负责保修,因此已扣除了3%的质保金,余款共计23 142元向原告出具了欠条。

双方确认,被告已付清欠条所载23 142元。但原告提出,出具欠条时其未同意按价款下浮10%结算,质保金应当在质保期满后由被告继续支付,故起诉要求被告支付合同价款的10%即4 060元,以及3%的质保金即1 218元,共计5 278元。诉讼中,被告要求对原告制作的塑钢窗进行质量鉴定。

另查明,被告于质保期内未要求原告前往维修塑钢窗。原告在被告向其支付23 142元货款后1年之余从未向被告主张过10%的货款。

诉讼中,经法院与出警警官核实,其表示双方当事人确实签署了一张欠条,但不清楚具体内容。

二、审理要览

北京市朝阳区人民法院经审理认为,原、被告签订的塑钢窗采购及安装工程合同,系双方当事人的真实意思表示,亦不违反法律、行政法规的强制性规定,合法有效。双方当事人均应按合同约定全面履行各自的义务。本案焦点在于被告向原告出具欠条的数额,是否为双方对截至欠条出具当日债权债务的共同确认。对此,法院认为原、被告因塑钢窗制作事宜发生纠纷,在警察出警协调解决纠纷的情况下,被告向原告出具了欠条,虽现在原告表示未保存该欠条无法向法庭提交,但双方对出具的该书面文件为欠条形式及载明内容均予以认可,法院亦予以确认。被告于2011年1月向原告出具欠条,所载数额为扣除合同价款3%质保金和下浮10%后的余款,原告接受了该欠条,且原告收取欠条所载款项后,截至本次诉讼前1年有余的时间,未向被告主张过10%的价款,结合欠条出具背景,应当视为双方对按合同价款下浮10%进行结算达成了一致意见。原告提出其收取欠条及款项时并未同意按价款下浮10%结算的意见,法院不予支持。被告于欠条出具之前,已经明知原告制作的塑钢窗存在质量问题,其陈述依据合同约定选择货款下浮10%结算而出具欠条并已给付,已经对原告制作的塑钢窗存在的质量问题采取了救济和补救措施。故对被告提出的对塑钢窗进行质量鉴定的申请,法院不予准许。被告向原告出具欠条时,3%的质保金尚未到期,故被告主张欠条中已经就扣除3%质保金达成一致意见,需要向法庭举证证明。被告未就此向法庭举证,应当承担不利的法律后果。现质保期已满,质保期内被告未有证据证明发现其他质量问题,故应向原告支付3%的质保金。

据此,判决被告财满柒天酒店给付原告曹某某1 218元,同时驳回原告曹某某的其他诉讼请求。

宣判后,双方当事人均未提起上诉,一审判决已经发生法律效力。

[规则适用]

本案争议焦点在于,被告出具的欠条能否排他性地证明原、被告双方之间的债权债务关系,即欠条载明的金额是否是截至出具欠条当日双方相关债权债务关系的全部,能否排他性地否认双方之间存在其他与此相关的债权债务关系。

对此,不能一概而论,应根据欠条的法律意义,综合案件具体情况进而区别对待。

1. 欠条的法律意义

欠条是出具方与接受方之间存在债权债务关系的凭证。在日常经济生活中,欠条是一种比较常见的凭证形式,它产生的原因有很多,如在履行买卖、承揽、运输等合同中,债务人如果没有及时履行债务,债权人可以要求对方写下欠条。欠条是双方经济往来的一种结算凭证,表明出具欠条时双方的债权债务关系。欠条以基础合同关系的存在为前提,基础合同证实债权人和债务人存在合同关系,而欠条则证实了债权人已履行合同义务,债务人却没有及时履行合同的付款义务。

欠条与借条不同。借条,是指借贷双方在设立权利义务关系时,由债务人向债权人出具的债权凭证。在借贷现金、借用物品时,出借方往往要求借方出具借条,由己方收执,以证实借款、借用的事实。如借方不守诚信,不履行返还义务,出借人可以借条起诉,请求法院判令对方返还。

一般情况下,借条能独立证明双方之间的债权债务关系,出借人只需出具借条就能证明其对借款人或借用人享有的债权,而无须对债发生的原因进行举证。欠条则不同,它是债权债务关系的结算凭证,一般必须结合据以形成欠条的合同关系才能对双方之间的债权债务关系予以有效认定。当然也有例外情况。鉴于劳动争议案件中劳动者一方在举证能力上相对居于弱势,为充分保障劳动者的权益,《最高人民法院关于审理劳动争议案件适用法律若干问题的解释(二)》第3条规定:"劳动者以用人单位的工资欠条为证据直接向人民法院起诉,诉讼请求不涉及劳动关系其他争议的,视为拖欠劳动报酬争议,按照普通民事纠纷受理。"劳动者追讨工资就可以凭工资欠条直接向法院起诉。但一般情况下,以欠条为依据提起的诉讼,对法律关系和证据的认定相对复杂,不能单凭欠条,必须结合欠条所据以形成的基础合同关系,才能厘清双方之间的债权债务关系。

2. 欠条未载明的债务应区别情况分别认定

本案中,虽然欠条实物已不存在,但原、被告双方对欠条存在的事实及欠条所载金额均无异议,因此对欠条的真实性及金额均可以认定。被告主张欠条上还载有其他内容,但因不能举证证明,故无法认定。

该欠条可否反映在出具欠条当时双方基于加工承揽合同产生的全部债权债务关系,双方对此存在分歧,这是本案焦点所在。原告认为,欠条所载23 142元只是被告应付的部分款项,尚有10%的合同价款及3%的质保金仍应支付。被告则认为,欠条所载金额是双方协商后所商定的其所应付的全部款项,也就是说,是对双方全部债权债务关系的确认,不须再支付其他款项。

《民事诉讼法》第64条第1款规定:"当事人对自己提出的主张,有责任提供证据。"但本案中,双方均无法提供直接证据对各自的主张予以证实,这就需要综合本案其他证据予以分析认定。最高人民法院《民事诉讼证据规定》第64条规定:"审判人员应当依照法定程序,全面、客观地审核证据,依据法律的规定,遵循法官职业道德,运用逻辑推理和日常生活经验,对证据有无证明力和证明力大小独立进行判断,并公开判断的理由和结果。"第66条规定:"审判人员对案件的全部证据,应当从各证据与案件事实的关联程度、各证据之间的联系等方面进行综合审查判断。"本案中,根据各方证据进行综合审查判断,原、被告双方的主张只能得到部分支持。

被告委托原告采购、安装塑钢门窗,在工程完工后,双方因验收及结算事宜发生纠纷而报警。警察出警后,双方自行协商,被告向原告出具欠条一张,所载数额为扣除合同价款3%的质保金和下浮10%后的余款,原告接受了该欠条。对上述事实,双方均无异议。那么原告接受了该欠条,是否可以认定这是对双方全部债权债务关系的了结呢?对此,应区别质保金和价款下浮10%的不同情况分别予以认定。

根据合同约定,在工程完工后,原告免费保修1年,在保修期满后5日内,被告应将未予支付的合同价款3%,即质保金部分支付给原告。被告出具欠条当时,是工程完工验收之时,质保期未满,也就是说,此时双方无须对质保金问题进行结清,不存在当时须结清质保金的必要性和必然性。欠条所载金额虽未含有质保金,但不能就此表明原告已放弃对质保金的索要权。在各执一词的情况下,被告主张在出具欠条当时已就质保金问题予以了结,须承担相应举证责任,如无法举证,对质保金问题仍应按合同条款执行。

根据欠条所载金额,是否可以认定双方已经商定按合同价款下浮10%进行结算?从欠条出具背景看,该欠条是在双方就合同价款结算事宜发生争执并报警后,通过自行协商,由被告出具、原告接受的。欠条金额是双方协商后的产物,当时双方争执焦点即是在对工程质量产生争议的情况下,对合同价款如何进行最后结算,协商结果即欠条金额,如无反证,即应视为是双方经协商后对合同结算价款的共同确认。如果原告主张,该欠条所反映的只是对双方债权债务关系的部分确认,并非对合同结算价款的最后确认,应承担相应的举证责任。如无法提供证据予以证实,则应承担举证不能的后果。本案原告对此无法予以证实,故其请求不能获得支持。同时,合同中有相应条款规定,如发生质量纠纷,被告可按合同价款下浮10%进行结算;此外,原告收取欠条之后的1年之余时间,从未向被告主张10%的合同款,也可以佐证。

综上,由于欠条是在双方对合同结算价款发生争议时协商后的产物,应视为对合同结算价款的共同确认。原告在欠条金额之外,另行主张索要合同原价款的10%部分,在无法提供证据的情况下,不应获得支持。而对于3%质保金部分,由于在出具欠条当时,尚不必对其进行结算,被告无法证明当时双方协商结果包含对质保金的处理,故被告在质保期满后,在无其他质量问题的情况下,应将合同价款3%的质保金支付给原告。

3. 结语

欠条是双方债权债务关系的结算凭证,是全部结算还是部分结算,本案中双方均无直接证据予以证明。对此,只能综合证据情况予以推断认定。

对欠条本身所载明的债权债务,双方并无异议,而对欠条未载明、一方嗣后主张的债权——该债权与欠条所载明的债权债务基于同一基础合同关系,在无直接证据证明的情况下,应依据在出具欠条时该债权是否处于应予清结状态,从而推定出具欠条当时双方对该债权是否已经予以确认、变更或消灭。如果是处于应予清结状态,应认定在出具欠条时已对该债权予以了结,一方嗣后再行主张的,不应获得支持,反之亦然。由此,也决定了举证责任的分配,即一方如果否定此种推断而主张债权在或否,应承担相应的举证责任。

规则14 【自认】对于当事人所作的类似于"不知道""不记得"或"不能明确"的"不知"陈述,法官应根据具体情况进行审查,判断是否构成自认。

[规则解读]

对于对方当事人陈述的事实,当事人虽然知悉但以"不知道""不记得"或"不能明确"等言语推脱敷衍,经审判人员充分说明并询问后,仍不明确的,应认定该陈述构成自认,对方当事人可免除对该事实的举证责任,法官也应对该自认的事实进行认定。

[案件审理要览]

一、基本案情①

2008年1月17日,原告王某通过银行转账方式将32万元转入陆某某账户。2008年3月17日,陆某某将投资协议、收据各一份以快递形式寄给原告王某。投资协议内容如下:被告上海芙蓉实业有限公司(以下简称芙蓉实业)(甲方)同意原告王某(乙方)自愿投入甲方股份,投入资金为32万元人民币;甲方上市公司成立后,发行股票时,优先将乙方32万元转入购买芙蓉实业原始股票,如两年内未能发行股票,甲方将乙方投资32万元以每年不低于30%的收益回报予乙方,协议有效期为两年。投资协议末尾处载明经办人为陆某某,落款日为2008年3月10日,盖有被告芙蓉实业的公章。收据内容如下:入账日期为2008年3月10日,交款单位为原告,收款方式为汇款现金,金额为32万元,收款事由为投资款。收据经办人一栏由陆某某签字,收据上盖有被告芙蓉实业的财务专用章。

2007年12月10日,经上海市工商行政管理局闵行分局准予,被告芙蓉实业的法定代表人由陆某某变更为陆某舜,并于同日予以备案。2009年6月1日,陆某某将其持有的芙蓉实业30%的股权转让给陆某舜,并自6月2日起不再担任被告芙蓉实业的董事。2008年3月10日至今,被告公司并未上市,亦未发行股票。

原告王某诉称:原告和被告之间素有业务往来。2008年3月10日,双方达成投资协议,由原告向被告投资32万元,并约定协议有效期为两年。原告已按约向被告支付32万元人民币,被告亦出具收据证明收到该笔款项。两年之后被告并未成功上市,也不愿意返还原告的投资款和收益,原告与被告多次交涉无果,故诉至法院请求:(1)判令被告返还投资款32万元;(2)判令被告按照投资协议的约定,以32万元为本金,按照每年30%的收益率,支付原告2008年3月10日至2010年3月9日的投资收益19.2万元;(3)诉讼费由被告承担。

被告辩称:投资协议以及收据上的两枚印章印迹与其在工商局、银行备案的公章、财务专用章印迹不一致。虽然被告除了向法庭提供的在工商局备案的公章、在银行预留的财务专用章外,被告公司曾拥有过备用的公章与财务专用章,但在2009年已经销毁,现无法提供备用的公章与财务专用章的印迹。因此,"不能明确"是否使用过与系争投资协议上的公章及收据上的财务专用章。故请求驳回原告诉讼请求。

二、审理要览

上海市闵行区人民法院审理后认为,原告王某与被告芙蓉实业之间的协议虽然名为投资协议,但实质上是被告向原告借款,到期返还借款并支付利息的借款协议。本案的争议焦点在于投资协议上被告公章以及收据上被告财务专用章是否真实。虽然系争投资协议上被告的公章以及收据上被告的财务专用章与被告

---

① 参见上海市第一中级人民法院(2012)沪一中民四(商)终字第1362号。

提供的印章不一致,但由于被告承认其公司另有其他公章和财务专用章,因此,就被告是否使用过投资协议以及收据上的印章问题,法院对其反复询问,并根据最高人民法院《民事诉讼证据规定》第 8 条第 2 款的规定,向被告进行了释明。被告经过几次反复说明后仍然表示"不能明确":先表示到目前为止,还没有发现其使用过的文件上的印章与系争投资协议上的公章及收据上的财务专用章一致,不能确认是否使用过系争投资协议上的公章及收据上的财务专用章;又表示没有使用过系争投资协议上的公章及收据上的财务专用章;再表示不能明确是否使用过系争投资协议上的公章及收据上的财务专用章。对此,法院认为,被告作为公司法人,公章以及财务专用章的使用关系其切身利益,被告在使用时必定会尽谨慎义务,且被告所述的备用章销毁时间距今亦不算久远,有关印迹应当能够找到,因此,被告对于系争投资协议以及收据上印章是否由其使用问题所作的"不能明确"回答不合情理。同时,法院注意到被告在二审期间对系争印章是否使用过的问题,先是表示"没有发现"使用过,又表示"没有使用过",再表示"不能明确";而一审期间,被告的法务明确表示对系争公章的真实性没有异议,对系争财务专用章的真实性也没有提出异议,虽然被告的法务在一审中出庭未经被告授权,但其作为在被告处专门从事与法律有关事务的工作人员,所作陈述在一定程度上能够反映客观事实。因此,法院有理由认为,被告对是否使用过系争印章能够给予明确回答,但为了避免对其不利的结果而有意予以回避,故根据最高人民法院《民事诉讼证据规定》第 8 条第 2 款之规定,认定被告所作的"不能明确"陈述构成了对原告陈述事实的承认,法院确认系争投资协议及收据上印章的真实性。

在确认投资协议及收据上印章具有真实性的基础上,法院认为,虽然 2008 年 1 月 17 日陆某某接受原告的转账汇款时,其已经不再担任被告芙蓉实业的法定代表人,其行为不能当然代表被告,但是被告在 2008 年 3 月 10 日投资协议上加盖公章的行为,表明其对陆某某行为的追认,故该投资协议对于被告芙蓉实业具有约束力。此外,原告所提供的 2008 年 3 月 10 日加盖有被告财务专用章的收据,以及 2008 年 1 月 17 日以陆某某为收款人的银行转账凭条,可以证明原告向被告交付 32 万元资金的事实。据此,一审法院判决被告芙蓉实业应于本判决生效之日起 10 日内给付原告王某 32 万元;被告芙蓉实业应于本判决生效之日起 10 日内支付原告王某以 32 万元为本金,自 2008 年 3 月 10 日起至 2010 年 3 月 9 日止,按中国人民银行同期贷款基准利率 4 倍计算的利息。被告不服一审判决提起上诉。

二审法院审理后维持原判。

[规则适用]

实践中,对于一方当事人陈述的事实,对方当事人经常会作出类似于"不知道""不记得"或"不能明确"之类的陈述,对于该类陈述能否构成自认,我国法律并没有明确规定,实践中也存在不同的做法。本案的审判对于同类案件具有一定的指导借鉴意义。

1. 我国法律关于自认的规定及其类型

关于自认,最高人民法院《民事诉讼证据规定》第 8 条分两款规定如下:"诉讼过程中,一方当事人对另一方当事人陈述的案件事实明确表示承认的,另一方当事人无须举证。""对一方当事人陈述的事实,另一方当事人既未表示承认也未否认,经审判人员充分说明并询问后,其仍不明确表示肯定或否定的,视为对该项事实的承认。"其中,第 1 款针对的是当事人作出了明确表示的自认,学理上称为明示的自认;第 2 款针对的是当事人虽然没有作出明确表示,但从当事人特定的行为中推定其自认的情形,学理上称为拟制的自认。关于明示的自认,实践中较好判断。对于《民事诉讼证据规定》第 8 条第 2 款所规定的拟制自认,一般认为,该款所针对的是当事人不明确争执的情形,大致包括两种类型:第一类是装聋作哑式,即虽出庭但对对方当事人主张之事实沉默不语;第二类是顾左右而言他式,即对对方当事人主张之事实,避而不答,搁置不争,转而提出其他事实及请求。

2. 当事人为不知或不记忆陈述是否构成自认

审判实践中,对于对方陈述的事实,当事人不明确表态的情形除了上述的"装聋作哑式"和"顾左右而言他式"外,还有一种形式,即当事人作出类似于"不知道""不记得"或"不清楚"之类的陈述。在该种情况下,当事人并非完全保持沉默或者无动于衷,对其表述中所包含的当事人的真实态度和意图的判断比较复杂,不同国家和地区的立法例对于该种情况是否视为自认存在差异,理论界也存在争议。主要存在两种态度:一是不视为自认,如日本将当事人的不知陈述推定为争执了该事实;另一种是承认当事人的不知陈述在一定情况下视为自认。所谓的"一定情况"又可分为两种判断方式:其一,将许可当事人作出不知陈述的要件明确规定在法律条文中,若不符合该要件而作出不知陈述,则视为自认;其二,不明文规定当事人可为不知陈述的要件,而将是否许可当事人为不知陈述交由法官依其自由心证判断。

在我国,《民事诉讼证据规定》对于自认的规定较为简略,没有明确自认的类型,法官遇到当事人作不知或不记忆陈述时,有不同的做法。有的法官对当事人的该类陈述不予理会,并不考虑作出不知陈述的当事人是否有自认的意思,而是根据对案件证据的审查以认定是否对该事实予以采信。也有的法官对《民事诉讼证据规定》第 8 条第 2 款作扩大解释,当遇到这种情形时认为构成自认。

笔者认为,对于当事人所作的类似于"不知道""不记得"或"不能明确"的"不知"陈述,法官应根据具体情况进行审查,判断是否构成自认。当事人作出"不能明确""不知道"或"不记得"陈述有两种情形:第一种是因为确实不知道或因为时间久远等合理原因而记忆模糊;第二种是虽然知道但因为各种原因而故意作出"不能明确""不知道"或"不记得"的陈述。第一种情形不应构成自认,因为若将确实不知道并作出声明认定为自认,显然有违诉讼公平和公正。对于第二种情形则应认为构成自认,在这种情形下,当事人虽然知道却以"不知道"或"不记得"等言语推脱敷衍,违反了诚实信用原则和诉讼促进义务,导致诉讼拖延,此种情形下认定为自认符合设立自认制度的提高诉讼效率的目的。

3. 对于本案当事人陈述是否构成自认的分析

本案中,由于系争投资协议上被告的公章以及收据上被告的财务专用章与被告提供的在工商登记以及银行处预留的印章不一致,而且被告承认其公司另有其他公章和财务专用章,因此,被告是否使用过投资协议以及收据上的印章,是判断该协议对于被告是否具有约束力以及原告有无交付32万资金的关键。就该问题,法院对被告反复询问,被告经过几次反复表示后仍然表示"不能明确"。对此,法院须认定被告对上述问题所作的"不能明确"的陈述是否构成自认:若构成自认,则原告可以免除证明两枚公章真实性的举证责任,法院以该自认的事实作为裁判的依据;若被告的陈述不构成自认,则原告需进一步举证证明两枚公章的真实性,若举证不能,则可能面临败诉的风险。

结合上述第二部分的分析,笔者认为,被告的陈述是否构成自认,关键在于判断被告对于是否使用过投资协议以及收据上的印章这一事实,是确实不知道,还是虽然知道但以"不知道"或"不记得"等言语推脱敷衍。这就需要法官根据具体案件情况并结合案件其他证据综合审查判断。法官裁量时应结合生活经验,考量所陈述的事实与当事人之间的关联程度、陈述的事实距离诉讼的时间间隔以及当事人不能作出明确陈述的原因是否合理等因素后,综合作出判断。本案中,法院在进行具体判断时,考虑了以下几方面因素:

(1) 被告作为公司法人,公章以及财务专用章的使用关系其切身利益,被告在使用时必定会尽谨慎义务,且被告所述的备用章销毁时间距今亦不算久远,有关印迹应当能够找到,因此,被告对于系争投资协议以及收据上印章是否由其使用问题所作的"不能明确"回答不合情理。

(2) 被告在重审期间对系争印章是否使用过的问题,先是表示"没有发现"使用过,又表示"没有使用过",再表示"不能明确",这一反复过程一定程度上反映了被告的诉讼心理。

(3) 原审期间,被告的法务明确表示对系争公章的真实性没有异议,对系争财务专用章的真实性也没有提出异议,虽然被告的法务在原审中出庭未经被告授权,但其作为在被告处专门从事与法律有关事务的工作人员,所作陈述在一定程度上能够反映客观事实。

综合考虑上述因素后,法院认为,被告对是否使用过系争印章能够给予明确回答,但为了避免对其不利的结果而有意予以回避,因此,被告作出的"不能明确"陈述构成自认,原告无须再举证证明投资协议以及收据上印章的真实性,法院直接认定被告使用过投资协议以及收据上的印章。

> **规则15** 【暂支单】暂支单与一般的借据不同,并不能直接证明双方的借贷关系。实际生活中,职工向单位暂支款项的事由可能是公务所需,也可能是个人需要,因此应分具体情形区别处理。

[规则解读]

职工向单位暂支款项发生纠纷,其法律关系的认定应以暂支事由为前提,若暂支款项系履行劳动合同权利义务需要,则为劳动合同纠纷,法院不能以一般民事纠纷予以受理;但在暂支事由不能认定的情况下,法院可直接依据当事人提供的证据对其诉请作出处理。

[案件审理要览]

一、基本案情①

被告林某某系原告浙江宁波北仑永军机械制造公司(以下简称永军公司)的股东之一,并担任公司经理职务,依公司章程主持公司的生产经营管理工作。2008年8月1日,被告向原告暂支1000元,并出具借条一份,借条载明:今借永军公司1000元。2008年8月9日至2009年6月5日,被告又陆续向原告暂支款项共计28 200元,出具暂支单13份,其中3份分别载明暂支事由为"买油漆""支付借款利息""买料",其他10份均未记载暂支事由。经多次催讨未果,原告永军公司起诉要求被告立即归还上述14次借款,合计29 200元。被告林某某辩称其为公司股东,所支取款项系用于支付单位对外借款的利息、购买材料或用作招待,而非借款。

二、审理要览

浙江省宁波市北仑区人民法院经审理认为,首先,暂支一般是因履行职务所需向单位支取款项,事后由暂支人按实际支出的费用或相应的票据,并按照单位的财务管理制度进行结算的行为,故其属于单位内部管理的事项,而非平等主体间的民事争议,也区别于通常意义上的借款。其次,根据13张暂支单中记载的时间、金额、次数及部分暂支单所记载的事由,并结合被告所任公司职务及一般日常生活中的借贷情况分析,该暂支款非借款可能性大。再次,原告主张该暂支款为借款,并从被告工资中"边借边扣",但该事实在公司记账凭证中未有记载,故原告关于暂支款是借款的主张不予采信。被告主张借条中记载款项也是暂支款,但未提供相应证据,对该主张亦不予采信。据此,法院判决被告林某某归还原告永军公司借款1000元,驳回原告其他诉讼请求。

原告不服一审判决,提起上诉。

浙江省宁波市中级人民法院经审理认为,本案的争议焦点是林某某向永军公司领取的暂支单中的28 200元款项是否系借款。因涉案暂支单不符合借条的基

---

① 参见浙江省宁波市中级人民法院(2012)浙甬商终字第617号。

本形式,且涉案的 13 份暂支单中有 3 份明确载明了暂支事由,现有证据无法证明双方就讼争款项达成过借贷合意,该讼争款项不能认定为借款。永军公司的上诉请求,因缺乏相应的事实和法律依据,不予支持。法院判决驳回上诉,维持原判。

[规则适用]

暂支单在财务管理中,一般属于单位内部人员支取款项用于公务支出的凭证,之后再由领款人提供相应票据予以核销,故与一般的借据不同,并不能直接证明双方的借贷关系。实际生活中,职工向单位暂支款项的事由可能是公务所需,也可能是个人需要,因此如何处理此类纠纷可能会产生认识上的偏差。

1. 暂支款纠纷的法律关系分析

《最高人民法院关于职工执行公务在单位借款长期挂账发生纠纷法院是否受理问题的批复》(1999 民他字第 4 号)针对类似问题曾作出以下答复意见:职工受单位委派,从单位预支款项处理交通事故是职务行为,其与单位之间不存在平等主体间的债权债务关系,人民法院不应作为民事案件受理,职工在受托事项完成后,因未及时报销冲账与单位发生纠纷,应由单位按其内部财会制度处理。由此可知,职工因履行职务向单位预支款项产生的纠纷不能作为民事案件受理,而应按劳动合同纠纷处理。《最高人民法院公报》公布的"上海冠龙阀门机械有限公司与唐茂林劳动合同纠纷案"中,对于职工因履行劳动合同需要向单位暂支的款项按劳动合同纠纷处理。上海市高级人民法院在《关于审理民间借贷合同纠纷的若干意见》中规定,用人单位以暂支单形式向劳动者放款,因此引起的纠纷应根据劳动者占有财务行为与劳动权利义务的关联程度区分情况予以处理。笔者认为,最高人民法院的答复意见是建立在预支款项是因履行职务所需的前提下的,即如果能够确定职工所预支的款项确系履行职务需要,且与履行劳动合同内容相关联,则该类纠纷为劳动合同纠纷,应按照法律规定劳动仲裁程序前置。但在前提不能确定的情况下,可以根据当事人提供的证据对其诉请作出相应的处理。本案中,从被告的身份、暂支款项的次数、暂支款项的金额来看,其系因履行职务需要向单位暂支款项的可能性较大(其中也确有部分暂支款注明用途),但毕竟双方当事人对暂支款的用途陈述完全不同且均无确切证据证明,而原告也明确主张暂支款系被告个人借款,应当回归到原告诉请与其所提供的证据间的联系上进行考虑。因原告主张该款系借款的事实证据不足,应当判决驳回诉讼请求。

2. 暂支款纠纷的三种处理模式

(1) 暂支单已写明或者双方对暂支事由陈述一致的情况。若事由为"购买材料""垫付货款""扣缴税款"等履行单位职务所需的费用,应当认定为公务支出,即非平等主体之间的民事争议;若事由为"个人生活需要""家庭应急""个人经营需要"等暂支者为了满足自身利益的需求而暂支的款项,应当作为平等主体之间的债务关系。

(2) 双方对暂支款的结算有约定的情况。虽职工系因履行职务暂支款项,但此后双方按照劳动合同约定或因其他债权债务原因已对暂支款的归还、抵扣等作出约定、结算，或因此出具相应的借条、欠条的，则可作为平等主体间的债权债务纠纷处理。

（3）对"暂支用途"表述不明确或双方对暂支事由存在争议的，按照"谁主张，谁举证"的原则处理。如企业提供的暂支单中未写明暂支用途，双方当事人对款项的暂支事由又陈述不一致的，若企业坚持暂支款项为员工向企业的借款的，可提供公司章程、账册等有明确记载内容的证据，若不足以证明的，则承担该诉讼请求下举证不能的法律后果。

> **规则16** 【嵌入借据】用人者在员工工资表中嵌入借款时，在没有其他证据证明有借款的合意及已交付的情况下，用人者需承担举证不能的不利后果，即人民法院不应认定工资表内嵌入借款具有借据效力。

[规则解读]

用人者在员工工资表中嵌入借款时，没有要求员工出具相应的借据，员工不认可其有向公司借款，那么，根据最高人民法院《民事诉讼证据规定》第2条、第5条的规定，用人者在没有其他证据证明有借款的合意及已交付的情况下，需承担举证不能的不利后果，即人民法院不应认定工资表内嵌入借款具有借据效力。

[案件审理要览]

一、基本案情[①]

中山市华力金属制品有限公司（以下简称华力公司）诉称：冯某某在华力公司任职，2009年11月冯某某因建房，向华力公司借款人民币4万元，冯某某在2009年11月份的工资表上签收确认。同时，双方口头约定1年后归还。2010年12月及2011年1月，华力公司分别在冯某某当月工资里扣除人民币各500元用以归还该借款，冯某某尚欠华力公司借款39 000元并拒不归还，故华力公司诉至法院要求冯某某立即偿还借款39 000元，并计算借款利息及承担诉讼费用。

冯某某辩称：华力公司所主张的借款并非事实。首先，以工资单形式确立借贷关系不符合民间借贷的一般惯例，而事实上冯某某是华力公司员工，现因华力公司拖欠劳动报酬等，冯某某提起劳动仲裁，华力公司现为报复冯某某，虚假制造借贷关系。其次，华力公司提供的书面证据存在多处漏洞，华力公司现出示的证据与其在劳动仲裁所提供的考勤资料互相矛盾，上述工资单在仲裁时并没有提交，而是在仲裁败诉向法院提起诉讼时才提交，且冯某某在工资表上签名时，除了姓名其余处均是空白的。最后，华力公司没有提供其他证据佐证双方存在借贷关系。故请求驳回华力公司的全部诉讼请求。

[①] 参见广东省中山市中级人民法院（2012）中法民一终字第1018号。

广东省中山市第二人民法院审理查明:华力公司于 2012 年 2 月 17 日持工资表 3 份起诉至本院,其中工资表支付周期为 2009 年 10 月 26 日至 11 月 25 日的工资表载明以下内容:"……2. 冯某某基本工资 770 元　加班 16 小时 144 元　加减项目借公司￥40 000.00 元(肆万元)　实发工资 40 914 元。"该工资表中亦记载其他工人工资组成及签收情况,冯某某等在工资表的收款人签章一栏签名确认。其中工资表中支付周期为 2010 年 11 月 26 日至 12 月 25 日及 2010 年 12 月 26 日至 2011 年 1 月 25 日的工资表中"冯某某"一栏的空白处均载有"还借款 500 元(伍佰)",亦同时记载其他工人的工资组成及签收情况,冯某某等在收款人签章一栏的签名记录。

另查明,冯某某与华力公司双方因劳动争议纠纷经劳动仲裁后,冯某某不服该劳动仲裁裁决,于 2011 年 9 月 28 日分别诉至中山市第二人民法院。2011 年 11 月 16 日,法院作出民事判决,判决华力公司向冯某某支付 2011 年 2 月 1 日至 6 月 8 日期间工资。华力公司不服一审判决,上诉后二审法院部分改判后现该案已生效。

二、审理要览

一审法院认为:第一,工资表用于记载工资支付周期、支付日期、支付对象、应发工资项目及数额、代扣、代缴、扣除项目和数额、实发工资数额等内容,不应添加其他与工资计付无关的内容。华力公司提供的工资表上书写"借公司￥40 000.00 元(肆万元)"以及"还借款 500 元(伍佰)",显然不符合工资支付台账的形式要求,亦不符合借据应具备的形式要件。第二,梁某某称借款 4 万元由出纳罗某某交付给冯某某,工资表由欧某某负责制作填写,"借公司￥40 000.00 元(肆万元)"以及"还借款 500 元(伍佰)"等内容亦由欧某某书写,法院在庭审中要求华力公司通知罗某某、欧某某、邓某在指定期限内出庭说明款项交付细节经过等,但上述人员未在规定期限内出庭,且未能作出合理解释。故梁某某的单方陈述亦不能作为认定借款实际发生的依据。第三,经查,支付周期为 2009 年 10 月 26 日至 11 月 25 日的工资表反映梁某某实发工资 1 185.6 元、潘某某实发工资 1 185.6 元、李某某实发工资 1 185.6 元、罗某某实发工资 914 元、林某某实发工资 1000 元。双方在庭审中证实梁某某任职华力公司经理,罗某某任职出纳,林某某任职会计,潘某某与李某某任职维修师傅,显然上述人员是华力公司中高层管理人员或主要技术人员,现工资表反映上述人员领取的工资数额明显低于本市 2009 年部分职位(工种)工资指导价位,华力公司对此未能作出合理解释。因此,冯某某关于上述工资表并非真实工资台账的辩称应予采信。第四,《公司法》第 164 条规定,公司应当依照法律、行政法规和国务院财政部门的规定建立本公司的财务、会计制度。因此,华力公司有义务设置财务账册、支出收入凭证名册以及资产负债表等统计公司在一定期限内的财务状况及收支情况。若冯某某确实于上述期间向华力公司借款 4 万元及还款 1 000 元,则华力公司应在财务账册中对上述款项进行明确记载。现华力公司未能在法院指定期限内提交财务账册及相应支出收入凭证等供法院审查,根据最高人民法院《民事诉讼证据规定》第 2 条、第 75 条的规定,华力公司承担举证不能的不利后果,即华力公司关于借款支付所提交的工资表不能与财务账册相互印证。

华力公司不能在借款凭证、款项支出来源、借款交付细节经过等方面作出充分举证及说明,且其提供的证据存在违背商业交往应遵循惯例的情形,故法院对华力公司的主张不予认可。

中山市第二人民法院判决驳回原告华力公司的诉讼请求。

宣判后,华力公司不服一审判决,提起上诉。

广东省中山市中级人民法院确认一审法院查明的事实,另查明,华力公司为证明自己的主张,工资表中"姓名"栏与"基本工资""加减项目""实发工资"栏的书写笔迹、笔迹颜色不相同,华力公司解释工资表是由几个人共同制作完成的。另二审中华力公司明确表示其公司账册未对涉案的 4 万元进行记载。

二审法院另认为,首先,华力公司提供的工资表分别存在"姓名"栏与"基本工资""加减项目""实发工资"栏的书写笔迹、字迹颜色明显不同的情形,华力公司虽解释工资表是由几个人共同制作完成的,二审法院认为该解释并不具有说服力,使得冯某某所持的"自己在工资表上签名时,除了姓名其余处均是空白的,工资表上的其他内容均是事后添加"的抗辩意见具有一定可信性。其次,华力公司二审期间提出鉴定时间一致性的鉴定申请。即便能够鉴定出"借公司¥40 000.00元(肆万元)"的形成时间与"冯某某"签名系同一时间形成,仍不能排除冯某某在工资表上签名之后,华力公司相近时间内在工资表上添加其他内容的可能性。故在华力公司未能提供其他证据的情况下,上述字迹为同一时间形成的鉴定结论对本案的处理结果并不能产生实质性的影响。因此,对华力公司的鉴定申请,二审法院不予准许。其为主张所提供的证据和陈述存在较大瑕疵和疑点,不足令人信服,其应进一步提供相关证据予以佐证。判决驳回上诉,维持原判。

[规则适用]

本案争议的焦点是工资表嵌入借款是否具有借据或借款合同效力及债权请求人是否已履行借款交付义务。最高人民法院《民事诉讼证据规定》第 5 条规定,在合同纠纷案件中,主张合同关系成立并生效的一方当事人对合同订立和生效的事实承担举证责任;对合同是否履行发生争议的,由负有履行义务的当事人承担举证责任。在借贷纠纷中,原告作为债权人行使债权请求权,其应向法院提供其权利发生并已届满的法律要件成立的证据。由于借款合同双方当事人的义务履行有先后顺序,债权人主张合同权利的发生,其应该对以下两个要件的成立负有举证责任:一是借款合意的存在,即借款合同的成立和生效;二是其已经履行了借款交付的义务。

（一）工资表嵌入借款是否具有借据效力

1. 借款的基本形式

《合同法》第 197 条规定："借款合同采用书面形式，但自然人之间借款另有约定的除外。借款合同的内容包括借款种类、币种、用途、数额、利率、期限和还款方式等条款。"借款合同涉及一定数量的货币，与当事人有直接的利害关系，故借款合同一般采用书面形式。在以银行等金融机构为贷款人的借贷合同中，必须采用书面形式，这种情况下借款合同是要式合同，便于确定双方当事人的权利义务关系，便于催收贷款，为其通过诉讼程序收回贷款等法律活动提供充分的法律依据，便于金融机构检查和监督贷款的使用情况，同时也约束银行等金融机构必须按照合同的规定，向借款人提供贷款，否则就要承担违约责任。

考虑到民间自然人之间借款中，当事人之间出于信任，可能存在只出具借据或者借条甚至口头达成协议的情形，在此情形下，《合同法》第 197 条对民间借贷合同的规范相对任意，作出了例外规定，不如采用金融借贷合同的书面形式那样正式、严格，实践中，自然人之间的借款多采用借条或借据的形式达成协议，没有采用严格、正式的借贷合同形式，在诉讼中也能直接作为证据使用。另外，民间借贷合同可能会因各种原因出现民间借贷合同的效力瑕疵，即由于当事人在合同中约定条款的违法性，而导致借贷合同的条款部分或者全部无效。一般情况下，若没有以上效力瑕疵情况，法院对借据或者借条的有效性应予以认定。

2. 工资表内嵌入借款不符合借据的基本形式

民间借贷，即民间的一种融资行为，是借款人不通过官方金融机构，而在公民个人与个人之间、个人与非金融企业之间进行的一种借贷活动。民间借贷行为是当事人之间意思自治的法律行为，是典型的民事法律行为。而借据是借贷关系的形式要件，用以证明双方存在借贷合意，借贷关系实际发生的直接证据，一般由债务人书写并且签章，表明债务人已经欠下债权人借条上注明金额的债务，是一种凭证性文件，用以证明双方债权债务关系实际发生的书面凭证，系直接证据，具有较强的证明力，除非有确凿的相反证据足以推翻借据所记载的内容，法院一般不轻易否定借据的证明力。

工资表，顾名思义就是发放工资的表格，主要体现的是劳动者的工资发放情况，也就是用人单位对劳动者工资组成的书面表现，主要包含劳动者姓名、工资组成、各种保险、应发工资、实发工资等，并未包含借款一栏。部分工资表中含有加减项目一栏，此加减项目是与劳动有关的工资或者津贴的加减，与借款无关。工资表中并没有借据一栏，若公司借款给劳动者，应当要求劳动者出具借据，而不是在工资表内自行添加借款金额。《合同法》第 197 条规定的例外形式并没有包含公司的工资表或者工资条。工资表中嵌入借款的形式不符合借据的基本形式，不能证明借款的合意并已交付。

(二) 民间借贷的举证责任分配问题

1. 非金融借贷是实践合同，并非诺成合同

诺成合同是指合同各方就合同主要条款意思表示一致即告成立的合同。实践合同与诺成合同相对，是指除当事人意思表示一致外，还须交付标的物方能成立的合同。根据《合同法》第 197 条的规定，向金融机构贷款的借款合同是诺成合同，自双方意思表示一致时成立；自然人之间、自然人与非金融机构的生活借款合同为实践合同。而《合同法》第 210 条规定，自然人之间的借款合同，自贷款人提供借款时生效。由此可见，自然人之间、自然人与非金融机构的借款合同只有当实际交付借款时才真正生效。

2. 原告对借款的交付负有举证责任

从前述分析来看，非金融借贷是实践合同，不是诺成合同。既然是实践合同，那么只有自贷款人提供借款时才生效。根据最高人民法院《民事诉讼证据规定》第 5 条的规定，对合同是否履行发生争议的，由负有履行义务的当事人承担举证责任，即债权请求人应当举证证明其已经履行借款交付义务。结合本案，华力公司应该提交证据予以证明其已经履行交付借款的基本义务。从华力公司提交的工资表来看，其并未载明已向冯某某履行交付借款的义务，华力公司且未能提供收据、转账凭证、汇款凭证或收付利息凭证等佐证其已向冯某某交付借款。最高人民法院《民事诉讼证据规定》第 2 条规定：当事人对自己提出的诉讼请求所依据的事实或者反驳对方诉讼请求所依据的事实有责任提供证据加以证明，没有证据或者证据不足以证明当事人的事实主张的，由负有举证责任的当事人承担不利后果。由此，华力公司应该承担举证不能的不利后果，即使工资表嵌入借款的形式符合借款合同的形式，该借款合同也并未生效。

规则 17　【综合审查】人民法院在审理民间借贷纠纷案件过程中，要依法全面、客观地审核双方当事人提交的全部证据，从各证据与案件事实的关联程度、各证据之间的联系等方面进行综合审查判断。

[规则解读]

民间借贷合同具有实践性特征，出借人行使债权请求权要求借款人偿还借款本息的，应当对是否已形成借贷合意、借贷内容以及是否已将款项交付给借款人等事实承担举证责任。借条为借贷双方形成借贷合意的凭证，同时具有推定借贷事实已实际发生的初步证据效力，但在借款人提出借贷事实未实际发生的抗辩，且人民法院对借贷事实产生不可排除的合理怀疑时，出借人还应提交其他证据印证借贷事实的实际发生。

[案件审理要览]

一、基本案情

原告刘某诉称借款 2 170 万元给东升公司、徐某（东升公司法定代表人），有借

款人签字确认的122张借条为据,借条均载明:"今向刘某借款现金×元;在约定借款期限届至时,应于归还本金当日支付利息,利息按银行商业经营性贷款利率(或银行同期贷款利率)的四倍计算。"借款人在借期内定期向刘某出具《保证按时还款承诺书》;此后双方签订《结算协议书》,约定借款人应于同年7月19日前还清借款。东升公司、徐某另出具《承诺书》,承诺就占用资金给刘某造成的投资损失,另支付补偿款253万元。2010年7月19日,约定还款期限届至,刘某向公安机关报警称其至借款人公司取款,在复印借条原件时,徐某将封存借条原件的档案袋扔出窗外,后无法找到。刘某因要款未果诉至法院,请求判令借款人东升公司、徐某还本付息。

被告东升公司、徐某共同答辩称:案涉借款事实未实际发生,刘某主张的借条金额均为其他借款(已形成另案诉讼)滚动计算而来的高额利息,因另案诉讼查封东升公司的土地、设备,其于无奈之下被迫签订系列书面文件,请求驳回刘某的诉讼请求。

二、审理要览

江苏省南京市中级人民法院经审理认为,在借款人抗辩未实际收到款项的情况下,刘某就该节事实仅作口头陈述,未能提交其他证据加以证实。据其陈述,其在另案借款未还的情况下,又将2 170万元出借给东升公司、徐某,案涉金额较大且均以现金方式交付,该行为本身与常理不符。刘某起诉主张业已发生的借款事实存在不能排除的合理怀疑,仅凭《结算协议书》《保证按时还款承诺书》《承诺书》及公安机关的询问笔录等主张权利依据不足。判决驳回刘某的诉讼请求。

刘某不服一审判决,向江苏省高级人民法院提起上诉。经二审法院释明,出借人提交款项来源等证据,用以补证其以现金方式交付借款。二审法院认为:

第一,民间借贷合同具有实践性特征,出借人行使债权请求权要求借款人偿还借款本息的,应当对是否已形成借贷合意、借贷内容以及是否已将款项交付给借款人等事实承担举证责任。借条为借贷双方形成借贷合意的凭证,同时具有推定借贷事实已实际发生的初步证据效力,但在借款人提出借贷事实未实际发生的抗辩,且人民法院对借贷事实产生不可排除的合理怀疑时,出借人还应提交其他证据印证借贷事实的实际发生。本案中,122张借条除签字以外的内容均由出借人事先打印提供、大额借款均以现金交付缺少银行转账凭证,且款项交付方式与另案大额借款通过银行转账的交易习惯不符,此外刘某承认借条金额中还存在将利息预先计入本金的情况。因此,仅凭借条或借款人徐某丢弃借条的行为,尚不能认定出借人已将2 170万元借款本金实际交付给借款人。同时,刘某在东升公司、徐某未归还另案借款的情形下又继续出借大额款项,行为不合常理,不能排除借条所载本金数额中包含高额利息的可能性。刘某提交的《结算协议书》《保证按时还款承诺书》虽形式完备,但该两份证据中的结算数额系依据借条数额计算而来,并不能证明借款本金交付的事实。因此,出借人应补充提交证据证明出借款项的来源、其具有支付大额借款的能力等,以印证借贷事实的实际发生。

第二,在出借人在二审中补充提交款项来源等证据的情形下,对于是否存在借贷关系及借款本金的数额,应从在案证据与案件事实之间的关联程度,以及各证据之间的逻辑联系等方面进行综合判断。首先,刘某提交的银行提现凭证能够证明其具有出借大额款项的支付能力。其次,经审查,刘某在另案中提交的证据系两份借款协议,而本案借款均以借条方式形成,应认定两案所涉借款法律关系彼此独立。最后,银行提现凭证不能直接证明刘某向东升公司、徐某交付借款,仅能证明刘某在当日支取现金,对于款项支取后的去向,还应有借款人出具的借条予以印证。此时借条的性质类似于"收条",如出借人支取款项的时间、金额与借款人出具借条的时间、借条所载金额均能一一对应,则能形成证明借贷双方之间形成债权债务关系的证据链,证明出借人刘某在支取现金后,将该笔款项交付给借款人。

第三,案涉122张借条约定的利率未违反国家有关限制借款利率的规定,应予保护。该约定利率为借期内利率,当事人仅约定借期内利率,未约定逾期利率,出借人以借期内的利率主张逾期还款利息的,依法予以支持。借贷双方约定的借款偿还期限为2010年7月19日,故利息起算的时间应为借款偿还期限届满后的次日,即2010年7月20日。

第四,《承诺书》未记载253万元补偿款的计算依据,对约定补偿款253万元的性质,应认定为借款人东升公司、徐某承诺的对于逾期偿还借款所承担的违约金。本案中,刘某主张的逾期还款利息已经达到中国人民银行同期同类贷款利率的4倍,对于超出的部分,不应予以保护。

二审法院依据查明的事实改判撤销一审民事判决;东升公司、徐某在判决生效之日起15日内偿还刘某借款本金871.54万元及相应利息(利息自2010年7月20日起至还清之日止,按照中国人民银行规定的同期同类贷款利率的4倍计付);驳回刘某的其他诉讼请求。

[规则适用]

目前我国的民间借贷主要存在两种形式:一是无组织的民间借贷,包括私人借贷、企业间借贷、企业和个人之间借贷;二是有组织的借贷,包括合会、标会、地下钱庄、典当行、担保公司、私募基金等。近年来,民间借贷融资总量不断上升、单笔发生额不断扩大,成为民间资本投资的重要渠道,尤其成为中小企业重要的资金来源。随之而来的是大量民间借贷案件涌入各地法院,立法相对滞后导致大量疑难问题还有待进一步澄清和解决,特别是针对该类案件具有的隐蔽性较强的特点,还需要法院进行审查甄别。主要体现为:主体隐蔽,即以自然人出面诉讼,以私人借贷形式掩盖有组织借贷;约定内容隐蔽,隐性利率大量存在、利息预先计入本金,还有以假买卖掩盖真借贷的情形等。由于协议起草多由专业的法律人士参与、书面文件格式齐备、约定内容规范,审查难度较大。

(一)案例引出的问题与困惑

就本案的审理而言,至少带来对以下问题的思考。

问题一:借条具有何种程度的证据效力。一般而言,借款人与出借人达成借款协议且已以借条等书面方式确认收到款项,即应认定借款事实已实际发生,借款人应对由其本人签名确认的内容负责,按承诺还本付息。依据最高人民法院《民事诉讼证据规定》第5条第1、2款的规定:"在合同纠纷案件中,主张合同关系成立并生效的一方当事人对合同订立和生效的事实承担举证责任;主张合同关系变更、解除、终止、撤销的一方当事人对引起合同关系变动的事实承担举证责任。对合同是否履行发生争议的,由负有履行义务的当事人承担举证责任。"本案中,出借人不仅提交了借条,还提交了结算协议、保证还款承诺书、结算协议书等大量书面证据,为何法院未直接判决借款人按约归还本息?

问题二:在出借人主张出借款项全部是以现金方式交付、不能提交汇款凭证的情形下,是否有必要审查,以及如何审查确认借款交付事实?

问题三:在双方当事人既约定以4倍同期贷款利率计算的逾期还款利息,又约定另外支付补偿款、律师费用、综合管理费等以加大对逾期还款的惩罚力度时,法院应否予以支持?

问题四:在涉及非法集资的情形下,刑民交织的问题应如何解决。《最高人民法院关于审理非法集资刑事案件具体应用法律若干问题的解释》规定,未经中国人民银行批准,向社会不特定对象吸收资金,出具凭证,承诺在一定期限内还本付息的活动可能构成非法集资。民间借贷案件审理中,如发现符合非法集资犯罪特征涉嫌犯罪的,应如何处理?

(二)对民间借贷案件借款事实审查的思路与步骤

依据《最高人民法院关于依法妥善审理民间借贷纠纷案件促进经济发展维护社会稳定的通知》第7条的要求,人民法院在审理民间借贷纠纷案件过程中,要依法全面、客观地审核双方当事人提交的全部证据,从各证据与案件事实的关联程度、各证据之间的联系等方面进行综合审查判断。

1. 在存疑案件中借条仅具有推定性的证据效力

传统民间借贷的主体均为个人且通常彼此熟识,借款习惯为小额现金当场交付,因此"钱据两讫"即告交易完成。在此类案件的审理中,一般依据借款人出具的借条即可认定借款事实已经实际发生。

在借款人一方为企业的民间借贷中,通常涉及大额款项的交付,在此情形下,依据《最高人民法院关于依法妥善审理民间借贷纠纷案件促进经济发展维护社会稳定的通知》第7条的要求,对主张现金交付的借贷,可根据交付凭证、支付能力、交易习惯、借贷金额的大小、当事人间关系以及当事人陈述的交易细节经过等因素综合判断。由于我国尚未有类似于国外现金交易法的规定,并未强制要求大额款项支付必须以银行转账的方式进行,因此在出借人主张大额现金交付的情形下,审查借款事实是否实际发生存在较大难度。在大量民间借贷案件中还出现制式性借条,借条均由出借人事先统一印制提供给借款人,借款人不能随意更改借条的内容,只在借条上签字确认即可。制式借条的用词造句一般都很严谨,本金、利息的表述均严格依照法律的规定。此外,出借人还与借款人之间定期结算,签订结算协议、还款协议等书面文件,用以佐证借条内容的真实性。因此,一旦出借人以借条为据要求还款,借款人以借条本金包含隐性高息抗辩时,法院很难查证出借本金的实际数额。在此情形下,应初步判断出借人主张的借款事实是否具有不可排除的合理怀疑,在存在合理怀疑的情形下,应要求出借人进一步举证。

以本案为例,至少存在以下引致合理怀疑的事实:

其一,122 张借条所载除签字以外的内容均由出借人事先打印提供、大额借款均以现金交付缺少银行转账凭证,且款项交付方式与另案大额借款通过银行转账的交易习惯不符,此外刘某亦承认借条金额中还存在将利息预先计入本金的情况。

其二,出借人在借款人未归还另案大额借款的情形下,继续出借大额款项给同一借款人,其行为不合常理,不能排除借款人所称借条所载本金数额中包含高额利息的可能性。

因此,在存在不可排除的合理怀疑事实时,应认定此时借条仅具有推定性的证据效力。出借人还应提交其他证据印证借款事实的实际发生。

2. 出借人负有补强款项来源、排除合理怀疑的举证责任

借条是双方当事人达成借贷合意的凭证,在对借款事实发生合理怀疑时,出借人应首先举证证明借款交付的事实。本案中,二审法院释明要求出借人补充提交款项来源等证据,以合理解释前述可疑事实。本案中,出借人补充提交的证据,依其证明目的分为两类:

其一,能够证明借款现金交付的证据。包括从银行调取的银行卡提现凭证,以及银行取现标识说明,用以证明出借款项提取的时间、方式。因出借人称其交付大额现金均为独来独往,与借款人均为单独接触,因此并无直接证据证明现金交付事实,前述取款证据均为间接证据。经审查:(1) 从银行调取的银行卡提现凭证 107 份,均由提现银行盖章确认。时间、金额与借条内容完全吻合的共有 66 笔,金额合计 839.54 万元;时间、金额略有误差的共有 11 笔,金额合计 253.77 万元;以上提现凭证金额合计 1 093.31 万元。时间吻合、提现金额少于借条金额的共有 7 笔,金额合计 90.91 万元;金额吻合、时间不吻合的共有 6 笔,金额合计 107 万元;另有 17 笔提现凭证,金额合计 179.64 万元不能与借条对应。(2) 银行取现标识说明一份,印证款项来源均为提取现金。如《交通银行交易凭条》记载"实付现金",《招商银行交易明细表》记载"CWD1:本行 ATM 取款""WDCS:柜台取现为柜台提取现金",《中国农业银行银行卡取款业务回单》记载"现金取款",《上海浦东发展银行业务回单》记载"现金清讫",《深圳发展银行客户回单》记载"支取现

金",《中国银行取款凭条》记载"贷701",《江苏银行对私活期明细历史数据查询单》记载"取款"等。

经核对,借条日期、金额与银行提现日期、金额能够完全对应的共有66笔,金额合计839.54万元。另银行提现日期与借条日期相符、提现金额大于借条金额的共有3笔,金额合计32万元。前述69笔款项,金额合计871.54万元,应认定为刘某向东升公司、徐某实际交付的借款本金数额。

其二,能够合理解释"前债未还,又借新债"的证据。在出借人与借款人之间存在滚动借款,前债尚未还清且已引发另案诉讼的情形下,出借人又重新借出大额款项,显然有违常理,对此,出借人应作出合理解释,如证明借款人提供可靠的借款担保,对前债与新债借款一并提供担保,出借人有理由相信所有借款均有还款保证。本案中,出借人提交的该部分证据包括:(1)东升公司工商变更登记申请资料、刘某与东升公司股东签订的《股权转让协议》,证明东升公司的两名股东已将所持东升公司的全部股权转让给刘某作为借款担保,要求刘某继续提供借款。(2)徐某与刘某的部分短信往来记录,证明徐某向刘某提出借款要求,刘某借款给徐某,在2010年7月19日徐某毁损借条原件之前,双方关系较为友好,且未因另案诉讼中断借款。

在出借人完成证据补强义务的情形下,依照最高人民法院司法解释的精神,对于是否存在借贷关系及借款本金的数额,应从在案证据与案件事实之间的关联程度,以及各证据之间的逻辑联系等方面进行综合判断。首先,银行提现凭证能够证明刘某具有出借大额款项的支付能力。其次,银行提现凭证能够证明刘某在当日支取现金,对于款项支取后的去向,有借款人出具的借条予以印证,此时借条的性质类似于"收条",在出借人支取款项的时间、金额与借款人出具借条的时间、借条所载金额均能一一对应的情形下,已形成证明借贷双方之间形成债权债务关系的证据链,证明出借人刘某在支取现金后,将该笔款项交付给借款人东升公司、徐某。因此,对于刘某提交的银行提现凭证中能与借条在时间、金额上吻合的部分,应予确认。相反,对于刘某提交的其他银行提现凭证,因时间、金额不能与借条对应,未能形成证据链证明支取现金的用途为案涉借款,故对于该部分银行提现凭证与本案的关联性,应不予确认。

需要提及的是,这种认定方法仍然可能存在一定风险,即在制式借条均由出借人打印提供的情形下,仍不能绝对性地排除出借人因其他用途支取现金,但依照支取现金记录编制借条,要求借款人签字确认的情形。尤其是在一些民间借贷案件中,参加诉讼的出借人虽为自然人身份,但在其背后隐藏有组织的借贷团体,因此对每个流程的衔接都安排得十分严谨。但是,考虑到民事案件的审查力度有限,以及现金款项来源证系对既有借条等书面文件表征的借贷事实进行辅助性、补强性地证明,因此在借款人已向出借人出具一系列书面文件明确认可已收到出借人借款、并作出自愿按约定内容还本付息的意思表示,且出借人已提供补强证据对现金交付事实予以证明的情形下,应认定出借人的举证已达到民事案件认定事实的高度盖然性标准。如借款人仍坚持绝对否定性的抗辩主张,提出借款事实并未实际发生的,则应对其在借条上确认借条全部内容的行为作出合理解释,换言之,此时的举证责任已转移至借款人,如借款人不能提交充分的反驳证据,则应负担相应不利的法律后果。

3. 注意甄别以违约金等方式存在的隐性利率

对于利息问题,首先,应审查约定利息是否违反国家有关限制借款利率的规定。依照原《最高人民法院关于人民法院审理借贷案件的若干意见》第6条的规定,民间借贷的利率最高不得超过银行同类贷款利率的4倍(包括利率本数),超出此限度的,超出部分的利息不予保护。其次,应审查约定利息是期内利息还是期外利息,《最高人民法院关于依法妥善审理民间借贷纠纷案件促进经济发展维护社会稳定的通知》第6条规定,当事人仅约定借期内利率,未约定逾期利率,出借人以借期内的利率主张逾期还款利息的,依法予以支持。由此可见,如当事人未约定期外利息,可参照期内利息标准计算。

需要引起注意的是,在民间借贷案件中,当事人还往往通过律师费、服务费、违约金等形式掩盖超出法律规定限度的高额利息。对于该部分费用应否予以支持,目前各地法院的观点尚不一致,有的法院认为该部分费用只要与利息累计超出4倍,则对超出部分一律不应予以支持;有的法院认为应当区分该费用是否为必要费用,如出借人主张的律师费即为必要支出费用,应予支持。本案中约定的补偿款的性质实为逾期付款违约金,考虑到逾期付款违约金的性质与利息相同,为防止出借人规避法律,以违约金的方式获取高息,对于出借人与借款人在民间借贷合同中既约定利息又约定逾期付款违约金的情形,应认定最终收取的利息和违约金的总额不应超过中国人民银行同期同类贷款利率的4倍。

(三) 民间借贷案件审理规则的初步构建与法理分析

1. 厘清民间借贷的定义

民间借贷是指自然人之间、自然人与从事非金融业务的法人、其他组织之间借贷人民币、港币、澳元、台币、外币及国库券等有价证券的行为。该定义的法律渊源包括两个方面:一方面来源于原《最高人民法院关于人民法院审理借贷案件的若干意见》中的规定,即"1. 公民之间的借贷纠纷,公民与法人之间的借贷纠纷以及公民与其他组织之间的借贷纠纷,应作为借贷案件受理。2. 因借贷外币、台币和国库券等有价证券发生纠纷诉讼到法院的,应按借贷案件受理。"另一方面来源于《最高人民法院关于如何确认公民与企业之间借贷行为效力问题的批复》中规定的"公民与非金融企业之间的借贷属于民间借贷"的内容。

前述定义限定民间借贷主体中的一方必须是自然人,需要注意两个问题:一是排除金融机构作为民间借贷的主体。自中国人民银行《关于调整金融机构存、贷款利率的通知(银发〔2004〕251号)》出台后,金融机构(城乡信用社除外)贷款利率不再设定上限。商业银行贷款和政策性银行按商业化管理的贷款,其利率不再实行上限管理。此后,央行于2013年取消贷款利率的下限,商业银行的贷款利率空间已充分放开,因此对金融机构放出的贷款不涉及对借贷利率是否合法进行审查,不能适用司法解释关于民间借贷利率上限的规定。二是企业作为借贷主体时,处理方式具有特殊性,法院对企业借贷的态度始终没有改变。《贷款通则》第74条规定:"企业之间擅自办理借贷或者变相借贷的,由中国人民银行对出借方已取得或者约定取得的利息予以收缴,并对借入方处以相当于银行贷款利息的罚款。"依据《最高人民法院关于对企业借贷合同借款方逾期不归还借款的应如何处理的批复》的规定,企业借贷合同因违反有关金融法规,属无效合同。法院援用该司法解释判决非金融机构参与企业间借贷无效,但在实务中对企业之间利用自有资金进行借贷的案件的处理原则是:一般不仅判决借款方偿还借款本金,而且对约定的利息既不进行追缴,也不处罚。

2. 民间借贷的法律性质与举证责任分配

民间借贷合同具有实践性特征,款项交付系要求还款的必要前提,因此,出借人除负有证明双方之间形成借款合意的责任之外,仍需证明款项已经实际交付。

(1) 如前所述,出借人基于民间借贷法律关系要求归还借款的,首先应当举证证明双方当事人已达成借贷合意的事实,如提交借款合同、借据等证据,以及款项已实际交付的证据,如汇款凭证、收条。在简单案件中,借条可同时承担证明前述两项要件事实的作用。如不存在疑点事实,即可认定出借人完成了自己的举证责任。借款人主张已经全部偿还或部分偿还借款本息的,应对还款事实承担举证责任。

(2) 出借人未举证证明其已经实际交付款项,借款人抗辩借款未实际发生,且出借人主张的借款事实存在不可排除的合理怀疑的,类似情形如大额款项(或双方之间虽以小额款项往来但交付频繁、累计数额巨大)均以现金交付且无其他证据印证;前债未还又借新款,且未要求借款人提供可靠担保的,人民法院应要求出借人补强证据,以排除合理怀疑。如出借人不能证明款项交付事实的,应驳回其诉讼请求。

3. 厘清违约金、费用、利息三者的关系

利息是本金在借贷合同履行过程中的孳息收益,逾期利息应认为是在迟延付款这段时间本金所得产生的孳息收益。鉴于借贷合同违约造成的直接和最主要的损失就是借款人无法利用本金谋取收益,同时又考虑到民间借贷实践中当事人往往通过巧立名目的方式谋求高利贷来规避法律的事实,最高人民法院1999年2月12日发布的《关于逾期付款违约金应当按照何种标准计算问题的批复》和2000年11月15日《关于修改〈最高人民法院关于逾期付款违约金应当按照何种标准计算问题的批复〉的批复》明确可参考逾期利息的标准来确定逾期付款违约金的计算标准。因此,对于当事人既约定利息,又约定违约金的,借款期限内的利息以不超过银行同期贷款4倍为准,借款逾期后利息和违约金两项合计不超过人民银行同期贷款利率的4倍。

此外,依据江苏省高级人民法院审理民间借贷案件会议纪要的精神,在民间借贷纠纷案件中,当事人双方对为实现债权支出的律师费用有约定的,按照约定处理;但一方当事人请求扣除超出合理部分的律师费用的,人民法院应当予以支持。

(四)结语

二审判决的价值在于确立了以下审理尺度:民间借贷合同具有实践性特征,出借人行使债权请求权要求借款人偿还借款本息的,应当对是否已形成借贷合意、借贷内容以及是否已将款项交付给借款人等事实承担举证责任。借条为借贷双方形成借贷合意的凭证,同时具有推定借贷事实已实际发生的初步证据效力,但在借款人提出借贷事实未实际发生的抗辩,且人民法院对借贷事实产生不可排除的合理怀疑时,出借人还应提交其他证据印证借贷事实的实际发生。

随着民间融资供需矛盾的不断加大,民间借贷案件将不可避免地呈现借贷主体多元化、借贷形式多样化、案件事实复杂化等发展态势,相对于现行法律对民间借贷的规制较为滞后的情形,民间借贷案件的审判难题还将层出不穷,期待司法作出更多的回应。

规则18 【综合审查】被告抗辩借贷行为尚未实际发生并能作出合理说明,人民法院应当结合借贷金额、款项交付、当事人的经济能力、当地或当事人之间的交易方式、交易习惯、当事人财产变动情况及证人证言等事实和因素,综合判断查证借款事实是否发生。

[规则解读]

主张借款事实存在的一方当事人仅凭对方当事人出具的借条主张权利,在对方当事人对借条实际发生的事实提出异议,且该事实本身存在合理性怀疑的情况下,法院可以责成主张借款实际发生的一方当事人对借款资金的来源、款项交付过程等事实继续举证。若主张借款实际发生的一方当事人无法作出合理解释、举证不足或提供的证据不能形成证据链,则不能认定借款实际发生。

[案件审理要览]

一、基本案情①

原告卢某诉称,2010年7月15日前,被告徐某因做生意需要资金,分两次向原告借款60万元,于2010年7月15日出具借条一份,并由被告许某进行担保。后原告向被告催讨未果,故依法提起诉讼,请求法院判令被告徐某归还原告借款

---

① 参见浙江省湖州市中级人民法院(2014)浙湖商终字第166号。

本金60万元,利息288 000元(按月息2%,自2010年7月15日起至2012年7月14日止),合计888 000元;被告许某对上述借款本息承担连带清偿责任;本案诉讼费由被告承担。

被告徐某辩称,其与原告并不相识,双方不存在借贷关系。本案所涉借条是案外人李某为应付原告催讨借款而要求被告徐某书写的,书写借条的时间是2011年9月。当时李某拿出被告许某已签好字的空白纸条,要求被告徐某写借条。被告徐某并未收到借款,故请求驳回原告的诉讼请求。

被告许某辩称,其并未对该债务提供担保,作为担保人签字的空白纸条原本是用于被告徐某在上海租房使用的,后因其直接出面租房,该签名的空白纸条留在徐某处。借条上书写时间为2010年7月15日,当日其在单位上班,不可能在浙江省长兴县为该债务担保。原告几次陈述借款的事实都相互矛盾,原告和被告之间不存在借贷关系,请求驳回原告的诉讼请求。

二、审理要览

浙江省长兴县人民法院一审经审理认为,借款借据是证明双方存在借贷合意及借款实际发生的直接证据,具有较强证明力,除非有确凿的相反证据足以推翻借据所记载的内容,一般不轻易否认借据的证明力。本案中被告徐某陈述了其应李某的要求书写了一份借据的事实,但缺乏确凿的证据证明其陈述的事实。而原告主张的事实有借据及李某的证言予以证实,故原告已完成行为意义上的证明责任。法院认定借贷事实存在,原告已交付借款。关于被告许某是不是本案的保证人,是否应当承担保证责任。法院认为,本案中被告徐某作为借款人在借据上签名,现有证据不能证明被告许某系在被告徐某书写借据前签名,且其本意不是为该借款担保。综上,原告与被告徐某之间的借贷关系合法有效,应受法律保护。被告徐某向原告借款后,应在原告催讨后的合理期限内归还借款,被告至今未归还借款,显属违约,应承担归还借款及支付利息的民事责任。被告许某为该借款提供保证,双方对保证责任方式未作约定,依法应承担连带清偿责任。被告许某承担保证责任后,有权向被告徐某追偿。据此,判决被告徐某给付原告卢某借款60万元,利息288 000元,合计888 000元,于本判决生效之日起10日内付清;被告许某对上述第一项付款义务承担连清偿责任;被告许某承担保证责任后,有权向被告徐某追偿。

宣判后,被告徐某和许某均不服一审判决,提起上诉。

浙江省湖州市中级人民法院二审经审理认为,本案是卢某仅凭徐某出具的借条,向徐某主张返还60万元借款并要求许某承担担保责任,而徐某、许某则抗辩该借贷关系并不真实存在,许某作为担保人签字的空白纸条原本是用于徐某在上海租房的。卢某应当就其与徐某个人之间存在60万元真实借贷关系继续举证双方借贷发生的原因、时间、地点、出借款项的来源、款项交付情况等事实,只有在卢某的陈述得到合理解释,并且举证能够形成较完整的证据链,达到令人确信的程度,其请求权才能依法得到支持。二审法院综合双方当事人在一审和二审中的诉辩意见、提供的有效证据以及在二审庭审中的陈述,并结合证据认定规则,认为卢某起诉的本案60万元借贷事实存在合理性怀疑,卢某提供的现有证据不足以证明本案借款事实实际发生。具体理由为:(1)从卢某陈述的60万元款项的来源看,其在一审中称其中的一笔30万元是2010年7月15日从银行取出交付给徐某,李某在证人证言中也陈述钱是卢某从银行拿出来的,但卢某却未能提供任何取款凭证。(2)从卢某陈述的60万元款项的催讨过程看,本案所涉的60万元款项数额较大,原告和被告之间此前并无经济往来,双方此前也并不认识。卢某在起诉状中称曾多次催讨,其在二审中又称打电话通过李某催款,其没有被告的电话,但本案所涉借条上写有两被告的电话号码。(3)卢某在一审中陈述本案所涉借款原本是要用许某在长兴县的房子作抵押的。本案借条落款时间为2010年7月15日,而房产转让给案外人吴某的时间为2011年12月14日。一方面,卢某未能提供任何证据证明双方曾就上述房产抵押达成合意或办理相关抵押手续;另一方面,假设双方曾约定以上述房产作抵押,在1年零5个月的时间内不办理相关抵押手续,显然有违常理。(4)从利息的约定看,当事人双方此前既不相识也无经济往来,借款有利息约定应属正常,借条上也注明利息两分。但卢某在二审中称借条上的字其看不到,眼睛不好。60万元款项,竟然不关注借条的内容、利息的约定,显然不符合日常生活经验法则。卢某在一审的询问笔录中称拿了两个月利息,是李某带给他的。在二审中又称没有拿过利息,前后陈述相互矛盾,亦难以令人信服。(5)借据载明的借款时间为2010年7月15日,从借条文字上看,本案借款并未约定还款日期,出借人可以随时催讨。卢某在60万元款项出借长达两年的时间且本息未得到清偿的情况下不行使自己的权利,显然有违常理。

综上,卢某虽以徐某出具的借条为依据向徐某、许某主张返还借款及承担保证责任,但在徐某、许某提出异议,且该事实本身存在合理性怀疑的情况下,卢某仍应对借款事实的实际发生负有举证责任。在卢某对借款资金来源、款项交付过程等事实无法作出合理解释、举证不足或提供的证据不能形成证据链的情况下,应承担举证不能的不利后果。二审法院据此判决驳回卢某的诉讼请求。

[规则适用]

举证责任是民事证据法上的基础性问题,是指证明主体依据法定职权或举证负担在诉讼证明上应承担的相应责任。理论上通常认为举证责任具有双重含义,即行为意义的举证责任和结果意义的举证责任。前者是指当事人在具体的民事诉讼中,为避免败诉的风险而向法院提出证据证明其主张的一种行为责任。后者是指待证事实存在与否不能确定、真伪不明时,由哪一方当事人对不利后果承担责任和风险。结果意义的举证责任建立在法官不能因为事实不清而拒绝裁判的理念上,其实质是对事实真伪不明的一种法定风险分配形式。本案从一开始原告完成行为意义上的举证责任到被告提出实质性的反主张后对涉及结果意义举证责任的运用,需要厘清双方的举证责任以及法定风险的承担。

1. 原告的举证责任及其后果

本案原告卢某凭徐某出具的借条,向徐某主张返还60万元借款并要求许某承担担保责任,如果两被告没有提出有力的抗辩,则原告完成行为意义的举证责任即可,法院可以据此支持其诉讼请求。但被告徐某抗辩该借款未实际交付,并指出原告所称其中一笔30万元是2010年7月15日从银行取出交付给徐某,案外人李某在证人证言中也陈述钱是卢某从银行拿出来的,对此却没有银行提款凭证;担保人许某则抗辩从未在借条上签字,而是曾经在空白纸条上签字用于徐某在上海租房的。因此,卢某应当就60万元借贷发生的原因、时间、地点、出借款项的来源、款项交付情况等事实继续举证,卢某只有在其陈述得到合理解释,并且举证能够形成较完整的证据链,达到令人确信的程度时,其请求权才能依法得到支持。案涉的60万元款项并非小数目,卢某称其与两被告并不认识,以前也并无任何经济往来,因此对于60万元款项的利息约定和支付情况,以及在长达两年中的催讨情况,也需要原告卢某进一步出具证据予以证实。但原告卢某既没有提供30万元的银行取款凭证,也没有出具收取利息的凭证,其在二审中称打电话通过李某催款,原因是没有被告徐某和许某的联系电话,但本案所涉借条上明明写有两被告的电话号码,卢某的陈述与客观事实不符,难以令人信服。

2. 被告的举证责任及其作用

本案中,针对原告卢某凭借条要求被告徐某还款的主张,徐某对出具借条的事实并未否认,其主要的抗辩意见是借款未实际交付,其出具借条是为帮助案外人李某应付卢某催讨借款而请求徐某出面出具欠条。帮助李某的原因是两人本身私交密切,经济往来也很频繁,徐某因开店资金紧张需要向李某借钱,李某表示愿意帮助解决,前提是写欠条应付卢某。另一方面,徐某的妹妹,也就是本案所涉借款的担保人许某,有一笔210万元的贷款需要李某担保。被告徐某出具的证据主要有徐某在李某家中拍摄的视频以及徐某与李某的短信内容,视频欲证明两人关系非同一般,以及当时有一份有许某签字的纸张;短信内容欲证明李某和卢某经济上有纠葛,徐某和李某经济往来密切,徐某曾要求李某对许某的210万元借款进行担保。上述证据,因为不能直接证明借条所涉款项并未交付,一审和二审法院都没有直接认定,但案外人李某对上述证据的真实性并无异议,证据本身反映了徐某与证人李某之间的特殊关系与利益纠葛,因此,确实影响了法官的内心心证,导致法官对于确认原告主张的心证不足。

本案的另一被告许某,对于原告主张许某应当承担连带清偿的担保责任,同样提出了支持徐某的答辩意见。首先是其与卢某根本不认识,借条所载时间的当日,其在上海的单位上班,根本不可能出现在长兴县。在李某家中拍摄的视频中确实出现了许某签字的纸张,且与案涉欠条十分相似。被告许某也从另一个角度对原告的主张提出质疑,原告也承认原本不认识许某,那么让许某担保的意义何在？原告提出原本约定要用许某在长兴的某处房产作抵押,但从欠条签订时间到该房产转让给案外人吴某的1年零5个月时间里,原告都没有办理抵押手续,卢某在60万元款项出借长达两年的时间且本息未得到清偿的情况下不行使自己的权利,其所称作抵押担保的房产被转让后也没有提出意见和要求,这些行为都有违常理。因此,许某的答辩主张显然是加强了徐某的答辩意见,从而也对法官的心证产生影响。

3. 结果意义的举证责任的适用

结果意义的举证责任只有在待证事实真伪不明时才能发挥作用。那么本案的事实是否属于真伪不明？是否需要结果意义的举证责任发挥作用？一项争议事实是否属于真伪不明有下列前提:(1)原告提出了有说服力的主张;(2)被告提出了实质性的反主张;(3)对争议事实主张有证明必要,在举证规则领域,自认的、无争议的和众所周知的事实不需要证明;(4)用尽程序上许可和可能的证明手段,法官仍不能获得心证;(5)口头答辩已经结束,上述第三项的证明需要和第四项法官心证不足仍没有改变。而待证事实是指当事人主张的诉讼标的之权利义务或法律关系的要件事实。本案中的待证事实是借款有无实际交付,对此,原告提出了明确主张,且提供了由借款人徐某、担保人许某签字的借条,是强有力的证据。一审判决中认为原告已经完成行为意义上的证明责任,法院据此认定借贷事实存在,原告已交付借款,被告徐某在原告催讨后的合理期限内没有归还借款,属于违约,应承担归还借款及支付利息的民事责任。但二审法院认为,原告仅完成行为意义上的举证责任并不够。民间借贷纠纷案件中,借条是证明双方存在借贷合意和借贷关系实际发生的直接证据,具有较强的证明力,但借条并非认定借款存在的唯一依据,法院应当审慎调查,准确认定借条的实质证明力。对于现金交付的借贷,法院应当根据交付的金额大小、出借人的经济实力、交易习惯及借贷双方的亲疏关系等因素,结合当事人本人的陈述及庭审调查和言辞辩论情况及其他证据,依据民事诉讼高度盖然性的证明标准,运用逻辑推理和日常生活经验法则等,认真审查借款过程,合理分配举证责任。本案中,卢某对借款资金来源、款项交付过程等事实无法作出合理解释,因此二审法官针对真伪难辨的事实,在不能获得心证却又不能拒绝裁判的情况下,对举证责任和法定风险进行分配,最终确定由承担证明责任的原告承担对其不利的判决。

2015年8月6日公布、自2015年9月1日起施行的最高人民法院《民间借贷案件规定》第16条第2款规定:"被告抗辩借贷行为尚未实际发生并能作出合理说明,人民法院应当结合借贷金额、款项交付、当事人的经济能力、当地或当事人之间的交易方式、交易习惯、当事人财产变动情况及证人证言等事实和因素,综合判断查证借款事实是否发生。"尽管本案在该规定出台前已经审结,但关于借贷行为是否实际发生的认定、裁判的思路和新规定的精神是完全吻合的。

规则19 【高利贷】在民间借贷纠纷中,法官应加强对间接证据的审查,综合借款金额、借款期限、还款金额、还款时间、票面组成等细节进行逻辑分析,并运用交易习惯、日常生活常理等,对照高利贷行为的普遍特征,客观认定借贷事实。

[规则解读]

在民间借贷纠纷中,高利贷行为具有双方约定的利率不在借条中记载、贷款人在交付本金时扣除利息、贷款人将借款人尚未还清的本息合计重新出具借条等特征。一旦发生诉讼,借款人以高利贷为由进行的抗辩,通常没有直接证据予以证明,故法官应加强对间接证据的审查,综合借款金额、借款期限、还款金额、还款时间、票面组成等细节进行逻辑分析,并运用交易习惯、日常生活常理等,对照高利贷行为的普遍特征,客观认定借贷事实。

[案件审理要览]

一、基本案情①

焦某经营扬州市广陵区俩牵发艺工作室期间,宋某向其借款。2008年1月20日,宋某向焦某出具借条,载明借款金额为30万元,还款期限为同年4月20日。2008年3月6日,宋某再次向焦某出具借条,载明借款金额为10万元,还款期限为同年6月6日。宋某将其坐落于扬州市文昌中路287号1幢×××室房屋作为抵押物,并将该房屋的所有权证押在原告处。上述借条出具后,焦某通过银行汇款的形式先后给付宋某27.6万元和9.2万元。2008年3月19日至2008年6月21日期间,宋某陆续以银行汇款形式还款6笔,共计5.8万元。2009年1月22日,焦某与宋某就借款结账,宋某向焦某出具借条,载明向焦某借款90万元,双方约定借款期限自2009年1月22日至同年6月22日,同时注明继续将上述房屋作为抵押物。在该借条左下角,宋某书写了"款已收到"并签名。之后宋某在该借条右下角以不同墨迹书写了"二〇一〇年六月底还清"并签名。该借条出具后,焦某向宋某返还先前的相关借条。

宋某与张某系夫妻关系,于1983年10月1日登记结婚。

现焦某诉至广陵区人民法院,称宋某从2008年1月20日起共计借款4至5次,期间仅归还了5.8万元,后于2009年1月22日汇总之前的借款,出具了90万元的总借条,焦某拿到总借条后,将2008年1月20日、3月6日的两张借条交还给宋某,并撕掉了其余借条,现因宋某未偿还借款,要求两被告共同偿还借款90万元。

两被告辩称:(1)宋某前后只向焦某借款两笔,分别是2008年1月20日借款30万元,2008年3月6日借款10万元,焦某通过银行汇款实际给付36.8万元,未给付的3.2万元系按月息8%计算作为利息预先在本金中扣除。(2)在2009年1

---

① 参见江苏省扬州市中级人民法院(2011)扬民终字第0747号。

月 22 日,焦某找到宋某要求结账,因宋某无法还款,双方约定还款延期至 2009 年 6 月 22 日,宋某在焦某的威胁下出具了新借条,是以 40 万元为本金,从借款之日至 2009 年 6 月 22 日止,按月息 8% 计算出本息合计 90 万元,其中 50 万元为高额利息。(3) 焦某与宋某之间没有特殊关系,借款没有利息不合情理。(4) 原告经营理发店,称每天营业额为 20 万元,但原告的工商档案显示其 1 年营业额为 20 万元,原告没有能力借款 90 万元给被告,可见 90 万元中包含高额利息。

二、审理要览

江苏省扬州市广陵区人民法院经审理认为,宋某主张其于 2009 年 1 月 22 日向焦某出具的 90 万元借条系胁迫形成无证据证实,依法不予采信,对该借条予以确认。对借款金额的确认,被告虽提供先前两张计 40 万元的借条,但并不能必然推翻其所立 90 万元的借条,且被告在该借条左下角书写了"款已收到",而且之后双方重新约定了还款期限,应当视为被告的真实意思表示,双方间的债权债务关系明确。宋某于 2008 年 3 月 19 日至 2008 年 6 月 21 日期间汇给原告的 5.8 万元发生在其出具 90 万元借条之前,不能进行抵冲。被告主张以现金还款 2.4 万元,原告不予认可,被告亦未提供证据证明,依法不予认定。审理中,被告主张借款中存在高利息的情形,但未提供证据证明,对此亦不予采信。因借款发生在两被告夫妻关系存续期间,被告张某也未提供证据证明该借款并非夫妻家庭共同生活所用或其他不能认定为夫妻共同债务的情形,故本案债务应当认定系两被告的共同债务,两被告依法应当承担还款责任。据此,判决被告宋某、张某于本判决生效后 10 日内给付原告焦某借款人民币 90 万元。

宣判后,宋某不服一审判决,提起上诉。

江苏省扬州市中级人民法院经审理认为,本案争议焦点为宋某出具的 90 万元借条中是否包括高额利息。

首先,焦某主张其已交付借款 90 万元依据不足。债权人应当对借贷款项的实际给付承担举证责任,焦某并无充分证据证实其已向宋某实际给付 90 万元。关于金额分别为 30 万元和 10 万元的两张借条项下的借款,焦某陈述其以汇款的形式给付了 36.8 万元,剩余 3.2 万元是以现金的方式给付。这两笔借款发生时,宋某在武汉工作,焦某在收到借条后完全可以通过汇款全额支付给宋某,没有必要以现金方式向宋某另行给付 3.2 万元,这与正常借贷的交易习惯不符,在焦某未能提供相关证据的情况下,不能确认 3.2 万元已经给付。除双方认可的通过汇款给付的 36.8 万元之外,对于 90 万元借款的其余部分的具体构成和给付,焦某亦未能提供相关证据予以证实。

其次,宋某主张借条中包括利息可以予以确认。宋某主张 90 万元的借款,系以之前两张借条项下的借款 40 万元作为本金,加上从借款之日至 2009 年 6 月 22 日按月息 8% 计算的利息所构成。对此,宋某虽然没有提供直接证据,但其提供的间接证据已形成如下证据锁链。(1) 焦某承认之前两张借条项下的借款 40 万元,是通过汇款的形式支付给宋某 36.8 万元,其汇款与借条的差额 3.2 万元,与宋某主张的按月息 8% 计算出的利息金额完全吻合。(2) 宋某提供的还款凭证表明,其于 2008 年 3 月 19 日、4 月 10 日分别向焦某还款 2.4 万元和 8000 元。由于之前两张借条的借款期限均为 3 个月,此时均未到还款期限,虽不能完全排除宋某提前还款,但从宋某第二次向焦某借款的时间分析,宋某若有资金提前还款其就没有必要第二次再向焦某借款 10 万元,而该还款的金额与宋某上述借款利率的陈述又完全一致。(3) 宋某出具的 90 万元借条载明还款期限至 2009 年 6 月 22 日,而以之前两笔借款 40 万元作为本金,按月息 8% 计算出的利息为 50 万元,本息合计正好 90 万元,这与双方陈述该 90 万元的借条是之前借条的汇总完全相符。(4) 宋某与焦某经人介绍相识不久便发生借贷关系,双方之间无其他特殊关系,该借款没有利息,不符合情理。此外,关于该 90 万元的借条中没有扣除宋某已还款项的问题。由于宋某陈述,当时因其没有携带还款的凭证,故双方同意其后凭据冲抵。该陈述的事实系情理之中,其可信程度较高。

最后,至于宋某在该 90 万元借条左下方加注的"款已收到"的问题。在上述分析的基础上,只能认定宋某已收到借款 36.8 万元,而不能认定已收到借款 90 万元。原审判决没有对全案证据和事实进行综合分析,便以该加注的内容确认宋某已收到借款 90 万元,与事实不符。

综上,二审法院根据民事诉讼证据高度盖然性的原理,改判由宋某、张某给付焦某借款本金 36.8 万元以及按银行同期同类贷款基准利率 4 倍计算出的利息。

[规则适用]

民间借贷纠纷诉讼中,借款人以高利贷为由进行抗辩的情形相当普遍,但因放贷行为的日益专业化和隐蔽性,高额利息很难被法院认定。本案的判决体现了此类案件的审理技巧;通过对高利贷行为特征的准确把握形成判断直觉;通过对款项实际交付的细致审查识别借贷本金;通过对间接证据的综合认证印证利息的构成。

(一) 高利贷行为的特征

民间借贷案件中,借款人所主张的高利贷行为通常具有以下特点:(1) 从借贷行为的发生来看。借款人因急需而借款,应注意的是,近年来民营中小企业、个体工商户和农户的资金需求在正规金融机构无法满足的情形下,转而求助高利贷的情况增多。(2) 从借贷合意的达成及履行来看。双方约定的利率不在借条中记载;出借人在交付借款本金时先将第一个月的利息扣除;借款人不能按期还款时,出借人会要求借款人将分别借款的借条汇总,并将本息合计重新出具借条;借款人出具总借条虽非情愿,但又不属于法定撤销的情形。(3) 从双方的诉讼行为来看。诉讼发生后,出借人大多仅依据借条主张权利;出借人大多不到庭参加诉讼,而是委托代理人诉讼;无论款项数额大小出借人均称现金交付;借款人大多生活已陷入困境,言辞激烈,矛盾难以调和。

准确把握上述特征,有利于审判人员基于自身的专业知识和实践经验,形成识别高利贷行为的直觉。直觉,是指主体基于感性经验和事实材料,对客观事物本质的突然领悟,使问题在一瞬间得到解决的思维形式。日本法学家川岛武宜把法律价值判断的过程分为法律感觉和法律价值判断的合理化两部分,所谓的法律感觉就是一种法律直觉和无意识、思维定势的综合体。就本案而言,宋某与焦某原本素不相识,在理发店工作人员的介绍下达成借贷合意;宋某出具的借条上没有约定借款利率;对于90万元的借条,焦某称是对之前所有借条的汇总;除36.8万元系银行汇款外,焦某称其余款项均为现金支付。上述情节无一不提示审判人员,宋某关于高利贷的抗辩具有一定的可能性,应予以细致审查,谨慎判断。

(二) 款项交付的审查

出借人应当承担双方借贷合意的达成以及款项实际交付两方面的举证责任。载明了借贷金额、期限、利率等内容的借条,为双方的借贷合意凭证,但并不能作为款项交付凭证。为支撑其诉讼请求,出借人还应对款项交付的方式、时间、地点等事实作出说明并予以证实。

实践中,出借人通常陈述其以现金方式交付借款,且并无证据予以证实。此时应当根据具体案情予以区别对待:对于数额较小的现金交付,出借人作出合理解释的,一般视为债权人已经完成举证责任,可以认定借贷事实存在;对于金额较大的现金交付,审判人员所把握的证明标准应相对更为严格。若债务人对款项交付提出合理异议,债权人本人应当到庭陈述款项现金交付的原因、时间、地点、款项来源、用途等具体事实和经过,并接受对方当事人和法庭的询问。无正当理由拒不到庭的,应承担相应后果。法院可以根据现金交付的金额大小、债权人的支付能力、当地或者当事人之间的交易方式、交易习惯以及借贷双方的亲疏关系等因素,结合当事人本人的陈述和庭审言辞辩论情况以及提供的其他间接证据,依据民事诉讼高度盖然性的证明标准,运用逻辑推理、日常生活常理等,综合审查判断借贷事实是否真实发生。

在真实案例中,部分出借人防范意识较重,为掩盖借贷金额中的利息,在与借款人签订合同时即约定"现金交付",或要求借款人在借条上加注"款已收到",法院仍应以上述处理原则为依据,结合案件具体事实综合考量,不宜简单下判,认为出借人已完成举证责任。本案中,宋某在借条左下方加注"款已收到",考虑到本案疑点重重,90万元的借款中焦某称63.5万元系现金支付,以及双方当事人之前并不相识等因素,原审判决依据"款已收到"的加注内容确认宋某已收到借款90万元显属不当。

(三) 间接证据的综合认证

在对出借人的主张存疑后,为形成内心确信,审判人员有必要进一步对案件的全部证据予以综合审查判断,以曝光隐藏在借贷金额之后的高额利息。但此类案件大多缺乏直接证据,间接证据与待证事实之间的关联性又往往被忽视,致使审判人员虽怀疑高利贷的存在,但很少依据高度盖然性证明标准认定高额利息。事实上,间接证据在高利贷的认定方面举足轻重,审判人员可以考察间接证据间的内在联系,结合当事人的陈述、辩论意见等,采用逻辑推理的方式形成证据锁链。

具体而言,间接证据在诉讼中显现其与主要待证事实的关联,必须具备四个条件:一是单个的间接证据必须在数量上形成足够的优势;二是在一定数量基础上的单个间接证据必须通过逻辑推理的方式,以便形成一个有效的证据锁链,以显示其在证明力上的充分性;三是各个间接证据之间,以及它们与主要待证事实之间不能产生合理因素以外的矛盾性;四是由各个间接证据形成的证据锁链,在满足高度盖然性的证明标准的要求之下,得出的结论应当具有唯一性,排除其他可能性。

对于涉高利贷的民间借贷纠纷,可行的办法是寻找各个证据间的内在联系,借助证据所反映出的借款金额、借款期限、还款金额、还款时间、票面组成等细节进行逻辑推理,考察是否能据此形成证据锁链。

本案的待证事实为90万元借贷金额中有无高额利息,与此相关的间接证据有:(1)金额为30万元的借条;(2)金额为10万元的借条;(3)宋某收到27.6万元和9.2万元的银行存款凭证;(4)宋某分别于2008年3月19日、4月10日、5月10日、5月11日、6月21日、6月24日通过银行向焦某还款24 000元、8 000元、4 000元、4 000元、1万元、8 000元的汇款凭证。前述(1)、(2)份借条上的40万元金额与焦某经银行汇款的36.8万元间差额3.2万元,该数字与以40万元为本金,按月息8%计算出的利息金额完全吻合;宋某于2008年3月19日、4月10日还款2.4万元和8 000元,数字与分别以30万元和10万元为本金,8%为利率计算出的月息又完全一致;90万元借条载明还款期限至2009年6月22日,以之前两笔借款40万元为本金,按月息8%计算出的利息为50万元,本息合计正好90万元。间接证据之间巧妙的联系,正好印证了宋某关于90万元中利息高达53.2万元的主张,并最终促使二审支持了宋某的上诉理由,对原审判决依法予以改判。

第十四章　民间借贷履行相关纠纷的裁判规则适用

> **规则1**　【债务承担】担保人向债权人收回借条并以自己的名义重新出具借条，取代原债务人地位的意思表示明确，符合民事法律行为的构成要件，债务承担合法有效。

[规则解读]

担保人向债权人收回借条并以自己的名义重新出具借条，取代原债务人地位的意思表示明确，符合民事法律行为的构成要件，债务承担合法有效。

[案件审理要览]

一、基本案情

2007年6月25日，范某与林某签订了一份借款协议（以下简称第一份借款协议），由范某向林某提供借款200万元，借款期限自2007年6月25日至同年8月24日，郑某对该借款承担连带责任担保。同年12月21日，林某因涉嫌刑事犯罪，于2009年8月3日被金华市中级人民法院作出有罪判决（生效）。2007年12月27日，郑某向范某还款10万元，并与范某签订了一份新的借款协议（以下简称第二份借款协议），协议约定：由郑某向范某借款190万元，借款期限1个月，同时，郑某收回了第一份借款协议。2008年3月，郑某归还范某借款20万元。2009年11月23日，范某以第二份借款协议为依据诉至法院，请求判令被告郑某归还借款及利息。

二、审理要览

该案审理中有两种观点。

第一种意见认为，郑某与范某签订第二份借款协议并非其真实意思表示，也无钱款往来。郑某的责任只限于第一份借款协议中的担保行为。

第二种意见认为，郑某在第二份借款协议签订后收回了第一份借款协议，还款及取代原债务人地位的意思表示明确，符合民事法律行为的构成要件。

[规则适用]

笔者同意第二种意见。理由如下：

1. 第二份借款协议真实有效。其一，郑某从范某手中收回第一份借款协议，并以其名义将该欠款以借款的形式重新确立双方的借贷关系，在法律性质上属于债务承担。尽管范某与林某签订的第一份借款协议因林某构成犯罪而归于无效，但无效的协议并不使债权债务归于消灭，而是产生了返还之债，即林某有义务返还对范某的借款。郑某以与范某成立新的借贷合同的形式承担该返还之债既不损害林某的利益也不违反有关法律规定，合法有效。其二，本案中郑某并未以欺诈、胁迫的手段或者乘人之危相抗辩，而且本案中郑某与范某的行为既不违反民法中的强行性规范，也不违反法律、行政法规中的任意性规范。双方的行为是具有选择性的任意性行为。即郑某与范某签订第二份借款协议的行为完全出于双方自愿订立，意思表示真实且不损害国家和社会利益。双方通过自己民事法律行为使民事权利与义务关系发生变动，是民事法律事实。其三，范某请求法院判令的是郑某借款中的还款义务，对郑某的担保应承担何种责任并无提出要求，何况此时第一份借款协议已被郑某收回。

2. 法律并未对郑某自愿还款行为作出禁止性的法律规定。第二份借款协议是在林某犯案后法院作出有罪判决前郑某与范某之间自愿签订的，而且郑某的二次还款行为已被金华市中级人民法院判决所确认。郑某的还款行为既是对林某减轻罪刑的行为表示，也是对受害人减少损失的补救措施，该行为并不损害国家、集体和他人的利益。

3. 范某以郑某逾期未还款为由主张权利符合法律规定。第一，金华市中级人民法院的判决只是对被告人林某犯罪事实的认定，并未对被害人损失作出退赔或返还判决，范某无法以金华市中级人民法院的判决书为依据主张民事权利。第二，范某向法院起诉主张其权利符合《民事诉讼法》第119条规定的起诉的实质要件。第三，根据最高人民法院相关司法解释的规定，经济纠纷和经济犯罪案件一并移送后，受移送的检察院和法院未按刑事附带民事诉讼审理，又未将纠纷部分退回法院处理，当事人可以向受诉法院另行起诉。

> **规则2 【债务承担】第三人通过以自己的名义另行向债权人出具债务凭据并承诺由其按期履行债务等行为表明由其独立承担原债务人的债务，债权人表示同意的，构成免责的债务承担。**

[规则解读]

第三人与债权人约定债务承担时，未明确约定原债务人是否脱离债权债务关系的，构成并存的债务承担。但第三人通过以自己的名义另行向债权人出具债务凭据并承诺由其按期履行债务等行为表明由其独立承担原债务人的债务,债权人表示同意的,构成免责的债务承担。

[案件审理要览]

一、基本案情①

2008年5月,王某某中标工程后急需资金,遂请罗某某帮其联系借款。后罗某某介绍战友甘某某与王某某洽谈借款事宜。甘某某确认王某某中标工程属实后同意借款50万元给王某某。同月12日,王某某收到甘某某通过银行转账的50万元借款,王某某给甘某某出具了借条。还款期限届满后,王某某未按期归还借款,双方重新约定:王某某从原协议约定还款期限届满次日起按月息2%支付利息,王某某收回原借条并重新出具借条。此后,王某某通过银行转账15万元给甘某某后未再还款。2010年8月20日,甘某某与王某某因还款事宜发生争吵至罗某某家中。争吵中,王某某离开罗某某家,罗某某以自己的名义给甘某某出具金额为50万元的借条,并约定于2011年5月21日前归还。该借条约定的还款期限届满后,甘某某要求罗某某还款,罗某某以不是实际借款人为由拒绝偿还。甘某某诉至法院,要求罗某某偿还借款50万元。

二、审理要览

重庆市城口县人民法院经审理认为,甘某某与王某某之间的借款关系合法有效。罗某某具有完全民事行为能力,对其出具借条的行为及借条内容并无异议,也无证据证明其出具借条时存在重大误解或受胁迫,表明其愿意归还王某某借甘某某的借款。甘某某接受罗某某出具的借条,并以此作为证据起诉罗某某偿还借款,表明甘某某同意债务转移。罗某某以自己的名义向甘某某出具借条的行为成立免责式的债务承担,即债务转移,原债务人王某某的义务免除,故本案借款应由罗某某负责清偿。遂判决罗某某偿还甘某某借款余额43万元。

罗某某不服,提起上诉。

重庆市第二中级人民法院判决驳回上诉,维持原判。

[规则适用]

本案的争议焦点在于,罗某某与甘某某未明确约定王某某是否仍承担还款义务,本案的债务承担是构成并存的债权债务承担还是免责的债务承担。

1. 并存债务承担与免责债务承担的识别分歧

以原债务人是否继续承担债务为标准,债务承担分为免责的债务承担和并存的债务承担。并存的债务承担是指第三人加入到原存的债权债务关系中与原债务人共同承担债务,而原债务人并不脱离原债权债务关系的债务承担方式。免责的债务承担是指第三人取代原债务人承担债务,而原债务人脱离原债权债务关系的债务承担方式。两者区分的关键在于判断原债务人是否脱离原债权债务关系。

---

① 参见重庆市第二中级人民法院(2013)渝二中法民终字第00494号。

在约定债务承担时,如当事人明确约定原债务人脱离原债权债务关系,即可判断此种债务承担的具体方式属于免责的债务承担。但在当事人未明确约定原债务人是否脱离原债权债务关系,事后亦不能达成补充协议对此予以明确时,此种债务承担的具体方式是认定为免责的债务承担还是并存的债务承担,现行法律、法规及司法解释均未作出明确规定,实务中存在较大争议。有观点认为,此种情形只能构成并存式的债务承担,由第三人与原债务人共同承担债务;也有观点认为,此种情形亦可构成免责的债务承担,由第三人独自承担债务。

2. 并存债务承担与免责债务承担的区分方法

民事法律行为的核心要素是意思表示。意思表示的方式可以是明示,亦可以是默示。其中,默示包括两种具体方式:一是行为人用语言之外的可推知其含义的作为,间接表达内心意思的默示方式;二是单纯不作为的默示方式,当事人既未明示其意思,也不能借他项事实推知其意思,即沉默。除当事人约定以沉默方式表达意思或者法律有特别规定之外,沉默不具有意思表示的价值。但是,以可推知内心意思的积极作为方式表达其内心意思的默示方式,不以当事人事先有约定或者法律有特别规定为前提,当事人以此种默示方式表达内心意思的,具有法律效力。债务承担行为系民事法律行为,故当事人约定债务承担的过程实质上是当事人作出意思表示的过程。根据意思表示的法理可知,当事人作出原债务人是否脱离原债权债务关系的意思表示,既可采用明示的方式表达即明确约定,亦可采用默示的方式即以可推知内心意思的积极作为方式表达。在当事人未明示原债务人脱离债权债务关系时,通常情况下可推定当事人并无原债务人脱离债权债务关系的意思表示,即构成并存的债务承担。但此种事实推定允许推翻,如果第三人以可推知其内心意思的行为表明由其独立承担债务而不由原债务人承担债务的,第三人实质上是以非沉默的积极作为方式向债权人表达了原债务人脱离原债权债务关系的意思表示,如债权人表示同意该意思表示的,仍应认定构成免责的债务承担。

本案中,罗某某与甘某某虽未明确约定王某某是否脱离原债权债务关系,但罗某某以自己的名义另行向债权人甘某某出具借条并承诺由其按期履行王某某债务的行为,向甘某某表达了由罗某某独立承担债务而不由原债务人王某某承担债务的意思,属当事人以可推知其内心意思的默示方式表达意思表示的方式,具有法律效力。甘某某接受以罗某某名义出具的借条并依据该借条单独诉请罗某某承担还款义务的行为,表明甘某某同意罗某某以其行为默示表达的由其独立承担王某某债务的意思表示。因此,本案债务承担的具体方式不应认定为并存的债务承担,而应认定为免责的债务承担。

> 规则 3 【债务加入】对于第三人加入债务的情形,在债权人未明确表示放弃对债务人的追索权或者未特别约定的情况下,不宜推定债权人对民事权利进行放弃,债务人仍然应当承担债务履行责任。

[规则解读]

民事权利的放弃必须采取明示的意思表示才能发生法律效力,默示的意思表示只有在法律有明确规定及当事人有特别约定的情况下才能发生法律效力,不宜在无明确约定或者法律无特别规定的情况下,推定当事人对权利进行放弃。债权人没有明确表示免除债务人的债务,应当视为不免除债务人的债务,第三人加入债务的行为构成了债务加入。债务加入与债务转移不同,债务加入不免除债务人的债务责任;债务转移则将债务转移至第三人,债务人自转移生效之日起不再承担债务。

[案件审理要览]

一、基本案情①

2011年6月1日,被告戴某某向原告赵某某出具《借条》一份,确认:借款人戴某某向出借人赵某某借款200万元,承诺于2011年12月1日归还所有本金,利息以月息1.5%计息。当日,赵某某通过银行将200万元款项汇入戴某某的银行账户。嗣后,戴某某连续通过银行转账向赵某某支付借款利息13.5万元。

2011年11月22日,赵某某与被告戴某某、陆某某、朱某某签订《声明》一份,载明:"今朱某某、陆某某向赵某某关于200万元借款及还款事宜作如下承诺:利息每月按时以3万元支付;关于赵某某200万元贷款到期,朱某某、陆某某于贷款到期5日前打到赵某某贷款账户上,同时赵某某承诺贷款续贷继续贷给朱某某、陆某某,使用至3个月满(必须在12月10日前打到赵某某账户)。"朱某某、陆某某在"声明人"处签字,戴某某在"中间人"处签字,赵某某签署"同意"。《声明》签订后,三被告均未支付任何款项。

赵某某诉至法院,请求依法判令被告戴某某返还借款本金200万元及相应的利息。在庭审中,赵某某确认在本案中不追究朱某某、陆某某的付款责任,但保留诉权。戴某某认为,借贷关系是发生在赵某某与朱某某、陆某某之间,其只是中间的介绍人。陆某某认为,借贷关系是发生在赵某某与戴某某之间,与其无关。朱某某对原告主张无异议。

二、审理要览

江苏省苏州市相城区人民法院经审理认为,《借条》的出具、款项的交付,以及按约支付利息行为与出借人、借款人主体身份能够相互印证,足以认定赵某某与戴某某之间就200万元存在借贷关系。朱某某、陆某某签署《声明》的行为对于戴

---

① 参见江苏省苏州市中级人民法院(2012)苏中民终字第1250号。

某某向赵某某所负的债务构成了债务加入。《声明》对于戴某某的付款责任是否免除未作明确约定,应当推定为不免除债务人戴某某的付款责任为宜,应由戴某某、朱某某、陆某某负返还借款本息及逾期利息损失的共同付款责任。赵某某明确表示在本案中不追究朱某某、陆某某的付款责任,系其正当的权利选择,法院予以确认。法院判决戴某某返还赵某某借款200万元,并应支付相应的利息损失。

一审判决后,戴某某不服,提起上诉。

2012年12月19日,江苏省苏州市中级人民法院判决驳回上诉,维持原判。

[规则适用]

1. 赵某某与戴某某之间就诉争的200万元是否存在借贷关系

借款合同是指借款人向贷款人贷款,到期返还借款并支付利息的合同。本案中,戴某某出具了一份内容明确、金额及利息计算确定的《借条》,赵某某通过银行转账方式向戴某某交付了200万元,且戴某某事后按约支付了几期利息计13.5万元。上述《借条》的出具、款项的交付,以及按约支付利息的行为与出借人、借款人主体身份能够相互印证,足以认定原、被告之间就200万元存在借贷关系。

2. 朱某某、陆某某签署《声明》的行为如何定性

朱某某、陆某某签署《声明》的行为对于戴某某向赵某某的债务构成了债务加入。债务加入,又称并存的债务承担,是指第三人加入到债务人的债权债务关系中,与债务人承担共同债务责任的行为。通常来说,主要有三种情形:第三人与债权人、债务人形成三方协议;第三人与债务人形成双方协议;第三人向债权人单方承诺由第三人偿还债务人所负债务,但是不改变合同的内容、不免除原债务人的偿还义务的债务承担方式。司法实践中,对于是否构成债务加入应当以相应证据材料内容所要表达的真实意图为基础,并结合当事人的意思表示进行综合认定。

本案中,其一,从文字表示看。《声明》明确:"今朱某某、陆某某向赵某某关于200万元借款及还款事宜作出如下承诺:利息每月按时以3万元支付⋯⋯"从其意思表示可知,朱某某、陆某某对于戴某某从原告处借款200万元及还款期限是明知的,仍承诺每月按时支付3万元利息。同时,为了能够继续贷款,朱某某、陆某某还承诺于约定时间将款项打到原告指定的账户上,可以合理推断出,其签署《声明》主动加入债务的目的是为了在借款到期后能够继续使用相应的款项,由戴某某做中间人。其二,从意思表示看。朱某某对于应向原告负有归还本息的责任予以认可;陆某某认为其与朱某某只是对于戴某某向原告借款的利息承诺进行代为偿还。综上,可以认定朱某某、陆某某的行为构成了债务加入,陆某某只是代为偿还利息的主张,不符合通常理解逻辑,不予认定。

3. 戴某某的付款责任是否免除

司法实践中,第三人加入债务,通常会对第三人的履行责任进行约定,而对债务人的履行责任多不作约定或者约定不明。对于原债务人的债务是否免除,争议很大。笔者认为,根据合同法法理及有关规定,民事权利的放弃必须采取明示的

意思表示才能发生法律效力,默示的意思表示只有在法律有明确规定及当事人有特别约定的情况下才能发生法律效力,不宜在无明确约定或者法律无特别规定的情况下,推定当事人对权利进行放弃。债权人没有明确表示免除债务人的债务,应当视为不免除债务人的债务,第三人加入债务的行为构成了债务加入。债务加入与债务转移不同,债务加入不免除债务人的债务责任;债务转移则将债务转移至第三人,债务人自转移生效之日起不再承担债务。本案中,戴某某作为"中间人"在《声明》上签字,但《声明》对"中间人"的具体意义未作明确表述,也未明确表示免除戴某某的债务,因此,应当认定为不免除戴某某的付款责任,由戴某某、朱某某、陆某某承担共同付款责任,责任性质为互为连带责任。

> **规则4 【代为偿还借款和债权转让】**代为偿还借款和债权转让属不同的法律关系。如果是代为偿还借款则应有相应的支付凭证予以佐证;如果是债权转让,则应对各方当事人之间是否存在与借据相对应的真实的借贷关系进行全面审查。对于缺乏合法事实基础的债权转让法律关系,应依照查明的事实作出判断。

[规则解读]

实践中,民间借贷的形式不断出现新的变化,债权人为使高息借贷或预先扣息更加隐蔽,可能会出现让第三人代为清偿不合法债务形成新的债权或债权转让等进行掩饰的情形,这就需要区分不同情形进行严格审查,维护正常的市场秩序。具体应审查当事人之间真实的法律关系和当事人之间的约定,审查双方当事人之间的约定是否涉及其中一方当事人与第三方的债权债务关系。正确区分代为偿还借款和债权转让等不同的法律关系。如果是代为偿还借款则应有相应的支付凭证予以佐证;如果是债权转让,则应对各方当事人之间是否存在与借据相对应的真实的借贷关系进行全面审查。对于缺乏合法事实基础的债权转让法律关系,应依照查明的事实作出判断。

[案件审理要览]

一、基本案情

甲因经营需要,向乙借款100万元。2012年5月31日,甲向乙出具借款100万元的借据一份,约定借款期限为两个月,月利率3%。出具借据当天,乙向甲的银行账户汇款70万元,将其余30万元作为第一个月的利息进行了预先扣除。

同年7月1日,乙出现资金紧张,向丙借款100万元,向丙出具借款100万元的借据一份,约定借款期限为1个月,月利率2%。同日,丙向乙支付借款90万元,其余10万元为1个月的利息进行了预先扣除。

同年8月,乙和丙约定100万元欠款由甲代为偿还,乙和丙签订了债权转让协议,并将债权转让事宜书面通知了甲。后甲还款不能,丙持债权转让协议向法院起诉,要求甲偿还借款本金 100 万元及利息。

二、审理要览

本案中,乙和丙之间发生了债权转让关系,且该转让已通知甲,故该债权转让协议对甲发生了法律效力。关于甲和丙之间的债权债务关系,存在不同的意见。

第一种观点认为,虽然丙从乙处转移得来 100 万元的债权,但丙实际支付乙 90 万元,根据《合同法》第 200 条的规定,借款的利息不得预先在本金中扣除。利息预先在本金中扣除的,应当按照实际借款数额返还借款并计算利息。故丙只能要求甲偿还本金 90 万元及相应的利息。

第二种观点认为,乙实际支付甲借款本金 70 万元,乙对甲的债权为借款 70 万元及相应的利息,丙对甲的 100 万元债权是从乙处转让而来,所以丙对甲的债权实为借款本金 70 万元及相应的利息。

[规则适用]

笔者赞同第二种观点。因为在债权转让法律关系中,债权人通过协议将其债权全部或者部分转让给第三人。在债权全部转让时,受让人取代原债权人成为合同关系的新债权人,原债权人脱离合同关系,但第三人受让的标的为债权人对债务人的债权;且根据《合同法》第 82 条的规定,债务人接到债权转让通知后,债务人对让与人的抗辩,可以向受让人主张。故债权转让后,债务人在原借贷法律关系中针对预先扣息及高息(本文中高息指超出同期同类中国人民银行基准贷款利率 4 倍的部分)的抗辩,可以继续向受让人主张。

实践中还存在这样一种情形:如果案例甲、乙之间的借款到期后,甲无力还款,甲和丁商议,由丁替甲支付乙借款 100 万元,后丁、乙之间的借贷关系消灭,甲向丁出具借款 100 万元的借据一份。在这种情况下,可以认定甲和丁之间形成了新的借款合同关系,相当于甲向丁借款 100 万元偿还借款,丁和乙之间不发生债权转让关系,在丁已实际支付 100 万元的情况下,甲不得就预先扣息及高息问题向丁抗辩。

上述案例中的法律关系相对较为清楚,实践中只要正确区分是否存在债权转让关系,就可以对实际发生的借贷关系进行认定。

如果案例中乙和丙之间并未签订债权转让协议,两笔借款均到期后,甲和丙商议,乙对丙的债务与乙对甲的债权相抵销,乙表示同意。后甲向丙出具借款 100 万元的借条,并约定了借款期限,但到期后,甲无法偿还借款,丙向法院起诉,要求甲偿还借款本金 100 万元及相应的利息。这种情况下,丙的主张能否得到支持?法院应如何对该案进行审查?

从案件事实来看,乙和丙均未实际支付借款 100 万元。

第一种观点认为,本案相当于甲向丙借款 100 万元偿还乙的借款,甲和丙之间形成了新的借贷关系,故丙要求甲偿还借款 100 万元的主张应当得到支持。

第二种观点认为,丙和乙之间实为债权转让,甲并未实际获得乙的 100 万元借款,甲对乙关于高息和预先扣息的抗辩可以向丙提出。

笔者赞同第二种观点。首先,在甲、乙、丙三方之间没有其他约定的情况下,虽然该案是甲和丙之间进行的商议,但需经乙的同意,实为三方之间的合意。其次,该案形式上表现为乙对丙的债务与乙对甲的债权相抵销,但实质上是乙对甲的债权转让给丙,用于偿还乙对丙的债务,为债权转让关系。最后,对民间借贷纠纷,应重点审查借条背后是否存在真实的给付行为。该案中,乙、丙均未履行借条中的付款义务,如果对丙的诉讼请求全部支持,那么这种转换形式的债权转让就可能为高息和预先扣息的行为披上合法的外衣,扰乱借贷市场秩序。在对乙和丙实际支付行为严格审查的基础上,确定甲的还款义务,符合当前民间借贷纠纷的审判理念,有利于维护债权人、债务人的合法权益。同样,因为债权转让后债权转让人应该对债权的瑕疵负担保责任,对于丙的损失,可以向乙追偿。

实践中,民间借贷的形式不断出现新的变化,债权人为使高息借贷或预先扣息更加隐蔽,可能会出现让第三人代为清偿不合法债务形成新的债权或债权转让等进行掩饰的情形,这就需要区分不同情形进行严格审查,维护正常的市场秩序。具体应审查当事人之间真实的法律关系和当事人之间的约定,审查双方当事人之间的约定是否涉及其中一方当事人与第三方的债权债务关系。正确区分代为偿还借款和债权转让等不同的法律关系。如果是代为偿还借款则应有相应的支付凭证予以佐证;如果是债权转让,则应对各方当事人之间是否存在与借据相对应的真实的借贷关系进行全面审查。对于缺乏合法事实基础的债权转让法律关系,应依照查明的事实作出判断。

规则5 【违法借条】以实施非法拘禁等侵害他人合法权益或者违反法律禁止性规定的方法形成的借条不能变更原债权债务关系。

[规则解读]

以侵害他人合法权益或者违反法律禁止性规定的方法取得的证据,不能作为认定案件事实的依据。债权人在主张债权过程中,以非法拘禁等方式迫使主债务人向第三人出具借条,不构成债务转让,保证人仍应对担保的主债务承担保证责任。

[案件审理要览]

一、基本案情①

2010年3月和5月,黄某某先后两次向原告丁某某借款共19万元,其中含利息2.28万元。同年8月2日,丁某某与黄某某将上述两笔借款计算了逾期利息。黄某某据此重新出具给丁某某一份借条,载明:今借到丁某某21.48万元,还款时

---

① 参见江苏省姜堰市人民法院(2011)泰姜民初字第0166号。

间为 2010 年 8 月 4 日。在丁某某的要求下,被告周某某以担保人的名义在借条上签名提供担保。此后,周某某总计代替黄某某还给丁某某利息 41 947 元。

2010 年 10 月 11 日起,吴某、丁某某等人在某酒家对黄某某、周某某实施了非法拘禁的犯罪行为(已另案处理,刑事判决已生效)。在实施非法拘禁的当晚,丁某某表示现在把这个欠款转给吴某,要求黄某某向吴某写了一张 32.24 万元的借条。吴某还要求黄某某在借条上写上吴某的名字。黄某某称"当时心里吓得怕,只有按照吴某说的去做"。黄某某向吴某写了一张 32.24 万元的借据后,丁某某让周某某担保,周某某不同意提供担保。丁某某并没有把原先黄某某写给她的 21.48 万元的借条还给黄某某,当晚吴某在下楼时将黄某某写给他的借条给了丁某某。

周某某辩称,主债务人黄某某已经以出具借条的方式将主债务转让给了吴某,从而消灭了原债权债务关系,主张免除其担保责任。

二、审理要览

江苏省姜堰市人民法院经审理认为,吴某和原告丁某某采用非法拘禁的方法迫使黄某某出具的 32.24 万元借条无效,该借条不构成债务转让,被告周某某仍应对所担保的 21.48 万元中的借款本金和合法的利息承担保证责任。法院判决周某某偿还丁某某借款本金 16.72 万元及合法利息(已还利息予以扣除);周某某按本判决第一项履行后,有权依照《担保法》第 31 条之规定,向黄某某追偿;驳回原告的其余诉讼请求。

一审宣判后,原、被告在法定期限内均未提出上诉,一审判决已经发生法律效力。

[规则适用]

1. 以非法拘禁的方法形成的借条不具备真实性、合法性,因而不予采信。根据案情,黄某某并无向吴某借款的事实,黄某某所书借吴某 32.24 万元的借条不具备证据的真实性。吴某等人实施非法拘禁行为所取得的借条显然违法,因此该借条不具有合法性。《民事诉讼证据规定》第 68 条规定,以侵害他人合法权益或者违反法律禁止性规定的方法取得的证据,不能作为认定案件事实的依据。综上,对 32.24 万元的借条不予采信。

2. 以非法拘禁的方法形成的借条不具备民事法律行为成立的法定条件,应认定为无效。《民法通则》第 55 条规定,民事法律行为应当具备下列条件:行为人具有相应的民事行为能力;意思表示真实;不违反法律或者社会公共利益。黄某某在被非法拘禁失去人身自由的情况下,虽按照原告和吴某的要求书写了新的借条,但因不能反映黄某某的真实意思,缺乏合法性,依照《民法通则》第 58 条的规定,应认定为无效,该借条不能变更当事人间原债权债务关系。

> **规则6** 【容忍义务】民间借贷合同中借款人迟延一天还款,应根据案情综合判断出借人有适度的容忍义务,以维系日常交往或经营活动的稳定性,保障合同的正常履行,不应认定为违约。

[规则解读]

在合同领域,从合同的商定到合同的履行都离不开双方当事人的配合,《合同法》对合同条款争议及未约定事项的解决也是遵循当事人补充协议的思路进行的,处处体现着对容忍义务的要求,以实现双方的合作。当然,容忍是有一定限度的,它不能超过社会正常的、一般人的容忍程度,在不同的权利中,不同情形下会有不同的判断标准,需要法官在具体案件中衡量。民间借贷合同中借款人迟延一天还款,应根据案情综合判断出借人有适度的容忍义务,以维系日常交往或经营活动的稳定性,保障合同的正常履行,不应认定为违约。

[案件审理要览]

一、基本案情①

原告赵某与被告侯某为同事关系。2011年8月22日,侯某向赵某借款13万元。2012年11月18日,赵某与侯某达成还款协议,并由被告尹某提供担保。该还款协议约定:侯某从2012年12月1日起每月30日前还款3 000元,打入赵某银行卡;如侯某有一次未按约定每月归还借款3 000元,赵某将向侯某、尹某要求一次性还清本金余款。2012年12月31日侯某向赵某银行卡打款3 000元。

2013年1月2日,原告赵某以侯某逾期还款为由要求一次性偿还借款本金12.7万元。侯某辩称,自己没有故意违约的意思,一直在积极还款,只因赵某起诉,而暂时没有还款。在诉讼过程中,侯某于2013年6月18日还款1.8万元,后按月继续每月还款3 000元。

二、审理要览

江苏省泗洪县人民法院认为,赵某与侯某的民间借贷合同合法有效,还款协议也合法有效。依据协议内容,双方的目的是要求按月偿还借款,协议中的还款期限应理解为每月月底前。另外,在相互交往和经营活动中,公民有适当的容忍义务,也要具有宽容的心态,以减少冲突和争执,形成良性的和谐关系,保障合同的正常履行。侯某于12月31日还款3 000元,不违反按月还款的目的。侯某在诉讼中依然积极履行还款义务,故虽然迟延一天履行义务,但是并不违反当事人约定按月还款的目的,也应在原告可以适当容忍的范围之内,不能认定侯某构成违约。遂判决驳回赵某对侯某、尹某的诉讼请求。

赵某不服一审判决,提起上诉。江苏省宿迁市中级人民法院经审理后判决驳回上诉,维持原判。

---

① 参见江苏省宿迁市中级人民法院(2013)宿中民终字第906号。

[规则适用]

本案的争议焦点是"迟延一天还款能否构成违约"。如机械按照合同的约定，则能得出违约的结论，但本案被告在第二天即主动还款，使人在日常意义上难以接受违约的判断。笔者认为，法院通过对协议目的的分析，引入容忍义务进行说理，认定不构成违约是合法、合情、合理的。

1. 对待合同权利应有适度的容忍义务

计算机的"容错性"保障了机器系统不会无效死机，人们在日常交往和经营活动中也必须要有一定的"容错性"，才能保障人际关系的正常化和人际互动与经营活动的有序运行，换成法律术语就是"容忍义务"，它从相邻关系中产生，逐渐向侵权法推进。容忍义务使得法律规范和道德规范之间建立了联系的桥梁。在合同领域，笔者认为同样存在容忍义务，从合同的商定到合同的履行都离不开双方当事人的配合，《合同法》对合同条款争议及未约定事项的解决也是遵循当事人补充协议的思路进行的，处处体现着对容忍义务的要求，以实现双方的合作。当然，容忍是有一定限度的，它不能超过社会正常的、一般人的容忍程度，在不同的权利中，不同情形下会有不同的判断标准，需要法官在具体案件中衡量。

2. 容忍义务的限度应结合合同目的和具体情形予以判断

本案当事人在借贷后就如何还款达成协议，合同目的是按月还款3 000元。约定的还款期限为"每月30日前"，因每年的2月并无30日，且在交易习惯中，通常理解的每月天数为30日，结合协议中约定"每月还款"，可以将协议中的还款期限解释为每月月底前。被告在31日还款，可能是由于遗忘、暂时缺钱、对日期理解有误等原因，但其依然是主动积极还款。从合同义务履行的角度来看，侯某并无违约的主观意向，只是履行不完全符合合同的书面约定，履行有瑕疵，且并没有违背合同按月还款的目的。从合同权利享有的角度来看，一方当事人仅迟延一天履行义务，一般人通常都认为这是可以接受和容忍的，可以继续维系双方的合作关系，作为权利一方应该宽容义务人迟延一天履行。结合合同目的和具体情节，权利人应负担"容忍义务"，本案不宜认定被告违约。

规则7 【折扣条款】欠款折让条款的生效必须以守约为前提。

[规则解读]

对双方签订的协议条款，应当以公平正义为原则，作出合理的解释，即只有债务人在按期履行还款协议确定义务的情况下，才能够享有欠款折让，否则就应当按照欠款真实数额予以偿还，不享有折扣，包括协议签订后未按时偿还的欠款均不享有折扣，这是对债权人合法利益的最好保护。

[案件审理要览]

一、基本案情

某轮胎公司长期为某汽车公司供应轮胎,双方未签订书面合同。2003年4月11日,双方就欠款达成协议,确认某汽车公司拖欠轮胎公司货款1 030余万元。协议同时约定:(1)双方继续保持合作关系;(2)自2003年4月份起,某汽车公司每月还款数额不少于50万元,直至将欠款数额降至400万元,每月月底还款;(3)某轮胎公司同意对旧欠款给予某汽车公司20%的折扣,对新发生的货款按照新价格结算,不再实行折让。

该协议签订后,某汽车公司陆续给付某轮胎公司部分货款,但除一笔以物抵债折抵的欠款77万元外,其他均未达到每月50万元的要求。某轮胎公司遂将某汽车公司诉至法院,请求给付货款9 765 747.56元及利息738 290.51元。

在法院主持下,双方对账核实确认,某汽车公司拖欠某轮胎公司未结算货款共计9 284 327.56元。双方还确认,自2003年4月11日至今,某汽车公司已偿还某轮胎公司货款所对应发生的折让款为489 420元。对此折让款项是否应当支付,双方各执一词。某汽车公司认为,根据2003年4月11日的协议,该款是某轮胎公司同意折让的款项,应从某轮胎公司起诉金额中扣除,不应当支付。某轮胎公司认为,由于某汽车公司未能按时履行欠款协议,因此不应当享有折扣优惠,应当支付全部欠款,包括已经折让出的489 420元也应当给付。某汽车公司认为,双方经对账确认的未结算货款为9 284 327.56元,按照2003年4月11日的协议,应还款额为上述金额的80%,即7 427 462.04元。而某轮胎公司认为,应当以双方确认的未结算货款9 284 327.56元,加上已经折让的489 420元,应还款额为9 773 747.56元。

二、审理要览

一审法院认为,某轮胎公司长期为某汽车公司供应轮胎,双方虽未签订书面合同,但对买卖轮胎交易均不否认,因此某汽车公司与某轮胎公司形成事实上的买卖合同关系。双方当事人均应履行合同义务,某轮胎公司向某汽车公司提供轮胎后,有权要求某汽车公司支付相应货款。

双方于2003年4月11日签订的协议中,对双方欠款数额及清偿方式作出约定,要求某汽车公司自2003年4月起,月付不低于50万元,直至将欠款降至400万元,还款期为每月月底之前;同时协议约定某轮胎公司同意对旧欠款实行20%的折让,新发生的货款按新价格结算,不再实行折让。从协议内容来看,某轮胎公司作出折让表示,目的是为督促某汽车公司尽快偿还欠款,并将欠款总额降至400万元,但某汽车公司未能按照协议约定履行自己的付款义务,违反了协议约定的义务,无权要求某轮胎公司继续折让。某汽车公司认为某轮胎公司给予折让是因轮胎价格发生变化,但未提供足够证据证明,一审法院不予支持。一审庭审中,某汽车公司以某轮胎公司工作人员追要欠款时所持介绍信中有"同意下浮20%"的记载,主张某轮胎公司已同意给予折让,但该记载字迹与某轮胎公司开具介绍信的字迹并不一致,某汽车公司亦未能证明该记载是某轮胎公司人员所书,且从介绍信的通常功能和性质来看,在介绍信上记载对货款的减免不符常理,因此某汽车公司提交一审法院的介绍信不足以证明某轮胎公司有同意给予某汽车公司折让的意思表示,某汽车公司关于某轮胎公司同意减免欠款的主张,一审法院不予支持。

一审法院还认为,合同履行期限不明确的,债务人可以随时履行,债权人也可以随时要求履行,但应当给对方必要的准备时间。某轮胎公司与某汽车公司之间的轮胎买卖合同为事实合同,虽然没有付款时间的约定,但从双方2003年4月11日所签协议及某汽车公司提交一审法院的某轮胎公司的介绍信来看,某轮胎公司于2004年9月17日前曾多次前往某汽车公司追要欠款,某汽车公司应当在某轮胎公司主张债务后及时支付,未及时支付应当承担逾期付款的违约责任,某轮胎公司要求某汽车公司支付逾期付款利息请求于法有据,一审法院予以支持。某轮胎公司在2004年9月17日之前已多次要求某汽车公司支付货款,因此,其主张自2004年9月17日作为计算汽车公司逾期付款利息的起算点,并无不当,一审法院予以支持。轮胎公司主张按日万分之二点一计算逾期付款利息,符合有关法律规定,一审法院予以支持。

综上,某汽车公司拖欠轮胎公司轮胎款9 773 747.56元,现某轮胎公司主张其中9 765 747.56元,于法有据,一审法院予以支持。其起诉要求某汽车公司支付利息738 290.51元,未超过某汽车公司应当支付的利息范围,一审法院予以支持。据此,一审法院判决某汽车公司于判决生效后10日内给付某轮胎公司货款9 765 747.56元;某汽车公司于判决生效后10日内给付某轮胎公司货款利息738 290.51元。

某汽车公司不服一审判决,提起上诉,主要上诉理由为:(1)一审判决在折让与还款之间牵强地赋予关联性,是对2003年4月11日协议的严重误解。双方当事人是事实合同关系,考察当事人的意思表示应当注重当事人之间的行为、交易习惯等客观因素。(2)就协议约定的折让目的,一审判决认定不清。协议约定的折让,主要是针对轮胎价格下降的市场现状,而不是为了督促付款。(3)一审判决对489 420元折让款的定性严重不清,且前后矛盾。该折让款是某轮胎公司对某汽车公司实际给予的折让,已经根据合同依法实际发生,已经合法地实际转化为已付款,不属于应付款,不应再行追缴。(4)一审判决对某汽车公司应付款项认定不清。经双方确认,折让前的货款为9 284 327.56元,包括"新款项"729 600元和"旧款项"8 554 727.56元。对尚未支付的"旧款项"应当实行20%的折让。经过处理后,某汽车公司尚欠轮胎公司货款7 573 382.05元。(5)一审判决对应付货款认定不清,导致利息计算不当。综上所述,提起上诉,请求:撤销一审判决第一项,改判轮胎公司向汽车公司支付货款7 573 382.05元;撤销一审判决第二项,并依法改判;一、二审的诉讼费由某汽车公司承担。

二审法院经审理后认为,双方在欠款确认后,某汽车公司未按照欠款协议的约定及时偿还欠款,不应当享受折扣的优惠,应当按照欠款的全部金额给付某轮胎公司。欠款协议已履行部分,由于未按约定期限履行,所发生的折扣应当列为欠款一并给付。一审法院判决认定事实清楚,适用法律正确,应当予以维持。故判决驳回上诉,维持原判。

[规则适用]

某汽车公司与某轮胎公司存在事实上的买卖合同关系,某汽车公司长期购买某轮胎公司所供轮胎,应当及时给付货款,其拖欠货款的行为属违约,应承担相应的违约责任。

本案的核心问题是,应当如何认定某汽车公司违约与货款折扣之间的关系。

1. 关于欠款折让条款目的的理解

2003年4月11日双方达成的欠款协议,是某汽车公司对某轮胎公司欠款作出的一种还款承诺,某汽车公司应当按照协议所列的计划及时履行给付货款的义务。在这个还款协议中,某轮胎公司作为债权人,同意给予债务人某汽车公司所欠货款20%折让的优惠,是在一定前提下放弃部分债权的意思表示。为何债权人能够同意放弃部分债权,这就需要考究欠款折让条款的目的。由于双方曾存在长期的合作关系,某汽车公司累计欠款数额巨大,期限较长,已经给某轮胎公司造成了较大的损害。虽然协议中未写明"如不履行还款义务则不享受折扣"字样,但从协议的目的来看,可以认定某轮胎公司作为债权人作出折让表示,是为了减轻债务负担,促使债务人某汽车公司能够及时还款,使债权人能够在损失部分利益的情况下尽快实现债权。在效率与公平之间,某轮胎公司作出了"效率优先"的选择。因此,可以认定,某轮胎公司作出放弃部分债权意思表示的前提,就是信任了某汽车公司保证能够按照还款协议约定的期限和数额履行还款义务。基于这种原因,双方才对欠款的偿还方式达成了折让的合意。

2. 如何认定某汽车公司承担的履行给付货款义务的范围

本案中,某汽车公司长期欠款,已经构成违约。在双方达成还款协议后,其仍未按照协议约定履行自己的付款义务,进一步违约。在某汽车公司如此违约的情况下,其是否对债务仍然能够享受协议约定的折扣?

违约意味着违约当事人对自己允诺的违反,也是对双方的合意和信任关系的破坏。违约不仅使正常的交易中断,而且会给非违约者造成各种损害。违约对正常交易关系的破坏,以及由此产生对整个社会经济秩序的危害,使得必须通过责任制度制裁违约行为,并预防和减少违约行为的发生。对违约的制裁和对受害人的补救,充分体现了法律公平正义的价值。本案中,某汽车公司作为违约方,如果在一再违约的情况下仍然能够从债权人处得到货款折扣的话,势必与债权人某轮胎公司在损失部分利益的情况下尽快实现债权的合同目的相悖,使其信赖的价值目标落空。因此,应当将双方签订的协议条款,以公平正义为原则,作出合理的解释,即只有某汽车公司在按期履行还款协议确定义务的情况下,才能够享有欠款折让,否则就应当按照欠款真实数额予以偿还,不享有折扣,包括协议签订后未按时偿还的欠款均不享有折扣,这是对债权人合法利益的最好保护。某汽车公司对欠款协议的违约,和其不再享有货款折扣之间存在直接的因果关系。某汽车公司所举关于介绍信、发票等证据,均不能证明其是在违约的情况下某轮胎公司同意货款折扣的意思表示,因此,某汽车公司关于某轮胎公司同意折让货款的上诉理由不能成立,二审法院未予采信是正确的。

综上所述,一、二审判决是正确的。

规则 8 【提前收贷】借款合同提前收贷条款不属于约定解除权条款。

[规则解读]

借款合同关于提前收回贷款的约定,不属于当事人约定解除权的条款;在债权人提前收回贷款的条件成就时,其据此诉请要求债务人提前偿还借款本息,法院应予支持,该诉请不以解除合同为前提。

[案件审理要览]

一、基本案情

甲银行与乙公司于 2012 年 1 月签订借款合同,约定乙公司向甲银行借款 1 000 万元,期限为 5 年;乙公司应于 2012 年 6 月底前办妥国有土地使用权抵押登记手续,否则甲银行有权提前收回贷款。合同签订后,甲银行如约出借款项,但乙公司一直未办理国有土地使用权抵押登记手续。2014 年 3 月,甲银行将乙公司的信用等级登记为次级,并发函通知乙公司依约终止借款合同。同年 5 月,甲银行诉至法院,请求判令乙公司立即偿还借款本金 1 000 万元及相应利息。乙公司则以借款合同尚未到期、甲银行无权解除合同为由抗辩,请求法院驳回甲银行的诉讼请求。

二、审理要览

本案争议焦点为:案涉借款合同关于提前收回贷款的约定是否属于当事人约定解除权的条款。

第一种观点认为,提前收回贷款会产生与行使解除权一样的法律后果,故关于乙公司不办妥抵押手续、甲银行就有权提前收回贷款的条款属于约定解除权的条款;合同解除权应及时行使,否则不利于合同关系的稳定;甲银行享有解除权近两年后才要求解除合同,已超出解除权行使的合理期限,应当驳回甲银行的诉讼请求。

第二种观点认为,借款合同关于提前收回贷款的约定,不属于当事人约定解除权的条款;在甲银行提前收回贷款的条件成就时,其据此诉请要求借款人乙公司提前偿还借款本息,法院应予支持,该诉请不以解除合同为前提。

[规则适用]

条款定性,决定着法律思维分析的起点和方向。《合同法》第93条第2款规定:"当事人可以约定一方解除合同的条件。解除合同的条件成就时,解除权人可以解除合同。"审判实践中,准确识别争议条款是否属于约定解除权条款,是正确适用合同解除权规定解决相关纷争的基础和前提,直接影响案件处理结果。

当前越来越多的金融借款合同中包含了特定情形下贷款人有权提前收回贷款的约定,该案因此具有一定的典型性。就案件处理而言,笔者同意上述第二种观点,除前述理由外,还有以下三点考虑:

1. 通过合同法相关法条的表述,可以看出"提前收回贷款(借款)"与"解除合同"在逻辑关系上系不同概念。《合同法》第203条规定,借款人未按照约定的借款用途使用借款的,贷款人可以停止发放借款、提前收回借款或者解除合同。该条款虽系针对未按约定使用借款的情形,但已可以说明"提前收回借款"与"解除合同"是两个不同的法律概念。

2. 根据相关金融法规,甲银行的诉讼请求应当得到支持。《贷款通则》第22条第(五)项规定,借款人未能履行借款合同规定义务的,贷款人有权依据合同约定要求借款人提前归还贷款或停止支付借款人尚未使用的贷款。

3. 案涉借款合同有关提前收回贷款的条款,其实也可看成双方当事人对合同终止条件所作的约定,即相关情形出现时,甲银行有权按照约定,通过提前收回贷款的方式终止借款合同,提前收回贷款。需要注意的是,《合同法》第91条规定了合同终止的七种情形,包括合同解除、债务相互抵销、法律规定或者当事人约定终止的其他情形等。据此,合同终止是合同解除的上位概念,不应将合同终止等同于合同解除。

规则9　【交易习惯】用现金换取等值的未到期的承兑汇票的借款事实,欠缺合理性的交易习惯,不应得到法律确认。

[规则解读]

所谓交易习惯,是指平等民事主体在民事往来中反复使用,长期形成的行为规则。一般认为,习惯必须符合以下条件才能作为判案依据:(1)须查明的确有交易习惯的存在,此为援用习惯判案的客观依据;(2)该习惯得到社会一般人的确信和遵守,此为援用习惯判案的主观条件;(3)该原则必须不违反民法的基本原则,此为评判习惯而选择适用的价值标准;(4)须制定法对习惯无明文规定。因此,欠缺合理性的交易习惯不应得到法律确认。

[案件审理要览]

一、基本案情①

2008年7月15日,河南省内乡县中汇铁路物流有限公司因急于用钱,经与于某某协商,向其借现金500万元。于某某以承兑形式将470万元现金办到中汇铁路物流有限公司名下后,物流公司当日给其开出了500万元的银行承兑汇票,汇票到期日分别为2009年1月15日和1月16日,并给其出具证明一份,证明500万元利息归其所有。同日,中汇铁路物流有限公司又另给于某某出具中国银行转账支票1张,转账金额为96 600元,用途为转利息,并加盖有公司单位和法人代表印鉴。借款到期后,于某某持中汇铁路物流有限公司出具的转账支票到银行取款,得知中汇铁路物流有限公司到银行改变了预留印鉴,致使该款无法取出时,将中汇铁路物流有限公司诉至法院,要求被告支付现金96 600元。

诉讼中,中汇铁路物流有限公司以原告仅借给其470万元现金,还有30万元没有交付为由,提出反诉请求。

二、审理要览

河南省内乡县人民法院经审理认为,本案原、被告双方约定500万元承兑汇票的存款利息归原告所有,被告并给原告出具了转账支票,故被告应当支付转账支票中所确定的款项。对于被告的反诉请求,因原告称是双方约定被告用500万元银行承兑汇票套取原告的470万元现金,且原、被告双方在无任何特殊关系的情况下,原告也不可能用500万元现金去换取500万元的不到期债权,做不赚钱的生意。同时,原告用500万元现金换取被告500万元不到期承兑支票也不符合一般交易习惯,故被告的反诉请求不应得到支持。判决被告支付原告现金96 600元;驳回被告要求原告支付30万元的反诉请求。

被告不服,提起上诉。

南阳市中级人民法院经审理认为,上诉人上诉称被上诉人是借用其账户开具承兑汇票,既无充分证据证明,也不符合常理,因为任何一个持有现金的人不会用现金换取等值的未到期的承兑汇票,相反,被上诉人的陈述,即被上诉人用470万元现金换取上诉人半年后到期的500万元的承兑汇票的权益较为可信。且96 600元存款利息系双方约定,故上诉人理应支付给被上诉人。原审认定事实清楚,适用法律正确。判决驳回上诉,维持原判。

[规则适用]

本案被告的反诉请求之所以不应得到法律支持,是因为原告用现金换取等值的未到期的承兑汇票的交易事实不符合一般交易习惯。

所谓交易习惯,是指平等民事主体在民事往来中反复使用,长期形成的行为规则。一般认为,习惯必须符合以下条件才能作为判案依据:(1)须查明的确有

---

① 参见南阳市中级人民法院(2010)南民二终字第749号。

交易习惯的存在,此为援用习惯判案的客观依据;(2)该习惯得到社会一般人的确信和遵守,此为援用习惯判案的主观条件;(3)该原则必须不违反民法的基本原则,此为评判习惯而选择适用的价值标准;(4)须制定法对习惯无明文规定。

本案中,"原告用500万元现金换取被告500万元不到期承兑支票"的交易事实,首先,不符合原告借款的预期目的,因为原告的470万元现金在半年时间所产生的利息与500万元承兑汇票所产生的96 600元存款利息数额显然不会相差很大,也就是说,"96 600元存款利息"实质上并非原告所期待的利益,即原告用现金换取等值的未到期的承兑汇票的交易事实欠缺合理性的习惯。其次,"原告用470万元现金换取被告500万元不到期承兑支票"的交易事实,不违反民法的基本原则和公序良俗,即该交易事实不仅符合一般的借款合同关系,且又与承兑汇票在一般流转关系中所采用的习惯做法相一致,也即该交易事实符合当事人用较低于承兑汇票数额的现金承兑汇票的特殊交易习惯。再次,法律对"原告用470万元现金换取被告500万元不到期承兑支票"这样的交易习惯没有明文规定,即该类交易习惯是约定俗成的。最后,本案原、被告应当知道或已经知道用较低于承兑汇票数额的现金承兑支票这种交易习惯的存在,且双方之间又未明确约定排除适用这种交易习惯。因此,应当推定"原告用470万元现金换取被告500万元不到期承兑支票"的交易事实才是本案的法律事实,所以本案被告要求原告支付30万元的反诉请求不应得到法律支持。

规则10 【合同解释】当事人对借款合同条款的理解有争议的,应当按照合同所使用的词句、合同的有关条款、合同的目的、交易习惯以及诚实信用原则,确定该条款的真实意思。

[规则解读]

《合同法》第125条第1款规定:"当事人对合同条款的理解有争议的,应当按照合同所使用的词句、合同的有关条款、合同的目的、交易习惯以及诚实信用原则,确定该条款的真实意思。"解释合同时,应当考虑当事人的缔约目的。合同使用的文字或某个条款可以作两种解释时,应采用最适合合同目的的解释,目的解释的结果可以用来印证文义解释、整体解释的结果。

[案件审理要览]

一、基本案情①

2009年12月14日,李某某、朱某某、贝某某及沈阳东昊地产有限公司(以下简称东昊公司)签订一份《担保借款合同》,主要约定:李某某、朱某某借给贝某某7 000万元,借款用途为经营东昊公司开发的"大学经典"房地产项目,借款期限从

---

① 参见最高人民法院(2014)民一终字第38号。

2009年12月15日至2010年6月15日;贝某某须向李某某、朱某某提供有关报表和资料;如贝某某有不按期还款、提供报表和各项资料等不真实或其他违约行为,李某某、朱某某有权停止借款,并要求贝某某提前归还已借本金;东昊公司以全部自有财产及在建项目为贝某某提供连带责任担保,担保范围包括但不限于主债务、利(罚)息、违约金、诉讼费、差旅费、律师费等实现债权的一切费用。合同签订当日,李某某向贝某某汇款2 000万元,朱某某通过案外人沈阳德力成商贸有限公司向东昊公司汇款2 000万元。贝某某给李某某、朱某某出具了一份收条及一份借条。收条记载:"收到李某某、朱某某各1 500万元。"贝某某在落款处签名。借条记载:"借李某某、朱某某(沈阳德力成商贸有限公司)7 000万元(见借款协议),借款人贝某某。"

2011年10月,贝某某将其所持东昊公司的40%股权转让给案外人朱某冰,以此作为案涉债权的抵押担保,并在工商机关办理了股东变更登记。变更登记后,东昊公司的股权持有比例为贝某某持有50%,朱某冰持有40%,张某某持有10%。

2012年4月14日,李某某、朱某某、贝某某及东昊公司又签订一份《担保借款合同补充协议(一)》(以下简称《补充协议》),主要约定:贝某某于2009年12月14日因项目建设需要向李某某、朱某某借款7 000万元,由东昊公司提供连带责任保证。前述7 000万元本金及利息至今未还,贝某某已于2011年10月14日将东昊公司的40%股权抵押给李某某、朱某某指定的代理人朱某冰;截至2012年4月14日,贝某某依据《担保借款合同》应支付李某某、朱某某减免后利息金额为4 000万元,李某某、朱某某放弃其他利息及违约金;贝某某承诺于2012年9月30日前偿还全部借款本金;2012年4月15日至2012年9月14日之间的借款利息按每月70万元计算,如贝某某未能在2012年9月14日前偿还本息,从9月15日起,贝某某按每月105万元支付借款利息;如贝某某逾期还款,应承担李某某、朱某某为实现债权而发生的包括律师代理费、差旅费等费用;东昊公司继续作为贝某某的保证人,就补充协议项下的全部债务承担连带保证责任,保证期间至借款全部还清之日止。贝某某在该协议借款方处签字,李某某、朱某某在出借方处签字,东昊公司在担保方处加盖公章,同时还加盖了该公司法定代表人暨股东张某某的印章。同日,东昊公司就其为贝某某从李某某、朱某某处借款事宜召开股东会,并作出决议:同意东昊公司为贝某某向李某某、朱某某借款7 000万元提供连带责任担保;同意《担保借款合同》及《补充协议》的全部内容。贝某某依照《公司法》有关规定,回避了本次股东会,朱某冰在股东签字处签字。

李某某、朱某某于2012年7月4日与北京市华城律师事务所(以下简称华城律师事务所)签订一份《委托代理协议》,李某某、朱某某委托华城律师事务所作为其与贝某某等民间借贷纠纷案的诉讼代理人,并约定收费方式为风险代理,支付时间为法院判决后7日。2013年6月24日,李某某、朱某某与华城律师事务所又签订一份《代理补充协议》,约定收费方式由风险代理变更为按标的额比例收取律师代理费,费用支付时间由法院判决后支付变更为分阶段支付,前期代理费330万元,于一审法院开庭前30日支付,后期代理费按实现债权金额的5%收取,于债权实现后7日内支付,结案后统一开具收费发票。2013年7月5日,案外人伊春市中润投资有限公司向华城律师事务所汇款330万元,并出具证明证实其代李某某、朱某某支付前述案件代理费330万元。华城律师事务所于同年7月8日向李某某、朱某某出具了收款收据。

一审法院还查明,根据《收费指导标准》的相关规定,北京市律师事务所代理民事诉讼案件,按标的额比例收取代理费的收费标准为:10万元以下(含10万元)按10%;10万元至100万元(含100万元)按6%;100万元至1000万元(含1000万元)按4%;1000万元以上按2%,并按当事人争议标的额差额累进计费。律师事务所亦可与当事人协商,高于前述指导价格收取代理费用。

一审法院另查明,在合同履行过程中,贝某某未按《担保借款合同》的约定向李某某、朱某某提供有关报表及相关资料。

2012年7月16日,李某某、朱某某以贝某某、东昊公司为被告诉至黑龙江省伊春市中级人民法院(以下简称伊春中院)。该院受理此案后根据李某某、朱某某的财产保全申请,相继作出民事裁定,查封了贝某某所持的东昊公司50%股权、东昊公司的土地使用权及在建工程。2012年7月19日,贝某某及东昊公司提出管辖权异议,黑龙江省高级人民法院审理后裁定伊春中院将案件移送管辖。

二审法院查明,2009年12月14日,贝某某作为甲方,李某某、朱某某作为乙方签订的《担保借款合同》第3条第2款约定,"乙方有权检查、监督款项的使用情况,甲方应当向乙方提供有关报表和资料等。"该合同第4条第1款约定:"发生下列情况之一时,乙方有权停止发放借款并立即收回已经发放的借款本息,直至解除本合同。(1)甲方、丙方提供情况包括但不限于报表和各项材料等不真实。(2)甲方、丙方与第三者发生诉讼,有可能无力向乙方偿付本息……"该条第2款约定:"乙方有权检查、监督款项的使用情况,甲方应当向乙方提供有关报表和资料等。"

二审庭审中,李某某、朱某某提交了华城律师事务所2014年3月为其开具的律师代理费发票。代理费金额为一审判决确定的1 825 841.76元。

二审查明的其他事实与一审法院查明的事实相同。

二、审理要览

一审法院认为,案涉《担保借款合同》及其《补充协议》均系当事人真实意思表示,内容不违反法律、行政法规的效力性强制性规定,应认定合法有效。案涉的四个争议焦点问题如下:

1. 李某某、朱某某是否有权主张贝某某提前归还案涉借款。根据《担保借款合同》的约定,当贝某某不按期还款、有提供报表和各项资料等不真实或其他违约行为时,李某某、朱某某有权停止借款并提前要求其归还已借本金。而贝某某在合同履行过程中并未按约提供报表及相关资料,已构成违约,且符合双方约定的提前要求归还借款的条件,故李某某、朱某某有权按照前述合同约定要求贝某某提前还款。李某某、朱某某申请财产保全,系当事人依法正当行使诉讼权利,且尚无证据证实该查封行为已给贝某某或东昊公司造成损失,故该财产保全行为不影响贝某某承担还款责任。

2. 案涉借款合同本息数额如何确定。尽管《担保借款合同》《补充协议》以及贝某某给李某某、朱某某出具的收条均记载借款本金为7 000万元,但根据李某某、朱某某交付款项及其当庭自认,借款本金实际为4 000万元。李某某、朱某某主张其余3 000万元系贝某某答应给其的酬金,但并未举出证据加以证实。且双方当事人明知案涉借款系经营性借贷,却未约定借款期内的利息,有违常理,贝某某主张该3 000万元系利息更具可信性,故一审法院确认该3 000万元为利息,案涉借款本金应确认为4 000万元。从《补充协议》看,双方对于利息数额或计算标准的约定分三个阶段:第一阶段从2009年12月15日至2012年4月14日,利息数额为4 000万元;第二阶段从2012年4月15日至2012年9月14日,按每月70万元计算利息;第三阶段从2012年9月15日起至实际给付之日,按每月105万元计算利息。根据最高人民法院《关于人民法院审理借贷案件的若干意见》(案件审理时有效)第6条关于"民间借贷的利率可以适当高于银行的利率,各地人民法院可根据本地区的实际情况具体掌握,但最高不得超过银行同类贷款利率的四倍,超出此限度的,超出部分的利率不予保护"的规定,前述第一阶段及第三阶段的利息计算均已超出该司法解释规定的标准,故对超出部分不予保护,该期间应按银行同类贷款利率的4倍计算相应利息。第二阶段的利息计算符合该司法解释的规定,故该期间可按双方约定的标准计算相应利息。根据前述计算方法,以4 000万元本金为基数,从2009年12月15日至2013年12月10日(一审判决作出之日),按中国人民银行规定的3至5年期贷款基准利率4倍为标准分段计算,案涉借款利息应为40 092 088元。具体计算方式如下:从2009年12月15日至2010年10月19日(利率调整前一日)共308天,利率标准为5.76%,利息数额应为7 884 800元(4 000万元×5.76%÷360×308天×4 = 7 884 800元);从2010年10月20日至2010年12月25日(利率调整前一日)共66天,利率标准为5.96%,利息数额应为1 748 266.67元(4 000万元×5.96%÷360×66天×4 = 1 748 266.67元);从2010年12月26日至2011年2月8日(利率调整前一日)共44天,利率标准为6.22%,利息数额应为1 216 355.56元(4 000万元×6.22%÷360×44天×4 = 1 216 355.56元);从2011年2月9日至2011年4月5日(利率调整前一日)共55天,利率标准为6.45%,利息数额应为1 576 666.67元(4 000万元×6.45%÷360×55天×4 = 1 576 666.67元);从2011年4月6日至2011年7月6日(利率调整前一日)共91天,利率标准为6.65%,利息数额应为2 689 555.56元(4 000万元×6.65%÷360

×91天×4＝2 689 555.56元）；从2011年7月7日至2012年4月14日（《补充协议》约定的第二阶段利息起算前一日）共282天，利率标准为6.90%，利息数额应为8 648 000元（4 000万元×6.90%÷360×282天×4＝8 648 000元）；从2012年4月15日至2012年9月14日共5个月，按《补充协议》约定的每月70万元计算，利息数额应为350万元；从2012年9月15日至2013年12月10日（一审判决作出之日）共451天，利率标准为6.40%，利息数额应为12 828 444.44元（4 000万元×6.40%÷360×451天×4＝12 828 444.44元）。

3. 案涉律师代理费用应否支持。根据案涉《补充协议》的约定，贝某某应对李某某、朱某某为实现债权而聘请律师的代理费用承担给付责任。贝某某虽主张该笔费用未实际发生，但李某某、朱某某与华城律师事务所的《委托代理协议》及《代理补充协议》中明确约定了律师代理费，李某某、朱某某业已提供了其向华城律师事务所汇款的凭证，该律师事务所也出具收据证实收到律师代理费，故贝某某主张该笔费用未实际发生，不应由其承担给付责任的抗辩理由不能成立。对于应承担的数额，由于《收费指导标准》中对于律师收取代理费已规定政府指导价标准，故贝某某应按该指导价标准，并以其尚欠李某某、朱某某的债权本息数额为基数，对相应律师代理费承担给付责任。根据《收费指导标准》的相关规定，对于按标的额比例收取律师代理费的民事诉讼案件，其政府指导价的计算方式是按争议标的额以差额累进方式计费。本案中，截至2013年12月10日，贝某某尚欠李某某、朱某某借款本息80 092 088元（4 000万元本金＋40 092 088元利息），以《收费指导标准》中规定的差额累进方式计算，律师代理费应为1 825 841.76元［计算方式为：10万元×10%＋（100万元－10万元）×6%＋（1 000万元－100万元）×4%＋（80 092 088元－1 000万元）×2%］。李某某、朱某某与华城律师事务所约定的律师代理费收取标准高于前述指导价标准，且其计算基数亦高于贝某某实际尚欠的本息数额，故超出部分应由其自担。

4. 东昊公司应否承担保证责任。鉴于东昊公司已于2012年4月14日就其为贝某某提供担保事宜召开了临时股东会并形成同意为贝某某提供担保的决议，东昊公司的3名股东除贝某某外，朱某冰已在股东会决议上签字，张某某虽未在决议上签字，但其在《补充协议》上亦加盖印章同意东昊公司为贝某某提供担保，即公司的3名股东均同意提供案涉担保。根据《公司法》第16条第2款、第3款关于"公司为公司股东或者实际控制人提供担保的，必须经股东会或者股东大会决议。前款规定的股东会或者受前款规定的实际控制人支配的股东，不得参加前款规定事项的表决，该项表决由出席会议的其他股东所持表决权的过半数通过"的规定，案涉担保行为合法有效，东昊公司对案涉借款应承担连带保证责任。此外，《担保借款合同》及《补充协议》约定的担保范围均包括李某某、朱某某为实现债权而支付的律师代理费，故东昊公司对该部分费用亦应承担连带保证责任。

综上，李某某、朱某某的部分诉讼主张成立，一审法院相应予以支持。一审法院依照《合同法》第200条、第206条,原最高人民法院《关于人民法院审理借贷案件的若干意见》第6条,《担保法》第18条之规定,判决贝某某于一审判决生效之日起10日内偿还李某某、朱某某借款本金4 000万元及利息40 092 208元;贝某某于一审判决生效之日起10日内给付李某某、朱某某律师代理费1 825 841.76元;东吴公司对前述债务承担连带保证责任;驳回李某某、朱某某的其他诉讼请求。

二审判决驳回上诉,维持原判。

[规则适用]

双方当事人于二审期间争议的主要问题是:(1)贝某某是否存在违约行为。(2)贝某某是否应当承担李某某、朱某某起诉并申请财产保全后的利息。(3)贝某某是否应当支付李某某、朱敏丽为实现债权所需的律师代理费。(4)东吴公司是否应当承担连带保证责任。

(一)关于贝某某是否存在违约行为的问题

判断贝某某是否具有违约行为的依据,是双方当事人签订的《担保借款合同》及其《补充协议》的约定。根据《担保借款合同》的约定,借款期限自2009年12月15日至2010年6月15日。又根据《补充协议》的约定,借款期限延长至2012年9月14日。这是确认借款期限以及贝某某是否按时还款的依据。但是,《担保借款合同》第4条第1款约定:"发生下列情况之一时,乙方有权停止发放借款并立即收回已经发放的借款本息,直至解除本合同。(1)甲方、丙方提供情况包括但不限于报表和各项材料等不真实。(2)甲方、丙方与第三者发生诉讼,有可能无力向乙方偿付本息……"该条第2款约定:"乙方有权检查、监督款项的使用情况,甲方应当向乙方提供有关报表和资料等。"本案中,李某某、朱某某在借款期限未届满前要求贝某某提前归还借款及利息的理由是贝某某违反《担保借款合同》第3条第2、3款及《补充协议》的相关约定,拒绝提供报表和资料、借款使用情况及与第三方存在纠纷,甚至对出借人隐匿财产、对外低价转让财产。但一审审理中,李某某、朱某某指责贝某某违约的理由主要集中在其没有提供相关报表和资料上,至于贝某某与第三方存在纠纷或者对李某某、朱某某隐匿财产或者低价处分财产的情况,一审庭审中并未涉及。因此,在本案中,贝某某是否存在违约行为,集中在其是否负有向李某某、朱某某提供相关资料和报表的义务,该项义务应当在何时履行,贝某某是否未履行该项义务的问题上。通过一、二审审理已经查明,贝某某自收到借款起至李某某、朱某某起诉时止,确实未向李某某、朱某某提供过任何资料和报表。双方在合同中也从未就提供资料和报表的时间、方式和条件作出具体约定。正因为如此,当事人双方对合同相关内容的理解产生了分歧。一审法院认定贝某某不提供相关报表和资料的行为构成违约,李某某、朱某某因此有权要求贝某某提前还款有合同依据,是正确的。而贝某某辩称,合同只是将贝某某、东吴公司提供情况包括但不限于报表和各项材料等不真实约定为构成违约,不提供上述材料则没有明确规定为违约的理由是不能成立的。《合同法》第125条规定:

"当事人对合同条款的理解有争议的,应当按照合同所使用的词句、合同的有关条款、合同的目的、交易习惯以及诚实信用原则,确定该条款的真实意思。"双方当事人签订的合同为《担保借款合同》,具体到该合同第4条第1款约定的目的,是为了保证款项的出借方李某某、朱某某对款项使用情况的知情权、监督权,以便在发现贝某某擅自改变款项用途或发生其他可能影响出借人权利的情况时,及时采取措施,收回款项及利息。用目的解释的原理可以得知,提供不真实的材料和报表固然会影响出借方对借款人使用款项的监督,而不提供相关材料和报表却会使出借人无从了解案涉款项的使用情况,不利于其及时行使自己的权利。因此,贝某某在借款的两年多时间里,从未向李某某、朱某某提供相关材料和报表,属于违约。根据合同约定,在贝某某违约的情况下,李某某、朱某某有权要求其提前还款并支付利息。

(二)关于贝某某是否应当承担李某某、朱某某起诉并申请财产保全后的利息

既然贝某某的行为构成违约,那么,按照合同约定,李某某、朱某某就有权要求其提前还款并支付利息。换句话说,就是在此种情形下,李某某、朱某某要求贝某某提前还款并支付利息,贝某某是有义务根据对方的请求履行还款付息义务的。至于李某某、朱某某选择采取诉讼方式向贝某某主张权利并申请财产保全,并不能成为免除贝某某依照合同应承担还款及支付利息义务的理由。故贝某某上诉请求不承担2012年7月16日李某某、朱某某起诉并申请财产保全以后的借款利息的上诉请求不能成立,不予支持。

(三)关于贝某某是否应当支付李某某、朱某某为实现债权所需的律师代理费问题

贝某某关于其不应当支付李某某、朱某某为实现债权所需的律师代理费的上诉请求不能成立。理由是,李某某、朱某某是根据《担保借款合同》中有关东吴公司承担保证责任的范围"包括但不限于主债务、利(罚)息、违约金、诉讼费、差旅费、律师费等实现债权的一切费用"的约定,向贝某某、东吴公司主张律师费的。虽然在一审中,李某某、朱某某只提供了与华城律师事务所签订的委托代理合同及该律师事务所开出的收据,但一审判决作出后,该律师事务所根据一审判决确定的律师代理费数额开出了发票。该律师事务所指派律师出庭代理诉讼的行为客观存在,华城律师事务所开出的发票证明李某某、朱某某为实现债权确实支付了律师代理费。而且,一审法院判决贝某某给付李某某、朱某某律师代理费数额时,已经参考北京市律师《收费指导标准》对李某某、朱某某与华城律师事务所签订的委托代理合同中约定的代理费用作了有利于贝某某的调整。鉴于贝某某的违约行为是案涉律师代理费产生的根本原因,故对于贝某某有关其不应向李某某、朱某某支付律师代理费的上诉请求,不予支持。

（四）关于东昊公司是否应当承担连带保证责任的问题

一审判决认定东昊公司应当为贝某某向李某某、朱某某所借债务承担连带保证责任并无不当。首先，贝某某虽然是以个人名义向李某某、朱某某借款，但从《担保借款合同》中有关款项用途的约定可以看出，贝某某所借款项正是用于东昊公司"经营大学经典项目房地产开发"。因此，东昊公司于2012年4月14日就其为贝某某借款担保事宜召开了临时股东会并形成同意担保的决议。该公司仅有的3位股东中除贝某某本人外，朱某冰在股东会议决议上签字，另一名股东张某某在《补充协议》上加盖印章同意东昊公司为贝某某担保。上述事实证明，东昊公司为贝某某借款担保的行为，既符合《公司法》有关公司为股东或者实际控制人提供担保的程序性规定，也符合东昊公司通过使用贝某某借款开发房地产项目的实际需要。因此，东昊公司有关其不应当承担保证责任的观点不能成立。至于东昊公司提出的担保期限是从《担保借款合同》履行期限届满后开始，李某某、朱某某无权在要求贝某某提前还款的情况下，要求东昊公司也提前履行保证责任的观点，也是不能成立的。因为作为保证人的东昊公司并未与债权人李某某、朱某某单独签订保证合同，而是与债务人贝某某一起与李某某、朱某某签订《担保借款合同》及《补充协议》，也就是说，对于《担保借款合同》中约定的贝某某的义务，包括在何种情况下李某某、朱某某有权要求贝某某提前还款，东昊公司是完全清楚的。此种情形下，东昊公司并未于合同中声明拒绝在贝某某有义务提前归还借款的情形下承担连带保证责任，则应当视为其接受了《担保借款合同》的全部内容，故在贝某某违约并因此负有提前还款义务的条件下，东昊公司不能免除连带保证责任。

贝某某在上诉中还提出，在李某某、朱某某起诉后，伊春中院根据二人的申请，对贝某某和东昊公司的财产进行了保全，且保全标的物的价值远远大于诉讼标的额。但在案件移送黑龙江省高级人民法院后，黑龙江省高级人民法院没有重新作出保全裁定，也没有纠正伊春中院的超标的额保全。如果贝某某认为财产保全使其遭受了损失，应另诉解决。

至于李某某、朱某某在二审庭审中提出，一审判决将贝某某给付利息的时间截止到一审判决生效之日错误，要求二审法院予以纠正，判决贝某某给付利息的时间到实际还款之日止的问题，鉴于其未提起上诉，其该项主张非属二审范围，二审法院不予理涉。

综上所述，依据《民事诉讼法》第170条第1款第（一）项之规定，判决驳回上诉，维持原判。

> 规则11 【连带之债涉他性】对于已经超过诉讼时效的连带之债,除所有连带债务人同意或者法律有特殊规定外,一连带债务人放弃诉讼时效抗辩权的行为不应具有涉他性。

[规则解读]

诉讼时效抗辩权是一种实体权利,对该权利的放弃意味着债务人会对已过诉讼时效的债务重新承担连带偿还责任,故行为人对该权利的放弃,不能由其他连带债务人代为行使,而应由行为人本人以明示或者约定的其他方式予以放弃。因此,对于已经超过诉讼时效的连带之债,除所有连带债务人同意或者法律有特殊规定外,一连带债务人放弃诉讼时效抗辩权的行为不应具有涉他性。

[案件审理要览]

一、基本案情

2007年4月27日,原告周某与某房地产开发公司项目部(该项目部系被告杨某、邓某、左某合伙组成)签订了借款协议,由杨某、左某签字确认。该协议约定,原告借给项目部75万元,借款期限从2007年4月27日起至2008年10月26日止,项目部将项目的三楼商业用房作为借款抵押物,如到期不能归还借款,原告有权按市价1000元/平方米收购抵押物,并由项目部支付违约金20万元。当日,三被告签发收据。2011年12月1日,原告向三被告发出催款通知书,被告左某、邓某分别在该催款通知书上签字确认并同意偿还借款。后原告诉至法院,认为被告左某、邓某在催款通知书上签字确认还款的行为即放弃了诉讼时效抗辩权,遂要求三被告连带偿还该笔借款,被告杨某辩称,原告的债务已过诉讼时效,其丧失了胜诉权。

二、审理要览

本案争议的焦点在于被告左某、邓某放弃诉讼时效抗辩权的行为是否及于其他连带债务人。这涉及连带之债的涉他性问题。连带之债的涉他性,是指在连带之债中,其中任一连带债权人或连带债务人的行为效力及于其他连带债权人或连带债务人。

第一种意见认为具有涉他性,被告左某、邓某放弃诉讼时效抗辩权的行为及于被告杨某,被告杨某辩称原告的债务已过诉讼时效不予采纳。《诉讼时效规定》第17条第2款规定,对于连带债务人中的一人发生诉讼时效中断效力的事由,应当认定对其他连带债务人也发生诉讼时效中断的效力。

第二种意见认为不应具有涉他性。理由在于,连带债务法律关系中,一事项之所以对其他连带债务人具有涉他性,其前提是各债务人所负的债务均为完全债务。尽管法律规定连带债务具有涉他性是基于保护债权的目的,但连带性只有在完全债权情形下才对连带债务人有约束力。

[规则适用]

笔者赞同第二种意见。

首先,在诉讼时效届满之前,诉讼时效中断事由具有涉他性并不会损害到其他债务人的诉讼时效抗辩权,但是在诉讼时效届满之后,债权已成为不完全债务,不具有法律强制保护力。

其次,诉讼时效抗辩权是一种实体权利,对该权利的放弃意味着债务人会对已过诉讼时效的债务重新承担连带偿还责任,故行为人对该权利的放弃,不能由其他连带债务人代为行使,而应由行为人本人以明示或者约定的其他方式予以放弃。因此,对于已经超过诉讼时效的连带之债,除所有连带债务人同意或者法律有特殊规定外,一连带债务人放弃诉讼时效抗辩权的行为不应具有涉他性。

本案中,被告杨某不因为其他连带债务人放弃诉讼时效抗辩权而丧失自己的诉讼时效抗辩权。

规则12 【保证责任】承担连带责任保证的保证人一人或者数人承担保证责任后,有权要求其他保证人清偿应当承担的份额,不受债权人是否在保证期间内向未承担保证责任的保证人主张过保证责任的影响。

[规则解读]

在连带共同保证法律关系中,债权人在保证期间内对任何一个保证人行使保证债权请求权之时,基于连带之债质的规定性,既是该保证人保证义务显性发生之时,也是各保证人对外连带对内分担的连带之债法律关系显性发生之时,债权人这一保证债权请求权的效力,自然及于其他连带共同保证人。

[案件审理要览]

一、基本案情

2011年1月19日甘某向饶某借款3万元,甘某向饶某出具"今借到饶某人民币叁万元正,甘某,2011年1月19日"的借条。李某、高某当时在场,并分别向饶某写了一张内容相同的担保条:同意对甘某所借饶某的叁万元担保偿还。饶某于2011年3月5日、7月;2012年4月、5月、7月、9月;2013年5月,均找过李某催还该笔欠款,李某以种种理由拒还。自借款后,甘某、高某下落不明,失去联系。饶某因多方催款未果,遂于2014年2月27日向法院起诉,请求法院判决被告甘某偿还原告借款3万元;被告李某、高某对甘某所借款负连带还款责任。

二、审理要览

本案在审理过程中,对被告高某的保证责任是否已经免除,存在不同意见:

第一种意见认为,原告饶某与被告甘某未约定还款期限,依据《民法通则意见》第121条的规定:"公民之间的借贷,双方对返还期限有约定的,一般应按约定处理;没有约定的,出借人随时可以请求返还,借款方应当根据出借人的请求及时返还;暂时无力返还的,可以根据实际情况责令其分期返还。"原告饶某随时可以请求被告甘某返还借款。原告饶某向被告李某催还欠款之时,既是被告甘某借款期限届满之时,也是被告甘某应该履行还款义务之时。被告李某、高某与原告饶某未约定保证份额,两保证人为被告甘某提供的借款保证应确认为连带共同保证。被告李某、高某与原告饶某未约定保证期限,依据《担保法》第26条之规定,本案保证期限应从2011年3月5日的次日起算至6个月内。原告饶某在保证期间内,未向被告高某行使保证债权的请求权,被告高某的保证责任已经免除。

第二种意见则认为,本案被告李某、高某为被告甘某提供的借款保证属于连带共同保证,原告饶某在保证期间内,向连带共同保证人之一的被告李某行使了保证债权的请求权,该请求权行使的效力及于另一连带共同保证人即被告高某,被告高某的保证责任不能免除。

[规则适用]

笔者同意第二种意见。

《担保法》第12条规定,同一债务有两个以上保证人的,保证人应当按照保证合同约定的保证份额,承担保证责任。没有约定保证份额的,保证人承担连带责任,债权人可以要求任何一个保证人承担全部保证责任,保证人都负有担保全部债权实现的义务。《担保法解释》第19条规定:"两个以上保证人对同一债务同时或者分别提供保证时,各保证人与债权人没有约定保证份额的,应当认定为连带共同保证。连带共同保证的保证人以其相互之间约定各自承担的份额对抗债权人的,人民法院不予支持。"该解释第20条规定:"连带共同保证的债务人在主合同规定的债务履行期届满没有履行债务的,债权人可以要求债务人履行债务,也可以要求任何一个保证人承担全部保证责任。连带共同保证的保证人承担保证责任后,向债务人不能追偿的部分,由各连带保证人按其内部约定的比例分担。没有约定的,平均分担。"从以上法条看,无论两个以上保证人提供保证的时间是否有先后,无论两个以上保证人主观意思是否联络,只要各保证人与债权人没有约定保证份额的,均构成连带共同保证,各保证人对保证债务承担连带责任。

为平衡保证关系各方当事人的利益,充分发挥保证制度的社会功能,法律规定了保证期间制度。保证期间是指保证合同当事人约定或者依法律推定在主债务履行期届满后,保证人能够容许债权人主张权利的最长期限。在保证期间内,债权人未向保证人主张保证债权的,保证人免除保证责任。连带责任保证的保证人与债权人未约定保证期间的,债权人有权自主债务履行期届满之日起6个月内要求保证人承担保证责任。在合同约定的保证期间和前款规定的保证期间,债权人未要求保证人承担保证责任的,保证人免除保证责任。

笔者认为,在连带共同保证法律关系中,债权人在保证期间内对任何一个保证人行使保证债权请求权之时,基于连带之债质的规定性,既是该保证人保证义务显性发生之时,也是各保证人对外连带对内分担的连带之债法律关系显性发生之时,债权人这一保证债权请求权的效力,自然及于其他连带共同保证人。基于此,最高人民法院法释〔2002〕37 号《关于已承担保证责任的保证人向其他保证人行使追偿权问题的批复》中认为,根据《担保法》第 12 条的规定,承担连带责任保证的保证人一人或者数人承担保证责任后,有权要求其他保证人清偿应当承担的份额,不受债权人是否在保证期间内向未承担保证责任的保证人主张过保证责任的影响。

本案被告李某、高某在被告甘某借款当场分别为其提供借款保证,且各自未与原告饶某约定保证份额,被告李某、高某为被告甘某提供的借款保证,应确认为连带共同保证。原告饶某在保证期间内,已向保证人之一的被告李某行使了保证债权的请求权,该请求权效力及于另一保证人即被告高某,本案被告高某的保证责任不能免除。

规则 13　【还款求偿】共同还款人还款后可向其他共同还款人求偿。

[**规则解读**]
共同还款人对外是连带债务的债务人,根据《民法通则》第 87 条之规定,履行了义务的人,有权要求其他负有连带义务的人偿付他应当承担的份额,故有求偿权。

[**案件审理要览**]
一、基本案情
2012 年 7 月 30 日,A 公司向 B 公司借款 320 万元。对该笔借款,C 公司自愿提供连带责任保证。此外,甲、乙、丙、丁、戊出具了同意共同还款承诺书,承诺对 A 公司的上述 320 万元借款本息及债权人实现债权的费用承担共同还款责任。当日,B 公司如约向 A 公司发放贷款。A 公司为该借款实际使用人,并于 2012 年 10 月 30 日归还了借款本金 40 万元后,其余借款本息至今未还。

后 A 公司向法院提起诉讼,要求甲、乙、丙、丁、戊共同向 B 公司偿还借款本金 280 万元,支付相应利息及相关费用,并由 C 公司对上述款项承担连带保证责任。法院经审理后判决支持了 A 公司的诉讼请求。随后,乙履行债务 110 万元,C 公司履行债务 155 527 元,戊履行债务 99 100 元。

随后,乙向法院起诉,要求判令 A 公司、甲、丙、丁、戊共同支付其代偿款 110 万元,并赔偿相应利息损失。

被告 A 公司、甲、丙、丁答辩称:乙与各被告被法院生效判决书认定为共同还款人,而非承担保证责任的保证人,共同还款人是负有共同还款义务的债务人,依法应承担归还借款义务,我国现行法律并未规定共同还款债务人间存在相互追偿的权利,故原告没有追偿权。据此,请求法院驳回原告的诉请。

二、审理要览
法院认为,原、被告主要争议焦点是,原告乙作为共同还款债务人,在履行部

分还款义务后,是否有权向其他共同还款债务人追偿,需考虑以下几点:

1. 从主债权人 B 公司的角度来划分,原告乙与各被告之间存在外部、内部两个层面的法律关系。在外部的小额借款合同法律关系上,原告乙与被告 A 公司、甲、丙、丁、戊都是共同债务人,对 B 公司承担连带共同还款责任,故原告乙对外履行还款义务后,有权依照《民法通则》第 87 条关于连带之债之规定,要求其他负有连带义务的各被告偿付其应当承担的份额。

2. 在内部关系上,被告 A 公司与原告乙等共同还款人虽未就如何承担共同还款责任以书面形式订立合同,但从各当事人共同向 B 公司出具共同还款承诺书的行为,可以推定 A 公司与原告乙等共同还款人间存在此内部合同。内部合同各方权利义务约定不明确的,应当结合诚实信用原则、公平原则、交易习惯与本案案情,原告乙与其他共同还款人在共同还款承诺书上签字的行为主要是基于其与 A 公司所存在的特殊关系,为该公司的企业融资行为增加机会成本,且小额借款合同中的借款人、借款实际使用者均为 A 公司,故应认定被告 A 公司为涉案款项的最终还款责任承担者,即原告乙有权向被告 A 公司求偿。在共同债务内部份额约定不明的情况下,甲、乙、丙、丁、戊应按照公平原则、诚实信用原则平均分担债务,而原告乙的偿还数额已超出其内部应承担之份额,被告甲等 4 人均因此免除了对 B 公司相应份额的部分还款责任从而获取了减轻自身还款压力的利益,故原告乙可依内部法律关系要 A 公司以外的各被告偿付其应当承担的份额。

3. 经计算,被告 A 公司欠 B 公司本金、利息及相关费用合计 3 407 966 元。按照内部份额,A 公司应对上述款项承担最终还款责任,甲、乙、丙、丁、戊应各自在 681 593.2 元的份额内承担偿还责任。乙在起诉前已承担了 110 万元的偿还责任,超出内部份额 418 406.8 元,而被告丁、戊偿还的款项尚未达到内部应承担之份额,被告甲、丙尚未履行偿还责任。因此若被告 A 公司向原告乙履行债务不足 418 406.8 元,被告甲、丙、丁、戊应各自对不足部分的 1/4 承担偿还责任。

最终法院判决:被告 A 公司于本判决生效之日起 7 日内向原告乙偿付 110 万元,并赔偿按中国人民银行公布的同期同档次贷款基准利率以 110 万元为本金自 2014 年 1 月 21 日计算至判决确定的履行之日止的利息;若被告 A 公司履行上述债务不足 418 406.8 元,则被告甲、丁、丙、戊对上述债务各自在不足 418 406.8 元部分中的 1/4 份额内对原告乙承担连带清偿责任,并各自赔偿按中国人民银行公布的同期同档次贷款基准利率以各自应付份额为本金自 2014 年 1 月 21 日计算至判决确定的履行之日止的利息;驳回原告乙的其余诉讼请求。

[规则适用]

"共同还款人"并非严谨的法律术语,在我国法律法规中亦无明文规定,但却是司法实践中大量存在的概念,一般是指对债权人负有共同还款义务或同等还款责任的债务人。本案争议的焦点是共同还款债务人在履行部分还款义务后,是否有权向其他共同还款债务人追偿。被告的主要答辩意见就是,作为共同还款人的原告负有共同还款义务,依法应承担归还借款的义务。我国现行法律并未规定共同还款债务人间存在相互追偿的权利,故应驳回原告的诉请。

(一) 共同还款人对外履行还款义务后有权向其他共同还款人求偿的请求权基础

共同还款人不同于共同借款人,共同借款人能够享受到借款利益,即共同使用借款,而共同还款人除与实际借款人系夫妻关系以外,很少有能享受到借款利益的情形。对于本案中原告乙作为共同还款人履行债务后是否享有向其他债务人追偿主要有三种观点:

第一种观点认为,我国法律并无明确规定,因此难以支持;

第二种观点认为,本案中的共同还款人实质为保证人,应适用担保法相关规定,原告享有追偿权;

第三种观点认为,共同还款人对外是连带债务的债务人,根据《民法通则》第87条之规定,履行了义务的人,有权要求其他负有连带义务的人偿付他应当承担的份额,故有求偿权。

笔者同意第三种观点。第一种观点忽视了法官在法律没有明确规定的情况下亦不能拒绝裁判的要求,没有明确规定不代表无请求权之基础;第二种观点在司法技术上存在难度,演绎逻辑若没有证据的支撑也是枉然;而第三种观点真实反映了共同还款人的法律地位,准确揭示了共同还款人求偿的救济路径。

1. 共同还款人属于连带债务的债务人

所谓连带债务,是指数人负有同一债务,其中每个人各自都有对债权人履行全部债务的义务。连带债务从发生的原因进行区分,可分为法定连带债务与意定连带债务。因当事人的民事行为而发生的,为意定的连带债务;因法律的直接规定而发生的,为法定连带债务。显然,本案所涉债务是一种意定连带债务,原告与各被告之间存在连带关系,对B公司均负全部给付义务,即共同还款人为连带债务的债务人。

2. 连带债务的效力

连带债务之所以复杂,是因为债的效力有多个层次,存在外部效力、当事人一人所生事项的效力以及内部效力三个方面。

首先,外部效力即指债权人与各连带债务人之间的法律关系,即本案中B公司所享有的请求权。B公司可自由行使其请求权,其可向本案共同还款人中之一人、数人或全体请求履行,原告乙就是因此履行了部分还款义务才发生本案的追偿问题。

其次,我国通说认为,连带之债本质上是相互独立而具有共同目的的数个债,其具有共同目的意味着,连带债务人中的一人与债权人之间发生的事项,对其他连带债务人也发生效力,例如连带债务人中的一人清偿了全部债务,其他债务人的债务同时消灭。本案中,包括原告乙在内的共同还款人向债权人履行债务越多,其他共同还款人向债权人偿还的责任相应就减轻。这部分的法律效力问题在我国法律中并无明确规定,但是可从公平原则进行推定,而我国台湾地区"民法"第274条、《德国民法典》第422、423、424条均有规定。

最后,在内部效力方面,一个连带债务人对外实际负担的债务份额,超过其在内部关系上应负担的份额,而发生的对其他连带债务人的求偿权和代位权。我国《民法通则》第87条即是对此问题的明确规定,《德国民法典》第426条第(2)项、我国台湾地区"民法"第281条也有类似规定。前文已经分析,共同还款人在对外法律关系中乃连带债务之债务人,因此履行了还款义务的共同还款人乙就可以据此要求其他共同还款人承担其应当承担的份额,这便是本案求偿权的请求权基础。

(二)连带债务的内部份额

《民法通则》第87条虽然揭示了"履行了义务的人,有权要求其他负有连带义务的人偿付他应当承担的份额",但毕竟规定得过于笼统与原则,在司法实践中显然缺乏可操作性。本案中的内部应当承担的份额究竟该如何划分,在法无明文规定的情况下,唯有通过公平原则与具体案情确定。

1. 内部份额划分的依据与原则

本案被告A公司与原告乙等共同还款人并未就承担共同还款责任具体履行问题以书面形式订立合同,这种内部合同上的缺失为本案处理应当承担的份额问题带来困难。虽然可以推定被告A公司与原告乙等共同还款人间存在关于如何履行共同还款责任的内部合同,但各方的权利义务约定并不明确,此时应依照合同法中的公平原则、诚实信用原则、交易习惯等规定,结合具体案情,按照有利于实现合同目的的方式确定。

2. 实际借款人的终局责任

作为借款合同中的借款人与实际用款人的被告A公司应为终局责任承担者,对该笔债务承担最终还款责任。理由主要是:一是从内部合同目的来看,各共同还款人主要是为该公司的企业融资行为增加机会成本,由收益方承担最终还款责任是其应付出的合同对价;二是从借款合同的性质来看,借款合同上的借款人为A公司,其他共同还款人是因承诺共同还款行为而非共同借款行为承担还款责任,由使用者承担最终还款责任合乎情理;三是从内部合同的性质来看,各共同还款人的行为虽因B公司对类似行为习惯性操作成为共同还款人,但本质为一种信用担保,是披着"共同还款人"外衣的担保人,因此应尊重交易习惯,类推适用担保制度,由借款人承担最终责任。所以,本案原告履行部分还款义务后,被告A公司应承担最终还款责任,是毫无疑问的。

3. 其他共同还款人的补充责任

其他共同还款人是否应对履行了还款义务的共同还款人承担责任,存在争议。

第一种观点认为,其他共同还款人对外承担共同还款责任,而对原告并无负担义务,因此原告不能向其他共同还款人主张。

第二种观点认为,本案中的共同还款人相当于保证人,应类推适用《担保法解释》第20条第2款之规定,即各共同还款人平均分担原告不能向A公司求偿的部分。

笔者认同第二种观点,原告的偿还数额已超出其内部应承担之份额,被告甲等4人均因此免除了对B公司相应份额的部分还款责任从而获取了减轻自身还款压力的利益,故原告可依内部法律关系要求A公司以外的各被告偿付其应当承担的份额,这种份额应以被告A公司不能偿还部分的1/4为限。

> **规则14** 【预先扣息】对《合同法》第200条不应机械地理解为一次性扣除全部利息的行为,凡属于预先扣除利息,使借款人实际取得的借款数低于借款合同约定数额的情形均应加以禁止。

[规则解读]

利息实质上应是借款人因实际使用贷款人的资金而在双方之间形成的债的关系,若本金未交付则不会产生支付利息的问题,故从规范借贷关系和促进公平的角度出发,对《合同法》第200条不应机械地理解为一次性扣除全部利息的行为,凡属于预先扣除利息,使借款人实际取得的借款数低于借款合同约定数额的情形均应加以禁止。

[案件审理要览]

一、基本案情

张某因生意周转需要于2011年1月1日向王某借款100万元,借款合同中约定借款月利率为1.5%,利息为每月1日支付本月利息,借款期限为2年。借款当日王某交付张某100万元,张某向王某支付1月份利息1.5万元,至2012年12月1日张某每月如此。2013年1月张某还款不能,王某诉至法院。

二、审理要览

关于本案是否适用《合同法》第200条的规定有不同观点:

第一种观点认为,《合同法》第205条规定,借款人应当按照约定的期限支付利息。本案中"每月1日支付本月利息",应视为双方对利息支付方式的约定,属双方真实意思表示,月初或月末支付利息只是约定方式的不同,并不违反法律规定。根据意思自治原则,应当认定为有效。《合同法》第200条规定的应是一次性在本金中扣除全部利息的行为,故本案不属于预先扣除利息的情形。

第二种观点认为,因借款合同为实践性合同,应以借款人实际得到的借款数归还借款、给付利息。本案中,虽然双方按照约定扣除了利息,但借款时张某实际得到的借款数应为98.5万元,预先支付的1.5万元利息应属于《合同法》第200条规定的情形,张某应当归还王某借款的本金数为98.5万元。

[规则适用]

我国《合同法》第200条规定,借款的利息不得预先在本金中扣除。利息预先在本金中扣除的,应当按照实际借款数额返还借款并计算利息。借款合同中,预先扣除利息的方式主要有两种：一是将利息计入本金；二是将利息在本金中扣除。但无论哪种方式,借款人的实际借款数都将高于借款合同中的数额。根据《合同法》第200条和案例判决时有效的《最高人民法院关于人民法院审理借贷案件的若干意见》第7条的规定,两种情形下借款人均应按照实际借款数返还本金并计付利息。但审判实践中出现了提前支付利息等意图规避法律的情形,如何在复杂的利息支付方式中准确认定"预先扣除利息"的行为,对于民间借贷相关理论和审判实践都具有重要的指导意义。

针对上述案例的不同观点,笔者赞同第二种观点。首先,根据公平原则,为防止贷款人利用优势地位确定不平等的合同内容,《合同法》第200条禁止预先扣除利息,该规定符合借款合同的实践性特征,即应以实际交付的借款数确定为本金。其次,本案中预先支付利息实质上属于预先扣除利息的行为,使借款方实际取得的借款低于约定数额,损害了借款方的利益。最后,利息实质上应是借款人因实际使用贷款人的资金而在双方之间形成的债的关系,若本金未交付则不会产生支付利息的问题,故从规范借贷关系和促进公平的角度出发,对《合同法》第200条不应机械地理解为一次性扣除全部利息的行为,凡属于预先扣除利息,使借款人实际取得的借款数低于借款合同约定数额的情形均应加以禁止。

进一步延伸的问题是,倘若案例中双方约定的利息支付方式为每月3日支付本月利息,其他约定不变。那么关于利息支付方式的约定应如何认定？在贷款人已实际支付借款人约定本金的前提下,还是否属于《合同法》第200条规定的情形？

问题的关键在于,法律并未明文规定利息的支付时间,而是由借贷双方通过协商加以确定。《合同法》第205条规定,借款人应当按照约定的期限支付利息。但该法条中的"期限"并非当事人可以随意约定,应当不违反法律法规的强制性规定。利息是借款人对本金使用一定时间后产生的,预先支付缺乏理论基础且违背交易习惯。如果让借款人支付超过实际使用期限的利息或者借款人未实际使用借款而让其支付利息,都是不公平的。

本案中,如果双方约定在每月的3日支付本月利息,虽然王某于1月1日实际交付了张某100万元借款,但张某一个月中只有两天获得100万元的使用权,却支付了使用100万元一个月的利息,对于张某来说显然是不公平的。本案可以认定为1月3日当天,王某预先扣除了100万元28天的利息,属于预先扣除利息的行为。所以,双方关于利息支付的约定无效,应以实际使用期限确定应当支付的利息。

需要说明的是,如果案例中借款方已经按照合同约定支付了借款期间的利息,那么已经支付的利息将成为自然之债,虽然双方之间的借贷关系以实际借款数为准,但借款方要求贷款方返还已支付利息的抗辩将无法得到支持。

接下来的问题是,从法律条文来看,《合同法》第196条规定"到期返还借款并支付利息"中的"到期"应如何理解?是《合同法》第205条规定的"约定的期限"还是实际使用借款的期限?笔者认为,从交易习惯和《合同法》第205条规定利息约定不明的处理中可以看出,第196条规定的"到期"应是指约定的借款使用期限届满,而第205条规定的"约定的期限"应是约定的偿还利息的期间。但二者并不矛盾,因为按照交易习惯,利息应是使用期限届满才应当支付,但法律允许借贷双方通过协商约定支付利息的具体方式,既可以是按年支付也可以是按月支付等。双方关于利息的约定应当不违反《合同法》第200条等法律法规的强制性规定,保证借贷关系在公平的环境中进行,而不损害任何一方的利益。

案例中王某和张某关于利息支付的约定显然有失公平,使借款方实际取得的借款数低于合同约定的数额,损害了借款方的利益。但并不是说月底偿还利息就一定公平,因为问题的根本并不在于月初还是月末支付利息,而在于应当以使用期限来计付利息而不是以具体时间点来计算,即应从借款交付之日起以实际使用的期限来约定偿还利息的时间,而不能机械地用月末、年初等方式进行约定,否则很容易有失公平。

规则15 【利息损失】国际货物买卖合同中双方当事人约定以外币结算货款,发生违约纠纷时,守约方可以选择要求违约方以人民币贷款利率计算承担相应违约责任。

[规则解读]

外币利息损失仅是守约方损失之一项,其损失还包括其他交易成本、可得利益等直接和间接损失,在守约方仅主张利息损失的情形下,按人民币计算的利息一般也只能起到补偿作用而已。因此,守约方可以选择以人民币利率计算损失。在赔偿损失计算方法的确定上,由守约方作出选择有利于守约方获得充分救济。

[案件审理要览]

一、基本案情[①]

2007年11月至2008年4月间,原告欧纺维多利亚有限公司(美国企业,以下简称欧纺公司)与被告大丰恒卫针织品有限公司(以下简称恒卫公司)签订若干份国际货物买卖合同,约定欧纺公司预付货款,恒卫公司按要求生产交付床单等床上用品。合同签订后,欧纺公司按约以美元预付全部货款,恒卫公司部分合同未

---

① 参见江苏省高级人民法院(2011)苏商外终字第7号。

按约交货，货值 28 万余美元。2010 年 3 月，欧纺公司诉至法院请求解除未履行完毕的合同，返还预付货款及按人民币同期贷款基准利率计算的利息。恒卫公司认为应按美元利率计算利息。

二、审理要览

江苏省盐城市中级人民法院经审理认为，恒卫公司未按期交货违约的事实清楚，欧纺公司请求解除合同及返还预付货款的诉讼请求应予支持。《最高人民法院关于逾期付款违约金应当按照何种标准计算问题的批复》（法释[1999]8号）规定，法院可以参照中国人民银行规定的金融机构计收逾期贷款利息的标准计算逾期付款违约金。在欧纺公司预付全部货款的情形下，恒卫公司未按合同数量交货，至少会给欧纺公司造成货款利息损失，其损失后果相当于逾期付款。欧纺公司要求恒卫公司承担相应货款利息不违背最高人民法院司法解释的精神。外币贷款利率存在较大的不确定性，且我国实行外汇管制，美元须兑换成人民币方可在我国流通。此种情形下，欧纺公司选择以人民币贷款利率为计算依据具有合理性，且其使用的折算汇率、利率均不超过同期基准汇率、利率，亦未计算复息，故对欧纺公司计算货款利息的方法应予支持。此种计算方法仅是一种参照适用，并不是严格意义的贷款利息，恒卫公司关于欧纺公司预付货款均为美元不是人民币贷款利率适用对象的抗辩理由不予采信。法院判决解除未履行完毕的合同，返还未交货部分的预付货款 28 万余美元，赔偿按同期人民币贷款基准利率计算的利息损失人民币 18 万余元。

恒卫公司不服提出上诉。2011 年 3 月，江苏省高级人民法院判决驳回上诉，维持原判。

[规则适用]

本案争议焦点是违约方返还预付美元货款时按何种标准计算利息损失。对此应从以下三方面考虑：

1. 接受预付货款后不履约可按中国人民银行规定的金融机构计收逾期贷款利息的标准计算违约金

《合同法》规定，因一方违约合同被解除后，守约方有权要求赔偿损失。守约方预付货款、违约方不履行或逾期履行交货义务时的损失是否应当包括货款利息损失？《最高人民法院关于逾期支付违约金应当按照何种标准计算问题的批复》规定当事人没有约定的，人民法院可以参照人民银行规定的金融机构计收逾期贷款利息的标准计算逾期付款违约金。违约方接受预付货款不交货与该司法解释中规定的逾期付款在本质上是一致的，都是一方违约占用另一方货款，因此在法律以及司法解释对预付货款情形下的违约金计算标准无明确规定时可以参照适用该司法解释，按照中国人民银行规定的金融机构计收逾期贷款利息的标准计算接受预付货款后不履约违约金。

2. 国际贸易中参照国际金融市场利率计算相应违约金存在较大困难和不确定性

2000年9月21日开始,我国改革外币存贷款利率管理体制,人民银行不再规定外币贷款利率以及逾期利率。在以外币结算的合同纠纷中,前述司法解释原则上不能直接适用,但根据其精神,可参照国际金融市场计收逾期贷款利息的标准计算相应违约金。国际市场上利率是根据货币供求的变化随时在变化的(类似于股票价格),贷款利率参照伦敦同业拆借利率(London Inter Bank Offered Rate,以下简称LIBOR),这个利率每天公布,再根据借款人的信用等级,在伦敦同业拆借利率基础上加上相应的比例。LIBOR可分为7日、1个月、3个月、6个月等不同期限的利率。因此外币贷款利率存在较大的不确定性,实践中当事人对LIBOR无具体约定时,法院对计算外币贷款利率的基准日期、种类、上浮幅度都有不同的做法,自由裁量权较大,裁判并不统一。

3. 国际贸易中守约方有权选择以外币或人民币计算货款利息

我国实行外汇管制,外币须兑换成人民币方可在我国流通,因此如中方当事人违约占有外币货款,其获得的利益应是以人民币为计算单位的贷款利息。由于人民币利率高于国际市场普遍外币利率,因此在发生中方当事人违约情形时若以外币利率计算违约金,则违约方会因利率差获得不当利益。违约方获得的以人民币为计算单位的贷款利息理应作为违约金赔偿给守约方。我国《合同法》规定的违约责任以填补损失为原则,同时兼具惩罚功能,因此以人民币计算利息形式上超出了守约方实际的外币利息损失,但并不违背我国合同法违约责任的基本原则和功能。况且,外币利息损失仅是守约方损失之一项,其损失还包括其他交易成本、可得利益等直接和间接损失,在守约方仅主张利息损失的情形下,按人民币计算的利息一般也只能起到补偿作用而已。因此,守约方可以选择以人民币利率计算损失。在赔偿损失计算方法的确定上,由守约方作出选择有利于守约方获得充分救济。

本案中,一、二审法院充分考虑了恒卫公司违约的具体情形以及欧纺公司对赔偿损失方式的选择,判令恒卫公司在返还预付款的同时赔偿欧纺公司按同期人民币贷款基准利率计算的利息损失,未按恒卫公司主张的美元利率计算利息损失,既克服了以外币贷款利率计算损失的不足,又维护了诚实守信的国际市场经济秩序。

规则16 【约定利率】金融机构与储户之间约定存款利率高于法定利率的,该约定具有法律效力,金融机构应按照约定向储户支付存款利息。

[规则解读]

金融机构对于存款利率的计付标准,比一般储户具有更专业的了解,其与储户之间约定存款利率高于法定利率的,根据诚实信用和公平原则,该约定具有法律效力,金融机构应按照约定向储户支付存款利息。

[案件审理要览]

一、基本案情①

1997年2月23日,原告孙某某在被告中国农业银行股份有限公司枣庄山亭支行(以下简称农行山亭支行)存款1万元,双方约定存款期限自当日起至1998年2月23日止,按每元每月20厘计息。存款到期后,原告没有支取该笔存款。2012年3月,原告要求支付存款本息时遭到被告拒绝。原告遂诉至法院,请求判令被告支付存款本金1万元及利息3.64万元。

二、审理要览

山东省枣庄市山亭区人民法院经审理认为,国家保护个人合法储蓄存款的所有权及其他合法权益。储蓄机构应当保证储蓄存款本金和利息的支付,不得违反规定拒绝支付存款本金及利息。根据国务院颁布的《储蓄管理条例》第25条的规定,逾期支取的定期储蓄存款,其超过原定存期的部分,除约定自动转存的外,按支取日挂牌公告的活期储蓄存款利率计付利息。原、被告双方形成储蓄存款合同关系,原告请求被告给付存款本金,法院应予支持。关于定期储蓄存单约定的存款期限内的每元每月20厘的利息,是原、被告双方当事人真实的意思表示,不违反法律规定,法院予以支持。超过原定存期的部分,应按支取日挂牌公告的活期储蓄存款利率计付利息。法院判决被告农行山亭支行于判决发生法律效力之日起5日内,给付原告孙某某存款本金1万元及自1997年2月23日至1998年2月23日的利息2400元,超过原定存期的部分,应按支取日挂牌公告的活期储蓄存款利率计付利息。

被告不服,提起上诉称:原告持有的存单存在瑕疵,且被告财务系统并未记载原告的存款,双方并不存在真实的存款关系。银行的利率是由人民银行规定的,当事人无权变更。即便存单是真实的,也应当按存款时的年利率7.57%计算利息,而不能以年利率24%计算。

山东省枣庄市中级人民法院经审理认为,原告孙某某所持有的涉案存单,虽然其中部分事项内容没有填写,但是所应填写的必要事项内容记载明确,且被告农行山亭支行对该存单中所加盖的公章无异议,能够据此认定被告农行山亭支行与原告孙某某之间存在真实的存款合同关系。被告农行山亭支行二审期间提交的其内部核查账目清单,系其单方制作,对外不产生效力,故被告农行山亭支行的上诉主张不能成立,法院不予支持。金融机构对于存款利率的计付标准,比一般储户具有更专业的了解,其与储户之间约定存款利率高于法定利率的,根据诚实信用和公平原则,该约定具有法律效力,金融机构应按照约定支付存款利息。被

---

① 参见山东省枣庄市中级人民法院(2012)枣商终字第116号。

告农行山亭支行主张应按存款时的年利率7.57%计算利息,不能成立,法院不予支持。判决驳回上诉,维持原判。

[规则适用]

本案的争议焦点主要有两点:一是原、被告之间是否存在真实的存款合同关系;二是被告与原告约定的存款利率是否具有法律效力。

1. 原、被告之间是否存在真实的存款合同关系

储蓄合同是储户与储蓄机构约定储户将资金交付给储蓄机构,储蓄机构按照储户的请求向储户支付本金和利息的合同。存单作为一种构成储户和储蓄机构之间债权债务关系的合同凭证,具有借贷合同的性质和法律特征。作为出借人的储户将约定数额的货币资金交付给储蓄机构,储蓄机构给储户出具存单后,双方的储蓄合同便依法成立,金融机构负有根据存单承担兑付款项的义务。

本案中,原告孙某某为支持其主张,向法庭提交被告农行山亭支行出具的定期整存整取储蓄存单一份,该存单经被告质证虽对其真实性无异议,但其认为根据金融机构的存款惯例,1997年的手写存单应明确约定支取方式,定期存单应计算利息,此存单支取方式为空白,利息与本息合计也为空白,不符合当时存款的惯例,存在瑕疵的存单不能证明原、被告之间存在存款合同关系。法院认为,上述存单虽然部分事项内容没有填写,存在瑕疵,但该存单所应填写的必要事项内容记载明确,且被告农行山亭支行对存单上加盖的其单位公章无异议,因此,可以认定原、被告之间存在存款合同关系。

2. 原、被告约定的存款利率是否具有法律效力

原告孙某某持有的存单上载明,按每元每月20厘计息。此利率虽然高于当时存款的法定利率,但被告农行山亭支行作为金融机构,对于存款利率的计付标准相对储户来说更具有专业的了解,其对存单中记载的存款利率加盖公章予以确认,此约定真实有效。根据诚实信用原则,被告应按约定的利率向原告支付存款利息。被告虽然辩称银行利率是由中国人民银行规定,当事行无权变更,应按存款时的年利率7.57%计付利息,而不能按照双方约定的每元每月20厘利率计付,但其擅自变更存款利率是属金融机构内部管理问题,不属本案审查范围,不能对抗原告之诉请。故原、被告之间约定的存款利率具有法律效力,对原告孙某某诉请应予支持,被告农行山亭支行负有向原告孙某某支付存款本息的法定义务。

规则17 【优先受偿权】他项权利未登记的利息等费用无优先受偿权。

[规则解读]

抵押财产的范围应当以登记的财产为准,抵押物登记记载的内容与抵押合同约定的内容不一致的,以登记记载的内容为准。为此,在审理中,应当在裁判文书主文中分别表述,以登记记载的内容为准,明确他项权证上所登记的"权利价值"

即本金享有优先受偿权,由此衍生的利息和其他费用等属于一般债权。执行中也应当同样处理。明确本金部分享有优先受偿权,由此衍生的利息和其他费用等按一般债权参与分配,以保障其他债权人的合法权益。

[案件审理要览]

一、基本案情

借款合同一般都设定抵押权,但是目前各金融机构设定抵押权时在他项权证上所登记的"权利价值"存在一定问题,给审理和执行造成困难。金融机构提供的他项权证所登记的"权利价值"一般仅限于借款合同载明的借款本金数额,不包括产生的利息及其他费用等。由此,在司法实践中产生了不同的法律认识和法律后果。

二、审理要览

第一种观点认为,应当按照裁判文书内容全额享有优先受偿权。在审理中应当按照主合同规定的抵押担保范围确定,包括贷款本金、利息、逾期罚息、违约金、实现债权的费用等。因为本金是一个明确的数额,而利息及其他是预期的一个变动的数额,无法在"权利价值"登记时确定具体数额。所以依照主合同对本金和迟延支付的利息及其他费用作出裁判,应当视为全额享受优先受偿权。在执行中,执行的法律依据是裁判文书,既然裁判文书对本金、利息及实现债权的费用等有明确的数额裁定,就应当视为全额属于抵押权范畴、全额享受优先受偿权。

第二种观点认为,只有本金享有优先受偿权,其他应当作为一般债权参与执行分配。《担保法解释》第50条、第61条分别规定,抵押财产的范围应当以登记的财产为准,抵押物登记记载的内容与抵押合同约定的内容不一致的,以登记记载的内容为准。为此,在审理中,应当在裁判文书主文中分别表述,以登记记载的内容为准,明确他项权证上所登记的"权利价值"即本金享有优先受偿权,由此衍生的利息和其他费用等属于一般债权。执行中也应当同样处理。明确本金部分享有优先受偿权,由此衍生的利息和其他费用等按一般债权参与分配,以保障其他债权人的合法权益。

[规则适用]

笔者同意第二种观点。产生该问题的关键在于是依据主合同的抵押财产范围还是依据抵押登记记载的内容。既然《担保法解释》有明确规定,就应该严格依法裁判和执行。在执行实践中,作为执行依据的裁判文书可以分为两种情况:一种是对本金、利息及其他费用有明确的数额,未表述享有优先受偿权的;另一种是对本金、利息及其他费用有明确的数额,并表述享有优先受偿权的,但是一般都没有表述哪些享有哪些不享有。事实上,这两种情况在审理中都没有对哪些可以享有优先受偿权予以明确。笔者建议:一是在裁判文书主文中依据抵押登记内容对优先受偿权进行明确;二是在执行分配方案中依据抵押登记内容对优先受偿权进行明确,即使裁判文书未予以明确,也应当依法分别参与执行分配,确保法律的公正性、统一性。

不过,这样处理所产生的社会后果是金融机构无法就权利价值登记以外的部分主张优先受偿权,加大了金融机构的经营风险,成为影响金融安全的隐患,可能导致利息及实现债权的费用这一块成为呆账、坏账,有的金融借款合同金额巨大,到期利息数额很大,金融机构的损失必然也很大。目前,只登记本金的情况在抵押合同贷款中十分普遍,是银行业的常规做法,在保证合同、质押合同中也同样存在。

从法律角度来说,利息及实现债权的费用等可视为预期债权。我国《担保法》第46条规定:"抵押担保的范围包括主债权及利息、违约金、损害赔偿金和实现抵押权的费用。"将利息、违约金、损害赔偿金和实现抵押权的费用纳入抵押债权是符合法律规定的。为此,建议国家金融机构主管部门发文明确:办理贷款抵押登记必须在他项权利"权利价值"栏内备注本金及其他费用等,确保主合同抵押财产范围与抵押登记内容一致,无法预计具体金额的,可以把本金、全部应收利息、违约金、实现债权的费用等全部计算在内。同时,为便于操作,建议相关部门修改合同格式,在"权利价值"栏下分为"本金、预期利息、其他"等项,在登记时一并明确。这样以利于更好地保障金融债权,防控金融风险,同时也有利于法院的审理和执行。

> **规则18** 【虚假诉讼】在当事人之间存在关联关系的情况下,为防止恶意串通提起虚假诉讼,损害他人合法权益,人民法院对其之间是否存在真实的借款法律关系,必须严格审查。

[规则解读]

在当事人之间存在关联关系的情况下,为防止恶意串通提起虚假诉讼,损害他人合法权益,人民法院对其之间是否存在真实的借款法律关系,必须严格审查。若当事人虽提供了借款合同及转款凭证,但其自述及提交的证据和其他在案证据之间存在无法消除的矛盾,从借款合意形成过程、借款时间、借款数额、资金往来情况、关联公司间的转账情况、借款用途以及涉案各方在诉讼和执行中的行为看,当事人的诸多行为违背常理,而诉讼双方对矛盾和违反常理之处均未作出合理解释。由此可判定当事人没有提供足够的证据证明其存在真实的借贷关系。

[案件审理要览]

一、基本案情[①]

欧宝公司诉称:2007年7月24日起,欧宝公司分9次陆续借款给特莱维公司8 650万元人民币,用于开发辽宁省东港市特莱维国际花园房地产项目。借期届满

---

① 参见最高人民法院(2015)民二终字第324号。

时,经欧宝公司多次催要,特莱维公司以商品房滞销为由拒不偿还。请求法院判令特莱维公司返还借款本金8 650万元及利息,并承担本案诉讼费用。

特莱维公司辩称:对欧宝公司起诉的事实予以认可,但借款全部投入到特莱维国际花园房地产项目,现房屋销售情况不好,暂时无力偿还,将努力筹款尽早还清借款本息。

辽宁省高级人民法院原一审查明,欧宝公司曾与特莱维公司共签订9份《借款合同》,分别为:2007年7月23日签订400万元《借款合同》,到期日为2008年7月23日;2007年9月2日签订300万元《借款合同》,到期日为2008年9月2日;2008年5月29日签订850万元《借款合同》,到期日为2009年6月1日;2008年8月27日签订1 800万元《借款合同》,到期日为2009年8月27日;2008年11月30日签订2 500万元《借款合同》,到期日为2009年11月30日;2008年10月20日签订1 900万元《借款合同》,到期日为2010年10月30日;2009年1月9日签订300万元《借款合同》,到期日为2010年7月12日;2009年1月14日签订300万元《借款合同》,到期日为2010年7月16日;2009年3月25日签订300万元《借款合同》,到期日为2010年9月27日。以上借款合同均约定,借款人特莱维公司以特莱维国际花园面积33 158.26平方米的土地以及地上物等公司全部财产作为抵押,借款人如不能按时偿还借款本金,除按约定归还本金及利息外,从借款日起按日千分之五加收违约金,上述所列资产不足以清偿本金时,出借方保留追究借款方其他资产的权利,但双方未办理抵押登记。以上借款本金总计为8 650万元,约定利息均为同年贷款利率的4倍。欧宝公司在合同签订后,通过中国建设银行分别于2007年7月24日汇款400万元、2007年9月3日汇款300万元、2008年6月2日汇款850万元、2008年8月28日汇款1 800万元、2008年10月30日汇款1 900万元、2008年12月9日汇款1 900万元、2008年12月24日汇款600万元、2009年1月12日汇款300万元、2009年1月16日汇款300万元、2009年3月27日汇款300万元,将约定款项全部付给了特莱维公司。特莱维公司均未能依约偿还。

辽宁省高级人民法院原一审认为,欧宝公司与特莱维公司签订的《借款合同》,是双方当事人的真实意思表示,应予确认。欧宝公司按照合同约定将款项付给了特莱维公司后,特莱维公司在合同约定的还款期限内,均未予以偿还。故欧宝公司要求特莱维公司立即偿还欠款的请求有理,应当得到支持。但因本案为企业借贷,故欧宝公司要求特莱维公司承担合同约定的同期贷款利率4倍利息和违约金的请求,不予支持。法院将特莱维公司应给付欧宝公司的利息调整至中国人民银行规定的同期贷款利息。据此,判令特莱维公司于判决生效后10日内,偿还欧宝公司借款本金8 650万元及借款实际发生之日起至本判决确定给付之日止的中国人民银行同期贷款利息。如特莱维公司未按判决指定的期间履行给付义务,应当加倍支付迟延履行期间的债务利息。案件受理费474 300元,保全费5 000元,由特莱维公司承担。

判决发生法律效力后,因谢某提出申诉,辽宁省高级人民法院作民事裁定,再审本案。再审过程中,欧宝公司与特莱维公司的诉辩意见同原一审诉辩意见。

一审申诉人谢某称:特莱维公司与欧宝公司恶意串通,通过虚构债务的方式,恶意侵害特莱维国际花园房地产项目投资人谢某的合法权益,请求法院查明事实。

辽宁省高级人民法院再审查明,2007年7月至2009年3月,欧宝公司与特莱维公司先后签订9份《借款合同》,特莱维公司向欧宝公司共借款人民币8650万元,约定利息为同年贷款利率的4倍。约定借款用途为:本借款只限用于特莱维国际花园房地产项目。同时还约定:"借款人以特莱维国际花园面积33 158.26平方米(以土地证为准)的土地(特莱维公司承诺该土地及房产现未作抵押)以及地上物等公司全部财产作为抵押;借款人如不能按时偿还借款本金,除按约定归还本金及利息外,从借款日起按日千分之五加收违约金;上述所列资产不足以清偿本金时,出借方保留追究借款方其他资产的权利。"但双方未办理抵押登记。9份《借款合同》分别为:2007年7月23日签订400万元《借款合同》(到期日为2008年7月23日),次日欧宝公司通过中国建设银行向特莱维公司汇款400万元;2007年9月2日签订300万元《借款合同》(到期日为2008年9月2日),次日欧宝公司通过中国建设银行向特莱维公司汇款300万元;2008年5月29日签订850万元《借款合同》(到期日为2009年6月1日),同年6月2日欧宝公司通过中国建设银行向特莱维公司汇款850万元;2008年8月27日签订1 800万元《借款合同》(到期日为2009年8月27日),次日欧宝公司通过中国建设银行向特莱维公司汇款1 800万元,特莱维公司于同日将2 000万元汇往上海翰皇实业发展有限公司(以下简称翰皇公司);2008年10月20日签订1 900万元《借款合同》(到期日为2010年10月30日),同年10月30日欧宝公司通过中国建设银行向特莱维公司汇款1 900万元,特莱维公司于同年11月6日将1 800万元汇往翰皇公司;2008年11月30日签订2 500万元《借款合同》(到期日为2009年11月30日),同年12月9日、24日欧宝公司通过中国建设银行向特莱维公司分别汇款1 900万元、600万元,特莱维公司于同年12月11日、12月16日、12月24日分别向翰皇公司汇款1 200万元、686.788886万元、716.732625万元;2009年1月9日签订300万元《借款合同》(到期日为2010年7月12日),同年1月12日欧宝公司通过中国建设银行向特莱维公司汇款300万元;2009年1月14日签订300万元《借款合同》(到期日为2010年7月16日),同年1月16日欧宝公司通过中国建设银行向特莱维公司汇款300万元;2009年3月25日签订300万元《借款合同》(到期日为2010年9月27日),同年3月27日欧宝公司通过中国建设银行向特莱维公司汇款300万元,特莱维公司于同日将656.94208万元转往辽宁省沈阳市中级人民法院。综上,借款合同签订后,欧宝公司先后共汇款10笔,计8 650万元,而特莱维公司却在收到汇款的当日或几日后立即将其中的6笔转出,共计转出7 050万余元。其中5笔转往翰皇公司,共计6400万余元。

此外,欧宝公司在一审诉讼要求特莱维公司还款期间,仍向特莱维公司转款3笔,计360万元。分别为2010年9月29日,欧宝公司转往特莱维公司100万元;转往特莱维公司出纳员初某某160万元,用于支付特莱维公司的人工费;同年9月30日,欧宝公司转往特莱维公司的施工单位世安建设集团有限公司(以下简称世安公司)100万元,用于支付9号楼工程款。

另查明,欧宝公司2005年9月13日成立,当时股东有两人,为李某某、曲某某,法定代表人是李某某。2008年5月28日公司经股权转让和增加注册资本,股东变更为8人,其中曲某丽出资885万元,持股比例73.75%,姜某某出资24万元,持股比例2%,宗某某出资24万元,持股比例2%。同时,法定代表人变更为宗某某。

特莱维公司于2006年1月12日成立,法定代表人王某某,翰皇公司出资1800万元,出资比例90%,王某出资200万元,出资比例10%。2010年8月16日法定代表人变更为姜某某。工商档案记载,该公司在变更登记时,领取执照人签字处由刘某某签字,而刘某某又是本案原一审诉讼期间欧宝公司的委托代理人,身份系欧宝公司的员工。

翰皇公司前身为上海特莱维化妆品有限公司,2002年3月26日成立。王某某出资200万元,出资比例67%,曲某丽出资100万元,出资比例33%,法定代表人为王某某。同年10月28日,变更为王某某出资200万元,出资比例67%,王某出资100万元,出资比例33%。2004年10月10日公司更名为翰皇公司,公司登记等手续委托宗某某办理,2011年7月5日该公司注销。

王某某与曲某丽系夫妻关系。

又查明,本案原一审诉讼期间,欧宝公司于2010年6月22日向辽宁省高级人民法院提出财产保全申请,要求查封、扣押、冻结特莱维公司5850万元的财产,王某以其所有的位于辽宁省沈阳市和平区澳门路××号F××、F××,建筑面积均为236.4平方米的两处房产为欧宝公司担保,王某鹏以其所有的位于沈阳市皇姑区宁山中路81号的建筑面积为671.76平方米的房产为欧宝公司担保,沈阳沙琪化妆品有限公司(以下简称沙琪公司,股东为王某义和修某某)以其所有的位于沈阳市东陵区白塔镇小羊安村建筑面积分别为212平方米、946平方米的两处厂房及使用面积为4000平方米的一块土地为欧宝公司担保。

欧宝公司与特莱维公司的《开立单位银行结算账户申请书》记载地址均为东港市新兴路1号,委托经办人均为崔某某。

再查明,再审期间谢某向辽宁省高级人民法院提供上海市第一中级人民法院民事判决书一份,该案系张某某、贾某某诉翰皇公司、欧宝公司特许经营合同纠纷案,判决所列翰皇公司的法定代表人为王某某,欧宝公司和翰皇公司的委托代理人均系翰皇公司员工宗某某。

谢某于2013年6月19日向辽宁省高级人民法院提出申请,请求对欧宝公司与特莱维公司的资金来源及支出情况进行审计,该院已依照相关程序进行摇号并委托沈阳兴达会计师事务所进行鉴定,后由于谢某未在规定时限交纳鉴定费用,此鉴定委托于2014年1月8日被退回。

上述事实,有《借款合同》、电汇凭证、转账支票、工商档案、结婚证、房屋所有权证及土地使用权证、《开立单位银行结算账户申请书》、民事判决书、审计申请书、退卷函以及当事人陈述等证据在卷为证。

除了关于案涉借款合同真实性及本院另查明的事实外,二审审理中查明的事实与辽宁省高级人民法院在再审程序中查明的事实相同。

本院另查明:

1. 关于欧宝公司和特莱维公司之间关系的事实

沈阳特莱维化妆品连锁有限责任公司(以下简称沈阳特莱维)成立于2000年3月15日,工商档案表明,该公司由欧宝公司控股(持股96.67%),设立时的经办人为宗某某,公司登记的处所系向沈阳丹菲专业护肤中心承租而来,该中心负责人为王某义。

2005年12月23日,特莱维公司原法定代表人王某某代表欧宝公司与案外人张某某签订连锁加盟(特许)合同。

2007年2月28日,霍某代表特莱维公司与世安公司签订关于特莱维国际花园项目施工的《补充协议》。

2010年5月,魏某某经特莱维公司授权办理银行账户的开户,2011年9月又代表欧宝公司办理银行账户开户事宜。两账户所留联系人均为魏某某,所留联系电话均为15040114×××,与欧宝公司2010年6月10日提交辽宁省高级人民法院的《民事起诉状》中所留特莱维公司联系电话相同。

2010年9月3日,欧宝公司向辽宁省高级人民法院出具《回复函》,称:"同意向贵院提供位于上海市青浦区苏虹公路332号的面积12026.91平方米、价值2亿元人民币的房产作为保全担保。贵院随时可查封上述房产作为保全担保。我公司将积极配合。"欧宝公司庭审中承认,前述房产属于上海特莱维护肤品股份有限公司(以下简称上海特莱维)所有。上海特莱维成立于2002年12月9日,法定代表人为王某某,股东有王某某、翰皇公司的股东王某、邹某、欧宝公司的股东宗某某、姜某某、王某、韩某某等人。王某同时任上海特莱维董事,宗某某任副董事长兼副总经理,王某任副总经理,霍某任董事。

2011年4月20日,欧宝公司向辽宁省高级人民法院申请执行(2010)辽民二初字第15号民事判决,该院当日立案执行。同年7月12日,欧宝公司向辽宁省高级人民法院提交书面申请称:"为尽快回笼资金,减少我公司损失,经与被执行人商定,我公司允许被执行人销售该项目的剩余房产,但必须由我公司指派财务人员收款,所销售的房款须存入我公司指定账户。"2011年9月6日,辽宁省高级人民法院向东港市房地产管理处发出《协助执行通知书》,以相关查封房产已经给付申请执行人抵债为由,要求该处将前述房产直接过户登记到案外买受人名下。

欧宝公司申请执行后,除谢某外,特莱维公司的其他债权人世安公司、江西临川建筑安装工程总公司、东港市前阳建筑安装工程总公司也先后以提交执行异议或者通过人大代表申诉等形式,向辽宁省高级人民法院反映欧宝公司与特莱维公司虚构债权进行虚假诉讼,损害建设工程承包人债权。

翰皇公司的清算组成员由王某某、王某、姜某某担任,王某某为负责人;清算组在成立之日起10日内通知了所有债权人,并于2011年5月14日在《上海商报》上刊登了注销公告。2012年6月25日,王某某将翰皇公司所持特莱维公司股权中的1 600万元转让于王某,200万元转让于邹某,并于2012年7月9日办理了工商变更登记。

沙琪公司的股东王某义和修某某分别是王某某的父亲和母亲;欧宝公司的股东王乙系王某某的哥哥王某鹏之女;王某某与王某系兄妹关系。

2. 关于欧宝公司与案涉公司之间资金往来的事实

欧宝公司的账户(310015203130500081××,以下简称欧宝公司81××账户),2006年1月4日至2011年9月29日的交易明细显示,自2006年3月8日起,欧宝公司即开始与特莱维公司互有资金往来。其中,2006年3月8日欧宝公司该账户汇给特莱维公司账户(210013900080525048××,以下简称特莱维公司48××账户)300万元,备注用途载明为"借款",2006年6月12日转给特莱维公司801万元(账户不明)。2007年8月16日至2007年8月23日从特莱维公司账户转入欧宝公司8115账户将近70笔款项,备注用途多为"货款"。该账户自2006年1月4日至2011年9月29日与沙琪公司、沈阳特莱维、翰皇公司、上海特莱维均有大笔资金往来,用途多为"货款"或者"借款"。

欧宝公司在中国建设银行东港支行开立的账户(210016650030590003××) 2010年8月31日至2011年11月9日的交易明细显示:该账户2010年9月15日、9月17日由欧宝公司以现金形式分别存入168万元、100万元;2010年9月30日支付东港市安邦房地产开发有限公司工程款100万元;2010年9月30日自特莱维公司账户(210016650070525005××)转入100万元,2011年8月22日、8月30日、9月9日自特莱维公司账户分别转入欧宝公司该账户71.6985万元、51.4841万元、62.3495万元,2011年11月4日特莱维公司账户(210016650030599555××,以下简称特莱维公司55××账户)以"法院扣款"的名义转入该账户84.556787万元;2011年9月27日以"往来款"名义转入欧宝公司8115账户193.5万元,2011年11月9日转入欧宝公司账户(210013841010525045××,以下简称欧宝公司45××账户)157.995万元。

欧宝公司设立在中国工商银行上海青浦支行的账户(10017422193000956××)显示,2012年7月12日该账户以"借款"名义转入特莱维公司50万元。

欧宝公司在中国建设银行沈阳马路湾支行的45××账户2013年10月7日至2015年2月7日期间的交易明细显示,自2014年1月20日起,特莱维公司以"还款"名义转入该账户的资金,大部分又以"还款"的名义转入王某鹏的个人账户和上海特莱维的账户。

翰皇公司建设银行上海分行账户(055203130200049××,以下简称翰皇公司49××账户)2006年1月5日至2009年1月14日的交易明细显示,特莱维公司48××账户2008年7月7日转入翰皇公司该账户605万元,同日,翰皇公司又从该账户将同等数额的款项转入特莱维公司55××账户,但自翰皇公司打入特莱维公司账户的该笔款项计入了特莱维公司的借款数额,自特莱维公司打入翰皇公司的款项未计入该公司的还款数额。该账户同时间段还分别和欧宝公司、沙琪公司以"借款""往来款"的名义进行资金转入和转出。

特莱维公司55××账户2006年6月7日至2015年9月21日的交易明细显示,2009年7月2日自该账户以"转账支取"的名义汇入欧宝公司的账户(1219075903108××)600万元;自2011年11月4日起至2014年12月31日止,该账户转入欧宝公司资金达30多笔,最多的为2012年12月20日汇入欧宝公司45××账户的一笔达1800万元。此外,该账户还有多笔大额资金在2009年11月13日至2010年7月19日期间以"借款"的名义转入沙琪公司账户。

沙琪公司在中国光大银行沈阳和平支行的账户(756601880000763××)2009年11月13日至2011年6月27日的交易明细显示,特莱维公司转入沙琪公司的资金,有的以"往来款"或者"借款"的名义转回特莱维公司的其他账户。例如,2009年11月13日自特莱维公司55××账户以"借款"的名义转入沙琪公司3 800万元,2009年12月4日又以"往来款"的名义转回特莱维公司另外设立的账户(756601880000783××,以下简称特莱维公司83××账户)3 800万元;2010年2月3日自特莱维公司83××账户以"往来款"的名义转入沙琪公司账户的4 827万元,2010年2月10日又以"借款"的名义转入特莱维公司55××账户500万元,以"汇兑"名义转入特莱维公司48××账户1 930万元,2010年3月31日沙琪公司又以"往来款"的名义转入特莱维公司83××账户1 000万元,2010年4月12日以"系统内划款"的名义转回特莱维公司83××账户1 806万元。特莱维公司转入沙琪公司账户的资金有部分流入了沈阳特莱维的账户,例如,2010年5月6日以"借款"的名义转入沈阳特莱维1 000万元,2010年7月29日以"转款"的名义转入沈阳特莱维2 272万元。此外,欧宝公司也以"往来款"的名义转入该账户部分资金。

欧宝公司和特莱维公司均承认,欧宝公司45××账户和在中国建设银行东港支行的账户(210016650030590003××)由王某某控制。

上述事实有原审一审、再审卷宗,辽宁省高级人民法院(2011)辽执二字第11号执行卷宗,二审法院二审庭审笔录,姜某某出具的书面《申请》,特莱维公司、沙琪公司、沈阳特莱维的工商档案,全国企业信用信息公示系统中欧宝公司、上海特莱维的公示信息,二审法院调取的欧宝公司在中国建设银行沈阳马路湾支行的45××账户、特莱维公司在中国建设银行沈阳马路湾支行账户(210013841010525040××)、沙琪公司在中国光大银行沈阳和平支行账户(756601880000763××)的开户资料和交易明细,委托上海市高级人民法院调取的欧宝公司在中国建设银行上海分行81××账户、中国工商银行上海青浦支行账户(10017422193000956××)、中国农业银行上海枫泾支行账户(03-8550000400619××)、翰皇公司在中国建设银行上海分行49××账户、招商银行上海分行营业部账户(60846133100××)的交易明细,委托辽宁省丹东市中级人民法院调取的欧宝公司在中国建设银行东港支行账户(210016650030590003××)、特莱维公司在中国建设银行东港支行55××账户、在中国银行东港支行账户(3129563217××)的开户资料和交易明细等证据在案为证。其中,二审期间当事人提交的证据和人民法院依职权调取的证据均当庭出示并经当事人质证。

二、审理要览

辽宁省高级人民法院再审认为,依据谢某的主张,本案的争议焦点为欧宝公司与特莱维公司之间是否存在真实的借款关系。经查,2007年7月至2009年3月,特莱维公司与欧宝公司先后签订9份《借款合同》,特莱维公司向欧宝公司共借款人民币8650万元,双方约定借款只限用于特莱维国际花园房地产项目。借款合同签订后,欧宝公司先后共汇款10笔,将合同约定的8650万元汇给特莱维公司,而特莱维公司却在收到汇款的当日或几日后立即将其中的6笔转出,共计转出7050万余元。其中5笔转往翰皇公司,共计6400万余元。上述事实足以证明特莱维公司并未将所借款项用于特莱维国际花园房地产项目,借款立即转走,有悖借款目的,不符合常理。欧宝公司在一审诉讼要求特莱维公司还款期间,仍向特莱维公司转款360万元,欧宝公司作为原告起诉特莱维公司偿还欠款,却在此期间仍然给特莱维公司转款,不符合常理。欧宝公司提出财产保全申请,要求查封、扣押、冻结特莱维公司5850万元的财产,而特莱维公司的股东王某却以自己的房产为欧宝公司提供担保,不符合常理。

此外,欧宝公司的股东姜某某是特莱维公司的法定代表人,欧宝公司的法定代表人宗某某是特莱维公司大股东翰皇公司的工作人员。欧宝公司与特莱维公司的《开立单位银行结算账户申请书》中记载的地址及经办人均相同。特莱维公司的员工刘某某在本案原一审期间作为欧宝公司的委托代理人,其身份系欧宝公司的员工,上述事实可以认定欧宝公司与特莱维公司之间存在人员混同、办公地点同一的情形。通过工商档案可以看出特莱维公司的股东是翰皇公司和王某,翰皇公司占90%的股份,而翰皇公司的股东是王某某、王某,王某某占67%的股份,据此可以判定王某某对特莱维公司具有绝对的控股权。而王某某的妻子曲某丽持有欧宝公司73.75%的股份,对欧宝公司具有绝对的控股权。上述事实能够认定,王某某夫妻对特莱维公司、欧宝公司、翰皇公司具有完全的控制权。

综上,结合欧宝公司与特莱维公司之间的借款过程及诉讼中发生的情形和王某某夫妻完全控制特莱维公司、欧宝公司、翰皇公司,以及特莱维公司借款进账后将大部分款项转出的情形,不足以认定双方之间存在真实的借款法律关系。欧宝公司要求特莱维公司偿还欠款及利息的诉讼请求,证据不足,不予支持。经辽宁省高级人民法院审判委员会讨论决定,依照《民事诉讼证据规定》第2条、《民事诉讼法》第207条的规定,判决撤销辽宁省高级人民法院(2010)辽民二初字第15号民事判决;驳回欧宝公司的诉讼请求;案件受理费474 300元,保全费5 000元,由欧宝公司负担。

上诉人欧宝公司不服一审判决,提起上诉称:(1)特莱维公司竞拍取得辽宁省东港市新兴路1号土地使用权,开发特莱维国际花园项目。因该项目开发需要,特莱维公司向欧宝公司借款,自愿支付4倍利息,并以该项目土地使用权及地上物提供抵押。欧宝公司从2007年至2009年累计借给特莱维公司1.085亿元,本案起诉主张的是合同到期的借款金额8 650万元。借款合同签订后,欧宝公司将合同约定的8 650万元转给特莱维公司,双方之间存在真实的借款关系,特莱维公司应当偿还借款本息。(2)特莱维公司该项目的前期启动资金是向翰皇公司借款,特莱维公司将其中6 400万余元用于偿还翰皇公司借款,欧宝公司无权干涉。2007年借款之初,欧宝公司就委派人员进入特莱维公司进行监督。为有效防控项目风险,经多次协商,在特莱维公司同意将法定代表人更换为欧宝公司股东姜某某的前提下,欧宝公司继续为该公司提供资金,避免项目停滞。另外,欧宝公司的法定代表人宗某某曾在翰皇公司工作,2008年5月已经辞职。辽宁省高级人民法院认定欧宝公司与特莱维公司存在人员混同、办公地点同一错误。(3)欧宝公司在起诉之后向特莱维公司转款360万元,是为避免特莱维国际花园项目工程停滞,给欧宝公司造成无法估量的损失,欧宝公司无奈才继续投入资金保证该工程运转。王某某和曲某丽2005年已协议离婚,婚姻已不存在,两人分别持有欧宝公司与特莱维公司的股份不能否定两公司之间的借款关系。(4)2007年6月29日,谢某与特莱维公司签订投资协议共同开发特莱维国际花园项目,任该项目总经理。该项目管理混乱,亏损严重,谢某非常了解项目亏损及借款的事实,其到辽宁省高级人民法院申诉称欧宝公司与特莱维公司虚构债务,目的是为收回270万元投资款及所谓的900万元利润。辽宁省高级人民法院认定欧宝公司与特莱维公司之间借款事实证据不足错误。请求最高人民法院依法撤销一审判决,维持辽宁省高级人民法院(2010)辽民二初字第15号民事判决,由特莱维公司承担本案诉讼费用。

被上诉人特莱维公司辩称:特莱维公司竞拍取得辽宁省东港市新兴路1号土地使用权,开发特莱维国际花园项目,计划投资1.56亿元。2006年6月29日,谢某经介绍自愿投资270万元,与特莱维公司合作开发该项目,约定各方按投资比例分配利润。建设过程中,特莱维公司6 000万元资金使用完毕,为保证工程顺利进行,特莱维公司对外借款继续施工,2007年起欧宝公司借给特莱维公司共计8650万元。特莱维公司同意按照沈阳市中级人民法院终审判决给付谢某款项,但谢某不同意,坚持要求支付所谓的900万元利润,特莱维公司没有侵害谢某的利益。特莱维公司的房产已被查封5年之久,请求最高人民法院尽快公平公正审理,以便房产能够正常销售。

一审申诉人谢某辩称:欧宝公司和特莱维公司之间的所谓借款并不真实,只是两公司之间的转款。两公司以虚构的债务,进行虚假诉讼,查封冻结转移财产,侵害了其他债权人的利益。欧宝公司称2007年至2009年累计借给特莱维公司1.085亿元,而欧宝公司自认自有资金4000万元,负债7100万元,显然不具备出借能力。王某某对特莱维公司享有绝对的控股权,而曲某丽对欧宝公司享有控股权,两人是夫妻关系,假设欧宝公司与特莱维公司之间的借款成立,欧宝公司要实现债权,特莱维公司直接向欧宝公司转款就可以实现,没有必要通过诉讼来解决。二审法院应当严格审查欧宝公司与特莱维公司之间借款发生的原因、款项来源及流向、两公司之间的关系等,综合判断本案是否属于虚假民事诉讼,请求驳回欧宝公司的诉讼请求,并追究相关单位和人员的责任,给予相应处罚。

最高人民法院经审理判决驳回上诉,维持原判。

[规则适用]

人民法院保护合法的借贷关系,同时,对于恶意串通进行虚假诉讼意图损害他人合法权益的行为,应当进行制裁。具体到本案而言,涉及争议的焦点问题有二:一是欧宝公司与特莱维公司之间是否存在关联关系;二是欧宝公司和特莱维公司就争议的8650万元是否存在真实的借款关系。分析如下:

(一)欧宝公司与特莱维公司之间是否存在关联关系

《公司法》第217条第(四)项规定,关联关系,是指公司控股股东、实际控制人、董事、监事、高级管理人员与其直接或者间接控制的企业之间的关系,以及可能导致公司利益转移的其他关系。可见,《公司法》所称的关联公司,既包括公司股东的相互交叉,也包括公司共同由第三人直接或者间接控制,或者股东之间、公司的实际控制人之间存在直系血亲、姻亲、共同投资等可能导致利益转移的其他关系。

本案中,曲某丽为欧宝公司的控股股东,王某某是特莱维公司的原法定代表人,也是案涉合同签订时特莱维公司的控股股东翰皇公司的控股股东和法定代表人,王某某与曲某丽系夫妻关系,说明欧宝公司与特莱维公司由夫妻二人控制。欧宝公司称两人已经离婚,却未提供民政部门的离婚登记或者人民法院的生效法律文书。虽然辽宁省高级人民法院受理本案诉讼后,特莱维公司的法定代表人由王某某变更为姜某某,但姜某某向本院出具并经当庭质证的书面《申请》表明,王某某依然是特莱维公司的实际控制人。同时,欧宝公司股东兼法定代表人宗某某、王甲等人,与特莱维公司的实际控制人王某某、法定代表人姜某某、目前的控股股东王某共同投资设立了上海特莱维,说明欧宝公司的股东与特莱维公司的控股股东、实际控制人存在其他的共同利益关系。另外,沈阳特莱维是欧宝公司控股的公司,沙琪公司的股东是王某某的父亲和母亲。可见,欧宝公司与特莱维公司之间、前述两公司与沙琪公司、上海特莱维、沈阳特莱维之间均存在关联关系。

欧宝公司与特莱维公司及其他关联公司之间还存在人员混同的问题。首先,高管人员之间存在混同。姜某某既是欧宝公司的股东和董事,又是特莱维公司的法定代表人,同时,还参与翰皇公司的清算。宗某某既是欧宝公司的法定代表人,又是翰皇公司的工作人员,虽然欧宝公司称宗某某自2008年5月即从翰皇公司辞职,但从上海市第一中级人民法院(2008)沪一中民三(商)终字第426号民事判决载明的事实看,该案2008年8月至12月审理期间,宗某某仍以翰皇公司工作人员的身份参与诉讼。王甲既是欧宝公司的监事,又是上海特莱维的董事,还以该公司工作人员的身份代理相关行政诉讼。王某既是特莱维公司的监事,又是上海特莱维的董事。王某某是特莱维公司原法定代表人、实际控制人,还曾先后代表欧宝公司、翰皇公司与案外第三人签订连锁加盟(特许)合同。其次,普通员工也存在混同。霍某是欧宝公司的工作人员,在本案中作为欧宝公司原一审诉讼的代理人,2007年2月23日代表特莱维公司与世安公司签订建设施工合同,又同时兼任上海特莱维的董事。崔某某是特莱维公司的会计,2010年1月7日代特莱维公司开立银行账户,2010年8月20日本案诉讼之后又代欧宝公司开立银行账户。欧宝公司当庭自述魏某某系特莱维公司的工作人员,2010年5月魏某某经特莱维公司授权办理银行账户开户事宜,2011年9月诉讼之后又经欧宝公司授权办理该公司在中国建设银行沈阳马路湾支行的开户事宜,且该银行账户的联系人为魏某某。刘某某是欧宝公司的工作人员,在本案原一审和执行程序中作为欧宝公司的代理人,2009年3月17日又代特莱维公司办理企业登记等相关事项。刘某以特莱维公司员工名义代理本案诉讼,又受王某某的指派代理上海特莱维的相关诉讼。

上述事实充分说明,欧宝公司、特莱维公司以及其他关联公司的人员之间并未严格区分,均听从共同控制人王某某夫妻的调配,根据欧宝公司自称曲某丽长期生活在香港的情况及在案证据,上述人员实际上服从王某某一人的指挥,根据不同的工作任务,随时转换为不同关联公司的工作人员。欧宝公司在上诉状中称,在2007年借款之初就派相关人员进驻特莱维公司,监督该公司对投资款的使用并协助工作,但早在欧宝公司所称的向特莱维公司转入首笔借款之前5个月,霍某即参与该公司的合同签订业务。而且,从这些所谓的"派驻人员"在特莱维公司所起的作用看,上述人员参与了该公司的合同签订、财务管理到诉讼代理的全面工作,而不仅是监督工作,欧宝公司的辩解,不足为信。辽宁省高级人民法院关于欧宝公司和特莱维公司系由王某某、曲某丽夫妇控制之关联公司的认定,依据充分。

(二) 欧宝公司和特莱维公司就争议的 8 650 万元是否存在真实借款关系

依据《民事诉讼法解释》第 90 条的规定,当事人对自己提出的诉讼请求所依据的事实或者反驳对方诉讼请求所依据的事实,应当提供证据加以证明;当事人未能提供证据或者证据不足以证明其事实主张的,由负有举证证明责任的当事人承担不利的后果。第 108 条规定:"对负有举证证明责任的当事人提供的证据,人民法院经审查并结合相关事实,确信待证事实的存在具有高度可能性的,应当认定该事实存在。对一方当事人为反驳负有举证责任的当事人所主张的事实而提供的证据,人民法院经审查并结合相关事实,认为待证事实真伪不明的,应当认定该事实不存在。"在当事人之间存在关联关系的情况下,为防止恶意串通提起虚假诉讼,损害他人合法权益,人民法院对其之间是否存在真实的借款法律关系,必须严格审查。

欧宝公司提起诉讼,要求特莱维公司偿还借款 8 650 万元及利息,虽然提供了借款合同及转款凭证,但其自述及提交的证据和其他在案证据之间存在无法消除的矛盾,当事人在诉讼前后的诸多行为违背常理,主要表现为以下七个方面:

第一,从借款合意形成过程来看,借款合同存在虚假的可能。欧宝公司和特莱维公司对借款法律关系的要约与承诺的细节事实叙述不清,尤其是作为债权人欧宝公司的法定代表人、自称是合同经办人的宗某某对所有借款合同的签订时间、地点、每一合同的己方及对方经办人等细节,语焉不详。案涉借款每一笔均为大额借款,当事人对所有合同的签订细节甚至大致情形均陈述不清,于理不合。

第二,从借款的时间上看,当事人提交的证据前后矛盾。欧宝公司的自述及其提交的借款合同表明,欧宝公司自 2007 年 7 月开始与特莱维公司发生借款关系,向法院提起上诉后,其提交的自行委托形成的审计报告又载明,自 2006 年 12 月份开始向特莱维公司借款,但从特莱维公司和欧宝公司的银行账户交易明细看,在 2006 年 12 月之前,仅欧宝公司 81××账户就发生过两笔高达 1 100 万元的转款,其中,2006 年 3 月 8 日以"借款"名义转入特莱维公司账户 300 万元,2006 年 6 月 12 日转入 801 万元。

第三,从借款的数额上看,当事人的主张前后矛盾。欧宝公司提起诉讼后,先主张自 2007 年 7 月起累计借款金额为 5 850 万元,后在诉讼中又变更为 8 650 万元,向法院上诉时又称借款总额 1.085 亿元,主张的借款数额多次变化,但只能提供 8 650 万元的借款合同。而谢某当庭提交的银行转账凭证证明,在欧宝公司所称的 1.085 亿元借款之外,另有 4 400 多万元的款项以"借款"名义打入特莱维公司账户。对此,欧宝公司自认,这些多出的款项是受王某某的请求帮忙转款,并非真实借款。该自认说明,欧宝公司在相关银行凭证上填写的款项用途极其随意。从法院调取的银行账户交易明细所载金额看,欧宝公司以借款名义转入特莱维公司账户的金额远远超出欧宝公司先后所称的 5 850 万元、8 650 万元和 1.085 亿元。除了谢某提供的交易数额外,还有其他多笔以"借款"名义转入特莱维公司账户的巨额资金,没有列入欧宝公司所主张的借款数额范围。

第四,从资金往来情况看,欧宝公司存在单向统计账户流出资金而不统计流入资金的问题。无论是案涉借款合同载明的借款期间,还是在此之前,甚至诉讼开始以后,欧宝公司和特莱维公司账户之间的资金往来,既有欧宝公司转入特莱维公司账户款项的情况,也有特莱维公司转入欧宝公司账户款项的情况,但欧宝公司只计算己方账户转出的借方金额,而对特莱维公司转入的贷方金额只字不提。

第五,从所有关联公司之间的转款情况看,存在双方或者多方账户循环转款问题。将欧宝公司、特莱维公司、翰皇公司、沙琪公司等公司之间的账户对照检查,存在特莱维公司将己方款项转入翰皇公司账户过桥欧宝公司账户后,又转回特莱维公司账户,造成虚增借款的现象。例如,2008年9月5日特莱维公司55××账户转入翰皇公司49××账户1 735万元,10月30日翰皇公司49××账户转入欧宝公司81××账户1 900万元,当日,欧宝公司81××账户又转入特莱维公司55××账户1 900万元。11月6日特莱维公司55××账户转入翰皇公司49××账户1 800万元,12月9日翰皇公司49××账户转入欧宝公司81××账户1 800万元,当日欧宝公司该账户转入特莱维公司55××账户1 900万元。又如,特莱维公司55××账户2008年12月24日转入翰皇公司49××账户716.732625万元,当日翰皇公司转入欧宝公司81××账户600万元,然后在同一天又从欧宝公司转回特莱维公司600万元。这些款项每从欧宝公司账户进入特莱维公司账户一次,都被计入特莱维公司向欧宝公司的借款数额。特莱维公司与其他关联公司之间的资金往来也存在此种情况。

第六,从借款的用途看,与合同约定相悖。借款合同第2条约定,借款限用于特莱维国际花园房地产项目,但是案涉款项转入特莱维公司账户后,该公司随即将大部分款项以"借款""还款"等名义分别转给翰皇公司和沙琪公司,最终又流向欧宝公司和欧宝公司控股的沈阳特莱维。至于欧宝公司辩称,特莱维公司将款项打入翰皇公司是偿还对翰皇公司借款的辩解,由于其提供的翰皇公司和特莱维公司之间的借款数额与两公司银行账户交易的实际数额互相矛盾,且从流向上看大部分又流回了欧宝公司或者其控股的公司,其辩解不足为凭。

第七,从欧宝公司和特莱维公司及其关联公司在诉讼和执行中的行为来看,与日常经验相悖。欧宝公司提起诉讼后,依然与特莱维公司互相转款;特莱维公司不断向欧宝公司账户转入巨额款项,但在诉讼和执行程序中却未就还款金额对欧宝公司的请求提出任何抗辩;欧宝公司向辽宁省高级人民法院申请财产保全,特莱维公司的股东王某却以其所有的房产为本应是利益对立方的欧宝公司提供担保;欧宝公司在原一审诉讼中另外提供担保的上海市青浦区房产的所有权,竟然属于王某某任法定代表人的上海特莱维;欧宝公司和特莱维公司当庭自认,欧宝公司开立在中国建设银行东港支行、中国建设银行沈阳马路湾支行的银行账户都由王某某控制。

对上述矛盾和违反常理之处，欧宝公司与特莱维公司均未作出合理解释。由此可见，欧宝公司没有提供足够的证据证明其就案涉争议款项与特莱维公司之间存在真实的借贷关系。而且，从调取的欧宝公司、特莱维公司及其关联公司账户的交易明细发现，欧宝公司、特莱维公司以及其他关联公司之间、同一公司的不同账户之间随意转款，款项用途随意填写，结合在案其他证据，法院确信，欧宝公司诉请之债权系截取其与特莱维公司之间的往来款项虚构而成，其以虚构债权为基础请求特莱维公司返还8 650万元借款及利息的请求不应支持。据此，辽宁省高级人民法院再审判决驳回其诉讼请求并无不当。

至于欧宝公司与特莱维公司提起本案诉讼是否存在恶意串通损害他人合法权益的问题。首先，无论欧宝公司还是特莱维公司，对特莱维公司与一审申诉人谢某及其他债权人的债权债务关系是明知的。从案涉判决执行的过程看，欧宝公司申请执行之后，对查封的房产不同意法院拍卖，而是继续允许该公司销售，特莱维公司每销售一套，欧宝公司即申请法院解封一套。在接受法院当庭询问时，欧宝公司对特莱维公司销售了多少查封房产，偿还了多少债务叙述不清，表明其提起本案诉讼并非为实现债权，而是通过司法程序进行保护性查封以阻止其他债权人对特莱维公司财产的受偿。其次，从欧宝公司与特莱维公司人员混同、银行账户同为王某某控制的事实可知，欧宝公司与特莱维公司已经失去了公司法人所具有的独立人格，两公司既同属一人，以一人而充任两造，恶意之勾连不证自明。《民事诉讼法》第112条规定："当事人之间恶意串通，企图通过诉讼、调解等方式侵害他人合法权益的，人民法院应当驳回其请求，并根据情节轻重予以罚款、拘留；构成犯罪的，依法追究刑事责任。"一审申诉人谢某认为欧宝公司与特莱维公司之间恶意串通提起虚假诉讼损害其合法权益的意见，以及对有关当事人和相关责任人进行制裁的请求，于法有据，应予支持。法院将同时对欧宝公司和特莱维公司的虚假诉讼行为进行处罚。

综上，辽宁省高级人民法院(2012)辽审二民再字第13号民事判决认定的基本事实清楚，适用法律正确，判决结果应予维持。欧宝公司的上诉理由不能成立，对其上诉请求不予支持。依照《民事诉讼法》第112条、第170条第1款第(1)项、第175条之规定，判决驳回上诉，维持原判。

规则19 【通谋骗贷】商品房预售合同双方当事人实际是假借房屋买卖形式骗取银行贷款，属"以合法形式掩盖非法目的"，应为无效。

[规则解读]

商品房预售合同双方当事人实际是假借房屋买卖形式骗取银行贷款，属"以合法形式掩盖非法目的"，应为无效。但抵押借款合同是独立合同，效力上属可变更可撤销合同。在银行不主张行使变更或者撤销权的前提下,应认定抵押借款合同自始有效。银行根据抵押借款合同拥有抵押权。

[案件审理要览]

一、基本案情

2007年8月,陶某与上海某房地产公司签订商品房预售合同,约定以60万元价格购买商品房一套,并办理了预告登记。之后,陶某与银行签订了抵押借款合同,以上述房屋为担保,申请抵押贷款42万元并办理了抵押登记手续。银行将42万元划入陶某指定的房地产公司账户。2010年12月,陶某以房地产公司逾期交付房屋为由诉至法院,请求判令该公司继续履行商品房预售合同,交付房屋并支付逾期交房违约金。房地产公司提起反诉,请求确认商品房预售合同无效,要求陶某配合办理预告登记及抵押权的撤销手续。银行作为第三人参加诉讼。

经审理查明,购房首付款收据原件由房地产公司持有,房屋从未实际交付陶某,产权人登记为房地产公司。房地产公司每月派员工至银行柜面办理还款手续。2009年7月,房地产公司为提前还清贷款,委托案外人将房地产公司支付的全部贷款余额转汇入陶某账户,由陶某归还银行,但最终陶某并未以此提前清偿贷款。截至涉讼,尚欠银行贷款40余万元。

二、审理要览

本案审理中,对于如何认定商品房预售合同以及抵押借款合同的效力,形成两种不同意见。

一种意见认为,商品房预售合同双方当事人实际是假借房屋买卖形式骗取银行贷款,属"以合法形式掩盖非法目的",应为无效。由于抵押房屋的权属归附性依赖于预售合同的订立和生效,因此抵押借款合同是房屋预售合同的从合同,主合同无效,从合同也相应无效,但银行善意取得抵押权。

另一种意见认为,商品房预售合同无效,理由同前。抵押借款合同是独立合同,效力上属可变更可撤销合同。在银行不主张行使变更或者撤销权的前提下,应认定抵押借款合同自始有效。银行根据抵押借款合同拥有抵押权。

[规则适用]

从对裁判结果产生影响的角度考虑,上述两种意见均可得出应确认房屋预售合同无效、原告配合办理撤销预售登记手续、抵押权撤销登记不得撤销的结论。但是,两种意见对合同效力的判断不同,司法实践中也存在争议。笔者同意第二种意见,具体分析如下:

1. 商品房预售合同属"以合法形式掩盖非法目的",应自始无效。"以合法形式掩盖非法目的"该合同无效情形包含当事人存在虚伪表示和当事人的真实目的非法两项构成要件。虚伪表示,是指明知不是自己内心真实想法仍作出与真实意思相悖的表示,一般为自愿、自由。虚伪表示又分为单独虚伪表示和通谋虚伪表示。本案原、被告订立的商品房预售合同属于典型的通谋虚伪表示,原告并未交付房款,被告也未交付房屋,合同真实目的并不是进行房屋买卖,而是为了规避国家正常的金融监管秩序,骗取银行的低息商业住房贷款。

2. 抵押借款合同独立存在,并非房屋预售合同的从合同。民法理论认为,凡不以他种合同的存在为前提即不受其制约而能独立存在的合同称为主合同,反之,必须以他种合同的存在为前提,自身不能独立存在的合同,为从合同。房屋预售合同与抵押借款合同之间虽然关联极为紧密,但是仔细区分可以发现,抵押借款合同实则包含两个合同,一个为借款合同,一个为抵押合同。借款合同是主合同,反映了抵押借款合同的主要意志,抵押合同是依附于借款合同的从合同。考察房屋预售合同与抵押借款合同的关系,实质上需要判断的是房屋预售合同与借款合同的关系。显然,借款合同虽然是购房人为了履行支付房款义务而对外签订的一项合同,但借款合同本身并不必然受制于房屋预售合同而独立存在,应为独立的合同,与房屋预售合同不构成主从合同关系。

3. 抵押借款合同因存在欺诈,应为可变更可撤销合同。根据合同法关于合同无效的规定,抵押借款合同似可同样归类于"以合法形式掩盖非法目的"无效情形,但在单方作出虚伪意思表示意图实现非法目的的情况下,如果合同尚不涉及损害国家、集体或其他第三人合法利益的,从保护善意相对方的角度等考虑,援引合同法关于合同存在欺诈等情形相对方可以行使撤销或者变更权利的规定对合同效力作出认定,较之直接认定合同无效,显然体现出更加公正与衡平的价值取向。本案陶某在与银行签订抵押借款合同过程中,对银行存在欺诈,该合同应认定为可变更可撤销合同。司法实践中,从保护自身利益出发,银行往往不提出变更或者撤销的主张,因此,法院一般认定抵押借款合同自始有效。

规则20　【先刑后民】处理金融借款担保纠纷不宜适用"先刑后民"。

[规则解读]

刑事法律和民事法律在立法价值和功能上都具有自己的个性,民事法律完全可以从自己的价值衡量角度对合同效力进行评价,并且依据立法精神,为维护交易安全、构建诚信市场体系,司法实践中也应从严把握合同无效的尺度和标准。处理金融借款担保纠纷不宜适用"先刑后民"。

[案件审理要览]

一、基本案情

另案刑事案件被告人饶某于2011年6月隐瞒其背负巨额债务无力偿还的真相,以支付高额利息为诱饵,骗取来某、吴某等人以其名下房产作抵押,以其实际控制的某煤炭公司的名义,虚构贷款用途,与某银行签订了流动资金借款合同,贷款1300万元,并办理了抵押登记。至案发时,某煤炭公司除支付某银行利息56万元,并支付受害人来某利息26万元、吴某利息25万元外,所欠某银行的本金未还。

法院经审理后认为,被告人饶某以非法占有为目的,隐瞒履约不能真相,骗取银行、担保人信任,骗得担保人担保及银行贷款,其行为分别构成贷款诈骗罪、合同诈骗罪,依法判处其无期徒刑。

该刑事判决生效后,某银行以金融借款合同纠纷为由向法院提起民事诉讼,请求法院判令某煤炭公司向其偿还借款本金1 300万元及未付的利息,对担保人来某、吴某用于抵押的房产在其各自担保的主债权范围内享有优先受偿权。某煤炭公司未作答辩。担保人来某、吴某则抗辩认为,案涉的贷款事实已经法院确认系饶某的犯罪事实,故自己无须承担担保责任。

二、审理要览

本案争议的焦点在于,当金融借款合同纠纷的案件事实已被认定为犯罪事实的情况下,对民事部分如何处理。归纳起来主要存在以下三种观点:

第一种观点认为,基于案涉借款及担保的事实已被认定为犯罪事实,依照《最高人民法院关于在审理经济纠纷案件中涉及经济犯罪嫌疑若干问题的规定》第11条"人民法院作为经济纠纷受理的案件,经审理认为不属经济纠纷案件而有经济犯罪嫌疑的,应当裁定驳回起诉,将有关材料移送公安机关或检察机关"的规定,故应裁定驳回某银行的起诉。

第二种观点认为,应认定作为主合同的金融借款合同无效。根据我国《担保法》的规定,主合同无效,则担保合同亦无效。根据担保人的过错,由其在债务人不能清偿债务的1/3的限额内承担连带赔偿责任。某银行对担保人来某、吴某提供的抵押物不再享有优先受偿权,应驳回某银行的该项诉请。

第三种观点认为,刑事案件的处理并不影响民事案件中对合同效力的认定,某银行主观上并无与饶某恶意串通骗取担保人来某、吴某为某煤炭公司担保的故意或重大过失,来某、吴某为获取资金收益而提供担保,对某煤炭公司不能清偿债务给自己带来的法律风险是明知的,故案涉的借款合同及抵押担保合同均应当认定有效。某银行对担保人来某、吴某提供的抵押物依法享有优先受偿权。

[规则适用]

笔者赞同第三种观点。

传统的审判思路一直坚持"刑事优先、先刑后民"的理念,但目前这种"先刑后民"的价值合理性越来越受到质疑,认为与现代法治理念不符,不易作为一项司法原则来强调,其结果往往是当事人的合法权益无法通过民事诉讼途径得到及时救济。本案中,担保人来某、吴某为从饶某处获取高额利息而提供抵押担保,且已从饶某处各自获得26万元、25万元的收益,如因法院裁定驳回原告起诉而无须承担任何担保责任,而某银行本可以通过行使抵押权获得司法救济的合同目的却无法实现,这于情于理均不符。目前司法实践中担保人为了"脱保"先以债务人或实际控制人涉嫌经济犯罪为由向公安部门报案,一旦立案便利用司法程序规避其担保责任的现象频发,暴露出这种"先刑后民"的弊端。

行为人涉刑并不能一概否认合同的效力。刑事法律和民事法律在立法价值和功能上都具有自己的个性,民事法律完全可以从自己的价值衡量角度对合同效力进行评价,并且依据立法精神,为维护交易安全、构建诚信市场体系,司法实践中也应从严把握合同无效的尺度和标准。一般情况下,除非有确凿证据证明贷款人与借款人存在恶意串通,引诱担保人提供担保或损害相关权利人的利益时,可以确定该主合同无效,担保人无须承担担保责任。对于恶意串通的认定,考虑到金融机构从事贷款业务的专业性,可以对其科以较一般民事主体更重的评价标准,避免银行等金融机构滥用其签约的强势地位损害担保人或其他利益关联人的合法权益,督促其尽到对贷款申请资料的谨慎审查义务。

从可撤销合同的角度解决涉刑的金融借款担保合同的效力,符合合同法的立法本意。我国合同法对一方以欺诈、胁迫的手段使对方在违背真实意思的情况下订立的合同,赋予合同相对人可撤销权,权利人可以根据自己的利益取向决定合同是否有效。债务人在向金融机构申请贷款时,金融机构一般会要求债务人提供用于证明其经济实力的申请资料。但从合同订立角度讲,提供贷款申请资料并不构成金融借款合同成立的要件,即使债务人为达到贷款之目的可能会提供虚假的证明资料,也只是金融机构用于评价其行为是否符合可撤销合同中具有欺诈恶意的主观性要件。因此,由作为合同相对人的金融机构根据其利益取向主张合同是否有效,相较裁定驳回起诉或认定合同无效而言更妥当些。

> **规则21** 【犯罪高息】非法吸收公众存款案中被害人所得高息应在刑事案件中一并作出处理。

[规则解读]

偿付高额利息是为实现非法吸收公众存款的犯罪目的而采取的犯罪手段,当事人之间的"借款"与"还款"行为均是犯罪行为的组成部分,双方所形成的不是民事法律关系,既不是不当得利,也不属于自然债,更不是民法意义上的借款关系,而是与犯罪有关的刑事法律关系,故应当统一纳入到刑事案件中予以评价。

[案件审理要览]

一、基本案情

被告人范某以高利息、高回报为诱饵,编造老年公寓扩建等理由,向被害人陈某、胡某、牛某等55人借款,非法吸收公众存款金额共计人民币1240万元,事后除支付高额利息和归还本金667万元外(其中李某借款数额193万元,归还数额为210万元;牛某借款数额25万元,归还数额为28万元;胡某借款数额240万元,归还数额为270万元),案发前其余均无法归还。法院判决范某犯非法吸收公众存款罪,判处有期徒刑4年零6个月;责令退赔陈某等人款项。

后范某以生效刑事判决确认其向胡某借款240万元、还款270万元,胡某多得的30万元系不当得利为由,诉至法院,要求胡某返还。

二、审理要览

关于范某是否有权提起民事诉讼、要求胡某返还30万元的问题,有两种意见:一种意见认为,因争议属于平等主体之间的民事法律关系,范某有权提起该民事诉讼。另一种意见则认为,相关问题亦应在刑事案件中作出处理,范某无权提起该民事诉讼。

[规则适用]

笔者同意第二种意见,理由是:

首先,范某在刑事案件中的基本犯罪事实是非法吸收公众存款,而其吸收公众存款的主要方式是以高息为诱饵,换言之,偿付高额利息是范某为实现非法吸收公众存款的犯罪目的而采取的犯罪手段,胡某则是范某犯罪行为侵害的对象之一,范某与胡某之间的"借款"与"还款"行为均是范某犯罪行为的组成部分,双方所形成的不是民事法律关系,既不是不当得利,也不属于自然债,更不是民法意义上的借款关系,而是与犯罪有关的刑事法律关系,故应当统一纳入到刑事案件中予以评价。

其次,《刑法》第64条规定:"犯罪分子违法所得的一切财物,应当予以追缴或者责令退赔;对被害人的合法财产,应当及时返还;违禁品和供犯罪所用的本人财物,应当予以没收……"根据该规定,责令退赔或追缴只适用于犯罪行为人的违法所得财物,从表面上看,争议的30万元不是犯罪行为人范某的违法所得财物,而是被害人多得的,似乎的确不能适用责令退赔或追缴。但是,这30万元要么是从其他被害人处非法吸收的存款,要么是范某的自有资金。如果认定为范某财产,则应基于给付高额利息系范某非法吸收公众存款的犯罪手段之认定,将此30万元利息视为范某"供犯罪所用的本人财物",予以没收,至于其他被害人的损失,则应责令范某退赔;如果认定为其他被害人的财产,则应予以追缴并返还给其他被害人。笔者认为,该笔30万元款项最初来源无疑是其他被害人的财产,但在犯罪过程中又被范某作为犯罪资金使用,故该款同时具备"违法所得财物"和"供犯罪所用财物"的双重属性,在这种情况下,应当按照先私权利后公权力的处理原则,先予以追缴,再按比例返还给本金尚未得到偿还的被害人。

规则22 【以借贷形式行贿受贿】实践中,国家工作人员利用职务上的便利为请托人谋取利益,为规避法律和逃避打击,掩饰彼此之间的权钱交易关系,以借为名行贿赂之实,应不影响行贿受贿的认定。

[规则解读]

国家工作人员利用职务上的便利为请托人谋取利益,为规避法律和逃避打击,掩饰彼此之间的权钱交易关系,以借为名行贿赂之实,应不影响行贿受贿的认定。具体认定时，主要应当结合以下因素进行分析判断：有无正当的借款事由，是否与实际用途相符；有无书面凭证，是否约定利息、还款时间；有无归还的意思表示及行为，是否具有归还的条件；有无感情基础，是否为他人谋取利益。

[案件审理要览]

一、基本案情

曹某某利用担任某镇镇长、党委书记等职务之便，为他人谋取利益，多次索取、收受贿赂。其中定性争议最大的是，2009年其向辖区内某企业董事长徐某借款20万元用于购房，2011年年底还款10万元，并表示余款待有经济能力后再还。徐某闻言将借条退还给曹某某，并表示"剩下的钱就算了，不用还了"，曹某某撕毁了借条。2012年8月，曹某某听说前任党委书记梅某某被查处后，害怕自己受贿罪行败露，授意其妻将余款10万元归还徐某。

二、审理要览

本案涉及以借贷形式行贿受贿的认定问题。在民间借贷关系中，借贷双方较为熟悉，感情基础较好，信用程度较高，届时借方归还本金并支付一定数额利息或作礼仪性酬谢。然而以借贷形式行贿受贿是指行贿人为了达到某种目的，以借贷形式进行贿赂，国家工作人员利用职务上的便利，为请托人谋取不正当利益，以借为名索取或者收受他人财物的行为。可见，借贷是一种民事法律行为，行贿受贿则是一种触犯刑法的犯罪行为，二者的区别原本泾渭分明，可是，贿赂一旦披上"借贷"的隐形外衣，就可以鱼目混珠。

[规则适用]

实践中，国家工作人员利用职务上的便利为请托人谋取利益，为规避法律和逃避打击，掩饰彼此之间的权钱交易关系，以借为名行贿赂之实，应不影响行贿受贿的认定。具体认定时，主要应当结合以下因素进行分析判断：

1. 有无正当的借款事由，是否与实际用途相符。按我国传统习惯，人只有出于生活困难时，才会向他人借钱。对经济条件好，无须借款，借来的钱不用于生活急需，而是将借款存入银行、用于高消费或从事高风险的经营活动，甚至虚构借款事由，实际用于赌博、嫖娼、吸毒等违法犯罪活动，受贿的可能性较大。

2. 有无书面凭证，是否约定利息、还款时间。民间借贷完全出于借贷双方自愿，是一种互助互济的行为，借贷数额一般不会很大，时间较短；如果是大额借款，借贷双方往往履行书面借款手续，有时还会明确具体的还款时间，对拖欠时间较长，或逾期不归还的，借方会主动催还，乃至提起诉讼。实践中，如双方单单是在工作关系上的交往，一般缺乏借贷关系赖以存在的信任基础，又没有履行任何借贷手续。这种既无信任基础，又无借贷手续的不正常现象正是行贿受贿的典型表现。

3. 有无归还的意思表示及行为，是否具有归还的条件。通常情况下，人们在借钱以后总是尽力想办法及时归还，如果时隔多年，借款人对还钱的事只字不提，尤其是对于明明有还款能力而久拖不还的,其主观故意更多的是受贿。

4. 有无感情基础,是否为他人谋取利益。在正常的民间借贷关系中,双方当事人往往系亲戚、朋友、同事、同学等关系,有一定的感情基础。而以借为名的行贿受贿实为权钱交易,双方之间必然存在职务上的内在必然联系,尤其是借方非自愿而违心出借,从本质上区别于民法意义上的借贷关系。更重要的是,要看国家工作人员是否利用职务之便为对方谋利,如果根本没有为对方谋利,则不能认定为受贿。

具体到本案,被告人曹某某 2009 年向徐某借款 20 万元,有正当的借款理由,履行了书面手续,并实际用于支付购房款,两年之后归还 10 万元,属于正常借贷关系。但徐某在曹某某未全额还款的情况下退还借条,并明确作出不要余款的意思表示,曹某某当即销毁借条,双方形成贿赂合意,尤其是曹某某主观上已经没有归还余款的意思,此后不久曹某某又向徐某索贿 3 万元就是最有力的佐证。因此,余款 10 万元的性质因双方主观故意的变化而发生改变,应以受贿论处。至于曹某某因与其受贿有关联的人、事被查处,为掩饰犯罪而退还,并不影响认定受贿罪。

附

最高人民法院关于审理民间借贷案件适用法律若干问题的规定

(2015年6月23日最高人民法院审判委员会第1655次会议通过 法释〔2015〕18号)

为正确审理民间借贷纠纷案件,根据《中华人民共和国民法通则》《中华人民共和国物权法》《中华人民共和国担保法》《中华人民共和国合同法》《中华人民共和国民事诉讼法》《中华人民共和国刑事诉讼法》等相关法律之规定,结合审判实践,制定本规定。

第一条【民间借贷行为及主体范围的界定】 本规定所称的民间借贷,是指自然人、法人、其他组织之间及其相互之间进行资金融通的行为。

经金融监管部门批准设立的从事贷款业务的金融机构及其分支机构,因发放贷款等相关金融业务引发的纠纷,不适用本规定。

第二条【民间借贷案件起诉条件的规定】 出借人向人民法院起诉时,应当提供借据、收据、欠条等债权凭证以及其他能够证明借贷法律关系存在的证据。

当事人持有的借据、收据、欠条等债权凭证没有载明债权人,持有债权凭证的当事人提起民间借贷诉讼的,人民法院应予受理。被告对原告的债权人资格提出有事实依据的抗辩,人民法院经审理认为原告不具有债权人资格的,裁定驳回起诉。

第三条【民间借贷合同履行地的确定】 借贷双方就合同履行地未约定或者约定不明确,事后未达成补充协议,按照合同有关条款或者交易习惯仍不能确定的,以接受货币一方所在地为合同履行地。

第四条【担保人的诉讼地位】 保证人为借款人提供连带责任保证,出借人仅起诉借款人的,人民法院可以不追加保证人为共同被告;出借人仅起诉保证人的,人民法院可以追加借款人为共同被告。

保证人为借款人提供一般保证,出借人仅起诉保证人的,人民法院应当追加借款人为共同被告;出借人仅起诉借款人的,人民法院可以不追加保证人为共同被告。

第五条【发现犯罪嫌疑的案件的处理】 人民法院立案后,发现民间借贷行为本身涉嫌非法集资犯罪的,应当裁定驳回起诉,并将涉嫌非法集资犯罪的线索、材料移送公安或者检察机关。

公安或者检察机关不予立案,或者立案侦查后撤销案件,或者检察机关作出不起诉决定,或者经人民法院生效判决认定不构成非法集资犯罪,当事人又以同一事实向人民法院提起诉讼的,人民法院应予受理。

第六条【犯罪嫌疑的处理】 人民法院立案后,发现与民间借贷纠纷案件虽有关联但不是同一事实的涉嫌非法集资等犯罪的线索、材料的,人民法院应当继续审理民间借贷纠纷案件,并将涉嫌非法集资等犯罪的线索、材料移送公安或者检察机关。

第七条【裁定中止诉讼】 民间借贷的基本案件事实必须以刑事案件审理结果为依据,而该刑事案件尚未审结的,人民法院应当裁定中止诉讼。

第八条【民刑分离原则】 借款人涉嫌犯罪或者生效判决认定其有罪,出借人起诉请求担保人承担民事责任的,人民法院应予受理。

第九条【自然人之间借贷合同的生效时间】 具有下列情形之一,可以视为具备合同法第二百一十条关于自然人之间借款合同的生效要件:

(一)以现金支付的,自借款人收到借款时;

(二)以银行转账、网上电子汇款或者通过网络贷款平台等形式支付的,自资金到达借款人账户时;

(三)以票据交付的,自借款人依法取得票据权利时;

(四)出借人将特定资金账户支配权授权给借款人的,自借款人取得对该账户实际支配权时;

(五)出借人以与借款人约定的其他方式提供借款并实际履行完成时。

第十条【其他民间借贷合同的生效时间】 除自然人之间的借款合同外,当事人主张民间借贷合同自合同成立时生效的,人民法院应予支持,但当事人另有约定或者法律、行政法规另有规定的除外。

第十一条【企业间借贷合同的效力】 法人之间、其他组织之间以及它们相互之间为生产、经营需要订立的民间借贷合同,除存在合同法第五十二条、本规定第十四条规定的情形外,当事人主张民间借贷合同有效的,人民法院应予支持。

第十二条【企业内部集资的效力】 法人或者其他组织在本单位内部通过借款形式向职工筹集资金,用于本单位生产、经营,且不存在合同法第五十二条、本规定第十四条规定的情形,当事人主张民间借贷合同有效的,人民法院应予支持。

第十三条【涉嫌犯罪的民间借贷合同效力及担保人的民事责任】 借款人或者出借人的借贷行为涉嫌犯罪,或者已经生效的判决认定构成犯罪,当事人提起民事诉讼的,民间借贷合同并不当然无效。人民法院应当根据合同法第五十二条、本规定第十四条之规定,认定民间借贷合同的效力。

担保人以借款人或者出借人的借贷行为涉嫌犯罪或者已经生效的判决认定构成犯罪为由,主张不承担民事责任的,人民法院应当依据民间借贷合同与担保合同的效力、当事人的过错程度,依法确定担保人的民事责任。

第十四条【民间借贷合同无效的情形】 具有下列情形之一,人民法院应当认定民间借贷合同无效:

(一)套取金融机构信贷资金又高利转贷给借款人,且借款人事先知道或者应当知道的;

(二)以向其他企业借贷或者向本单位职工集资取得的资金又转贷给借款人牟利,且借款人事先知道或者应当知道的;

(三)出借人事先知道或者应当知道借款人借款用于违法犯罪活动仍然提供借款的;

(四)违背社会公序良俗的;

(五)其他违反法律、行政法规效力性强制性规定的。

第十五条【因其他法律关系产生的借贷的处理】 原告以借据、收据、欠条等债权凭证为依据提起民间借贷诉讼,被告依据基础法律关系提出抗辩或者反诉,并提供证据证明债权纠纷非民间借贷行为引起的,人民法院应当依据查明的案件事实,按照基础法律关系审理。

当事人通过调解、和解或者清算达成的债权债务协议,不适用前款规定。

第十六条【当事人举证责任和事实审查标准】 原告仅依据借据、收据、欠条等债权凭证提起民间借贷诉讼,被告抗辩已经偿还借款,被告应当对其主张提供证据证明。被告提供相应证据证明其主张后,原告仍应就借贷关系的成立承担举证证明责任。

被告抗辩借贷行为尚未实际发生并能作出合理说明,人民法院应当结合借贷金额、款项交付、当事人的经济能力、当地或者当事人之间的交易方式、交易习惯、当事人财产变动情况以及证人证言等事实和因素,综合判断查证借贷事实是否发生。

第十七条【欠缺借款合同案件的举证责任】 原告仅依据金融机构的转账凭证提起民间借贷诉讼,被告抗辩转账系偿还双方之前借款或其他债务,被告应当对其主张提供证据证明。被告提供相应证据证明其主张后,原告仍应就借贷关系的成立承担举证证明责任。

第十八条【负有举证义务的原告无正当理由拒不到庭的法律后果】 根据《关于适用〈中华人民共和国民事诉讼法〉的解释》第一百七十四条第二款之规定,负有举证证明责任的原告无正当理由拒不到庭,经审查现有证据无法确认借贷行为、借贷金额、支付方式等案件主要事实,人民法院对其主张的事实不予认定。

第十九条【民间借贷虚假诉讼的判断标准】 人民法院审理民间借贷纠纷案件时发现有下列情形,应当严格审查借贷发生的原因、时间、地点、款项来源、交付

方式、款项流向以及借贷双方的关系、经济状况等事实,综合判断是否属于虚假民事诉讼:

(一)出借人明显不具备出借能力;

(二)出借人起诉所依据的事实和理由明显不符合常理;

(三)出借人不能提交债权凭证或者提交的债权凭证存在伪造的可能;

(四)当事人双方在一定期间内多次参加民间借贷诉讼;

(五)当事人一方或者双方无正当理由拒不到庭参加诉讼,委托代理人对借贷事实陈述不清或者陈述前后矛盾;

(六)当事人双方对借贷事实的发生没有任何争议或者诉辩明显不符合常理;

(七)借款人的配偶或合伙人、案外人的其他债权人提出有事实依据的异议;

(八)当事人在其他纠纷中存在低价转让财产的情形;

(九)当事人不正当放弃权利;

(十)其他可能存在虚假民间借贷诉讼的情形。

第二十条【对虚假民间借贷诉讼的处理】 经查明属于虚假民间借贷诉讼,原告申请撤诉的,人民法院不予准许,并应当根据民事诉讼法第一百一十二条之规定,判决驳回其请求。

诉讼参与人或者其他人恶意制造、参与虚假诉讼,人民法院应当依照民事诉讼法第一百一十一条、第一百一十二条和第一百一十三条之规定,依法予以罚款、拘留;构成犯罪的,应当移送有管辖权的司法机关追究刑事责任。

单位恶意制造、参与虚假诉讼的,人民法院应当对该单位进行罚款,并可以对其主要负责人或者直接责任人员予以罚款、拘留;构成犯罪的,应当移送有管辖权的司法机关追究刑事责任。

第二十一条【民间借贷合同中保证条款的认定】 他人在借据、收据、欠条等债权凭证或者借款合同上签字或者盖章,但未表明其保证人身份或者承担保证责任,或者通过其他事实不能推定其为保证人,出借人请求其承担保证责任的,人民法院不予支持。

第二十二条【互联网借贷平台责任】 借贷双方通过网络贷款平台形成借贷关系,网络贷款平台的提供者仅提供媒介服务,当事人请求其承担担保责任的,人民法院不予支持。

网络贷款平台的提供者通过网页、广告或者其他媒介明示或者有其他证据证明其为借贷提供担保,出借人请求网络贷款平台的提供者承担担保责任的,人民法院应予支持。

第二十三条【企业法定代表人签订的民间借贷合同的认定与处理】 企业法定代表人或负责人以企业名义与出借人签订民间借贷合同,出借人、企业或者其股东能够证明所借款项用于企业法定代表人或负责人个人使用,出借人请求将企业法定代表人或负责人列为共同被告或者第三人的,人民法院应予准许。

企业法定代表人或负责人以个人名义与出借人签订民间借贷合同,所借款项用于企业生产经营,出借人请求企业与个人共同承担责任的,人民法院应予支持。

第二十四条【让与担保】 当事人以签订买卖合同作为民间借贷合同的担保,借款到期后借款人不能还款,出借人请求履行买卖合同的,人民法院应当按照民间借贷法律关系审理,并向当事人释明变更诉讼请求。当事人拒绝变更的,人民法院裁定驳回起诉。

按照民间借贷法律关系审理作出的判决生效后,借款人不履行生效判决确定的金钱债务,出借人可以申请拍卖买卖合同标的物,以偿还债务。就拍卖所得的价款与应偿还借款本息之间的差额,借款人或者出借人有权主张返还或补偿。

第二十五条【未约定利息或约定利息不明的处理】 借贷双方没有约定利息,出借人主张支付借期内利息的,人民法院不予支持。

自然人之间借贷对利息约定不明,出借人主张支付利息的,人民法院不予支持。除自然人之间借贷的外,借贷双方对借贷利息约定不明,出借人主张利息的,人民法院应当结合民间借贷合同的内容,并根据当地或者当事人的交易方式、交易习惯、市场利率等因素确定利息。

第二十六条【民间借贷利率上限的规定】 借贷双方约定的利率未超过年利率24%,出借人请求借款人按照约定的利率支付利息的,人民法院应予支持。

借贷双方约定的利率超过年利率36%,超过部分的利息约定无效。借款人请求出借人返还已支付的超过年利率36%部分的利息的,人民法院应予支持。

第二十七条【本金数额认定】 借据、收据、欠条等债权凭证载明的借款金额,一般认定为本金。预先在本金中扣除利息的,人民法院应当将实际出借的金额认定为本金。

第二十八条【民间借贷复利】 借贷双方对前期借款本息结算后将利息计入后期借款本金并重新出具债权凭证,如果前期利率没有超过年利率24%,重新出具的债权凭证载明的金额可认定为后期借款本金;超过部分的利息不能计入后期借款本金。约定的利率超过年利率24%,当事人主张超过部分的利息不能计入后期借款本金的,人民法院应予支持。

按前款计算,借款人在借款期间届满后应当支付的本息之和,不能超过最初借款本金与以最初借款本金为基数,以年利率24%计算的整个借款期间的利息之和。出借人请求借款人支付超过部分的,人民法院不予支持。

第二十九条【逾期利率的处理】 借贷双方对逾期利率有约定的,从其约定,但以不超过年利率24%为限。

未约定逾期利率或者约定不明的,人民法院可以区分不同情况处理:

(一)既未约定借期内的利率,也未约定逾期利率,出借人主张借款人自逾期还款之日起按照年利率6%支付资金占用期间利息的,人民法院应予支持;

(二)约定了借期内的利率但未约定逾期利率,出借人主张借款人自逾期还款之日起按照借期内的利率支付资金占用期间利息的,人民法院应予支持。

第三十条【逾期利息、违约金、其他费用并存的处理】 出借人与借款人既约定了逾期利率,又约定了违约金或者其他费用,出借人可以选择主张逾期利息、违约金或者其他费用,也可以一并主张,但总计超过年利率24%的部分,人民法院不予支持。

第三十一条【借款人自愿支付利息】 没有约定利息但借款人自愿支付,或者超过约定的利率自愿支付利息或违约金,且没有损害国家、集体和第三人利益,借款人又以不当得利为由要求出借人返还的,人民法院不予支持,但借款人要求返还超过年利率36%部分的利息除外。

第三十二条【借款人提前偿还借款及其法律后果】 借款人可以提前偿还借款,但当事人另有约定的除外。

借款人提前偿还借款并主张按照实际借款期间计算利息的,人民法院应予支持。

第三十三条【本解释时间效力】 本规定公布施行后,最高人民法院于1991年8月13日发布的《关于人民法院审理借贷案件的若干意见》同时废止;最高人民法院以前发布的司法解释与本规定不一致的,不再适用。